Betriebs-Berater Schriftenreihe

Arbeitsrechtliche ESG-Strategien

Nachhaltigkeitstransformation gestalten und Compliance sicherstellen

Till Heimann (Hrsg.)

Fachmedien Recht und Wirtschaft | dfv Mediengruppe | Frankfurt am Main

Bibliografische Information Der Deutschen Nationalbibliothek

Die Deutsche Nationalbibliothek verzeichnet diese Publikation in der Deutschen Nationalbibliografie; detaillierte bibliografische Daten sind im Internet über http://dnb.de abrufbar.

ISBN 978-3-8005-1988-0

dfv Mediengruppe

www.ruw.de

Druck: Beltz Grafische Betriebe GmbH, 99947 Bad Langensalza

Printed in Germany

Vorwort

Dr. Till Heimann

Die Arbeitswelt steht vor einem fundamentalen Wandel. Was gestern noch als eher weiches „Nice-to-have“ galt, wird heute zur rechtlichen Verpflichtung und strategischen Notwendigkeit: Nachhaltigkeit im Arbeitsrecht. Die Zeiten, in denen Umweltschutz und soziale Verantwortung als Randthemen abgetan wurden, sind definitiv vorbei. Stattdessen erleben wir eine beispiellose Transformation, in der Environmental Social Governance (ESG) zum zentralen Baustein moderner Unternehmensführung wird. HR und Arbeitsrecht stehen dabei als Haupt-Stakeholder des „S“ (Social) in ESG im Zentrum dieser Revolution. Nachhaltigkeit ist schon jetzt weit mehr als nur ein weiteres Compliance-Thema, sondern der Startschuss für eine neue Ära der Personalarbeit, in der Transparenz nicht mehr nur ein Wert, sondern ein strategischer Wettbewerbsvorteil ist. Für Geschäftsleitung, HR-Verantwortliche und Arbeitsrechtler in den Unternehmen bedeutet dies eine einmalige Gelegenheit, ihre Unternehmen im Rahmen einer umfassenderen ESG-Strategie als moderne, werteorientierte Arbeitgeber zu positionieren und damit sowohl bei der Talentgewinnung als auch bei der Mitarbeiterbindung zu punkten.

Die regulatorische Landschaft hat sich in den letzten Jahren dramatisch verändert. Das Lieferkettensorgfaltspflichtengesetz (LkSG) seit 2023, die bevorstehende Umsetzung der EU-Entgelttransparenzrichtlinie (ETRL) bis 2026, die Corporate Sustainability Reporting Directive (CSRD) mit ihren European Sustainability Reporting Standards (ESRS) sowie die Corporate Sustainability Due Diligence Directive (CSDDD) schaffen einen völlig neuen und noch nicht völlig kohärenten rechtlichen Rahmen, der Nachhaltigkeit als Querschnittsthema in alle Bereiche der Unternehmensführung einbettet – und, nicht zuletzt durch die sog. „Omnibus-Verfahren“, in ständiger Bewegung bleibt. Das erschwert es den Unternehmen, Compliance sicherzustellen, und schafft tiefgreifende Unsicherheit. Jedoch geht es um deutlich mehr als nur Compliance-Übungen – der europäische Regelungsrahmen dient als Katalysator für eine umfassende Transformation der unternehmerischen Tätigkeit sowie Personalarbeit. Der hierüber reglementierte Zugang zu den Finanzmärkten und Fremdkapital, die Reputation der Unternehmen am Markt sowie strategische Notwendigkeiten zwingen Unternehmen dazu, ihre internen Prozesse zu überdenken, faire Vergütungssysteme zu entwickeln und eine Kultur der Nachhaltigkeit zu etablieren. Unternehmen, die sich dieser Entwicklung verschließen, riskieren rechtliche Konsequenzen und den Verlust ihrer Wettbewerbsfähigkeit.

Die Umsetzung nachhaltiger Beschäftigungsbedingungen ist nicht lediglich ein juristisch-technisches Problem, sondern eine Change-Management-Aufgabe ersten Ranges. Erfolgreich werden nur die Unternehmen sein, die sie nicht als Bedrohung, sondern als Chance begreifen. Dies erfordert nebst einer klugen organisationalen Verankerung eine umfassende Kommunikationsstrategie, die sowohl Führungskräfte als auch Mitarbeiter auf den Wandel vorbereitet. Dabei sollte Nachhaltigkeit nicht mit Perfektion verwechselt werden. Weder die Aufsichtsbehörden noch die Arbeitnehmer[1] oder sonstige Stakeholder können bei einem so erheblichen Umbruch in der Denkweise zum Start eine „makellose" Nachhaltigkeitscompliance erwarten. Vielmehr geht es darum, glaubwürdig aufzutreten und authentisch mit bestehenden Herausforderungen umzugehen. Die Unternehmen, die offen über ihre Nachhaltigkeitsziele kommunizieren und Arbeitnehmer aktiv einbeziehen, schaffen Vertrauen. Nicht zu unterschätzen ist hierbei auch die Rolle der Arbeitnehmervertreter: Diese werden zu wichtigen Akteuren der Nachhaltigkeitstransformation. Denn die Umsetzung von ESG-Maßnahmen löst vielfältige Mitbestimmungsrechte aus. Diese Entwicklung eröffnet neue Möglichkeiten für einen konstruktiven Sozialdialog, der Arbeitnehmerinteressen und Nachhaltigkeitsziele in Einklang bringt.

Gleichzeitig wird Nachhaltigkeit für immer mehr Arbeitnehmer zum entscheidenden Kriterium bei der Jobwahl. Unternehmen, die diese Entwicklung ignorieren, verschließen sich einem wachsenden Teil des Talentpools. Sustainable Recruiting ist nicht mehr nur ein Trend, sondern wird zur Notwendigkeit für zukunftsorientierte Unternehmen. Dabei geht es nicht nur um die Rekrutierung in klassischen „grünen" Branchen, sondern um die Integration von Nachhaltigkeitsaspekten in alle Bereiche der Personalarbeit. Auch auf der Kehrseite der Medaille, Retention, ist es in Zeiten des Fachkräftemangels essentiell geworden, Arbeitnehmer langfristig zu halten und zu binden.

Besondere Relevanz in diesem Zusammenhang – und daher auch als einer der Schwerpunkte in diesem Handbuch ausgestaltet – hat die ETRL, welche die Arbeitsbeziehungen fundamental verändern wird. Bis zum 7.6.2026 müssen die Mitgliedstaaten die ETRL in nationales Recht umsetzen. Deutschland steht vor der Herausforderung, das Entgelttransparenzgesetz (EntgTranspG) grundlegend zu überarbeiten und neue Standards für Fairness und Transparenz in der Vergütung zu etablieren. Was jahrzehntelang als Tabuthema galt – die offene Diskussion über Gehälter – wird durch die ETRL zur rechtlichen Verpflichtung – und gleichzeitig zur größten Chance für Unternehmen, ihre Personalarbeit zu revolutionieren. Denn die bishe-

1 Der Begriff dient zur sprachlichen Vereinfachung und bezeichnet Arbeitnehmer jeglichen Geschlechts.

rige Kultur der Intransparenz schützte häufig bestehende Ungleichheiten. Die neue Rechtslage verpflichtet Unternehmen nicht nur zur Offenlegung von Gehaltsdaten, sondern schafft völlig neue Dynamiken in der Beziehung zwischen Arbeitgebern und Arbeitnehmern. Transparenz wird so zum Vertrauensanker.

Der vorliegende Praxisleitfaden beleuchtet das Thema und seine Implikationen umfassend und zeigt Ihnen, wie aus der rechtlichen Verpflichtung eine strategische Chance werden kann. Hierfür geben wir Ihnen in den folgenden Kapiteln sowohl juristische Orientierung – von den wichtigsten europäischen Vorgaben bis zu ihrer Umsetzung ins deutsche Recht – als auch praxisnahe Tipps für HR-Strategien, Strukturen und Change-Management-Maßnahmen in Ihrem Unternehmen. Dazu haben wir eine Vielzahl erfahrener Experten versammelt, die aus ihrer Perspektive einordnen, bewerten und Umsetzungsvorschläge vorstellen. Herzlicher Dank gebührt an dieser Stelle neben den Autoren namentlich der wissenschaftlichen Mitarbeiterin Frau *Daria Boysen* für die tatkräftige Unterstützung bei der redaktionellen Bearbeitung des Handbuches.

Die Botschaft ist klar: Nachhaltigkeit ist gekommen, um zu bleiben. Die Frage ist nicht mehr, ob Unternehmen werden umdenken müssen, sondern wie sie diesen Wandel zu ihrem Vorteil nutzen können. Unternehmen, die den Mut haben, Vorreiter zu sein, werden zu den Gewinnern der neuen Arbeitswelt gehören. Sie werden rechtlich compliant sein und dazu als attraktive, faire und zukunftsfähige Arbeitgeber wahrgenommen werden. Nachhaltigkeit ist nicht das Ende der gewohnten Personalarbeit – sie ist der Beginn einer besseren.

Düsseldorf/Frankfurt, im September 2025 Dr. Till Heimann

Inhaltsverzeichnis

Kapitel 3 – Diversity, Equity & Inclusion

Kapitel 4 – Wertschätzendes Trennungsmanagement

Teil 2 – Entgeltgleichheit und Entgelttransparenz

Kapitel 1 – Die Suche nach dem „richtigen" Vergütungssystem

Kapitel 3 – Rechtsdurchsetzung und Sanktionen

Teil 3 – Die Nachhaltigkeitstransformation gestalten

Kapitel 1 – ESG-Integration in die Unternehmensstrategie

Kapitel 2 – Restrukturierung und Transformation

Teil 4 – Nachhaltigkeitscompliance sichern

Kapitel 1 – Compliance und Governance

Kapitel 2 – Nachhaltigkeit in der Lieferkette

Autoren- und Herausgeberverzeichnis

Henrikje Buroh, LL. M.	Senior Associate, Pohlmann & Company	München
Helena Byrne, LL. M.	Innovation Managerin, KLIEMT. Arbeitsrecht	Berlin
Dr. Bahar Cat-Krause	Global Head of Sustainability, TÜV Rheinland People & Business Assurance	Köln
Isabell Flöter	Counsel, Fachanwältin für Arbeitsrecht, KLIEMT.Arbeitsrecht	Berlin
Florian Frank	Managing Director, Work & Rewards Leader, Germany and Austria, Willis Towers Watson	Frankfurt
Dr. Thomas Gerdom	Partner, Fachanwalt für Arbeitsrecht, KLIEMT.Arbeitsrecht	Düsseldorf
Ferdinand Groß	Partner, Fachanwalt für Arbeitsrecht, KLIEMT.Arbeitsrecht	Frankfurt
Prof. Dr. Sebastian Harrer	Director People & Organisation, Vodafone GmbH	Düsseldorf
Sophie Haubold, Maître en droit	Associate, KLIEMT.Arbeitsrecht	Frankfurt
Dr. Christian Häußer, LL. M.	Principal Counsel, Fachanwalt für Arbeitsrecht, KLIEMT.Arbeitsrecht	Frankfurt
Dr. Till Heimann	Partner, Fachanwalt für Arbeitsrecht, KLIEMT.Arbeitsrecht	Frankfurt/ Düsseldorf
Dr. Jan Heuer	Partner, Fachanwalt für Arbeitsrecht, KLIEMT.Arbeitsrecht	Köln
Dr. Jessica Jacobi	Partnerin, Fachanwältin für Arbeitsrecht, KLIEMT.Arbeitsrecht	Berlin
Jörn-Philipp Klimburg, LL. M.	Principal Counsel, Fachanwalt für Arbeitsrecht, KLIEMT.Arbeitsrecht	Düsseldorf
Tim Klingmann	Projektleiter Betriebliches Gesundheitsmanagement, MOOVE	Stuttgart
André Köhler	Geschäftsführer, HPP Strategie- und Marketingberatung GmbH	Frankfurt
Max Köppl	Partner, HPP Strategie- und Marketingberatung GmbH	Frankfurt

Dr. Peter Körlings	Counsel, Fachanwalt für Arbeitsrecht, KLIEMT.Arbeitsrecht	Hamburg
Marcel David Kott	Associate, KLIEMT.Arbeitsrecht	Frankfurt
Jakob Friedrich Krüger	Counsel, Fachanwalt für Arbeitsrecht, KLIEMT.Arbeitsrecht	Berlin
Dr. Anna Lohmann	Associate, KLIEMT.Arbeitsrecht	München
Lisa Lösch	Counsel, Fachanwältin für Arbeitsrecht, KLIEMT.Arbeitsrecht	Frankfurt
Maximilian Melles	Counsel, Fachanwalt für Arbeitsrecht, KLIEMT.Arbeitsrecht	München
Lukas Mengestu	Associate, KLIEMT.Arbeitsrecht	Frankfurt
Dr. Felix Müller-Merten	Counsel, Fachanwalt für Arbeitsrecht, KLIEMT.Arbeitsrecht	Frankfurt
Imke Pikkemaat, LL. M.	Associate, KLIEMT.Arbeitsrecht	Düsseldorf
Prof. Dr. Barbara Reinhard	Partnerin, Fachanwältin für Arbeitsrecht, KLIEMT.Arbeitsrecht	Frankfurt
Bastian Schmidtbleicher-Lück	Geschäftsführer, MOOVE	Köln
Hasret Seker	Senior Associate, Fachanwältin für Arbeitsrecht, KLIEMT.Arbeitsrecht	München
Jessica Sigl-Tempfli, LL. M.	Associate, KLIEMT.Arbeitsrecht	München
Carola Stark	Corporate Counsel (Syndikusrechtsanwältin) & Compliance Officer, FUCHS SE	Mannheim
Isabella Uenning	Projektleiterin Betriebliches Gesundheitsmanagement, MOOVE	Stuttgart
Sophia von Rundstedt	Geschäftsführende Gesellschafterin, von Rundstedt &Partner	Frankfurt
Sabine Vorbrodt, LL. M.	Senior Associate, Fachanwältin für Arbeitsrecht, KLIEMT.Arbeitsrecht	Frankfurt
Tobias Vößing	Senior Associate, Fachanwalt für Arbeitsrecht, KLIEMT.Arbeitsrecht	Düsseldorf
Dagmar Walker	Rechtsanwältin, Dagmar Walker; Teamlead People Partner, Nortal AG	Berlin

Die vertretenen Ansichten geben ausschließlich die persönliche Auffassung der Autorinnen und Autoren wieder.

Teil 1 – Nachhaltigkeit entlang des Employee Lifecycle

Kapitel 1 – Recruitment

1. Soziale Nachhaltigkeit: Die Bausteine einer transformativen HR-Strategie

Prof. Dr. Sebastian Harrer

I. Warum soziale Nachhaltigkeit (gerade) jetzt?

Sowohl Gesellschaft als auch Arbeitswelt stehen an einem kritischen Wendepunkt. Was vor einem Jahrzehnt als idealistische Vision progressiver Organisationen galt, hat sich zu einer Grundlage zeitgemäßer Unternehmensführung entwickelt: Soziale Nachhaltigkeit ist vom peripheren Compliance-Thema zum strategischen Imperativ geworden. Die Dringlichkeit zeigt sich in besorgniserregenden Zahlen: Das globale Mitarbeiterengagement sank gemäß des State of the Global Workplace Report 2025[1] auf 21 %, während psychische Erkrankungen am Arbeitsplatz in 2024 einen historischen Höchststand erreichten.[2] Diese Entwicklung findet in einem zunehmend paradoxen Umfeld statt. Während die regulatorischen Anforderungen bspw. durch die ESRS und die CSRD stetig zunahmen, formiert sich bereits eine populistische Gegenbewegung. Insbesondere in den USA manifestiert sich ein „Backlash“ gegen ESG-Initiativen. *Michael Kramarsch* warnt davor, soziale Nachhaltigkeit – bzw. Diversity, Equity & Inclusion (DEI) – zum ideologischen Kampfplatz zu machen.[3] Sie sollte stattdessen als evidenzbasierte Managementpraxis verstanden werden.

Die aktuelle Situation beschreibt *Nuvia Maslo* daher treffend mit der Metapher eines „Omnibus“, der „quer auf der Überholspur parkt“.[4] Selbst die EU-Kommission, ein wesentlicher Akteur der bisherigen Regulierungsbemühungen, blockiert mit ihrer „Omnibus“-Initiative den Fortschritt der Nachhaltigkeitsagenda. Teile dieses Vorstoßes mögen begrüßenswert sein: so sollen Berichtspflichten reduziert und Schwellenwerte zu Gunsten von Unternehmen verschoben werden.[5] Dennoch steckt darin auch ein gefährliches politisches Signal, das als potenzielle Kehrtwende missverstanden

---

1 Gallup, State of the Global Workplace: 2025 Report, https://www.gallup.com/workplace/349484/state-of-the-global-workplace.aspx (abgerufen am 29.8.2025).

2 DAK-Gesundheit, Psychreport 2025, https://www.iges.com/kunden/gesundheit/forschungsergebnisse/2025/ psychreport-2025/index_ger.html (abgerufen am 29.8.2025).

3 *Kramarsch,* Börsen-Zeitung v. 4.4.2025, https://www.boersen-zeitung.de/esg-pro/diversitaet-ist-ein-business-imperativ (abgerufen am 29.8.2025).

4 *Maslo,* Springer Professional v. 18.6.2025, https://www.springerprofessional.de/nachhaltigkeit/transformation/der-omnibus-parkt-quer-auf-der-ueberholspur/51054926 (abgerufen am 29.8.2025).

5 Hierzu → Teil 1, Kap. 2.1 (*Flöter*), unter I.3.

werden könnte. Aber: wenn wir Nachhaltigkeit als Imperativ der Unternehmensführung verstehen, dann geht es „nicht um Häkchen für Brüssel, sondern um stabiles Wachstum, Resilienz und Zukunftsfähigkeit" unserer Wirtschaft in Europa.[6]

Die aktuellen Herausforderungen verdeutlichen die Systemkrise: Trotz Digitalisierung stagniert die Produktivität; der Rückgang des Mitarbeiterengagements kostete die Weltwirtschaft 2024 geschätzte 438 Milliarden USD.[7] Das liegt schlicht daran, dass weniger engagierte Arbeitskräfte sich nicht mehr so sehr für die Belange ihrer Arbeit und ihres Teams einsetzen oder sich nicht (mehr) in die nachhaltige, zukunftsgerichtete Entwicklung ihres Unternehmens einbringen. Digitaler Stress,[8] der sich u. a. durch zunehmende Entgrenzung, beschleunigte Arbeitsprozesse und auch Sorge um die persönliche und wirtschaftliche Anschlussfähigkeit äußert, trägt maßgeblich zu dieser Entwicklung bei. Dabei ist Stress nicht per se negativ: Es kommt auf das Vorhandensein von Bewältigungsstrategien („coping strategies") an. Die traditionellen Managementparadigmen, die Menschen primär als Ressourcen zur Optimierung betrachten, stoßen an ihre Grenzen. Was Unternehmen benötigen, ist eine fundamentale Neuausrichtung ihrer Beziehung zu Arbeitnehmern sowie weiteren Anspruchsgruppen.

Die Messbarkeitsproblematik sozialer Nachhaltigkeit verschärft das Problem zusätzlich. Während Finanzkennzahlen wie „Cash Flow" oder Deckungsbeiträge präzise erfasst und akribisch überwacht werden, halten laut einer Studie nur 19 % der befragten Führungskräfte soziale Key Performance Indicators (KPIs) für verlässlich.[9] Diese Diskrepanz zwischen der proklamierten Bedeutung sozialer Nachhaltigkeit, der hinreichend verfügbaren Kodifizierung von Kennzahlen bspw. durch die European Financial Reporting Advisory Group (EFRAG)[10] oder die Global Reporting Initiative (GRI)[11] einerseits, und ihrer mangelhaften Operationalisierung andererseits offenbart eine zentrale Schwäche vieler ESG -Strategien: Sie bleiben in der

6 *Maslo*, Springer Professional v. 18.6.2025 (Fn. 4).

7 Gallup, State of the Global Workplace: 2025 Report (Fn. 1).

8 *Bausch,* Digitaler Stress – Schattenseite der neuen Arbeitswelt.

9 *Cantrell/Fisher/Stephane/Flynn/Fields/Van Durme*, Deloitte Insights v. 5.2.2024, https://www.deloitte.com/us/en/insights/topics/talent/human-capital-trends/2024.html#when-people-thrive-business-thrives (abgerufen am 29.8.2025).

10 Die EFRAG ist ein im Jahr 2001 gegründeter Verein, der die Europäische Kommission bei der Ausgestaltung der International Financial Reporting Standards (IFRS) unterstützen soll, https://www.efrag.org/en/about-us (zuletzt abgerufen am 29.8.2025).

11 Die GRI ist eine unabhängige und gemeinnützige internationale Organisation, die sich für die Definition und Weiterentwicklung globaler Best Practices für die Nachhaltigkeitsberichterstattung einsetzt, https://www.globalreporting.org/ (zuletzt abgerufen am 29.8.2025).

Rhetorik verhaftet, ohne in den Augen des Top-Managements substantielle Veränderungen zu bewirken.

Alex Edmans These vom „Ende von ESG“ bietet eine Alternative zur vorherrschenden Polarisierung. Er argumentiert, dass ESG weder auf ein Podest gestellt noch verteufelt werden sollte, sondern als integraler Bestandteil langfristiger Wertschöpfung verstanden werden muss.[12] Die Herausforderung für HR-Verantwortliche und Unternehmensführungen besteht somit in einer doppelten Aufgabe: Sie müssen soziale Nachhaltigkeit nicht nur gegen operative Widerstände im Unternehmen durchsetzen, sondern auch gegen externe politische Strömungen verteidigen. Dies erfordert eine neue Qualität der Argumentation, die den geschäftlichen und gesellschaftlichen Mehrwert sozialer Nachhaltigkeit evidenzbasiert aufzeigt.

II. Strategisches Grundverständnis sozialer Nachhaltigkeit: Integration Business, Gesellschaft, Umwelt

Die Zukunft nachhaltiger Unternehmensführung liegt nicht in der Addition separater Nachhaltigkeitsinitiativen, sondern in der systemischen Integration von Business, Gesellschaft und Umwelt. Dieser „Drei-Horizonte-Ansatz“ verdeutlicht die gegenseitige fundamentale Abhängigkeit: Ohne intakte Umwelt gibt es keine funktionierende Gesellschaft, ohne funktionierende Gesellschaft kein nachhaltiges Geschäft. Unsere physische Umwelt mit ihren grundlegenden Ressourcen muss denklogisch der Rahmen sein, innerhalb dessen ein Wirtschaften überhaupt erst möglich ist. Dabei geht es nicht nur um die nachhaltige Bewirtschaftung der Ressourcen selbst, wie dies bspw. bei der Frage nachhaltiger Forstwirtschaft der Fall ist, sondern auch um die Lebens- und Infrastrukturbedingungen, die eine wirtschaftliche Tätigkeit voraussetzen muss. Ebenso verhält es sich mit dem Horizont der Gesellschaft, der denklogisch dem Business-Horizont vorausgehen muss. Denn nur durch nachhaltig leistungsfähige und qualifizierte Erwerbspersonen auf der einen[13] und die Anschlussfähigkeit an Verbraucher und andere Stakeholdergruppen auf der anderen Seite kann ein Geschäftsbetrieb geführt und aufrechterhalten werden. Diese vermeintlich simple Erkenntnis erfordert jedoch eine radikale Neuausrichtung unternehmerischen Denkens und Handelns.

---

12 *Edmans,* Financial Management 2023, 52, 1, 3-17.

13 *Dettmers,* Die große Arbeiterlosigkeit – Warum eine schrumpfende Bevölkerung unseren Wohlstand bedroht und was wir dagegen tun können.

Was *John Elkington* 1997 als „Triple Bottom Line" formulierte – die gleichwertige Berücksichtigung von „People", „Planet" und „Profit" – hat sich als zu mechanistisch erwiesen. *Elkingtons* eigene Revision seines Konzepts im Jahr 2018 markiert einen wichtigen Wendepunkt: Nach 25 Jahren musste er feststellen, dass viele Unternehmen die Triple Bottom Line als „Buchhaltungsinstrument" interpretierten, statt sie als Anstoß für systemischen Wandel zu nutzen.[14] Die mechanistische Balance dreier separater Säulen greift zu kurz. Stattdessen benötigen wir ein integriertes Verständnis der wechselseitigen Abhängigkeiten zwischen wirtschaftlichem Erfolg, gesellschaftlicher Stabilität und ökologischer Integrität. Das Konzept des „Common Good HRM" markiert dementsprechend einen Paradigmenwechsel in der Personalarbeit.[15] Im Gegensatz zum traditionellen „Strategic Human Resource Management" (HRM), das primär auf organisationale Wirksamkeit und strategische Ausrichtung von HR abzielt, nimmt Common Good HRM eine „outside-in" Perspektive ein.

HR wird nicht länger als (ausschließlich) intern wirksame Funktion verstanden, sondern als Katalysator für die Bewältigung gesellschaftlicher Herausforderungen, die eine Relevanz für das Geschäftsmodell des jeweiligen Unternehmens haben. Dieser Ansatz stellt gesellschaftliche Verantwortung, Legitimität und die Schaffung geteilter Werte in den Mittelpunkt. Die theoretische Fundierung dieses neuen Paradigmas erfolgt durch die Integration dreier etablierter Modelle: Das „Job Demands-Resources" Modell erklärt, wie nachhaltige HR-Praktiken die Balance zwischen Arbeitsanforderungen und verfügbaren Ressourcen verbessern. Die „Signaling Theory" zeigt, wie Unternehmen durch authentische Nachhaltigkeitspraktiken positive Signale an verschiedene relevante Stakeholdergruppen senden. Paradox-theoretische Ansätze schließlich bieten Werkzeuge zum Management der Spannungen zwischen Profitabilität und sozialer Verantwortung. Mit Blick auf die angeführte Signalwirkung eines Common Good HRM ist noch das Konzept des „Organizational Citizenship Behavior" (OCB) zu ergänzen. *Dennis W. Organ* et al. zeigen, dass freiwilliges Engagement über die formalen Arbeitsanforderungen hinaus (also sog. „extra-role performance") entscheidend für organisationale Wirksamkeit ist.[16] OCB manifestiert sich in gegenseitiger Unterstützung, proaktiver Problemlösung und der Bereitschaft, zum

---

14 *Elkington,* Harvard Business Review v. 25.6.2018, https://hbr.org/2018/06/25-years-ago-i-coined-the-phrase-triple-bottom-line-heres-why-im-giving-up-on-it (abgerufen am 29.8.2025).

15 *Aust/Matthews/Müller-Camen,* Human Resource Management Review 2020, Vol. 30, Issue 3.

16 *Organ/Podsakoff/MacKenzie,* Organizational Citizenship Behavior: Its Nature, Antecedents, and Consequences.

Gemeinwohl beizutragen – eine wichtige Überschneidung mit dem bereits oben erwähnten Konstrukt des „Engagement".[17]

Dieser neue Blick auf Personalarbeit hat seine theoretischen Voraussetzungen in der Neuinterpretation von Unternehmensführung. *Michael E. Porter* und *Mark R. Kramer* prägten mit ihrem Konzept des „Creating Shared Value" eine neue Denkweise über die Beziehung zwischen wirtschaftlichem und gesellschaftlichem Erfolg. Ihre zentrale These: ESG ist kein Kostenfaktor, sondern eine Investition in langfristige Wettbewerbsvorteile. Unternehmen, die gesellschaftliche Herausforderungen als Geschäftschancen begreifen, erschließen neue Märkte, fördern Innovation und reduzieren Risiken.[18] Besonders aufschlussreich für die Verknüpfung dieser Interpretation von Unternehmensführung mit dem HR-Management ist der sog. „Serial Mediation Mechanism": Nachhaltige HR-Praktiken führen nicht direkt zu besserer Performance, sondern wirken über Zwischenstufen. Sie stärken zunächst die Resilienz der Arbeitnehmer, was zu höherem Engagement führt und sich wiederum in verbesserter Leistung niederschlägt.[19] Diese Kausalkette liefert HR-Verantwortlichen erstmals eine wissenschaftlich fundierte Argumentationsgrundlage für Investitionen in soziale Nachhaltigkeit. Und sie belegt, dass nachhaltiges HRM (mittelbar) einen Beitrag zum Unternehmenserfolg liefert.

Die Differenzierung zwischen „Strategic HRM" und „Sustainable HRM" verdeutlicht den qualitativen Sprung.[20] Nach *Kramar* lässt sich nachhaltiges HR-Management als eine Summe von sechs Charakteristika beschreiben. Es (1) erkennt Spannungen zwischen organisationalen Zielen an, (2) fokussiert sich wesentlich auf (individuelle und organisationale) Kompetenzentwicklung, (3) betrachtet sowohl positive als auch negative Auswirkungen („Outcomes" und Externalitäten) von HR-Maßnahmen, (4) richtet seine Aufmerksamkeit auf die Entwicklung passender HR-Programme, (5) kommuniziert explizit ethische Werte und (6) entwickelt spezifische Metriken für soziale und ökologische Veränderungen.[21] Diese sechs Unterscheidungsmerkmale markieren den Weg von einem instrumentellen zu einem transformativen Verständnis von Personalarbeit.

Die aktuelle politische Kontroverse um Sinn und Umfang der ESG-Regulierung unterstreicht die Dringlichkeit dieser Entwicklung. Entgegen den aktuell wechselhaften oder zu zaghaften politischen Prioritäten sollte für Top-Manager klar sein: die Integration von Business, Gesellschaft und Um-

---

17 Gallup, State of the Global Workplace: 2025 Report (Fn. 1).

18 *Porter/Kramer,* Harvard Business Review 2006, 89, 1/2, 62-77.

19 *Lu/Zhang/Yang/Wang,* Human Resource Management 2023, 62, 3, 331-353.

20 *Kramar,* International Journal of Human Resource Management 2014, 25, 8, 1069-1089.

21 *Kramar,* Asia Pacific Journal of Human Resources 2022, 60, 146-170.

welt ist keine akademische Fingerübung, sondern überlebenswichtige Notwendigkeit. Soziale Nachhaltigkeit ist weder nur eine Reporting-Pflicht noch ein philanthropisches Projekt, sondern harter ökonomischer Imperativ. Unternehmen, die diese Realität anerkennen und ihre Strategien entsprechend ausrichten, werden die Gewinner der sich vollziehenden Transformation sein. Im Folgenden widmen wir uns mit der „Employee Journey" nun ihrem zentralen Gestaltungsfeld.

III. Die Employee Journey als systemischer Rahmen für soziale Nachhaltigkeit

Die Employee Journey bildet den idealen Operationalisierungsrahmen für die im vorhergehenden Abschnitt ausgeführten theoretischen Grundlagen sozialer Nachhaltigkeit. Sie transformiert die abstrakte Common Good HRM-Perspektive in konkrete, erlebbare Praktiken entlang aller Berührungspunkte zwischen Individuum und Organisation. Auch *Voß* und *Württemberger* betonen, dass Vielfalt als Kernprinzip im gesamten Lifecycle verankert werden muss, d. h. als durchgängiger, personalpolitischer Bezugspunkt, und nicht punktuell in einzelnen Praktiken wie bspw. der gerechten Vergütung.[22] Dass damit auch ein erwünschtes, konsistentes Mindset in der Führung der gesamten Organisation erlebbar werden soll, ist ein zentraler, systemischer Wirkhebel. Dieser systemische Ansatz überwindet die Fragmentierung traditioneller HR-Praktiken und schafft die Kohärenz, die für eine authentische Umsetzung des Drei-Horizonte-Modells erforderlich ist.

1. Theoretische Fundierung: Von der Journey zur Transformation

Die Employee Journey als Nachhaltigkeitsrahmen basiert auf der Erkenntnis, dass soziale Nachhaltigkeit nur durch systemische Integration verwirklicht werden kann. Das „Flourishing-at-Work Framework" bietet hierfür die wissenschaftliche Grundlage: Die drei Dimensionen (1) psychologisches Well-Being (Autonomie, Kompetenz, Verbundenheit, Sinn, Engagement, Lernen), (2) emotionales Well-Being (Arbeitszufriedenheit, positive Emotionen, geringe negative Affektion) und (3) soziales Well-Being (Beitrag, Integration, Selbstverwirklichung, Akzeptanz, Kohärenz) müssen entlang der gesamten Employee Journey systematisch gefördert werden.[23] Mit dem

---

22 *Voß/Württemberger*, Vielfalt im Employee Lifecycle – Diversity Management in HR-Prozessen.

23 *Rothmann,* in: Wissing, Well-being research in South Africa: Cross-cultural advances in positive psychology, 12-152.

Ansatz wird auf der bekannten epochalen Forschung von *Martin Seligman* zur positiven Psychologie[24] und dem Begriff des „Flourishing" aufgebaut, der auch bereits erfolgreich auf den Bereich der Personalführung sowohl in Wissenschaft und Praxis übertragen[25] wurde. Das Konzept des „Flourishing" – wörtlich „Aufblühens" – richtet sich dabei auf die Untersuchung des optimalen Fühlens und Funktionierens, hier konkret auf den Arbeitskontext bezogen. Ziel war es, über rein pathologische Sichtweisen (Stress, Burn-out etc.) hinauszugehen und einen mehrdimensionalen Blick auf das positive Erleben und Verhalten von Beschäftigten zu eröffnen. Als weitere Ansätze in jüngerer Vergangenheit ist bspw. das auf psychologisches Empowerment gerichtete „New-Work" Verständnis[26] zu nennen. Mit dem sogenannten Serial Mediation Modell haben wir bereits die kausale Wirkungskette kennengelernt. Die Employee Journey wird damit zum zentralen Vehikel für die Umsetzung der Common Good HRM-Prinzipien: der Outside-in-Perspektive, fairer Beschäftigungsverhältnisse, partizipativer Entscheidungsfindung und der Geltung menschlicher Grundbedürfnisse.

Diese Perspektive wird um eine praxisorientierte Dimension erweitert: Nachhaltiges HR-Management erfordert die systematische Integration sozialer Verantwortung in alle HR-Kernfunktionen. Dafür müssen zentrale HR-Elemente identifiziert werden, die besondere Relevanz für Nachhaltigkeit haben.[27] Die Employee Journey erweist sich als Gestaltungsrahmen besonders geeignet, weil sie die zeitliche Kontinuität und die Kohärenz der Nachhaltigkeitsbemühungen sicherstellt. Die identifizierten Erfolgsfaktoren – strategische Verankerung, Stakeholder-Integration und systematische Kompetenzentwicklung – finden in der Employee Journey ihre natürliche Anwendung.

2. Lebensphasenorientierung und systemische Outcomes als Nachhaltigkeitsprinzip

Die Integration lebensphasenorientierter Ansätze in die Employee Journey verkörpert das Prinzip der „Human Sustainability"[28] im Gegensatz zur traditionellen „Human Resource"-Sichtweise. Mit „Resources" sind richtiger-

24 *Seligman,* Flourish: A new understanding of happiness and well-being – and how to achieve them.

25 *Ebner,* Positive Leadership – Leading successfully with PERMA-Lead: The five keys to high performance.

26 *Schermuly,* New Work – gute Arbeit gestalten. Psychologisches Empowerment von Mitarbeitenden.

27 *Fischer/Eireiner/Weber,* Nachhaltiges HR-Management.

28 *Ternès von Hattburg/Schmidt,* in: Kilian/Gutmann, People Sustainability. Partizipation, Wertschätzung, Purpose, 13-27.

weise sämtliche körperlichen, kognitiven, mentalen, sozialen, finanziellen und spirituellen Ressourcen gemeint, die Arbeitnehmer in die Arbeit einbringen.[29] Die konzeptionelle und theoretische Verbindung zum oben erwähnten „Flourishing“ im Arbeitskontext ist offenkundig. Die Verankerung von Vielfalt als Kernprinzip im gesamten Employee Lifecycle erkennt mithin auch an, dass Menschen in unterschiedlichen Lebensphasen verschiedene Bedürfnisse haben: von der Berufseinstiegsphase über Care-Verantwortung bis zur späten Karriere.

Studien zur Person-Environment-Fit-Theorie zeigen, dass die Passung zwischen individuellen Bedürfnissen und organisationalen Angeboten der entscheidende Faktor für langfristige Mitarbeiterbindung und Leistungsfähigkeit ist. Die Employee Journey als Nachhaltigkeitsrahmen operationalisiert diese Erkenntnis durch adaptive Maßnahmenbaukästen, die den unterschiedlichen Bedürfnissen in verschiedenen Lebensphasen und Alterskohorten gerecht werden.[30] *Ternès von Hattburg* und *Schmidt* konkretisieren diese Perspektive durch ihre Analyse nachhaltiger Personalführung als Balanceakt zwischen Nutzung und Erhaltung menschlicher Ressourcen.[31] Ihre Konzeption der „Workability“ und „Employability“ als zentrale Zielgrößen findet in der lebensphasenorientierten Employee Journey ihre praktische Umsetzung: Die HR-Praktiken in jeder Phase der Employee Journey müssen sowohl die aktuelle Leistungsfähigkeit als auch die langfristige Beschäftigungsfähigkeit der Arbeitnehmer fördern.

Ein wesentliches Argument für die Integration sozialer Nachhaltigkeit in die Employee Journey liegt in den (positiven) systemischen Outcomes, die sowohl das Unternehmenssystem als auch das Gesamtsystem aus Business, Gesellschaft und Umwelt betreffen. *Kramar* identifiziert als drittes ihrer sechs Charakteristika von Sustainable HRM die Notwendigkeit, „sowohl positive als auch negative Outcomes von HRM-Aktivitäten anzuerkennen“.[32] Diese Awareness für Externalitäten (um einen Begriff aus der Volkswirtschaft zu verwenden) erkennt an, dass jede HR-Praktik oder -Policy verschiedene Arten von Outcomes produziert: erwünschte und intendierte, erwünschte aber nicht beabsichtigte sowie unerwünschte Wirkungen (wiederum bewusst intendiert oder nicht). Ein anschauliches Beispiel verdeutlicht diese komplexe Wirkungslogik: Der Fokus auf nachhaltige Rekrutierung in der Employee Journey kann bspw. die Partizipation von Frauen oder

---

29 *Sadowski/Bolz/Harrer*, HR Reinvented: 20 Zukunftsperspektiven auf Personal, Organisation und Kultur.

30 *Behrens/Eitner*, European Institute of Public Administration – EIPA v. 28.9.2020, https://www.eipa.eu/de/blog-de/generationenmanagement-demografie-diversitat-und-digitalisierung-in-der-offentlichen-verwaltung-gestalten-2020/ (abgerufen am 29.8.2025).

31 *Ternès von Hattburg/Schmidt*, Human Sustainability Management.

32 *Kramar*, Sustainable human resource management: Six defining characteristics.

Menschen mit Migrationsgeschichte erhöhen. Dies wirkt für das Unternehmen als effektive Maßnahme gegen den Fachkräftemangel (organisationales System), entfaltet aber gleichzeitig gesellschaftlich aus cross-sektoraler Sicht erwünschte (externe) Wirkungen im Bereich der Chancengleichheit (Gesamtsystem). Diese doppelte Wertschöpfung exemplifiziert das Konzept der „Shared Value Creation“[33] in der praktischen HR-Arbeit.

Mit dem sog. „Input-Output-Outcome-Impact“ Framework (I-O-O-I Framework) liegt zudem eine strukturierte Perspektive auf diese systemischen Wirkungen vor: Inputs (Ressourcen, Kompetenzen, Werte) fließen in die Employee Journey-Gestaltung ein, generieren Outputs (konkrete HR-Praktiken), die zu Outcomes (Veränderungen bei Arbeitnehmern und im Unternehmen) und schließlich zu gesellschaftlichen Impacts (systemische Veränderungen) führen.[34] Diese Kausalkette macht deutlich, dass eine nachhaltige Gestaltung der Employee Journey weit über die organisationalen Grenzen hinaus wirkt.

3. Die Virtuous Organization als systemisches Zielmodell

Das Konzept der „Virtuous Organization“ bietet einen theoretischen Rahmen für das Verständnis dieser systemischen Outcomes.[35] *Redín* et al. zeigen auf, dass sich organisationale Tugendhaftigkeit durch zwei zentrale Eigenschaften charakterisiert: den „Amplifying Effect“ und den „Buffering Effect“. Der Amplifying Effect erzeugt selbstverstärkende Aufwärtsspiralen in Folge tugendhaften Verhaltens: Wenn Arbeitnehmer bei anderen werteorientiertes Verhalten zu Gunsten des Gemeinwohls beobachten, wirkt dies als ein Verhaltensimpuls („nudge“), ähnlich zu handeln. Der Buffering Effect schafft Resilienz und Robustheit gegen negative Einflüsse auf individueller und Gruppenebene.[36] Diese Effekte manifestieren sich konkret in der Employee Journey: Nachhaltige Onboarding-Praktiken, die psychologische Sicherheit fördern, schaffen nicht nur bessere Arbeitsbedingungen für neue Arbeitnehmer, sondern generieren durch den Amplifying Effect eine organisationsweite Kultur der Offenheit und des Vertrauens. Der Buffering Effect zeigt sich darin, dass Organisationen mit ausgeprägter Tugendhaftigkeit besser gegen Krisen wie Personalanpassungen oder externe Schocks gewappnet sind.

Meyer betont, dass Virtuous Organizations charakteristisch „doing good and doing well“ praktizieren: Sie erzielen sowohl hervorragende finanzielle

33 *Porter/Kramer,* Creating Shared Value.

34 *Griniece/Angelis/Reid/Vignetti/Catalano/Helman/Barberis Rami/Kroll,* Guidebook for Socio-Economic Impact Assessment of Research Infrastructures.

35 *Cameron,* in: Cameron/Dutton/Quinn, Positive Organizational Scholarship – Foundations of a new discipline, S. 48-65.

36 *Redín/Meyer/Rego,* Frontiers in Psychology 2023, 13.

Performance als auch positive gesellschaftliche Wirkungen.[37] Diese Dualität entspricht der Common Good HRM-Logik, die sowohl Unternehmenserfolg als auch gesellschaftlichen Beitrag anstrebt. Die Employee Journey wird damit zum zentralen Vehikel für die Transformation zur Virtuous Organization. Die positiven systemischen Effekte einer nachhaltigen Employee Journey-Gestaltung erstrecken sich somit über drei Ebenen: die individuelle Ebene (verbesserte Workability und Employability), die organisationale Ebene (höhere Resilienz und Performance durch Buffering und Amplifying Effects) und die gesellschaftliche Ebene (Beitrag zu sozialer Gerechtigkeit und nachhaltiger Entwicklung). Diese Mehrebenen-Wirkung macht deutlich, warum die Employee Journey als Nachhaltigkeitsrahmen nicht nur ein unternehmerischer, sondern auch ein gesellschaftlicher Imperativ ist.

4. Die Journey-Phasen als integrierte Nachhaltigkeitsfelder

a) Recruiting und Onboarding

Die Rekrutierungsphase etabliert die Basis für nachhaltige Beschäftigungsverhältnisse durch die systematische Integration von Common Good HRM-Prinzipien. Werte- und skillbasierte Auswahlverfahren und ESG-kompatible (also vor allem biassensible) Assessment-Prozesse sichern nicht nur die fachliche Qualifikation, sondern auch die Passung zu Nachhaltigkeitswerten. *Stephan Fischer* et al. betonen die Notwendigkeit, soziale Verantwortung bereits in der Personalauswahl zu verankern: Recruiting-Prozesse müssen transparent, fair und diversitätsorientiert gestaltet werden.[38] Dies beginnt nach *Voß* und *Württemberger* bereits beim Personalmarketingauftritt und der Stellenausschreibung: Schon der Einsatz von agentischer statt kommunaler Sprache kann dazu führen, dass gar kein vielfältiger Pool an Bewerbern für die Personalauswahl zur Verfügung steht. Fehlende Repräsentation im Bewerberpool lässt sich im Recruitingprozess nicht mitigieren.[39]

Die DGFP-Zukunftsstudie 2024 identifiziert skillbasierte Organisationsansätze als zentrales Element zukunftsfähiger HR-Strategien. Kompetenzbasierte Personalplanung ersetzt traditionelle lebenslauf-basierte Frameworks und schafft Raum für nicht-lineare Karrierewege.[40] Diese Entwicklung korrespondiert mit den Common Good HRM-Prinzipien der fairen Beschäfti-

---

37 *Meyer,* Journal of Business Ethics 2018, Vol. 153, Issue 2, 245-264.

38 *Fischer/Eireiner/Weber*, Fischer/Eireiner/Weber, Nachhaltiges HR-Management (Fn. 27).

39 *Voß/Württemberger*, Vielfalt im Employee Lifecycle – Diversity Management in HR-Prozessen.

40 Deutsche Gesellschaft für Personalführung e. V., HR-Zukunftsstudie 2024, https://www.dgfp.de/über-uns/hrm-der-zukunft/download-der-hr-zukunftsstudie-2024 (abgerufen am 29.8.2025).

gungsverhältnisse und der Partizipation: Skillbasierte Auswahl reduziert strukturelle Benachteiligungen und fördert echte Chancengleichheit. Das Onboarding fungiert als kritischer Moment für die Vermittlung der Common Good HRM-Orientierung. Frühzeitige Sinnvermittlung und die Einbindung in Nachhaltigkeitsziele schaffen Identifikation mit dem pluralistischen Zweckbegriff des Common Good HRM im Unternehmen. Der systematische Aufbau psychologischer Sicherheit[41] als Grundlage für das Flourishing-at-Work Framework wird bereits in dieser Phase gelegt.

b) Personal- und Organisationsentwicklung

In der PE & OE kann insbesondere der Ansatz der „Inner Development Goals“ (IDGs) als wissenschaftlich fundierte Grundlage für nachhaltige Kompetenzentwicklung operationalisiert werden. Die fünf IDG-Dimensionen (Sein, Denken, Beziehung, Zusammenarbeit, Handeln) können systematisch in Kompetenzmodelle integriert und durch Programme zur Entwicklung von Purpose, Resilienz und DEI-Kompetenz umgesetzt werden. Dies hat auf globaler Ebene erstmals IKEA konzernweit umgesetzt.[42] *Kramar* identifizierte „Capability Development“ als zweites Charakteristikum von Sustainable HRM: Die Entwicklung menschlicher und organisationaler Kompetenzen als wesentliches Outcome von HR-Prozessen geht über traditionelle Kompetenzansätze hinaus und fokussiert die Schaffung nachhaltiger organisationaler Fähigkeiten.[43] Diese Perspektive korrespondiert mit der IDG-Logik, die individuelle Entwicklung als Voraussetzung für die Bewältigung gesellschaftlicher Herausforderungen versteht.

Die DGFP-Zukunftsstudie identifiziert mehrere zentrale Entwicklungen für die Personalarbeit: Kompetenzbasierte Ansätze ersetzen zunehmend traditionelle stellenbezogene Frameworks. Kollaborative und selbstorganisierte Führungsmodelle entwickeln sich zu zentralen Trends, die den Common Good HRM-Prinzipien der demokratischen Partizipation entsprechen. Zudem zeigt die Studie, dass sensibles Personalmanagement kulturelle Vielfalt, Gesundheitsprogramme und individuelle Karriereplanung als integrierte Elemente verstanden werden müssen.[44] Diese Entwicklung korrespondiert mit der Entstehung humanzentrierter Organisationen, die sich durch individualisierte Personalentwicklung auszeichnen. Diese Individualisierung entspricht dem Common Good HRM-Grundsatz, Menschen als Träger individueller Potenziale zu verstehen, nicht als standardisierte Ressourcen.

---

41 *Edmondson,* Administrative Science Quarterly 1999, 44, 2, 350-383.

42 Inner Development Goals, Resources, https://www.innerdevelopmentgoals.org/resources (abgerufen am 29.8.2025).

43 *Kramar*, Sustainable human resource management: Six defining characteristics (Fn. 32).

44 Deutsche Gesellschaft für Personalführung e.V., HR-Zukunftsstudie 2024, (Fn. 40).

Eine weitere Möglichkeit der praktischen Umsetzung der IDG-Integration demonstriert ein Pilotprojekt bei einer öffentlich-rechtlichen Großbank.[45] Das „IDG Foundation Program" fungierte hier als digitaler Lernpfad für rund 50 Top-Führungskräfte. Die wissenschaftliche Evaluation nach *Kirkpatrick* zeigte bemerkenswerte Ergebnisse: 95 % der Teilnehmer bewerteten die Inhalte als relevant für ihre Führungsrolle, wobei 67 % die Dimension „Sein" (Selbstbewusstsein, innerer Kompass, Authentizität) als prioritär einstuften. Diese empirische Evidenz unterstreicht die Praxistauglichkeit der IDG-Integration in nachhaltige Entwicklungsprogramme.

c) Engagement und Performance Management

Die Förderung von Organizational Citizenship Behavior, Engagement und psychologischem Empowerment bildet den Kern der Gestaltung eines nachhaltigen Performance-Managements. OCB manifestiert sich in freiwilligem Engagement über die formalen Arbeitsanforderungen hinaus. Das PERMA-Modell[46] bietet einen wissenschaftlich fundierten Rahmen für die systematische Förderung von Engagement durch die Förderung der fünf Aspekte: „Positive emotions, Engagement, Relationships, Meaning, Achievement".[47]

Die DGFP-Zukunftsstudie 2024 identifizierte kollaborative und selbstorganisierte Führungsmodelle als zentrale Trends.[48] Diese Entwicklung korrespondiert mit den Common Good HRM-Prinzipien der demokratischen Partizipation und der Dezentralisierung von Entscheidungsmacht, worin sich bereits eine wesentliche Schnittstelle des „S" zum „G" im ESG-Begriff offenbart.[49] Selbstorganisierte Teams und crossfunktionale Zusammenarbeit fördern OCB als natürliche Folge geteilter Verantwortung. *Fischer* et al. betonen die Bedeutung systematischer Kompetenzentwicklung für nachhaltige Performance.[50] Die Integration von Nachhaltigkeitskompetenzen in Leistungsmessung und -bewertung schafft Anreize für gemeinwohlorientiertes Handeln.

---

45 *Harrer/Reckhenrich/Nebelung/Sadowski,* in: Kilian/Gutmann, People Sustainability, S. 171-186.

46 *Seligman,* Flourish: A new understanding of happiness and well-being – and how to achieve them.

47 *Ebner,* Positive Leadership – Leading successfully with PERMA-Lead: The five keys to high performance.

48 Deutsche Gesellschaft für Personalführung e. V., https://www.dgfp.de/über-uns/hrm-der-zukunft/download-der-hr-zukunftsstudie-2024 (abgerufen am 29.8.2025).

49 Zur weiteren Bedeutung im Sinne der Governance und Unternehmensführung vgl.: *Sadowski/Bolz/Harrer,* HR Reinvented: 20 Zukunftsperspektiven auf Personal, Organisation und Kultur.

50 *Fischer/Eireiner/Weber,* Nachhaltiges HR-Management (Fn. 27).

Eine zeitgemäße Ausgestaltung von Performance Management erfordert ein neues Verständnis von Leistung; nicht als isolierbare Eigenschaft einzelner Personen oder „Leistungsträger", sondern als Ergebnis komplexer sozialer und organisationaler Wechselwirkungen. In einem aktuellen Beitrag zur Leistungsdebatte wird betont, dass nachhaltige Höchstleistung dort entsteht, wo individuelle Kompetenz, teambezogene Dynamiken (wie psychologische Sicherheit) und strukturelle Rahmenbedingungen synergetisch zusammenwirken.[51] In diesem Kontext gewinnen netzwerkartige Arbeitsformen und agile Teamstrukturen an Bedeutung – insbesondere dann, wenn neue Technologien wie Künstliche Intelligenz (KI) in den Arbeitsalltag integriert werden. KI wirkt dabei nicht nur als Tool zur Effizienzsteigerung, sondern als eine Art „kybernetischer Kollege" für kollaboratives Lernen und interdisziplinäre Zusammenarbeit. Damit verschiebt sich auch die Rolle von HR: Weg vom klassischen „Performance Management" als Kontroll- und Bewertungsinstanz, hin zum „Performance Enablement",[52] das Lernräume schafft, Teamleistung fördert und die Bedingungen für organisationale Leistung gezielt gestaltet.

d) Wellbeing und Gesundheit

Die Gesundheitsförderung als Employee-Journey-Element[53] integriert die drei Dimensionen des Flourishing-at-Work Frameworks in konkrete Maßnahmen. Psychologische Sicherheit als zentraler Gesundheitsfaktor wird durch systematische Stressprävention und Resilienzaufbau gestärkt. Der Paradigmenwechsel von Work-Life-Balance zu Work-Life-Integration trägt der zunehmenden Verschmelzung von Lebensbereichen Rechnung und eröffnet flexible Modelle, die unterschiedliche Lebensphasen und Bedürfnisse adressieren. Auch *Ternès von Hattburg* und *Schmidt* konzeptualisieren nachhaltige Personalführung als gesundheitsorientierte Führung, die Workability und Employability als zentrale Zielgrößen verfolgt. Führungskräfte übernehmen dabei eine doppelte Verantwortung: Zum einen in der aktiven Gestaltung der Balance zwischen Nutzung und Erhaltung menschlicher Ressourcen, zum anderen im achtsamen Umgang mit der eigenen (mentalen) Gesundheit[54] – ein entscheidender Faktor, um die Prinzipien eines Common Good HRM glaubwürdig vorzuleben.[55]

Wellbeing-Programme dürfen sich jedoch nicht auf individuelle Maßnahmen beschränken, sondern müssen in strukturelle Veränderungen der Arbeits-

---

51 *Harrer,* Human Resources Manager 2025, 4.

52 *Sadowski/Bolz/Harrer*, HR Reinvented: 20 Zukunftsperspektiven auf Personal, Organisation und Kultur (Fn. 49).

53 Dazu detailliert → Teil 1 Kap. 2.5 (*Klingmann/Uenning/Schmidtbleicher-Lück*), unter IV.

54 *Ternès von Hattburg/Schmidt,* Human Sustainability Management.

55 *Fischer/Eireiner/Weber*, Nachhaltiges HR-Management (Fn. 27).

organisation eingebettet sein – im Sinne fairer Beschäftigungsverhältnisse und einer sozial nachhaltigen Unternehmensführung. Vor diesem Hintergrund stellt betriebliche Gesundheitsförderung ein zentrales Gestaltungsfeld für soziale Nachhaltigkeit dar, wie eingangs anhand der steigenden Fehlzeiten durch psychische Erkrankungen und digitalen Stress skizziert. Wesentliche Indikatoren in den (aktuell geltenden)[56] Reporting Standards nach ESRS – etwa aus den Bereichen „Own Workforce“ oder „Working Conditions“ – adressieren explizit diese Themen und unterstreichen ihre strategische Relevanz im ESG-Kontext. Ein wichtiger konzeptioneller Bezugspunkt ist insofern das Modell der „Salutogenese“,[57] das den Fokus nicht auf Risikovermeidung, sondern auf die Förderung gesundheitlicher Schutzfaktoren legt. Im Betrieblichen Gesundheitsmanagement (BGM) bedeutet dies die gezielte Stärkung von Kohärenzgefühl, Selbstwirksamkeit und sozialen Ressourcen – also genau jenen Faktoren, die auch mit Engagement, psychologischer Sicherheit und organisationaler Resilienz korrelieren.

e) Trennungs- und Alumni-Management

Eine tief verinnerlichte Praktik der nachhaltigen Personalanpassung – wann immer diese unternehmerisch erforderlich sein sollte – verkörpert die Common Good HRM-Prinzipien durch faire, transparente und ressourcenorientierte Trennungsgestaltung.[58] Die Verantwortung für berufliche Neuorientierung zeigt sich in Outplacement- und Coaching-Angeboten, die dem Grundsatz folgen: „Companies can‘t offer you employment forever, but they should make you employable forever“[59].

Fischer et al. betonen die Stakeholder-Perspektive nachhaltiger HR-Praktiken: Auch ehemalige Arbeitnehmer bleiben relevante Stakeholder, deren Wohlergehen und weitere berufliche Entwicklung im Unternehmensinteresse liegt. Das Alumni-Management als integraler Bestandteil der Employee Journey schafft ein Netzwerk nachhaltiger Beziehungen, das über die formale Beschäftigung hinausgeht und somit Arbeit und Erwerbspersonen als Ökosystem denkt.[60] Auch die EFRAG-Standards konkretisieren die Verantwortung für die Own Workforce durch ESRS S1, das umfangreiche Berichtspflichten zu Personalpolitik, Trennungen, Fluktuation und Arbeitsbedingungen vorsieht. Während Alumni-Management nicht ausdrücklich im Standard genannt wird, ergeben sich indirekte Bezüge über Indikatoren wie Mitarbeiterfluktuation. Nachhaltige Alumni-Strategien er-

---

56 Hierzu → Teil 1, Kap. 2.1 (*Flöter*) unter I.3.

57 *Antonovsky,* Health Promotion International 1996, 11, 1, 11-18.

58 Dazu detailliert → Teil 1, Kap. 4.1 (*Walker*) unter III.

59 *Cantrell/Fisher/Stephane/Flynn/Fields/Van Durme*, Deloitte Insights v. 5.2.2024 (Fn. 9).

60 *Fischer/Eireiner/Weber*, Nachhaltiges HR-Management (Fn. 27).

weitern diesen regulatorisch impliziten Rahmen, indem sie langfristige Beziehungsstrukturen zur ehemaligen Belegschaft als strategischen Beitrag zur Common Good HRM-Prinzipien implementieren. Diese Perspektive der kontinuierlichen Beziehungsgestaltung schafft Wert für alle Beteiligten und stärkt die gesellschaftliche Legitimität der Organisation.

5. Systemische Integration und Messbarkeit nach EFRAG-Standards

Die Employee Journey als strategischer Nachhaltigkeitsrahmen erfordert eine belastbare Messarchitektur, die sowohl theoretisch fundiert als auch regulatorisch anschlussfähig ist. Im Zentrum der regulatorischen Anforderung steht das von der EFRAG kodifizierte Prinzip der doppelten Wesentlichkeit („Double Materiality"): Soziale Nachhaltigkeitsaspekte müssen sowohl im Hinblick auf ihre Auswirkungen auf Menschen und Gesellschaft („Impact Materiality") als auch im Hinblick auf ihre potenzielle finanzielle Relevanz für das Unternehmen („Financial Materiality") analysiert und berichtet werden. Die sektorenübergreifenden Standards ESRS S1 (und in erweitertem Bezugsrahmen S2) konkretisieren diese Anforderungen. Sie verpflichten Unternehmen zur Offenlegung qualitativer und quantitativer Informationen in Bereichen wie Diversität und Chancengleichheit, Beschäftigungsbedingungen einschließlich Work-Life-Balance, Gesundheits- und Arbeitsschutz, sozialem Dialog sowie Vereinigungs- und Tariffreiheit. Diese Kategorien lassen sich entlang der Phasen der Employee Journey abbilden und ermöglichen eine systematische Verbindung zwischen nachhaltiger HR-Praxis und regulatorischer Compliance.

Die aktuelle Omnibus-Initiative auf EU-Ebene zielt auf eine Optimierung der ESRS-Materialitätsanalyse ab, insbesondere im Hinblick auf eine stärkere Ausrichtung an finanzieller Wesentlichkeit. Mit einer stärkeren Fokussierung auf den Horizont „Business" durch Betonung der finanziellen Wesentlichkeit darf aber nicht die grundlegende Integration in die Horizonte „Gesellschaft" und „Umwelt" in Frage gestellt werden. Für Führungskräfte und HR-Verantwortliche ergibt sich daraus hingegen die Chance, bestehende Nachhaltigkeitsmaßnahmen gezielter an unternehmerischen Erfolgskriterien auszurichten – im Sinne der Frage: „Welche Maßnahmen bewegen tatsächlich die Nadel?" – und zwar mit Blick auf „Outcomes" und „Impacts", die messbare Mehrwerte unter einem pluralistischen Zweckbegriff schaffen.

Zur komplementären Erfassung nicht-finanzieller Erfolgsfaktoren bietet das Flourishing-at-Work Framework ein praxisnahes Konzept. Die systematische Erhebung psychologischen, emotionalen und sozialen Wohlbefindens entlang der Employee Journey ergänzt klassische Output-Kennzahlen um wirkungsorientierte Indikatoren, die insbesondere die Impact Materiality stützen. Eine hilfreiche Verbindung zu wirkungsorientierter Steuerung schafft hierbei das bereits oben eingeführte I-O-O-I-Framework. Dieses differenziert zwischen Inputs (z. B. Investitionen in Gesundheitsprogramme), Outputs (z. B. Teilnahmequoten), Outcomes (z. B. reduzierte Fehlzeiten oder höhere Mitarbeiterbindung) und übergreifenden Impacts (z. B. Produktivitätsfortschritte im gesamten Ökosystem durch erhöhte Partizipation an der Erwerbstätigkeit) und ermöglicht so eine strukturierte Verknüpfung zwischen Maßnahme und Wirkung. Die Integration qualitativer und quantitativer Ansätze schafft ein mehrdimensionales Bild sozialer Nachhaltigkeit, das den EFRAG-Anforderungen der Vollständigkeit und Vergleichbarkeit entspricht.

Elaine Cohen et al. betonen die Bedeutung internationaler Rahmenwerke für die Standardisierung nachhaltiger HR-Praktiken. Die GRI, die „Global Compact"-Prinzipien der Vereinten Nationen und die OECD-Leitlinien für multinationale Unternehmen[61] bilden die Grundlage für die Entwicklung EFRAG-konformer Messsysteme.[62] Die Employee Journey als Nachhaltigkeitsrahmen strukturiert diese komplexen Anforderungen in handhabbare Messeinheiten. Sie schafft die Kohärenz, die für authentische Transformation erforderlich ist. Sie operationalisiert die theoretischen Grundlagen des Common Good HRM und macht das Flourishing-at-Work Framework praktisch umsetzbar, während sie gleichzeitig mit den regulatorischen Anforderungen nach den EFRAG-Standards in Einklang zu bringen ist.

IV. Die transformative Rolle von HR: Das „Reinventing HR Modell" als Architektur nachhaltiger Unternehmensführung

Die ausgeführten theoretischen Grundlagen sozialer Nachhaltigkeit sowie die Operationalisierung entlang der Employee Journey erfordern eine fundamentale Neuausrichtung der HR-Funktion selbst im Sinne einer transformativen HR-Arbeit bspw. nach dem „Reinventing HR Modell"[63]. Diese Weiterentwicklung positioniert HR nicht mehr lediglich als (reaktiven)

---

61 OECD-Leitsätze für multinationale Unternehmen zu verantwortungsvollem unternehmerischem Handeln, abrufbar unter: https://www.oecd.org/de/publications/oecd-leitsatze-fur-multinationale-unternehmen-zu-verantwortungsvollem-unternehmerischem-handeln_abd4d37b-de.html (abgerufen am 29.8.2025); näher zu deren Umsetzung → Teil 4, Kap. 2.2 (*Melles*), unter II.

62 *Cohen/Taylor/Müller-Camen*, HRM's role in Corporate Social and Environmental Sustainability.

63 *Sadowski/Bolz/Harrer*, HR Reinvented: 20 Zukunftsperspektiven auf Personal, Organisation und Kultur (Fn. 49).

Dienstleister, auch nicht als (proaktiven) „Business Partner“,[64] sondern vielmehr als (transformativen) Architekten einer nachhaltigen Organisations- und Geschäftsmodellentwicklung.

Abbildung: Das Reinventing HR-Modell[65]

Das Reinventing HR Modell macht diese Transformation greifbar mittels einer dualen Architektur: Vier interne Fokusbereiche werden systematisch mit vier externen Einflussfaktoren verknüpft. Diese strukturelle Innovation ermöglicht es HR, als Mediator zwischen organisationalen Ressourcen und gesellschaftlichen Anforderungen zu fungieren. Hiermit wird auch der Ansatz von *Eireiner* und *Fischer* aufgegriffen, demgemäß der HR-Funktion die einzigartige Gelegenheit zukommt, sich als „ESG-Broker“ im Sinne eines „tertium iungens“ zu positionieren, und auf diesem Wege unterschiedliche Nachhaltigkeitsansätze im Unternehmen (Reporting, Geschäftsmodellentwicklung, operativer Betrieb, Technologie etc.) für alle Stakeholdergruppen mehrwertig zu verknüpfen.[66] Auf diesem Wege kann HR auch die von *Eireiner* und *Fischer* identifizierte Rolle des verantwortungstragenden „ESG-Ar-

64 *Ulrich,* Human Resource Champions – The next agenda for adding value and delivering results.

65 *Sadowski/Bolz/Harrer*, HR Reinvented: 20 Zukunftsperspektiven auf Personal, Organisation und Kultur (Fn. 49).

66 *Eireiner/Fischer,* Personalmagazin 2024, 10, 20-24.

chitekten“ einnehmen. In dieser Rolle agiert HR als Kulturkatalysator, entwickelt eine nachhaltigkeitsorientierte Unternehmenskultur und moderiert gleichzeitig die internen Kommunikations- und Entscheidungsprozesse rund um ESG-Themen. Das Modell unterstreicht diese Rolle explizit durch seine strukturelle Verbindung interner Ressourcen mit externen Einflussfaktoren. Ebenso findet sich in der Architektur des Reinventing HR Modells die Möglichkeit wieder, dass HR als „mitdenkender Strategiebegleiter“ fungiert – eine Rolle, in der HR strategische Verantwortung für ESG-Themen übernimmt, evidenzbasierte Maßnahmen initiiert und deren Wirksamkeit aktiv steuert. Dies reflektiert den „Shaper“-Ansatz von *Eireiner* und *Fischer* (a. a. O.), der von HR fordert, bewusst aus einer rein operativen Position auszutreten und eine wertgenerierende Verantwortung für Nachhaltigkeitsthemen einzunehmen.

Die theoretische Fundierung der Architektur, die dem Reinventing HR Modell zugrunde liegt, basiert auf der Erkenntnis, dass nachhaltige Unternehmensführung die simultane Bearbeitung interner Handlungsfelder und externer Rahmenbedingungen erfordert.[67] Während die Fokusbereiche steuerbare Ressourcen, Systeme und Strukturen erfassen, adressieren die Einflussfaktoren dynamische Umweltbedingungen, die unternehmerisches Handeln determinieren. Die transformative Rolle von HR manifestiert sich hierbei in der systematischen Vermittlung und Übersetzung zwischen diesen beiden Strukturkomponenten.

Der Einflussfaktor „Stakeholders & Communities“ dient dabei als zentraler Referenzpunkt insbesondere für soziale Nachhaltigkeit. Die Multi-Stakeholder-Orientierung, bereits im Common Good HRM-Framework als Outside-in-Perspektive konzipiert,[68] erhält durch das Reinventing HR-Modell eine strategische Ausrichtung. HR wird zum institutionellen Akteur, der Anforderungen von Communities, zivilgesellschaftlichen Organisationen und Arbeitsmärkten in organisationale Praktiken integriert. Damit reagiert HR nicht lediglich auf gesellschaftliche Erwartungen, sondern gestaltet proaktiv gesellschaftliche Wirkungen im Sinne eines positiven sozialen Impacts. Hierdurch wird deutlich, dass die transformative Rolle gemäß Reinventing HR-Modell auch über die ausschließliche Positionierung als Business Partner hinausgeht.

Diese Übersetzungsleistung zwischen der Innensicht und der Unternehmensumwelt konkretisiert sich in der Dimension „Business Model Evolution & Organizational Governance“. Die Integration sozialer Nachhaltigkeit erfolgt hierbei, wie bereits ausgeführt, nicht als philanthropisches Projekt,

67 Ergebnisse einer entspr. Unternehmensumfrage nach *Anderson/Fassino,* in: Kilian/Gutmann, People Sustainability, S. 29-41.

68 *Aust/Matthews/Müller-Camen,* Human Resource Management Review 2020, 30, 3.

sondern als strategischer Imperativ. HR gestaltet Governance-Strukturen, die eine gleichrangige Positionierung von „Stakeholders & Communities“ (darunter nicht nur Kunden, Interessengruppen, Bewerber usw.), „Regulators & Politics“ neben „Shareholders & Investors“ institutionalisieren, bspw. durch partizipative Entscheidungsprozesse, Stakeholder-Dialoge und ESG-gekoppelte Vergütungssysteme.

Die Dimension „Team Collaboration & Performance Enablement“ operationalisiert soziale Nachhaltigkeit auf der Mesoebene organisationaler Zusammenarbeit. Kollaborative und agile Arbeitsformen, die empirisch belegbar das psychologische Empowerment[69] und die Resilienz der Mitarbeiter fördern,[70] wirken nachweislich performancefördernd. Gleichzeitig erhöhen sie die Responsivität gegenüber Community-Anforderungen. Die Dimension „Personal Development & Employee Experience“ übersetzt Anforderungen sozialer Nachhaltigkeit in individuelle Entwicklungspfade, die insbesondere lebensphasenorientiert gestaltet sind. So entsteht eine strategische Passung zwischen individueller Potenzialentfaltung und gesellschaftlichen Notwendigkeiten. Schließlich ermöglicht die Dimension „Technology & Infrastructure“ eine Verknüpfung von sozialer Nachhaltigkeit mit der digitalen Transformation. Anstatt zum Gegenspieler digitaler Stressoren zu werden (wie weiter oben ausgeführt) können digitale Technologien unter dem Aspekt von Vielfalt und Inklusion sogar zur Förderung von Nachhaltigkeit im Arbeitskontext positioniert werden. Aktuelle Praxis-Studien, wie bspw. die Untersuchung zur Funktion von KI als „kybernetischer Kollege“, die von einer Forschergruppe der Harvard Business School beim Unternehmen Procter & Gamble durchgeführt wurde,[71] belegen die potenziell inklusionsfördernde Wirkung eines wohl konzipierten und durch HR begleiteten KI-Einsatzes. Die Rückkehr der Technologie an die Arbeitsplätze der Endanwender stellt zudem neue Anforderungen an Organisationsentwicklung und Lernen.

Die transformative Kraft des Reinventing HR-Modells zeigt sich somit in der Orchestrierung der Wechselwirkungen zwischen Fokusbereichen und Einflussfaktoren. Der normative Rahmen von „Regulators & Politics“, definiert bspw. durch die CSRD und andere einschlägige Richtlinien und Standards, wird von HR aktiv gestaltet. HR wandelt regulatorische Anforderungen von bloßen Compliance-Verpflichtungen zu strategischen Gestaltungsfeldern. „Environment & Livelihoods“ bildet den ökologischen und sozialen Kontext, in dem nachhaltige Geschäftsmodelle und Kreislaufwirtschaftsprinzipien operationalisiert werden. Dies geschieht jedoch nicht mechanistisch,

---

69 *Schermuly,* New Work – gute Arbeit gestalten. Psychologisches Empowerment von Mitarbeitenden.

70 *Lu/Zhang/Yang/Wang,* Human Resource Management 2023, 62, 3, 331-353.

71 *Dell'Acqua/Ayoubi/Lifshitz-Assaf/Sadun/Mollick/Mollick/Han/Goldman/Nair/Taub/Lakhani,* Harvard Business School Working Paper 25-043.

sondern im Sinne organischer Organisationsstrukturen, die sich flexibel an technologische und gesellschaftliche Veränderungen anpassen können. Die transformative Rolle von HR im Kontext sozialer Nachhaltigkeit besteht somit in der systematischen Vermittlungsleistung zwischen gesellschaftlichen Anforderungen und organisationalen Fähigkeiten. Das Reinventing HR-Modell liefert hierfür eine strukturierte Architektur, die eine nachhaltige Unternehmens- und Personalführung substanziell gestaltbar werden lässt.

V. Nachhaltige Führung und Entwicklung: Das „Positive Leadership Action Framework“

Die im vorhergehenden Abschnitt dargelegte transformative HR-Rolle erfordert eine entsprechende Evolution der (Unternehmens-)Führungskompetenzen. Das „Positive Leadership Action Framework“ (PLAF)[72] bietet eine wissenschaftlich fundierte Grundlage für die Entwicklung nachhaltiger Führung, die über traditionelle Führungsansätze hinausgeht und die Brücke zwischen individuellen Tugenden und organisationaler Tugendhaftigkeit schlägt. Es basiert auf der aristotelischen Tugendethik und interpretiert Tugend als stabilen „Habitus“, der Handlungen hervorbringt und damit zur Verbindung zwischen individuellen und organisationalen Ebenen wird. Die zentrale These lautet: Führungshandlungen fungieren als Motor für positive Veränderungen innerhalb der Organisation und schaffen eine Brücke zwischen individuellen Tugenden und organisationaler Tugendhaftigkeit durch „virtuous feedback loops“, die sich wechselseitig verstärken.[73]

Dieser Ansatz korrespondiert direkt mit den unter → III. dargelegten Erkenntnissen zur Virtuous Organization. Der Amplifying Effect (d.h. eine sich verstärkende „upward spiral of virtuousness“) fördert nachhaltiges, positives Verhalten, während der Buffering Effect Schutzmechanismen gegen Dysfunktionalität im organisationalen Umfeld aktiviert.[74] Die Autoren zeigen, dass positive Führung durch drei zentrale Führungsverhalten (Habitūs) charakterisiert ist: (1) die Schaffung positiver Grundannahmen unter Arbeitnehmern, (2) die positive Beeinflussung der persönlichen und beruflichen Entwicklung sowie (3) die Balance zwischen positiven formellen und informellen Arbeitsbedingungen. Das Framework unterscheidet zwischen grundlegenden Aktivitäten zur Förderung von Positivität am Arbeitsplatz und Aktivitäten, die darüber hinausgehen und individuelles sowie organisationales Flourishing erreichen. Die Integration emotionaler Kompetenz in Führungsentwicklung erweist sich dabei als zentraler Hebel für nachhaltige Führung.

---

72 *Redín/Meyer/Rego,* Frontiers in Psychology 2023, 13.
73 *Redín/Meyer/Rego* (Fn. 73).
74 *Redín/Meyer/Rego* (Fn. 73).

Die empirische Evidenz zeigt, dass Arbeitnehmer, die Führung durch überdurchschnittlich emotional kompetente Führungskräfte erfahren, signifikant höhere psychologische Sicherheit berichten und häufiger berufliche Anerkennung erhalten.[75] Das heißt, emotional kompetente Führungskräfte, die coachende und unterstützende Impulse geben, können allein durch ihr Führungshandeln im Sinne des oben eingeführten „Habitus“ auf eine stärkere Gleichverteilung von Karrierechancen hinwirken und somit zur Überwindung von Benachteiligung in Folge von Gender-Biases beitragen.

Die Vermittlung emotionaler Kompetenz gehört mithin sowohl ins Curriculum der Führungskräfteentwicklung als auch auf die DEI-Agenda. *Milner* und *Milner* belegen zudem, dass bereits 15 Trainingsstunden ausreichen, um wirksame grundlegende Coaching-Kompetenzen im Rahmen einer Führungsrolle zu vermitteln. Dabei geht es weniger um ausgefeilte Techniken des Coachings als um eine offene Haltung gegenüber Emotionen und eine explorative Gesprächsführung. Ziel ist es nicht, dass Coaching als eine Art Führungssubstitut angesehen wird. Der darin inhärente Rollenkonflikt ist offenkundig. Es geht vielmehr darum, dass eine coachende Haltung und eine reflexive, achtsame Auseinandersetzung mit Emotionen einen wirksamen Hebel zur Förderung von DEI im Teamgefüge im Sinne der sozialen Nachhaltigkeit darstellen.[76]

Das PLAF operationalisiert diese Erkenntnisse durch konkrete Führungsaktionen: Führungskräfte müssen ihre persönliche Entwicklung durch Tugendübung und praktische Weisheit fördern, um authentisch positive Visionen für das Gemeinwohl zu schaffen. Diese Selbstentwicklung ist notwendige Voraussetzung für die Umsetzung der anderen Framework-Elemente. Der aktuelle Gallup Leadership Report[77] bestätigt diese Perspektive: in einer globalen Erhebung wurde ausgewertet, was sich Geführte („Followers“) von ihren Führungskräften wünschen (seien es Business-Leader, politische oder spirituelle Führungspersönlichkeiten): Die am häufigsten genannten Attribute „Hoffnung“, „Vertrauen“, „Empathie“ und „Stabilität“ sind allesamt Qualitäten, die nur durch echte emotionale Kompetenz authentisch vermittelt werden können.

---

75 *Schinz/Harrer,* Human Resources Manager v. 16.10.2023, https://www.humanresourcesmanager.de/content/die-rationale-kraft-des-emotionalen-erlebens/ (abgerufen am 29.8.2025).

76 *Milner/Milner,* Harvard Business Review v. 14.8.2018, https://hbr.org/2018/08/most-managers-dont-know-how-to-coach-people-but-they-can-learn (abgerufen am 29.8.2025).

77 Gallup, Global Leadership Report: What Followers Want, https://www.gallup.com/analytics/656315/leadership-needs-of-followers.aspx (abgerufen am 29.8.2025).

VI. Fazit und Ausblick: Von der Compliance zur systemischen Transformation

Die eingangs beschriebene Polarisierung der Nachhaltigkeitsdebatte spiegelt die Komplexität wider, mit der sich Unternehmen und HR-Verantwortliche heute konfrontiert sehen. Der vorliegende Beitrag entwickelt jenseits ideologischer Grabenkämpfe einen evidenzbasierten Ansatz, demgemäß soziale Nachhaltigkeit entlang der Employee Journey einen paradigmatischen Wechsel in der Unternehmens- und Personalführung darstellt. Die Verknüpfung von Common Good HRM, empirisch validierten Wirkmodellen wie dem Serial Mediation Modell und praxistauglichen Frameworks wie dem Flourishing-at-Work-Ansatz belegt, dass nachhaltige Personalarbeit systematisch die Zukunftsfähigkeit von Organisationen erhöht. Die Employee Journey fungiert dabei als strukturierendes Modell, das regulatorische Anforderungen mit erlebbarer Employee Experience verbindet und Nachhaltigkeit als strategischen Hebel positioniert.

Diese Konvergenz wissenschaftlicher Evidenz, regulatorischer Kodifizierung und praktischer Gestaltbarkeit eröffnet HR eine neue Rolle. Die Personalfunktion wird damit zum Treiber nachhaltiger Transformation, und zwar jenseits klassischer Dienstleistungslogik und auch über das Business Partner-Paradigma hinaus. Das Reinventing HR Modell und der systemische Ordnungsrahmen durch ESRS S1 (sowie in Verlängerung S2) machen deutlich, dass die Messung sozialer Nachhaltigkeit nicht nur machbar ist, sondern eine notwendige Voraussetzung für Steuerung, Benchmarking und Legitimierung darstellt.

Doch die Umsetzung bleibt anspruchsvoll: Der beschriebene ESG-Backlash, die anhaltende Akzeptanzproblematik im Hinblick auf Nachhaltigkeits-KPIs und der weit verbreitete kurzfristige Renditedruck vieler Geschäftsmodelle erzeugen (vermeintliche) Ziel- und Ressourcenkonflikte, die nur durch eine integrative, strategisch ausgerichtete Governance adressiert und aufgelöst werden können. Hier zeigt sich die zentrale Bedeutung transformativer Führung im Sinne des PLAF. Partizipative Führungsansätze wie das PLAF bieten damit eine wirksame Alternative zum kritisierten „Zombie Leadership“[78], das auf die Inszenierung heroischer Einzelführer fixiert bleibt und sich derzeit wieder einer gewissen Popularität erfreut.

Für Forschung und Praxis ergeben sich daraus zwei zentrale Handlungsfelder: Erstens die Weiterentwicklung robuster Mess- und Steuerungsmodelle, die soziale Wirksamkeit entlang der gesamten Employee Journey differenziert und vergleichbar erfassen. Das I-O-O-I-Framework bietet hierfür eine vielversprechende Grundlage, um Effekte jenseits klassischer Input-Out-

78 *Haslam/Alvesson/Reicher,* The Leadership Quarterly 2024, 35, 3, 101770.

put-Logiken systematisch abzubilden. Zweitens bedarf es der Entwicklung neuer Kompetenzprofile und Governance-Mechanismen, die HR in die Lage versetzen, als Katalysator unternehmerischer wie gesellschaftlicher Wertschöpfung zu wirken. So verstanden wird soziale Nachhaltigkeit zum strategischen Treiber organisationaler Resilienz und gesellschaftlicher Erneuerung, und damit zur Schlüsselaufgabe einer zukunftsgerichteten Personalarbeit.

2. Bewerbungsverfahren: Was bringt die Entgelttransparenzrichtlinie?

Dr. Peter Körlings

Die Umsetzung der ETRL[79] wird weitreichende Auswirkungen auf Bewerbungsverfahren haben. Um diese bewerten zu können, muss man sich ihren Zweck vergegenwärtigen. Die ETRL will das Prinzip „gleiches Entgelt bei gleichwertiger Arbeit"[80] durchsetzen, indem sie geschlechterspezifische Unterschiede überwindet. Dazu verankert die Richtlinie bestimmte Pflichten bereits im Bewerbungsverfahren. Dahinter steckt der Gedanke, dass geschlechtsspezifische unterschiedliche Entgeltentwicklungen im Bewerbungsverfahren bereits angelegt werden.[81]

I. Anwendungsbereich

1. Unternehmen

Die ETRL gilt grundsätzlich[82] unterschiedslos für öffentliche und private Unternehmen, Art. 2 Abs. 1 ETRL. Der Anwendungsbereich ist nicht auf Arbeitgeber[83] ab einer bestimmten Anzahl von Arbeitnehmern oder ab einem bestimmten Jahresumsatz beschränkt. Auch ein Start-Up, das seinen ersten Arbeitnehmer einstellt, muss die Regelungen zur Entgelttransparenz im Bewerbungsverfahren berücksichtigen.

Zwar sollen die Mitgliedsstaaten nach Art. 11 ETRL Arbeitgebern mit weniger als 250 Arbeitnehmern Unterstützung „in Form von technischer Hilfe und Schulungen" anbieten. Diese Unterstützung soll kleinen Arbeitgebern die Einhaltung ihrer Pflichten aber nur „erleichtern". Daraus kann nicht gefolgert werden, dass für Unternehmen mit weniger als 250 Arbeitnehmern grundsätzlich andere oder geringere Pflichten im Bewerbungsverfahren gelten. Insbesondere lässt sich Art. 9 Abs. 5 ETRL nicht analog anwenden, denn es gibt keine planwidrige Regelungslücke. Im Gegenteil: Erwägungs-

---

79 RL (EU) 2023/970, ABl. L 132/21 v. 17.5.2023; in diesem Werk im Folgenden „Richtlinie" oder „ETRL".

80 Erwägungsgrund 9 der ETRL.

81 BAG, 16.2.2023 – 8 AZR 450/21, NZA 2023, 958; s. dazu *Jung*, NZA 2024, 18 m. w. N. zu entsprechenden Studien.

82 Lediglich die Pflicht zur Berichterstattung über das Entgeltgefälle trifft der Arbeitgeber erst, wenn er mehr als 100 Arbeitnehmer beschäftigt, Art. 9 Abs. 5 ETRL.

83 Zum Begriff des Arbeitgebers als Verpflichteten *Flöter/Heimann*, BB 2025, 2164, 2165 von peter.koerlings.

grund 18 der ETRL zeigt, dass alle Arbeitnehmer von der Richtlinie profitieren sollen. Zudem bestätigt Erwägungsgrund 38, dass die Einschränkung der Pflichten in der ETRL eine Ausnahme ist, die Arbeitgeber mit wenigen Arbeitnehmern nur von der Berichtspflicht verschonen soll. Daher ist bei der Umsetzung der ETRL in nationales Recht auch nicht mit Ausnahmeregelungen von den Pflichten zur Entgelttransparenz im Bewerbungsverfahren für Kleinunternehmen zu rechnen.

Zwar könnte man Erwägungsgrund 34 der ETRL so verstehen, dass die Mitgliedsstaaten bei der Umsetzung der Richtlinie in nationales Recht die Pflichten zur Entgelttransparenz im Bewerbungsverfahren auf die Mitarbeiterzahl von Unternehmen zuschneiden dürfen. Immerhin schließt sich besagter Erwägungsgrund 34 unmittelbar an die Erwägungsgründe zur Entgelttransparenz im Bewerbungsverfahren an. Dafür wären aber nicht nur Verrenkungen bei der Auslegung seines Wortlauts erforderlich, denn er bezieht sich in seinem zweiten Teil ausdrücklich auf die Pflicht zur Berichterstattung. Man müsste auch übergehen, dass die ETRL keine Öffnungsklausel enthält, die den Mitgliedsstaaten erlaubt, von ihrem Schutzniveau abzuweichen. Nach Art. 27 ETRL dürfen die Mitgliedsstaaten lediglich ein höheres Schutzniveau schaffen.

Zudem enthält die ETRL keine Sonderregelungen für Tendenzunternehmen. Denkbar wäre zwar, dass das nationale Umsetzungsgesetz Tendenzunternehmen erlaubt, eigene Regelungen zur Entgelttransparenz aufzustellen. Diese dürften dann aber nicht hinter dem Schutzniveau der ETRL zurückbleiben.

2. Bewerber

Mit Art. 5 ETRL schafft die Richtlinie Regelungen für Bewerbungsverfahren, die – wie sollte es auch anders sein – für Stellenbewerber gelten, Art. 2 Abs. 3 ETRL. Das natürliche Begriffsverständnis lässt bei „Stellenbewerber“ zunächst an Personen denken, die sich um ein Arbeitsverhältnis i. S. d. § 611a BGB bemühen. Doch gelten die Pflichten auch für Stellenbesetzungen von Geschäftsführern, Praktikanten oder Crowdworkern? Diese Frage führt ins Herz einer der derzeit kontroversesten Diskussionen des Unionsrechts – der Diskussion um den unionsrechtlichen Arbeitnehmerbegriff. Der ETRL fehlt eine Definition ihres Arbeitnehmerbegriffs. Stattdessen verwendet sie in Art. 2 Abs. 2 ETRL (dazu Erwägungsgrund 18 ETRL) eine widersprüchliche Floskel: *„Diese Richtlinie gilt für alle Arbeitnehmer, die gemäß den in dem jeweiligen Mitgliedstaat geltenden Rechtsvorschriften, Tarifverträgen und/oder Gepflogenheiten einen Arbeitsvertrag haben oder in einem Beschäftigungsverhältnis stehen, wobei die Rechtsprechung des Gerichts-*

hofs zu berücksichtigen ist.“ Dieser Widerspruch und damit die Grundzüge der Diskussion seien hier nur kurz skizziert:[84]

Die Richtlinie verweist einerseits auf den nationalen (herkömmlichen) Arbeitnehmerbegriff – für das deutsche Recht also § 611a BGB. Danach gelten z. B. weder Geschäftsführer noch Praktikanten, die ein ausbildungsbezogenes Pflichtpraktikum absolvieren, als Arbeitnehmer. Die Einstufung von Crowdworkern ist schon weniger eindeutig.[85] Andererseits soll auch die Rechtsprechung des Europäischen Gerichtshofs (EuGH) zum Arbeitnehmerbegriff gelten. Der EuGH hat aber eigene Kriterien entwickelt, die nicht in jedem Fall deckungsgleich zum Arbeitnehmerbegriff des BGB passen. Danach kann insbesondere ein Fremdgeschäftsführer als Arbeitnehmer im Sinne des Unionsrechts einzustufen sein.[86] Verschiedene Aspekte sprechen dafür, dass dieser Widerspruch – jedenfalls hinsichtlich der Regelungen zum Bewerbungsverfahren – zugunsten des umfassenderen, d. h. unionsrechtlichen Arbeitnehmerbegriffs aufgelöst wird:

- Erwägungsgrund 18 zählt Personengruppen auf, die das nationale Recht nicht in allen Aspekten Arbeitnehmern gleichstellt: Hausangestellte, Arbeitnehmer auf Abruf, Plattform-Beschäftigte, Praktikanten und Auszubildende. Diese sollen nach Möglichkeit die Rechte aus der ETRL genießen. Ein weites Begriffsverständnis ist in der Richtlinie angelegt.
- Die Richtlinie zielt auf die Beseitigung des sog. Gender Pay Gap. Das Primärrecht verankert dieses Ziel in Art. 157 AEUV. Dieser verlangt in Abs. 3 die „Gleichstellung in Arbeits- und Beschäftigungsfragen“. Abs. 4 stellt noch allgemeiner auf Gleichstellung „im Arbeitsleben“ bzw. hinsichtlich der „Berufstätigkeit“ und der „berufliche[n] Laufbahn“ ab. Vor diesem Hintergrund muss man damit rechnen, dass der EuGH die Pflichten der ETRL in jeder beruflichen Station eines Erwerbslebens durchsetzen wird. Das fängt beim vergüteten Schülerpraktikum an und endet bei der Besetzung von Geschäftsführungsposten.
- Je weniger vergleichbare Stellen es im Unternehmen gibt, desto schwieriger die Informationsbeschaffung für Bewerber. Das Risiko intransparenter Vergütungsstrukturen steigt, weshalb – aus Sicht der ETRL – erst recht Bedarf nach Informationen zur Entgelthöhe durch das Unternehmen besteht.
- Der EuGH neigt ohnehin dazu, den Anwendungsbereich des Unionsrechts auszudehnen.

84 Ausführlich *Sagan*, NZA-Beilage 2023, 51, 55; *Wank*, EuZA 2023, 22.

85 BAG, 1.12.2020 – 9 AZR 102/20, BAGE 173, 111 = NZA 2021, 552; dazu *Waltermann*, NJW 2022, 1129 m. w. N.

86 *Felisiak/Sorber*, in: Felisiak/Sorber, Praxisleitfaden zur Umsetzung der EU-Entgelttransparenzrichtlinie, Rn. 155.

Unternehmen sollten die Pflichten zur Entgelttransparenz im Bewerbungsverfahren daher bei jeder Stellenbesetzung beachten. Dazu gehören die Einstellung von Geschäftsführern, leitenden Angestellten, Arbeitnehmern in Voll- und Teilzeit, befristet und unbefristet Beschäftigten, Auszubildenden, Praktikanten jeder Art und Volontären sowie Heimarbeitern, Hausangestellten und Arbeitnehmern auf Abruf.

Für Bewerbungen von Menschen mit Behinderungen enthält die Richtlinie keine eigenen Regelungen. Erwägungsgrund 37 der ETRL weist aber darauf hin, dass **Stellenanzeigen barrierefrei** sein sollten. Verwenden Unternehmen nicht-barrierefreie Stellenanzeigen, droht nicht nur ein Verstoß gegen die Pflicht zum objektiven Einstellungsverfahren nach Art. 5 Abs. 3 ETRL. Sie können zudem ein Indiz für eine Ungleichbehandlung nach § 22 Allgemeines Gleichbehandlungsgesetz (AGG) begründen.

3. Abweichung durch Tarifvertrag oder Betriebsvereinbarung

Die Richtlinie stellt in Art. 30 ETRL (dazu Erwägungsgrund 27 der ETRL) klar, dass sie keinen Einfluss auf eine Entgeltfestsetzung durch Kollektivvereinbarungen nehmen will. Nach Erwägungsgrund 45 der ETRL sollen die Mitgliedstaaten sogar „geeignete Maßnahmen ergreifen, um die Sozialpartner zu ermutigen, Fragen des gleichen Entgelts gebührend zu berücksichtigen". Das spricht dafür, dass das nationale Umsetzungsgesetz Öffnungsklauseln für Tarifverträge und Betriebsvereinbarungen enthalten kann, um Vorgaben der Richtlinie branchen- oder betriebsspezifisch auszugestalten. Das Schutzniveau der Richtlinie dürfen diese aber nicht absenken, Art. 27 Abs. 2 ETRL. Öffnungsklauseln sollten insbesondere genutzt werden, um die Pflicht zur Information über die Vergütung zu konkretisieren.

II. Angabe des Gehalts im Bewerbungsverfahren

Die maßgebliche Änderung durch die ETRL liegt darin, dass Bewerber schon vor dem Arbeitsverhältnis transparente Informationen über ihr Gehalt erhalten. Diese Informationen sollen Bewerber in die Lage versetzen, fundierte und transparente Verhandlungen über ihr Entgelt zu führen.[87] Mehr noch, die Richtlinie will typische Ungleichgewichte des Bewerbungsverfahrens zugunsten der Bewerber korrigieren.

Dazu legt Art. 5 ETRL dem Unternehmen einerseits Auskunftspflichten auf. Darüber hinaus enthält er das Verbot, sich nach dem bisherigen Gehalt des Bewerbers zu erkundigen.

---

87 Vertiefend *Winter*, NZA 2024, 8, 10.

1. Inhalt der Angaben

Der Arbeitgeber muss Bewerbern im Bewerbungsverfahren nach Art. 5 Abs. 1 ETRL Informationen mitteilen zu

- dem „Einstiegsentgelt" oder dessen Spanne und
- den anwendbaren einschlägigen Tarifverträgen.

Zwar enthalten die Begriffsbestimmungen des Art. 3 ETRL keine Definition des „Einstiegsentgelts". Wortlaut und Systematik der Richtlinie lassen aber vermuten, dass sich die Pflicht auf den weiten Entgeltbegriff des Art. 3 Abs. 1 lit. a ETRL bezieht. Danach gilt die Informationspflicht für sämtliche Entgeltbestandteile, einschließlich von Sachleistungen. Arbeitgeber müssen daher Angaben zum Festgehalt und zu variabler Vergütung (Bonus, Provisionen, Umsatzbeteiligungen etc.) machen.

Grundsätzlich reicht es aus, das Entgelt in Form des Bruttojahresgehalts oder des Stundenlohns (brutto) anzugeben, Erwägungsgrund 22 der ETRL. Sofern das nicht möglich ist, insbesondere bei unregelmäßig gezahlten Gehaltsbestandteilen, z. B. bei Zuschlägen, Zulagen und Provisionen, bedarf es zusätzlicher Angaben. Die Auskunftspflicht bezieht sich aber auch auf weitere Benefits. Schon heute garnieren viele Unternehmen ihre Stellenausschreibungen mit Hinweisen auf zusätzliche Leistungen, z. B. dem Jobrad oder Sportkursen. Vorsichtige Arbeitgeber werden diese Liste um alle geldwerten Vorteile erweitern, die sie ihren Arbeitnehmern bieten. Dieses Vorgehen stößt aber an die Grenzen der Praktikabilität. Große Konzerne, die eine Vielzahl geldwerter Vorteile über Betriebsvereinbarungen gewähren, stoßen genauso an diese Grenzen wie Unternehmen, die vermeintliche Kleinigkeiten (Obstkorb) nicht angeben wollen.

Ausgehend vom Zweck der Richtlinie ist zu bestimmen, welche Benefits Unternehmen im Bewerbungsverfahren angeben müssen.

- Bewerber sollen Einblick in die Vergütungsstruktur ihres künftigen Arbeitgebers erhalten, um faire Gehaltsverhandlungen führen zu können. Die ETRL hat die Intransparenz über Gehälter als wesentliche Hürde für die Bewerber identifiziert, Erwägungsgrund 32 der ETRL. Indem die Richtlinie den Arbeitgeber zur Information über das Einstiegsgehalt verpflichtet, soll diese Hürde sinken.
- Unternehmen sollen ihre Vergütung so strukturieren, dass alle Beschäftigten unabhängig von ihrem Geschlecht das gleiche Entgelt erhalten, wenn sie gleiche oder gleichwertige Arbeit leisten, Erwägungsgrund 16 der ETRL.

Das Bewerbungsverfahren soll also Gehaltsverhandlungen ermöglichen, die frei von geschlechtsspezifischen Nachteilen sind. Ist der Bewerber über das

Einstiegsgehalt informiert, sinkt die Gefahr einer Unterbewertung des Entgelts im Vergleich zu seiner Kompetenz und Erfahrung.[88]

Benefits, die der Arbeitgeber allen Beschäftigten unterschiedslos gewährt, haben typischerweise keinen Einfluss auf die Entscheidung über das zu erwartende Gehalt im Sinne der Richtlinie. Dagegen lässt sich zwar einwenden, dass Bewerber das Gesamtpaket aller Vergütungsleistungen bei der Wahl ihres Arbeitsplatzes berücksichtigen – ein attraktives Zusatzpaket kann sogar den Ausschlag für die Entscheidung des Bewerbers geben. Diese Überlegungen spielen aber für die Informationspflichten über das Einstiegsgehalt nach der ETRL nur insoweit eine Rolle, wie sie die Gehaltsverhandlungen beeinflussen.

Welche Benefits die Gehaltsverhandlungen beeinflussen, müssen Unternehmen im Einzelfall bewerten. Je höher der finanzielle Wert, desto stärker der Einfluss und desto eher muss der Arbeitgeber diesen Benefit im Bewerbungsverfahren angeben.

Bei der Beurteilung hilft das Steuerrecht:[89]

- Benefits, die dem Arbeitnehmer einen geldwerten Vorteil nach § 8 Einkommensteuergesetz (EstG) verschaffen und für die der Arbeitgeber Abzüge vom Bruttogehalt vornimmt, müssen grundsätzlich im Bewerbungsverfahren mitgeteilt werden. Dazu gehören z. B.:
- Bezüge aus Mitarbeiteraktienprogrammen oder virtuellen Beteiligungsprogrammen, wenn diese nicht allen Arbeitnehmern offenstehen oder 2.000 EUR pro Jahr übersteigen
- Privatnutzung von Dienstwagen oder BahnCard 100, JobRad, Tankgutscheine
- Dienstwohnung
- Benefits, die dem Arbeitnehmer keinen geldwerten Vorteil nach § 8 EStG verschaffen, muss der Arbeitgeber im Bewerbungsverfahren nicht nennen. Dazu gehören z. B.:
- Teamevents, Firmenfeiern, Betriebsausflüge
- Home-Office, Hund im Büro
- Sabbaticals, unbezahlter Sonderurlaub
- interne Mentoringprogramme
- Benefits, die dem Arbeitnehmer zwar einen geldwerten Vorteil nach § 8 EStG verschaffen, aber steuerfrei bleiben, muss der Arbeitgeber im Bewerbungsverfahren nicht nennen. Dazu gehören z. B.:

88 *Jung*, NZA 2024, 18, 20.
89 Ebenso allgemein zum Begriff des Entgelts iSd ETRL *Flöter/Heimann*, BB 2025, 2164, 2170.

- Sachbezüge von bis zu 50 EUR pro Monat, z. B. Obstkorb oder kostenlose Getränke
- Werkzeuggeld
- Mitarbeiterrabatte von bis zu 1.800 EUR pro Jahr
- Privatnutzung dienstlicher IT
- Benefits, zu denen der Arbeitgeber gesetzlich verpflichtet ist, müssen im Bewerbungsverfahren nicht angegeben werden. Dazu gehören z. B.:
- verpflichtende Arbeitgeberzuschüsse zur Entgeltumwandlung nach § 1a Abs. 1a Betriebsrentengesetz (BetrAVG)
- Arbeitgeberzuschüsse zur privaten Kranken- und Pflegeversicherung nach § 257 Sozialgesetzbuch, fünftes Buch (SGB V)
- Leistungen der betrieblichen Altersversorgung haben für die Vermögensbildung des Arbeitnehmers eine große Bedeutung. Daher sollten sie auch dann angegeben werden, wenn es sich um steuerfreie Leistungen nach § 3 Nr. 63 EStG handelt.

Unternehmen dürfen eine Gehaltsspanne angeben. Eine solche Angabe kann sinnvoll sein, wenn sich das Gehalt erst anhand der konkreten Qualifikationen des Bewerbers entscheidet. Sie ist sogar geboten, wenn im Unternehmen eine tarifliche oder betriebliche Entgeltordnung gilt, die Entgeltbänder enthält. Die Angabe einer (realistischen) Gehaltsspanne kann Unternehmen sogar vor unabsichtlichen Dysbalancen ihrer Entgeltstruktur bewahren. Gibt das Unternehmen zunächst nur ein niedriges Punktgehalt als Einstiegsgehalt an und beabsichtigt, dieses je nach Verhandlungsgeschick des Bewerbers zu steigern, besteht das Risiko uneinheitlicher Gehaltsfestsetzungen.

Zu den Aspekten, die das Unternehmen im Bewerbungsverfahren offenlegen muss, zählt allerdings nicht der Spielraum für Gehaltsverhandlungen. Auch die ETRL ermöglicht Unternehmen, ein Gehalt außerhalb, d. h. ober- und unterhalb, der vorgesehenen Entgeltspanne zu verhandeln, Erwägungsgrund 32 der ETRL. Echte Verhandlungen erfordern aber, dass der Verhandlungspartner den Verhandlungsrahmen nicht kennt.

2. Zeitpunkt der Angaben

Die ETRL legt keinen Zeitpunkt fest, zu dem der Arbeitgeber die Informationen über das Entgelt bereitstellen muss. Sie verlangt lediglich, dass die Information so rechtzeitig erfolgt, dass „fundierte und transparente Verhandlungen über das Entgelt gewährleistet werden“, Art. 5 Abs. 1 Satz 2 ETRL. Zwar nennt Art. 5 Abs. 1 Satz 2 ETRL die Stellenausschreibung und den Zeitpunkt vor dem Vorstellungsgespräch. Dabei handelt es sich aber nur um eine exemplarische Aufzählung. Auf diese Möglichkeiten legt die Richtlinie den Arbeitgeber nicht fest.

Aus der Richtlinie folgt keine Pflicht zur Stellenausschreibung.

Arbeitgebern steht es daher offen, ein Bewerbungsverfahren ohne Angabe des Einstiegsgehalts zu beginnen und erst im Laufe des Verfahrens die Informationspflicht aus Art. 5 Abs. 1 ETRL zu erfüllen.[90] Dieses Vorgehen bietet sich insbesondere bei hochkarätigen Stellen an. Es ermöglicht Unternehmen, ungeeignete Bewerber auszusortieren und die Verdienstmöglichkeiten nur den interessanten Kandidaten offenzulegen. Dadurch können Unternehmen vermeiden, dass Scheinbewerber an sensible Informationen über das Gehaltssystem gelangen.

Verzichtet der Arbeitgeber zunächst bewusst auf die Angabe des Einstiegsgehalts, muss er sicherstellen, dass er dem Bewerber diese Information rechtzeitig vor den Gehaltsverhandlungen zur Verfügung stellt. Das gelingt, wenn das Bewerbungsverfahren einem standardisierten Prozess folgt, z. B. nach einem erfolgreichen ersten Vorstellungsgespräch ein zweiter Termin anberaumt wird. Zur Vorbereitung des zweiten Termins sollte der Arbeitgeber die Angaben zum Entgelt übermitteln.

Führt der Arbeitgeber ein Assessmentverfahren durch, besteht ebenfalls keine Pflicht, vor dessen Beginn die Informationen über das Entgelt bereitzustellen. Es kommt ausschließlich darauf an, dass der Bewerber über die Informationen vor Beginn der Gehaltsverhandlungen verfügt.

Der Arbeitgeber ist zur Information über das Entgelt auch verpflichtet, wenn er Gehaltsverhandlungen kategorisch ausschließt. Er muss die Informationen dem Bewerber dann so rechtzeitig zur Verfügung stellen, dass dieser vor Abschluss des Arbeitsvertrags genug Zeit zur Prüfung hat.

Auch wenn der Arbeitgeber die Informationen über das Entgelt i. S. d. Art. 5 ETRL erst im Laufe des Bewerbungsverfahrens mitteilt, darf er bereits in der Stellenausschreibung erste Angaben zur Vergütung machen. Dabei ist er nicht auf abstrakte Aussagen, wie „attraktives Vergütungspaket" beschränkt. Auch konkrete Aspekte, wie z. B. „sechsstelliges Einstiegsgehalt" oder „Grundvergütung von 5.000 EUR monatlich" verbietet die ETRL nicht. Der Arbeitgeber muss lediglich sicherstellen, dass er diese Angaben rechtzeitig um alle von Art. 5 Abs. 1 ETRL geforderten Informationen ergänzt.

---

90 Ausführlich zum Zeitpunkt der Bereitstellung der Informationen *Jung*, NZA 2024, 18, 22 f.

III. Gehaltsverhandlungen

Gehaltsverhandlungen nehmen in vielen Unternehmen eine zentrale Rolle in der zweiten Hälfte des Bewerbungsverfahrens ein. Nach einer Vorauswahl der Kandidaten und deren ersten Präsentation können sie für die Stellenbesetzung entscheidend sein. Für Unternehmen sowie Bewerber gilt es, das beste Preis-Leistungs-Verhältnis zu finden.

Bei Gehaltsverhandlungen sollten sich Unternehmen an den vier Faktoren orientieren, die die Richtlinie als objektive Kriterien zur Entgeltbemessung vorgibt: Kompetenz, Belastung, Verantwortung, Arbeitsbedingungen, Erwägungsgrund 26. Zusätzliche Kriterien kann der Arbeitgeber berücksichtigen, sofern sie objektiv sind.

Es sollte unterschieden werden zwischen:

- **Äußeren Rahmendaten** (d.h. vom konkreten Bewerbungsverfahren unabhängigen Aspekten):
  - **unternehmensspezifische Aspekte**, insbesondere die Position und das Erfahrungsniveau, das Personalbudget, der Wettbewerbsdruck, das Gehaltsniveau bei Konkurrenten, die strategische Bedeutung der Stelle und das regionale Marktgefüge
  - **bewerberspezifische Aspekte**, insbesondere Ausbildung und Berufserfahrung, Zusatz- und Spezialqualifikationen, Markt- und Produktkenntnisse, Renommee, zeitliche Verfügbarkeit, Gehaltsvorstellungen und Kenntnis von internen wie externen Vergleichsgehältern und
- **Inneren Rahmendaten** (d.h. vom konkreten Bewerbungsverfahren abhängigen Aspekten):
  - Bewerberfeld und (Selbst-)Präsentation der einzelnen Kandidaten
  - Verlauf der Bewerbungsverfahren, Ergebnisse von Assessmentcentern
  - Verhandlungsgeschick und persönlicher Eindruck

Während man die äußeren Rahmendaten abstrakt bestimmen kann, ergeben sich die inneren Rahmendaten erst aus der Situation des konkreten Bewerbungsverfahrens. Das bedeutet zwar nicht, dass innere Rahmendaten nicht objektivierbar wären. Sie haben aber eine viel stärkere subjektive Komponente.

Gehaltsverhandlungen sind auch nach Umsetzung der ETRL weiterhin möglich. Mehr noch: Sowohl Arbeitgeber als auch Bewerber können ein Gehalt außerhalb (d.h. oberhalb oder unterhalb) der im Bewerbungsverfahren zunächst angegebenen Entgeltspanne verhandeln, Erwägungsgrund 32 der ETRL.

IV. Erkundigungen des Arbeitgebers nach bisheriger Gehaltsentwicklung (Frageverbot)

Die Richtlinie schränkt die Verhandlungsmacht des Unternehmens indes auf eine viel grundlegendere Weise ein.[91] Sie verlangt vom Arbeitgeber Transparenz und verbietet ihm gleichzeitig, Offenheit vom Bewerber über sein bisheriges Gehalt zu verlangen.

Art. 5 Abs. 2 ETRL enthält die zentrale Norm: „Der Arbeitgeber darf Bewerber nicht nach ihrer Entgeltentwicklung in ihren laufenden oder früheren Beschäftigungsverhältnissen fragen.“ Erwägungsgrund 33 der ETRL verdeutlicht, dass es sich hierbei nicht nur um ein Frage-, sondern vielmehr um ein Erkundigungsverbot handelt. Danach soll es Arbeitgebern nicht gestattet sein, „proaktiv zu versuchen, Informationen [über die Gehaltsentwicklung des Bewerbers] einzuholen.“

1. Frage nach Gehaltsvorstellungen

Arbeitgeber sollten Bewerber nicht kontextlos nach ihren Gehaltsvorstellungen fragen.[92] Zu hoch ist das Risiko, dass diese Frage als verdeckte Informationsbeschaffung enttarnt wird.[93] Gehaltsvorstellungen orientieren sich regelmäßig an der bisherigen Gehaltsentwicklung. Bewerber könnten sich durch die Frage nach ihrer Gehaltsvorstellung dazu veranlasst sehen, ihre bisherige Gehaltsentwicklung offenzulegen, um ihre Vorstellung zu begründen.

Das gilt auch für die in vielen Stellenanzeigen enthaltene Aufforderung, Bewerber mögen bei der Bewerbung ihre Gehaltsvorstellung mitteilen. Solche Aufforderungen sollten Unternehmen um den Hinweis ergänzen, dass sie sich für diese Gehaltsvorstellungen unabhängig von der bisherigen Gehaltsentwicklung interessieren. Besser wäre sogar die Aufforderung, die Gehaltsvorstellungen nicht mit der bisherigen Gehaltsentwicklung zu begründen und keine Angaben zum bisherigen Gehalt mitzuteilen. Besonders vorsichtige Arbeitgeber werden künftig auf Aufforderungen zur Mitteilung der Gehaltsvorstellung ganz verzichten.

---

91 Die Frage nach dem bisherigen Gehalt war auch nach der bisherigen Rechtslage nicht völlig unproblematisch, BAG, 19.5.1983 – 2 AZR 171/81, ZIP 1984, 210.

92 Ähnliche Regeln kennen auch viele US-Bundesstaaten, hierzu *Jung*, NZA 2024, 18, 23 f.

93 Ebenso v*on Roetteken*, NZA-RR 2024, 169, 174.

2. Frage nach Wechselmotivation

Für viele Bewerber wird die Steigerung ihres aktuellen Gehalts durch einen Stellenwechsel allerdings ausschlaggebend für die Bewerbung sein. Arbeitgeber müssen sich der Fallstricke bewusst sein, die sich im Gesprächsverlauf ergeben können. Fragt der Interviewer nach der Motivation der Bewerbung und antwortet der Bewerber, er wolle sein Gehalt steigern, ist Vorsicht geboten. Nichts liegt in diesem Moment näher als die Frage nach dem bisherigen Gehalt oder der gewünschten Steigerungsrate. Beide Fragen verstoßen aber gegen Art. 5 Abs. 2 ETRL. Auf den ersten Blick unverdächtig ist die Rückfrage nach dem Wunschgehalt. Sieht sich der Bewerber anhand der Formulierung dieser Frage oder des bisherigen Gesprächsverlaufs allerdings dazu veranlasst, dieses Wunschgehalt mit seiner bisherigen Gehaltsentwicklung zu begründen, droht der Arbeitgeber das Erkundigungsverbot zu verletzen. Der Gesprächsverlauf könnte dann als proaktive Maßnahme des Arbeitgebers gewertet werden, Informationen über die Gehaltsentwicklung des Arbeitnehmers zu erlangen.

3. Frühzeitiger Hinweis an Bewerber: Keine Mitteilung der bisherigen Gehaltsentwicklung

Aus diesem Minenfeld müssen sich Unternehmen mit einem Maßnahmenbündel befreien. Bevor Unternehmen in Gehaltsverhandlungen – dazu gehört auch die Frage nach der Gehaltsvorstellung – eintreten, müssen sie ihre Karten aufdecken. Der Bewerber muss zu diesem Zeitpunkt die Entgeltstruktur des Unternehmens und die für seine Stelle vorgesehene Gehaltsspanne kennen. Zudem muss ihm bekannt sein, dass der Arbeitgeber sein bisheriges Entgelt nicht erfragen darf. Arbeitgeber sollten Bewerber so früh wie möglich ausdrücklich darauf hinweisen, dass sie nicht verpflichtet sind, ihr bisheriges Gehalt und ihre Gehaltsentwicklung mitzuteilen. Dieser Hinweis darf nicht als implizite Aufforderung verstanden werden, es trotzdem zu tun.

Unternehmen, die bislang keine vergleichbaren Arbeitnehmer beschäftigen, sollten die Einstellung weiterer Arbeitnehmer antizipieren.[94] Anderenfalls droht eine Zerfaserung der Entgeltstrukturen durch unsystematische Gehaltsverhandlungen.

94 Zu hypothetischen Vergleichspersonen *Winter*, NZA 2024, 8, 17.

4. Recht zur Lüge? – wenn Unternehmen doch nach der Gehaltsentwicklung fragen

Fragen oder Erkundigungen von Unternehmen nach ihrer Gehaltsentwicklung müssen Bewerber nicht beantworten. Sie dürfen sogar lügen und ein höheres Gehalt vorspiegeln.[95] Das ergibt sich aus der Rechtsprechung des Bundesarbeitsgerichts (BAG) zum Umgang mit verbotenen Fragen im Bewerbungsverfahren, z. B. zu Schwangerschaft oder Gewerkschaftszugehörigkeit.[96] Solche Lügen bleiben für den Bewerber ohne Konsequenzen. Insbesondere kann der Arbeitgeber den Arbeitsvertrag nicht nachträglich wegen arglistiger Täuschung anfechten, wenn sich herausstellt, dass der Arbeitnehmer auf Nachfrage oder Erkundigung eine falsche Gehaltsentwicklung vorgetäuscht hatte.

Anders ist die Rechtslage allerdings, wenn der Bewerber von sich aus das Gespräch auf seine bisherige Gehaltsentwicklung bringt und in diesem Zusammenhang falsche Angaben macht. Solche nicht vom Unternehmen provozierten Auskünfte können einen Anfechtungsgrund schaffen. Das gilt zwar nur dann, wenn die Täuschung, also die falsche Gehaltsangabe, für den Abschluss des Arbeitsvertrags ursächlich war. Es genügt allerdings eine Mitursächlichkeit.[97] Diese müssen Arbeitgeber beweisen können. Auch aus diesem Grund sollten Arbeitgeber genau dokumentieren, ob und welche Angaben Arbeitnehmer im Bewerbungsverfahren zu ihrer bisherigen Gehaltsentwicklung machen.

5. Zulässige Kenntnis der Gehaltsentwicklung darf genutzt werden

Aus dem Erkundigungsverbot des Art. 5 Abs. 2 ETRL folgt kein Verbot, die bisherige Gehaltsentwicklung in die Gehaltsverhandlungen einfließen zu lassen. Erlangt der Arbeitgeber auf zulässige Weise Informationen über das bisherige Gehalt des Bewerbers, darf er diese im Bewerbungsverfahren nutzen.[98] Nicht erforderlich ist daher der Hinweis, dass die bisherige Gehaltsentwicklung im Bewerbungsverfahren keine Rolle spielt.

Erwägungsgrund 44 der ETRL erkennt an, dass Arbeitnehmer ein berechtigtes Interesse haben können, ihr Entgelt freiwillig offenzulegen. Dieses Inte-

---

95 *Benecke*, EuZA 2024, 263, 273.

96 Zu den Informationsrechten des Arbeitgebers im Bewerbungsverfahren *Preis*, in: ErfK, § 611a BGB Rn. 294 ff.

97 *Wendtland*, in: BeckOK BGB, § 123 Rn. 37.

98 Anders *von Roetteken*, NZA-RR 2024, 169, 174, der fälschlicherweise ein Verwertungsverbot annimmt.

resse besteht mitunter auch schon im Bewerbungsverfahren, insbesondere um besonders hohe Einstiegsgehälter zu rechtfertigen.

Arbeitgeber können das bisherige Gehalt von Bewerbern auch aus deren Bewerbungsunterlagen schlussfolgern. Diese Möglichkeit besteht z.B. bei Bewerbungen unter Angabe der bisherigen tariflichen Beschäftigung, wenn Arbeitgeber die Tarifsystematik kennen und wissen, welche Eingruppierung damit verbunden ist. Nachforschungen überschreiten allerdings die Befugnis des Arbeitgebers.

V. Dokumentation von Bewerbungsverfahren

Arbeitgeber sollten die ohnehin erforderliche Dokumentation von Bewerbungsverfahren[99] um den Aspekt „Gehalt und Gehaltsverhandlungen" ergänzen. Die Dokumentation sollte für jeden Bewerber durchgeführt werden, unabhängig davon, ob dessen Bewerbung erfolgreich war oder nicht. Sie dient unterschiedlichen Zwecken:

- Im Verhältnis zum eingestellten oder abgelehnten Bewerber schützt sie den Arbeitgeber vor entgeltbezogenen Schadensersatz- oder Entschädigungsansprüchen.
- Im Verhältnis zu Dritten, insbesondere zu anderen Bewerbern oder Stelleninhabern, ermöglicht sie dem Arbeitgeber den Nachweis einer ordnungsgemäßen Vergütungspraxis.

Das gilt gerade mit Blick auf Einstellungen von Bewerbern, die ein überdurchschnittliches Gehalt verhandeln. Der Arbeitgeber muss anhand der Dokumentation darlegen können, dass ihn sachliche Gründe bei der Gehaltsvereinbarung geleitet haben. Diese Dokumentation mögen viele Unternehmen als lästige Bürokratisierung empfinden. Doch genau das ist von der ETRL gewollt. Dabei gilt es ehrlich zu analysieren:

- Können wir den Dokumentationspflichten nachkommen, wollen aber den Aufwand nicht in Kauf nehmen? In diesen Fällen verkennt der Arbeitgeber entweder das Risiko von Streitigkeiten im Rahmen der Entgelttransparenz, stellt überzogene Anforderungen an die Dokumentation oder hat noch keinen passenden Dokumentationsprozess aufgesetzt.
- Würden wir den Aufwand in Kauf nehmen, können aber den Dokumentationspflichten nicht nachkommen? Oder: Der Dokumentationsaufwand stellt sich als so hoch heraus, dass wir ihn praktisch nicht erfüllen können?

Diese Fälle sind ein Warnsignal für inkonsistente Gehaltssysteme, also Verstöße gegen Entgelttransparenzvorschriften. Unternehmen müssen unver-

---

99 *Rolfs/Lex*, NZA 2023, 1353, 1356.

züglich tätig werden, ihr Gehaltsgefüge analysieren und Gegenmaßnahmen ergreifen. Anderenfalls drohen eher früher als später gravierende Konflikte mit den Pflichten zur Entgelttransparenz.

VI. Schadensersatz und Entschädigung bei abgelehnten Bewerbungen – „Endlosschäden"

Unternehmen drohen Sanktionen, wenn sie gegen die Pflichten zur Entgelttransparenz im Bewerbungsverfahren verstoßen. Dazu enthält Kapitel III (Art. 14-26) der Richtlinie umfangreiche Regelungen.[100]

Mit der Umsetzung in nationales Recht wird die zum AGG geführte Diskussion um den sog. Endlosschaden wieder aufflammen.[101] In den typischen AGG-Konstellationen liegt dieser Diskussion folgende Überlegung zugrunde: Wäre der gerade volljährige Bewerber nicht rechtswidrig benachteiligt worden, hätte er den Arbeitsplatz erhalten und bis zur Rente Gehalt kassiert. Dem Arbeitgeber droht eine Schadensersatzforderung von Gehaltskosten für ein halbes Jahrhundert, inklusive der üblichen Gehaltssteigerungen. Ein solches Beispiel ist zwar realitätsfern, denn welcher Arbeitnehmer verbringt noch sein gesamtes Berufsleben beim selben Arbeitgeber. In abgeschwächter Form werden solche Fälle nach Umsetzung der ETRL aber Arbeitgeber und Gerichte beschäftigten.

Für Arbeitgeber bergen insbesondere interne Bewerbungen auf hoch dotierte Führungsstellen Risiken. Kann der Bewerber Indizien vortragen, dass er die Beförderung wegen eines Verstoßes gegen die Entgelttransparenzpflichten im Bewerbungsverfahren nur zu einer schlechteren Vergütung erhalten hat, droht eine Pflicht zur Anpassung des Gehalts. Abgelehnte Bewerber könnten sogar versuchen, mit Hilfe des Sanktionsmechanismus das höhere Gehalt zu erstreiten.

Arbeitgeber sollten sich daher nicht darauf verlassen, dass Verstöße gegen die Pflichten zur Entgelttransparenz im Bewerbungsverfahren gegen Zahlung pauschalierter Entschädigungen einfach beigelegt werden können.

---

100 Hierzu näher → Teil 2, Kap. 3.1 (*Groß/Lohmann*), unter III.

101 Überblick zur Diskussion mit weiteren Nachweisen bei *Deinert,* in: Däubler/Beck, § 15 AGG Rn. 42 ff.

VII. Beweislastumkehr

Art. 18 ETRL verlagert die Beweislast auf den Arbeitgeber.[102] Trägt der Bewerber Indizien vor, dass der Arbeitgeber Pflichten zur Entgelttransparenz im Bewerbungsverfahren verletzt hat, muss der Arbeitgeber nachweisen, dass der Bewerber weder unmittelbar noch mittelbar wegen seines Geschlechts ein schlechteres Entgelt als eine Person anderen Geschlechts erhält.

Auf den ersten Blick meint man, die Systematik der Beweislastumkehr des § 22 AGG nahtlos übertragen zu können. Bei näherem Hinsehen zeigen sich aber Unterschiede.

Trägt der Bewerber AGG-Verstöße im Bewerbungsverfahren vor, z. B. eine geschlechtsspezifische Stellenanzeige („Junger Mann zum Mitreisen gesucht"), muss der Arbeitgeber darlegen und beweisen, dass ihn ausschließlich andere als die vom AGG geschützten Merkmale zur Ablehnung der Bewerbung veranlasst haben.[103] Das gelingt nur in seltenen Fällen, z. B. wenn die Stellenanzeige eine bestimmte Qualifikation zwingend verlangt, über die der Bewerber nicht verfügt.[104]

Die ETRL verbietet aber nur, dass Personen wegen ihres Geschlechts nicht schlechter bezahlt werden als Personen anderen Geschlechts. Das eröffnet Arbeitgebern deutlich mehr Verteidigungsmöglichkeiten:

- Erhalten alle Arbeitnehmer für dieselbe Arbeit unterschiedslos dasselbe Gehalt, besteht für eine geschlechtsspezifische Ungleichbehandlung kein Raum, selbst wenn der Arbeitgeber im Bewerbungsverfahren gegen die Pflichten zur Entgelttransparenz verstößt.
- Dazu bestehen insbesondere folgende Fallgruppen:
  - Eingruppierung in eine Entgeltordnung, wenn die Entgeltgruppe für die betroffene Tätigkeit kein Entgeltband enthält
  - unterschiedslose Zahlung des Mindestlohns, z. B. bei geringfügig Beschäftigten
  - Zahlung eines einheitlichen Einstiegsgehalts ohne weitere Gehaltsbestandteile
- Im Unternehmen besteht zwar ein geschlechtsspezifisches Entgeltgefälle. Der Bewerber gehört aber nicht der benachteiligten Personengruppe an. Diese Argumentation ist allerdings mit Vorsicht zu genießen, denn sie kann zu Bußgeldern wegen des Entgeltgefälles führen.

---

102 Hierzu näher → Teil 2, Kap. 3.1 (*Groß/Lohmann*), unter II.3.

103 Ständige Rechtsprechung, zuletzt BAG, 26.11.2020 – 8 AZR 59/20, NZA 2021, 635, Rn. 26 m. w. N.

104 BAG, 15.2.2005 – 9 AZR 635/03, NZA 2005, 870.

3. Fachkräfte aus dem Ausland erfolgreich anwerben und beschäftigen

Dr. Felix Müller-Merten und Lukas Mengestu[105]

Die Anwerbung und Beschäftigung von Fachkräften aus dem Ausland ist ein zentraler Bestandteil der globalen Wettbewerbsfähigkeit von Unternehmen. Der demografische Wandel, technologische Umbrüche und der zunehmende Wettbewerb um qualifizierte Arbeitskräfte machen deutlich: Wer sich ausschließlich auf den inländischen Arbeitsmarkt fokussiert, riskiert wertvolles Potenzial ungenutzt zu lassen. Internationale Fachkräfte bringen nicht nur dringend benötigtes Know-how mit, sondern auch neue Perspektiven, interkulturelle Kompetenzen und Innovationsimpulse.

Unternehmen, die ESG-Kriterien umsetzen, werden als sozial verantwortungsbewusst wahrgenommen und können für (ausländische) Fachkräfte den entscheidenden Unterschied machen. Nachhaltigkeit sowie Diversität, Gerechtigkeit und Inklusion sind essenzielle Bestandteile einer positiven Employee Experience und formen die Attraktivität des Arbeitgebers für Talente mit.[106]

Der Beitrag zeigt, welche tatsächlichen und rechtlichen Herausforderungen bestehen (können) und gibt praktische Lösungsvorschläge und Tipps. Da eine vollumfängliche Darstellung der (Handlungs-)Optionen und deren Voraussetzungen den Rahmen dieses Beitrags bei weitem übersteigen würde, beschränken wir uns auf einen Überblick über die in der Praxis relevantesten Themen.

I. Das Anwerben von Fachkräften aus dem Ausland

Der erste Schritt zur Beschäftigung ausländischer Fachkräfte in Deutschland besteht zunächst darin, passende Talente zu finden und sie von den beruflichen Perspektiven und Lebensbedingungen in Deutschland zu überzeugen. Zu beachten ist dabei, dass sich das Anwerben ausländischer Fachkräfte in der Regel nicht eignet, um kurzfristig akuten Personalengpässen gegenzusteuern. Jedenfalls bei Drittstaatsangehörigen sind – insbesondere sofern für die Einreise ein Visum erforderlich ist – grundsätzlich mehrere Monate Vorlaufzeit einzuplanen, bis eine Beschäftigung in Deutschland tatsächlich erfolgen kann und rechtlich darf. Entsprechend sollte die Rekrutierung im

105 Die Autoren danken den wissenschaftlichen Mitarbeitern *Daria Boysen* und *Nicolas Krämer* für wertvolle Vorarbeit bei der Erstellung dieses Beitrages.

106 Zur Employee Journey detailliert → Teil 1, Kap. 1.1 (*Harrer*), unter III.4.

Ausland in erster Linie als Steuerungsinstrument einer mittel- bis langfristigen Personalpolitik verstanden werden.

1. Vermittlung und Unterstützung

Arbeitgebern stehen bei der Vermittlung von Fachkräften eine Reihe bilateraler Programme und öffentlich geförderter Initiativen zur Verfügung.

Für die Vermittlung innerhalb der Europäischen Union (EU) ist dabei insbesondere das European Employment Services (EURES)-Netzwerk hervorzuheben. EURES ist ein von der EU getragenes Kooperationsnetzwerk, dem auch die Bundesagentur für Arbeit (BfA) angehört. Arbeitgeber können über EURES ihre Stellenangebote europaweit veröffentlichen und so Bewerber aus der gesamten EU und dem Europäischen Wirtschaftsraum (EWR) erreichen. Daneben bestehen aber auch andere Initiativen wie Erasmus+ mit der bereits Auszubildenden und Studenten Mobilitäts- und Kooperationsmöglichkeiten geboten werden oder der ESF+ (Europäischer Sozialfonds) als Finanzierungsinstrument für arbeitsmarktpolitische Programme der EU.

Im Hinblick auf die Vermittlung von Arbeitnehmern aus Staaten außerhalb des EU/EWR-Raums führt die BfA die Vermittlung in Zusammenarbeit mit der Zentralen Auslands- und Fachvermittlung (ZAV) durch und berät Unternehmen dabei, passende Bewerber zu finden und die entsprechenden Anträge zu stellen.[107] Dabei wird besonders auf die Anwerbung im Rahmen von fachspezifischen Projekten gesetzt. So werden im Bereich der Informations- und Kommunikationstechnologie bspw. Projekte in Brasilien, Kolumbien und Mexiko angeboten.[108] Diese Projekte beinhalten typischerweise mehrere Teilbereiche, die durch die Beratung und Organisation der BfA abgedeckt werden – etwa Orientierung, Sprachförderung, Anerkennungsverfahren, Einreisevorbereitung und Integrationsmaßnahmen.

Arbeitgeber unterliegen in derartigen Projekten regelmäßig bestimmten Teilnahmebedingungen, um von den Leistungen der BfA profitieren zu können. Dazu gehört auch die Zahlung einer Lebensunterhaltssicherung sowie die Zahlung und Organisation von adäquatem Wohnraum, Flügen und Sprachkursen. Im Gegenzug erhalten die Unternehmen eine Vorauswahl geeigneter Bewerber, Kontakte zu Kooperationspartnern vor Ort und Unterstützung bei komplexen Migrations-, Integrations- und Arbeitsrechtsprozessen.

---

107 Bundesagentur für Arbeit, https://www.arbeitsagentur.de/unternehmen/fachkraefte-ausland/beratung (abgerufen am 29.8.2025).

108 Überblick unter https://www.arbeitsagentur.de/vor-ort/zav/projects-programs (abgerufen am 29.8.2025).

Praxistipp:
Die BfA veröffentlicht regelmäßig eine aktualisierte Liste aktueller Förderprojekte. Zudem können über die BfA auch Stellenanzeigen geschaltet werden, um leichter internationale Fachkräfte auf sich aufmerksam zu machen. Um ausländische Bewerber anzusprechen, sollte dabei darauf geachtet werden, diese (zumindest) in englischer Sprache zu verfassen.

2. Werte schaffen Wirkung – ESG als Schlüssel im internationalen Recruiting

Ein wesentlicher Baustein für die Darstellung und Außenwahrnehmung des Unternehmens gegenüber potenziellen Bewerbern aus dem Ausland ist auch die strategische Kommunikation von ESG-Kriterien: Wer Nachhaltigkeit, soziale Verantwortung und gute Unternehmensführung glaubwürdig lebt und sichtbar macht, kann sich damit klar von Wettbewerbern abheben – und gezielt die Werteorientierung vieler Bewerber ansprechen.

So legen insbesondere junge Bewerber zunehmend Wert auf ökologische Nachhaltigkeit bei der Arbeitgeberwahl. 75 % der 18 bis 24-Jährigen recherchieren bspw. die Nachhaltigkeits-Reputation eines Unternehmens.[109] Ausweislich einer Umfrage der Bewerbungsplattform „Stepstone" (2024) ziehen 82 % der Arbeitnehmer bei einem entsprechenden Angebot einen Wechsel zu einem nachhaltigeren Unternehmen in Betracht.[110]

Besondere Bedeutung kommt der sozialen Komponente zu. Sie betrifft nicht nur die arbeitsrechtliche Behandlung der Arbeitnehmer,[111] sondern auch Fragen der Integration, Chancengleichheit und menschenwürdigen Migration. Angesichts der zunehmenden nationalistischen Strömungen (nicht nur) innerhalb Deutschlands, müssen Unternehmen, die ausländische Fachkräfte gewinnen möchten, Antworten bieten, wie sie mit Diversität und dem Schutz vor Diskriminierungen umgehen. Dabei geht es etwa um die faire Gestaltung von Recruiting-Prozessen, die Vermeidung von Abhängig-

109 ManpowerGroup, Consumer Goods & Services – World of Work 2025 Outlook, https://www.manpowergroup.de/de/insights/studien-und-research/studien/2025/05/16/21/50/world-of-work-consumer-goods-2025-outlook (abgerufen am 29.8.2025).

110 *Delorme,* Stepstone v. 15.7.2024, https://www.stepstone.de/e-recruiting/hr-wissen/recruiting/nachhaltigkeit-recruiting/ (abgerufen am 29.8.2025).

111 ManpowerGroup, Bevölkerungsbefragung Arbeitsmotivation 2019, https://www.manpowergroup.de/de/insights/studien-und-research/studien/2021/05/11/19/03/studie-arbeitsmotivation-2019 (abgerufen am 29.8.2025).

keitsverhältnissen durch prekäre Vertragsmodelle sowie um aktive Unterstützungsmaßnahmen bei der sprachlichen, sozialen und beruflichen Integration. Auch Transparenz beim Lohnniveau, gleiche Bezahlung für gleiche Arbeit, Maßnahmen gegen Ausgrenzung und Schutz vor Ausbeutung fallen unter diese Kategorie.

Schließlich können Unternehmen auch mit einer guten Unternehmensführung (Governance) für sich werben. Diese zeigt sich u. a. in klaren internen Zuständigkeiten, antidiskriminierenden Auswahlprozessen, regelmäßiger Überprüfung der Liefer- und Personalstrukturen sowie in der Dokumentation und Auditierung von Integrationsmaßnahmen. Auch unternehmerische Selbstverpflichtungen – etwa zu fairer Rekrutierung oder zur Vermeidung von Ausbeutung – spielen dabei eine wachsende Rolle.

II. Beschäftigung von ausländischen Fachkräften in Deutschland

1. Überblick

Bei der Beschäftigung von ausländischen Fachkräften in Deutschland sind grundsätzlich verschiedene Rechtsgebiete tangiert. Darunter fallen insbesondere das Aufenthalts-, Arbeits-, Sozialversicherungs-, Steuer- und Melderecht. In welchem Rechtsbereich „die Musik spielt“, hängt von den Umständen des konkreten Falles ab. Soll bspw. ein Anstellungsvertrag zwischen einem sog. Drittstaatsangehörigen und einem Arbeitgeber mit Sitz in Deutschland begründet werden, spielt primär das Aufenthaltsrecht eine Rolle, also die Frage unter welchen Voraussetzungen die Person legal in Deutschland beschäftigt werden kann. Gerade grenzüberschreitende Fälle, allen voran sog. Entsendungen aus dem Ausland nach Deutschland, haben eine bestimmte Komplexität. Sie setzen eine gründliche Prüfung, Ausarbeitung und insbesondere Abstimmung der eingangs erwähnten Rechtsgebiete voraus. Hier sind die Umstände im Einzelfall entscheidend.

Bei der Beschäftigung von ausländischen Fachkräften in Deutschland stellen sich im Rahmen der tatsächlichen und rechtlichen Beurteilung ganz vereinfacht gesagt insbesondere die folgenden Fragen:

- Welche Staatsangehörigkeit hat die Fachkraft?
- Verfügt sie über eine Berufsausbildung, einen Hochschulabschluss und/ oder sonstige praktische Berufserfahrung?
- Ist eine Anerkennung der ausländischen Qualifikation erforderlich?
- Welche Tätigkeit/welchen Beruf soll die Fachkraft in Deutschland ausüben?

– Wie lange soll die Fachkraft in Deutschland tätig werden?
– Übt die Fachkraft bereits eine Tätigkeit in Deutschland aus?

2. Die Staatsangehörigkeit als zentrale Weichenstellung der Beschäftigung

Hinsichtlich der Notwendigkeit eines Aufenthaltstitels für eine Beschäftigung in Deutschland ist grundsätzlich zwischen zwei Gruppen von ausländischen Fachkräften zu differenzieren. Einerseits den Staatsbürgern aus der EU, dem EWR und der Schweiz sowie andererseits den sog. Drittstaatsangehörigen.

a) Beschäftigung von Staatsangehörigen der Mitgliedstaaten der EU, des EWR sowie der Schweiz

Die sog. EU-Freizügigkeit führt zu erheblichen Vereinfachungen für deutsche Unternehmen bei der Beschäftigung von Staatsangehörigen der EU-Mitgliedstaaten, des EWR (also der bereits benannten EU-Staaten zuzüglich Island, Liechtenstein und Norwegen) sowie der Schweiz. Denn jeder Bürger dieser Staaten hat das Recht, ohne Visum oder gesonderte Arbeitserlaubnis in die Bundesrepublik Deutschland einzureisen, sich hier unbegrenzt aufzuhalten und eine Erwerbstätigkeit aufzunehmen.

Für Unionsbürger und ihre Familienangehörigen ergibt sich dies unmittelbar aus dem Vertrag über die Europäische Union (EUV) und dem Vertrag über die Arbeitsweise der Europäischen Union (AEUV). In diesen sind die Arbeitnehmerfreizügigkeit (Art. 21 Abs. 1 AEUV) sowie die Niederlassungs- (Art. 49 AEUV) und Dienstleistungsfreiheit (Art. 56 AEUV) normiert. Die Arbeitnehmerfreizügigkeit garantiert jedem Unionsbürger und dessen Familienangehörigen sich in jedem Mitgliedsstaat frei bewegen und Aufenthalt nehmen zu dürfen. Ausdrücklich geregelt ist dies für Deutschland in § 2a Abs. 1 Freizügigkeitsgesetz/EU (FreizügG/EU), wonach Unionsbürger für die Einreise keines Visums und für den Aufenthalt keines Aufenthaltstitels bedürfen. Sie müssen lediglich im Besitz eines gültigen Personalausweises oder Reisepasses sein, um ihr Freizügigkeitsrecht nachzuweisen.

Die EU kann zudem mit Drittländern Abkommen schließen, die eine Assoziierung mit gegenseitigen Rechten und Pflichten herstellen (Art. 217 AEUV). Ein solches Abkommen besteht mit Island, Liechtenstein und Norwegen in Gestalt des sog. EWR-Abkommens, welches die Staatsbürger der EWR-Staaten und deren Familienangehörige hinsichtlich der Freizügigkeit innerhalb der EU mit den Staatsangehörigen der EU-Mitgliedstaaten weitestgehend gleichstellt.[112]

Bei Bürgern der Schweizerischen Eidgenossenschaft stellt sich die Situation leicht anders dar. Zwar genießen Bürger der Schweiz seit dem Jahr 2002 ebenfalls ein Einreise- und Aufenthaltsrecht in Deutschland,[113] auf sie findet das FreizügG/EU jedoch keine Anwendung, sondern das Aufenthaltsgesetz (AufenthG), sofern nicht vorrangige Regeln des Freizügigkeitsabkommens unmittelbar gelten. Zudem sind Schweizer zwar ebenfalls nicht verpflichtet, ihren Aufenthalt bei der Ausländerbehörde zu melden. Zum Nachweis ihres Aufenthaltsrechts sowie ihres Rechts auf Erwerbstätigkeit in Deutschland erhalten sie jedoch auf Antrag, wenn sie sich länger als drei Monate in Deutschland aufhalten, bei der Ausländerbehörde ihres Wohnortes gegen Gebühr einen Nachweis, der ihr Aufenthaltsrecht bescheinigt.

b) Beschäftigung von sog. Drittstaatsangehörigen

Als Drittstaatsangehörige werden jene Personen bezeichnet, die weder die Staatsangehörigkeit eines EU-Mitgliedstaats, eines EWR-Staats noch der Schweiz besitzen. Die oben erwähnten Erleichterungen bei einer Beschäftigung in Deutschland gelten für diese Personengruppe nicht. Da auf diese Personen das Aufenthaltsgesetz Anwendung findet, wird für die Einreise und den Aufenthalt in Deutschland grundsätzlich ein Aufenthaltstitel benötigt (§ 4 Abs. 1 Satz 1 AufenthG). Dessen Erteilung setzt regelmäßig voraus, dass

- der Lebensunterhalt der Person gesichert ist,
- die Identität und, falls sie nicht zur Rückkehr in einen anderen Staat berechtigt ist, die Staatsangehörigkeit der Person geklärt ist,
- kein Ausweisungsinteresse besteht,
- soweit kein Anspruch auf Erteilung eines Aufenthaltstitels besteht, der Aufenthalt der Person nicht aus einem sonstigen Grund Interessen der Bundesrepublik Deutschland beeinträchtigt oder gefährdet und
- die Passpflicht nach § 3 AufenthG erfüllt wird (§ 5 Abs. 1 AufenthG).

Für den konkreten Bereich der Erteilung eines Aufenthaltstitels zum Zweck der Ausübung oder der Suche nach einer Beschäftigung stellt § 18 AufenthG zudem weitere allgemeine Voraussetzungen auf. Demnach setzt die Erteilung eines Aufenthaltstitels zur Ausübung einer Beschäftigung insbesondere voraus, dass

---

112 So auch § 12 FreizügG/EU.

113 *Tiedje,* in: von der Groeben/Schwarze/Hatje, Europäisches Unionsrecht, Vorbemerkung zu den Artikeln 49 bis 55 AEUV Rn. 59.

- ein konkretes Arbeitsplatzangebot vorliegt,
- grundsätzlich die BfA nach § 39 AufenthG zugestimmt hat,
- eine Berufsausübungserlaubnis erteilt wurde oder zugesagt ist, soweit diese erforderlich ist,
- die Gleichwertigkeit der Qualifikation festgestellt wurde oder ein anerkannter ausländischer oder ein einem deutschen Hochschulabschluss vergleichbarer ausländischer Hochschulabschluss vorliegt, soweit dies eine Voraussetzung für die Erteilung des Aufenthaltstitels ist, und
- die Person und der Arbeitgeber versichern, dass die Beschäftigung tatsächlich ausgeübt werden soll.

Abhängig von der konkreten Rechtsgrundlage bzw. gewünschten Aufenthaltserlaubnis sind weitere Voraussetzungen zu beachten.

Infolge des am 1.3.2020 in Kraft getretenen Fachkräfteeinwanderungsgesetzes vermittelt im Grundsatz jeder deutsche Aufenthaltstitel zugleich die Möglichkeit eine Beschäftigung aufzunehmen, soweit dies gesetzlich nicht eingeschränkt wird (§ 4a Abs. 1 Satz 1 AufenthG). Zugleich wurde der Arbeitsmarkt geöffnet, sodass seitdem nicht nur Drittstaatsangehörige mit akademischer Ausbildung, sondern auch Fachkräfte mit beruflicher Qualifikation in allen Berufen einen Beschäftigungstitel erhalten können. Auch für Fachkräfte mit berufspraktischen Kenntnissen aus Drittstaaten besteht unter bestimmten Voraussetzungen die Möglichkeit einer Beschäftigung.[114] Ferner wurde die Möglichkeit eingeführt, sich unter bestimmten Voraussetzungen für bis zu sechs Monate in Deutschland aufhalten zu können, um einen Arbeitsplatz zu suchen. Abgeschafft wurde die bestehende Engpassbetrachtung für Mangelberufe samt Vorrangprüfung für Fachkräfte.[115] Seitdem wurden die Hürden für die Einreise und den Aufenthalt von Erwerbstätigen an verschiedenen Stellen weiter kontinuierlich abgesenkt, um dem inländischen Fachkräftemangel entgegenzuwirken.

Praxistipp:

Arbeitgeber sind bei der Beschäftigung von Drittstaatsangehörigen verpflichtet zu prüfen, ob ein gültiger Aufenthaltstitel besteht und kein Beschäftigungsverbot bzw. keine Beschränkungen vorliegen (§ 4a Abs. 5 Satz 3 AufenthG). Da jeder Aufenthaltstitel nach § 4a Abs. 3 AufenthG erkennen lassen muss, ob die Ausübung einer Erwerbstätigkeit erlaubt ist und ob sie Beschränkungen unterliegt und Beschränkungen seitens der BfA für die Ausübung der Beschäftigung in den Aufenthaltstitel

114 § 19c Abs. 2 AufenthG i. V. m. § 6 BeschV (Beschäftigung bei ausgeprägter berufspraktischer Erfahrung).

115 *Müller*, in: Hofmann, Ausländerrecht, § 38a AufenthG Rn. 25.

übernommen werden müssen, sind bei der Prüfung insbesondere etwaige Zusatzblätter zum Aufenthaltstitel zu beachten.

Wer einen ausländischen Arbeitnehmer beschäftigt, der die erforderlichen Genehmigungen nicht besitzt, dem droht wegen illegaler Ausländerbeschäftigung eine Geldbuße von bis zu 500.000 EUR. Abhängig vom Einzelfall kann im „worst case" sogar eine Straftat vorliegen, die mit Geld- oder Freiheitsstrafe geahndet wird.

Der Arbeitgeber muss für die Dauer der Beschäftigung eine Kopie der erforderlichen Dokumente (insb. Aufenthaltstitel) elektronisch oder in Papierform aufbewahren, sowie die zuständige Ausländerbehörde innerhalb von vier Wochen ab Kenntnis informieren, sofern eine Beschäftigung, für die ein Aufenthaltstitel zum Zweck der Erwerbstätigkeit erteilt wurde, vorzeitig beendet wird.

3. Die in der Praxis wichtigsten Aufenthaltstitel bei der Beschäftigung ausländischer Fachkräfte aus Drittstaaten

Mit Blick auf die Beschäftigung von Fachkräften aus Drittstaaten kommen verschiedene Aufenthaltstitel mit unterschiedlichen Voraussetzungen in Betracht. Da hier erhebliche Unterschiede bestehen, ist im Einzelfall zu prüfen, welcher Aufenthaltstitel für den jeweiligen Einsatzzweck am besten geeignet ist. Im Rahmen der Erteilung des Aufenthaltstitels können verschiedene Behörden beteiligt sein. Dazu gehören insbesondere die deutschen Auslandsvertretungen, wie Konsulate und Botschaften, die lokalen Ausländerbehörden in Deutschland sowie die BfA. Gerade bei letzterer muss für die Mehrzahl der Fälle deren Zustimmung zur Beschäftigung eingeholt werden. Die Zustimmung der BfA wird grundsätzlich von der Auslandsvertretung bzw. der Ausländerbehörde in einem rein behördeninternen Verfahren eingeholt. Es besteht jedoch auch die Möglichkeit ein sog. Vorabzustimmungsverfahren durchzuführen, um im Einzelfall bereits vor der eigentlichen Antragstellung auf Erteilung des Aufenthaltstitels eine Entscheidung der BfA zu erhalten und das Verfahren dadurch insgesamt zu beschleunigen.

a) (Nationales) Visum für die Einreise (§ 6 Abs. 3 AufenthG)

Schon für die Einreise nach Deutschland müssen Drittstaatsangehörige grundsätzlich einen gültigen Aufenthaltstitel besitzen. Hierfür können Drittstaatsangehörige in den deutschen Auslandsvertretungen ihres jeweiligen Heimatlandes ein Visum i. S. d. § 6 AufenthG beantragen, sofern sie nicht ausnahmsweise von der Visumpflicht befreit sind. Eine solche Ausnahme greift insbesondere für Angehörige bestimmter Staaten, sog. „privilegierte Drittstaatsangehörige“. Darunter fallen insbesondere Staatsangehörige von Australien, Israel, Japan, Kanada, Republik Korea, Neuseeland, dem Vereinigten Königreich Großbritannien und Nordirland sowie den USA (§ 41 Abs. 1 Aufenthaltsverordnung (AufenthV)). Diese können auch ohne vorheriges Einreisevisum, d. h. nur mit einem gültigen Reisepass, nach Deutschland einreisen, und innerhalb von 90 Tagen nach der Einreise den gewünschten Aufenthaltstitel im Bundesgebiet beantragen.[116]

Praxistipp:
Auch wenn privilegierte Drittstaatsangehörige visumfrei nach Deutschland einreisen und eine Aufenthaltserlaubnis zum Zweck der Erwerbstätigkeit beantragen können, kann es dennoch empfehlenswert sein, das entsprechende Visum bereits vor der Einreise im Ausland zu beantragen. Denn eine Beschäftigung darf erst dann ausgeübt werden, wenn ein entsprechender Aufenthaltstitel vorliegt. Liegt ein Visum vor, das die Erwerbstätigkeit gestattet, kann die Fachkraft unmittelbar nach der Einreise tätig werden. Liegt ein solches Visum nicht vor, muss die Person abwarten, bis die Ausländerbehörde die Aufenthaltserlaubnis zum Zweck der Erwerbstätigkeit erteilt hat.

Hinsichtlich des notwendigen Visums ist zu unterscheiden zwischen dem Schengen-Visum („C-Visum“) einerseits und dem nationalen Visum („D-Visum“) andererseits.

Das Schengen-Visum berechtigt in erster Linie zur Durchreise durch das Hoheitsgebiet der Schengen-Staaten sowie zu kurzfristigen Aufenthalten in diesem Gebiet von bis zu 90 Tagen je Zeitraum von 180 Tagen (§ 6 Abs. 1 AufenthG).

Beachte:
Ein Schengen-Visum berechtigt grundsätzlich nicht zur Ausübung einer Erwerbstätigkeit, es sei denn, es wurde zum Zweck der Erwerbstätigkeit erteilt (§ 6 Abs. 2a AufenthG). Nach Einreise mit einem Schengen-Visum ist die Beantragung einer Aufenthaltserlaubnis zu Erwerbszwecken deshalb grundsätzlich nicht möglich, ohne ein reguläres Visumverfahren durchlaufen zu haben.

Für längerfristige Aufenthalte zum Zwecke der Erwerbstätigkeit ist deswegen ein nationales Visum zu beantragen (§ 6 Abs. 3 AufenthG), das vor der

116 *Leuschner*, in: Hofmann, Ausländerrecht, § 5 AufenthG Rn. 38.

Einreise nach Deutschland einzuholen ist und welches nach der Einreise in einen anderen Aufenthaltstitel umgewandelt werden muss (z. B. Aufenthaltserlaubnis, Blaue Karte EU – dazu sogleich). Die Erteilungsvoraussetzungen des nationalen Visums richten sich entsprechend nach den Voraussetzungen des Aufenthaltstitels, den der Drittstaatsangehörige nach der Einreise beantragen will (§ 6 Abs. 3 Satz 2 AufenthG).

Praxistipp:
Zur Ermittlung des richtigen Visums für Einreise und Aufenthalt in Deutschland und damit zur Vermeidung von Verzögerungen bei der Visaerteilung kann der Visa-Navigator des Auswärtigen Amts helfen (https://digital.diplo.de/navigator/de/visa). Durch das Beantworten weniger Fragen bietet der Navigator zielgerichtet Antworten auf die jeweils zu erfüllenden Voraussetzungen. Zudem bietet das Auslandsportal des Auswärtigen Amts nunmehr teilweise auch die Möglichkeit, ein Visum digital zu beantragen (https://digital.diplo.de/visa).

Die Einreise mit dem richtigen Visum ist nicht zuletzt auch deshalb relevant, da das entsprechende Visum nicht nur Aufenthaltstitel, sondern zugleich Voraussetzung für die Erteilung des weiteren Aufenthaltstitels ist (§ 5 Abs. 2 Nr. 1 AufenthG).

Wichtig: Das Visum zur Einreise zum Zweck der Beschäftigung wird in der Regel für bis zu einem Jahr ausgestellt. Innerhalb dieses Zeitraums ist die entsprechende Aufenthaltserlaubnis bei der zuständigen Ausländerbehörde zu beantragen. Wer also eine Aufenthaltserlaubnis, eine Blaue Karte EU, eine ICT-Karte etc. beantragen möchte, muss zunächst mit dem für den geplanten Aufenthalt erforderlichen Visum eingereist sein und die für die Erteilung maßgeblichen Angaben bereits im Visumantrag gemacht haben (§ 5 Abs. 2 AufenthG). Zuständig für die Erteilung der nationalen Visa sind die deutschen Auslandsvertretungen.[117] Die Erteilung bedarf grundsätzlich der Zustimmung der zuständigen Ausländerbehörde in Deutschland, wobei die Zuständigkeit vom künftigen Wohnsitz des Ausländers abhängt. Da neben der Ausländerbehörde zum Teil auch weitere Behörden (z. B. die BfA) zu beteiligen sind und die Zustimmung zur Einreise durch die Auslandsvertretung erst erteilt werden darf, wenn die Zustimmung der Ausländerbehörde vorliegt, kann das Erteilungsverfahren nach offiziellen Angaben bis zu drei Monate und in der Praxis (noch) länger dauern.[118]

---

117 *Maor*, in: BeckOK AuslR, § 6 AufenthG Rn. 16.

118 Auswärtiges Amt v. 27.6.2025, https://www.auswaertiges-amt.de/de/service/visa-und-aufenthalt/nationale-visa (abgerufen am 29.8.2025).

Praxistipp:
Um den Visumprozess zu beschleunigen, können Arbeitgeber ihre zukünftigen Arbeitnehmer unterstützen, indem sie bei der zuständigen Ausländerbehörde in Deutschland das sog. beschleunigte Fachkräfteverfahren beantragen (§ 81a AufenthG). Dieses Verfahren gilt jedoch nur für bestimmte Aufenthaltstitel (z. B. Blaue Karte EU). Ist im Rahmen dieses Verfahrens eine Vorabzustimmung erteilt worden, so müssen die Auslandsvertretungen der Fachkraft innerhalb von drei Wochen einen Termin zur Visumantragstellung anbieten (§ 31a Abs. 1 AufenthV). Dieser Weg ermöglicht es insbesondere, die teils monatelangen Wartezeiten auf Visumtermine zu verkürzen.[119]

b) Blaue Karte EU (§ 18g AufenthG)

Die Blaue Karte EU ist ein oftmals präferierter Aufenthaltstitel, der in der Praxis einige Vorteile bietet. Bei der Blauen Karte EU handelt es sich um einen befristeten Aufenthaltstitel, der (im Rahmen des erstmaligen Antrags) grds. maximal für die Dauer von vier Jahren erteilt wird (Verlängerung möglich). Ist das Arbeitsverhältnis, für welches der Aufenthaltstitel beantragt wird, auf einen Zeitraum von weniger als vier Jahren angelegt, so wird der Titel für die Dauer des Arbeitsvertrags zuzüglich von drei Monaten erteilt. Mindestens muss das Arbeitsplatzangebot aber eine Beschäftigungsdauer von sechs Monaten vorsehen (§ 18g Abs. 3 AufenthG).

Die Blaue Karte EU gibt es im Wesentlichen in vier Varianten[120]:
- für akademische Fachkräfte in allen Berufen (§ 18g Abs. 1 Satz 1 AufenthG);
- für akademische Fachkräfte in sog. Engpassberufen (§ 18g Abs. 1 Satz 2 Nr. 1 AufenthG);
- für akademische Fachkräfte zum Berufseinstieg (§ 18g Abs. 1 Satz 2 Nr. 2 AufenthG);
- sowie für berufserfahrene IT-Kräfte (§ 18g Abs. 2 AufenthG).

Allen Varianten gemein ist zunächst, dass die Erteilung stets eine der Qualifikation angemessene Beschäftigung voraussetzt und keine Ablehnungsgründe nach § 19f Abs. 1 und 2 AufenthG vorliegen dürfen.

Die „große“ Blaue Karte EU für akademische Fachkräfte im Allgemeinen kann ohne Zustimmung der BfA erteilt werden (§ 18g Abs. 1 Satz 1 AufenthG). Dafür muss die Tätigkeit aber mit einem Gehalt vergütet werden,

119 *Klaus*, ZAR 2022, 343.
120 *Dippe*, in: Huber/Mantel, Aufenthaltsgesetz/Asylgesetz, AufenthG § 18g Rn. 3.

das mindestens 50 % der jährlichen Beitragsbemessungsgrenze in der allgemeinen Rentenversicherung entspricht (2025: 48.300 EUR brutto).

Für die „kleine" Blaue Karte EU, die für Engpassberufe (z. B. Naturwissenschaftler, Mathematiker, Ingenieure, Tierärzte, Apotheker oder Lehr- und Erziehungskräfte im schulischen und außerschulischen Bereich[121]) bzw. von Berufseinsteigern mit Hochschulabschluss erworben werden kann, bedarf es der Zustimmung der BfA. Gleichzeitig bestehen geringere Anforderungen hinsichtlich der Höhe des Gehalts (45,3 % der jährlichen Beitragsbemessungsgrenze in der allgemeinen Rentenversicherung).[122]

Für IT-Spezialisten bestehen Sonderregelungen. Diese können die Blaue Karte EU auch dann erwerben, wenn sie keinen Hochschulabschluss besitzen. Allerdings müssen sie mindestens drei Jahre vergleichbare Berufserfahrung vorweisen.

Die Blaue Karte EU bietet eine Reihe von Vorteilen. Sie ermöglicht unter anderem einen erleichterten Familiennachzug, da Ehegatten auch ohne deutsche Sprachkenntnisse einen Anspruch auf Erteilung einer Aufenthaltserlaubnis mit sofortiger uneingeschränkter Erlaubnis zur Erwerbstätigkeit erhalten.

Praxistipp:

Besonders interessant mit Blick auf die hohe Auslastung der Ausländerbehörden ist auch, dass die Antragsbearbeitungsfrist für die Blaue Karte EU höchstens 90 Tage betragen darf.[123]

Zudem ermöglicht die Blaue Karte EU den schnelleren Erhalt einer unbefristeten Niederlassungserlaubnis, wenn die Fachkraft – neben weiteren Voraussetzungen – mindestens 27 Monate einer hochqualifizierten Beschäftigung nachgegangen ist, Beiträge zur gesetzlichen Rentenversicherung geleistet hat (oder Aufwendungen für einen Anspruch auf vergleichbare Leistungen einer Versicherungs- oder Versorgungseinrichtung oder eines Versicherungsunternehmens nachweist) und sich auf einfache Art auf Deutsch verständigen kann. Der Zeitraum verkürzt sich sogar auf 21 Monate, wenn der Ausländer über ausreichende Kenntnisse der deutschen Sprache verfügt (B1-Niveau). Zudem bedarf es für den Arbeitsplatzwechsel eines Inhabers

---

121 Vollständige Liste der Mangelberufe abrufbar unter https://www.make-it-in-germany.com/fileadmin/1_Rebrush_2022/a_Fachkraefte/PDF-Dateien/3_Visum_u_Aufenthalt/2024_Mangelberufe_DE.pdf (abgerufen am 29.8.2025).

122 Bundesregierung, https://www.make-it-in-germany.com/de/visum-aufenthalt/fachkraefteeinwanderungsgesetz (abgerufen am 29.8.2025).

123 Art. 11 Abs. 1 Richtlinie (EU) 2021/1883 v. 20.10.2021, ABl. L 382/1 v. 28.10.2021 („Hochqualifizierten-RL").

einer Blauen Karte EU keiner – ansonsten nach § 4a Abs. 3 Satz 4 AufenthG notwendigen – Erlaubnis der Ausländerbehörde mehr (§ 18g Abs. 4 AufenthG). Es besteht in den ersten 12 Monaten lediglich ein „Veto-Recht" der Ausländerbehörde binnen 30 Tagen. Auch gewährt die Blaue Karte EU bestimmte Erleichterungen innerhalb des gesamten Schengenraumes für geschäftliche Aufenthalte und Arbeit.[124]

Nicht zuletzt aufgrund dieser Vorteile zählte die Blaue Karte EU in den vergangenen Jahren wohl zu dem am häufigsten beantragten Aufenthaltstitel im Bereich der befristeten Erwerbsmigration.[125]

c) Fachkräfte mit abgeschlossener Ausbildung – Berufsausbildung oder Studium (§§ 18a, 18b AufenthG)

Die Aufenthaltserlaubnis zum Zwecke der Beschäftigung nach §§ 18a, 18b AufenthG ist ebenfalls ein befristeter Aufenthaltstitel, der es qualifizierten Drittstaatsangehörigen ermöglicht, in Deutschland einer Erwerbstätigkeit nachzugehen.

Voraussetzung ist insbesondere eine anerkannte Berufsausbildung oder ein Hochschulabschluss sowie ein konkretes Arbeitsplatzangebot. Wurde der Bildungsabschluss im Ausland erworben, muss die Gleichwertigkeit der Berufsausbildung oder die Vergleichbarkeit des ausländischen Hochschulabschlusses festgestellt worden sein.

Die Aufenthaltserlaubnis ist flexibel einsetzbar und eignet sich für viele Berufsgruppen, auch außerhalb akademischer Berufe. Sie kann verlängert werden, solange die Voraussetzungen weiterhin erfüllt sind, und bietet bereits nach drei oder gar zwei Jahren die Möglichkeit, eine unbefristete Niederlassungserlaubnis zu beantragen.

Ein zentraler Unterschied gegenüber der Blauen Karte EU liegt darin, dass die Fachkräfte nicht notwendigerweise in einem ihrer Qualifikation entsprechenden Beruf arbeiten müssen. Während der mit der Blauen Karte EU angestrebte Beruf der Qualifikation der Fachkraft angemessen sein muss, ist dies seit der Neufassung des Fachkräfteeinwanderungsgesetzes ab dem 18.11.2023 für die Aufenthaltserlaubnis nach §§ 18a, 18b AufenthG nicht (mehr) erforderlich.[126] Es genügt jede qualifizierte Beschäftigung. Eine weitere Erleichterung im Vergleich zur Blauen Karte EU besteht hinsichtlich des Einkommens: Solange die Fachkraft das 45. Lebensjahr noch nicht vollendet hat, genügt es nach den allgemeinen Erteilungsvoraussetzungen, dass das Einkommen ausreicht, um den Lebensunterhalt zu sichern.

---

124 Art. 20 u. 21 der Hochqualifizierten-RL.

125 *Breidenbach,* in: BeckOK AusländerR, § 18g AufenthG Rn. 1, 3.

126 *Dippe,* in: Huber/Mantel, Aufenthaltsgesetz/Asylgesetz, AufenthG § 18a Rn. 3.

Mit diesen erleichterten Voraussetzungen sind jedoch im Gegensatz zur Blauen Karte EU auch einige Abstriche verbunden. So ist ohne Zustimmung der BfA eine Niederlassungserlaubnis nach drei, frühestens nach zwei Jahren möglich (§ 18c Abs. 1 Satz 1 Nr. 1, Satz 2 AufenthG). Für die Blaue Karte EU können sich die Fristen dagegen auf 21 bzw. 27 Monate verkürzen. Fachkräfte von über 45 Jahren müssen gegenüber der Blauen Karte EU grds. sogar ein höheres Gehalt vorweisen (mindestens 55 % der jährlichen Beitragsbemessungsgrenze der allgemeinen Rentenversicherung) oder einen Nachweis über eine angemessene Altersversorgung erbringen (§ 18 Abs. 2 Nr. 5 AufenthG). Zudem bedarf es für die Erteilung der Aufenthaltserlaubnis der Zustimmung der BfA, was den Antragsprozess verzögern kann. Im Gegensatz zur Blauen Karte EU ist schließlich auch die geschäftliche Tätigkeit in anderen Staaten des Schengenraumes nicht möglich.

Praxistipp:

Soweit die Voraussetzungen für die Blaue Karte EU vorliegen, sollte aufgrund der genannten Vorteile diese beantragt werden, bevor auf die Aufenthaltserlaubnis für Fachkräfte nach §§ 18a, 18b AufenthG zurückgegriffen wird.

d) (Mobiler) ICT-Karte (§§ 19, 19a, 19b AufenthG)

Geht es nicht um die Beschäftigung eines neu einzustellenden Arbeitnehmers, sondern um eine unternehmensinterne Entsendung, so kommt auch die ICT-Karte (Intra-Corporate-Transfer) als Aufenthaltstitel in Betracht. Diese ermöglicht spezifisch die Einreise und den Aufenthalt für unternehmensintern entsendete Führungskräfte, Spezialisten und Trainees. Geregelt sind ihre Voraussetzungen und ihr Anwendungsbereich durch die ICT-Richtlinie[127], die durch §§ 19-19b AufenthG in nationales Recht umgesetzt wurde. Für Führungskräfte und Spezialisten wird die ICT-Karte für maximal drei Jahre erteilt. Trainees können die ICT-Karte für maximal ein Jahr erhalten. Ein erneuter Antrag ist sechs Monate nach Ausschöpfung der Höchstdauer wieder möglich („*Cooling-Off-Period*“).

Eine ICT-Karte wird zunächst nur für den EU-Staat beantragt und erteilt, in dem sich der Arbeitnehmer zum größten Teil aufhalten wird. Sollte der Arbeitnehmer auch in anderen EU-Staaten seine Arbeit verrichten wollen, ist dies für einen Zeitraum von 90 Tagen innerhalb eines Zeitraums von 180 Tagen möglich. Wurde die ICT-Karte in einem anderen EU-Staat erteilt, ist für eine Tätigkeit in Deutschland u. a. erforderlich, die zuständige Behörde

127 Richtlinie 2014/66/EU v. 15.5.2014, ABl. L 157/1 v. 27.5.2014.

des anderen EU-Staates sowie das Bundesamt für Migration und Flüchtlinge (BAMF) zu informieren und die entsprechenden Nachweise zu erbringen (§ 19a Abs. 1 AufenthG).

Für Aufenthalte in anderen EU-Staaten, die über 90 Tage hinausgehen, muss eine sog. „Mobiler-ICT-Karte" am Ort der Niederlassung beantragt werden (§ 19b AufenthG). Entscheidend ist jedoch weiterhin, dass die Tätigkeit überwiegend am „normalen" Antragsort der (normalen) ICT-Karte erbracht wird.

Vergleichbar zur Blauen Karte EU erleichtert die ICT-Karte ebenfalls den Familiennachzug. Ehe- und Lebenspartner erhalten für den Zeitraum, in dem der Partner eine ICT-Karte hat, ebenfalls eine Aufenthaltserlaubnis. Ebenso gilt dies für minderjährige ledige Kinder.

e) Niederlassungserlaubnis (§§ 9, 18c AufenthG)

Die Niederlassungserlaubnis ermöglicht Ausländern und deren Familienangehörigen einen unbefristeten Aufenthalt in Deutschland. Dabei können sie sowohl einer Tätigkeit als Arbeitnehmer als auch einer selbständigen Tätigkeit nachgehen. Die besonderen Voraussetzungen für Fachkräfte normiert § 18c AufenthG. Demnach ist einer Fachkraft ohne Zustimmung der BfA eine Niederlassungserlaubnis grundsätzlich zu erteilen, wenn sie – neben weiteren Voraussetzungen – seit drei Jahren im Besitz eines bestimmten Aufenthaltstitels ist, einen Arbeitsplatz innehat, der von ihr besetzt werden darf, mindestens 36 Monate Pflichtbeiträge oder freiwillige Beiträge zur gesetzlichen Rentenversicherung geleistet hat (oder Aufwendungen für einen Anspruch auf vergleichbare Leistungen einer Versicherungs- oder Versorgungseinrichtung oder eines Versicherungsunternehmens nachweist) und über ausreichende Kenntnisse der deutschen Sprache verfügt. Bei Abschluss einer inländischen Berufsausbildung oder eines inländischen Studiums verkürzt sich die Frist für den Besitz eines Aufenthaltstitels von drei auf zwei Jahre und die Beitragszeiten in der gesetzlichen Rentenversicherung bzw. der Nachweis von Aufwendungen von 36 Monate auf 24 Monate (§ 18c Abs. 1 Satz 2 AufenthG).

Fachkraft in diesem Sinne sind Personen mit Berufsausbildung gem. § 18a AufenthG, Personen mit akademischer Ausbildung gem. § 18b AufenthG, Inhaber einer Blauen Karte EU gem. § 18g AufenthG und Forscher nach § 18d AufenthG.

Praxistipp:

Aufgrund der notwendigen Mindestaufenthaltsdauer in Deutschland eignet sich die Niederlassungserlaubnis nicht als Aufenthaltstitel, um Fachkräfte neu nach Deutschland zu holen. Allenfalls kann diese genutzt werden, um einen bereits bestehenden, befristeten Aufenthaltstitel einer bereits in Deutschland lebenden Fachkraft zu verstetigen und sicherzustellen, dass diese dauerhaft im Betrieb beschäftigt werden kann. Gleiches gilt für die Erlaubnis zum Daueraufenthalt-EU (§ 9a AufenthG), die unabhängig vom Status als Fachkraft sogar u. a. eine fünfjährige Aufenthaltszeit im Bundesgebiet voraussetzt (§ 9a Abs. 2 Satz 1 Nr. 1 AufenthG).

f) Chancenkarte (§§ 20a, 20b AufenthG)

Durch das Gesetz zur Weiterentwicklung der Fachkräfteeinwanderung wurde die Chancenkarte mit Wirkung zum 1.6.2024 in das Aufenthaltsgesetz aufgenommen. Zweck dieses neuen Aufenthaltstitels ist es, Drittstaatsangehörigen die Suche nach einer Erwerbstätigkeit oder nach Maßnahmen zur Anerkennung ausländischer Berufsqualifikationen zu ermöglichen. Es bedarf hier also gerade keines konkreten Arbeitsplatzangebotes.

Die Chancenkarte berechtigt den Empfänger dazu, eine Beschäftigung von durchschnittlich insgesamt höchstens 20 Stunden je Woche auszuüben und eine Probebeschäftigung in höherem Umfang für jeweils höchstens zwei Wochen auszuüben, wobei letztere qualifiziert, auf eine Ausbildung abzielen oder geeignet sein muss, im Rahmen einer Maßnahme zur Anerkennung ausländischer Berufsqualifikationen nach § 16d AufenthG aufgenommen zu werden.

Ein Antrag auf Erteilung der Chancenkarte kommt zum einen in Betracht, wenn die Person eine ausländische in Deutschland voll anerkannte berufliche oder akademische Qualifikation besitzt oder sie ihren Hochschul- bzw. Berufsabschluss in Deutschland erworben hat.

Die Alternative besteht in der Erreichung von mindestens sechs Punkten in einem hierfür geschaffenen Punktesystem (§ 20b AufenthG). Punkte gibt es für Qualifikationen, die Art des Berufs, insbesondere für Mangelberufe, die Berufserfahrung, vorhandene Sprachkenntnisse in Deutsch und/oder Englisch, das Alter, etwaige Voraufenthalte in Deutschland sowie das Potenzial des Ehegatten bzw. Lebenspartners als Fachkraft. Sämtliche Voraussetzungen müssen bereits beim Visumantrag mit Nachweisen oder Zertifikaten belegt werden. Zudem muss die Person eine berufliche oder akademische Ausbildung erfolgreich abgeschlossen haben, wobei diese im Land des Erwerbs staatlich anerkannt sein muss. Bei einem Berufsabschluss muss eine Ausbildungsdauer von mindestens zwei Jahren gegeben sein.

Bei der erstmaligen Erteilung wird die sog. „Such-Chancenkarte" grundsätzlich für einen Zeitraum von bis zu einem Jahr erteilt (§ 20a Abs. 5 AufenthG).

III. Optionen zur Bindung von ausländischen Fachkräften

Die Anwerbung von ausländischen Fachkräften geht für Unternehmen oftmals mit erhöhten finanziellen und organisatorischen Aufwendungen einher, die im Rahmen des Recruitings unternommen worden sind. Dazu können u. a. Kosten im Vermittlungs- und Auswahlprozess zählen, aber auch für den Erwerb von Sprachkenntnissen, die Beschaffung von Dokumenten sowie die Übernahme von Kosten im Zusammenhang mit dem Anerkennungs- oder beschleunigten Fachkräfteverfahren. Vor diesem Hintergrund besteht ein legitimes Interesse, die neu gewonnenen Fachkräfte möglichst lange an das eigene Unternehmen zu binden. Eine dauerhafte Bindung kann letztlich primär nur durch attraktive Arbeitsbedingungen sichergestellt werden. Die Einhaltung der ESG-Kriterien kann hierfür ein entscheidender Faktor sein. Gleichwohl können auch rechtliche Instrumente eine anfängliche Beendigung des Arbeitsverhältnisses seitens der Fachkraft, z. B. durch einen Wechsel zu einem anderen Arbeitgeber, zumindest erschweren bzw. das finanzielle Risiko zumindest teilweise abmildern. Dabei kommen folgende Möglichkeiten in Betracht.

1. Vertragliche Rückzahlungsklauseln

Die naheliegendste Lösung liegt in der vertraglichen Vereinbarung von sog. Rückzahlungsklauseln im Falle der arbeitnehmerseitigen Kündigung. Dabei ist allerdings nicht nur zu beachten, dass solche Klauseln auf potenzielle Bewerber eine (erhebliche) Abschreckungswirkung entfalten können. Vielmehr muss auch aus rechtlicher Sicht sorgfältig darauf geachtet werden, welche Kosten unter einen Rückzahlungsvorbehalt gestellt werden und wie die Klauseln im Einzelnen ausgestaltet werden. So hat das BAG bspw. eine Regelung, wonach der Arbeitnehmer für eine vom Arbeitgeber gezahlte Vermittlerprovision aufzukommen hat, wenn der Arbeitnehmer das Arbeitsverhältnis kündigt, als unangemessene Benachteiligung des Arbeitnehmers eingestuft. Denn dadurch werde ein Bleibedruck erzeugt, der auf Seiten des Arbeitnehmers – anders als z. B. im Falle von Fortbildungen – nicht durch einen angemessenen Vorteil ausgeglichen werde.[128] Insofern ist zunächst zu prüfen, inwieweit die Übernahme/Erstattung von Kosten einen entsprechenden dauerhaften Vorteil seitens der ausländischen Fachkraft begründet

128 BAG, 20.6.2023 – 1 AZR 265/22, NZA 2023, 1384.

(z.B. Sprachkurse, Übernahme von Antragsgebühren für Aufenthaltstitel). Daneben ist darauf zu achten, dass entsprechende Klauseln transparent ausgestaltet sind, d.h. die zu erstattenden Kosten dem Grunde und der Höhe nach möglichst präzise angegeben werden.[129] Zudem empfiehlt es sich mit Blick auf die Rechtsprechung, den Umfang der Rückzahlungsverpflichtung monatlich zu reduzieren, da sich die Investition des Arbeitgebers insoweit zumindest teilweise (stetig) amortisiert.[130]

2. Verlängerte Kündigungsfristen

Eine weitere Möglichkeit sich zumindest zeitweise einen Verbleib der angeworbenen Fachkräfte zu sichern, ist die Vereinbarung längerer Kündigungsfristen (§ 622 Abs. 5 Satz 3 BGB). Zu beachten ist hierbei, dass eine rein einseitige Verlängerung nicht möglich ist, d.h. die verlängerten Fristen müssen sowohl für den Arbeitgeber als auch für den Arbeitnehmer gelten. Zudem ist darauf zu achten, dass es durch die Verlängerung der Kündigungsfrist nicht zu einer unangemessenen Benachteiligung des Arbeitnehmers kommt.[131]

3. Rekrutierung von Fachkräften, deren Aufenthaltstitel der Zustimmung der BfA bedürfen

Schließlich besteht eine – auf den ersten Blick kontraintuitive – Option darin, die Rekrutierung auf Fachkräfte zu konzentrieren, für deren Aufenthaltstitel die Zustimmung der BfA erforderlich ist. Denn in diesem Fall besteht ein freier Zugang zum deutschen Arbeitsmarkt für die Fachkräfte grundsätzlich erst bei zweijähriger, versicherungspflichtiger Beschäftigung (§ 9 Abs. 1 Nr. 1 Beschäftigungsverordnung (BeschV)). Innerhalb dieses Zeitraums besteht zunächst eine Bindung zu dem jeweiligen Arbeitgeber, welche in dem jeweiligen Aufenthaltstitel vermerkt ist. Ein Arbeitgeberwechsel setzt in diesem Fall die Zustimmung der Ausländerbehörde sowie der BfA voraus (§ 4a Abs. 3 Satz 4 AufenthG). Die damit in der Praxis verbundenen bürokratischen Hürden können – aus Sicht der Fachkraft – einen Arbeitgeberwechsel in dieser Zeit zumindest erschweren. Sie können insofern dazu führen, dass der ausländische Arbeitnehmer einen erwogenen Arbeitgeberwechsel erst nach Ablauf der Frist realisiert.[132]

---

129 BAG, 21.8.2012 – 3 AZR 698/10, NZA 2012, 1428.

130 LAG Rheinland-Pfalz, 3.3.2015 – 8 Sa 561/14, juris; *Kaindl/Nickel*, NZA 2022, 1081.

131 So vom BAG bspw. angenommen bei dreijähriger Kündigungsfrist zum Monatsende ohne angemessenen Ausgleich, BAG, 26.10.2017 – 6 AZR 158/16, NZA 2018, 297.

132 *Klaus/Kolb*, ZAR 2025, 217, 226.

IV. Fazit

Die Einstellung und Beschäftigung von ausländischen Fachkräften ist für Unternehmen weit mehr als ein Beitrag zur Vielfalt – es ist eine strategische Investition in die eigene Wettbewerbsfähigkeit. Wer sich aktiv mit den (rechtlichen) Rahmenbedingungen, wie Aufenthaltstiteln und Beschäftigungsmöglichkeiten auseinandersetzt, erschließt sich Zugang zu hochqualifizierten Personen, die auf dem innerdeutschen Arbeitsmarkt immer schwerer zu finden sind. Unternehmen profitieren dabei nicht nur von neuen fachlichen Impulsen, sondern auch von interkultureller Kompetenz, Innovationskraft und einer stärkeren internationalen Ausrichtung. Der initiale Aufwand für die rechtliche Klärung zahlt sich nicht zuletzt dann aus, wenn Unternehmen gerade die zu Beginn der Beschäftigung bestehende Zeit nutzen, um internationale Fachkräfte von sich zu überzeugen – auch und gerade durch Beachtung der ESG-Kriterien.

Kapitel 2 – Nachhaltige Beschäftigungsbedingungen als Retention-Tool

1. Nachhaltigkeit in die Vergütungspolitik integrieren

Isabell Flöter

ESG hat sich zum zentralen Zukunftsthema für das Personalwesen und das Arbeitsrecht entwickelt. Angesichts stetig wachsender regulatorischer Anforderungen – zuletzt manifestiert durch CSRD – sowie eines sich dynamisch wandelnden Marktumfelds ist die Berücksichtigung von Nachhaltigkeitsaspekten in sämtlichen personalpolitischen Handlungsfeldern unverzichtbar geworden. Dies gilt in besonderem Maße auch für die Ausgestaltung moderner Vergütungssysteme. Unternehmen, die ESG-Aspekte nicht systematisch in ihre Vergütungsstrukturen integrieren, laufen zunehmend Gefahr, regulatorische, reputative und arbeitsrechtliche Risiken zu übersehen.[133]

I. Warum sollte Vergütung nachhaltig sein?

Nicht nur auf der Vergütungsebene, sondern gesamthaft sind Aspekte des nachhaltigen Wirtschaftens heute klar in den Mittelpunkt gerückt. Diese Entwicklung spiegelt einen sich wandelnden Zeitgeist wider: Unternehmen sollen zukünftig nur dann noch ungehinderten Zugang zu den Kapitalmärkten haben, wenn sie nachhaltig wirtschaften und entsprechend gute „Scorings" hierfür aufweisen; Unternehmen, die nicht nachhaltig wirtschaften, werden für Investoren zunehmend unattraktiver und Schwierigkeiten haben, an frisches Kapital zu gelangen. Hinzu kommt das Risiko deutlicher Einbußen bei Markenwahrnehmung und Kundenbindung, denn gefragt sind Unternehmen, die nicht antiquiert erscheinen, sondern aktuelle gesellschaftliche Felder – etwa Gesundheit und Umwelt – integrieren.

1. Vorgaben für regulierte Industrien

Unternehmen des Finanzsektors müssen sich schon seit Langem damit auseinandersetzen, dass regulatorische Vorgaben ihre Vergütungsgestaltung beeinflussen.[134] Gesetzliche Vorgabe für Vorstände einer Aktiengesellschaft ist

133 Zu ESG in der Vergütung *Heimann/Flöter*, AuA 2022, 46.

134 Im Bankensektor ist hier vor allem die Institutsvergütungsverordnung (IVV) zu nennen. Näheres hierzu: *Heimann/Brüning*, AuA 2021, 44; weitergehend zur Regulatorik im Finanzsektor *Heimann/Stabenow*, BB 2023, 1780; hierzu auch → Teil 1, Kap. 2.6 (*Häußer*) unter II.1.a), II.3.a), II.4.a) und II.5.a).

etwa die Incentivierung nachhaltigen Geschäftsgebarens und – daraus folgend – die Gestaltung langfristig angelegter Vergütungskomponenten, die nicht nur kurzfristigen Unternehmenserfolg, sondern mehrjährig positive Entwicklungen belohnen sollen.[135] Der Gesetzgeber wollte in § 87 Abs. 1 Satz 2 Aktiengesetz ausdrücklich feststellen, dass der Aufsichtsrat in diesem Kontext bei der Festsetzung der Vergütung sowohl soziale als auch ökologische Aspekte berücksichtigen muss.[136]

2. Vorgaben nach dem DCGK 2022

Diese Entwicklung erreicht nunmehr auch die nicht regulierten Industrien: Nach dem Deutsche Corporate Governance Codex (DCGK) sollen Nachhaltigkeitsaspekte bei der Führung und Überwachung von Unternehmen durch ihre Organe stärkere Berücksichtigung finden.[137]

> „**Empfehlung A.1**
> Der Vorstand soll die mit den Sozial- und Umweltfaktoren verbundenen Risiken und Chancen für das Unternehmen sowie die ökologischen und sozialen Auswirkungen der Unternehmenstätigkeit systematisch identifizieren und bewerten. In der Unternehmensstrategie sollen neben den langfristigen wirtschaftlichen Zielen auch ökologische und soziale Ziele angemessen berücksichtigt werden. Die Unternehmensplanung soll entsprechende finanzielle und nachhaltigkeitsbezogene Ziele umfassen."

3. Vorgaben aus der CSRD und der CSDDD

Die CSRD präzisiert die Anforderungen an nachhaltiges Wirtschaften. Unternehmen müssen ESG-Aspekte (Schonung der Umwelt: Environment [E], Förderung der sozialen Gerechtigkeit sowie essenzieller Menschenrechte: Social [S], die Einhaltung von Standards guter Unternehmensführung: Governance [G]) in allen Bereichen ihrer Unternehmensführung berücksichtigen und hierzu im Rahmen ihrer Berichtspflichten Bericht erstatten.

---

135 *Dauner-Lieb*, in: Henssler/Strohn, Gesellschaftsrecht, § 87 AktG Rn. 22; hierzu auch → Teil 1, Kap. 2.3 (*Seker*) unter II., III.2 und III.3.

136 BT-Drs. 19/15153, 55.

137 Der DCGK konkretisiert wesentliche gesetzliche Vorschriften zur Leistung und Überwachung deutscher börsennotierter Gesellschaften und enthält in Form von Empfehlungen und Anregungen international und national anerkannte Standards guter und verantwortungsvoller Unternehmensführung, https://dcgk.de/de/ (abgerufen am 29.8.2025).

Gleichzeitig wird der Kreis der Berichtspflichtigen deutlich erweitert. Nicht mehr nur Unternehmen, die unmittelbar regulierten Industrien angehören, müssen sich daher über Nachhaltigkeit Gedanken machen, sondern alle Unternehmen einer gewissen Größe und Kapitalmarktorientierung. Die von der EU-Kommission beauftragte EFRAG[138] hat hierzu verbindliche Reporting-Standards, ESRS, entworfen und einen ersten Satz (Set 1) bereits veröffentlicht.[139] Diese werden aktuell überarbeitet,[140] beinhalten – auch in der novellierten und deutlich konsolidierten Fassung – eine Vielzahl statistischer Angaben (z. B. zu den Beschäftigten einschließlich denjenigen ohne Arbeitnehmerstatus, zur Work-Life-Balance, zu Aus- und Weiterbildung), aber auch Pflichtangaben zu unternehmensstrategisch relevanten Themen wie dem Umgang mit Mitbestimmung und Arbeitnehmervertretungen sowie Menschenrechtsverletzungen. Generell müssen Unternehmen dazu ausführen, welche Maßnahmen und Prozesse sie implementieren, um negative Effekte auf ihre eigene Belegschaft („own workforce") zu vermeiden und Risiken zu managen.

Aus Vergütungssicht sind insbesondere die Reporting-Standards

- S1-10: Angemessene Entlohnung („adequate wages") und
- S1-16: Vergütungskennzahlen (Verdienstunterschiede und Gesamtvergütung) („remuneration metrics (pay gap and total remuneration)")

von Interesse. Unternehmen müssen zu diesen Themen jeweils Zahlenwerke offenlegen und erläutern, wie sie die rechtliche und tatsächliche Compliance sicherstellen, sowie darstellen, welche Maßnahmen sie treffen, um identifizierte Verstöße abzustellen.

Das europäische Lieferkettengesetz (Corporate Sustainability Due Diligence Directive, CSDDD) verpflichtet Unternehmen, Sorgfaltspflichten in ihren globalen Lieferketten einzuhalten, um menschenrechtliche und umweltbezogene Risiken zu minimieren. In Anlehnung an das deutsche LkSG und orientiert an den Vereinte Nationen-Leitprinzipien für Wirtschaft und Menschenrechte[141] definiert die Richtline Sorgfaltspflichten für Unternehmen,

---

138 Die EFRAG ist ein im Jahr 2001 gegründeter Verein, der die Europäische Kommission bei der Ausgestaltung der International Financial Reporting Standards (IFRS) unterstützt, https://www.efrag.org/en/about-us (abgerufen am 29.8.2025).

139 Zuletzt berichtigte Fassung aus August 2024: https://eur-lex.europa.eu/legal-content/DE/TXT/PDF/?uri=OJ%3AL_ 202490457 (abgerufen am 29.8.2025).

140 Die EFRAG veröffentlichte am 31.7.2025 einen vereinfachten Entwurf der ESRS, welcher bis zum 29.9.2025 der öffentlichen Konsultation zugänglich ist, bevor die novellierte Fassung verabschiedet wird, https://xbrl.efrag.org/e-esrs/esrs-set1-2023.html#d1e134-3-1 (abgerufen am 29.8.2025).

141 Hierzu Näheres vom BMAS, https://www.csr-in-deutschland.de/DE/Wirtschaft-Menschenrechte/NAP/Ueber-den-NAP/VN-Leitprinzipien/vn-leitprinzipien.html (abgerufen am 29.8.2025).

um die Menschenrechte und Umweltbelange in den Wertschöpfungsketten zu achten. Ziel ist: Unternehmen sollen nicht nur finanzielle, sondern auch ökologische und soziale Aspekte in ihren Geschäftsprozessen berücksichtigen. Einen wesentlichen Teil kann dazu auch die Vergütung beitragen. Denkbar wäre etwa, einen Anteil an der variablen Vergütung an den Beitrag zur Nachhaltigkeitsstrategie und den langfristigen Zielen des Unternehmens zu knüpfen.[142] In der Folge würden Nachhaltigkeitsaspekte schon im Rahmen der Incentivierung stärker gewichtet werden, was einen zusätzlichen extrinsischen Anreiz schafft. Konkret kann dies beispielsweise durch die Einführung von Nachhaltigkeitszielen in Zielvereinbarungen oder die Berücksichtigung von Nachhaltigkeitsindikatoren bei der Leistungsbeurteilung erfolgen (dazu sogleich).

Hinweis: CSRD und CSDDD stehen aktuell auf dem Prüfstand im sog. Omnibus-Verfahren der EU. Mit dem Omnibus-Paket verfolgt die EU-Kommission das Ziel, den Kreis der zur Nachhaltigkeitsberichterstattung verpflichteten Unternehmen deutlich zu verkleinern. Konkret sieht der Vorschlag vor, dass künftig nur noch große Unternehmen in den Anwendungsbereich fallen sollen, die im Durchschnitt mehr als 1.000 Arbeitnehmer aufweisen. Zusätzlich müssen diese Unternehmen entweder einen Nettoumsatz von mindestens 50 Mio. EUR oder eine Bilanzsumme von mindestens 25 Mio. EUR erreichen. Mit dem sog. „Stop-the-clock"-Beschluss des Europäischen Parlaments vom 3.4.2025 wurden die Nachhaltigkeitsberichterstattungspflichten für die zweite Welle und die dritte Welle jeweils um zwei Jahre verschoben.

Durch diese Neudefinition würde sich der Kreis der berichtspflichtigen Unternehmen um etwa 80% verringern. Die Anhebung der Schwelle auf 1.000 Arbeitnehmer dient dabei auch der Angleichung an die Vorgaben der CSDDD. Ziel ist es, die Kohärenz innerhalb des europäischen Regelwerks zu stärken und gleichzeitig kleinere Unternehmen von umfangreichen Berichtspflichten zu entlasten. Dabei wird deutlich: Die erweiterten Berichtspflichten im Rahmen der ESG-Regulierung haben ihren Preis – sie bringen einen erheblichen bürokratischen Aufwand mit sich. Damit Nachhaltigkeitsthemen und insbesondere eine ESG-orientierte Vergütung in der Breite der Unternehmenspraxis ankommen können, muss die Belastung für Arbeitgeber so gering wie möglich gehalten werden. Der damit verbundene Spagat zwischen regulatorischer Erfüllung und praktikabler Umsetzung ist anspruchsvoll und mit nicht unerheblichen Herausforderungen verbunden.

---

142 Der ursprüngliche Richtlinienentwurf auf Vorschlag der Europäischen Kommission vom 23.2.2022 sah noch entsprechende Vorgaben für die Unternehmensleitung in Art. 15 Abs. 3 der CSDDD-E vor; die Vergütungsbestimmung wurde im Zuge der Trilog-Verhandlungen last minute herausgenommen.

Berichtspflichten nach CSRD	Berichtspflichten nach CSRDDD
Ab 2025 (erste Welle): alle großen kapitalmarktorientierten Unternehmen mit mehr als 500 Beschäftigten (dies bedeutet: alle börsennotierten Unternehmen sowie Banken und Versicherungsunternehmen)	
Ab ~~2025~~ 2027 (zweite Welle): alle nicht börsennotierten großen Unternehmen (egal ob kapitalmarktorientiert oder nicht), sofern sie zwei von drei Kriterien aus folgendem Katalog erfüllen; • mehr als 250 Beschäftigte • Jahresumsatz von mehr als 50 Mio. EUR • Bilanzsumme von mehr als 25 Mio. EUR	**Bis 26.7.2027:** nationale Umsetzungspflicht
Ab ~~2026~~ 2028 (dritte Welle): kleine und mittlere kapitalmarktorientierte Unternehmen (ausgenommen Kleinstunternehmen), d. h. solche, die mindestens zwei von drei Kriterien aus folgendem Katalog erfüllen: • mehr als 10 Beschäftigte • mehr als 450.000 EUR Bilanzsumme • mehr als 900.000 EUR Nettoumsatzerlös	**Ab ~~2027~~ 2028 (erste Welle):** Unternehmen (bzw. Muttergesellschaft einer Gruppe) mit mehr als 5.000 Beschäftigten und einem Jahresumsatz von über 1,5 Mrd. EUR.
auch Tochterunternehmen von Konzernen, sofern nicht schon auf der Ebene der Konzernmutter in angemessener Tiefe zu Nachhaltigkeitsaspekten berichtet wird.	**Ab ~~2028~~ 2029 (zweite Welle):** Unternehmen (bzw. Muttergesellschaft einer Gruppe) mit mehr als 3.000 Beschäftigten und einem Jahresumsatz von über 900 Mio. EUR.
	Ab ~~2029~~ 2030 (dritte Welle): Unternehmen (bzw. Muttergesellschaft einer Gruppe) mit mehr als 1.000 Beschäftigten und einem Jahresumsatz von mehr als 450 Mio. EUR.
	Unternehmen (bzw. Muttergesellschaft einer Gruppe) aus Drittstaaten, wenn sie mehr als 450 Mio. EUR Umsatz pro Jahr in der EU erzielen.
	Unternehmen (bzw. Muttergesellschaft einer Gruppe), die Franchiserechte an in der EU geschäftstätige Selbstständige vergeben und damit mehr als 22,5 Mio. EUR Gebühren und weltweit insgesamt mehr als 80 Mio. EUR Jahresumsatz erzielen.

Abbildung 1: Geltung der Berichtspflichten aus CSRD und CSDDD (post-Omnibus)

II. Due Diligence über die eigenen Vergütungsregelungen notwendig

Aus den vorgenannten Berichtspflichten folgt für die Unternehmen zunächst einmal eine Hausaufgabe: Nur die wenigsten Arbeitgeber haben einen detaillierten Überblick über sämtliche bei ihnen geltenden Arbeitsbedingungen. Hinzu kommt, dass sich nur ein sehr kleiner Teil der Arbeitgeber Gedanken über die Effekte einzelner Vergütungskomponenten im Kontext von Nachhaltigkeitsaspekten gemacht haben wird. Erster Schritt hin zu einer Berichterstattung ist daher zunächst einmal eine Bestandsaufnahme, die angesichts der Geltung der Berichtsanforderungen umgehend erfolgen sollte. Aufgrund des zeitlichen Umfangs eines solchen Projekts sollten Unternehmen auch überlegen, im Budget Kosten für zusätzliche Ressourcen im Personalbereich vorzuhalten. Im Rahmen vorgenannter Prüfung sollte gleichzeitig ermittelt werden, in welchen Bereichen noch Optimierungsbedarf besteht (Gap-Analyse). Denn: Unternehmen, die nach der CSRD bestimmten Standards noch nicht genügen, müssen erklären, weshalb das so ist. Sie riskieren zudem im Rahmen einer öffentlichen Rüge benannt zu werden („Naming and Shaming“).[143] Das gilt mit Blick auf die bevorstehende Umsetzung der ETRL ganz besonders für den Gender Pay Gap.[144]

III. Anforderung an nachhaltige Vergütungssysteme

Unternehmen, die aktiv Nachhaltigkeitsaspekte in der Vergütung berücksichtigen wollen, können derzeit noch auf vergleichsweise wenige Orientierungspunkte zurückgreifen. Diese Diagnose eröffnet jedoch auch Handlungsoptionen: Arbeitgeber sind in der Lage, ein eigens auf die individuellen und branchenspezifischen Umstände ausgerichtetes Vergütungssystem zu etablieren. Je nach Marktumfeld, in dem sich ein Unternehmen bewegt, sind ggf. unterschiedliche Erwartungshaltungen von Geschäftspartnern, Aktionären, Investoren und nicht zuletzt den eigenen Arbeitnehmern zu berücksichtigen. Vergütungsgestaltung kann nur ein – aber ein wichtiger– Baustein in der ESG-Strategie eines Unternehmens sein und helfen, den Nachhaltigkeitsgedanken fest in der Unternehmenskultur zu verankern: Denn eigene Ziele, wie etwa wirtschaftlicher Erfolg und steigender Marktwert, CO_2-Reduktion, ressourcensparendes Handeln, Transformation des eigenen Geschäfts und Entwicklung neuer Technologien, lassen sich mithilfe des Motivationsfaktors „Vergütung“ gezielt und effektiv steuern. Nachhaltigkeit

143 Das Instrument des „Naming and Shaming“ ist dabei nicht unumstritten und teils heftiger Kritik der Literatur ausgesetzt: *Hamm,* NJW 2018, 2099, 2101; *John*, BKR 2020, 335, 339; *Ames*, in: BeckOGK, § 57 GwG Rn. 32 ff.

144 Hierzu → Teil 2, Kap. 2.1 (*Vößing*), unter III.

kann sich sowohl bei der Festvergütung als auch in Sondervergütungen auswirken. Denkbar sind Benefits finanzieller, aber auch nicht finanzieller Natur. Schafft man es, diese sogar mit intrinsischen Faktoren zu kombinieren, können Arbeitnehmer ebenso wie Vorstände oder Geschäftsführer langfristig zu einem nachhaltigen Handeln motiviert werden.

Eine große Stellschraube werden variable Vergütungsmodelle in Form von Boni, Tantiemen oder Provisionen bieten.[145] Als KPIs können Nachhaltigkeitsziele in gewissem Umfang in Zielvereinbarungen aufgenommen werden. Ansatzpunkte für eine Zieldefinition liefern etwa Vorgaben in Verhaltensrichtlinien, die im Zuge der anstehenden ESG-Transformation und Neuausrichtung des Unternehmens im Lichte sozialer und umweltbewusster Verantwortung aufgestellt werden. Derartige Verhaltensanforderungen können problemlos als Ziele definiert und zum Bestandteil von Zielvereinbarungen gemacht werden. Hierbei kommt der grundsätzlichen strategischen Ausrichtung und den Branchenspezifikationen eines Unternehmens große Bedeutung zu, aber auch dem Ziel der ESG-Transformation: Geht es allein darum, dass das eigene Geschäftsmodell des Unternehmens nachhaltiger werden muss – oder ist dies zudem Grundlage für die Anlageentscheidung Dritter, die ebenfalls Sicherheit in dieser Hinsicht benötigen? Eine Typisierung über alle Branchen und Unternehmen hinweg („One-fits-all-Ansatz“) wird sich daher verbieten. Ein Unternehmen, welches bspw. im Bereich Softwareentwicklung aktiv ist, könnte sich an einer Unterteilung entlang von Geschäftssegmenten oder sonstiger organisatorischer Abgrenzungen (z. B. Abteilungen/Bereiche) orientieren. Zielvereinbarungen im Einkauf können etwa Vorgaben enthalten, zu welchem Anteil Verträge nur noch mit nachweisbar nachhaltig agierenden Lieferanten geschlossen werden oder dass nur noch umweltschonend produzierte Arbeitsmittel (z. B. Fairtrade-Arbeitskleidung) eingekauft werden. Developer könnten gehalten werden, Ressourcen-sparendere Softwarelösungen zu entwickeln; Arbeitnehmer im HR hingegen, durch Schaffung nachhaltiger Benefits die Arbeitgeberattraktivität und Compliance mit ESG-Kriterien zu erhöhen. Unternehmen sind insofern gut beraten, zunächst ihre bestehenden Vergütungsmechanismen zu evaluieren und mit den eigenen Nachhaltigkeitszielen abzugleichen sowie entsprechend anzupassen. Damit ESG-Ziele wirksam in Vergütungsvereinbarungen aufgenommen werden können, müssen sie quantifizierbar, transparent und überprüfbar sein.[146]

---

145 Auch die Vergütungsmodalitäten können mittelfristige Wertentwicklungen abbilden, so etwa BAG vom 16.4.2025 – 10 AZR 80/24 zur Vergütung von Provisionsansprüchen in der Kryptowährung Ethereum (ETH).

146 Zu den weiteren Entgelttransparenzvorgaben → Teil 2, Kap. 1.2 (*Reinhard/Vorbrodt*), unter I.

Ein nachhaltiges Vergütungssystem wird daran zu messen sein, in welchem Umfang und mit welcher Stringenz ESG-Ziele unmittelbar oder zumindest mittelbar berücksichtigt werden. Wichtig wird es sein, einen gesunden Mix aus qualitativen (z. B. Compliance) und quantitativen Vorgaben zu finden. Nicht alle KPIs müssen von vornherein exakt definiert sein, sondern können auch von Beurteilungsspielräumen des Unternehmens abhängen (die wiederum klar definiert sein müssen).

Als Orientierungshilfe für taugliche Anknüpfungspunkte lassen sich folgende Leitgedanken definieren:

- **Soziale Verantwortung:** Eine sozial verantwortliche Vergütung ist der Höhe nach angemessen und gewährleistet eine langfristige soziale Absicherung.
- **Gleichheitsgrundsatz/Equal Pay:** Es müssen gleiche Vergütungschancen für alle bestehen. Keine Benachteiligung wegen des Geschlechts. Gründe für Entgeltunterschiede sind zum Teil Gegenstand von Berichtspflichten.
- **Interessengerechte Vergütung:** Nachhaltigkeits-KPIs sollten den Bedürfnissen der Arbeitnehmer und sonstiger Stakeholder gerecht werden und dabei möglichst die eigene Unternehmensstrategie widerspiegeln.
- **Spürbare Auswirkungen:** Bei der Gewichtung in Zielvereinbarungen sollten die Nachhaltigkeitsziele einen spürbaren Effekt haben und im Rahmen der Vergütungsbemessung nicht lediglich eine untergeordnete Rolle spielen.
- **Langfristigkeit:** Die Vergütungsanforderungen sind so zu wählen, dass sie möglichst langfristig die Vergütung bestimmen.[147]
- **Transparenz:** Nachhaltigkeits-KPIs sind transparent und nachvollziehbar zu formulieren.
- **Review & Weiterentwicklung:** Das bestehende Vergütungsmodell ist regelmäßig zu überprüfen. Im Bedarfsfall müssen etwa Kriterien in Zielvereinbarungen ausgetauscht oder um weitere Zielgrößen ergänzt werden. Die Vergütungssysteme sind fortwährend an regulatorische Entwicklungen anzupassen. Nachhaltigkeitskriterien können (und sollten) anhand einer mehrjährigen Bemessungsgrundlage (bspw. drei Jahre) ermittelt werden, um sicherzustellen, dass die erreichten Erfolge auch von Dauer sind.[148]

Für die konkrete Umsetzung ergeben sich daraus die folgenden arbeitsrechtlichen Vorfragen:

---

147 Hierzu auch → Teil 1, Kap. 2.3 (*Seker*), unter III.3.

148 Vertieft zu langfristigen vs. kurzfristigen Vergütungsbestandteilen → Teil 1, Kap. 2.3 (*Seker*), unter II. und III.

- Auf welcher Rechtsgrundlage gelten die Altregelungen (z.B. betriebliche Übung, Gesamtzusage, individualvertragliche Regelung, Policy, Betriebsvereinbarung, Tarifvertrag)?
- Welche Rechtsgrundlage ist für die Neuregelung vorgesehen und ist dies rechtlich umsetzbar?
- Wie kann sich der Arbeitgeber von der Altregelung lösen (z.B. Widerruf, Einstellung freiwilliger Praxis, (Änderungs-)Kündigung, Wegfall der Geschäftsgrundlage/Anpassung, Ablösung durch (neue) Kollektivregelungen oder einvernehmliche Neuregelung)?
- Soll die nicht vollständige Erreichung bestimmter Ziele zu einer Reduzierung oder einem Wegfall der variablen Vergütung führen? Was gilt, wenn die Vergütung schon ausgezahlt worden ist, aber nachträglich Umstände auftreten, die die Zielerreichung anders erscheinen lassen: Soll und kann ein Clawback erfolgen?
- Löst die erstmalige Einführung bestimmter Prozesse (neue) Mitbestimmungsprozesse aus (z.B. Einführung von Ethik- und Verhaltensstandards)?
- Steht der arbeitsrechtliche Gleichbehandlungsgrundsatz der beabsichtigten Neuregelung im Weg?
- Wie können erforderliche Reportings datenschutzkonform umgesetzt werden? Benötigt es hierfür gesonderte Regelungen, z.B. für konzerninterne Datenübertragung? Müssen hierfür gesonderte IT-Systeme beschafft und eingeführt werden?
- Bei Eingriffen in betriebliche Altersversorgung: Auf welcher Stufe sind Eingriffe zulässig (z.B. nur Schließung bestehender Systeme für Neueintritte und Neuaufsetzung)?

IV. Praxisbeispiele: Mögliche Ausprägungen nachhaltiger Vergütung

Die Ausgestaltung nachhaltiger Vergütungskomponenten unterliegt kaum kreativen Grenzen. Die folgende Übersicht soll, ohne einen Anspruch auf Vollständigkeit zu erheben, erste Beispiele aus der Praxis für potentiell geeignete Benefits und Indikatoren aufzeigen, grob unterteilt danach, ob diese auf das „E“ (Umweltkriterien) oder das „S“ (Sozialverträglichkeit/soziale Verantwortung) von ESG einzahlen (oder beides):

Thema	Benefit/KPI	Umwelt	Sozial
Festvergütung	Gehaltssteigerung in Relation zur Inflation		x
Variable Vergütung	Individuelle Ziele bzw. Teamziele in Zielvereinbarungen, etwa anknüpfend an Verhaltensrichtlinien (z. B. papierloses oder energiesparendes Arbeiten, Vorgaben für Vertrieb/Einkauf)	x	x
	Honorierung (finanziell oder sonstige Vorteile) von Mitarbeitern, die im Laufe des Geschäftsjahres durch besonderes nachhaltiges Engagement (intern und/oder extern) hervorgetreten sind	x	x
	Prämien für nachhaltige Innovationen oder die Entwicklung neuer Prozessabläufe via betriebliches Vorschlagswesen	x	
	Prämien für Teilnahme an ESG-Schulungen	x	x
Nachhaltige Neben-leistungen	Betriebliche Altersversorgung über einen unternehmenseigenen Fonds mit nur nachhaltigen Anlagezielen bzw. Versicherungsprodukte mit nur nachhaltigen Anlagezielen	x	x
	Zuschuss/Kostenübernahme für Nahverkehrs-Tickets	x	x
	Einführung von Dienstfahrrad/-E-Roller/-Scooter bzw. Umstellung der Dienstwagenflotte auf E-Autos	x	
	Sportangebote im Unternehmen bzw. vergünstigte Mitgliedschaften in Fitnessclubs		x
	Kinderbetreuung im Unternehmen		x
	Essensangebote (Kantine) im Unternehmen, ggf. Zutritt für die gesamte Familie (Work-Life-Balance)		x
	Freistellungstage für Ehrenamt		x
	Zugang zur Sozialberatung		x
	Klimabonus bei Verzicht auf Dienstreisen oder Nutzung klimafreundlicher Verkehrsmittel	x	x
Persönliche Weiter-entwicklung	Förderung der Teilnahme an sozialen Projekten (zusätzlicher Urlaubstag, Sabbatical, sonstige kurzfristige Freistellungen), ggf. auch im Rahmen von Ausbildungsprogrammen		x
	Karrierechancen (ggf. verbunden mit Gehaltssteigerungen) anknüpfend an einen fördernden Beitrag zur ESG-Transformation des Unternehmens		x
Arbeitsweisen	Dauerhafte und gleichwertige Einführung bzw. Nutzung von Remote- bzw. Hybrid-Working-Modellen (Work-Life-Balance)	x	x

Abbildung 2: Mögliche Ausprägung nachhaltiger Vergütung nach Umwelt- und Sozialaspekten

V. Hin zu mehr Nachhaltigkeit in der Vergütung: Arbeitsrechtliche Besonderheiten

Haben Unternehmen einmal identifiziert, wo sie stehen und wo sie (mit Blick auf Nachhaltigkeitsaspekte) hinwollen, ist der nächste Schritt eine kluge Umsetzungsplanung. Hierbei dürfen einige arbeitsrechtliche Stolpersteine nicht außer Acht gelassen werden. Wichtig insbesondere: Abhängig von dem rechtlichen Geltungsgrund bereits bestehender Regelungen stehen ggf. nur bestimmte Gestaltungsinstrumente zur Verfügung.[149]

Insoweit stehen gerade Unternehmen mit ausgeprägter betrieblicher Mitbestimmung vor der Herausforderung, dass ggf. eine Vielzahl mitbestimmungsrelevanter Themen (insb. soziale Mitbestimmung nach § 87 Betriebsverfassungsgesetz (BetrVG) in einer verhältnismäßig kurzen Zeit anzupassen sein könnten. Dies bedarf nicht nur einer vorausschauenden Projekt- und Ressourcenplanung, sondern auch einer (agilen) Neuaufstellung des Mitbestimmungsprozesses[150].

- Empfehlenswert ist es, mit den relevanten Gremien Arbeitsgruppen zu bilden, die dann konzentriert und mit einer klaren Zeitplanung Themen bearbeiten und abarbeiten.
- Sofern vertragliche Anpassungen erforderlich sind, sollten frühzeitig Information und Kommunikation gegenüber den Arbeitnehmern gestartet werden, um diese „abzuholen" und „mitzunehmen".

VI. Mitbestimmung des Betriebsrats beachten

Der Betriebsrat hat regelmäßig bei Fragen der betrieblichen Lohngestaltung, insbesondere der Aufstellung von Entlohnungsgrundsätzen und der Einführung und Nutzung neuer Entlohnungsmethoden, mitzubestimmen.[151] Gleiches gilt bei leistungsbezogenen Entgeltsystemen (§ 87 Abs. 1 Nr. 10, Nr. 11 BetrVG). Die Mitbestimmung wird auch dann eröffnet, wenn Unternehmen Vergütungsbestandteile im Lichte der Nachhaltigkeit kollektiv anpassen oder einführen möchten. Einschränkungen können bestehen, wenn die Vergütungsbemessung gesetzlichen Vorgaben folgt. Dies gilt insbesondere, wenn das betreffende Unternehmen in einem regulierten Markt aktiv ist.[152] Wo regulatorisch ausgestaltete Vorgaben Nachhaltigkeitsthemen adressie-

149 Hierzu allgemein *Bily/Heimann*, AuA 2016, 75.

150 → Teil 3, Kap. 2.1 (*Heimann*), unter II.

151 Zur Mitbestimmung im Lichte von ESG *Heimann/Flöter*, ESGZ 2022, 138;

152 Beispielsweise durch die IVV, Wertpapierinstitutsvergütungsverordnung oder Versicherungsvergütungsverordnung; näher siehe *Heimann/Stabenow*, BB 2021, 1780ff; → Teil 1, Kap 2.6 (*Häußer*), unter II.

ren und keine Umsetzungsspielräume belassen, ist die Mitbestimmung nach § 87 Abs. 1 BetrVG nicht eröffnet.

Auch ESG-konforme Leistungen der betrieblichen Altersversorgung (bAV) können ein Mitbestimmungsrecht des Betriebsrats nach § 87 Abs. 1 Nr. 8 oder Nr. 10 BetrVG auslösen. Insoweit können Versicherungsunternehmen mit nachhaltigen Anlagezielen ausgewählt oder gar ein unternehmenseigener ESG-konformer Fonds aufgesetzt werden. Während die Auswahl des konkreten Durchführungsweges eine Frage der Finanzierungsentscheidung des Arbeitgebers, mithin des „Ob“ der Maßnahme, und damit der Mitbestimmung entzogen ist,[153] stellen sich im Rahmen der Ausgestaltung und insbesondere der Ablösung bestehender bAV (und Ersetzung durch nachhaltigere Modelle) regelmäßig erhebliche arbeitsrechtliche Fragen, auch in Bezug auf die betriebliche Mitbestimmung. Besonderes Augenmerk ist auf die Wahl der korrekten Gestaltungsebene und -mittel zu legen.

Außerhalb der zwingenden Mitbestimmung eröffnet § 88 BetrVG den Betriebsparten die Möglichkeit, Themen mit ESG-Berührung im Rahmen freiwilliger Betriebsvereinbarungen zu regeln – explizit etwa Belange des betrieblichen Umweltschutzes (§ 88 Abs. 1a BetrVG). Vor dem Hintergrund der politischen Dimension von ESG, einschließlich der zunehmenden Kapitalmarktrelevanz, aber auch mit Blick auf die Akzeptanz innerhalb der Belegschaft, sind Unternehmen gut beraten, den Betriebsrat frühzeitig mitzunehmen und in Umsetzungsprozesse einzubinden. Eine freiwillige Betriebsvereinbarung unterstreicht den Willen zur Selbstverpflichtung und bietet darüber hinaus regelungstechnisch erhebliche Vorteile.[154]

VII. Diskriminierungsrisiken mitdenken

Die Gestaltung eines nachhaltigen Vergütungskonzepts kann auch eine Angriffsfläche bieten. Hier kommt insbesondere das AGG zum Tragen. Das AGG schützt Arbeitnehmer umfassend vor Benachteiligungen aufgrund von Geschlecht, Alter, Religion oder Weltanschauung, Behinderung, ethnischer Herkunft und sexueller Identität. ESG-Kriterien können in der Praxis in Konflikt mit diesem Diskriminierungsschutz geraten. Im Rahmen einer Diskriminierungsprüfung ist jeweils die Gesamtheit des Entgeltssystems zu beurteilen.[155] Dabei muss Diskriminierungsfreiheit für jeden einzelnen

---

153 BAG, 29.7.2003 – 3 ABR 34/02, BeckRS 2004, 40500.

154 § 77 Abs. 4 BetrVG besagt, dass Arbeitnehmer auf die eingeräumten Rechte aus einer Betriebsvereinbarung nur mit Zustimmung des Betriebsrats verzichten können. Somit ergibt sich eine Möglichkeit für den Arbeitgeber, sich selbst zu verpflichten.

155 BAG, 29.7.1992 – 4 AZR 502/91, NZA 1993, 181, 183.

Entgelttatbestand bestehen.[156] So können etwa freiwillige Zielvorgaben zur Erhöhung des Frauenanteils in Führungspositionen oder zur Förderung jüngerer Arbeitnehmer – ohne sachliche Rechtfertigung – als unmittelbare bzw. mittelbare Diskriminierung nach § 3 Abs. 1, Abs. 2 AGG gelten. Hier ist Fingerspitzengefühl gefragt. Das AGG kennt zwar nach § 5 AGG die sog. positiven Maßnahmen, die auch als „umgekehrte Diskriminierung" bezeichnet werden können. Jedoch ist auch hier Augenmaß gefragt.

Starre Quoten zu Gunsten von Frauen sind prinzipiell unzulässig.[157] Relative Geschlechtervorgaben für die Besetzung von Organen sind dem deutsche Recht hingegen immanent. Der Gesetzgeber hat mit dem Führungspositionen-Gesetz (FüPoG), umgesetzt in § 96 Abs. 2 AktG, festgelegt, dass der Aufsichtsrat bei börsennotierten und mitbestimmten Unternehmen zu mindestens 30 % aus Frauen und zu mindestens 30 % aus Männern zusammengesetzt sein muss.

Schwierigkeiten bereitet in der Praxis regelmäßig die Beweislastumkehr nach § 22 AGG: Arbeitnehmer müssen lediglich Indizien für eine Benachteiligung vortragen, die sodann vom Arbeitgeber zu entkräften sind. In der Praxis bedeutet das: ESG-Ziele in der Vergütung müssen nicht nur rechtlich sauber konzipiert, sondern auch dokumentiert und nachvollziehbar umgesetzt werden. Transparenz ist dabei nicht nur ein arbeitsrechtliches Gebot, sondern auch ein Schutzmechanismus gegen Reputationsrisiken und rechtliche Auseinandersetzungen.

VIII. Ausblick

Die nächsten Jahre werden zum Stresstest dafür, wie ernst Unternehmen das Thema Nachhaltigkeit tatsächlich nehmen – und Vergütungssysteme sind eines der sichtbarsten Spielfelder dafür. Mit der ersten CSRD-Berichtssaison rücken ESG-Kennzahlen endgültig in den Fokus von Aufsichtsrat und Kapitalmarkt. Parallel treibt die CSDDD Sorgfaltspflichten tief in die Lieferketten, während die ETRL ab 2026 neue Offenlegungspflichten zu Vergütung und Gleichstellung verankert. Auf dieser regulatorischen Basis werden Investoren, Rating-Agenturen und Bewerber noch genauer darauf achten, ob eine variable Vergütung spürbar an Klima-, Sozial- und Governance-Ziele gekoppelt ist – und ob Zielerreichung plausibel gemessen wird.

156 EuGH, 26.6.2001 – Rs. C-381/99, NZA 2001, 883, 883.
157 EuGH, 11.11.1997 – Rs. C-409/95, NZA 1997, 1337, 1338.

Für HR heißt das:

- Messbarkeit sicherstellen – Klare, auditierbare KPIs (z. B. CO_2-Intensität pro Umsatz, Frauenanteil in Führungspositionen) müssen in bestehende HR-IT und Controlling-Prozesse integriert werden.
- Anreizdesign weiterentwickeln – Tragfähige Gewichtungen (oft 20-40 % ESG-Komponente) und gut kommunizierte Zielpfade verhindern „Greenwashing-Boni".
- Talentbindung stärken – Insbesondere die Generationen Y und Z bewerten glaubwürdige Nachhaltigkeitsanreize als Teil der Arbeitgeberattraktivität.[158]
- Governance straffen – Vergütungsausschüsse sollten jährliche „ESG-Pay-Reviews" mit internen und externen Experten etablieren, um Zielsysteme an Markt- und Regulierungsdynamik anzupassen.

158 Zu Nachhaltigkeit als Retention-Element → Teil 1, Kap. 3.1 (*Byrne*), unter I.

2. Tone from the top: ESG-Ziele in der Vorstandsvergütung

Dr. Thomas Gerdom

ESG-Ziele (also Ziele aus den Bereichen Environmental Social Governance, zu Deutsch Umwelt, Soziales und Unternehmensführung) spielen in der Vorstandsvergütung seit einigen Jahren eine wichtige Rolle. Dabei haben die Ziele auch deshalb eine besondere Bedeutung, weil Vorstände häufig ihrerseits – als ein naheliegendes Mittel zur Zielerreichung – darauf bedacht sind, auch die Vergütung der nachgeordneten Führungsebenen auf diese Ziele auszurichten. Der nachfolgende Beitrag zeigt auf, welche rechtlichen Rahmenbedingungen für ESG-Ziele in der Vorstandsvergütung gelten, was bei deren Festlegung zu beachten ist und wie die Praxis hiermit umgeht.

I. Rechtliche Grundlagen

1. Ausrichtung auf nachhaltige Entwicklung – § 87 Abs. 1 Satz 2 AktG

Rechtliche Vorgaben zu ESG-Zielen finden sich – wenn auch wenig konkret – im Bereich der Vorstandsvergütung in § 87 Abs. 1 Satz 2 AktG. Hiernach ist die Vergütungsstruktur bei börsennotierten Gesellschaften auf eine „*nachhaltige und langfristige Entwicklung der Gesellschaft*" auszurichten. Auch der Deutsche Corporate Governance Kodex (DCGK) konkretisiert dies nicht weiter, sondern wiederholt diesen Wortlaut lediglich in Grundsatz 24.

Mit der Ausrichtung auf die nachhaltige und langfristige Entwicklung ist zum einen das dauerhafte ökonomische Wohlergehen der AG gemeint: Der Vorstand soll ein eigenes finanzielles Interesse daran haben, sich nicht nur auf Quartalszahlen oder den nächsten Jahresabschluss zu fokussieren, sondern (auch) auf das wirtschaftliche Wohl der Gesellschaft in der Zukunft. Er soll also insbesondere keinen finanziellen Anreiz haben, Maßnahmen zu ergreifen, die zwar zu einem kurzfristigen Gewinnsprung führen, aber negative Langzeitfolgen nach sich ziehen. Dementsprechend heißt es in im Folgesatz auch: „*Variable Vergütungsbestandteile sollen daher eine mehrjährige Bemessungsgrundlage haben […]*". Die variable Vergütung soll also nicht (nur) aus einem einjährigen kurzfristigen Bonus (Short Term Incentive – STI) bestehen, sondern insbesondere (auch) einen Long Term Incentive (LTI) beinhalten.

Die Bedeutung des Begriffspaars „*nachhaltig und langfristig*“ erschöpft sich aber nicht in dieser primär zeitlichen Komponente. Vielmehr hat der Terminus „*nachhaltig*“ nach ganz herrschender Meinung eine eigene Bedeutung, die über „*langfristig*“ hinausgeht.[159] Diese Meinung kann sich insbesondere auf die Historie und die Gesetzgebungsmaterialien stützen. Bis 1999 wurde im Gesetz nur der Begriff „*nachhaltig*“ verwendet. Dieser wurde nahezu einhellig im Sinne von langfristig, also auf den dauerhaften wirtschaftlichen Erfolg ausgerichtet, verstanden.[160] Die jetzige Formulierung wurde im Rahmen des ARUG II eingeführt. Der Rechtsausschuss führte diesbezüglich im Gesetzgebungsverfahren aus:

> „Mit der Dopplung der Begriffe ‚nachhaltig‘ und ‚langfristig‘ möchte der Ausschuss deutlich machen, dass der Aufsichtsrat bei der Festsetzung der Vergütung, insbesondere der Wahl der Vergütungsanreize, auch soziale und ökologische Gesichtspunkte in den Blick zu nehmen hat.“[161]

2. Zulässigkeit ESG-bezogener Ziele

Ausgehend hiervon darf der Aufsichtsrat bei der Gestaltung der Vorstandsvergütung auch ESG-bezogene Anreize setzen. Das „E“ und das „S“ aus ESG werden in dieser Begründung des Rechtsausschusses explizit genannt (sozial, ökologisch), obwohl eine solche Berücksichtigung von über das Eigeninteresse der Gesellschaft und ihrer Aktionäre hinausgehenden Gemeinwohl-Aspekte im Aktienrecht alles andere als selbstverständlich ist. Für das „G“ (also Governance bzw. Unternehmensführung), das einen wesentlich engeren Bezug zum finanziellen Eigeninteresse der Aktionäre ausweist, ist ohnehin wenig zweifelhaft, dass dieser Aspekt in die Bemessung der Vergütung einfließen darf.

3. Muss der Aufsichtsrat aber ESG-Ziele vorsehen?

Ist der Aufsichtsrat börsennotierter Gesellschaften damit aber sogar verpflichtet, auch ESG-Ziele vorzusehen? Aktuell mag man die Frage nach einer solchen Rechtspflicht für wenig bedeutsam halten. In fast allen Vergütungssystemen börsennotierter Gesellschaften sind ESG-Aspekte zu einem gewissen Grad berücksichtigt – und zwar häufig nicht (allein) aus Überzeugung oder wegen eines wahrgenommenen *rechtlichen* Zwangs, sondern auch wegen des Drucks institutioneller Anleger. Zukünftig kann angesichts

159 *Rottenecker*, NZG 2024, 665, 668; *Arnold/Herzberg/Zeh*, AG 2021, 141, 141.
160 Zum Meinungsstand vor ARUG II *Rottenecker*, NZG 2024, 665, 666.
161 BT-Drs. 19/15153, 55.

neuerer Tendenzen insbesondere aus den USA (Feldzug der Trump-Administration gegen Diversitäts-Initiativen und „Wokeness“) dieser Druck aber auch in die andere Richtung gehen. Die Frage des „Ob“ von ESG-Zielen, die in der Praxis bereits als geklärt angesehen wurde,[162] kann sich daher wieder verstärkt neu stellen, womit auch die Frage der Rechtspflicht wieder in den Vordergrund rücken kann.

In der Literatur wird die Frage unterschiedlich beantwortet.[163] Richtig dürfte sein, dass § 87 Abs. 1 Satz 2 AktG sich bereits nach seinem Wortlaut nicht in einem Programmsatz erschöpft („*ist […] auszurichten*“), sondern eine echte Rechtspflicht zur Ausrichtung auf eine langfristige und nachhaltige Entwicklung begründet. Akzeptiert man mit der herrschenden Meinung zudem, dass „*nachhaltig*“ nicht nur „*langfristig*“ meint, sondern auch Stakeholder- bzw. Gemeinwohlaspekte beinhaltet (wofür jedenfalls die historische Auslegung spricht), lässt sich eine Pflicht, auch ESG-Aspekte einfließen zu lassen, nicht rundheraus verneinen. Ein Vergütungssystem, bei dem ESG-Aspekte überhaupt keinen Einfluss auf die Vorstandvergütung haben, dürfte also nicht im Einklang mit der gesetzlichen Vorgabe des § 87 Abs. 1 Satz 2 AktG stehen. Da schwer vorstellbar ist, wie eine ESG-Orientierung allein durch Fixvergütung incentiviert werden kann, bleibt damit an sich nur die Berücksichtigung in der variablen Vergütung, also in STI und/oder LTI.

Aber auch wenn man aus § 87 Abs. 1 Satz 2 AktG eine echte Rechtspflicht ableitet, ist die Norm kein allzu scharfes Schwert. Zum einen wird man dem Aufsichtsrat bei Ausgestaltung einen sehr weiten Spielraum zuzugestehen haben. Zum anderen enthält die Norm keine eigene Sanktionsregelung, also z. B. keine Bußgelder. Zwar stellen Verstöße gegen Rechtspflichten wegen des sog. Legalitätsprinzips auch zugleich Pflichtverletzungen des Aufsichtsrats gegen die Gesellschaft dar. Schadensersatzansprüche der Gesellschaft gegen die Aufsichtsratsmitglieder wegen eines Verstoßes gegen § 87 Abs. 1 Satz 2 AktG werden in aller Regel aber zumindest am Fehlen eines hierdurch zurechenbar verursachten Vermögensschadens scheitern. Auch eine Abberufung aus wichtigem Grund (§ 103 Abs. 3 AktG) ist wohl eher eine theoretische als eine praktisch relevante Folge.

4. Nicht börsennotierte Gesellschaften

In nicht-börsennotierten Gesellschaften ist das für die Festlegung der Vergütung der Geschäftsleitung zuständige Organ frei darin, ob ESG-Ziele vor-

162 *Arnold/Herzberg/Zeh*, NZA 2024, 1521, 1523.

163 Gegen eine Pflicht etwa: *Dörrwächter*, NZG 2022, 1083, 1087; *Dörrwächter/Harrack*, NZG 2024, 611, 612; *Koch*, in: Koch AktG, § 87 Rn. 26; für eine Pflicht: *Fleischer*, in: BeckOGK, AktG, § 87 Rn. 36; *Rottenecker*, NZG 2024, 665, 670; *Velte*, NZG 2020, 12, 14 f.

gesehen werden oder nicht. Es besteht keine allgemeine Pflicht. § 87 Abs. 1 Satz 2 AktG gilt hier nicht. Auf europäischer Ebene ist die Einführung einer entsprechenden allgemeinen Pflicht zur Berücksichtigung von ESG-Zielen vorerst gescheitert.[164] Es besteht allerdings auch kein Verbot der Einführung von ESG-Zielen – es wäre auch ein Wertungswiderspruch, würde man das, was bei börsennotierten Gesellschaften geboten ist, bei anderen Gesellschaften als verboten ansehen.

II. Festlegung von ESG-Zielen

1. Regelung von ESG-Zielen im Vergütungssystem

Der Aufsichtsrat börsennotierter Aktiengesellschaften hat ein klares und verständliches System zur Vergütung der Vorstandsmitglieder zu beschließen und der Hauptversammlung zur Billigung vorzulegen (§ 87a AktG). Durch dieses Vergütungssystem bindet sich der Aufsichtsrat selbst. Er muss es also beim Abschluss der Vorstandanstellungsverträge und bei allen Maßnahmen im Bereich der Vergütung (insbesondere bei Zielfestlegungen) beachten. Dabei muss das Vergütungssystem auch Angaben zu den variablen Vergütungsbestandteilen und den finanziellen und nichtfinanziellen Leistungskriterien enthalten (§ 87 Abs. 1 Satz 2 Nr. 3 und 4 AktG).

Bezogen auf ESG-Ziele sollte dabei im Vergütungssystem insbesondere geregelt werden:

– Vergütungsbestandteile (STI oder LTI), für die (auch) ESG-Ziele gelten,
– mögliche Kategorien von ESG-Zielen,
– Gewichtung der ESG-Ziele im Rahmen der Ermittlung der Gesamtzielerreichung,
– Modalitäten der Festlegung der konkreten Ziele (Zielvereinbarung versus einseitige Zielvorgabe, Verfahren, zeitliche Vorgaben),
– Modalitäten der Feststellung der tatsächlichen Zielerreichung (Zeitpunkt, Verfahren).

Eine detaillierte Regelung der konkreten einzelnen Ziele im Vergütungssystem empfiehlt sich dagegen nicht. Dies sollte dann vielmehr im Rahmen der jeweiligen Zielfestlegungen für die Performance-Periode erfolgen.

---

164 Eine entsprechende Pflicht unabhängig von der Börsennotierung des Unternehmens war ursprünglich im Entwurf der Corporate Sustainability Due Diligence Directive (Richtlinie EU 2024/1760, „CSDDD“) vorgesehen. Dies scheiterte aber am Widerstand im Rat, so dass die am 5.7.2024 im Amtsblatt veröffentlichte finale Fassung der CSDDD keine entsprechende Regelung mehr enthält, *Arnold/Herzberg/Zeh*, NZA 2024, 1521, 1523.

2. ESG im Short Term Incentive oder Long Term Incentive?

Wo der Aufsichtsrat ESG-Ziele im Vergütungssystem berücksichtigt, also vor allem im LTI und/oder im STI, liegt in seinem Ermessen. In der Praxis finden sich ESG-Aspekte teilweise nur im STI[165], teilweise nur im LTI[166] und teilweise auch in beiden Vergütungsbestandteilen[167].

3. Verhältnis zur Unternehmensstrategie

Die dem Vorstand vom Aufsichtsrat im Rahmen der variablen Vergütung gesetzten Ziele haben unverkennbar einen Bezug zur Unternehmensstrategie (§ 87a Abs. 1 Satz 2 Nr. 2 AktG). Dies gilt insbesondere auch für ESG-Ziele. Nach deutschem Aktienrecht ist die Festlegung der Unternehmensstrategie aber Sache des Vorstands, nicht des Aufsichtsrats. Der Aufsichtsrat hat den Vorstand zwar zu überwachen und zu beraten, er ist ihm gegenüber aber nicht weisungsbefugt. Daher ist es unzulässig, durch die Festlegung von (ESG-)Zielen dem Vorstand letztlich mittelbar eine andere Unternehmensstrategie vorzugeben.[168] Wenn etwa die Strategie des Vorstands auf eine Expansion ausgerichtet ist, darf der Aufsichtsrat dies z. B. nicht dadurch torpedieren, dass er unternehmens- bzw. konzernweite CO_2-Reduktionsziele in absoluten Zahlen vorgibt, die selbst ohne die beabsichtigte Expansion ambitioniert wären und daher nur bei Verzicht auf das angestrebte Wachstum erreichbar sind. Zulässig wären in diesem Beispiel dagegen Ziele, die auf eine Reduktion des CO_2-Ausstoßes pro produzierter Einheit gerichtet sind.

4. Anforderung an Ziele

a) Messbare Zielerreichung versus Beurteilungsspielraum

Nach der gängigen Managementlehre sollten Ziele dem Akronym SMART genügen, also **s**pecific **m**easurable **a**chievable **r**easonable and **t**ime-bound (oder in einer gebräuchlichen deutschen, wenn auch nicht durchgehend ganz exakten Übersetzung spezifisch, messbar, ausführbar, realistisch und terminiert) sein. Häufig streitig, insbesondere auch im Kontext ESG-bezogener

---

165 Volkswagen AG, Geschäftsbericht 2024, https://geschaeftsbericht2024.volkswagen-group.com/_assets/downloads/entire-vw-gb24.pdf (abgerufen am 29.8.2025).

166 Deutsche Bank AG, Vergütungsbericht 2024, https://investor-relations.db.com/files/documents/reports/Verguetungsbericht-2024.pdf?language_id=3 (abgerufen am 29.8.2025).

167 Rheinmetall AG, Vergütungsbericht 2024, https://www.rheinmetall.com/Rheinmetall%20Group/Unternehmen/Gremien/Vorstand/Verguetung/Rheinmetall-Verg%C3%BCtungsbericht-2024.pdf (abgerufen am 29.8.2025).

168 *Köckeritz*, NZG 2023, 1341.

Ziele, ist dabei das Merkmal „measurable" bzw. „messbar". Institutionelle Anleger drängen gemäß dem SMART-Prinzip auf eindeutig messbare quantitative Ziele, also Ziele, deren Erfüllungsgrad ohne einen Beurteilungs- oder Ermessenspielraum des Aufsichtsrats festgestellt werden kann (Beispiel: Reduktion der Treibhausgasemissionen nach dem Greenhouse Gas Protocol).

Rechtlich zwingend ist dies aber nicht – auch qualitative Ziele sind möglich (Beispiel: „Entwicklung einer Nachhaltigkeitsstrategie", „erfolgreiche Implementierung eines effektiven Compliance-Systems"). Entsprechende qualitative Ziele bergen allerdings erhöhtes Potential für Streitigkeiten zwischen Vorstand und Aufsichtsrat über die Zielerfüllung – und die Gefahr, dass letztlich ein Gericht nach § 315 BGB sein Ermessen an die Stelle des Ermessens des Aufsichtsrats setzt.

b) „Alles-oder-nichts"-Ziele

Eindeutig messbar kann die Zielerreichung auch bei bestimmten „Alles-oder-nichts"-Zielen sein. Beispiel: Erhalt einer bestimmten Zertifizierung, bei der es als Ergebnis nur „Zertifizierung erfolgt" oder „Zertifizierung nicht erfolgt" gibt. Hier ist also die Zielerfüllung entweder Null oder einhundert Prozent. Alles-oder-nichts-Ziele fügen sich aber häufig nicht in gängige Bonussysteme ein, die einen Schwellenwert (bei dessen Unterschreitung für die Komponente keine variable Vergütung gezahlt wird), einen Zielwert (bei dessen Erreichen 100 % des auf diese Komponente entfallenden Anteils gezahlt wird) und eine Obergrenze (Cap) vorsehen (also eine Zielerreichung, deren Überschreitung nicht mehr zu einer weiteren Erhöhung der variablen Vergütung für diese Komponente führt).

Alles-oder-nichts-Ziele sind wegen dieser strikten Dualität häufig damit weniger zur Incentivierung geeignet als Ziele, die Differenzierungen zulassen: Ist ein Ziel bereits früh in der Performance Periode erreicht und eine Überfüllung nicht möglich, entfällt die Anreizwirkung ab diesem Zeitpunkt. Gleiches gilt umgekehrt, wenn feststeht, dass das Ziel nicht erreicht werden kann und eine teilweise Zielerreichung nicht vorgesehen ist.

III. ESG-Ziele in der Praxis[169]

1. Ziele aus dem Bereich Umwelt

a) Reduktion der CO_2-Emissionen

Aus dem Bereich Umwelt sind insbesondere Ziele bezogen auf die Reduktion der CO_2-Emissionen bzw. generell der Reduktion von Treibhausgas-Emissionen verbreitet. Dabei hat sich vor allem eine Orientierung am vom World Resources Institute (WRI) und dem World Business Council for Sustainable Development (WBCSD) entwickelten GHG Protocol (Greenhouse Gas Protocol) etabliert. Hier wird zwischen drei Kategorien von Emissionen unterschieden:

- Scope 1: alle direkten, d. h. aus Quellen innerhalb der eigenen Grenzen stammenden, Emissionen
- Scope 2: die indirekten Emissionen aus extern erzeugtem und eingekauftem Strom, Dampf, Wärme und Kälte
- Scope 3: alle sonstigen indirekten Emissionen, darunter die aus Herstellung und Transport eingekaufter Güter oder Verteilung und Nutzung der eigenen Produkte oder der Entsorgung von Abfällen; auch Emissionen aufgrund von Geschäftsreisen gehören hierzu.

Auf diese Emissionskategorien greifen Unternehmen zum Teil zurück, wenn sie umweltbezogene Ziele in ihrer Vergütung verankern. So strebt beispielsweise die Bayer AG bis 2030 eine Reduktion der Scope-1- und Scope-2-Treibhausgas-Emissionen um 42 % sowie eine Reduktion der Scope-3-Emissionen um 12,3 % an.[170] Bis 2040 beabsichtigt die Commerzbank AG, ihren eigenen Bankbetrieb klimaneutral zu gestalten und damit das Ziel der Net-Zero-Emissionen zu erreichen – also eine ausgeglichene Klimabilanz, bei der sämtliche direkten und energiebezogenen indirekten Emissionen (Scope 1 und 2) durch Reduktion und Kompensation vollständig neutralisiert werden sollen.[171] Andere Unternehmen definieren ihre Klimaziele ohne explizite Differenzierung nach Scopes, sondern nennen absolute Reduktionsziele für den Gesamtausstoß an CO_2, wie etwa die Senkung der Emissionen um 25 % bis zum Jahr 2030 gegenüber dem Basisjahr 2018.[172]

---

169 Zu tauglichen Zielen allgemein → Teil 1, Kap. 2.1 (*Flöter*), unter IV.

170 Bayer AG, Vergütungsbericht 2024, https://www.bayer.com/sites/default/files/2025-03/bayer-verguetungsbericht-2024.pdf (abgerufen am 29.8.2025).

171 Commerzbank AG Vergütungsbericht 2024, https://investor-relations.commerzbank.com/media/document/32898ea8-bc7d-4f45-b1a3-3472b474e573/assets/Coba_Verguetungsbericht_2024.pdf?disposition=inline (abgerufen am 29.8.2025).

172 BASF SE, Vergütungssystem 2024, https://www.basf.com/dam/jcr:f255177b-ae9e-4775-b987-5c5a83fe8bb6/basf/www/global/documents/de/investor-relations/calendar-and-publications/reports/2025/BASF_Verguetungsbericht-2024.pdf (abgerufen am 29.8.2025).

b) Erneuerbare Energien

Über einen ESG-Multiplikator im Rahmen der LTI berücksichtigt beispielsweise die Deutsche Telekom AG daneben auch den Energieverbrauch und die Steigerung des Anteils erneuerbarer Energien am Gesamtenergieverbrauch.[173] Mitunter formulieren Unternehmen außerdem die Umstellung auf Grünstrom als umweltbezogenes ESG-Ziel.[174]

c) Verpackungen aus recyceltem Material

Je nach Unternehmensausrichtung kann die Erhöhung des Anteils von recyceltem Kunststoff bei Verpackungen als Ziel geeignet sein.[175]

2. Ziele aus dem Bereich Soziales

a) Diversität und Inklusion

Ein zentraler Aspekt der sozialen Dimension von ESG-Zielen ist die Förderung von Vielfalt und Inklusion (DEI – Diversitiy, Equity, Inclusion). Einige Unternehmen verankern Diversität, Gleichstellung oder ähnliche Kriterien als nichtfinanzielle Ziele.[176] In aktuellen Vergütungsberichten nennen Unternehmen auch genaue Zielgrößen wie die Erhöhung der Frauenquote.[177]

Derartige Ziele sind je nach Ausgestaltung nicht unproblematisch. Dies gilt insbesondere dann, wenn ein abgelehnter Bewerber geltend macht, er sei abgelehnt worden, weil er nicht einer der bislang im Unternehmen unterrepräsentierten Bevölkerungsgruppen angehöre, deren Anteil erhöht werden soll. Hier kann dann ggf. eine ungerechtfertigte Benachteiligung im Sinne des AGG im Raum stehen.

---

173 Deutsche Telekom AG, Vergütungssystem 2024, https://bericht.telekom.com/verguetung-2024/_assets/downloads/bom-rem-system-management-24.pdf (abgerufen am 29.8.2025).

174 Fuchs SE, Vergütungsbericht 2024, https://fuchs.azureedge.net/fileadmin/Home/Investor_Relations/Geschaeftsbericht/Zwischenbericht/2025_24_/FPL_VB24_A4_deutsch_final_interaktiv_geschuetzt.pdf (abgerufen am 29.8.2025).

175 Henkel AG & Co. KGaA, Vergütungsbericht 2024, https://www.henkel.de/resource/blob/2042276/1a10c94523dd475525cfb75a643efbcd/data/2024-verguetungsbericht.pdf (abgerufen am 29.8.2025).

176 Adidas AG, Vergütungssystem 2024, https://res.cloudinary.com/confirmed-web/image/upload/v1715936828/adidas-group/investors/corporate-governance/adidas_Verguetungssytem_Vorstand_2024_DE_dfvbqw.pdf (abgerufen am 29.8.2025).

177 SAP SE, Vergütungssystem 2023, https://www.sap.com/docs/download/investors/2023/sap-se-agm-2023-excutive-board-compensation-system-de.pdf, zuletzt abgerufen am 29.8.2025; Zalando SE, Vergütungsbericht 2024, https://corporate.zalando.com/sites/default/files/media-download/Zalando-SE_Remuneration-Report_2024_DE.pdf (abgerufen am 29.8.2025).

Zudem müssen Unternehmen, die Geschäftsbeziehungen in die USA pflegen, unter der Trump-Administration damit rechnen, gerade wegen solcher DEI-Ziele Nachteile zu erleiden (etwa von öffentlichen Aufträgen ausgeschlossen zu werden).

b) Mitarbeiterzufriedenheit

Branchenübergreifend zählen die Mitarbeiterzufriedenheit, die Mitarbeitermotivation und die Attraktivität als Arbeitgeber zu häufig herangezogenen Kriterien.[178] Vereinzelt finden sich in Vergütungssystemen und -berichten auch konkrete Beispiele für Förderungen der Mitarbeiter, um diese zu befähigen, in einem sich ständig verändernden Umfeld resilient und relevant zu bleiben.[179]

c) Arbeitssicherheit

Um die hohe Bedeutung der Sicherheit der Mitarbeiter widerzuspiegeln, nehmen einige Unternehmen auch die Arbeitssicherheit als nichtfinanzielles Leistungskriterium auf.[180] Um diese messbar zu machen, greifen sie z. B. auf die Kennzahl der Total Recordable Injury Frequency Rate zurück, die Unfälle mit Ausfallzeiten und eingeschränkter Arbeitsfähigkeit sowie medizinischer Behandlung berücksichtigt.[181]

d) Menschenrechte/Nachhaltige Lieferketten

Der soziale Bereich von ESG ist aber nicht nur innerhalb des Unternehmens von Bedeutung. Auch die Wahrung der Menschenrechte durch gute Arbeitsbedingungen und nachhaltige Lieferketten – etwa durch die Einhaltung in-

---

178 Bayerische Motoren Werke AG, Vergütungssystem 2021, https://www.bmwgroup.com/de/bericht/2024/downloads/BMW-Group-Verguetungsbericht-2024-de.pdf, zuletzt abgerufen am 29.8.2025; Allianz SE, Vergütungssystem 2025, https://www.allianz.com/content/dam/onemarketing/azcom/Allianz_com/investor-relations/de/hauptversammlung/dokumentencenter/2025/de-verguetungssystem-vorstand-hv-2025.pdf (abgerufen am 29.8.2025).

179 Siemens AG, Vergütungssystem 2024, https://assets.new.siemens.com/siemens/assets/api/uuid:91a76a46-5e47-4331-b257-6064830c98a8/verguetungsbericht-2024.pdf, zuletzt abgerufen am 29.8.2025.

180 Lanxess AG, Vergütungssystem 2021, https://lanxess.com/de-de/investoren/corporate-governance/verg%C3%BCtung (abgerufen am 29.8.2025).

181 Brenntag GmbH, Vergütungssystem 2023, https://corporate.brenntag.com/de/ueber-uns/corporate-governance/vorstand/verguetung-des-vorstands.html (abgerufen am 29.8.2025).

ternationaler Standards – sind diesem Bereich zuzuordnende ESG-Ziele, die Unternehmen regelmäßig als Leistungskriterien nennen.[182]

3. Ziele aus dem Bereich der Unternehmensführung

a) Compliance und Ethik

Auf Governance-Ebene verknüpfen Unternehmen die variable Vergütung zunehmend mit der konsequenten Einhaltung unternehmensinterner Verhaltenskodizes sowie gesetzlicher und regulatorischer Standards.[183]

b) Risikomanagement

Zur Bewertung der Qualität und Reife von internen Kontroll- und Risikomanagementprozessen implementieren Unternehmen mitunter eigene Bewertungskennzahlen. Die Deutsche Bank AG zählt die „gute Unternehmensführung" als Governance-Ziel auf, diese besteht aus dem Control-Risk-Management-Grade (CRMG) und den Fortschritten, die bei den Anti-Geldwäsche/Know-Your-Client-Verbesserungsmaßnahmen erzielt wurden. Nach dem Vergütungsbericht der Deutschen Bank unterstreicht dieses Ziel die zentrale Bedeutung, die das Unternehmen der Bekämpfung von Wirtschaftskriminalität und der Prävention von Geldwäsche beimisst.[184]

c) Cybersicherheit

Teil der Unternehmensführung ist auch das Ziel der Verbesserung der Cybersicherheit, die einige große Unternehmen in ihre variable Vergütung aufnehmen. Dabei greift z. B. die Deutsche Post AG auf ein externes und unabhängiges Rating zurück, dass nach einer technischen Analyse Schwachstellen aufweist und auf Sicherheitsrisiken hinweist.[185]

---

182 Mercedes-Benz Group AG, Vergütungsbericht 2024, https://group.mercedes-benz.com/dokumente/investoren/berichte/geschaeftsberichte/mercedes-benz/mercedes-benz-verguetungsbericht-2024.pdf (abgerufen am 29.8.2025).

183 RWE AG, Vergütungsbericht 2024, https://www.rwe.com/-/media/RWE/documents/05-investor-relations/corporate-governance/2025/verguetungsbericht-2024.pdf (abgerufen am 29.8.2025).

184 Deutsche Bank AG, Vergütungsbericht 2024, https://investor-rellations.db.com/files/documents/reports/Verguetungsbericht-2024.pdf?language_id=3 (abgerufen am 29.8.2025).

185 Deutsche Post AG, Vergütungsbericht 2024, https://group.dhl.com/content/dam/deutschepostdhl/de/about-us/about-us-assets/remuneration/dhl-group-verguetungsbericht-2024.pdf (abgerufen am 29.8.2025).

IV. Fazit und Ausblick

Auch wenn ESG-Ziele mittlerweile in den Vergütungssystemen börsennotierter Gesellschaften überwiegend Berücksichtigung finden, bleibt ihre konkrete Ausgestaltung – insbesondere hinsichtlich Gewichtung, Messbarkeit und Verknüpfung mit STI- oder LTI-Komponenten – weiterhin uneinheitlich. Die normative Grundlage des § 87 Abs. 1 Satz 2 AktG begründet zwar eine echte Rechtspflicht zur Ausrichtung auf eine nachhaltige und langfristige Entwicklung, lässt jedoch große Spielräume und ist nicht durch wirksame Sanktionen flankiert.

Die tatsächliche Steuerungswirkung von ESG-Zielen in der Vorstandsvergütung hängt daher maßgeblich von ihrer praktischen Umsetzung und transparenten Kommunikation ab. In diesem Zusammenhang gewinnen die bestehenden und künftig erweiterten Reporting-Pflichten an Bedeutung. Insbesondere durch § 162 AktG sowie die europäische CSRD wird die Pflicht zur nachvollziehbaren Darstellung von Zielsetzung, Gewichtung und Zielerreichung gestärkt. Die Offenlegung wird damit zum zentralen Hebel für die Glaubwürdigkeit und Effektivität von ESG-Vergütungselementen.[186]

Ob und inwieweit ESG-Ziele auch zukünftig ein integraler Bestandteil der Vorstandsvergütung sein werden, wird – außer von gesetzlichen und regulatorischen Entwicklungen – nicht zuletzt davon abhängen, woher der gesellschaftliche Wind weht – in Deutschland, aber auch von außerhalb. Die gesellschaftliche und politische Großwetterlage beeinflusst dann insbesondere auch Erwartungen von Kunden und sonstigen Stakeholdern an ESG in der Vergütung, aber auch den Druck, der von institutionellen Anlegern und Stimmrechtsberatern diesbezüglich ausgeübt wird.

186 → Teil 1, Kap. 2.1 (*Flöter*), unter I.3.

3. Kurzfristige vs. langfristige Vergütung: was ist „nachhaltiger“?

Hasret Seker

Das Thema Nachhaltigkeit ist längst kein reines Umwelt- oder Reputationsprojekt mehr, sondern hat sich zu einem festen Bestandteil strategischer Unternehmensführung entwickelt. ESG-Kriterien (Environmental, Social, Governance) sind nicht mehr nur Leitplanken für die eigene Unternehmensstrategie, sondern haben ihren Weg in die (Vorstands-)Vergütung gefunden. Ein wesentlicher Treiber dieser Entwicklung ist der wachsende Druck von Investoren, Aufsichtsräten und Regulatoren, die verstärkt auch auf die ESG-Tauglichkeit von Vergütungssystemen achten. Unternehmen müssen beweisen, dass sie Nachhaltigkeit nicht nur reden, sondern auch in der Praxis ernst nehmen – und zwar messbar und über ihre Vergütungsstrukturen greifbar. Unternehmen, die ihre Anreizstrukturen konsequent auf nachhaltiges Wirtschaften ausrichten, sichern sich langfristig ihre Legitimität, Attraktivität und Wettbewerbsfähigkeit.

Dass auch der Gesetzgeber das Thema Nachhaltigkeit in der Vergütung ernst nimmt, wird durch die Neufassung des § 87 Abs. 1 Satz 2 und 3 AktG durch das Gesetz zur Umsetzung der zweiten Aktionärsrechterichtlinie (ARUG II) deutlich. Seit dem 1.1.2020 muss die Vergütungsstruktur von Vorständen börsennotierter Gesellschaften auf eine nachhaltige und langfristige Entwicklung der Gesellschaft ausgerichtet sein. Variable Vergütungsbestandteile sollen daher eine mehrjährige Bemessungsgrundlage haben. Diese gesetzliche Vorgabe ist Ausdruck einer veränderten Erwartungshaltung an die Unternehmensführung, nicht zuletzt auch als Reaktion auf die Finanzkrise, in der kurzfristige, risikoorientierte Fehlanreize bei der Vorstandsvergütung eine zentrale Rolle spielten.[187] Inzwischen haben alle DAX- und MDAX-Gesellschaften ESG-Ziele in ihre Vorstandsvergütung integriert.

Damit steht heute nicht mehr das „Ob“ der Integration von Nachhaltigkeit in die Vergütung im Fokus, sondern vor allem das „Wie“. Entscheidend ist, wie die Anreizstrukturen gestaltet werden, um ESG-Ziele wirksam im Unternehmen zu verankern. Dabei spielt die zeitliche Ausgestaltung der Vergütungssysteme eine zentrale Rolle: Sowohl kurzfristige als auch langfristige variable Vergütungsbestandteile kommen als Instrumente infrage. Doch welche Variante fördert nachhaltiges Handeln am besten? Obwohl ESG von Natur aus auf langfristige Perspektiven abzielt, bedeutet das nicht automatisch, dass

187 *Weber,* in: Hölters/Weber, AktG, § 87 Rn. 30 f. Die Autorin dankt dem wissenschaftlichen Mitarbeiter *Sebastian Oswald* für wertvolle Vorarbeit.

ESG-Ziele ausschließlich in mehrjährige langfristige Incentive-Programme integriert werden sollten. In diesem Kapitel gehen wir der Frage nach, wie ESG-Ziele am besten in Vergütungssysteme integriert werden können – insbesondere, ob dies primär über kurzfristige variable Vergütungsbestandteile oder langfristige Anreizprogramme erfolgen sollte. Schwerpunkt ist, wie eine effektive Gestaltung der Anreizstrukturen dazu beiträgt, Nachhaltigkeit messbar und nachhaltig im Unternehmen zu verankern.

I. Vergütung als Träger unternehmerischer Nachhaltigkeitsziele

Die Ausgestaltung des Vergütungssystems ist ein zentraler Bestandteil der unternehmerischen ESG-Strategie. Dabei ist die Vergütung das Motivationsinstrument schlechthin, welches die Interessen des Unternehmens mit denen der Mitarbeiter verknüpft. Die Integration von ESG-Zielen in die variablen Vergütungsbestandteile ist dabei besonders wirkungsvoll, da hiermit unmittelbare Leistungsanreize gesetzt werden können. So wird Nachhaltigkeit nicht nur als abstraktes, strategisches Ziel definiert, sondern als gelebter Bestandteil der Unternehmenskultur verankert. Mit Hilfe des Motivationsfaktors Vergütung lassen sich die im Rahmen der jeweiligen ESG-Strategie gesteckten unternehmerischen Ziele, wie beispielsweise die Emissionsreduktion, das ressourcenschonende Wirtschaften oder die soziale Verantwortung effektiv steuern und vorantreiben.[188] So trägt ein nachhaltigkeitsorientiertes Anreizsystem dazu bei, individuelles Verhalten mit kollektiven Nachhaltigkeitszielen in Einklang zu bringen. Dabei kann die Integration von ESG-Zielen in die variablen Vergütungsbestandteile erfolgen, da hiermit unmittelbare Leistungsanreize gesetzt werden.

Für börsennotierte Gesellschaften ergibt sich wie eingangs dargestellt bereits aus § 87 Abs. 1 Satz 2 AktG eine gesetzliche Verpflichtung zur Ausgestaltung der Vorstandsvergütung im Sinne einer „nachhaltigen und langfristigen" Unternehmensentwicklung. Die in der Norm verwendeten Begriffe „nachhaltig" und „langfristig" verdeutlichen, dass der Aufsichtsrat bei der Festlegung der Vergütungsstruktur nicht nur ökonomische Zielgrößen, sondern auch ökologische und soziale Aspekte berücksichtigen soll. Die Vergütung ist somit nach der gesetzgeberischen Wertung nicht ausschließlich am finanziellen Erfolg auszurichten, sondern hat die dauerhafte Wertschöpfung und Stabilität der Gesellschaft unter Berücksichtigung von ESG-Kriterien zu fördern. Auch der Deutsche Corporate Governance Index (DCGK) verlangt, dass die Vergütungsstruktur auf eine nachhaltige und langfristige Entwicklung der Gesellschaft ausgerichtet wird. Die Vorstandsvergütung soll

188 *Heimann/Flöter*, AuA 2022, 46 ff., 48.

zudem zur Förderung der Geschäftsstrategie und langfristigen Entwicklung der Gesellschaft beitragen. Dabei sind für die variablen Vergütungsbestandteile Leistungskriterien festzulegen, die sich neben operativen vor allem auch an strategischen Zielsetzungen orientieren. Der Aufsichtsrat börsennotierter Gesellschaften ist somit verpflichtet, bei der Festlegung der Vorstandsvergütung sowohl finanzielle als auch nicht-finanzielle Bemessungskriterien zu berücksichtigen. So werden in der Praxis ESG-Kriterien in die variablen Vergütungskomponenten der Vorstandsmitglieder integriert.

Ziel dieser gesetzlichen und kodifizierten Anforderungen ist es, über die Ausgestaltung der Vergütungsstruktur steuernd auf das Verhalten der Unternehmensleitung einzuwirken. Vorstandsmitglieder nehmen aufgrund ihrer speziellen Führungs- und Vorbildrolle sowie ihres weitreichenden unternehmerischen Handlungsspielraums eine zentrale Rolle für die strategische Ausrichtung und Unternehmenskultur ein. Ein an Nachhaltigkeitszielen orientiertes Anreizsystem kann daher nicht nur das individuelle Handeln der Vorstandsmitglieder in Richtung langfristiger und verantwortungsvoller Unternehmensführung lenken, sondern mittelbar auch eine transformative Wirkung auf die gesamte Organisation entfalten. Die Implementierung solcher ESG-orientierter Steuerungsmechanismen in der Vorstandsvergütung trägt somit zur Verankerung nachhaltiger Werte in der Unternehmenspraxis bei und fördert die Ausrichtung des Unternehmens auf gesellschaftliche und ökologische Verantwortung im Sinne eines erweiterten Stakeholder-Verständnisses.

Zwar ist diese gesetzliche Verpflichtung zur nachhaltigen Ausgestaltung der Vergütung unmittelbar nur für Vorstände börsennotierter Gesellschaften vorgesehen. Gleichwohl besteht für Unternehmen aller Rechtsformen eine faktische Anforderung, Nachhaltigkeitsaspekte in ihre Vergütungsstrukturen zu integrieren.

Diese Anforderung ergibt sich bereits aus der grundsätzlichen Verantwortung des Vorstands, sein Handeln so auszurichten, dass langfristig die Rentabilität und der Fortbestand des Unternehmens gesichert wird. Zudem sind nach der Auffassung des Gesetzgebers auch nicht-börsennotierte Gesellschaften angehalten, den Nachhaltigkeitsgedanken in ihrer Vergütungsstruktur zu berücksichtigen.[189] Nicht zuletzt ist es der wachsende Druck von institutionellen Investoren, Kreditgebern, Kunden und der Öffentlichkeit sowie die gestiegene Bedeutung der Unternehmensreputation, der ESG-Kriterien für alle Unternehmen zu einer verbindlichen Größe im Wettbewerb macht.

Dementsprechend etabliert sich die Integration von ESG-Kriterien in die Vergütungssysteme auch bei immer mehr nicht-börsennotierten Unternehmen. Besonders im Private Equity und Venture Capital Bereich ist Nachhaltigkeit ein wichtiger Faktor bei der Bestimmung eines Investitionspro-

---

189 *Nehls,* in: MAHB AktR, § 22 Rn. 189.

jekts.[190] Bei allen Unternehmen lässt sich ein Trend zur Einbindung von ESG-Zielgrößen auch auf den nachgelagerten Führungsebenen beobachten.[191] Diese Entwicklung ist zwar positiv, allerdings sollte die Berücksichtigung von ESG-Zielen in der Vergütung nicht an der Führungsebene enden. Vielmehr kann eine wirksame ESG-Strategie erst dann entstehen, wenn sie auf allen Ebenen einer Organisation verankert wird. Je stärker ESG-Ziele Teil individueller Vergütungsvereinbarungen oder kollektiver Leistungsanreize auch der Belegschaft sind, desto besser gelingt es, Nachhaltigkeit nicht nur als abstraktes Leitbild zu kommunizieren, sondern konkret in das operative Handeln zu integrieren. Darüber hinaus verstärkt die Einbeziehung der gesamten Belegschaft in die Nachhaltigkeitsagenda die Identifikation mit dem Unternehmen, erhöht die Motivation und fördert eine Kultur, in der nachhaltiges Denken und Handeln integraler Bestandteil des Alltags wird. Schließlich ist auch zu beobachten, dass ESG-Inhalte nicht nur in Nachhaltigkeitsberichten gefordert werden, sondern zunehmend auch in der Personalpolitik und Anreizstruktur verankert sein sollen.

II. Begriff der Nachhaltigkeit im Rahmen der Vergütung

Bevor die in der Überschrift aufgeworfene Frage beantwortet werden kann, muss zunächst geklärt werden, was unter Nachhaltigkeit im Kontext der Vergütung überhaupt zu verstehen ist. Der Begriff ist vielschichtig und bislang nicht definiert. Der Gesetzgeber verzichtet in § 87 Abs. 1 Satz 2 AktG auf eine Legaldefinition und lässt offen, unter welchen Voraussetzungen die Vergütungsstruktur als „nachhaltig und langfristig“ gilt. Die inhaltliche Kontur des Begriffes ist daher aus den gesetzgeberischen Motiven und dem systematischen Zusammenhang zu entwickeln.

Im Rahmen des § 87 Abs. 1 Satz 2 AktG wird Nachhaltigkeit vor allem als „Ausrichtung anhand eines langfristig definierten Gesellschaftsinteresses“[192] verstanden. Das bedeutet, dass die Vergütungsstruktur so gestaltet sein muss, dass sie nachhaltiges Handeln fördert, etwa indem sie den langfristigen Unternehmenserhalt unterstützt, gesundes Wachstum ermöglicht und Risiken mit Blick auf die Zukunft begrenzt. Demgegenüber stehen Vergütungsmodelle, die sich ausschließlich an kurzfristigen Zielvorgaben orientieren und so potenziell Anreize zum Eingehen unverhältnismäßiger

---

190 Union Investment, PM vom 7.5.2025, https://www.presseportal.de/pm/76432/6027871 (abgerufen am 29.8.2025).

191 *Riecke,* Handelsblatt vom 5.7.2021, https://www.handelsblatt.com/meinung/kolumnen/kolumne-globale-trends-esg-boom-auf-dem-gehaltszettel-gut-gemeint-ist-noch-lange-nicht-gut-gemacht/27381708.html (abgerufen am 29.8.2025).

192 *Weber,* in: Hölters/Weber AktG, § 87 Rn. 30.

Risiken setzen, um diese kurzfristigen Ziele zu erreichen. Solche Modelle widersprechen ausdrücklich der Intention des Gesetzgebers, der genau diese Fehlanreize vermeiden will. Damit sind kurzfristige Verhaltensanreize nicht pauschal ausgeschlossen, sondern sie müssen – sofern solche vorgesehen sind – in Kombination mit langfristigen Elementen insgesamt dem Nachhaltigkeitskriterium entsprechen.[193] Dieses Verständnis des Nachhaltigkeitsbegriffs lässt sich als Leitgedanke auf sämtliche Hierarchieebenen übertragen.

Vergütungssysteme, die nach diesem Verständnis als „nachhaltig“ zu qualifizieren sind, müssen daher bestimmte Anforderungen erfüllen:[194]

- Zum einen müssen die definierten Ziele sich glaubwürdig und messbar in die Geschäftsstrategie integrieren lassen. Ziele, die im Widerspruch zur eigenen Nachhaltigkeitsstrategie stehen und/oder nicht glaubwürdig messbar sind, sind ungeeignet eine langfristige, nachhaltige Vergütungsstruktur zu etablieren. Vielmehr müssen die Ziele langfristig Verantwortung fördern, Fehlanreize vermeiden sowie transparent und fair sein.

  Nachhaltige Ziele gehen über die reine finanzielle Honorierung von Leistung hinaus und beziehen ökologische, soziale und ethische Dimensionen in die Anreizgestaltung mit ein. Dadurch werden nicht mehr nur kurzfristige finanzielle Unternehmensziele verfolgt, sondern langfristig verantwortungsvolles Handeln in der gesamten Organisation gefördert. Welche konkreten Ziele im Einzelfall dazu beitragen, lässt sich nicht mit Hilfe einer allgemeinen Formel beantworten. Vielmehr muss diese Frage anhand der Lage und strategischen Ausrichtung des Unternehmens beurteilt werden. Eine an langfristiger und nachhaltiger Unternehmensentwicklung ausgerichtete Festlegung von Zielen kann daher nur auf Basis der Unternehmensstrategie des konkreten Unternehmens erfolgen.
- Darüber hinaus muss die Vergütung auch unter dem Gesichtspunkt der sozialen Verantwortung gegenüber den Mitarbeitern fair und angemessen gestaltet sein. Die Vergütung muss eine langfristige soziale Absicherung ermöglichen. Das bedeutet beispielsweise, dass gleiche Vergütungschancen für alle Geschlechter gewährleistet sein müssen, etwa durch transparente Gehaltsbänder und regelmäßige Equal-Pay-Analysen. Weiterhin sollten Nachhaltigkeitsziele auf die Bedürfnisse der Mitarbeiter eingehen und dabei trotzdem die eigene Unternehmensstrategie widerspiegeln.
- Bei der Gewichtung sollten die ESG-Ziele einen echten Einfluss auf die Vergütung haben und im Rahmen der Vergütungsbemessung nicht bloß kosmetisches Beiwerk sein. Sie sind dabei möglichst so zu wählen, dass sie die Vergütung langfristig bestimmen.

---

193 *Spindler*, in: MüKoAktG, Nachtrag ARUG II, § 87 Rn. 87.

194 → Teil 1 Kap. 2.1 (*Flöter*), unter III.

– Zuletzt sollten ESG-Kennzahlen auch transparent und nachvollziehbar formuliert sein, um ihre tatsächliche Steuerungswirkung entfalten zu können und möglichst breite Akzeptanz innerhalb der Belegschaft zu fördern. So lassen sich etwa Zielgrößen wie die Reduktion von Arbeitsunfällen oder die Steigerung der Mitarbeiterzufriedenheit mit präzise definierten Messgrößen in die variablen Vergütungsbestandteile integrieren. Entscheidend ist dabei, dass diese Ziele nicht nur symbolisch gesetzt werden, sondern mit einer angemessenen Gewichtung versehen sind – sodass nachhaltiges Engagement tatsächlich erkennbar honoriert wird und nicht gegenüber rein finanziellen Kennzahlen in den Hintergrund tritt.

Nachhaltigkeit im Kontext der Vergütung bedeutet daher weit mehr als die bloße Integration einzelner Nachhaltigkeitsziele. Entscheidend ist, dass das Vergütungssystem in seiner Gesamtheit so ausgestaltet ist, dass es die langfristige Unternehmensstrategie konsequent unterstützt und zugleich der sozialen Verantwortung gegenüber den Mitarbeitern gerecht wird.

III. ESG-Ziele in der variablen Vergütung

Um ESG-Ziele als verbindlichen Bestandteil einer nachhaltigen Vergütungsstrategie zu etablieren, bietet sich insbesondere deren Integration in die variable Vergütung an. Diese stellt einen zentralen Hebel dar, um die unternehmerischen Ziele in den Bereichen Umwelt, Soziales und gute Unternehmensführung fest in der Unternehmenssteuerung zu verankern. Während ESG-Themen regelmäßig in strategischen Zielbildern, Verhaltenskodizes oder Nachhaltigkeitsberichten adressiert werden, entfalten sie erst dann eine spürbare Steuerungswirkung, wenn sie auch Bestandteil individueller Leistungsanreize sind. Dafür eignet sich die variable Vergütung in besonderem Maße, da sie konkrete Anreize schafft, gewünschtes Verhalten gezielt fördert und abstrakte Nachhaltigkeitsversprechen in überprüfbare, individuelle und wirksame Handlungsziele übersetzt. Nachhaltigkeitsziele werden dadurch nicht mehr nur als Absichtserklärungen oder Teil der Unternehmenskommunikation verstanden, sondern als ernstzunehmende Leistungsanforderung. Die Berücksichtigung von ESG-Zielen ist außerdem eine Möglichkeit, Engagement gegenüber internen und externen Stakeholdern zu zeigen und Kritik in Bezug auf Greenwashing oder mangelnde Glaubwürdigkeit zu vermeiden. Welche konkreten Nachhaltigkeitsziele gewählt werden, hängt stark vom konkreten Geschäftsmodell und der strategischen Ausrichtung des Unternehmens ab. Besonders häufig wählen Unternehmen Ziele zur Reduktion von CO_2-Emissionen, was deren hohe Relevanz in der Umweltstrategie unterstreicht. Daneben werden zunehmend auch soziale Ziele wie Mitarbeiterzufriedenheit, Diversität, Arbeitssicherheit sowie Kundenzufriedenheit berücksichtigt. In der Praxis gliedert sich die variable Vergütung üblicherweise in einen kurzfristig variablen Bestandteil (Short Term Incentive – kurz STI) und einen langfristig variablen Bestandteil (Long Term Incentive – kurz LTI).

Während einige Unternehmen ESG-Ziele ausschließlich in der langfristigen variablen Vergütung verankern, setzten andere vollständig auf die kurzfristige Komponente. Wiederum andere integrieren ESG-Ziele in beide Komponenten. In DAX und MDAX Unternehmen sind nachhaltige Kriterien bislang vornehmlich in der kurzfristigen variablen Vergütung verankert. Während nahezu alle DAX-Unternehmen ESG-Ziele im Rahmen ihrer Short-Term Incentives berücksichtigen, findet sich eine Verankerung in den Long-Term Incentives nur bei etwa der Hälfte.[195]

Das verdeutlicht, dass ESG-Kriterien grundsätzlich in beiden Vergütungsbestandteilen über geeignete Key Performance Indicators (KPIs) abgebildet werden können, offenbart gleichzeitig aber auch die Herausforderung für Unternehmen zu entscheiden, wo sich ESG-Ziele am wirkungsvollsten verankern lassen. Die kurzfristige variable Vergütung unterscheidet sich grundlegend in ihrem zeitlichen Wirkungshorizont und den damit verbundenen Anforderungen von der langfristigen Komponente.[196]

Auf den ersten Blick mag es trivial erscheinen, dass ESG-Ziele vor allem in der langfristigen Vergütung verankert werden sollten. Schließlich benötigen nachhaltige Entwicklungen naturgemäß Zeit, um Wirkung zu entfalten. LTIs bieten hierfür den geeigneten Rahmen, um längerfristige und nachhaltige Projekte angemessen abzubilden. Zudem machen LTIs einen signifikanten Anteil der Gesamtvergütung aus. Gleichwohl ist die Beantwortung der aufgeworfenen Frage komplexer als es auf den ersten Blick scheint. Beide Vergütungskomponenten bergen spezifische Vor- und Nachteile, weshalb eine pauschale Antwort nicht möglich ist. Eine ausschließliche Integration in der langfristigen Vergütung greift zu kurz. Auch die Integration einzelner, klar definierter ESG-Ziele in die kurzfristige variable Vergütung kann wertvolle Impulse setzen und unmittelbar wirkende Anreize für nachhaltiges Verhalten schaffen. Hinzu kommt, dass viele Unternehmen derzeit noch keine belastbare Datenbasis besitzen, um langfristige ESG-Ziele zuverlässig zu messen und deren Zielerreichung zu bewerten. Eine Umsetzung ist daher oft erst für die Zukunft möglich, wenn entsprechende Kennzahlen und Daten erhoben werden. Vor diesem Hintergrund hat sich in der Praxis eine Kombination aus kurzfristiger und langfristiger variabler Vergütung bewährt, um sowohl

195 Institut für Mitbestimmung und Unternehmensführung, Mitbestimmungsreport Nr. 75, 02/23, S. 8.

196 Dazu unter → III.2 und III.3.

kurzfristige Anreize zu setzen als auch längerfristige nachhaltige Entwicklungen zu fördern.

Gleichwohl erfordert die Entscheidung über die Verankerung spezifischer ESG-Ziele in den jeweiligen Vergütungskomponenten stets eine Einzelfallbetrachtung und -gewichtung. Dabei sind insbesondere die folgenden Überlegungen zu berücksichtigen:

1. Vorfrage: Auswahl der passenden ESG-Ziele

Bei der Implementierung von ESG-Zielen in die variable Vergütung müssen sich Unternehmen mit zwei Vorfragen beschäftigen: Erstens, welche Ziele überhaupt zur konkreten Unternehmensstrategie und -kultur passen und zweitens, wie sich diese Ziele so definieren lassen, dass sie erreichbar und messbar sind sowie nachhaltig positiven Einfluss haben.

ESG-Ziele entfalten nur dann eine echte Steuerungs- und Anreizwirkung, wenn sie aus der ureigenen Unternehmensstrategie abgeleitet werden und im konkreten Geschäftsmodell die Erreichung eine materielle Bedeutung hat.[197] Sie müssen auf die strategischen ESG-Prioritäten und das jeweilige Kerngeschäft abgestimmt sein. So kann etwa bei einem Unternehmen aus der Energiebranche der Fokus auf der Reduktion von CO_2-Emissionen oder der Verbesserung von Energieeffizienz liegen. Ein Lebensmittelkonzern hingegen wird ESG-Ziele auf nachhaltige Beschaffung oder Gesundheitsaspekte seiner Produkte ausrichten. Im Finanzsektor wiederum kann es sinnvoll sein, verstärkt auf die soziale Verantwortung abzustellen und Diversität und Inklusion zu fördern. ESG-Ziele dürfen daher nicht als standardisierte Checkliste verstanden werden. Maßgeblich ist, dass die jeweils identifizierten Ziele die „gleiche Stoßrichtung“ haben wie die langfristige Unternehmensstrategie.

Sodann müssen die identifizierten Nachhaltigkeitsziele geeignet sein, einen nachweisbaren Beitrag zur mittel- und langfristigen Umsetzung der unternehmenseigenen Nachhaltigkeitsstrategie zu leisten. Lediglich kurzfristig erreichbare Ziele, die auf die langfristige Strategie keinen oder nur begrenzten Einfluss haben, sind dafür in aller Regel weniger geeignet als langfristig zu erreichende Zielmarken.[198] Es mag sich zwar im Einzelfall anbieten, dass auch „Zwischenziele“ als Etappen in der variablen Vergütung berücksichtigt werden. Insgesamt sollte aber ein großes „Gesamtziel“ im Fokus stehen. Besonders wichtig dabei ist, dass die Ziele – unabhängig davon, welchem Bereich sie entspringen – objektiv messbar und bereits im Vorfeld genau definiert sind. Das heißt, dass im Idealfall Ziele gewählt werden, deren Er-

197 *Arnold/Herzberg/Zeh,* NZA 2024, 1521, 1526.
198 *Riecke,* Handelsblatt v. 5.7.2021 (Fn. 191).

reichung sich nachweisbar überprüfen lässt. Bloße Absichtsbekundungen, deren Erfüllung nicht messbar ist, sind hingegen zu vermeiden.[199]

2. Kurzfristige variable Vergütung als Anknüpfungspunkt für ESG-Ziele

Kurzfristige Vergütungssysteme basieren in der Regel auf jährlich vereinbarten Zielvereinbarungen. Die Auszahlung erfolgt meist am Ende des Geschäftsjahres und ist zumindest zum Teil an die individuelle Zielerreichung gekoppelt. Zu den gängigen Instrumenten der kurzfristigen variablen Vergütung zählen insbesondere Jahres- und Quartalsboni, Erfolgsprämien für das Erreichen konkreter Ziele sowie Einmalzahlungen für außerordentliche Leistungen. Die Gründe für die Integration von ESG-Zielen in die kurzfristige variable Vergütung liegen insbesondere in ihrer unmittelbaren Anreizwirkung, der breiten Verankerung, der Signalwirkung sowie der Flexibilität.

- **Unmittelbare Anreizwirkung**: Kurzfristige Vergütungsbestandteile bieten den Vorteil, dass nachhaltigkeitsbezogenes Verhalten zeitnah honoriert wird und damit eine unmittelbare Steuerungswirkung entfalten kann. Wird ein Teilziel im Rahmen der jährlichen Zielvereinbarung erreicht, etwa die erfolgreiche Implementierung ressourcenschonender Prozesse oder die Erhöhung der Diversitätsquote in einer Abteilung, lässt sich schnell ein konkreter Leistungsbezug herstellen. ESG-Ziele erlangen so eine greifbare Relevanz. Die Verankerung entsprechender Ziele in kurzfristigen Anreizsystemen fördert damit eine stärkere Verhaltensorientierung im Arbeitsalltag und macht Nachhaltigkeit im operativen Handeln konkret sichtbar.
- **Breite Verankerung**: Hinzu kommt, dass kurzfristige Incentivierungsprogramme typischerweise eine größere Mitarbeiteranzahl adressieren als LTI-Programme. Während Letztere in aller Regel auf die obere Führungsebene bzw. das Topmanagement beschränkt bleiben, sind kurzfristige variable Vergütungsmodelle oftmals auch Vergütungsbestandteil des mittleren Managements sowie auch eines großen Teils der Gesamtbelegschaft. Dies erhöht nicht nur die Sichtbarkeit der unternehmenseigenen ESG-Ziele, sondern schafft auch Anreize, diese auf breiter Ebene mitzutragen.
- **Signalwirkung**: Die Aufnahme von bestimmten ESG-Zielen in der kurzfristigen variablen Vergütung unterstreicht nicht nur die Bedeutung dieser Ziele innerhalb der Unternehmensprioritäten, sondern hebt auch die Dringlichkeit hervor, mit der diese Ziele verfolgt werden sollen. So wird intern und extern klar kommuniziert, welche Nachhaltigkeitsthemen tatsächlich Priorität haben. Für Investoren wie auch für Mitarbeiter ist es

199 *Arnold/Herzberg/Zeh,* NZA 2024, 1521, 1526.

besonders überzeugend, wenn ein Unternehmen seine Umweltziele nicht lediglich als langfristige Absichtserklärungen im Rahmen von LTI-Programmen formuliert, sondern deren Umsetzung auch durch kurzfristige Maßnahmen aktiv vorantreibt. Auf der anderen Seite fördert die Signalwirkung die Umsetzung der ESG-Maßnahmen im operativen Geschäft. Wenn beispielsweise ein Unternehmen die Steigerung der Mitarbeiterzufriedenheit als kurzfristiges ESG-Ziel in die variable Vergütung aufnimmt, verdeutlicht es damit die hohe Priorität, die es hierauf legt. Führungskräfte und Mitarbeiter werden dadurch unmittelbar angeregt, aktiv Maßnahmen zur Verbesserung der Zufriedenheit umzusetzen.

– **Flexibilität:** Ferner bleiben Unternehmen mit der Verankerung von ESG-Zielen in der kurzfristigen variablen Vergütung auch flexibler hinsichtlich der Nachschärfung von einzelnen Zielen. So kann es – insbesondere in einem sich stetig wandelnden internationalen Umfeld – zu nicht vorhersehbaren politischen oder wirtschaftlichen Veränderungen kommen, die eine Nachjustierung der gesetzten Ziele und Kennzahlen erforderlich machen. Das Unternehmen kann schneller und gezielter auf veränderte Rahmenbedingungen reagieren und gesetzte Zielgrößen kurzfristig anpassen.

Allerdings gibt es im Zusammenhang mit der kurzfristigen Vergütung auch Nachteile und Herausforderungen, die im Vorfeld beachtet werden müssen. Das ist insbesondere die Gefahr der Schaffung von Fehlanreizen. Wenn durch die variable Vergütung ausschließlich kurzfristige Ergebnisse honoriert werden, können Mitarbeiter versucht sein, nur auf den unmittelbaren Erfolg hinzuarbeiten. Dies kann auf Kosten langfristiger Investitions- oder Nachhaltigkeitsstrategien geschehen. So hat es beispielsweise nur wenig Nutzen, wenn zwar im Rahmen der Produktion kurzfristig die Emissionen verringert werden können, dies aber zulasten der Effizienz oder der Qualität geschieht. Vielmehr sollten auch die kurzfristigen Ziele so definiert werden, dass sie als Baustein eines „großen Ganzen“ anzusehen sind, deren Erreichung jeweils ein „Zwischenziel“ darstellt.

Im Kern eignet sich die kurzfristige variable Vergütung nach Auffassung der Verfasserin insbesondere für zwei Arten von ESG-Zielen: Für kleinere, kurzfristig erreichbare und gut definierte Maßnahmen und zur Honorierung von Zwischenzielen auf dem Weg zu übergeordneten, langfristigen ESG-Zielsetzungen.

Unter die erste Gruppe fallen solche ESG-Ziele, die in kurzer Zeit und mit wenig Aufwand umgesetzt werden können, wie beispielsweise Maßnahmen der Gesundheits- und Arbeitssicherheit. Solche Projekte lassen sich oft in kürzerer Zeit umsetzen und haben dennoch einen langfristigen Nutzen für alle Mitarbeiter.

Besonders wirkungsvoll dürfte allerdings die Integration von ESG-Zielen in die kurzfristige variable Vergütung sein, die als unmittelbarerer Motivationsbooster für die „großen" Ziele eingesetzt werden. Für Mitarbeiter kann es wenig greifbar und damit wenig motivierend sein, an einer über Jahre hinweg angestrebten Verbesserung der CO_2-Bilanz mitzuwirken, ohne dass sich daraus kurzfristig ein finanzieller Vorteil ergibt. Hier kann mit Zwischenzielen in der STI entgegengewirkt werden. So kann die jährliche Erreichung von CO_2-Einsparungszielen bereits mit einem Bonus honoriert werden, selbst wenn das übergeordnete Ziel – etwa die vollständige Dekarbonisierung – erst mittelfristig oder langfristig realisiert wird. Die Erfahrung zeigt, dass solche Etappenziele für Mitarbeiter deutlich greifbarer sind als mehrjährige, abstrakte Zielvorgaben. Gerade weil viele ESG-Ziele naturgemäß langfristig ausgerichtet sind, liegt ein wesentlicher Vorteil in der zusätzlichen Setzung kurzfristiger Anreize. STI-Zahlungen entfalten eine unmittelbarere Steuerungswirkung und führen erfahrungsgemäß schneller zu konkreten Verhaltensanpassungen als langfristige Anreizprogramme (LTI). Unternehmen, die ESG-Kriterien in STI-Systeme integrieren, berichten regelmäßig von einer höheren Umsetzungsdynamik und einer verbesserten operativen Verankerung entsprechender Maßnahmen. Auch wenn langfristige Zielsetzungen aus strategischer Sicht unverzichtbar bleiben, kann die kombinierte Nutzung von STI- und LTI-Elementen die ESG-Transformation im Unternehmen wirksamer und breiter abgestützt vorantreiben.

Die Verankerung von ESG-Zielen in der kurzfristigen variablen Vergütung ist damit ein wirkungsvolles Instrument zur schnellen und effizienten Zielerreichung und der Flexibilisierung der Personalführung. Gleichwohl kann ihre Wirkung nur nachhaltig sein, wenn sie unter Beachtung der eigenen Unternehmensstrategie sinnvoll bestimmt werden und in ein langfristiges System, beispielsweise als Zwischenziele, integriert werden.

3. Langfristige variable Vergütung als Anknüpfungspunkt für ESG-Ziele

Long Term Incentives bezeichnen langfristig ausgerichtete, variable Vergütungsbestandteile, die darauf abzielen, nachhaltige Leistungsanreize zu schaffen und eine strategiekonforme Unternehmensentwicklung zu fördern. Sie sind typischerweise auf einen Zeitraum von drei bis fünf Jahren ausgelegt und knüpfen die Auszahlung an die Erreichung definierter finanzieller und/oder nichtfinanzieller Zielgrößen. Durch diesen mehrjährigen Bemessungszeitraum sollen kurzfristig motivierte Fehlanreize vermieden und stattdessen ein verantwortungsvolles, werteorientiertes Handeln im Sinne einer langfristigen Unternehmenswertsteigerung gefördert werden.[200] Typische Formen sind Aktien-Beteiligungen, Cash-Pläne oder Auszahlungen nach virtuellem Aktienkurs (Phantom Shares).[201] Sie orientieren sich an mehrjährigen Zielgrößen und sollen nachhaltiges Handeln fördern – etwa durch die Verknüpfung mit ESG-Zielen.

LTI-Programme kommen in der Praxis vorrangig im Top-Management zur Anwendung, da hier die strategische Steuerung des Unternehmens konzentriert ist. Gleichwohl sind Mitarbeiter unterhalb der ersten Führungsebene nicht grundsätzlich ausgeschlossen: Insbesondere außertariflich Beschäftigte (AT-Angestellte), die Schlüsselpositionen mit hoher strategischer Relevanz innehaben, können in differenziert ausgestaltete LTI-Systeme einbezogen werden.

Investoren fordern zunehmend die Einbindung von ESG-Kriterien in langfristige variable Vergütungsprogramme. Die Gründe hierfür sind vielfältig:

- **Monetäre Anreizwirkung:** Ein unmittelbarer Vorteil der Verankerung von ESG-Zielen in die langfristige variable Vergütung liegt zunächst in deren regelmäßig höherem Anteil an der Gesamtvergütung, der naturgemäß eine größere monetäre Hebelwirkung entfaltet. Hier liegt also ein größerer finanzieller Anreiz, die verankerten Ziele auch wirklich zu erreichen.
- **Verbesserte Messbarkeit:** Die Integration von ESG-Kennzahlen in langfristige variable Vergütungssysteme bietet die beste Grundlage für valide Leistungsbewertung. Viele ESG-Ziele – etwa Unfallraten, Kundenzufriedenheitswerte oder Diversitätskennzahlen – sind (erst) über einen längeren Zeitraum stabil und eignen sich daher besonders gut für eine mehrjährige Betrachtung. Diese Stabilität ermöglicht eine konsistente Messung und Bewertung von Fortschritten über mehrere Jahre hinweg. Langfristige Programme bieten darüber hinaus die Möglichkeit, komplexe Nachhaltigkeitsziele mit der erforderlichen Substanz zu verfolgen. Gerade bei Herausforderungen wie Emissionsreduktion, Diversitätsentwicklung oder der Verantwortung entlang globaler Lieferketten ist es essenziell, zunächst verlässliche Datengrundlagen zu schaffen, externe Benchmarks zu definieren und belastbare Entwicklungen zu dokumentieren. Kurzfristige Zielvereinbarungen stoßen hier oft an ihre Grenzen.
- **Förderung nachhaltiger Unternehmensführung:** Ein weiterer wesentliche Vorteil der Integration von ESG-Zielen in die langfristige variable Vergütung besteht darin, dass sie die Fokussierung auf langfristige, strategisch bedeutsame Unternehmensziele fördert. Sie ermöglicht es, komplexe und oftmals langfristig wirkende Umwelt- und Sozial- Kriterien (wie

200 *Pletke/Schrader/Siebert/Thoms/Klagges/Teubert,* in: Arbeit-HdB, B. Rn. 877.

201 *Pletke/Schrader/Siebert/Thoms/Klagges/Teubert,* in: Arbeit-HdB, B. Rn. 878; näher → Teil 1 Kap. 2.4 (*Kott*).

CO_2-Reduktion, Unfallverhütung oder Diversitätsmaßnahmen) über einen mehrjährigen Zeitraum zu steuern. Durch die Ausrichtung auf einen längeren Zeithorizont werden kurzfristige Fehlanreize vermieden und eine nachhaltige Wertschöpfung unterstützt. So werden auch (Management-) Entscheidungen gezielt auf eine nachhaltige, langfristige Wertschöpfung ausgerichtet. Die Verknüpfung von Vergütung und langfristigen Nachhaltigkeitszielen schafft Anreize, ökologische oder soziale Aspekte in wesentliche Entscheidungsprozesse einzubeziehen und die Unternehmensführung als großes Ganzes zu sehen. Im Gegensatz zur kurzfristigen variablen Vergütung genügt es hierbei nicht, kurzfristige Ziele isoliert und ohne Berücksichtigung anderer Kennzahlen zu erfüllen. Vielmehr sind die Führungskräfte angehalten, strategisch und bewusst zu handeln sowie Entscheidungen mit Blick auf eine nachhaltige Zukunft zu treffen und umzusetzen. Die Verankerung solcher großen Ziele in der langfristigen variablen Vergütung spiegelt auch den Stellenwert wider, den ein Unternehmen einem bestimmten Ziel zuweist.[202] Der Einfluss auf die ESG-Bilanz ist somit bei langfristig gedachten Zielen in der Regel größer und führt damit im Ergebnis zu „mehr Nachhaltigkeit“.

- **Vermeidung von „Greenwashing“:** Zudem erhöht ein mehrjähriger Zeithorizont die Glaubwürdigkeit der ESG-Zielverfolgung gegenüber externen Stakeholdern und wirkt Greenwashing entgegen. Wer Nachhaltigkeitsziele über drei oder mehr Jahre hinweg nachweislich operationalisiert und mit der Managementvergütung verknüpft, demonstriert eine ernsthafte und substanzielle ESG-Verantwortung.
- **Bündelung von Interessen**: Ein weiterer Vorteil liegt darin, dass die Interessen von Investoren und Management gebündelt werden. So haben Investoren häufig ein gesteigertes Interesse daran, bestimmte ESG-Kriterien zu erreichen, um das Unternehmen langfristig für die Zukunft aufzustellen. Viele institutionelle Investoren erwarten eine konsistente ESG-Strategie über mehrere Jahre hinweg. Die Integration entsprechender Kennzahlen in LTIs signalisiert Verlässlichkeit und strategische Verantwortung, was das Vertrauen der Kapitalmärkte stärkt. Mit Hilfe der langfristigen Vergütung werden dann auch der Vorstand und die Führungsebenen darunter (monetär) dazu motiviert, diese langfristigen Ziele zu erreichen.
- **Mitarbeiterbindung**: Schließlich liegt auch ein wesentlicher Vorteil langfristiger variabler Vergütung in ihrer positiven Wirkung auf die Mitarbeiterbindung. Die Aussicht auf eine mehrjährige Auszahlung schafft einen Anreiz, dem Unternehmen längerfristig verbunden zu bleiben. Durch die zeitliche Streckung der Vergütung wird die Fluktuation reduziert und die Loyalität gefördert. Zudem signalisiert die Einbindung in langfristige Pro-

202 *Arnold/Herzberg/Zeh,* NZA 2024, 1521, 1527.

gramme – auch jenseits des Top-Managements – Wertschätzung und Vertrauen, was die Identifikation mit den Unternehmenszielen erhöht.

Insgesamt stärken LTI-Modelle nicht nur die Verankerung von ESG-Zielen, sondern wirken auch als strategisches Instrument zur Sicherung und Motivation von Mitarbeitern. Nichtsdestotrotz gibt es auch bei der Verankerung von ESG-Zielen in der langfristigen Vergütung Herausforderungen und Risiken. So ist es oftmals ein komplexes Unterfangen, die richtigen langfristigen Ziele zu identifizieren und so auszugestalten, dass sie transparent und klar definiert sind. Zudem kann die Zielerreichung stark von äußeren Einflüssen, sowohl wirtschaftlicher als auch politischer Natur, beeinflusst werden. Eine Nachjustierung ist hier oft nur schwer möglich, sodass Ziele, die vor wenigen Jahren noch „passend" oder „erreichbar" waren, nun ungeeignet erscheinen oder nicht mehr zur Unternehmensstrategie passen. Zuletzt haben langfristige variable Vergütungsbestandteile im Gegensatz zu den kurzfristigen nur eine geringe unmittelbare Motivationswirkung. Für die Mitarbeiter sind die finanziellen Ziele erst nach mehreren Jahren spürbar, sodass der direkte, schnelle Leistungsanreiz weniger ausgeprägt ist.

Die Integrationen in der langfristigen variablen Vergütung bietet sich letztlich für solche ESG-Ziele an, die erst über einen längeren Zeitraum erreicht werden können, beziehungsweise Wirkung zeigen. Insbesondere bei größeren Transformationen wie beispielsweise der Abkehr von fossilen Produktionsmethoden wird sich das Ziel nicht innerhalb weniger Monate erreichen lassen.

Die Aufnahme von ESG-Zielen in die langfristige variable Vergütung stellt damit ein wichtiges Werkzeug für die Förderung von nachhaltigem Unternehmenshandeln dar. Durch sie werden zum einen finanzielle Anreize zu nachhaltigen und wertschöpfenden Entscheidungen für die Mitarbeiter gesetzt und zum anderen die ESG-Ambitionen eines Unternehmens unterstrichen.

IV. Fazit und Best Practice: Kombination von lang- und kurzfristiger variabler Vergütung

Die Frage, ob kurzfristige oder langfristige variable Vergütung nachhaltiger ist, lässt sich nicht pauschal beantworten. Entscheidend ist vielmehr die konkrete Zielsetzung, das Geschäftsmodell und die strategische Ausrichtung des Unternehmens. Wie dargestellt verfolgen kurzfristige und langfristige Vergütungssysteme unterschiedliche Ziele und beeinflussen das Verhalten von Mitarbeitern auf verschiedene Weise, sodass die Integration stets eine Frage des Einzelfalls sein muss. Für die Frage, welche Vergütungsform

„nachhaltiger" ist, müssen beide Systeme sorgfältig miteinander abgewogen und bestenfalls kombiniert werden.

Es empfiehlt sich, ein ausgewogenes Vergütungsmodell zu entwickeln, das die Vorteile beider Systeme optimal vereint. Dabei sollte langfristigen variablen Vergütungselementen regelmäßig ein Anteil von mindestens 50 % an der gesamten variablen Vergütung beigemessen werden.

Bei der Zuordnung der einzelnen ESG-Ziele zu kurzfristigen oder langfristigen Vergütungsbestandteilen sind die unter III.2 und III.3 dargestellten Überlegungen zu berücksichtigen. So kann etwa ein umfassendes, übergeordnetes Ziel im Rahmen der langfristigen variablen Vergütung definiert werden, während Zwischenziele zur Erreichung dieses Gesamtziels in der kurzfristigen variablen Vergütung verankert werden. Dieser Ansatz lässt sich sowohl für soziale als auch ökologische ESG-Ziele zielführend umsetzen.

Mit dieser Methode lassen sich auch qualitative und quantitative Kennzahlen sinnvoll kombinieren. So kann für die langfristige variable Vergütung als qualitative Kennzahl die Mitarbeiterzufriedenheit insgesamt gewählt werden. Im Rahmen der kurzfristigen variablen Vergütung können quantitative Ziele wie beispielsweise Gesundheitsschutzmaßnahmen, Entgelttransparenz oder ausgewogene Entlohnungsgrundsätze vereinbart werden. Die meisten dieser Maßnahmen werden bei erfolgreicher Umsetzung auch auf die Mitarbeiterzufriedenheit insgesamt durchschlagen, sodass auch die Zielerreichung für die langfristige variable Vergütung positiv beeinflusst wird.

Die Kombination beider Systeme genießt auch in der Praxis zunehmender Beliebtheit. Mittlerweile wählt auch der Großteil der DAX-Unternehmen ein solches kombiniertes Modell.[203] So hat beispielsweise ein deutscher Sportartikelhersteller im Rahmen der kurzfristigen variablen Vergütung eine Gewichtung von ESG-Zielen in Höhe von 20 % des kurzfristigen Bonus verankert. Zusätzlich sind auch in der langfristigen variablen Vergütung die Erreichung von ESG-Zielen mit einer Gewichtung von 20 % vorgesehen. Aus dem Geschäftsbericht geht allerdings auch hervor, dass im Rahmen der kurzfristigen Vergütung die Gewichtung der ESG-Kriterien zum Vorjahr angepasst wurde. Dies unterstreicht den dargestellten Vorteil der Flexibilität: Das Unternehmen kann, ohne an der langfristigen variablen Vergütung etwas verändern zu müssen, eine Anpassung der Ziele beziehungsweise Gewichtung vornehmen und ist dadurch deutlich agiler. Eine Kombination von kurz- und langfristigen Vergütungsbestandteilen ist demnach unter den gezeigten Gesichtspunkten äußerst sinnvoll. Oftmals lässt sich mit den sich daraus ergebenden Synergien die Nachhaltigkeitsstrategie des gesamten Unternehmens um ein Vielfaches effizienter und glaubwürdiger umsetzen.

203 Focus Online v. 26.8.2024, https://www.focus.de/magazin/archiv/vorstandsverguetung-esg-wird-wichtiger_id_260235379.html (abgerufen am 29.8.2025).

4. Virtuelle Aktienoptionen als Retention-Instrument

Marcel David Kott

Eine langfristige, überzeugende Bindung von Mitarbeitern ist für nationale sowie internationale Unternehmen in einer Zeit, in der der Kampf um Talente und Leistungsträger intensiver denn je ist, von entscheidender Bedeutung. In einem kompetitiven Marktumfeld suchen Unternehmen stets nach innovativen und zugleich praktikablen Anreizen, um nachhaltige Verbindungen zwischen ihnen und ihren Mitarbeitern zu etablieren.

Arbeitgeber wissen jedoch auch: Motivation durch Geld ist grundsätzlich endlich. Es genügt häufig nicht, eine Spitzenkraft von einem Arbeitgeberwechsel abhalten zu wollen, indem ihr Bleibeprämien angeboten werden, welche eine Sonderzahlung bei Verbleib bis zu einem bestimmten Stichtag versprechen. Solche Retention-Boni fallen meistens zu hoch aus (und sind dann für Wechselwillige nur ein weiterer finanzieller Punkt, der als Antrittszahlung oder Ähnliches vom neuen Arbeitgeber erstattet wird) oder zu niedrig (und haben dann weder einen Motivations- noch einen Bindungseffekt). Eine Identifikation mit dem Unternehmen kann mit solchen Bleibeprämien (allein) nur selten erreicht werden.

Ein in der Praxis zunehmend vorzufindendes, alternatives (Sonder-)Vergütungsmodell, welches die Mitarbeiterbindung stärken soll, sind virtuelle Aktienoptionsprogramme, kurz VSOPs (Virtual Stock Option Programs). Diese Programme können Mitarbeiter nicht nur an den Arbeitgeber und dessen wirtschaftlichen Erfolg binden, sondern zugleich Verantwortungsbewusstsein für das Unternehmen und Identifikation mit der Gesellschaft fördern. In diesem Zuge eröffnet sich auch die Möglichkeit, VSOPs als Teil einer ESG-Strategie zu implementieren.

I. Was sind virtuelle Aktienoptionen genau?

Im Kern geht es bei virtuellen Aktienoptionen um ein Versprechen: Der Inhaber erhält die Aussicht auf eine spätere Auszahlung, die sich am Wertzuwachs (oder auch Wertverlust) von (fiktiven) Unternehmensanteilen orientiert, jedoch ohne dass er tatsächlich Aktien oder Geschäftsanteile erwirbt. Er wird nur so gestellt, als ob er eine entsprechende Anzahl an Aktien oder Aktienoptionen des Unternehmens besitzen würde. Den Inhabern virtueller Anteile wird schuldrechtlich, also rein auf arbeits- oder dienstvertraglicher Basis, die Zahlung einer Summe entsprechend einer virtuellen Anteilsbeteiligung versprochen. „Virtuell" bedeutet also: Es findet keine reale, dingliche Übertragung von Aktien statt. Es existieren deshalb keine echten Kapitalbeteiligungen und keine „klassischen" Aktionärs-/Mitgliedschaftsrechte, also insbesondere keine Informations-, Teilhabe- oder Stimmrechte. Virtuelle Aktien haben keinen direkten Einfluss auf die Kapitalstruktur und die Zusammensetzung des Gesellschafterkreises.

Stattdessen gewähren virtuelle Aktienoptionen einen Geldzahlungsanspruch, welcher sich an der Differenz zwischen dem Aktienkurs bzw. Bezugswert im Zeitpunkt ihrer Zuteilung und dem Wert im Zeitpunkt ihrer Ausübung bemisst. Die Zahlung kann im Rahmen des VSOPs dabei an den Ablauf einer bestimmten Zeitdauer, etwa an die Gewinnausschüttung am Ende des Geschäftsjahres, oder an den Eintritt eines Ereignisses geknüpft werden, etwa die Beendigung des Anstellungsverhältnisses des Mitarbeiters oder den Verkauf der Gesellschaft.[204]

Bei virtuellen Aktienoptionen dominieren dabei zwei Gestaltungsformen: Stock Appreciation Rights und Phantom Stocks.

- **Stock Appreciation Rights** sind Wertsteigerungsrechte (virtuelle Optionen), die dem Begünstigten einen vertraglichen Zahlungsanspruch auf die Differenz zwischen dem Aktienkurs bei Gewährung der Rechte und dem Aktienkurs bei deren Ausübung (= Wert der Aktienkurssteigerung) einräumen. Vereinfacht gesprochen: Es wird festgelegt, was der Anteil zum Zeitpunkt der Zusage wert ist, und zum Zeitpunkt der Ausübung wird geprüft, was er dann wert ist. Die Differenz wird ausbezahlt.
- **Phantom Stocks** hingegen sind in der Regel als „vollwertige" schuldrechtliche Nachbildungen von Aktien ausgestaltet (virtuelle Aktien). Der Inhaber profitiert – im Unterschied zu Stock Appreciation Rights – nicht nur von der Wertsteigerung, sondern die virtuellen Aktien beinhalten auch eine Dividendenkomponente: Da hier fiktive Aktien gutgeschrieben werden, berücksichtigen sie regelmäßig auch die seit dem Zeitpunkt ihrer Gewährung ausgeschütteten Dividenden.[205] Gerade für Phantom Stocks bestehen eine Vielzahl von schuldrechtlichen Ausgestaltungsmöglichkeiten und (auch) keine Beschränkung auf die Rechtsform der Aktiengesellschaft, d. h., sie können z. B. auch in (mittelständischen) Unternehmen in der Rechtsform der GmbH zur Anwendung kommen.[206]

---

204 *Schniepp/Giesecke*, NZG 2017, 128.

205 *Fuchs/Edelmann*, in: MüKoAktG, § 192 Rn. 103.

206 *Westerburg*, in: Petersen/Zwirner, Handbuch Bilanzrecht, VI. Aktienoptionen und Phantom Stocks, Rn. 16.

II. Funktionsweise von VSOPs

VSOPs funktionieren im Grundkonzept stets nach dem gleichen Schema. Die maßgeblichen Begriffe sind dabei Zuteilung, Vesting, Verfall, Ausübung und Auszahlung.

1. Zuteilung

Ein VSOP beginnt mit der Zuteilung der virtuellen Aktienoptionen an den Mitarbeiter. Diese erfolgt durch die Gewährung eines Rechts auf zukünftige Zahlungen, die an die Kursentwicklung gekoppelt sind. Es handelt sich dabei um vertragliche Vereinbarungen zwischen dem Unternehmen und dem Mitarbeiter, welche z.B. im Rahmen von individuellen Zielvereinbarungen, einer Zusatzvereinbarung zum Arbeitsvertrag oder in Form einer separaten VSOP-Vereinbarung geschlossen werden. Die Anzahl der virtuellen Optionen kann das Unternehmen dabei natürlich völlig individuell auf Basis der Position, Leistung oder Betriebszugehörigkeit des Mitarbeiters festlegen. Sogar die Zuteilung selbst kann an bestimmte Bedingungen geknüpft werden, wie z.B. das Erreichen von Unternehmenszielen oder die Erfüllung einer Mindestzugehörigkeitsdauer.

2. Vesting (Erdienungszeitraum)

Bevor der Mitarbeiter seine virtuellen Aktienoptionen ausüben kann, müssen die virtuellen Aktien vor der Ausübung erdient worden sein. Dieser Vorgang wird häufig als „Vesting" bezeichnet. Der Vesting-Zeitraum ist die Zeitspanne, in der der Mitarbeiter das Recht auf die Optionen – in der Regel schrittweise – erwirbt. Während dieser Zeit können die Optionen nicht ausgeübt werden. Die virtuellen Aktienoptionen werden erst nach vorbestimmten Zeitabschnitten nach und nach unverfallbar.

In der Regel laufen Vesting-Perioden über einen Zeitraum von drei bis vier Jahren; gelegentlich sind auch sogenannte Cliff-Perioden vorgesehen. Das heißt, vor Ablauf einer „Wartezeit" (z.B. von einem Jahr) passiert noch gar nichts, erst danach beginnt sukzessive das Vesting.

3. Verfallsregelungen

Typischerweise unterliegen Rechte auf virtuelle Aktienoptionen nach den Programmbedingungen Verfallsregelungen. Diese sehen vor, dass die virtuellen Aktienoptionen (ersatzlos) verfallen, wenn der Mitarbeiter vor Eintritt bestimmter Ereignisse, wie dem Ablauf der Vesting-Perioden oder einem

Exit (dazu sogleich), aus dem Unternehmen ausscheidet. Dies kann beispielsweise bei einer Kündigung durch den Arbeitnehmer der Fall sein.

Auch bereits „gevestete“ Optionen können unter bestimmten Bedingungen verfallen, etwa bei einer außerordentlichen Kündigung durch den Arbeitgeber aus wichtigem Grund. In einem solchen Fall spricht man von einem sog. „Bad Leaver“-Event, in dem der Mitarbeiter seine Rechte an den virtuellen Aktienoptionen verliert. Dies dient dazu, das Unternehmen vor Schäden zu schützen und Fehlverhalten zu sanktionieren. Ein „Good Leaver“-Event, bei dem der Mitarbeiter das Unternehmen unter akzeptablen oder neutralen Umständen verlässt, lässt die bereits gevesteten virtuellen Aktienoptionen unberührt. Die nur eingeschränkte Zulässigkeit von „Bad Leaver“-Klauseln nach deutschem Recht[207] bringt viele internationale Konzerne dazu, entsprechende Programme ausländischem Recht zu unterwerfen, welches mehr Flexibilität bietet.

4. Ausübung und Auszahlung

Mit Ablauf der jeweiligen Vesting-Periode kommt es in der Regel noch (lange) nicht zur Auszahlung. Die Ausübung der virtuellen Aktienoptionen kann nur unter bestimmten Bedingungen erfolgen, die in der individuellen Vereinbarung als Ausübungsereignisse definiert werden. Zu solchen Ereignissen („Exit“) gehören z.B. ein Verkauf des Unternehmens oder ein Börsengang. Nach Ablauf des Vesting-Zeitraums hält der Arbeitnehmer mithin ausübbare virtuelle Aktienoptionen, die im Fall eines Ausübungsereignisses einen schuldrechtlichen Anspruch auf eine Beteiligung an der Wertsteigerung des Unternehmens verkörpern.

Erst beim Eintreten des Exit-Ereignisses greift der Mechanismus, bei dem die Differenz zwischen dem Wert zum Zeitpunkt der Zuteilung und dem aktuellen Wert berechnet wird. Die Auszahlung erfolgt bei VSOPs üblicherweise in bar (es erfolgt gerade keine Übertragung von realen Aktien).

III. Mitarbeiterbindung durch VSOPs

Bereits anhand der vorstehenden Ausführungen zu Natur und Funktionsweise von VSOPs dürfte bereits im Ansatz deutlich geworden sein, worin deren besondere Bindungswirkung besteht und welche Vorteile mit solchen Programmen einhergehen.

207 Jüngst BAG vom 19.3.2025 – 10 AZR 67/24, *juris*.

1. Anreiz zur langfristigen Bindung

Ein bedeutendes Charakteristikum von VSOPs ist, durch Vesting- und Cliff-Perioden langfristige Anreize zu setzen. Da die virtuellen Anteilsrechte erst nach Ablauf einer gewissen Zeit geltend gemacht bzw. ausgeübt werden können, besteht für den Mitarbeiter eine klare finanzielle Motivation, dem Unternehmen über einen längeren Zeitraum „treu zu bleiben", da er anderenfalls seine Ansprüche aus dem VSOP verlieren würde.

Hierbei kann es sich insbesondere anbieten, die Vesting-Perioden nicht-linear auszugestalten: Die Freigabe der virtuellen Aktienoptionen erfolgt dann nicht einfach gleichmäßig über den Zeitraum verteilt, sondern z. B. in ansteigenden Tranchen/Raten (z. B. 10 % im ersten Jahr, 20 % im zweiten Jahr, 30 % im dritten Jahr, 40 % im vierten Jahr) oder zunehmend schnelleren Abständen, sodass der größte Teil erst nach einer längeren Verweildauer unverfallbar wird.

Wer früher ausscheidet, verliert also einen beträchtlichen Anteil der potenziellen Beteiligung. Im Gegensatz zu kurzfristigen variablen Vergütungsmodellen[208] in Form von Boni, die sich typischerweise an Jahreszielen orientieren, fördern VSOPs damit eine langfristige Perspektive für den einzelnen Mitarbeiter und können somit die Mitarbeiterfluktuation reduzieren.

2. Teilhabe am Unternehmenserfolg

Der (mit) wichtigste Aspekt eines VSOP besteht jedoch darin, dass die virtuellen Aktienoptionen den wirtschaftlichen Erfolg des Unternehmens widerspiegeln. Die beteiligten Mitarbeiter partizipieren damit direkt am Unternehmenswert. Sie werden gewissermaßen zu „Mitunternehmern", auch wenn sie keine echten Gesellschaftsanteile innehaben. Dieses Gefühl der Teilhabe kann die Identifikation mit dem Unternehmen und die Mitarbeitermotivation steigern. Der einzelne Mitarbeiter erlebt, dass sein eigener Beitrag den Unternehmenserfolg und in der Folge auch seinen persönlichen finanziellen Vorteil erhöht.

Virtuelle Anteile können den begünstigten Mitarbeiter z. B. stärker an die Gesellschaft binden als etwa reine Erfolgsbeteiligungen. Eine Erfolgsbeteiligung wird nämlich regelmäßig nach dem in der Handels- oder Steuerbilanz ausgewiesenen Gewinn, dem Umsatz oder der Wertschöpfung sowie nach weiteren Wirtschaftlichkeitsfaktoren wie etwa der Produktionsmenge, den Produktivitätssteigerungen oder den Kosteneinsparungen berechnet.[209] Eine

208 Zum Einsatz von langfristigen und kurzfristigen Vergütungskomponenten → Teil 1, Kap. 2.3 (*Seker*).

209 *Schanz*, NZA 2000, 626, 627; *Schniepp/Giesecke*, NZG 2017, 128.

Berücksichtigung des Werts des Unternehmens lässt sich hier in der Praxis nicht umsetzen; demgegenüber wird bei virtuellen Aktienoptionen der Zahlungsanspruch des begünstigten Mitarbeiters an den Unternehmenswert insgesamt geknüpft und nicht nur an einen einzelnen Faktor.[210]

3. Identifikation mit Unternehmenszielen

Je nach Ausgestaltung des VSOP kann das vorstehend genannte Gefühl, Mitunternehmer der Gesellschaft zu sein, auch eine Identifikation der Mitarbeiter mit den Unternehmenszielen bewirken. Wenn ein VSOP z. B. auch ESG-Kriterien beinhaltet, wird der langfristige Unternehmenserfolg nicht nur finanziell, sondern auch gesellschaftlich und ökologisch definiert. So übernehmen die Mitarbeiter gemeinsam mit dem Arbeitgeber Verantwortung für eine nachhaltige Unternehmensstrategie. Diese Bindung kann sich ebenfalls positiv auf Motivation und Loyalität auswirken.

4. Psychologischer Effekt und Signalwirkung

Mit der Gewährung von virtuellen Aktienoptionen geht auch ein starkes Signal einher: Begleitet von einer guten Unternehmenskommunikation zeigt es den Mitarbeitern, dass das Unternehmen an eine langfristige Zusammenarbeit glaubt und sie als wichtigen Teil des Teams betrachtet. Die Aussicht, am zukünftigen Unternehmenserfolg beteiligt zu werden, kann den Einsatz nachhaltig stärken. Auch nach außen – z. B. gegenüber Investoren – signalisiert ein sorgfältig aufgesetztes VSOP, dass der Arbeitgeber eine Kultur der Teilhabe pflegt.

5. Geringere Liquiditätsbelastung für Unternehmen

Ein wirtschaftlicher Vorteil von VSOPs besteht außerdem nicht zuletzt darin, dass ein solches Programm für das Unternehmen keine unmittelbaren Liquiditätsabflüsse verursacht. Im Gegensatz zu klassischen (variablen) Vergütungszahlungen entstehen die Kosten für die Gesellschaft erst zu dem Zeitpunkt, an dem die Mitarbeiter ihre virtuellen Aktienoptionen ausüben können, da das Exit-Ereignis (z. B. Verkauf oder Börsengang) eingetreten ist. Das Exit-Ereignis geht typischerweise zwangsläufig damit einher, dass die finanzielle Belastung in einer Phase anfällt, in der das Unternehmen ohnehin über höhere Liquidität verfügt.

Anders als bei echten Mitarbeiterbeteiligungen (sog. „Employee Stock Ownership Plan“) kommt es bei VSOPs nicht zu einer Dry-Income-Besteue-

---

210 *Schniepp/Giesecke*, NZG 2017, 128.

rung, da bei Erwerb der jeweiligen virtuellen Anteile keine Steuern anfallen. Andererseits findet die steuerliche Begünstigung nach § 19a EstG auf VSOPs keine Anwendung. Das hat zur Folge, dass zwar bis zur tatsächlichen Auszahlung eine Steuerpflicht entsteht, aber im Falle der Auszahlung der zugesagten Erlösbeteiligung dieser Betrag in voller Höhe der Arbeitslohnbesteuerung nach § 19 EStG und nicht dem günstigeren Steuerregime der Kapitalertragsbesteuerung unterliegt.[211]

Dennoch sind VSOPs weiterhin nicht nur für große internationale Konzerne, sondern auch für junge Unternehmen und Start-Ups interessant: Sie können trotz begrenzter finanzieller Ressourcen Mitarbeiter gewinnen und halten, ohne die knappe Liquidität in der Anfangsphase übermäßig zu belasten. Vor allem in der Konstellation, in der das Start-Up durch Venture-Capital-Gesellschaften finanziert wird und es um schnelle Wertsteigerung und Veräußerung der Beteiligung geht, kann damit geworben werden, dass der Mitarbeiter mittels eines VSOP in absehbarer Zeit dafür am potenziellen Verkaufserlös profitieren kann.[212]

IV. Rechtliche Herausforderungen

Bei allen Vorteilen und Gestaltungsspielräumen, welche VSOPs grundsätzlich bieten, unterliegen diese (selbstverständlich) rechtlichen Anforderungen und Vorgaben. Da gesetzliche Vorgaben, welche sich explizit auf solche Mitarbeiterbeteiligungsprogramme beziehen, nicht existieren, werden die rechtlichen Rahmenbedingungen (wie so häufig im Arbeitsrecht) vom BAG definiert. Dabei hat die höchstrichterliche Rechtsprechung in letzter Zeit deutlich zugenommen, angesichts zunehmender Popularität von virtuellen Aktienoptionen als Mitarbeiterbeteiligungsprogramm.

Der arbeitsrechtliche Schwerpunkt spielt sich dabei (bislang) im Wesentlichen im Rahmen der §§ 305 ff. BGB ab: Da in der Regel bei der Vereinbarung von VSOPs auf vorformulierte Vertragsbedingungen zurückgegriffen wird, fallen sie (als Allgemeine Geschäftsbedingungen, AGB) unter den Prüfungsmaßstab der AGB-Kontrolle. Neben Transparenzvorgaben, welche sich insbesondere auf die Bestimmbarkeit der Bezugsgrößen und Ausübungsbedingungen beziehen, steht in letzter Zeit die Zulässigkeit von Verfallsregelungen im Mittelpunkt höchstrichterlicher Rechtsprechung. Es geht hierbei um die Frage, unter welchen Voraussetzungen virtuelle Aktienoptionsrechte (vollständig oder teilweise) ersatzlos verfallen können, wenn das Arbeitsverhältnis mit dem Mitarbeiter beendet wurde.

---

211 *Schwarz/Zerbst*, NZG 2025, 784.
212 *Weitnauer*, GWR 2022, 39.

Während das BAG in dieser Frage in der Vergangenheit eine eher arbeitgeberfreundliche Auffassung vertreten hatte, wonach Verfallklauseln in Bezug auf Aktienoptionen grundsätzlich zulässig seien,[213] entschied es kürzlich, dass bereits gevestete virtuelle Aktienoptionen – auch wenn sie nicht ausgeübt wurden – mit Beendigung des Arbeitsverhältnisses nicht mehr automatisch und unterschiedslos verfallen dürfen.[214] Soweit virtuelle Aktienoptionen (auch) Entgeltcharakter haben, können bereits erdiente virtuelle Optionen zukünftig nicht unterschiedslos wieder entzogen werden, auch nicht im Falle einer vom Arbeitnehmer veranlassten Beendigung des Arbeitsverhältnisses.

Ungeachtet dessen, dass mit der Entscheidung die Anreizfunktion des VSOP etwas geschwächt wurde, da Mitarbeiter auch bei vorzeitigem Ausscheiden aus dem Arbeitsverhältnis einen (Teil-)Anspruch aus dem Programm behalten, zeigt die Entscheidung, dass VSOPs vor allem so ausgestaltet werden müssen, dass sie dem Arbeitnehmer nicht die Kündigung unangemessen erschweren oder erbrachte Arbeitsleistung nur unzureichend berücksichtigen. Arbeitgeber müssen bei der Erstellung (und Überarbeitung) ihrer Programme daher zunehmend besonders drauf achten, die tatsächlichen Retention-Effekte mit den rechtlichen Anforderungen sachgemäß auszutarieren.

V. Best Practices

Um die Vorteile von virtuellen Aktienoptionen als Retention-Instrument optimal zu nutzen und rechtlichen wie organisatorischen Herausforderungen souverän zu begegnen, sind sorgfältig ausgearbeitete Programme nach alledem unerlässlich. Zentral zu empfehlen ist vor allem die Berücksichtigung folgender Punkte:

- **Klarheit und Fairness**: Unternehmen sollten sicherstellen, dass VSOP-Regelungen transparent und nachvollziehbar sind. Die Verwendung englischer Fachbegriffe wie „vested“ oder „forfeited“ ist zulässig, wenn die Regelungen für die betroffenen Mitarbeiter hinreichend verständlich sind.
- **Compliance sicherstellen**: Arbeitgeber sind gut beraten, ihre VSOPs regelmäßig auf ihre rechtlichen Anforderungen hin zu überprüfen, insbesondere im Hinblick auf das Arbeits- und Steuerrecht.
- **ESG-Ziele definieren**: Unternehmen können VSOPs als Vehikel zur Förderung von Nachhaltigkeit nutzen. Wichtig ist jedoch, dass diese hinrei-

213 BAG, 28.10.2008 – 10 AZR 351/07, NZA 2008, 1066.
214 BAG, 19.3.2025 – 10 AZR 67/24, NZA 2025, 927.

chend bestimmt sind – „weiche“ Voraussetzungen sollten vermieden werden.

- **Kommunikation stärken**: Ein wichtiger Punkt für die Mitarbeiterbindung ist eine gute Kommunikation. Dazu gehört auch die aktive Förderung des Verständnisses der Mitarbeiter für das VSOP – insbesondere bei ESG-Koppelungen.
- **Flexibilität einplanen**: Marktbedingungen und ESG-Ziele ändern sich. VSOPs sollten daher – im Rahmen des rechtlich zulässigen – anpassbar ausgestaltet sein.

Auf dieser Grundlage können VSOPs einen echten Mehrwert für die Incentivierung der Arbeitnehmer bieten und Unternehmen bei einer nachhaltigen Personalpolitik erheblich unterstützen.

VI. Fazit

Modelle zur Zuteilung von virtuellen Aktienoptionen können ein effektives Mittel zur Mitarbeiterbindung darstellen, das gleichzeitig ESG-Ziele unterstützen kann. Mit VSOPs kann der einzelne Mitarbeiter in das Unternehmen eingebunden werden und sich damit „am Puls der Unternehmensentwicklung“ bewegen. VSOPs eignen sich deshalb besonders als Retention-Instrument, weil sie nicht lediglich die Ebene „Motivation durch Geld“ bedienen, sondern – mit der richtigen, individuell auf das Unternehmen zugeschnittenen Ausrichtung des VSOP – eine echte Identifikations- und Beteiligungsfunktion erfüllen können. Bei aller Gestaltungsfreiheit, die mit VSOPs einhergeht, sind dringend die rechtlichen Rahmenbedingungen zu beachten, welche sich aufgrund der zunehmenden praktischen Relevanz von VSOPs äußerst dynamisch fortentwickeln.

5. Gesunde Arbeit als Erfolgsfaktor!

Tim Klingmann, Isabella Uenning und Bastian Schmidtbleicher-Lück

I. Gesunde Arbeit als strategischer Hebel für soziale Nachhaltigkeit

Das Betriebliche Gesundheitsmanagement (BGM) und die dahinterliegende ganzheitliche Betrachtung als Gesunde Arbeit ist weit mehr als ein Zusatzangebot im modernen Unternehmen – es ist der strategische Schlüssel für soziale Nachhaltigkeit in der "own workforce" und die personalbedingte Wertschöpfung eines Unternehmens. Gesunde Arbeit betrachtet Strukturen, Prozesse, Führung und Mitarbeiter als integriertes System, quantifiziert deren betriebswirtschaftliche Wirkung und verankert gesundheitliche Gestaltung von Arbeit als Wertschöpfungsfaktor des Unternehmens.

Die zentrale Social-Säule der ESG-Kriterien wird von Gesunder Arbeit adressiert und nimmt bei genauerer Betrachtung der Vorgaben zur Offenlegung aller wesentlichen Auswirkungen, Risiken und Chancen im Rahmen der CSRD und ESRS eine bedeutendere Stellung ein als häufig angenommen. Ein häufiger Fehler ist die Verengung des Themas Gesundheit auf ESRS S1-14 (Workforce Health & Safety), demgegenüber die zukünftigen Ausblicke zu demografischem Wandel, Fachkräftemangel, Produktivitätsdruck und der rasanten Zunahme von Fehlzeiten stehen. Diese Zukunftsrisiken haben allesamt in der doppelten Wesentlichkeit bei nahezu jedem Unternehmen eine hohe Eintrittswahrscheinlichkeit mit einem gleichzeitig hohen Impact, währenddessen die konsequente Bearbeitung dieser Herausforderungen mittels Gesunder Arbeit die Risiken reduziert und die Chancen drastisch erhöht. Demnach sind für die Betrachtung und Maßnahmenableitung ebenfalls zu S1-14 zumindest S1-3, S1-4 und S1-5 der ESRS mit einzubeziehen.[215] Das vorgelagerte Instrument der doppelten Wesentlichkeit kann hier als starkes Managementtool für die Bewertung von Chancen und Risiken gesehen werden, unabhängig einer gesetzlichen Verpflichtung.

Der demografische Wandel und der daraus resultierende Fachkräftemangel sind zentrale Herausforderungen der nächsten Jahrzehnte. Bereits bis 2035 könnten dem deutschen Arbeitsmarkt bis zu 7 Millionen Erwerbspersonen

215 Delegierte Verordnung (EU) 2023/2772 der Kommission vom 31.7.2023, https://eur-lex.europa.eu/legal-content/EN/TXT/?uri=CELEX%3A02023R2772-20231222 (abgerufen am 29.8.2025).

fehlen,[216] gleichzeitig belaufen sich die Bruttowertschöpfungsverluste durch Arbeitsunfähigkeiten auf geschätzte 221 Milliarden EUR p. a.[217]

Gesunde Arbeit ist hier der Hebel, um die Produktivität älter werdender Belegschaften zu sichern, die Arbeitsfähigkeit zu erhalten und qualifizierte Mitarbeiter langfristig zu binden und damit ein entscheidender Faktor für Retention und Arbeitgeberattraktivität. Jeglicher Wesentlichkeitsbetrachtung sollte daher sowohl für Risiken wie Chancen bewusst sein: Wertschöpfung entsteht durch Mitarbeiter und Menschen! Das entscheidende Instrument hierfür ist die Gestaltung Gesunder Arbeit mit dem Ziel einer langfristigen Bindung (Retention).

Retention – die langfristige Bindung und daraus resultierende Entwicklung der Beschäftigten – ist die zentrale Aufgabe der kommenden Jahre. Sie reduziert nicht nur Risiken (wie Know-how-Verlust, hohe Rekrutierungskosten und Produktivitätsverluste), sondern erschließt vor allem Chancen. Die Transformation zur wissensbasierten, globalen Ökonomie gelingt nur, wenn Unternehmen Mitarbeiter nachhaltig an sich binden.

Das Vorgehen nach CSRD und ESRS, aber vor allem die gesellschaftlichen und wirtschaftlichen Entwicklungen der kommenden Dekaden, führen zu einem klaren Befund: Gesunde Arbeit ist nicht verhandelbar.

II. Gesunde Arbeit & Retention: Evidenzbasierte Zusammenhänge

Der Zusammenhang zwischen Gesunder Arbeit und der Mitarbeiterbindung wird seit mehreren Jahrzehnten intensiv erforscht – nicht zuletzt, weil Entscheiderinnen und Entscheider hierin den zentralen Nutzen von Maßnahmen Gesunder Arbeit sehen. Einer großen Umfrage aus dem Jahr 2020 zufolge glauben 96 % der befragten US-amerikanischen Führungskräfte, dass ein angenehmeres Arbeitsumfeld die Mitarbeiterbindung erleichtert.[218] Diese erhöhte Bindung wirkt sich auch finanziell aus: Laut Gallup Engagement Index fehlen hoch emotional gebundene Mitarbeiter im Durchschnitt 2,9 Arbeitstage pro Jahr weniger als Mitarbeiter ohne emotionale Bindung.[219]

---

216 Institut für Arbeitsmarkt- und Berufsforschung (IAB), IAB-Kurzbericht 25/2021, S. 1, https://doku.iab.de/kurzber/2021/kb2021-25.pdf (abgerufen am 29.8.2025).

217 Bundesanstalt für Arbeitsschutz und Arbeitsmedizin (BAuA), Arbeitswelt im Wandel – Zahlen, Daten, Fakten 2025, S. 49, https://www.baua.de/DE/Angebote/Publikationen/Praxis/A117 (abgerufen am 29.8.2025).

218 Indeed, Harvard Business Review v. 28.6.2020, S. 4, https://hbr.org/resources/pdfs/comm/workplacewellbeing.pdf (abgerufen am 29.8.2025).

219 Gallup Engagement Index Deutschland 2024, S. 4–5, https://www.gallup.com/de/472028/bericht-zum-engagement-index-deutschland.aspx (abgerufen am 29.8.2025).

Auch eine groß angelegte Studie des Wellbeing Research Center zum Zusammenhang zwischen Workplace Wellbeing und Unternehmensperformance aus dem Jahr 2023 identifizierte die Stärkung der Mitarbeiterbindung als einen der wichtigsten Hebel, über den das Mitarbeiterwohlbefinden zu höherer Performance im Unternehmen beitragen kann.[220]

Viele Studien belegen mittlerweile zudem den positiven Zusammenhang zwischen Gesunder Arbeit und der Stärkung der Mitarbeiterbindung. So zeigen bspw. separate Längsschnittstudien auf Basis deutscher Daten aus den Jahren 1985 bis 2003, dass Beschäftigte mit hoher Arbeitszufriedenheit signifikant seltener kündigten als weniger zufriedene Kolleginnen und Kollegen.[221] Aktuelle Forschungsergebnisse von George Ward auf Basis von Erhebungen des Jobportals Indeed zeigen, dass Unternehmen mit höheren Werten in allen vier Komponenten des Workplace Wellbeing (Satisfaction, Purpose, Happiness, Stress) niedrigere freiwillige Turnover-Raten aufzeigen.[222]

Trotz dieser umfassenden und robusten Studienlage bleiben substanzielle Investitionen in Gesunde Arbeit in Deutschland bislang weitgehend aus. Laut der aktuellen whatsnext-Studie verfügen über 50 % der befragten Unternehmen nur über ein Gesundheits-Jahresbudget von weniger als 10.000 EUR.[223] Gleichzeitig erreichte der Anteil hoch emotional gebundener Mitarbeiter im Jahr 2024 mit lediglich 9 % einen historischen Tiefstand.[224] Dies verweist auf eine verbreitete Umsetzungslücke: Während die positive Wirkung gesunder Arbeitsbedingungen auf Mitarbeiterbindung und Unternehmensperformance wissenschaftlich gut dokumentiert ist, fehlt es in der Praxis oft an der systematischen Verankerung entsprechender Strategien und folglich auch an Wirksamkeit. Ein wichtiger Grund hierfür: Die wissenschaftlichen Erkenntnisse sind in der Unternehmenspraxis oft abstrakt. Außerdem werden bestehende Lösungsansätze nicht ausreichend eingesetzt.

So bleibt ein mögliches Instrument wie die Gefährdungsbeurteilung psychischer Belastungen trotz der rechtlichen Verpflichtung gemäß § 5 Arbeitsschutzgesetz (ArbSchG) häufig ungenutzt. 2025 gaben nur 52 % der Unternehmen an, diese durchzuführen.[225] Dabei liefert diese Analyse wertvolle

220 *De Neve/Kaats/Ward*, University of Oxford Wellbeing Research Centre Working Paper 2024, 2304, S. 27.

221 *Levy-Garboua/Montmarquette/Simonnet*, Labour Economics 2007, 14, 251–268, S. 24.

222 *De Neve/Ward*, Harvard Business Press 2025, S. 186.

223 IFBG GmbH/Techniker Krankenkasse (TK)/Personalmagazin, #whatsnext 2025 – Gesund arbeiten in herausfordernden Zeiten, S. 14.

224 Gallup Engagement Index Deutschland 2024 (Fn. 220), S. 4–5.

225 IFBG GmbH/Techniker Krankenkasse (TK)/Personalmagazin, #whatsnext 2025 – Gesund arbeiten in herausfordernden Zeiten, S. 25.

Erkenntnisse zu den drei zentralen Bindungselementen. Besonders das verpflichtende Handlungsfeld „soziale Beziehungen“ mit Themen wie fehlendes Feedback und Anerkennung durch Vorgesetzte, mangelnder sozialer Austausch sowie destruktives Verhalten, ermöglichen eine fundierte Einschätzung des Risikopotenzials im Unternehmen.[226]

Neben der gezielten Nutzung bestehender Instrumente und der Nutzung der daraus entstehenden Daten, braucht es ein klares Verständnis darüber, wie Gesunde Arbeit konkret auf Bindungsprozesse wirkt.[227] Nur so lassen sich wissenschaftliche Erkenntnisse in wirksames Handeln überführen. Hier setzen sogenannte Wirkungs- bzw. Treiberketten an: Sie machen sichtbar, auf welchen Ebenen Gesunde Arbeit die Mitarbeiterbindung stärkt, etwa durch die Qualität der Führung, durch erlebten Teamzusammenhalt oder durch die kulturelle Passung zum Unternehmen.

Aus diesen Wirkungs- bzw. Treiberketten lassen sich für Unternehmen konkrete und vor allem individuelle Ansatzpunkte ableiten, die gezielt bearbeitet werden können. Diese Ansatzpunkte ergeben sich typischerweise aus einer klassischen Gap-Analyse, d. h. überall dort, wo das Unternehmen Bindungstreiber oder Wirkmechanismen noch nicht oder nicht ausreichend für sich nutzt.

Um die identifizierten Ansatzpunkte systematisch zu bearbeiten, können in der Folge sogenannte Wegstrecken hilfreich sein. Sie beschreiben die erforderlichen Handlungsschritte, um einen spezifischen Ansatzpunkt effektiv zu entwickeln oder zu verbessern. Für die Operationalisierung der Wegstrecken hat sich in vielen Kundenprojekten das SQM-Modell etabliert.[228] Es bietet eine praxisnahe Handlungslogik zur wirksamen Gestaltung von Gesundheitsprojekten in Unternehmen. Das SQM-Modell basiert auf verhaltenswissenschaftlichen Erkenntnissen und beschreibt drei zentrale Wirkphasen: **S**ensibilisierung, **Q**ualifizierung und **M**otivation. Zu Beginn steht die Sensibilisierung der Mitarbeiter. Sie schafft Bewusstsein für gesundheitsrelevante Themen und hilft, individuelle Herausforderungen zu erkennen. Darauf aufbauend folgt die Qualifizierung, deren Ziel die Vermittlung von Wissen, Kompetenzen und die Stärkung der Selbstwirksamkeit ist. Erst wenn Beschäftigte sich als handlungsfähig im eigenen Sinne und aus der eigenen Kompetenz heraus erleben, kann nachhaltige Veränderung entstehen. Die anschließende Phase der Motivation sorgt schließlich dafür, dass das Erlern-

---

226 GDA-Arbeitsprogramm Psyche des Bundesministeriums für Arbeit und Soziales, Arbeitsschutz in der Praxis – Berücksichtigung psychischer Belastung in der Gefährdungsbeurteilung – Empfehlungen zur Umsetzung in der betrieblichen Praxis, 2022, S. 16.

227 *Meyer-Tischler/Faltermeier*, Psychologische Sicherheit, S. 28.

228 MOOVE GmbH, Whitepaper zum SQM-Modell, https://www.my-moove.de/projekte/ (abgerufen am 29.8.2025).

te im Alltag nachhaltig verankert wird – etwa durch soziale Anreize, kontinuierliche Impulse und regelmäßige Reflexion. So wird aus punktuellen Maßnahmen ein wirkungsvoller Prozess mit langfristigem Effekt.

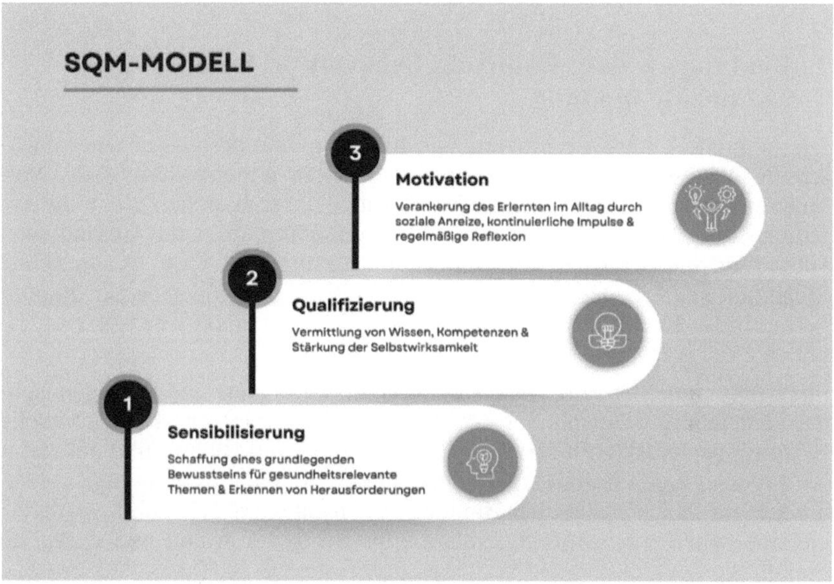

Abbildung 1: SQM-Modell (eigene Darstellung nach MOOVE GmbH, 2025)

Der Einsatz des SQM-Modells führt also zu verbesserten Wegstrecken, die wiederum als Handlungsableitung für die Wirkungs- und Treiberketten dienen und eine strukturierte Bearbeitung von Analyseergebnissen überhaupt erst ermöglichen.

III. Wirkungs -und Treiberketten der Mitarbeiterbindung im Kontext Gesunder Arbeit

Das Hauptziel von Wirkungs- und Treiberketten besteht darin, Komplexität zu reduzieren und in der Praxis konkrete Ansatzpunkte für gezielte Interventionen zu identifizieren. Ein erster Schritt dabei ist, ein komplexes Konstrukt – wie in unserem Fall die Mitarbeiterbindung – in seine theoriebasierten Bestandteile zu zerlegen. Eine zentrale Frage lautet daher: Aus welchen Elementen setzt sich Mitarbeiterbindung zusammen?

Mitarbeiterbindung entsteht nicht zufällig. Sie ist das Ergebnis gezielter Erfahrungen, individueller Wahrnehmungen und subjektiver Bewertungen durch die Mitarbeiter. Wer gezielt an dieser Bindung arbeiten möchte, muss die zugrunde liegenden Bindungsebenen differenziert verstehen.

1. Bindungsebenen: Rationale, behaviorale, normative und emotionale Bindung

Die rationale Mitarbeiterbindung beruht vereinfacht gesagt auf einer nüchternen Kosten-Nutzen-Abwägung des Beschäftigungsverhältnisses. Mitarbeiter vergleichen den Aufwand und Nutzen ihrer aktuellen Stelle mit externen Alternativen. Bindung entsteht hier vor allem, wenn das Gesamtpaket stimmt: wettbewerbsfähige Vergütung, Zusatzleistungen (sog. Benefits) und Sicherheit des Arbeitsplatzes. Dabei können auch gesunde Arbeitsbedingungen in diese Rechnung miteinfließen, da sie den persönlichen Nutzen erhöhen.

Die behaviorale Bindung basiert weniger auf rationalen Überlegungen, sondern entsteht aus Gewohnheit und Routine. Sie wird daher auch habituelle Bindung genannt. Kollegiales Umfeld, eingespielte Abläufe und ein stabiler Arbeitsalltag schaffen eine Komfortzone, die man ungern aufgibt. Mitarbeiter mit hoher habitueller Bindung gelten daher als „Gewohnheitstiere", sie sind selten wechselwillig, solange ihr Umfeld konstant und erträglich bleibt.

Die normative Mitarbeiterbindung basiert auf dem Gefühl der Verpflichtung und Loyalität gegenüber dem Arbeitgeber. Hier spielen wertebasierte Bindungen und moralische Vorstellungen eine wichtige Rolle. Mitarbeiter bleiben, weil sie das Gefühl haben, es sei „das Richtige", dem Unternehmen treu zu sein. Dieses Pflichtgefühl kann entstehen, wenn der Arbeitgeber sichtbar außergewöhnlich viel in die Mitarbeiter investiert hat (z.B. hochwertige Weiterbildungen) oder in schwierigen Zeiten zur Seite stand. Auch eine wertebasierte Unternehmenskultur, die die eigenen Überzeugungen teilt, stärkt normative Loyalität.

Den Schlüssel zur nachhaltigen Bindung und Leistung und daher einen zentralen Bindungsaspekt im Kontext Gesunder Arbeit stellt die emotionale (affektive) Bindung dar. Sie beschreibt das Gefühl innerer Verbundenheit, Identifikation und Begeisterung für den Arbeitgeber. Emotional gebundene Mitarbeiter wollen beim Unternehmen bleiben, nicht weil sie müssen oder sollen, sondern weil sie sich dort zugehörig und wertgeschätzt fühlen. Diese emotionale Verbundenheit lässt sich wiederum in drei zentrale Bindungsbezüge unterteilen, die jeweils spezifisch angesprochen und durch Gesunde Arbeit gezielt beeinflusst werden können.[229]

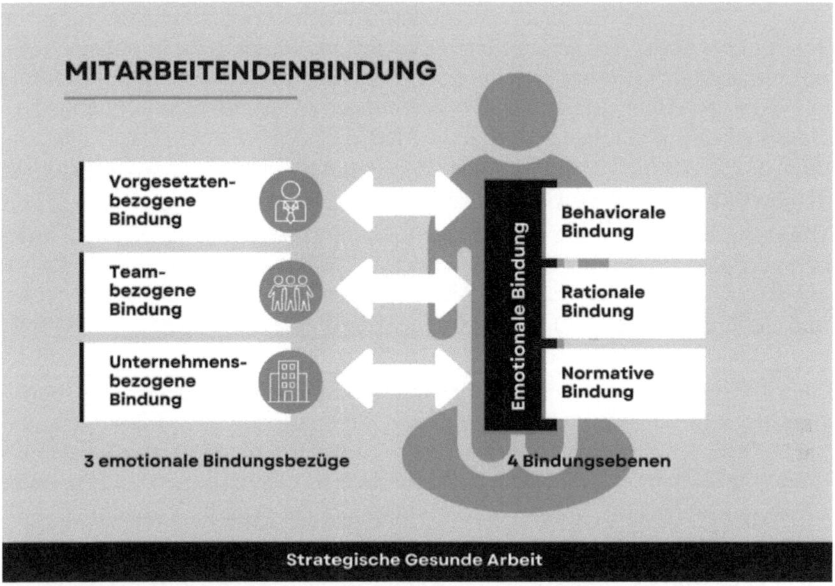

Abbildung 2: Einflussgrößen von Mitarbeiterbindung (eigene Darstellung).

In der Betrachtung von Effektstärken der einzelnen Bindungsebenen ist zu beachten, dass Emotionen die Effektstärke von logischen/rationalen Argumenten und den davon betroffenen Bindungsebenen überlagern können. Es gilt daher einen spezifischen Fokus auf die emotionale Bindung von Mitarbeitern zu legen.[230]

2. Die drei emotionalen Bindungsbezüge im Unternehmen

Die Bindung zur direkten Führungskraft (Vorgesetztenbezogene Mitarbeiterbindung) gilt als einer der stärksten Einzelprädiktoren für emotionale Mitarbeiterbindung.[231] Gesunde Arbeit wirkt hier als Beziehungsstifter: Ein gesundheitsorientierter Führungsstil, geprägt von realistischen Zielvorgaben, transparenter Kommunikation, aktiver Unterstützung und achtsamer Belastungssteuerung, signalisiert Fürsorge und baut Vertrauen auf.

229 *Wolf,* Mitarbeiterbindung – Strategie und Umsetzung im Unternehmen, S. 51 ff.
230 Hays, HR-Report 2023, S. 27, https://www.hays.de/documents/10192/118775/hays-hr-report-2023-de.pdf (abgerufen am 29.8.2025).
231 Gallup Engagement Index Deutschland 2024 (Fn. 220), S. 41.

Ein weiteres zentrales Feld emotionaler Bindung ist die soziale Integration im Team (Teambezogene Mitarbeiterbindung). Menschen, die sich mit ihrem Team verbunden fühlen, bleiben häufiger und zeigen mehr Engagement. Auch das Konzept der psychologischen Sicherheit, also der Erfahrung, im Team ohne Angst vor Ablehnung sprechen und handeln zu können, ist eng mit emotionaler Bindung verknüpft. Gesunde Arbeit fördert Teambindung auf mehreren Ebenen: etwa durch gemeinsame Gesundheitsaktionen, partizipative Formate (z. B. Gesundheitszirkel), Maßnahmen zur Teamstärkung oder durch räumlich-ergonomische Bedingungen, die Austausch begünstigen (z. B. gesund gestaltete Sozialzonen).

Die dritte Dimension der emotionalen Bindung bezieht sich auf das Unternehmen als Ganzes: auf dessen Kultur, Leitbild, Werte und gesellschaftliche Rolle. Mitarbeiter, die sich mit dem Unternehmenszweck identifizieren und Stolz empfinden, Teil dieser Organisation zu sein, entwickeln eine tiefe emotionale Verbundenheit.

Gerade Gesunde Arbeit bietet hier eine wirkungsvolle Plattform zur Identifikation. Unternehmen, die Gesundheit, Nachhaltigkeit und Fürsorge sichtbar in ihrer Kultur und Kommunikation verankern, sprechen die Werte moderner Mitarbeiter direkt an – insbesondere in Generationen und Milieus, die Sinnorientierung, Vereinbarkeit und mentale Gesundheit zunehmend als Standard betrachten.

Zusätzlich zu den drei genannten Bindungsbezügen wird in der Literatur auch die emotionale Bindung an den Arbeitsinhalt beschrieben (Aufgabenbezogene Mitarbeiterbindung). Da sie sich jedoch funktional und motivational von den anderen Formen unterscheidet, rücken wir sie im Kontext sozial nachhaltiger Retention nicht in den Fokus.[232]

IV. Wirkungsketten und Wegstrecken von Gesunder Arbeit für verbesserte Retention bei Mitarbeitern

Entlang spezifischer Wirkungsketten und Wegstrecken zeigen wir nun Möglichkeiten auf, wie Gesunde Arbeit zur emotionalen Bindung von Mitarbeitern beitragen kann. Es werden Praxisbeispiele für die drei Dimensionen Vorgesetztenbindung, Teambindung und Unternehmensbindung gegeben. Hierbei wird sowohl auf das „Warum“ – also die zugrunde liegenden Wirkmechanismen – als auch auf das „Wie“ – die konkreten Maßnahmen zu Gesunder Arbeit – eingegangen.

232 *Wolf*, Mitarbeiterbindung – Strategie und Umsetzung im Unternehmen, S. 51 ff.

Alle dargestellten Wirkungsketten und Wegstrecken haben eine gemeinsame methodische Grundlage: die fünf Erfolgsfaktoren für Gesunde Arbeit: Strategie, Prozess, Zielgruppe, Kennzahlen und System.[233]

Diese Erfolgsfaktoren stellen sicher, dass Maßnahmen der Gesunden Arbeit strategisch eingebettet und nachhaltig wirksam sind. Gesunde Arbeit ist erst dann wirksam, wenn sie aus der Unternehmensstrategie abgeleitet ist, ein Fokus auf die Integration von gesunder Arbeit in die Prozesse und Arbeitsabläufe gelegt wird und diese Integrationen zielgruppenspezifisch und bedarfsorientiert ausgerichtet sind. Die soziale Nachhaltigkeit wird gefördert, indem ein valides Kennzahlensystem die Erfolge misst, betriebswirtschaftlich bewertet und zudem sicherstellt, dass es ausgeprägte Strukturen und Systeme für Gesunde Arbeit in allen Unternehmensbereichen gibt.

1. Vorgesetztenbindung – ein Haupttreiber für emotionale Bindung

Die emotionale Bindung zur direkten Führungskraft ist ein zentraler Wirkfaktor im Rahmen Gesunder Arbeit und gilt als einer der stärksten Einzelprädiktoren für Mitarbeiterbindung.[234] Eine gesunde und nachhaltig orientierte Führung beeinflusst maßgeblich die zentralen Bindungstreiber wie Vertrauen, Sicherheit, Anerkennung und Mitgestaltung.

Vertrauen bildet die Grundlage einer sozial nachhaltigen Führungspraxis und erfüllt grundlegende psychologische Bedürfnisse der Mitarbeiter. Vertrauen wird insbesondere durch Transparenz, Authentizität und Verlässlichkeit seitens der Führungskräfte geschaffen.

Gute Praxis für Führungskräfte bedeutet hier eine offene Kommunikationskultur zu etablieren, die nicht nur den Dialog fördert, sondern auch Barrieren abbaut. Die besten Erfolge werden erzielt, indem jede Stimme im Team gehört wird, auch die von zurückhaltenderen Teammitgliedern. Wertschätzung für alle Beiträge, auch für kritische oder unkonventionelle Ideen, ist eine Voraussetzung für ein respektvolles und wertschätzendes Arbeitsumfeld, in dem sich alle Mitarbeiter sicher und ernst genommen fühlen.[235]

Sicherheit kann durch die Etablierung einer positiven Fehlerkultur erreicht werden. Führungskräfte sollten Fehler nicht als Schwächen betrachten, sondern als Lernchancen begreifen. In einem Umfeld, in dem Fehler offen angesprochen werden können, ohne Angst vor negativen Konsequenzen, entsteht Raum für Innovation und Kreativität. Mitarbeiter fühlen sich ermutigt,

233 MOOVE GmbH, Whitepaper Modell der 5 Erfolgsfaktoren, https://www.my-moove.de/beratung/ (abgerufen am 29.8.2025).

234 Gallup Engagement Index Deutschland 2024 (Fn. 220), S. 41.

235 Gallup Engagement Index Deutschland 2024 (Fn. 220), S. 23-25.

neue Ideen zu entwickeln und zu experimentieren, was zu einer kontinuierlichen Weiterentwicklung des Teams führt.

Anerkennung wird ermöglicht, wenn sich Führungskräfte als Coach und Mentor identifizieren. Anstatt zu kontrollieren, unterstützen Führungskräfte ihre Teammitglieder, indem sie Hindernisse aus dem Weg räumen und deren Entwicklung fördern.[236] Hohe Leistungserwartungen sind wichtig, doch müssen sie in einem Klima von Vertrauen und Unterstützung eingebettet sein, damit Mitarbeiter ihr volles Potenzial entfalten können. Empathie und Wertschätzung zu zeigen und auszusprechen sind weitere zentrale Elemente. Durch echtes Interesse und Anteilnahme, kommunikative Präsenz sowie Zuversicht und Begeisterung für gemeinsame Ziele werden Motivation und Bindung gefördert.[237]

Mitsprache und Partizipation sind in einer sozial nachhaltigen Führungskultur wirksam, indem Mitarbeiter die Möglichkeit haben, sich aktiv einzubringen und Verantwortung zu übernehmen. Führungskräfte agieren hier als Enabler, die ihre Mitarbeiter inspirieren und zur Mitgestaltung anregen. Ein partizipativer Führungsstil fördert das Vertrauen und zeigt den Mitarbeitern, dass ihre Meinung und Kompetenz geschätzt werden. Sie stärken das Engagement und die Innovationskraft innerhalb des Teams.[238]

In der Praxis zeigt sich: Um sozial nachhaltige, gesunde Führung wirksam zu entwickeln, braucht es mehr als punktuelle Trainings. Vielmehr empfiehlt sich ein systematischer Aufbau entlang klar definierter Wegstrecken – also aufeinander aufbauender Schritte, die gezielt Verhalten und Rahmenbedingungen verändern. Eine solche Wegstrecke zur Stärkung der vorgesetztenbezogenen Bindung könnte folgende Stationen umfassen:

– **Sensibilisierung** für die Bedeutung von psychologischer Sicherheit und gesunder Führung durch Impulsveranstaltungen, Knowledge Nuggets und Informationsmaterialien.
– **Qualifizierung** über modular aufgebaute Trainings (z. B. Kommunikation, Feedback, Fehlerkultur) und Coachings zur Selbstreflexion und für individuelle Entwicklungsimpulse.
– **Motivation** durch strukturelle Ankerpunkte wie regelmäßige Feedbackgespräche oder wiederkehrende Erfolgsmessungen durch 360°-Feedbacks und Gefährdungsbeurteilungen psychischer Belastungen können bei der Verankerung des Verhaltens unterstützen.

---

236 Hays, HR-Report 2023, S. 14–15, https://www.hays.de/documents/10192/118775/hays-hr-report-2023-de.pdf (abgerufen am 29.8.2025).

237 *Goller/Laufer*, Psychologische Sicherheit in Unternehmen – Wie Hochleistungsteams wirklich funktionieren, S. 7-18.

238 *Lausch*, TRUST ME: Warum Vertrauen die Zukunft der Arbeit ist, S. 169-171.

Im Praxisbeispiel eines global agierenden, börsennotierten Maschinenbauunternehmens wurde das Projekt „Standfest in Veränderung“ umgesetzt. Dies umfasste eine Wegstrecke zur gesunden Führung in Veränderungsprozessen mit den o.g. Elementen. In einem Zeitraum von sechs Monaten wird inhaltlich sensibilisiert, umfassendes Wissen gemeinsam erarbeitet und durch nachfolgende Impulse, Refresher und Coachings motiviert.

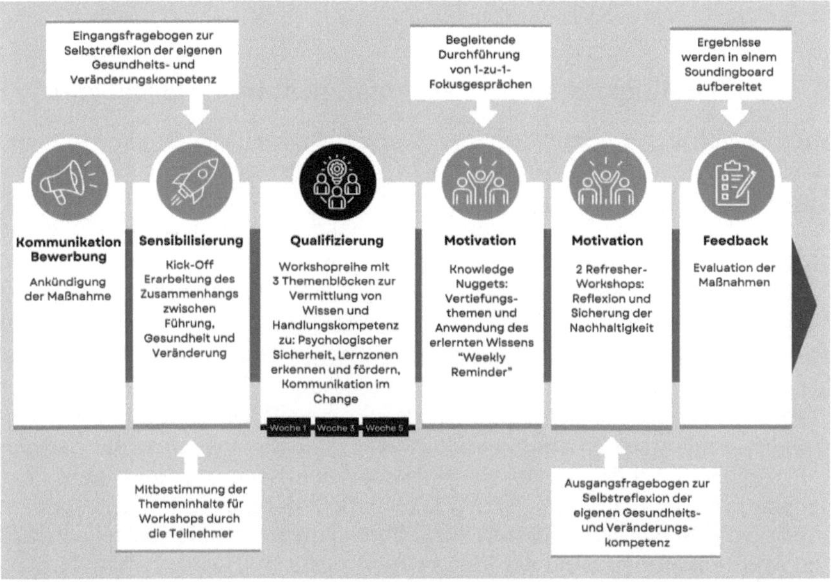

Abbildung 3: Praxisbeispiel Projektablauf „Standfest in Veränderung“ exemplarisch (eigene Darstellung).

Die umgesetzte Wegstrecke besteht aus sechs aufeinander abgestimmten Phasen zur Förderung von Gesundheits- und Veränderungskompetenz bei Führungskräften und ihren Teams. Nach der Bewerbung und Information zum Angebot, besteht im Sinne der Partizipation die Möglichkeit zur Mitbestimmung der Workshopinhalte. In der Sensibilisierungsphase reflektieren die Teilnehmer im Kick-off den Zusammenhang von Führung, Gesundheit und Veränderung – optional unterstützt durch einen Eingangsanalysebogen zur Selbstreflexion. Die anschließende Qualifizierungsphase umfasst drei thematisch fokussierte Workshops (z.B. psychologische Sicherheit, Lernzonen, Kommunikation im Wandel), ergänzt durch individuelle 1:1-Coachings. Dadurch werden die Elemente eines nachhaltigen Führungsstils nicht nur inhaltlich thematisiert, sondern in vielen Bausteinen direkt vorgelebt. In der Motivationsphase unterstützen Knowledge Nuggets und Weekly

Reminder die Anwendung des Gelernten im Alltag. Zwei Refresher-Workshops dienen der Sicherung der Nachhaltigkeit. Die Maßnahme schließt mit einer Feedbackphase, in der ein Ausgangsanalysebogen erneut zur Selbstreflexion anregt und die Wirkung evaluiert wird. Die Ergebnisse fließen in ein Soundingboard ein, das Impulse für die Weiterentwicklung im Unternehmen liefert. Die langfristigen Effekte auf die Bindung der Mitarbeiter werden hier über die regelmäßigen Gefährdungsbeurteilungen psychischer Belastungen sowie KPI-Tools evaluiert.

2. Teambindung für soziale Nachhaltigkeit im Unternehmen

Menschen haben ein grundlegendes Bedürfnis nach Zugehörigkeit und dieses Bedürfnis wird durch das soziale Gefüge im Team maßgeblich beeinflusst. Ein starkes Teamgefühl, geprägt durch soziale Unterstützung und Unterstützung durch Vorgesetzte, führt zu höherer emotionaler Bindung und langfristiger Mitarbeiterbindung.[239] Wirkungsketten für Teambindung in Unternehmen nehmen Einfluss auf soziale Unterstützung sowie Zugehörigkeit und Wir-Gefühl.

Soziale Unterstützung auf Teamebene entsteht durch kollegiale Hilfe und gegenseitigen Rückhalt. Diese Elemente wirken als Puffer gegen negatives Stressempfinden und verringern das Risiko von Burnout und psychischen Folgeerkrankungen erheblich. Fehlt diese Unterstützung, sinkt die Arbeitszufriedenheit und die psychische Belastung und Beanspruchung steigt. Ein unterstützendes Teamklima fördert jedoch nicht nur die Gesundheit, sondern auch die Motivation der Mitarbeiter. Führende Unternehmen setzen deshalb auf Multiplikatoren- und/oder Mentoring-Programme. Diese Initiativen stärken den sozialen Zusammenhalt und bieten den Mitarbeitern ein vertrauensvolles Umfeld, in dem sie Anliegen offen ansprechen können und soziale Unterstützung erfahren.[240]

In der Praxis kann eine effektive Wegstrecke ein Multiplikatorenprogramm für Ergonomie und Bewegung am Arbeitsplatz sein. Über zuvor ausgebildete Multiplikatoren wird das Bewusstsein und die Fähigkeit gesunde Arbeitsweisen im Alltag zu leben sichergestellt. Die Multiplikatoren agieren als Schnittstelle zu den Mitarbeitern, indem sie nicht nur Gesundheitsinformationen verbreiten, sondern auch als Ansprechpersonen und Organisatoren für Gesunde Arbeit fungieren können – sie sensibilisieren also. Zudem qua-

239 *Schirmer/Woyd*, Mitarbeiterführung, S. 15.

240 *Rothe/Adolph/Beermann/Schütte/Windel/Grewer/Lenhardt/Michel/Thomson/Formazin,* Psychische Gesundheit in der Arbeitswelt – wissenschaftliche Standortbestimmung, baua: Bericht, S. 42-45, https://www.baua.de/DE/Forschung/Projekt-Psychische-Gesundheit-in-der-Arbeitswelt/_functions/BereichsPublikationssuche_Formular?nn=434d233f-b9cf-4e09-86d6-e8b9b8c1deec (abgerufen am 29.8.2025).

lifizieren sie Kolleginnen und Kollegen in der Rolle eines erweiterten Netzwerks für das Betriebliche Gesundheitsmanagement des Unternehmens und sind Ansprechpersonen sowie in den ihnen vermittelten Fachinformationen eine Art Coach. Durch dieses Vorgehen entsteht soziale Unterstützung für Gesunde Arbeit und Wertschätzung. Motivation wird von den Unternehmen transportiert, indem sie leicht verfügbare und kollegiale Ressourcen für Gesundheitsthemen bereitstellen.

In der Praxis heben Unternehmen, wie in unserem Beispiel ein global agierender EMS-Produzent mit Hauptstandort Deutschland, die bereits mehr als 180 Multiplikatoren ausgebildet haben, als besondere Erfolge der Multiplikatorenprogramme hervor:

– **Transfer von Arbeits- in Freizeitsettings**: Die Multiplikatoren und die Teilnehmer an Bewegungseinheiten treffen sich regelmäßig zu gemeinsamen Outdoor-Aktivitäten, was zusätzlich auch das „Wir-Gefühl" stärkt.
– **Gesundheitsimpulse und -aktionen**: Multiplikatoren erstellen und versenden Gesundheitsimpulse, wie z. B. einen Gesundheits-Adventskalender im Intranet, um das Bewusstsein für Gesundheitsthemen zu schärfen und fördern so die kollegiale Unterstützung – dadurch entwickeln sich soziale Unterstützungsnetzwerke und kollegiale Hilfe.
– **Internationale Vernetzung** wird ermöglicht, wenn mehrsprachige Multiplikatoren ihre ausländischen Kolleginnen und Kollegen z. B. zu digitalen Bewegungseinheiten einladen und so Barrieren überwinden können.

Wichtig ist, dass Multiplikatoren aktiv von der Unternehmensführung unterstützt werden und durch regelmäßige Netzwerktreffen mit Informationen aktuell gehalten werden. Das stärkt das Zusammengehörigkeitsgefühl und die Vernetzung.

Ein weiterer zentraler Mechanismus für Teambindung ist das Wir-Gefühl und die Zugehörigkeit. Mitarbeiter, die sich als Teil eines Teams fühlen und die Wahrnehmung haben, gemeinsam an einem bedeutungsvollen Ziel zu arbeiten, identifizieren sich stärker mit dem Unternehmen und bleiben diesem treu. Das Thema „Belonging" wird heute als ein entscheidender Human-Capital-Trend betrachtet, da eine Kultur der Inklusion und Zugehörigkeit die Mitarbeiterbindung maßgeblich stärkt.[241]

Maßnahmen wie Gesundheitszirkel sind ein Ansatzpunkt als Wegstrecke, da in diesen moderierten Formaten Mitarbeiter aus verschiedenen Bereichen und Hierarchien gemeinsam Verbesserungen für die Arbeitsbedingungen entwickeln. Neben den fachlichen Erkenntnissen fördern diese Methoden

241 *Poynton/Cantrell/Scoble-Williams/Mallon/Lahiri,* in: Deloitte, 2025 Global Human Capital Trends, S. 15–18, https://www.deloitte.com/us/en/insights/topics/talent/human-capital-trends.html (abgerufen am 29.8.2025).

das Zugehörigkeitsgefühl und den Dialog auf Augenhöhe. Diese Formate ermöglichen es den Mitarbeitern, gehört zu werden und aktiv zu Veränderungsprozessen beizutragen, was ihr Gefühl der Wertschätzung und vor allem der Integration steigert.[242]

Zusätzlich stärken gemeinsame Erlebnisse wie Teambuilding-Aktivitäten oder Co-Working-Ansätze das Zugehörigkeitsgefühl. Durch solche Aktivitäten, wie etwa Team-Challenges oder Gesundheitstage, können Mitarbeiter positive Erfahrungen außerhalb des Arbeitsalltags teilen und den Teamgeist weiter festigen. Interne und externe Co-Working-Spaces, in denen bereichsübergreifend gearbeitet wird, fördern ebenfalls das Gefühl der Gemeinschaft und helfen dabei, die Isolation von einzelnen Teams zu überwinden. Diese interdisziplinären Arbeitsräume ermöglichen es den Mitarbeitern, neue soziale Kontakte zu knüpfen und das Zugehörigkeitsgefühl über das eigene Team hinaus zu erweitern.[243]

In der Praxis erweisen sich zudem folgende Tools als hilfreiche Impulse zur Förderung des Zugehörigkeitsgefühls:

– Kurze (nicht) arbeitsbezogene Check-in-Fragen zu Beginn von Teamrunden, wie: „Was war Euer beruflicher oder privates Highlight im letzten Monat?". Hier kann es helfen, diesen kurzen Meetingeinstieg reihum von Mitarbeitern gestalten zu lassen. Das führt zu kreativen Themen, die das Team einander näherbringen und die Verantwortung hierfür wird aufgeteilt.
– Auch die klassischen Events, wie Teilnahme an Firmenläufen, Sommerfesten und Weihnachtsfeiern sowie Teamevents und -ausflüge, leisten einen wertvollen Beitrag. Wichtig ist, vielseitige Angebote zu schaffen, die möglichst große Mitarbeitergruppen ansprechen können. So kann es bei der Teilnahme am Firmenlauf z. B. auch sinnvoll sein, eine „Fan-Gruppe" ins Leben zu rufen, in der auch Personen partizipieren können, für die Mitlaufen nicht möglich ist.

Teambindung leistet demnach einen weiteren wesentlichen Beitrag in der sozialen Nachhaltigkeit eines Unternehmens. Indem Unternehmen gezielt auf soziale Unterstützung und Zugehörigkeit setzen, können sie nicht nur das Wohlbefinden ihrer Mitarbeiter fördern, sondern auch die langfristige Bindung an das Unternehmen sicherstellen. Initiativen zu Gesunder Arbeit und sozialer Nachhaltigkeit sollten deshalb stets den sozialen Zusammen-

242 *Klaiber*, Organisationales Commitment, S. 285–296.

243 Forschungsinstitut zur Zukunft der Arbeit GmbH (IZA) des Bundesministeriums für Arbeit und Soziales, Forschungsbericht 595 – Bedeutung von Co-Working-Spaces als Dritter Arbeitsort in Deutschland, S. 13–15, https://www.bmas.de/SharedDocs/Downloads/DE/Publikationen/Forschungsberichte/fb-595-expertise-bedeutung-von-coworking-spaces.pdf?__blob=publicationFile&v=2 (abgerufen am 29.8.2025).

halt mit einbeziehen, durch partizipative Formate, Peer-Unterstützung und gemeinschaftliche Erlebnisse. So wird ein starkes, unterstützendes Netzwerk geschaffen, das nicht nur die Gesundheit der Mitarbeiter stärkt, sondern auch die Performance und die emotionale Bindung an das Unternehmen fördert.

3. Unternehmensbindung, die wirklich gelebt wird

Neben der emotionalen Bindung an das Team und die Führungskraft besteht eine weitere zentrale Form der Verbundenheit in der Identifikation mit dem Unternehmen als Ganzem. Diese speist sich aus gelebter Unternehmenskultur, gemeinsamen Werten, einer einstimmigen Mission und einem erlebbaren Sinn (Purpose). Ein mitarbeiterzentrierter und gesundheitsförderlicher Organisationsrahmen sendet dabei ein klares Signal: „Unsere Beschäftigten stehen im Mittelpunkt.“

Strategisch verankerte Gesunde Arbeit ist Ausdruck dieser Haltung. Sie macht Mitarbeiterorientierung nicht nur sichtbar, sondern systematisch wirksam und bildet so eine tragfähige Grundlage für die emotionale Bindung an das Unternehmen.

Die Herausforderung: Einzelmaßnahmen wie der klassische Obstkorb oder ein jährlicher Gesundheitstag sind kein Ausdruck strategischer Gesundheitsorientierung. Sie wirken eher beliebig und bleiben oberflächlich. Strategische Gesunde Arbeit hingegen bedeutet, Gesundheit und Wohlbefinden tief in den Unternehmenswerten, der Führungskultur und den Prozessen zu verankern, als integralen Bestandteil der Unternehmensstrategie.

Im Zentrum nachhaltiger Wirkungsketten für Unternehmensbindung steht die institutionelle Verankerung des Themas auf oberster Entscheidungsebene. Eine schriftlich formulierte, klar kommunizierte Strategie zur Gesunden Arbeit, die sichtbar von der Unternehmensleitung getragen wird, macht deutlich: Gesundheit und Wohlbefinden sind kein operatives Randthema, sondern Bestandteil unternehmerischer Verantwortung.

Relevante und nachhaltige Wirkung entsteht, wenn grundlegende Verhältnisse für Gesunde Arbeit wie Steuerungsgremien, mitarbeiterzentrierte Kommunikation und gesundheitsförderliche Prinzipien im Unternehmen nicht nur geschaffen, sondern tatsächlich gelebt werden.

Hierzu zählt ein interdisziplinär besetztes Steuerungsgremium, idealerweise mit Vertretern der Führungsebene, HR, Betriebsrat sowie interner oder externer BGM-Fachkräfte. Es dient als Brücke zwischen strategischer Steuerung und operativer Umsetzung. Seine Aufgabe ist es, Gesundheitsthemen regelmäßig zu beraten, zu priorisieren und im Dialog tragfähige Entscheidungen zu treffen. Der partizipative Charakter dieses Gremiums stärkt die organisationale Akzeptanz und erhöht die Legitimität der Entscheidungen. Echte Wirksamkeit entsteht aber nur dann, wenn auch der Rückhalt der Geschäftsführung durch gezielte Entscheidungen und Realisierung derselben vorhanden ist. Deswegen sollte grundsätzlich im Rahmen der Geschäftsleitung oder des Vorstandes ein Management Sponsoring definiert werden, um eine reale Themennähe zu gewährleisten.[244]

Eine mitarbeiterzentrierte Kultur zeigt sich nicht zuletzt in der Art, wie kommuniziert und beteiligt wird. Mitarbeiter, die spüren, dass ihre Meinung zählt und ihr Beitrag gewünscht ist, entwickeln eher Vertrauen und ein stärkeres Gefühl der Zugehörigkeit.[245] Klassische Instrumente wie Mitarbeiterbefragungen, Gesundheitszirkel oder Zukunftswerkstätten bilden dafür eine gute Grundlage. Ergänzend gewinnen dialogorientierte Formate an Bedeutung – etwa Fokusgruppen, Listening Sessions oder digitale „Voice-of-Employee"-Plattformen. Entscheidend ist die konsequente Nutzung der Rückmeldungen. Partizipation entfaltet nur dann bindungsstiftende Wirkung, wenn ihre Ergebnisse sichtbar, transparent und nachvollziehbar in Entscheidungen einfließen.

Zunehmend wichtig wird in diesem Zusammenhang auch die psychologische Sicherheit. Mitarbeiter bleiben dann emotional verbunden, wenn sie ohne Angst Kritik äußern, Fragen stellen oder neue Ideen einbringen können.[246] Gesunde Arbeit schafft diesen Rahmen durch Vertrauen und nicht durch Kontrolle.

Emotionale Bindung entsteht also dort, wo Arbeit als bedeutsam erlebt wird. Dabei geht es nicht um einen wohlklingenden Leitbildsatz, sondern um die konkrete Erfahrung von Sinn im Arbeitsalltag. Unternehmen können dies gezielt durch Wegstrecken fördern, die:

– **Beiträge sichtbar machen**: Führungskräfte sollten regelmäßig aufzeigen, welchen Beitrag einzelne Rollen zur Gesamtwirkung leisten – das stärkt Selbstwirksamkeit und Identifikation.
– **Verbindung zur gesellschaftlichen Verantwortung herstellen**: Gerade jüngere Generationen erwarten Haltung zu Themen wie Umwelt, Gerechtigkeit oder gesellschaftliche Verantwortung. [247] Der erlebbare „Purpose beyond Profit" ist ein wichtiger Bindungsfaktor.

---

244 *Halbe-Haenschke/Reck-Hog*, Die Erfolgsstrategie für Ihr BGM: Methoden und Umsetzung eines effektiven betrieblichen Gesundheitsmanagements, S. 27-28.

245 *Kanning*, Personalmarketing, Employer Branding und Mitarbeiterbindung: Forschungsbefunde und Praxistipps aus der Personalpsychologie, S. 231.

246 *Goller/Laufer*, Psychologische Sicherheit in Unternehmen: Wie Hochleistungsteams wirklich funktionieren, S. 7-18.

247 Deloitte, 2025 Gen Z and Millennial Survey, S. 4, https://www2.deloitte.com/global/en/pages/about-deloitte/articles/genzmillennialsurvey.html (abgerufen am 29.8.2025).

- **Werteorientierte Führung fördern**: Führungskräfte sind Übersetzer des Purpose. Durch glaubwürdiges, wertebasiertes Handeln geben sie Orientierung und schaffen Bindung.
- **Stolz erzeugen**: Wird Gesunde Arbeit aktiv nach innen und außen kommuniziert – z. B. im Employer Branding oder im Recruiting – stärkt dies die kollektive Identifikation („Ich arbeite bei einem Unternehmen mit Haltung.“).

Bindung entsteht nicht nur und erst im Hier und Jetzt, sondern entlang des gesamten Employee Lifecycle[248]. Wirksame Wegstrecken befassen sich mit:

- **Onboarding**: Frühe Gesundheitsimpulse und werteorientierte Willkommenskultur erzeugen emotionale Verankerung bereits in den ersten Wochen. Idealerweise bereits als Begleitung zur Rückantwort des Bewerbungsschreibens.
- **Entwicklung & Karriere**: Individuelle Entwicklungsmöglichkeiten, die mit Wohlbefinden vereinbar sind, signalisieren: Du bist auch langfristig bei uns richtig.
- **Lebensphasenorientierung**: Angebote für Eltern, Pflegende oder ältere Mitarbeiter schaffen Zugehörigkeit über alle Lebenslagen hinweg.
- **Krisenfestigkeit**: Der Umgang mit Mitarbeitern in schwierigen Zeiten, etwa bei persönlichen oder organisationalen Umbrüchen, bleibt emotional haften und wirkt bindend.

Gesunde Arbeit entfaltet ihre volle Wirkung nicht durch Maßnahmenvielfalt, sondern durch Haltung, Struktur und Beteiligung. Wer Unternehmensbindung stärken will, muss den Fokus verschieben, weg von punktuellen Angeboten, hin zu einem in sich konsistenten System der Beziehungspflege zwischen Unternehmen und Mensch.

V. Fazit

Gesunde Arbeit ist ein zentraler Erfolgsfaktor für Retention und zugleich ein strategischer Schlüssel für die nachhaltige Gestaltung von Beschäftigungsbedingungen. Damit ist Gesunde Arbeit ein kritischer Faktor für die Wertschöpfung eines Unternehmens. Durch die ganzheitliche Wirkungsweise macht Gesunde Arbeit Mitarbeiterorientierung systematisch wirksam und schafft eine belastbare Grundlage für emotionale Bindung. Dass der Handlungsbedarf groß ist, zeigt einmal mehr das aktuelle Gallup-Ergebnis: Nur 9 % der Beschäftigten fühlen sich hoch emotional an ihr Unternehmen gebunden – ein historischer Tiefstwert in Deutschland. Für Unternehmen ist

248 Hierzu → Teil 1 Kap. 1.1 (*Harrer*), unter IV.

ein systematisches Vorgehen entscheidend, um die gewonnenen Erkenntnisse in die Tat umzusetzen. Folgende Schritte haben sich in der Beratungspraxis bewährt:

1. **Datentransparenz:** Starten Sie mit einem fundierten Blick auf Ihre aktuelle Lage: Wo steht Ihr Unternehmen im Bereich Gesunder Arbeit? Welche Formen der Mitarbeiterbindung (emotional, rational, normativ) sind wie stark ausgeprägt? Welche Bindungsbezüge (z. B. Team-, Vorgesetzen-, Unternehmensbezogene Bindung) funktionieren gut und wo bestehen Lücken?
2. **Wirkmodelle:** Leiten Sie Hypothesen zu relevanten Wirkzusammenhängen in Ihrem Unternehmen ab. Orientieren Sie sich dabei an wissenschaftlich fundierten Treiberkategorien, etwa zur Vorgesetztenbindung, und visualisieren Sie diese in unternehmensspezifischen Wirkungs- und Treiberketten.
3. **GAP-Analyse:** Vergleichen Sie Ihre aktuelle Praxis mit den identifizierten Treibern und Zielzuständen. Wo bestehen konkrete Entwicklungslücken? Welche kulturellen, strukturellen oder prozessualen Hürden stehen einer wirksamen Umsetzung im Weg?
4. **Fokussierung:** Priorisieren Sie ein bis drei Handlungsfelder mit dem größten strategischen Hebel. Achten Sie dabei auf eine gute Balance zwischen Quick Wins und nachhaltigen Hebeln (z. B. in den Bereichen Führung, Zusammenarbeit oder Arbeitsgestaltung).
5. **Lösungsentwicklung:** Konzipieren Sie auf Basis der priorisierten Handlungsfelder individuelle Maßnahmen und Veränderungsschritte. Nutzen Sie vorhandene Ressourcen, bauen Sie gezielt Kompetenzen aus und stellen Sie den Transfer in die Alltagspraxis sicher. Beachten Sie hier nicht nur die fachlichen Lösungsbausteine, sondern übersetzen Sie von Anfang an konsequent auch in die betriebswirtschaftliche Perspektive in Form von KPIs und relevanten ökonomischen Werten.
6. **Umsetzungsbegleitung und Evaluation:** Die Maßnahmen sollten idealerweise in Projektform umgesetzt werden und immer die Elemente Sensibilisierung, Qualifizierung und Motivation als Bausteine beinhalten. Gleichzeitig verankern Sie Gesunde Arbeit in den Steuerungsstrukturen des Unternehmens – etwa durch Integration in Zielsysteme, Management-Cockpits oder das HR-Reporting. Erfolg entsteht durch konsequentes Controlling (z. B. regelmäßige Gefährdungsbeurteilungen psychischer Belastungen, Kennzahlen, Dashboards), Anpassung und vor allem Kontinuität.

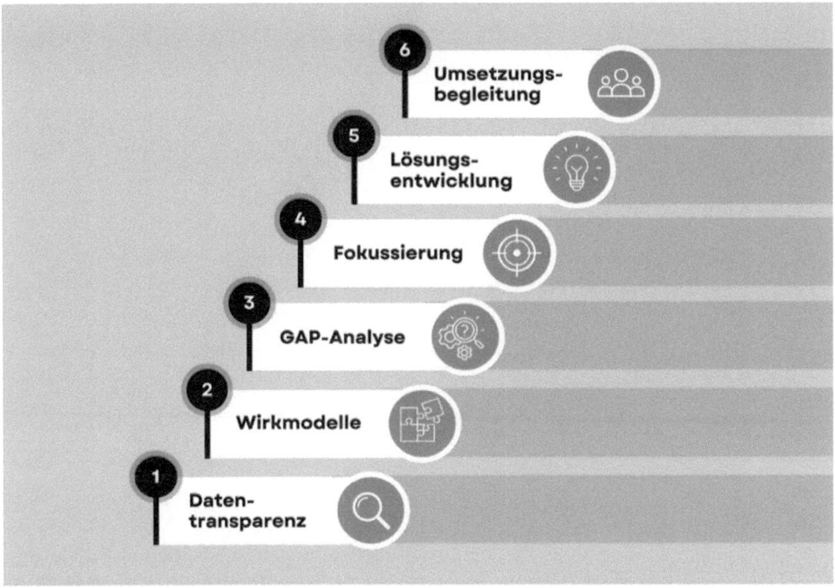

Abbildung 4: Beratungs- und Entwicklungsstufen von Gesunder Arbeit im Unternehmen (eigene Darstellung).

Abschließend lässt sich sagen: Gesunde Arbeit wirkt dann am stärksten, wenn sie nicht isoliert gedacht, sondern als integraler Bestandteil der Unternehmensstrategie verstanden wird.

Unternehmen, die Gesundheit, Führung und Bindung miteinander verknüpfen, schaffen nicht nur ein attraktives Arbeitsumfeld, sondern sichern sich auch die Loyalität ihrer Talente in Zeiten des demografischen Wandels. Gesunde Arbeit ist daher schon lange kein Trend mehr oder ein „Nice-to-have“. Unter einer betriebswirtschaftlichen und mit sozialem Impact versehenen Perspektive bleibt die Feststellung: Gesunde Arbeit ist nicht verhandelbar!

6. Regulierte Vergütung und Nachhaltigkeitsziele im Finanzsektor

Dr. Christian Häußer, LL. M. (Canterbury)

I. Einleitung

Durch den European Green Deal und die Integration von Nachhaltigkeitszielen in eine Vielzahl von Verordnungen und Richtlinien hat die Europäische Union (EU) in den letzten Jahren neue Grundlagen für eine ökologisch und sozial nachhaltigere Wirtschaft sowie für eine gute Unternehmensführung gelegt.[249] ESG-Vorgaben für den Finanzmarkt finden sich insbesondere in der Verordnung über nachhaltigkeitsbezogene Offenlegungspflichten im Finanzdienstleistungssektor (SFDR oder Offenlegungs-VO) 2019 (Verordnung (EU) 2019/2088) und in der Verordnung über die Einrichtung eines Rahmen zur Erleichterung nachhaltiger Investitionen und zur Änderung der Verordnung (EU) 2019/2088 (Taxonomie-VO, Verordnung (EU) 2020/852). Die Offenlegungs-VO sieht umfassende unternehmensbezogene und produktbezogene Offenlegungspflichten für Finanzmarktteilnehmer vor und zielt darauf ab, Transparenz über Nachhaltigkeitsrisiken zu schaffen und Kapitalflüsse in nachhaltige Anlagen bzw. Wirtschaftstätigkeiten zu lenken. Diesem Ziel dient auch die Taxonomie-VO, die ein einheitliches Klassifikationssystem für ökologisch nachhaltige Wirtschaftstätigkeiten vorgibt.

In Art. 5 der Offenlegungs-VO werden Finanzmarktteilnehmer darüber hinaus verpflichtet, im Rahmen ihrer Vergütungspolitik anzugeben, inwiefern ihre Vergütungspolitik mit der Einbeziehung von Nachhaltigkeitsrisiken im Einklang steht und diese Informationen auf ihren Internetseiten zu veröffentlichen. Die Offenlegungs-VO stellt damit eine unmittelbare Verbindung zwischen ESG-Vorgaben und Vergütung her.[250] Gleiches gilt für die European Banking Association (EBA), die in ihren Leitlinien zur soliden Vergütungspolitik Institute verpflichtet, ESG-Kriterien in ihre Vergütungsstrategie aufzunehmen.[251] Mit der Veröffentlichung von FAQs zur Institutsvergütungsverordnung hat die Bundesanstalt für Finanzdienstleistungsaufsicht (BaFin) diesen Gedanken aufgegriffen und betont, dass § 4 Institutsvergü-

249 *Arnold/Herzog/Zeh*, NZA 2024, 1521.
250 *Heimann/Stabenow*, BB 2021, 1844, 1847.
251 EBA, Leitlinien für solide Vergütungspolitik gemäß Richtlinie 2013/36/EU, 2.7.2021, EBA/GL/2021/04, Rn. 16.

tungsverordnung (IVV) Anknüpfungspunkt für die Berücksichtigung von ESG-Risiken in Vergütungssystemen sei.[252]

Ab dem 11.1.2026 werden die EBA-Leitlinien zum Management der ESG-Risiken[253] in Kraft treten. Danach sollen große Institute im Sinne von Artikel 4 Absatz 1 Nr. 146 der Verordnung (EU) 575/2013 sicherstellen, dass ihre Pläne zur Unternehmensführung eine Vergütungspolitik und -praxis vorsehen, die ein mit den Zielen und dem Risikoappetit des Instituts in Einklang stehendes, robustes ESG-Risikomanagement fördert. Ab dem 11.1.2027 werden diese Anforderungen auch für kleine und nicht komplexe Institute im Sinne von Artikel 4 Absatz 1 Nr. 145 der Verordnung (EU) 575/2013, sog. SNCIs, gelten.

In diesem Kapitel wird dargestellt, auf welche Weise über die regulatorischen Vorgaben ESG-Kriterien Eingang in die Vergütungssysteme der Finanzmarktakteure – also von Banken, Wertpapierinstituten, Versicherungen und Kapitalanlage- bzw. Kapitalverwaltungsgesellschaften – finden.

II. Anknüpfungspunkte zur Berücksichtigung von ESG-Kriterien in Vergütungssystemen des Finanzsektors

Die europäischen und nationalen Regelungen zu Vergütungssystemen von Finanzmarktakteuren bieten zahlreiche Anknüpfungspunkte zur Berücksichtigung von ESG-Kriterien. Zuvorderst zu nennen sind Regelungen zur Geschäfts- und Risikostrategie. Aber auch die regulatorischen Vorgaben zu Zielvereinbarungen und Zielvorgaben, negativen Erfolgsbeiträgen sowie zur Ex-ante- und Ex-post-Risikoadjustierung stellen Anknüpfungspunkte zur Berücksichtigung von ESG-Kriterien dar.

1. Geschäfts- und Risikostrategie

ESG-Gesichtspunkte haben in den letzten Jahren immer stärker Eingang in die Geschäfts- und Risikostrategien zahlreicher Finanzmarktakteure gefunden. Dies zeigt sich insbesondere darin, dass viele Finanzmarktakteure Nachhaltigkeitsziele explizit als Bestandteil ihrer Unternehmensstrategie definieren und entsprechende Maßnahmen in ihre Risikosteuerung integrieren. So hat etwa die Deutsche Bank im April 2024 eine „Sustainability Strategy" vorgestellt, die unter anderem vorsieht, Zero Net Targets weiter zu operatio-

252 BaFin, Fragen und Antworten zur Institutsvergütungsverordnung, Stand Juni 2024, Rn. 33.

253 EBA Leitlinien zum Management der Umwelt-, Sozial- und Governance-Risiken (ESG-Risiken), 8.1.2025, EBA/GL/2025/01.

nalisieren und in weitere Geschäftsbereiche zu übertragen.[254] Die Berücksichtigung von ESG-Vorgaben in den Geschäfts- und Risikostrategien hat direkten Einfluss auf die Ausgestaltung der Vergütungssysteme der Finanzmarkakteure. Denn die Vergütungssysteme müssen nach den regulatorischen Vorgaben zur Geschäfts- und Risikostrategie passen. ESG-Gesichtspunkte, die in die Geschäfts- und Risikostrategie der Finanzmarktakteure aufgenommen werden, wirken damit als Maßstab und Orientierungspunkte für die Ausgestaltung dieser Vergütungsstrategien und-systeme.

a) Banken

Die aktuellen EBA-Guidelines für eine solide Vergütungspolitik fordern: „Die Vergütungspolitik des Instituts für alle Mitarbeiter sollte mit den Zielen der Geschäfts- und Risikostrategie des Instituts, einschließlich risikobezogener Umwelt-, Sozial- und Governance-Ziele (ESG), […] in Einklang stehen und nicht zu einer übermäßigen Risikobereitschaft ermutigen.“[255] Die EBA-Guidelines setzten mithin ESG-Ziele voraus und verlangen, dass die Vergütungspolitik des Instituts mit ihnen vereinbar ist.

Dieser Gedanke kommt auch in § 4 IVV zum Ausdruck: „Vergütungsstrategie und Vergütungssysteme müssen auf die Erreichung der Ziele ausgerichtet sein, die in den Geschäfts- und Risikostrategien des jeweiligen Instituts niedergelegt sind.“ Die BaFin führt hierzu in ihren FAQ zur Institutsvergütungsverordnung aus, dass § 4 IVV der „Anknüpfungspunkt für die Berücksichtigung von ESG-Risiken in Vergütungssystemen ist, […] falls ein Institut aufgrund seiner strategischen Ausrichtung in den jeweiligen Risikoarten wesentliche Nachhaltigkeitsrisiken aufweist.“[256] § 4 IVV eröffnet für die betreffenden Institute damit die Pflicht, das Vergütungssystem so zu gestalten, dass es dazu beiträgt, dass die in der Geschäfts- und Risikostrategie niedergelegte ESG-Ziele erreicht werden.[257]

b) Wertpapierinstitute

Für Wertpapierinstitute bzw. -firmen gilt seit 2021 mit dem Wertpapierinstitutsgesetz (WpIG) ein eigenes Aufsichtsregime[258]. Begrifflich und regulatorisch ist nach § 2 Abs. 16 bis 18 WpIG zwischen kleinen, mittleren und

254 Deutsche Bank, https://www.db.com/what-we-do/responsibility/sustainability/our-sustainable-strategy?language_id=1&kid=sustainability-strategy-sl.redirect-en.shortcut (abgerufen am 29.8.2025).

255 EBA, Leitlinien für solide Vergütungspolitik gemäß Richtlinie 2013/36/EU, 2.7.2021, EBA/GL/2021/04, Rn. 16.

256 BaFin, Fragen und Antworten zu Institutsvergütungsordnung, Stand Juni 2024, Rn. 33.

257 *Löw/Sprengart*, BKR 2024, 991, 995.

258 Überblick bei *Heimann/Csizmadia*, DB 2021, 2351 ff.

großen Wertpapierinstituten zu unterscheiden. Große Wertpapierinstitute sind solche, die verpflichtend die Verordnung (EU) 575/2013 (CRR) anzuwenden haben – aufgrund von Art. 1 Abs. 2 der Verordnung (EU) 2019/2033 (IFR) oder infolge einer Gestattung nach Art. 1 Abs. 5 IFR bzw. einer einseitigen Anordnung nach § 8 WpIG. Große Wertpapierinstitute fallen in den Regulierungsbereich der CRR III, auch wenn sie selbst keine CRR-Kreditinstitute sind. Für sie gilt die Institutsvergütungsverordnung und damit das zum Bankenwesen Gesagte.

Mittlere Wertpapierinstitute unterliegen der Wertpapierinstitutsvergütungsverordnung (WpIVergV). Das sind Institute, die die Bedingungen des Artikels 12 Absatz 1 der Verordnung (EU) 2019/2033 nicht erfüllen. Für sie ist in § 5 WpIVergV geregelt, dass ihre Vergütungsstrategie und ihre Vergütungssysteme auf die Erreichung der Ziele ausgerichtet sein müssen, die in der Geschäfts- und Risikostrategie des Wertpapierinstituts niedergelegt sind. Für mittlere Wertpapierinstitute kommt inhaltlich somit eine Regelung zur Anwendung, die derjenigen für Banken entspricht.

Für Kleine Wertpapierinstitute, also solche die die Bedingungen von Artikels 12 Abs. 1 der Verordnung (EU) 2019/2033 erfüllen, gibt es keine § 5 WpIVergV entsprechende Vorschrift. Allerdings sind aus Governance-Gründen auch diese Institute gut beraten, ihre Vergütungsstrategien und Vergütungssysteme auf die Erreichung der Ziele (inkl. ESG-Ziele) auszurichten, die in ihrer Geschäfts- und Risikostrategie enthalten sind. Sofern in der Folge vereinfachend von Wertpapierinstituten die Rede ist, sind Mittlere Wertpapierinstitute gemeint.

c) Versicherungen

Versicherungen unterliegen der Solvency II-Richtlinie, der Delegierten Verordnung (EU) 2015/35 und dem Versicherungsaufsichtsgesetz (VAG). Hinzu kommen die technischen Standards, welche von der EIOPA erarbeitet und durch die Europäische Kommission erlassen werden[259] sowie die Leitlinien und Q&As der EIPOA, die wiederum von der BaFin in deutscher Sprache erläutert werden.[260]

Besonders hohe Relevanz für die Vergütungspolitik in Versicherungsunternehmen hat die Delegierte Verordnung (EU) 2015/35. Art. 275 Abs. 1 lit. a dieser Verordnung schreibt vor, dass die Vergütungsleitlinien und -praktiken „im Einklang mit der Geschäfts- und Risikomanagementstrategie des Unternehmens, seinem Risikoprofil, seinen Zielen, seinen Risikomanagement-

259 EIOPA, Final Report on draft Regulatory Technical Standards.

260 BaFin v. 14.4.2025, https://www.bafin.de/DE/Aufsicht/VersichererPensionsfonds/Allgemeines/RechtsgrundlagenLeitlinien/rechtsgrundlagen_node.html (abgerufen am 29.8.2025).

praktiken sowie den langfristigen Interessen und der langfristigen Leistung des Unternehmens als Ganzes geschaffen, umgesetzt und dauerhaft gewährleistet werden müssen und die Vergütungsleitlinien Maßnahmen zur Vermeidung von Interessenkonflikten vorsehen". Auch wenn die Formulierung in Art. 275 Abs. 1 lit. a der Delegierten Verordnung (EU) 2015/35 etwas von dem Wortlaut der Regelungen abweicht, der für Banken und Wertpapierinstitute gilt, so ist doch die Grundaussage dieselbe. Auch Versicherungen sind angehalten, ihre Vergütungssysteme an ihren Strategien – inklusive entsprechender Regelungen zu ESG-Zielen – auszurichten.

Nichts anderes besagt § 3 Abs. 1a Versicherungsvergütungsverordnung (VersVergV). Diese Vorschrift gilt für solche Versicherungsunternehmen, insbesondere kleine Versicherungsunternehmen nach § 211 VAG und Pensionsfonds, die nicht vom Anwendungsbereich des Art. 275 der Delegierten Verordnung (EU) 2015/35 erfasst werden.[261] Derartige Versicherungsunternehmen müssen gemäß § 3 Abs. 1a VersVergV ihre Vergütungssysteme so ausgestalten, dass sie auf die Erreichung der in den Strategien des Unternehmens niedergelegten Zielen ausgerichtet sind.

d) KVGen

Für Kapitalanlage- und -verwaltungsgesellschaften (KVGen) gilt das Kapitalanlagegesetzbuch (KAGB), das zwischen „Organismen für gemeinsame Anlagen in Wertpapieren" (OGAW) und „Alternative Investment Funds" (AIF) unterscheidet. OGAW sind die „Regel"-Investitionsvermögen und AIF deren Auffangtatbestand mit einer entsprechend weniger ausdifferenzierten Regulatorik. Die Aufteilung der beiden Arten von Investitionsvermögen gelingt jedoch nicht immer trennscharf, da das Gesetz einige inländische AIF, so z. B. Infrastruktursondervermögen oder Immobilienfonds, nach dem Vorbild der OGAW modelliert hat.[262]

In Bezug auf Vergütung waren zunächst nur AIF-KVGen verpflichtet, Vergütungssysteme für Geschäftsleiter und bestimmte Mitarbeiter, deren „Tätigkeit sich wesentlich auf die Risikoprofile der von ihnen verwalteten OGAW auswirkt," (§ 37 KAGB) festzulegen. Seit der OGAW V-Richtlinie 2016, 2014/91/EU, gilt dies gem. § 37 Abs. 1 KAGB nun auch für OGAW-Investmentvermögen. Von zentraler Bedeutung ist gem. § 37 Abs. 1 KAGB, dass das Vergütungssystem im Einklang mit einem tragfähigen und wirksamen Risikomanagement steht und dessen Umsetzung aktiv unterstützt. Ferner wird im Anhang II der Richtlinie 2011/61/EU unter Nr. 1 b) vorgeschrieben, dass die Vergütungspolitik mit der Geschäftsstrategie, den Zielen, Werten und Interessen des AIFM und der von ihm verwalteten AIF oder der An-

261 *Heimann/Stabenow*, BB 2021, 1780, 1782.
262 *Kündgen/Schmies,* in: Ellenberger/Bunte, Bankrechts-Handbuch, § 93 Rn. 84.

leger solcher AIF in Einklang stehen muss. Dieser Gesichtspunkt kommt auch in der inhaltsgleichen Regelung des Art. 14b der Richtlinie 2009/65/EG für OGAWs sowie den gemeinsamen Leitlinien für OGAW und AIF der ESMA[263] zum Ausdruck. Letztere geben vor, dass die langfristige Vergütungspolitik die generelle Unternehmensstrategie beinhalten sollte und Risikotoleranzgrenzen festzulegen hat.[264] Damit stellen auch die regulatorischen Vorgaben zur Geschäfts- und Risikostrategie von KVGen einen Anknüpfungspunkt für die Berücksichtigung von ESG-Kriterien dar.

2. Zielvereinbarungen und Zielvorgaben

Von großer Bedeutung für die Integration von ESG-Gesichtspunkten in die Vergütungssysteme der Finanzmarktakteure sind Zielvereinbarungen und Zielvorgaben. Sie stellen die unmittelbarste Möglichkeit dar, Arbeitnehmer zu ESG-konformen Verhalten zu motivieren.

Die unterschiedlichen regulatorischen Vorgaben für die Vergütungssysteme von Finanzmarktakteuren haben den allgemeinen Grundgedanken gemeinsam, dass die variable Vergütung von dem Grad der Erreichung vereinbarter bzw. vorgegebener Ziele abhängen soll. Zielvereinbarungen und Zielvorgaben können dabei explizit ESG-bezogen sein, indem sie beispielsweise CO_2-Reduktionsziele, Diversity-Ziele oder Governance-Mindeststandards zum Inhalt haben. Zielvereinbarungen und Zielvorgaben können aber auch implizit ESG-relevant ausgestaltet sein, indem sie auf eine langfristige, nachhaltige Unternehmensentwicklung abzielen, die ökologische und soziale Belange sowie eine gute Unternehmensführung im Blick hat. Des Weiteren können ESG-bezogene Zielvereinbarungen und Zielvorgaben sowohl Unternehmensziele als auch individuelle Ziele betreffen. In der Praxis werden sich für ESG-bezogene Zielvereinbarungen und Zielvorgaben regelmäßig vor allem Long Term Incentive Programme eignen, da diese qua Definition den langfristigen Unternehmenserfolg fördern wollen.

Wie bei allen Zielvereinbarungen und Zielvorgaben, stellt sich die Frage, ob und falls ja, wie ESG-Ziele messbar ausgestaltet werden können oder ob ESG-Ziele diskretionär sein sollten. Konkret messbare ESG-Ziele haben den Vorteil, dass die Vergütung unmittelbar von ihnen abhängt und auf diese Weise ein direkter Verhaltensanreiz zur Zielerreichung gesetzt wird. Vereinbart werden können beispielsweise verbindliche CO_2-Reduktionsziele oder eine Steigerung der Mitarbeiterzufriedenheit basierend auf den Ergebnissen einer empirischen Befragung.

263 ESMA, Final Report, Guidelines on sound remuneration policies under the ECITS Directive and AIFMD, ESMA/2016/411.

264 ESMA, Final Report, Guidelines on sound remuneration policies under the ECITS Directive and AIFMD, ESMA/2016/411, Rn. 80.

Wie stark ein solcher Verhaltensanreiz wirkt, hängt u. a. davon ab, ob auf das jeweilige Unternehmen bzw. den jeweiligen Organisationsbereich bezogene Ziele vereinbart bzw. vorgegeben werden. Je stärker ESG-Ziele auf die individuellen Bedürfnisse des Unternehmens bzw. einer Organisationseinheit zugeschnitten werden und je stärker die incentivierten Arbeitnehmer den Grad der ESG-Zielerreichung beeinflussen können, desto stärker ist die von ESG-Zielen ausgehende Lenkungswirkung.

Ein weiterer wichtiger Gesichtspunkt ist die Frage, wie ambitioniert ESG-Ziele sind. Sind ESG-Ziele zu leicht oder nur sehr schwer zu erreichen, entfalten sie deutlich weniger Lenkungswirkung, als wenn sie ambitioniert, aber erreichbar sind. Darüber hinaus wird die Stärke des Verhaltensanreizes maßgeblich durch die Gewichtung beeinflusst, die ESG-Zielen im Verhältnis zu anderen Zielen zukommt. Insoweit fällt auf, dass das Gewicht von verbindlichen ESG-Zielen für die Vergütung von Top-Managern in der Praxis mit ca. 5 % derzeit noch vergleichsweise gering ist.[265]

Eine Alternative zur Vereinbarung bzw. Vorgabe von ESG-Zielen ist die Vereinbarung bzw. Vorgabe eines ESG-Faktors. In diesem Fall wird die variable Vergütung, die in einem ersten Schritt in Abhängigkeit vom Grad der Zielerreichung ermittelt wird, in einem zweiten Schritt mit einem ESG-Faktor multipliziert. Der ESG-Faktor liegt in der Praxis häufig in einer Spanne zwischen 0,8 und 1,2. Auf diese Weise kann die ermittelte variable Vergütung sowohl abgesenkt als auch erhöht werden. ESG-Faktoren haben damit einen stärkeren Hebel als ESG-Ziele, da sie nicht nur einen Teil, sondern die gesamte variable Vergütung beeinflussen.

3. Negative Erfolgsbeiträge

Die Regelungen zu negativen Erfolgsbeiträgen stellen einen weiteren Anknüpfungspunkt zur Berücksichtigung von ESG-Kriterien in Vergütungssystemen von Finanzmarktakteuren dar. Der Begriff der negativen Erfolgsbeiträge umfasst Fälle von sitten- oder pflichtwidrigem Verhalten unterschiedlichen Schweregrades sowie Fälle, in denen das Verhalten oder die Entscheidungen von Mitarbeitern zu objektiv schwerwiegenden negativen Auswirkungen für einen Finanzmarktakteur geführt haben. Ein derartiges Verhalten kann sich auch auf ESG-Ziele und ESG-Vorgaben beziehen. Der zentrale Gedanke von negativen Erfolgsbeiträgen ist, dass sie sich anspruchsmindernd auf die Höhe der variablen Vergütung auswirken und ggf. zu einem vollständigen Wegfall der variablen Vergütung führen.

---

265 *Rau*, Wirtschaftswoche v. 22.11.2024, https://www.wiwo.de/erfolg/management/greenwashing-bei-managergehaeltern-sind-esg-boni-nur-kosmetik/30098270.html (abgerufen am 29.8.2025).

a) Banken

Für Finanz- und Kreditinstitute sind § 5 und § 18 Abs. 5 IVV die relevanten Normen in Bezug auf negative Erfolgsbeiträge. § 5 Abs. 1 IVV definiert allgemeine Anforderungen an die Angemessenheit von Vergütungssystemen und § 5 Abs. 2 IVV legt fest, dass von einer unangemessenen Ausgestaltung der variablen Vergütung auszugehen ist, wenn trotz negativer Erfolgsbeiträge ein unveränderter Anspruch auf die variable Vergütung besteht. Durch die Regelung soll erreicht werden, dass negative Erfolgsbeiträge eine Reduzierung der variablen Vergütung bewirken. Eine entsprechende Regelung findet sich in § 5 Abs. 6 Satz 5 IVV, wonach Abfindungen negative Erfolgsbeiträge oder Fehlverhalten eines Mitarbeiters nicht belohnen dürfen.

Noch strenger ist § 18 Abs. 5 IVV, der für Risikoträger bedeutender Institute gilt. Nach dieser Vorschrift müssen die Regelungen zu negativen Erfolgsbeträgen in der Lage sein, die Höhe der variablen Vergütung nicht nur zu verringern, sondern unter bestimmten Umständen zum vollständigen Verlust derselben zu führen. Der vollständige Verlust der variablen Vergütung muss nach § 18 Abs. 5 IVV in jedem Fall eintreten, wenn der Risikoträger an einem Verhalten, das für das Institut zu erheblichen Verlusten, einer wesentlichen regulatorischen Sanktion oder einer wesentlichen aufsichtlichen Maßnahme geführt hat, maßgeblich beteiligt oder dafür verantwortlich war oder relevante externe oder interne Regelungen in Bezug auf Eignung und Verhalten in schwerwiegendem Maß verletzt hat. Diesen Gedanken greift die BaFin in ihren FAQ zur Institutsvergütungsverordnung auf und verlangt, „dass auch bei Mitarbeitern, die keine Risikoträger sind und bei denen keine individuelle Zielvereinbarung erfolgt, in gravierenden Fällen (wie z. B. erheblichen Compliance-Verstößen, schwerwiegendes sitten- oder pflichtwidriges Verhalten) keine variable Vergütung gezahlt werden darf"[266]. Ein Verstoß gegen ESG-Ziele und ESG-Vorgaben kann je nach Schweregrad und Folgen bei Arbeitnehmern von Banken somit zu einer Minderung oder zum vollständigen Wegfall ihrer variablen Vergütung führen.

b) Wertpapierinstitute

Entsprechende Möglichkeiten der Kürzung oder des Verlusts der variablen Vergütung bei negativen Erfolgsbeiträgen, die auch in ESG-Verstößen bestehen können, sind für Risikoträger von Wertpapierinstituten vorgesehen. § 6 Abs. 2 WpIVergV bestimmt, dass das Vergütungssystem nicht angemessen ausgestaltet ist, wenn trotz negativer Erfolgsbeiträge ein der Höhe nach unveränderter Anspruch auf die variable Vergütung besteht. § 6 Abs. 4 Satz 4

266 BaFin, Fragen und Antworten zur Institutsvergütungsverordnung, Stand Juni 2024, Rn. 19.

WpIVergV regelt, dass Abfindungen negative Erfolgsbeiträge oder Fehlverhalten nicht belohnen dürfen. Eine vollständige Verminderung oder Rückzahlung der variablen Vergütung hat nach § 8 Abs. 6 WpIVergV zu erfolgen, wenn der betroffene Risikoträger verantwortlich ist für bei dem Wertpapierinstitut eingetretene erhebliche Verluste, an Aktivitäten teilgenommen hat, die zu erheblichen Verlusten für das Wertpapierinstitut geführt haben oder für seine Tätigkeiten nicht mehr als sachkundig und zuverlässig angesehen werden kann.

c) Versicherungen

Art. 275 der Delegierten Verordnung (EU) 2015/35 sieht keine ausdrückliche Regelung zu negativen Erfolgsbeiträgen vor. Lediglich in Bezug auf Abfindungen bestimmt Art. 275 Abs. 2 lit. f der Delegierten Verordnung (EU) 2015/35, dass diese so ausgestaltet sein müssen, „dass Versagen nicht belohnt wird“. Punktuell weitergehender ist insoweit die Versicherungsvergütungsverordnung. Sie schreibt in § 4 Abs. 3 VersVergV für Geschäftsleiter bedeutender Unternehmen i. S. v. § 1 Abs. 3 VersVergV sowie für Mitarbeiter dieser Unternehmen, deren Tätigkeit einen wesentlichen Einfluss auf das Gesamtrisikoprofil haben, vor, dass sich die variable Vergütung verringern muss durch negative individuelle Erfolgsbeiträge, durch negative Erfolgsbeiträge der jeweiligen Organisationseinheit sowie durch einen negativen Gesamterfolg des Unternehmens oder der Gruppe. Eine Vorschrift, die bestimmt, unter welchen Voraussetzung eine variable Vergütung insgesamt entfällt, fehlt in der Regulierung von Versicherungsunternehmen. Bei Versicherungsunternehmen ist somit nur lückenhaft sichergestellt, dass Fehlverhalten, das auch in einer Verletzung von ESG-Vorgaben bestehen kann, sich anspruchsmindernd auf die Höhe der variablen Vergütung auswirkt.

d) KVGen

Die regulatorischen Vorgaben für KVGen in Bezug auf negative Erfolgsbeiträge ähneln denjenigen für Versicherungsunternehmen. Eine ausdrückliche Regelung zu negativen Erfolgsbeiträgen findet sich nicht. In Anhang II Ziffer 1 k) der Richtlinie 2011/61/EU sowie in Art. 14b Abs. 1 k) der Richtlinie 2009/65/EG ist vorgeschrieben, dass Zahlungen im Zusammenhang mit der vorzeitigen Beendigung eines Vertrages so gestaltet sein müssen, dass sie Versagen nicht belohnen. Der Final Report on Guidelines on sound remuneration policies under the UCITS Directive and AIFMD der ESMA sieht in Rn. 115 vor, dass eine „negative nichtfinanzielle Leistung, insbesondere unethisches und nicht den Vorschriften entsprechendes Verhalten“ zu einer Reduzierung der variablen Vergütung führen soll. Eine Reduzierung auf null ist, anders als im Bankwesen oder im Bereich der Wertpapierinstitute, ebenso wie bei Versicherungsunternehmen, nicht ausdrücklich vorgesehen, aber grundsätzlich möglich. Damit ist auch bei KVGen eine Reduzierung der variablen Vergütung im Fall von negativen Erfolgsbeiträgen denkbar, die auf ESG-widrigem Verhalten basieren können.

4. Ex-ante-Risikoadjustierung

Die Ex-ante-Risikoadjustierung verfolgt das Ziel, potenzielle Risiken bereits vor oder bei der Festlegung variabler Vergütung systematisch zu berücksichtigen. Dazu zählen auch ESG-Risiken, die – abhängig vom Geschäftsmodell – erhebliche Auswirkungen auf die langfristige Stabilität und Reputation eines Unternehmens haben können. In der Praxis bestehen vielfältige Gestaltungsmöglichkeiten, um ESG-Aspekte in die Ex-ante-Risikoadjustierung zu integrieren: So können etwa Ziele vereinbart werden, die ESG-freundliches oder ESG-risikoaverses Verhalten gezielt honorieren. Ebenso lassen sich vertragliche Kürzungsregelungen vorsehen, die eine Minderung der variablen Vergütung im Falle ESG-schädlichen Verhaltens auslösen. Darüber hinaus bieten sich Bonus-Malus-Systeme an, bei denen positive ESG-Beiträge zu einem Aufschlag und negative Beiträge zu einem Abschlag führen. Schließlich spielt auch die Risikotragfähigkeit des Instituts eine zentrale Rolle: ESG-Risiken sind in die Beurteilung der wirtschaftlichen Tragfähigkeit einzubeziehen und können auf diese Weise mittelbar Einfluss auf die Höhe der variablen Vergütung nehmen.

a) Banken

Für die Ex-ante-Risikoadjustierung von Vergütungssystemen im Bankensektor ist § 5 IVV von zentraler Bedeutung. Nach § 5 Abs. 1 IVV sind bei der Ausgestaltung der Vergütungssysteme insbesondere Risikogesichtspunkte zu berücksichtigen. § 5 Abs. 3 IVV konkretisiert dies dahingehend, dass durch die Vergütung keine Anreize gesetzt werden dürfen, übermäßige Risiken einzugehen. Diese risikoorientierte Perspektive umfasst auch ESG-Risiken.

Daneben hat § 7 IVV Relevanz für die Ex-ante-Risikoadjustierung im Bankensektor. Diese Norm sieht vor, dass der Gesamtbetrag der variablen Vergütungen i. S. d. § 45 Abs. 2 Satz 1 Nr. 10 Kreditwesengesetz (KWG), also der Jahresgesamtbetrag, den ein Institut für die variable Vergütung aller Geschäftsleiter und Mitarbeiter vorsieht, in einem formalisierten, transparenten und nachvollziehbaren Prozess unter angemessener und ihrem Aufgabenbereich entsprechender Beteiligung der Kontrolleinheiten festzusetzen ist. Bei der Festlegung des Gesamtbetrags ist neben der mehrjährigen Kapitalplanung und der Ertragslage auch und vor allem die Risikotragfähigkeit des

Instituts und der Gruppe zu berücksichtigen. Zentraler Gedanke ist dabei, dass den eingegangenen Risiken, wozu auch ESG-Risiken zählen können, ausreichend Risikodeckungspotenzial gegenübersteht.[267]

Für Risikoträger bedeutender Institute gelten zusätzlich weitere, in den §§ 18 und 19 IVV ausdrücklich als solche bezeichnete Regelungen zur Ex-ante-Risikoadjustierung der variablen Vergütung. § 18 Abs. 3 IVV sieht vor, dass die variable Vergütung an den eingegangenen gegenwärtigen und zukünftigen Risiken auszurichten ist, wobei sicherzustellen ist, dass Anreize Risiken einzugehen durch Anreize zur Risikosteuerung ausgeglichen werden. Nach § 18 Abs. 5 Sätze 1 und 2 IVV müssen negative Abweichungen von Erfolgsbeiträgen von vereinbarten Zielen unter Berücksichtigung einer periodengerechten Zuordnung die Höhe der variablen Vergütung verringern und auch zum vollständigen Verlust derselben führen können. § 18 Abs. 5 Satz 3 IVV geht darüber hinaus und schreibt vor, dass der vollständige Verlust der variablen Vergütung in jedem Fall eintreten muss, wenn der Risikoträger entweder (i) an einem Verhalten, das für das Institut zu erheblichen Verlusten, einer wesentlichen regulatorischen Sanktion oder einer wesentlichen aufsichtlichen Maßnahme geführt hat, maßgeblich beteiligt oder dafür verantwortlich war oder (ii) relevante externe oder interne Regelungen in Bezug auf Eignung und Verhalten in schwerwiegendem Maß verletzt hat.

§ 19 Abs. 1 IVV verlangt, dass der Bemessungszeitraum der variablen Vergütung mindestens ein Jahr, im Fall von Geschäftsleitern mindestens drei Jahre, betragen muss. Nach § 19 Abs. 2 IVV müssen sowohl quantitative als auch qualitative Vergütungsparameter berücksichtigt werden, ein Grad der Zielerreichung muss ermittelt werden können und sitten- oder pflichtwidriges Verhalten darf nicht durch positive Erfolgsbeiträge ausgeglichen werden, sondern muss die Höhe der variablen Vergütung verringern. Gemäß § 19 Abs. 3 IVV sind Vergütungsparameter zu verwenden, die dem Ziel eines nachhaltigen Erfolges Rechnung tragen und eingegangene Risiken berücksichtigen. Bezogen auf ESG-Vorgaben bedeutet dies, dass ESG-Risiken bereits durch die Wahl der Vergütungsparameter berücksichtigt werden müssen, ESG-Ziele messbar ausgestaltet sein sollen und ESG-widriges Verhalten nicht kompensiert werden darf.

b) Wertpapierinstitute

Ebenso wie die Institutsvergütungsverordnung enthält auch die Wertpapierinstitutsvergütungsverordnung Regelungen zur Ex-ante-Risikoadjustierung. Zu nennen sind insofern insbesondere § 6 Abs. 1 Nr. 7 WpIVergV, wonach ein Vergütungssystem Anreize für die Risikoträger, unverhältnismäßig hohe Risiken einzugehen, vermeiden und das Risikobewusstsein schärfen soll.

267 *Löw/Sprengart*, BKR 2024, 991, 995.

Weiter von Bedeutung sind § 8 Abs. 1 WpIVergV, wonach der Bemessungszeitraum für die variable Vergütung mindestens ein Jahr beträgt sowie § 8 Abs. 2 WpIVergV. § 8 Abs. 2 WpIVergV schreibt vor, dass für die Bewertung der individuellen Leistung der Risikoträger sowohl finanzielle als auch nicht finanzielle Vergütungsparameter verwandt werden. Außerdem verlangt § 8 Abs. 2 WpIVergV, dass pflichtwidriges Verhalten mit Bezug zur ausgeübten Tätigkeit zu einer deutlichen Verringerung der variablen Vergütung führt. Nach § 8 Abs. 6 WpIVergV ist durch Malusregelungen eine Verminderung der variablen Vergütung sicherzustellen. Bei einem schwachen oder negativen Finanzergebnis soll die variable Vergütung angemessen reduziert werden. Eine vollständige Verminderung der variablen Vergütung hat insbesondere zu erfolgen, wenn der betroffene Risikoträger (i) verantwortlich ist für bei dem Wertpapierinstitut eingetretene erhebliche Verluste, (ii) an Aktivitäten teilgenommen hat, die zu erheblichen Verlusten für das Wertpapierinstitut geführt haben oder (iii) für seine Tätigkeit nicht mehr als sachkundig und zuverlässig angesehen werden kann. § 11 Abs. 2 WpIVergV bestimmt, dass die Ermittlung der Leistung, die als Basis zur Berechnung des jährlichen Gesamtbetrags der variablen Vergütung herangezogen wird, alle Kategorien von bestehenden und zukünftigen Risiken berücksichtigen muss. Damit entsprechen die Regelungen zur Ex-ante-Risikoadjustierung der Wertpapierinstitutsvergütungsverordnung weitgehend denjenigen der Institutsvergütungsverordnung, mit der Folge, dass ESG-Vorgaben in vergleichbarer Weise wie für Banken Eingang in die Ex-ante-Risikoadjustierung von Wertpapierinstituten finden.

c) Versicherungen

Die relevanten Regelungen zur Ex-ante-Risikoadjustierung für Versicherungen sind in Art. 275 der Delegierten Verordnung (EU) 2015/35 enthalten. Gemäß Art. 275 Abs. 1 lit. b der Delegierten Verordnung (EU) 2015/35 fördert die Vergütungspolitik ein solides und wirksames Risikomanagement und ermutigt nicht zur Übernahme von Risiken, die die Risikotoleranzschwellen des Unternehmens übersteigen. Art. 275 Abs. 2 lit. d der Delegierten Verordnung (EU) 2015/35 verlangt, dass bei der Bewertung der Leistung des Einzelnen sowohl finanzielle als auch nicht finanzielle Kriterien herangezogen werden und Art. 275 Abs. 2 lit. e der Delegierten Verordnung (EU) 2015/35 legt fest, dass bei der Messung der Leistung, die die Grundlage der variablen Vergütung bildet, eine Abwärtskorrektur für Exponierungen gegenüber aktuellen und künftigen Risiken vorzusehen ist.

Für Versicherungsunternehmen, die der Versicherungsvergütungsverordnung unterfallen und keine Pensionskassen sind, verlangt § 3 Abs. 1a Nr. 2 VersVergV, dass ihre Vergütungssysteme so gestaltet sind, dass sie negative Anreize vermeiden, insbesondere das Eingehen unverhältnismäßig hoher Risiken. § 3 Abs. 1a Nr. 4 VersVergV bestimmt für diese Versicherungsunternehmen, dass ihre Vergütungssysteme wesentliche Risiken und deren Zeithorizont angemessen berücksichtigen. Vergleichbare Regelungen finden sich in § 3 Abs. 1b VersVergV für Pensionskassen und Pensionsfonds. Damit sind auch die Regelungen, die für eine Ex-ante-Risikoadjustierung bei Versicherungen gelten, offen für eine Berücksichtigung von ESG-Gesichtspunkten. Sie verlangen insbesondere, dass keine übermäßigen ESG-Risiken eingegangen werden und erlauben eine Verringerung der festzusetzenden variablen Vergütung bei Vorliegen von aktuellen oder zukünftigen ESG-Risiken. Im Vergleich zu den Regelungen, die für Banken und Wertpapierinstitute gelten, sind sie jedoch weniger streng.

d) KVGen

Für KVGen finden sich die maßgeblichen Regelungen zur Ex-ante-Risikoadjustierung für AIF-Kapitalverwaltungsgesellschaften im Anhang II der Richtlinie 2011/61/EU und für OGAW-Kapitalverwaltungsgesellschaften in Art. 14 b der Richtlinie 2009/65/EG. Auf beide Regelwerke verweist § 37 KAGB. Abs. 1 lit. a Anhang II der Richtlinie 2011/61/EU sieht vor, dass die Vergütungspolitik nicht zur Übernahme von Risiken ermutigen darf, die unvereinbar sind mit den Risikoprofilen, Vertragsbedingungen oder Satzungen der von ihnen verwalteten AIF. Abs. 1 lit h Anhang II der Richtlinie 2011/61/EU verlangt einen mehrjährigen Rahmen für die Leistungsbeurteilung und Abs. 1 lit l Anhang II der Richtlinie 2011/61/EU ordnet an, dass die Erfolgsmessung, anhand derer variable Vergütungskomponenten oder Pools von variablen Vergütungskomponenten berechnet werden, einen umfassenden Berichtigungsmechanismus für alle einschlägigen Arten von laufenden und künftigen Risiken einschließt. Entsprechende Regelungen finden sich in Art. 14b Abs. 1 a, h und l der Richtlinie 2009/65/EG für OGAW-Kapitalverwaltungsgesellschaften. Die vorstehenden Vorschriften werden ergänzt um die gemeinsamen Leitlinien für OGAW und AIF der ESMA. Diese sehen in Rn. 120 ff. vor, dass die KVGen bei der Festlegung der Vergütungspools und der individuellen Vergütungen alle aktuellen und potenziellen Risiken berücksichtigen sollen, die mit den ausgeübten Tätigkeiten verbunden sind. Verlangt wird, dass die KVGen sowohl quantitative als auch qualitative Ex-ante-Risikoadjustierungsmaßnahmen implementieren, um sicherzustellen, dass die variable Vergütung vollständig auf die eingegangenen Risiken abgestimmt ist. ESG-bezogene Risiken müssen demzufolge auch bei KVGen bereits vor bzw. bei der Festlegung der variablen Vergütung angemessen berücksichtigt werden, wobei auffällt, dass die diesbezüglichen Regelungen bei KVGen besonders weitgehend sind.

5. Ex-post-Risikoadjustierung

Im Gegensatz zur Ex-ante-Risikoadjustierung stellt die Ex-post-Risikoadjustierung auf den Zeitpunkt nach Festlegung der variablen Vergütung ab. Sie dient der nachträglichen Korrektur der Vergütung, wenn sich herausstellt, dass die ursprüngliche Berechnung auf unzutreffenden Annahmen beruhte oder relevante Pflichten verletzt wurden. Unterschieden wird hier insbesondere zwischen Malus- und Clawback-Klauseln.[268]

Malus-Klauseln setzen zeitlich nach einer Festlegung der variablen Vergütung aber vor Auszahlung der variablen Vergütung an. Sie ermöglichen eine Reduzierung oder Streichung ursprünglich ermittelter variabler Vergütungsbestandteile. Der ESG-Verstoß führt hier zur Kürzung oder Streichung des auszuzahlenden Bonus. Clawback-Klauseln erlauben bereits ausgezahlte Vergütungen zurückzufordern. Ein ESG-Verstoß führt bei diesen Klauseln dazu, dass ein bereits gezahlter Bonus zurückgezahlt werden muss.

a) Banken

Eine Ex-post-Risikoadjustierung ist bei Banken nur in Bezug auf Risikoträger von bedeutenden Instituten verpflichtend vorgesehen. In den Fällen des § 18 Absatz 5 Satz 3 Nr. 1 und 2 hat das Institut nicht nur eine Ex-ante-Risikoadjustierung durchzuführen, sondern auf Grundlage entsprechender Vereinbarungen mit den Risikoträgern eine bereits ausgezahlte variable Vergütung zurückzufordern und Ansprüche auf die Auszahlung variabler Vergütung zum Erlöschen zu bringen. Dies gilt auf Basis einer periodengerechten Zuordnung des negativen Erfolgsbeitrags zu einem Bemessungszeitraum mindestens für einen Zeitraum, der mit der Auszahlung des nicht zurückbehaltenen Anteils der variablen Vergütung beginnt und zwei Jahre nach Ablauf der Zurückbehaltungsfrist für den zuletzt gemäß Abs. 4 Satz 1 Nr. 1 erdienten Vergütungsbestandteil endet. ESG-widriges Verhalten kann unter den vorgenannten Voraussetzungen somit sowohl die Auszahlung von variabler Vergütung verhindern als auch eine Pflicht zur Rückzahlung der variablen Vergütung auslösen.[269]

b) Wertpapierinstitute

Ebenso wie für Risikoträger von bedeutenden Instituten gilt auch für Risikoträger von Wertpapierinstituten eine Ex-post-Risikoadjustierung ihrer variablen Vergütung. § 8 Abs. 1 WpIVergV schreibt eine Pflicht zur nachträglichen Bewertung der Leistung, insbesondere unter Beachtung der Vorgaben des § 8 Abs. 6 WpIVergV vor. Gemäß § 8 Abs. 6 WpIVergV ist eine

268 *Siering,* in: Fischer/Schulte-Mattler, KWG, CRR-VO, InstitutsVergV § 20, Rn. 1.
269 *Löw/Sprengart,* BKR 2024, 991, 995.

Verminderung oder Rückzahlung der variablen Vergütung durch Malus- und Rückforderungsregelungen sicherzustellen, die sich nach von dem Wertpapierinstitut festgelegten Kriterien unter Berücksichtigung der in § 8 Abs. 1 und 2 WpIVergV genannten Vergütungsparameter bestimmen. Hierbei ist das Finanzergebnis des Wertpapierinstituts zu berücksichtigen. Bei einem schwachen oder negativen Finanzergebnis soll die variable Vergütung angemessen reduziert werden. Eine vollständige Verminderung oder Rückzahlung der variablen Vergütung hat insbesondere dann zu erfolgen, wenn der betroffene Risikoträger (i) verantwortlich ist für bei dem Wertpapierinstitut eingetretene erhebliche Verluste, (ii) an Aktivitäten teilgenommen hat, die zu erheblichen Verlusten für das Wertpapierinstitut geführt haben, oder (iii) für seine Tätigkeit nicht mehr als sachkundig und zuverlässig angesehen werden kann. Die Rückzahlung bereits ausbezahlter variabler Vergütung ist nach § 8 Abs. 6 Satz 5 WpIVergV für einen Zeitraum vorzusehen, der mit der Festsetzung der variablen Vergütung beginnt und ein Jahr nach Ablauf des Zurückbehaltungszeitraums für den zuletzt erdienten Vergütungsbestandteil der betreffenden variablen Vergütung endet. Abgesehen von dem um ein Jahr kürzeren Clawback-Zeitraum entsprechen damit die Regelungen zur Ex-post-Risikoadjustierung bei Wertpapierinstituten weitgehend denjenigen, die für Banken gelten. Auch bei Wertpapierinstituten ist es folglich möglich, dass ESG-widriges Verhalten zu einer nachträglichen Korrektur bereits festgesetzter variabler Vergütung führt oder eine Rückzahlung bereits ausgezahlter variabler Vergütung zur Folge hat.

c) Versicherungen

Für Versicherungen ist in Art. 275 Abs. 2 lit e der Delegierten Verordnung (EU) 2015/35 und in § 4 Abs. 3 Nr. 4 VersVergV eine Abwärtskorrektur bzw. eine Verringerung der variablen Vergütung vorgeschrieben, die nicht nur bei der ursprünglichen Ermittlung der variablen Vergütung von Bedeutung ist, sondern auch für zurückbehaltene variable Vergütung gilt. Dagegen verlangen die für Versicherungen geltenden Regelungen keinen Clawback einer bereits ausgezahlten variablen Vergütung.[270] Allerdings sieht die EIOPA-Opinion unter 3.14 vor, dass die Aufsichtsbehörden im Dialog mit den Versicherungsunternehmen als eine Form der Abwärtskorrektur einen "Malus Clawback" vorsehen sollen. Für Versicherungsunternehmen gelten damit im Vergleich zu Banken und Wertpapierinstituten abgeschwächte Ex-post-Risikoadjustierungsmechanismen, die auch im Fall von ESG-Risiken bzw. ESG-widrigem Verhalten greifen.

---

270 *Heimann/Stabenow*, BB 2021, 1844, 1846.

d) KVGen

Die maßgeblichen Regelungen zur Ex-post-Risikoadjustierung von KVGen finden sich in Abs. 1 lit. o Anhang II der Richtlinie 2011/61/EU und in Art. 14b Abs. 1 lit. o der Richtlinie 2009/65/EG. Danach wird die variable Vergütung, einschließlich des zurückgestellten Anteils, nur dann ausgezahlt oder erworben, wenn sie angesichts der Finanzlage der AIFM bzw. der Verwaltungsgesellschaft insgesamt tragbar ist und nach der Leistung der betreffenden Geschäftsabteilung, des AIF bzw. der OGAW und der betreffenden Person gerechtfertigt ist. Eine schwache oder negative finanzielle Leistung des AIFM bzw. der Verwaltungsgesellschaft oder der betreffenden AIF bzw. OGAW führt in der Regel zu einer erheblichen Schrumpfung der gesamten variablen Vergütung, wobei sowohl laufende Kompensationen als auch Verringerungen bei Auszahlungen von zuvor erwirtschafteten Beträgen, durch Malus- oder Clawback-Vereinbarungen, berücksichtigt werden. Clawback-Vereinbarungen sollen nach Rn. 154 der gemeinsamen Leitlinien für OGAW und AIF der ESMA dann greifen, wenn Betrug oder Irreführung festgestellt wurde. Weiter legen die gemeinsamen Leitlinien der ESMA nahe, dass KVGen zusätzlich zu diesen Fällen Clawback-Klauseln vorsehen sollen, z. B. für Vergütungen, die unter Verstoß gegen die OGAW- bzw. AIFM-Richtlinie und/oder die gemeinsamen Leitlinien für OGAW und AIF der ESMA erhalten wurden. Im Ergebnis lässt sich damit festhalten, dass bei KVGen eine relativ weitreichende Ex-post-Risikoadjustierung verlangt wird, die auch bei ESG-widrigem Verhalten bzw. bei ESG-Risiken greift.

III. Fazit

Die Analyse zentraler Anknüpfungspunkte – von der Geschäfts- und Risikostrategie über Zielvereinbarungen und Zielvorgaben bis hin zu negativen Erfolgsbeiträgen sowie Ex-ante- und Ex-post-Risikoadjustierungen – verdeutlicht, wo und wie Möglichkeiten und Notwendigkeiten bestehen, ESG-Kriterien konkret in die Vergütungssysteme des Finanzsektors einzubauen. Dabei zeigen sich in den untersuchten Teilsektoren – Banken, Wertpapierinstitute, Versicherungen, Kapitalanlage- und Kapitalverwaltungsgesellschaften – strukturelle Parallelen und Ähnlichkeiten, wobei die Vergütungsregulierung bei Banken am strengsten ausgeprägt ist. Es ist zu erwarten, dass ESG-Kriterien auch zukünftig, ggf. sogar noch verstärkt, Eingang in Vergütungssysteme von Finanzmarktakteuren finden, jedenfalls sofern sie der europäischen Regulierung unterfallen. Hierfür sprechen die in den letzten Jahren stetig erweiterten ESG-Vorgaben sowie ein wachsendes Bewusstsein der Marktteilnehmer für ESG-Themen.

Kapitel 3 – Diversity, Equity & Inclusion

1. DEI als strategisches Instrument zur Mitarbeiterbindung

Helena Byrne, LL. B. (Strathclyde)

Diversity, Equity & Inclusion (DEI) hat sich in Unternehmen vom „Nice-to-have" zum strategischen Muss entwickelt[271]– nicht nur aus ethischen Gründen, sondern auch mit Blick auf Geschäftskennzahlen. Besonders die Mitarbeiterbindung (Retention), die eine der größten Herausforderungen auf dem Arbeitsmarkt darstellt,[272] profitiert von einer inklusiven Unternehmenskultur. Hohe Fluktuation verursacht enorme Kosten: der Ersatz eines Mitarbeiters kostet ca. 50–200 % des Jahresgehalts[273] und gefährdet Know-how sowie Teammoral. Organisationen erkennen zunehmend, dass Vielfalt und Inklusion im Arbeitsumfeld die Mitarbeiterzufriedenheit erhöhen und Kündigungen reduzieren. Im Folgenden wird beleuchtet, welchen Einfluss DEI-Maßnahmen auf Zufriedenheit, Loyalität und Fluktuation haben, welche Strategien sich bewährt haben, wo Herausforderungen liegen und welche Unterschiede in Ländern, Branchen und Unternehmensgrößen zu beachten sind.

I. Wirkung von DEI-Maßnahmen auf Zufriedenheit, Loyalität und Fluktuation

Zahlreiche Untersuchungen zeigen einen klar positiven Zusammenhang zwischen inklusiver Kultur und Mitarbeiterbindung. Mitarbeiter fühlen sich dem Unternehmen stärker verbunden, wenn sie Wertschätzung und Zugehörigkeit erleben. Eine aktuelle US-Studie ergab zum Beispiel, dass 76 % der Beschäftigten eher bei einem Arbeitgeber bleiben, der DEI unterstützt.[274] Bei der Generation Z liegt dieser Wert sogar bei 86 %.[275] Umgekehrt sind fehlende Vielfalt und Inklusion Risikofaktoren für Unzufriedenheit und

---

271 Hierzu → Teil 1, Kap. 1.1 (*Harrer*), unter I.

272 SHRM & Workhuman, 2018, Designing Work Cultures for the Human Era, The 2018 SHRM/Workhuman Employee Recognition Report, S. 5, https://assets.ctfassets.net/hff6luki1ys4/3DRHqVdhSAHgKpzMabr2tK/0c26cd7483a-2e35366249974b7428099/Report_2019-white-paper-designing-work-cultures-for-the-human-era-1.pdf (abgerufen am 29.8.2025).

273 *McFeely/Wigert*, Gallup v. 13.3.2019, https://www.gallup.com/workplace/247391/fixable-problem-costs-businesses-trillion.aspx (abgerufen am 29.8.2025).

274 *Pollack/Glasgow/Van Bommel/ Joseph/Yoshino*, Catalyst v. 11.6.2025, https://www.catalyst.org/insights/2025/risks-of-retreat-report (abgerufen am 29.8.2025).

275 *Pollack/Glasgow/Van Bommel/ Joseph/Yoshino*, Catalyst v. 11.6.2025, https://www.catalyst.org/insights/2025/risks-of-retreat-report (abgerufen am 29.8.2025).

Abwanderung: Fast die Hälfte der befragten Angestellten, die sich als BIPOC[276] bzw. Latinx[277] identifizieren, gab an, mindestens einmal wegen erlebter Diskriminierung gekündigt zu haben.[278] Bessere Inklusivität führt zu geringerer Fluktuation, was die zentrale Rolle eines inklusiven Umfelds für die Bindung von Top-Talenten unterstreicht.[279]

Inklusive Unternehmen punkten mit höherer Mitarbeiterzufriedenheit, Engagement und Loyalität. So zeigen Analysen, dass ein starkes Zugehörigkeitsgefühl massiv die Bleibebereitschaft fördert: Beschäftigte mit hohem „Belonging" weisen eine um 34 % höhere Verbleibensabsicht auf.[280] Eine andere Untersuchung zeigt: Mitarbeiter, die im Unternehmen Gleichbehandlung und Fairness wahrnehmen, sind dreimal so wahrscheinlich zufrieden mit ihrer Karriere und wollen länger bleiben.[281] Dieser Effekt spiegelt sich auch in erhöhter Arbeitsleistung und Gesundheit wider – eine Studie verzeichnete bei hoher Inklusion gleichzeitig eine 50 % geringere Fluktuationswahrscheinlichkeit sowie deutliche Zuwächse in Leistung und Engagement.[282] Inklusion schafft ein Klima des Vertrauens und der Verbundenheit, in dem Mitarbeiter „sich selbst in der Zukunft im Unternehmen sehen" und gerne langfristig beitragen.[283]

Auch Führung und Unternehmenskultur spielen eine Schlüsselrolle: Wenn Mitarbeiter das Gefühl haben, dass ihre Führungskräfte Diversität ernsthaft fördern, sind sie engagierter und bleiben dem Arbeitgeber eher treu.[284] Um-

---

276 Black, Indigenous and People of Color – Schwarze, Indigene und Personen mit nicht-weißer Hautfarbe.

277 Genderneutraler Sammelbegriff für Menschen lateinamerikanischer Herkunft.

278 Glassdoor & The Harris Poll, Diversity & Inclusion Workplace Survey, S. 1, https://web.archive.org/web/20240615175524/https://b2b-assets.glassdoor.com/glassdoor-diversity-inclusion-workplace-survey.pdf (abgerufen am 29.8.2025).

279 *Schwartz/Denny/Mallon/Van Durme/Hauptmann/Yan/Poynton,* Deloitte Insights v. 15.5.2020, https://www.deloitte.com/us/en/insights/topics/talent/human-capital-trends/2020/creating-a-culture-of-belonging.html (abgerufen am 29.8.2025).

280 *Eatough*, 2021, BetterUp Blog v. 8.6.2021, https://www.betterup.com/blog/can-belonging-drive-retention (abgerufen am 29.8.2025).

281 McKinsey & Company v. 19.5.2020, https://www.mckinsey.com/featured-insights/diversity-and-inclusion/diversity-wins-how-inclusion-matters (abgerufen am 29.8.2025).

282 *Carr/Reece/Kellerman/Robichaux*, Harvard Business Review v. 16.12.2019, https://hbr.org/2019/12/the-value-of-belonging-at-work (abgerufen am 29.8.2025).

283 *Bersin*, Deloitte Review v. 27.1.2015, 16/27, https://www.deloitte.com/us/en/insights/topics/talent/employee-engagement-strategies.html (abgerufen am 29.8.2025); *Bush*, Great Place to Work v. 25.8.2023, https://www.greatplacetowork.com/resources/blog/why-is-diversity-inclusion-in-the-workplace-important (abgerufen am 9.7.2025); Benevity Impact Labs v. 22.10.2024, https://benevity.com/research/the-business-case-for-social-impact (abgerufen am 29.8.2025).

284 *Zheng/Kim/Kark/Mascolo*, Harvard Business Review v. 27.9.2023, https://hbr.org/2023/09/what-makes-an-inclusive-leader (abgerufen am 29.8.2025).

gekehrt kann Diversität ohne eine inklusive Kultur ins Leere laufen. Diversität entfaltet erst in einer Kultur der Zugehörigkeit ihre volle Wirkung – in einem solchen Umfeld fühlen sich diverse Talente willkommen und bleiben an Bord.[285] Das Gefühl, man selbst sein zu dürfen, steigert die Verbundenheit enorm. Alle Benefits nützen nichts, wenn sich ein Mitarbeiter nicht wohl in seiner Arbeitsumgebung fühlt.[286] DEI-Maßnahmen erhöhen die Mitarbeiterzufriedenheit und Loyalität und senken Fluktuation deutlich, indem sie ein Arbeitsklima schaffen, in dem sich verschiedene Menschen respektiert, eingebunden und fair behandelt fühlen.[287]

II. Strategien und Best Practices zur Integration von DEI für bessere Retention

Um DEI gezielt als Bindungsinstrument einzusetzen, haben sich verschiedene Strategie-Bausteine bewährt.

Inklusive Führung und Vorbildfunktion: Das Top-Management muss Diversity & Inclusion glaubwürdig vorleben und verankern. Das erfordert, Verantwortlichkeit zu schaffen – etwa indem Führungskräfte an DEI-Zielen gemessen und für inklusive Teams belohnt werden.[288] Studien zeigen, dass Mitarbeiter besonders dann bleiben, wenn sie von oben Commitment zu Fairness und Vielfalt wahrnehmen.[289]

Frühe Verankerung im Employee Lifecycle: Bereits im Bewerbungsprozess und Onboarding sollten Werte der Vielfalt vermittelt werden. Kandidaten und Neueinsteiger merken so, dass Inklusion Teil der DNA ist. Dies zahlt sich aus: Ein effektives, inklusives Onboarding kann die Retention neuer Mitarbeiter um bis zu 82 % verbessern.[290] Im Recruiting zeigt sich, dass das deutliche Kommunizieren von DEI in Stellenanzeigen und Vorstel-

285 *Hunt/Dixon-Fyle/Huber/Martínez Márquez/Prince/Thomas*, McKinsey & Company v. 5.12.2023, https://www.mckinsey.com/featured-insights/diversity-and-inclusion/diversity-matters-even-more-the-case-for-holistic-impact (abgerufen am 29.8.2025).

286 *Brown*, Harvard Business Review v. 4.12.2018, https://hbr.org/2018/12/to-retain-employees-focus-on-inclusion-not-just-diversity (abgerufen am 29.8.2025).

287 *Pollack/Glasgow/Van Bommel/Joseph/Yoshino*, Catalyst v. 11.6.2025, https://www.catalyst.org/insights/2025/risks-of-retreat-path-forward (abgerufen am 29.8.2025).

288 *Hunt/Dixon-Fyle/Huber/Martínez Márquez/Prince/Thomas*, McKinsey & Company v. 5.12.2023, https://www.mckinsey.com/featured-insights/diversity-and-inclusion/diversity-matters-even-more-the-case-for-holistic-impact (abgerufen am 29.8.2025).

289 *Zheng/Kim/Kark/Mascolo*, Harvard Business Review v. 27.9.2023, https://hbr.org/2023/09/what-makes-an-inclusive-leader (abgerufen am 29.8.2025).

290 Brandon Hall Group, https://www.allencomm.com/wp-content/uploads/2021/10/eBook_DevelopingOnboardingModernWorkplace.pdf (abgerufen am 29.8.2025).

lungsgesprächen die Passung erhöht – es zieht jene Talente an, die Wert auf ein diverses Umfeld legen.[291]

Schulung und Bewusstseinsbildung: Regelmäßige DEI-Trainings helfen, ein gemeinsames Verständnis von Inklusion zu entwickeln. Sie schulen Mitarbeiter und Führungskräfte in inklusiver Sprache, dem Erkennen und Umgang mit Biases oder Mikroaggressionen, und vermitteln konkrete Verhaltensweisen für den respektvollen Umgang. Regelmäßig durgeführt machen solche Programme das Team inklusionskompetent[292] und stärken damit die Kultur des Zusammenhalts – und nachweislich auch das Wohlbefinden der Mitarbeiter.[293]

Mitarbeiternetzwerke und Teilhabe: Employee Resource Groups (ERGs) und ähnliche Netzwerke bieten geschützte Räume für unterrepräsentierte Gruppen, fördern den Austausch und geben dem Management wertvolles Feedback. Die Belegschaft sieht daran, dass Vielfalt geschätzt wird. Solche Gruppen erhöhen nachweislich die Verbundenheit, steigern Zugehörigkeit und Zufriedenheit.[294]

Karriereentwicklung und Mentoring: Ein inklusives Retention-Konzept sorgt für Chancengleichheit bei Aufstieg und Entwicklung. Best Practices sind Mentoring-Programme für diverse Talente, gezieltes Coaching und transparente Beförderungskriterien. Ebenso sollten Beförderungsprozesse auf eventuelle Biases kritisch geprüft werden. Klare Aufstiegspfade und Führungsprogramme für unterrepräsentierte Mitarbeiter können essenziell sein, um Zugehörigkeit zu fördern und langfristige Bindung zu sichern.[295]

Arbeitsumgebung und Benefits: Ein integratives Umfeld umfasst auch die physische und digitale Arbeitsumgebung sowie die Leistungen des Unternehmens. Arbeitsplatzgestaltung nach dem Prinzip „Design for All“ (z. B. barrierefreie Zugänge, Ruheräume, assistive Technologien) signalisiert Wertschätzung und hält Mitarbeiter, die besondere Bedürfnisse haben.[296] Flexible Arbeitsmodelle (Gleitzeit, Homeoffice) und familienfreundliche Leistungen (z. B. Kinderbetreuung) kommen vielfältigen Lebensentwürfen

---

291 Monster, https://hiring.monster.com/resources/recruiting-strategies/employer-branding/diversity-recruitment-and-your-employer-brand/ (abgerufen am 29.8.2025).

292 *Bezrukova/Spell/Perry/Jehn*, Psychological Bulletin 2016, 142, 11, 1227–1274.

293 *Perales/Ablaza/Elkin*, American Journal of Public Health 2022, 112, 3, 482–490.

294 *Hunt/Dixon-Fyle/Huber/Martínez Márquez/Prince/Thomas*, McKinsey & Company v. 5.12.2023, https://www.mckinsey.com/featured-insights/diversity-and-inclusion/diversity-matters-even-more-the-case-for-holistic-impact (abgerufen am 29.8.2025).

295 Catalyst v. 25.1.2024, https://www.catalyst.org/about/newsroom/2024/pay-equity-champions-for-change-outperform-global-peers (abgerufen am 29.8.2025).

296 Microsoft, Towards a More Accessible, Inclusive Workplace, https://cdn-dynmedia-1.microsoft.com/is/content/microsoftcorp/microsoft/final/en-us/microsoft-brand/documents/RW1jhch.pdf (abgerufen am 29.8.2025).

entgegen. Solche inklusiven Benefits steigern Zufriedenheit und Treue, und fördern die Verbleibsabsicht deutlich.[297]

Offene Kommunikation, Feedback und kontinuierliches Monitoring: Eine wirksame DEI-Strategie braucht vor allem Transparenz und belastbare Daten. Umfragen zeigen, dass rund ein Drittel der Beschäftigten sich mehr Informationen über DEI-Ziele und -Fortschritte wünscht;[298] fehlende Sichtbarkeit untergräbt das Vertrauen in die Ernsthaftigkeit der Programme. Unternehmen sollten deshalb ihre Ambitionen, Maßnahmen und Zwischenergebnisse offen teilen, etwa durch regelmäßige Town-Halls, Inklusions-Dashboards oder interne Newsletter. Transparenz allein genügt jedoch nicht. Ebenso wichtig sind systematisch angelegte Feedback-Kanäle – Pulsbefragungen, anonyme Hinweisstellen oder moderierte Fokusgruppen – damit die Belegschaft kritisch rückmelden kann, wo Inklusion gelingt und wo Barrieren bestehen. Eine Kultur, in der solche Stimmen gehört und in konkrete Anpassungen übersetzt werden, stärkt das psychologische Sicherheitsgefühl und damit die Bindung an den Arbeitgeber.[299] Parallel dazu gilt der Grundsatz „What gets measured, gets done“: Ohne Kennzahlen bleibt DEI schnell Aktionismus. Führende Unternehmen definieren deshalb messbare Zielgrößen – von Diversitätsquoten über Inclusion-Scores bis zu abteilungs- oder standortbezogenen Fluktuationsraten.[300] Eine Studie zeigt, dass Firmen mit konsequent gemessener Inklusion nicht nur geringere Kündigungsraten, sondern auch bessere Geschäftsergebnisse erzielen.[301] Mangelnder DEI-Fokus kann direkt mit hohen Fluktuationsraten in Verbindung gebracht werden. Datenbasierte Auswertungen decken „Hotspots“ – etwa überdurchschnittliche Kündigungen bei bestimmten Gruppen – auf und erlauben gezielte

---

297 *Erickson/Lombardo/Ray,* The Conference Board, The Reimagined Workplace 2023: Striking a Delicate Balance, https://www.conference-board.org/pdfdownload.cfm?masterProductID=47710 (abgerufen am 29.8.2025); Care.com & DKC Analytics, The Future of Benefits Report 2024, https://318630.fs1.hubspotusercontent-na1.net/hubfs/318630/Content/eBooks%20and%20Whitepapers/CFB%20-%20eBooks%20and%20Reports/Future%20of%20Benefits%202024/2024%20Future%20of%20Benefits%20Report_FINAL_1MBv2.pdf (abgerufen am 29.8.2025); → Teil 1, Kap. 1.1 (*Harrer*), unter V.

298 *Escalera,* MyPerfectResume v. 10.3.2025, https://www.myperfectresume.com/career-center/careers/basics/dei-rollbacks (abgerufen am 29.8.2025).

299 *Hunt/Dixon-Fyle/Huber/Martínez Márquez/Prince/Thomas*, McKinsey & Company v. 5.12.2023, https://www.mckinsey.com/featured-insights/diversity-and-inclusion/diversity-matters-even-more-the-case-for-holistic-impact (abgerufen am 29.8.2025).

300 Hierzu → Teil 1, Kap. 1.1 (*Harrer*), unter III.2.

301 McKinsey & Company v. 19.5.2020, https://www.mckinsey.com/featured-insights/diversity-and-inclusion/diversity-wins-how-inclusion-matters (abgerufen am 29.8.2025).

Gegenmaßnahmen.[302] Erst die Kombination aus offener Kommunikation, aktivem Feedback-Management und einem robusten Monitoring-System verwandelt DEI von guten Absichten in eine belastbare Retention-Strategie. Transparente Ziele schaffen Vertrauen, kontinuierliche Rückmeldungen halten Initiativen relevant, und harte Zahlen sichern Verbindlichkeit sowie ständige Optimierung.

Durch eine ganzheitliche Integration von DEI in alle HR-Prozesse – von Einstellung über Entwicklung bis Unternehmenskultur – kann DEI zum echten Retention-Treiber werden. Mitarbeiter erleben vom ersten Tag an, dass Vielfalt und Fairness gelebte Praxis sind, was ihre Identifikation mit dem Arbeitgeber erhöht. Entsprechend betont die Karriereforschung: Inklusive Praktiken zahlen direkt auf Loyalität ein – Mitarbeiter fühlen sich gehört, respektiert und „als Teil von etwas Größerem“, was Engagement und Bindung stärkt.

III. Herausforderungen und Grenzen von DEI-Initiativen in Bezug auf Retention

Trotz der belegten Vorteile ist die Umsetzung von DEI als Retention-Strategie kein Selbstläufer. Unternehmen stehen vor verschiedenen Herausforderungen.

„Check-Box“-Mentalität vs. Kulturwandel: Ein zentrales Problem liegt häufig darin, dass DEI-Maßnahmen oberflächlich bleiben. Wird Diversität nur aus Compliance-Gründen abgehakt, ohne tief in die Kultur einzudringen, verpufft die Wirkung. DEI ist nicht bloß eine Pflichterfüllung – tatsächlich muss es als dynamische Geschäftsstrategie gelebt werden, die Leistung und Loyalität antreibt.[303] Bleibt die Umsetzung halbherzig, fühlen sich Beschäftigte nicht ernstgenommen und kehren dem Arbeitgeber eventuell enttäuscht den Rücken. Diversität ohne Inklusion kann sogar kontraproduktiv sein: Neue diverse Talente werden gewonnen, verlassen das Unternehmen aber bald wieder, wenn sie sich nicht zugehörig fühlen.[304]

Fehlende Ressourcen und Expertise: Besonders in kleineren Unternehmen fehlen mitunter die Kapazitäten oder das Know-how, um umfangreiche

302 *Deen,* People Development Magazine v. 18.10.2024, https://peopledevelopment-magazine.com/2024/10/18/hr-analytics-for-diversity-and-inclusion/ (abgerufen am 29.8.2025).

303 *Campos,* Rewriting the Rules for the Digital Age 2017 Deloitte Global Human Capital Trends, https://www2.deloitte.com/content/dam/Deloitte/global/Documents/About-Deloitte/central-europe/ce-global-human-capital-trends.pdf (abgerufen am 29.8.2025).

304 *Wang/Lu/Wu/Luo,* Frontiers in Public Health 2023, 12.01.2023.

DEI-Programme zu entwickeln. In einer Erhebung nannten 29 % der Befragten unzureichende Ressourcen als größtes Hindernis für DEI-Erfolg, gefolgt von 28 %, die einen Mangel an beständigem Führungssupport beklagten.[305] Ohne Rückhalt von oben und ohne Budget für Schulungen, ERGs oder Datentools laufen viele Initiativen ins Leere. Zudem gibt es noch wenige DEI-Spezialisten[306] was es schwierig macht, Expertise im Haus aufzubauen.

Mangelnde Verbindlichkeit und Führungskompetenz: DEI-Initiativen scheitern oft, wenn das Top-Management nicht voll dahintersteht. Fehlende Führungsvorbilder oder inkonsequentes Verhalten (etwa Tolerieren von Bias in Entscheidungen) untergraben die Glaubwürdigkeit der Programme. Ebenso problematisch ist es, wenn Führungskräfte im mittleren Management nicht ausreichend geschult werden – sie sind aber Schlüsselfiguren für die tägliche Inklusionskultur. Nachhaltige Verankerung erfordert Schulung, Anreize und Rechenschaftspflichten für Leader.[307] Viele Unternehmen befinden sich hier noch am Anfang: Laut einer Erhebung sehen zwar 79 % der Firmen Zugehörigkeit als wichtig für den Unternehmenserfolg, aber nur 13 % fühlen sich „sehr gut vorbereitet", dieses Thema anzugehen.[308] Diese Lücke zwischen Anspruch und Umsetzung ist eine wesentliche Herausforderung.[309]

Geduld und kulturelle Trägheit: DEI-Erfolge (z. B. sinkende Fluktuation bei Minderheiten) zeigen sich oft erst mittel- bis langfristig. Dies erfordert einen langen Atem, was in einer quartalsgetriebenen Unternehmenswelt schwierig sein kann. Zudem müssen tief verwurzelte Kulturmuster überwunden werden – inklusives Verhalten lässt sich nicht per Dekret verordnen, sondern muss eingeübt und verinnerlicht werden.

Unternehmen sollten Risiken analysieren, Programme bei Bedarf anpassen, aber im Kern an ihren DEI-Zielen festhalten – denn Verzicht auf DEI ist keine neutrale Option, sondern eine Entscheidung mit Konsequenzen. Erfolgreiche DEI-Strategien zeichnen sich dadurch aus, dass sie die genannten Hürden aktiv adressieren – z. B. Führungskräfte einbinden, ausreichende Ressourcen bereitstellen, Fortschritte messen – und so die Limitierungen in Chancen verkehren.

---

305 *Escalera,* MyPerfectResume v. 10.3.2025, https://www.myperfectresume.com/career-center/careers/basics/dei-rollbacks (abgerufen am 29.8.2025).

306 *Colvin*, HR Dive v. 14.8.2023, https://www.hrdive.com/news/dei-job-postings-are-down-why-do-these-roles-lack-longevity/724241/ (abgerufen am 29.8.2025).

307 *Hunt/Dixon-Fyle/Huber/Martínez Márquez/Prince/Thomas*, McKinsey & Company v. 5.12.2023, https://www.mckinsey.com/featured-insights/diversity-and-inclusion/diversity-matters-even-more-the-case-for-holistic-impact (abgerufen am 29.8.2025).

308 *Schwartz/Denny/Mallon/Van Durme/Hauptmann/Yan/Poynton,* Deloitte Insights v. 15.5.2020, https://www.deloitte.com/us/en/insights/topics/talent/human-capital-trends/2020/creating-a-culture-of-belonging.html (abgerufen am 29.8.2025).

309 Hierzu → Teil 1, Kap. 1.1 (*Harrer*), unter V.

IV. DEI nach Regionen

1. Deutschland & Europäische Union

In Europa – und besonders in Deutschland – rückt Diversity, Equity & Inclusion seit einigen Jahren deutlich stärker in den strategischen Fokus von Unternehmen. Ein zentrales Signal liefert der EY European DEI Index 2024: Obwohl 85 % der befragten Führungskräfte DEI als geschäftskritisch einstufen, haben ihm zufolge erst 7 % der europäischen Unternehmen eine wirklich inklusive Kultur aufgebaut. Der Index weist zugleich große Unterschiede zwischen den Ländern aus und mahnt, dass viele Organisationen zwar Bekenntnisse abgeben, jedoch noch nicht in systemische Maßnahmen investieren, die Loyalität und Verbleib nachhaltig erhöhen.[310]

Gleichzeitig dokumentieren EU-weite Befragungen einen klaren Talenteffekt: Laut einer aktuellen EURES-Auswertung[311] (European Employment Services – EU-Netzwerk zur Förderung der Arbeitsmobilität) betrachten 76 % der europäischen Jobsuchenden die Diversitätskultur eines Arbeitgebers als entscheidenden Faktor bei der Jobwahl. Für Unternehmen heißt das: Wer Inklusion sichtbar lebt, vergrößert nicht nur die Bewerberbasis, sondern erhöht auch die Bindungsbereitschaft der eigenen Beschäftigten. In Deutschland bestätigen nationale Studien das Bild. Eine repräsentative Erhebung der IU Internationalen Hochschule ergab 2024, dass 75,1 % der künftigen Fachkräfte explizit Wert auf messbare DEI-Maßnahmen legen und Unternehmen, die Vielfalt nur „auf dem Papier" zeigen, konsequent meiden.[312]

Neben Marktkräften verstärken europäische Regulierungen den Druck, DEI mit Kennzahlen zu hinterlegen: Die CSRD verpflichtet ab dem Geschäftsjahr 2024 zehntausende Unternehmen in der EU, detailliert über soziale Kennzahlen wie Geschlechter- und Diversitätsquoten zu berichten.[313] Ab 2026 folgt die EU-Richtlinie für Entgelttransparenz (2023/970), die regelmäßige Berichte zu geschlechtsbezogenen (und künftig weiteren) Pay-Gaps sowie Abhilfepläne verlangt. Diese Vorgaben machen Inklusion mess- und prüfbar und damit verbindlich – wer die Kennzahlen nicht verbessert, riskiert Reputationsschäden und Rechtsfolgen.

---

310 EY Romania, EY Newsroom v. 12.4.2024, https://www.ey.com/en_ro/newsroom/2024/04/-ey-european-dei-index-companies-in-europe-are-still-behind (abgerufen am 29.8.2025).

311 European Labour Authority & Directorate-General for Employment, Social Affairs and Inclusion EURES News v. 17.10.2024, https://eures.europa.eu/fostering-more-inclusive-workplaces-2024-10-17_en (abgerufen am 29.8.2025).

312 IU Internationale Hochschule, Diversity und Inklusion in Unternehmen 2024: Studienbericht, https://static.iu.de/studies/diversity-und-inklusion-in-unternehmen-2024.pdf (abgerufen am 29.8.2025).

313 Hierzu → Teil 1, Kap. 2.1 (*Flöter*), unter I.3.

Deutschland treibt DEI zusätzlich über freiwillige Initiativen wie die „Charta der Vielfalt“ voran. Mehr als 6.500 Organisationen mit zusammen 14,7 Millionen Beschäftigten haben die Selbstverpflichtung zur vorurteilsfreien Arbeitskultur unterschrieben und berichten, dass klare Werte sowie Offenheit messbar zur Mitarbeiterbindung beitragen. Dennoch zeigen Umfragen, dass die emotionale Bindung vieler Beschäftigter hierzulande weiterhin niedrig bleibt und die Wechselbereitschaft hoch ist – ein Hinweis, dass Ankündigungen allein nicht genügen. Erst konsequente Maßnahmen wie bias-freie Karrierepfade, flexible Arbeitsmodelle und transparente Ziel-Kennzahlen wirken spürbar gegen Abwanderung.

Der Reifegrad und die Motivation für DEI variieren je nach Branche. Wissensintensive und um Talente konkurrierende Branchen – etwa Technologie, Beratung, Finanzen – treiben DEI oft besonders voran, um im „War for Talent“ attraktiv zu sein und vielfältige Teams zu halten.[314] Studien zeigen beispielsweise in der Tech-Branche hohe Fluktuationsraten bei Frauen und Minderheiten,[315] denen Firmen mit gezielten Initiativen entgegenwirken. Gesundheitswesen[316] und akademische Einrichtungen[317] adressieren DEI ebenfalls zunehmend, um eine Belegschaft aufzubauen, die der heterogenen Klientel entspricht und um Engpässe zu entschärfen. Hingegen tun sich traditionell homogene Branchen wie Maschinenbau[318] oder Teile des öffentlichen Dienstes[319] mitunter schwerer, eine DEI-Kultur zu etablieren – hier fehlen oft Vorbilder und der Druck des Marktes. Dennoch erkennen immer mehr Branchen den Wert: So berichten über 80 % der Führungskräfte branchenübergreifend, dass Diversity & Inclusion ein kluges Investment ist, das sich in besseren finanziellen Ergebnissen und Kundenloyalität auszahlt.[320]

---

314 PwC, Global Workforce Hopes & Fears Survey 2023, https://www.pwc.com/gx/en/issues/workforce/hopes-and-fears.html (abgerufen am 29.8.2025).

315 Kapor Center for Social Impact, The 2017 Tech Leavers Study, https://www.kaporcenter.org/the-2017-tech-leavers-study/ (abgerufen am 29.8.2025).

316 NSI Nursing Solutions Inc., 2024 National Health Care Retention & RN Staffing Report, https://vizientinc-delivery.sitecorecontenthub.cloud/api/public/content/a42792dc77fa49fb9ab049f60c2e4a6c (abgerufen am 29.8.2025).

317 National Academies of Sciences, Engineering, and Medicine, Promising Practices for Addressing the Under-representation of Women in Science, Engineering, and Medicine, https://nap.nationalacademies.org/catalog/26879 (abgerufen am 29.8.2025).

318 *Werz/Daling/Brueggemann/Borowski/Isenhardt*, International Conference on Gender Research 2024, 7, 1, S. 408–415, https://papers.academic-conferences.org/index.php/icgr/article/view/2279 (abgerufen am 29.8.2025).

319 *Gardner/McConnell*, McKinsey & Company v. 25.5.2023, https://www.mckinsey.com/industries/public-and-social-sector/our-insights/making-government-an-even-better-place-for-women-to-work (abgerufen am 29.8.2025).

320 *Pollack/Glasgow/Van Bommel/Joseph/Yoshino*, Catalyst v. 11.6.2025, https://www.catalyst.org/insights/2025/risks-of-retreat-path-forward (abgerufen am 29.8.2025).

Diese branchenweite Erkenntnis dürfte DEI-Investitionen weiter antreiben, wodurch Nachzügler-Branchen sukzessive aufschließen.

Große multinationale Konzerne verfügen meist über eigene DEI-Abteilungen, Budgets und formalisierte Programme (z. B. globale Diversity-Officer, interne Diversity-Trainingsakademien). Sie können dadurch umfassende Maßnahmen umsetzen und Benchmarking betreiben.[321] Kleinere und mittlere Unternehmen (KMU) haben hingegen seltener strukturierte DEI-Programme, was teils an begrenzten Ressourcen liegt.[322] Dennoch können auch KMU mit kreativen Maßnahmen punkten – etwa durch familienfreundliche Policies oder eine besonders herzliche, offene Kultur. Studien deuten an, dass Unternehmen, die überproportional in DEI investieren, messbare Vorteile erzielen: Die „DEI Leaders“ in einer europäischen Studie gaben im Schnitt 25 % mehr für DEI aus und konnten u. a. bei Diversity-Indikatoren klar bessere Werte vorweisen.[323] Das legt nahe, dass Investitionen in Inklusion sich unabhängig von der Firmengröße auszahlen. Allerdings müssen Lösungen passend skaliert werden: Ein Großkonzern kann globale Programme fahren, während ein Start-up vielleicht durch flexible Arbeitsweisen und bewusste Teamzusammenstellungen Inklusion lebt. Wichtig ist in allen Größen: die Mitarbeiterstimme ernst nehmen. Mitarbeiter sind die größten Einflussnehmer auf DEI-Entscheidungen des Managements[324] – Firmen jeder Größe sollten also auf die Bedürfnisse ihrer Belegschaft hören, ob es um faire Bezahlung, Arbeitszeitmodelle oder den Umgangston geht.

2. Asien

Asiens Arbeitsmärkte stehen heute unter doppeltem Druck: Einerseits melden bereits 79 % der Arbeitgeber in Singapur akute Besetzungsprobleme, ähnliche Werte finden sich in Hongkong und zunehmend auch in wachstumsstarken Schwellenländern;[325] andererseits steigt die Wechselbereit-

---

321 *Goldstein*, McKinsey & Company v. 18.11.2022, https://www.mckinsey.com/capabilities/people-and-organizational-performance/our-insights/unlocking-the-potential-of-chief-diversity-officers (abgerufen am 29.8.2025).

322 OECD, Fostering Convergence in SME Sustainability Reporting: A Background Study, https://one.oecd.org/document/CFE/SME(2024)13/FINAL/en/pdf (abgerufen am 29.8.2025).

323 EY Romania, EY Newsroom v. 12.4.2024, https://www.ey.com/en_ro/newsroom/2024/04/-ey-european-dei-index-companies-in-europe-are-still-behind (abgerufen am 29.8.2025).

324 *Pollack/Glasgow/Van Bommel/Joseph/Yoshino*, Catalyst v. 11.6.2025, https://www.catalyst.org/insights/2025/risks-of-retreat-path-forward (abgerufen am 29.8.2025).

325 ManpowerGroup, Talent Shortage Survey 2024, https://www.manpowergroup.com.sg/hubfs/SG_EN_Talent_Shortage_Survey_2024.pdf?hsLang=en-us (abgerufen am 29.8.2025).

schaft rapide: 2023 wollten rund 30 % der Beschäftigten in Asien-Pazifik innerhalb der nächsten zwölf Monate den Arbeitgeber wechseln– ein Plus von fast zehn Prozentpunkten gegenüber 2022.[326] In diesem Kontext rückt DEI zunehmend in den Vordergrund.

Der Fortschritt verläuft jedoch regional sehr unterschiedlich. Indien verpflichtet börsennotierte Unternehmen seit 2013 zu mindestens einer Frau im Board; zehn Jahre später liegt der Frauenanteil in Nifty-500-Aufsichtsräten bei gut 20 % – Fortschritt, aber noch klar unter dem internationalen Mittel.[327] Malaysia verfolgt über den nationalen 30 %-Club ein ähnliches Ziel und nähert sich der Marke inzwischen spürbar an.[328] In Japan hingegen beträgt der weibliche Anteil an Vorstandsmandaten laut Weltwirtschaftsforum lediglich 15,5 % und illustriert damit den anhaltenden Gender-Gap in Ostasien.[329] Parallel bleibt die Erwerbsbeteiligung von Frauen in vielen Teilen Südasiens gering: Eine aktuelle Reuters-Analyse verortet Indiens weibliche Erwerbsquote trotz leichter Erholung erst bei rund 31 %, noch immer weit unter den G20-Vergleichswerten.[330] Auch andere Diversitätsdimensionen sind unterrepräsentiert; so erinnert die ILO daran, dass es in Asien über 470 Millionen erwerbsfähige Menschen mit Behinderung gibt, deren Beschäftigungsraten flächendeckend deutlich unter dem Durchschnitt liegen.[331]

Die Bedeutung von Inklusion für die Mitarbeiterbindung lässt sich inzwischen quantifizieren. Eine BCG-Befragung von mehr als 6 000 Beschäftigten in sechs südostasiatischen Ländern ergab, dass über die Hälfte bereit wäre, das Unternehmen allein für eine inklusivere Kultur zu verlassen; in Thailand liegt die Quote sogar bei 75 %.[332] Gleichzeitig fehlt vielerorts eine

---

326 PwC, Asia Pacific Workforce Hopes and Fears Survey 2023 v. 20.6.2023, https://www.pwc.com/gx/en/about/pwc-asia-pacific/hopes-and-fears/2023.html (abgerufen am 29.8.2025).

327 *Cyrill*, Understanding the Mandate to Appoint Women Directors Under Indian Company Law, India Briefing v. 17.11.2023, https://www.india-briefing.com/news/understanding-the-mandate-for-women-directors-under-indias-company-law-30226.html (abgerufen am 29.8.2025).

328 30 % Club, Malaysia Chapter, https://30percentclub.org/chapters/malaysia/ (abgerufen am 29.8.2025)

329 World Economic Forum, Global Gender Gap Index 2024 – Country Profile: Japan v. 11.6.2024, https://widgets.weforum.org/GGGR/edition-24-ranking/pdf/2024/gggr_index_2024_069_JPN.pdf (abgerufen am 29.8.2025).

330 *Sathyan/Khongwir*, Indian women's labour participation decades away from matching G20 peers, economists say: Reuters poll, Reuters v. 22.7.2025, https://www.reuters.com/sustainability/society-equity/indian-womens-labour-participation-decades-away-matching-g20-peers-economists-2025-07-22/ (abgerufen am 29.8.2025).

331 International Labour Organization, Discrimination at Work in Asia v. 3.5.2007, https://www.ilo.org/media/325571/download (abgerufen am 29.8.2025).

332 *Teo/Dartnell/Khandhar/Schachtner/Ruiz-Cabrero/Rathi*, Boston Consulting Group, Taking Diversity to the Next Level in Southeast Asia v. 21.11.2023, https://www.bcg.

robuste Umsetzungsbasis: Laut der Workday-DEI-Landscape-Studie 2022 verfügen 39 % der Unternehmen in der APJ-Region (Asia Pacific & Japan) über keine ausgereifte DEI-Strategie und beklagen fehlende Daten, um Fortschritte zu messen.[333] Damit droht ein „Check-Box-Modus“, in dem Programme bei Wirtschaftsflauten rasch gekürzt werden – ein Risiko gerade in Ländern, in denen DEI noch nicht fest im Performance-Management verankert ist.

Unternehmen, die dagegen konsequent handeln, setzen auf einige gemeinsame Stellschrauben: Sie verknüpfen Führungskräfteboni mit Diversitäts- und Engagement-Kennzahlen,[334] statten Employee-Resource-Groups mit Budget und direktem Draht zum Top-Management aus,[335] etablieren Mentoring- bzw. Sponsoring-Programme für benachteiligte Talente und veröffentlichen transparente Dashboards zu Fluktuations- und Beförderungsraten nach Geschlecht, Herkunft oder LGBTQ+-Status. [336] Solche Maßnahmen adressieren nicht nur rechtliche Vorgaben – etwa verpflichtende Frauenquoten oder Beschäftigungsziele für Menschen mit Behinderung –, sondern schaffen vor allem ein spürbares Zugehörigkeitsgefühl. Die Erfahrung zeigt: Wo Mitarbeitende sich respektiert und gefördert fühlen, sinkt die Kündigungsrate um bis zu 50 % und die Produktivität steigt signifikant.[337] In einer Region, deren demografische Kurve sich vom Überfluss an Arbeitskräften zum Wettlauf um qualifizierte Köpfe dreht, wird echte Inklusion damit zum entscheidenden Wettbewerbsvorteil – und zur unverzichtbaren Voraussetzung, um Talente langfristig zu halten.

---

com/publications/2023/taking-diversity-to-the-next-level-in-southeast-asia (abgerufen am 29.8.2025).

333 Workday, Global Blueprint for Belonging and Diversity, https://forms.workday.com/content/dam/web/en-us/documents/reports/de-i-study-and-report-enus.pdf?refCamp=701VT00000KlSN9 (abgerufen am 29.8.2025).

334 DBS Group, Annual Report 2024 – Remuneration Report v. 5.3.2025, https://www.dbs.com/annualreports/2024/i/pdf/dbs-annual-report-2024-remuneration-report.pdf (abgerufen am 29.8.2025).

335 Singapore Telecommunications Ltd., *Sustainability Report 2024 – Diversity, Equity, Inclusion and Belonging* v. 31.5.2025, https://cdn.aws.singtel.com/sustainabilityreport/SR2024/download/03-people-and-future-of-work/Singtel-Group-SR2024-Diversity-Equity-Inclusion-and-Belonging.pdf (abgerufen am 29.8.2025)

336 Sony Group Corp., Sustainability Report 2024 – Data Section v. 2.9.2024, https://www.sony.com/en/SonyInfo/csr/library/reports/SustainabilityReport2024_data_E.pdf (abgerufen am 29.8.2025).

337 EY, Belonging Barometer: Unlocking the Long-Term Value of Belonging v. 13.2.2025, https://www.ey.com/content/dam/ey-unified-site/ey-com/en-gl/insights/workforce/documents/ey-asia-pacific-belonging-barometer-report.pdf (abgerufen am 29.8.2025); *Rastogi/Meyer/Shivraj/Goh/Lee/Lee*, BCG & Infocomm Media Development Authority, Closing Tech’s Gender Gap in Southeast Asia v. 31.5.2024, https://www.bcg.com/publications/2024/closing-gender-gap-in-technology-in-southeast-asia (abgerufen am 29.8.2025).

3. USA

Das amerikanische Verständnis von Diversity, Equity & Inclusion (DEI) wurzelt in der Bürgerrechtsära: Title VII des Civil Rights Act von 1964 verbietet Diskriminierung am Arbeitsplatz und schuf mit der EEOC eine Durchsetzungsbehörde, die bis heute das Rückgrat des gesetzlichen Rahmens bildet.[338] Bereits 1965 verpflichtete Präsident Lyndon B. Johnson Bundesauftragnehmer per Executive Order 11246 zu aktiver „Affirmative Action" und verankerte damit DEI-Grundprinzipien in der Beschaffung des Bundes.[339] Sechs Jahrzehnte später zeigen die 81.055 Diskriminierungsbeschwerden, die die EEOC allein im Fiskaljahr 2023 erhielt (über 10% mehr als 2022), dass gesetzlicher Schutz weiterhin nötig ist und Unternehmen kontinuierlich an inklusiven Arbeitsbedingungen arbeiten müssen.[340]

Parallel entwickelte sich in der Wirtschaft ein klarer „Business Case" für Vielfalt. Schon in den 1990er-Jahren stellten Großunternehmen Diversity-Offices ein; heute wird der wirtschaftliche Nutzen regelmäßig belegt. Eine Deloitte-Analyse verknüpft das Gefühl der Zugehörigkeit mit einem Leistungsplus von 56%, einer 50% geringeren Kündigungswahrscheinlichkeit und 75% weniger Krankentagen.[341] Dass Belegschaften DEI erwarten, bestätigt eine Pew-Studie: 56% aller Berufstätigen halten stärkere DEI-Bemühungen für „eine gute Sache", wobei Zustimmung und Ablehnung deutlich entlang politischer Linien variieren.[342]

Gleichzeitig ist DEI politisch umkämpft. Einzelne Bundesstaaten schränken Diversity-Trainings an öffentlichen Hochschulen ein, und der Supreme Court erklärte 2023 in *Students for Fair Admissions v. Harvard* rassenbewusste Zulassungen für verfassungswidrig, was neue rechtliche Angrif-

338 U. S. Equal Employment Opportunity Commission, Title VII of the Civil Rights Act of 1964 v. 2.7.1964, https://www.eeoc.gov/statutes/title-vii-civil-rights-act-1964 (abgerufen am 29.8.2025).

339 *Johnson*, Executive Order 11246 – Equal Employment Opportunity v. 24.9.1965, https://www.presidency.ucsb.edu/documents/executive-order-11246-equal-employment-opportunity (abgerufen am 29.8.2025).

340 U. S. Equal Employment Opportunity Commission, 2023 Annual Performance Report v. 23.2.2024, https://www.eeoc.gov/2023-annual-performance-report (abgerufen am 29.8.2025).

341 *Schwartz/Denny/Mallon*, Deloitte Insights, Belonging: From comfort to connection to contribution v. 15.5.2020, https://www.deloitte.com/us/en/insights/topics/talent/human-capital-trends/2020/creating-a-culture-of-belonging.html (abgerufen am 29.8.2025).

342 Pew Research Center, Diversity, Equity and Inclusion in the Workplace v. 17.5.2023, https://www.pewresearch.org/social-trends/2023/05/17/diversity-equity-and-inclusion-in-the-workplace/ (abgerufen am 29.8.2025).

fe auf betriebliche Förderprogramme befeuert.[343] Bereits zuvor hatte die Trump-Regierung mit Executive Order 13950 („Combating Race and Sex Stereotyping“, September 2020) Diversity-Trainings für Bundesbehörden und -auftragnehmer stark eingeschränkt;[344] das Dekret untersagte Inhalte zu „systemischem Rassismus“ oder „unbewussten Vorurteilen“ und führte zur kurzfristigen Einstellung zahlreicher Inklusionsprogramme, bevor es im Januar 2021 von Präsident Biden widerrufen wurde.[345]

Praxisbeispiele großer Konzerne verdeutlichen den Retention-Hebel. Firmen wie Microsoft, AT&T oder Coca-Cola unterhalten gut ausgestattete Employee-Resource-Groups, koppeln Managerboni an Diversitäts-KPIs oder gleichen Gehaltsunterschiede systematisch aus. Solche Maßnahmen stützen die Bindung gerade unterrepräsentierter Gruppen und wirken darüber hinaus in die Mehrheitsbelegschaft.[346] In einem Arbeitsmarkt, in dem Fachkräfte Mangelware sind, wird DEI so zum entscheidenden Differenzierungskriterium – drei Viertel der Jobsuchenden prüfen die Diversitätskultur eines Unternehmens vor der Bewerbung prüfen.[347]

Herausfordernd bleibt, DEI in Krisenzeiten stabil zu finanzieren und gleichzeitig auf juristische Risiken zu achten. Laut Catalyst befürchten Führungskräfte massive Reputations- und Rechtsfolgen, sollten Programme gekappt werden, und bekräftigen zu 83 %, dass DEI für die Risikominimierung unverzichtbar ist.[348] Unternehmen reagieren mit datengetriebenem Monitoring: Sie messen Verbleibsquoten nach Demografie, veröffentlichen Diversity-Berichte und legen transparente Karrierepfade offen.

Ungeachtet regionaler oder struktureller Unterschiede gilt universell, dass DEI als strategisches Instrument die Mitarbeiterbindung stärken kann, wenn es authentisch und umfassend implementiert wird. Eine inklusive Kultur erhöht die Zufriedenheit, Loyalität und Verweildauer von Mitarbeitern über Generationen hinweg. Die Unternehmen, die dies verstanden haben, übertreffen ihre Mitbewerber und gewinnen das Vertrauen ihrer Mitarbeiter. DEI

343 Supreme Court of the United States, *Students for Fair Admissions, Inc. v. President and Fellows of Harvard College et al.* v. 29.6.2023, https://www.supremecourt.gov/opinions/22pdf/20-1199_hgdj.pdf (abgerufen am 29.8.2025)

344 Executive Order 13950 – Combating Race and Sex Stereotyping v. 22.9.2020, https://www.federalregister.gov/documents/2020/09/28/2020-21534/combating-race-and-sex-stereotyping (abgerufen am 29.8.2025).

345 Hierzu → Teil 1, Kap. 3.3 (*Groß/Heimann*).

346 *Schwartz/Denny/Mallon*, Deloitte Insights, v. 15.5.2020, https://www.deloitte.com/us/en/insights/topics/talent/human-capital-trends/2020/creating-a-culture-of-belonging.html (abgerufen am 29.8.2025).

347 Glassdoor, Diversity & Inclusion Workplace Survey v. 1.10.2020, https://www.glassdoor.com/blog/diversity-inclusion-workplace-survey/ (abgerufen am 29.8.2025).

348 *Pollack/Glasgow/Van Bommel/Joseph/Yoshino*, Catalyst v. 11.6.2025, https://www.catalyst.org/insights/2025/risks-of-retreat-path-forward (abgerufen am 29.8.2025).

ist somit kein „Soft-Thema" am Rande, sondern ein zentraler Hebel, um Menschen im Unternehmen zu halten und gemeinsam erfolgreicher zu sein.

V. Fazit

Die wissenschaftliche Evidenz und Praxisbeispiele machen deutlich: Diversity, Equity & Inclusion ist ein mächtiger Faktor für Mitarbeiterbindung. Durch höhere Zufriedenheit, Zugehörigkeit und Gerechtigkeitsempfinden sinkt die Fluktuation – ein Inclusive Workplace ist deutlich wahrscheinlicher erfolgreich, seine Mitarbeiter zu halten und vermeidet die hohen Kosten von Ersatz und Einarbeitung. Entscheidend ist jedoch, DEI nicht isoliert, sondern als integralen Bestandteil der Unternehmensstrategie und Kultur zu begreifen. Nur wenn DEI-Maßnahmen glaubwürdig und ganzheitlich umgesetzt werden – von der Führungsetage bis zum einzelnen Team – entfalten sie ihre volle Wirkung. Die Herausforderung besteht darin, DEI trotz möglicher Gegenwinde und Startschwierigkeiten konsequent voranzutreiben. Doch die Mühe lohnt sich: Unternehmen mit inklusiver Kultur profitieren von engagierten, loyalen Mitarbeitern, die bereit sind, langfristig mitzuwachsen. Inklusion ist längst kein Trend mehr, sondern eine echte und ernstzunehmende Wettbewerbsvoraussetzung.

2. Datenschutzrechtliche Grenzen beim Diversity Monitoring von Arbeitnehmern

Jakob Friedrich Krüger

Diversität rückt, trotz der derzeitigen politischen Umstände[349], sowohl in der Gesellschaft als auch in Unternehmen verstärkt in den Fokus. Dies nicht zuletzt, da zukünftig Informationen in diesem Zusammenhang dokumentiert werden müssen, entsprechend der EU-Richtlinie zur Nachhaltigkeits-Berichtserstattung (Richtlinie (EU) 2022/2464). Unter den Begriff Diversity fallen unter anderem die ethnische Herkunft, Weltanschauung oder sexuelle Orientierung und äußere Faktoren wie Berufserfahrung oder Familienstand. In der Regel müssen Unternehmen zunächst den derzeitigen Ist-Zustand bezüglich der Diversity Faktoren analysieren und davon ausgehend Optimierungsbedarf oder Entwicklungsmöglichkeiten ableiten. Dabei dürfen Arbeitgeber die vorhandenen Daten ihrer Mitarbeiter aber nicht ohne Weiteres nutzen. Auch das Erheben und Verarbeiten von neuen Daten im Zusammenhang mit Diversity-Kriterien kann nicht ohne Weiteres durchgeführt werden. Die Herausforderung besteht darin, dass die meisten Daten – im Zusammenhang mit Diversity – personenbezogene Daten sind und teilweise sogar unter die besondere Kategorie des Art. 9 DSGVO fallen. Dennoch gibt es Möglichkeiten, wie Mitarbeiterdaten im Rahmen von Diversity Monitoring unter Beachtung von datenschutzrechtlichen Aspekten nutzbar gemacht und/oder entsprechend verarbeitet werden können. Diese Ausführungen können auch auf andere Verarbeitungszwecke angewendet werden.

I. Diversity und Datenschutz

Die zunehmende Bedeutung von Nachhaltigkeitsthemen in der Gesellschaft lässt sich im Unternehmensbereich unter dem Stichwort ESG (Environmental, Social, Governance) finden. Diese führen dazu, dass Unternehmen sich u. a. mit dem Thema Diversität von Mitarbeitern (Diversity) vermehrt beschäftigen. Studien zeigen, dass in Unternehmen mit Diversity Management unter anderem die Mitarbeiterzufriedenheit steigt.[350] Unternehmen wollen folglich wissen, wie der aktuelle Stand ihrer Belegschaft ist und wo sie diese

---

349 Hierzu → Teil 1, Kap. 3.3 (*Groß/Heimann*), unter IV.2 und → Teil 1, Kap. 3.1 (*Byrne*), unter I.

350 PWC, Diversity, Equity & Inclusion – Was denken deutsche Startups?, https://pages.pwc.de/diversity-equity-inclusion-in-startups?pk_vid=383c74d8f03c48b017528488690c1eba (abgerufen am 29.8.2025); ILO, Promoting Diversity and Inclusion through Workplace Adjustments: A Practical Guide; OECD v. 2.4.2020,

im Sinne einer vielfältigeren Zusammensetzung weiterentwickeln können. Um den Ist-Zustand und davon ausgehend die Entwicklungsmöglichkeiten zu bestimmen, benötigt man als Arbeitgeber zunächst Daten von seinen Mitarbeitern. Typischerweise werden diese Daten mithilfe von Umfragen erhoben. Genau an diesem Punkt kommen datenschutzrechtliche Vorgaben zum Tragen. Das Erheben, Verarbeiten und Speichern von personenbezogenen Daten im Rahmen eines Arbeitsverhältnisses ist in Deutschland durch § 26 Abs. 1 bis Abs. 8 Bundesdatenschutzgesetz (BDSG geregelt.[351] Hinzu kommen die Grundsätze der Datenschutz-Grundverordnung (DSGVO), welche ebenfalls zu berücksichtigen sind. Dabei sind vor allem Art. 5, 6 und 9 DSGVO zu nennen. Im Grundsatz gilt: Ohne einen Zweck können Informationen nicht verarbeitet werden.

Dementsprechend kann ein Arbeitgeber nicht ohne Weiteres personenbezogene Daten, die möglicherweise schon vorliegen, verwenden, oder neue personenbezogene Daten erheben. Jede dieser Maßnahmen zur Erhebung oder Verarbeitung von personenbezogenen Daten benötigt gemäß Art. 6 Abs. 1 DSGVO eine Rechtsgrundlage.[352]

Exkurs:
Die deutsche Regelung in § 26 Abs. 1 BDSG ist dabei strenger als die Regelung in Art. 6 Abs. 1 lit. f. DSGVO. In Deutschland ist eine Erforderlichkeit für die Verarbeitung im Rahmen des Arbeitsverhältnisses notwendig, in der Europäischen Regelung reicht ein berechtigtes Interesse. Das Verhältnis der beiden Normen ist höchst umstritten und teilweise wird nach einem Urteil des EuGH vertreten, dass der § 26 Abs. 1 BDSG nicht wirksam ist.[353] In der Praxis sollten derzeit beide Normen geprüft werden. Würde der § 26 Abs. 1 BDSG unwirksam sein, hätten Arbeitgeber in Deutschland einen größeren Spielraum und es könnten einheitliche europäische Regelungen genutzt werden.

Personenbezogene Daten, die im Zusammenhang mit Diversity relevant werden, sind zumeist personenbezogene Daten der besonderen Kategorien. Als Folge ist nicht nur Art. 6 Abs. 1 DSGVO zu beachten, sondern auch Art. 9 Abs. 1 und 2 DSGVO. Art. 9 Abs. 1 DSGVO untersagt die grundsätzliche Verarbeitung von personenbezogenen Daten der besonderen Kategorien.

---

https://www.oecd.org/en/publications/diversity-at-work_789cc27f-en.html (abgerufen am 29.8.2025).

351 *Maschmann*, in: Kühling/Buchner, DS-GVO BDSG, § 26 BDSG Rn. 17 ff.; *Franzen*, in: ErfK, § 26 BDSG Rn. 1.

352 *Buchner/Petri*, in: Kühling/Buchner, DS-GVO BDSG, Art. 6 DSGVO Rn. 11 ff.; *Schulz*, in: Gola/Heckmann, DS-GVO BDSG, Art. 6 DSGVO Rn. 1.

353 EuGH, 30.3.2023 – C-34/21, NZA 2023, 487.

Davon ausgehend können diese Informationen nur bei Vorliegen eines Ausnahmetatbestandes nach Art. 9 Abs. 2 DSGVO verarbeitet werden.[354]

Unter personenbezogene Daten der besonderen Kategorien fallen unter anderem Angaben
- zur Rasse oder ethnischen Herkunft,
- der religiösen oder weltanschaulichen Überzeugung,
- Informationen zur sexuellen Orientierung und dem Sexualleben,
- politische Meinungen,
- Gesundheitsdaten und
- Gewerkschaftszugehörigkeit.

Exkurs:
In Deutschland werden Teile dieser Punkte auch im AGG aufgegriffen, da in diesem Zusammenhang der Gesetzgeber eine hohe Diskriminierungsgefahr gesehen hat und dort einen besonderen Schutz schaffen wollte. Ähnlich auch in der DSGVO. Der europäische Gesetzgeber sah bei diesen Datenkategorien eine hohe Gefahr für die missbräuchliche Verwendung und hat daher einen gesonderten Schutz festgehalten.[355]

Diese besonderen Kategorien dürfen demnach nur in einem der Ausnahmefälle von Art. 9 Abs. 2 DSGVO verarbeitet werden. In Art. 9 Abs. 2 lit. a bis j DSGVO sind die Ausnahmefälle aufgeführt, aufgrund derer Daten verarbeitet werden dürfen, etwa bei Vorliegen einer Einwilligung, Art. 9 Abs. 2 lit. a DSGVO. Darüber hinaus gibt es Ausnahmen für die Verarbeitung im Zusammenhang mit:
- Arbeitsrecht, Recht der sozialen Sicherheit, Sozialschutz
- Schutz lebenswichtiger Interessen
- Tendenzbetrieben
- Offensichtlich öffentlich gemachte sensible Daten
- Durchsetzung und Verteidigung von Rechtsansprüchen, Verarbeitung durch Gerichte
- Verarbeitung aufgrund eines erheblichen öffentlichen Interesses
- Verarbeitung im Gesundheits- und Sozialbereich
- Öffentliche Interessen im Bereich der öffentlichen Gesundheit
- Archiv-, Forschungs- und Statistikzwecken

354 *Schiff*, in: Ehmann/Selmayr, DSGVO, Art. 9 Rn. 8 ff.
355 *Schiff*, in: Ehmann/Selmayr, DSGVO, Art. 9 Rn. 33 ff.

Neben dem bereits angesprochen Punkt – Erforderlichkeit vs. berechtigtes Interesse der Verarbeitung – muss die Grundlage für die Verarbeitung an dieser Stelle noch darüberhinausgehend den strengen Maßgaben von Art. 9 Abs. 2 DSGVO standhalten.[356] Abgesehen von einer Einwilligung, die im Rahmen eines Arbeitsverhältnisses recht schwer einzuholen sein wird, wird kaum eine der Ausnahmen vorliegen können.[357]

II. Rechtssichere Diversityuntersuchungen in Unternehmen

Grundsätzlich ist Diversität am Arbeitsplatz der DSGVO nicht fremd. In Art. 88 Abs. 1 DSGVO ist etwa festgehalten, dass Mitgliedstaaten durch Rechtsvorschriften oder Kollektivvereinbarungen spezifische Vorschriften für bestimmte Zwecke im Beschäftigungskontext erlassen können. Zu den Zwecken gehört unter anderem die Gleichheit und Diversität am Arbeitsplatz. Inwieweit diese Regelung durch die Entscheidung des EuGH zu Art. 88 DSGVO eingeschränkt wird, ist derzeit noch offen.[358]

Von der grundsätzlichen Zielrichtung der DSGVO und dem BDSG soll Datenschutz nicht die Funktion des Verbietens oder Verhinderns einnehmen, sondern Betroffenen Schutz bieten. Ausgehend von dieser Stoßrichtung haben Umfragen im Bereich Diversity die gleiche Ausrichtung. Sie sollen als Grundlage für die Behebung bzw. Vorbeugung von möglichen Ungleichbehandlungen dienen. Dementsprechend ist die Zielstellung von beiden identisch, es soll jeweils der Schwächere in einem System geschützt werden.

Bevor nun der Ruf nach einer Anpassung der DSGVO und des BDSG kommt, sollte zum einen geprüft werden, ob die vorhandenen Möglichkeiten so ausgelegt werden können, dass eine Gesetzesänderung nicht notwendig ist. Zum anderen sollte geprüft werden, ob eine Datenverarbeitung so erfolgen kann, dass die Maßstäbe der DSGVO und BDSG nicht vollständig greifen und dennoch die für das Unternehmen notwendigen Informationen gesammelt werden können.

---

356 *Schiff*, in: Ehmann/Selmayr, DSGVO, Art. 9 Rn. 33-64; *Albers/Veit*, in: BeckOK DatenschutzR, Art. 9 DSGVO Rn. 51 ff.

357 Dazu → III Nr. 2.

358 EuGH, 30.3.2023 – C-34/21, NZA 2023, 487.

III. Rechtsgrundlagen zum Erheben und Verarbeiten von Diversity-Daten

Das Verwenden von personenbezogenen Daten (der besonderen Kategorien) bedarf einer Rechtsgrundlage. Die allgemeinen Rechtmäßigkeitsanforderungen gemäß Art. 6 DSGVO werden durch die spezielleren Voraussetzungen des Art. 9 DSGVO nicht aufgehoben, sondern lediglich ergänzt.[359] Datenverarbeitung darf nur aufgrund eines vorab festgelegten und dem Datensubjekt mitgeteilten Zweckes erfolgen.[360] Die nachfolgenden Grundlagen für die Verarbeitung von Diversity-Daten können natürlich auch für andere Umfragen im arbeitsrechtlichen Kontext genutzt werden. Jedoch ist dabei stets eine Abwägung der jeweiligen Interessen vorzunehmen.

1. § 26 Abs. 1 Satz 1 BDSG

Der deutsche Gesetzgeber hat im Rahmen der Einführung und Umsetzung der DSGVO – anders als die meisten anderen europäischen Staaten – für den Beschäftigungsdatenschutz eine Erforderlichkeitsschwelle eingeführt.[361] Der eingangs angesprochene Diskurs, ob und inwieweit der § 26 BDSG noch zur Anwendung kommt, soll hier dahinstehen, da er derzeit noch wirksames Recht ist.

a) Erforderlichkeit vs. berechtigtes Interesse

Erforderlichkeit ist in diesem Zusammenhang strenger auszulegen als das berechtigte Interesse i. S. d. Art. 6 Abs. 1 lit. f. DSGVO, welches in anderen Mitgliedsstaaten typischerweise für die Verarbeitung von Daten ausreichend ist.[362] Es handelt sich im Wesentlichen um eine Verhältnismäßigkeitsprüfung, die zum Ende eine Interessenabwägung vorsieht.[363] Diese Interessenabwägung muss auch im Rahmen von Art. 6 Abs. 1 lit. f DSGVO durchgeführt werden, jedoch werden an dieser Stelle mehr Rechte und Möglichkeiten auf Seiten des Datenverantwortlichen gesehen und jedes rechtliche, wirtschaftliche oder ideelle Interesse als Grundlage für die Verarbeitung im Wesentlichen anerkannt.[364]

Der deutsche Sonderweg führt vor allem bei einem europäisch gedachten Ansatz der Verarbeitung von Daten immer zu einer Sonderrolle Deutsch-

359 *Albers/Veit*, in: BeckOK DatenschutzR, Art. 9 DSGVO Rn. 1.
360 *Heberlein*, in: Ehmann/Selmayr, DSGVO, Art. 6 Rn. 1 ff.
361 *Franzen*, in: ErfK, § 26 BDSG Rn. 1 f.; *Düwell/Brink*, NZA 2023, 1097.
362 *Franzen*, in: ErfK, § 26 BDSG Rn. 9.
363 BAG, 20.6.2013 – 2 AZR 546/12, BB 2014, 890.
364 *Schulz*, in: Gola/Heckmann, DS-GVO BDSG, Art. 6 DSGVO Rn. 61.; *Albers/Veit*, in: BeckOK DatenschutzR, Art. 6 DSGVO Rn. 68.

lands. Dies hat gerade bei internationalen Unternehmen den Nachteil, dass für Deutschland nur gesonderte Daten erhoben werden dürften. Obgleich es in vielerlei Hinsicht Überschneidungen des Begriffes „Erforderlichkeit" nach § 26 Abs. 1 Satz 1 BDSG und dem berechtigtem Interesse gemäß Art. 6 Abs. 1 lit. f DSGVO gibt, bleiben Abweichungen möglich.

Im Ergebnis führt dies vor allem dazu, dass der Begründungsaufwand für § 26 Abs. 1 Satz 1 BDSG höher ist, als wenn man sich auf Art. 6 Abs. 1 lit. f DSGVO als Rechtsgrundlage berufen kann. In der Praxis hat sich gezeigt, dass deutsche Arbeitnehmer eher weniger ihre Daten in diesem Zusammenhang herausgeben möchten. Diesem Umstand kann aber auch ein anderes kulturelles Verständnis zugrunde liegen.

b) Anwendung auf Diversitätskriterien

Bezogen auf Diversitätskriterien dürfte die Erforderlichkeit der Verarbeitung der Daten im Arbeitsverhältnis zum Zweck der Erstellung einer Übersicht des Ist-Zustandes wohl nach § 26 Abs. 1 BDGS nicht vorliegen, wenn der Arbeitgeber keinen konkreten Anlass hat oder keine gesetzliche Vorschrift greift, die ihn verpflichtete, diese Daten zu verarbeiten.

In diesem Zusammenhang ist stets der Zweck der Datenverarbeitung zu berücksichtigen. Ein Beispiel: Im Rahmen eines Arbeitsverhältnisses ist es erforderlich, dass der Arbeitgeber Kenntnis darüber hat, ob Mitarbeiter Mitglied einer Kirche sind, für den Zweck der Abführung der Kirchensteuer.[365] Diese erhobenen Daten dürfen jedoch nicht dafür genutzt werden, um eine Statistik zu führen, wie viele Mitarbeiter welcher Religion angehören. Dies würde dem Grundsatz der Zweckbindung der Datenerhebung widersprechen.[366] Würde man den Zweck ändern wollen, müsste man erneut prüfen, ob eine Erforderlichkeit nach § 26 Abs. 1 BDGS vorliegt.

In der Praxis, sofern es keine gesetzlichen Verpflichtungen gibt, dürfte die Erforderlichkeit nach § 26 Abs. 3 Satz 1 BDSG für die Erstellung einer Übersicht der Diversität im Unternehmen nicht gegeben sein. Dementsprechend wird man derzeit den § 26 Abs. 1 Satz 1 BDSG nicht als Rechtsgrundlage für eine Diversitätsumfrage oder Verarbeitung der Daten heranziehen können.[367]

---

365 BVerfG, 25.5.2001 – 1 BvR 2253/00, NVwZ 2001, 909.

366 *Heberlein*, in: Ehmann/Selmayr, DSGVO, Art. 5 Rn. 20; *Schantz*, in: BeckOK DatenschutzR, Art. 5 DSGVO Rn. 13 ff.

367 *Wächter*, Datenschutz im Unternehmen, Rn. 179.

2. Einwilligung

Alternativ zu der Erforderlichkeit im Sinne von § 26 Abs. 1 Satz 1 BDSG kommt eine Einwilligung durch die Mitarbeiter in die jeweilige Verarbeitung der Daten – gerade bei personenbezogenen Daten der besonderen Kategorie – als wohl rechtssicheres Mittel, in Betracht.

Die Grundsätze der Einwilligung sind in § 26 Abs. 2 BDSG und Art. 7 DSGVO geregelt. Die Einwilligung führt zwar zu einer rechtssicheren Grundlage für die Erhebung und Verarbeitung der Daten, hat aber zwei erhebliche Nachteile in der praktischen Umsetzung: Zum einen ist sie schriftlich oder elektronisch durchzuführen, § 26 Abs. 2 Satz 3 BDSG. Das heißt, Arbeitgeber müssten von jedem Teilnehmer der Umfrage eine Einwilligungserklärung schriftlich oder elektronisch nach § 26 Abs. 2 Satz 3 BDSG einholen. Dies kann eine Umfrage wesentlich komplexer machen. Im Rahmen der Einwilligungserklärung müssen die Arbeitnehmer über den Zweck der Datenverarbeitung und über das Widerrufsrecht nach Art. 7 Abs. 3 DSGVO aufgeklärt werden.[368]

Der zweite Nachteil ist, dass die Einwilligung freiwillig erfolgen muss. Freiwilligkeit ist im Rahmen eines persönlich und wirtschaftlich abhängigen Arbeitsverhältnisses immer kritisch zu betrachten. § 26 Abs. 2 Satz 2 BDSG hält dazu fest, dass Freiwilligkeit insbesondere vorliegen kann, wenn für die beschäftigte Person ein rechtlicher oder wirtschaftlicher Vorteil erreicht wird oder Arbeitgeber und beschäftigte Person gleichgelagerte Interessen verfolgen.[369] Bei Diversity-Themen wird sowohl auf den rechtlichen Vorteil als auch auf die gleichgelagerten Interessen abzustellen sein, da alle Mitarbeiter wohl ein Interesse am Erfolgsfaktor Vielfalt haben können. Dabei ist jedoch zu beachten, dass diese Darstellung zu verkürzt wäre, wenn man Diversität lediglich als moralisches oder soziales Anliegen versteht. Tatsächlich liegt die Förderung von Vielfalt sowohl im rechtlichen als auch im wirtschaftlichen Interesse beider Parteien – also von Arbeitgebern und Arbeitnehmern. Rechtlich gesehen verpflichtet etwa das AGG zur Vermeidung von Diskriminierung, während internationale Organisationen wie die Internationale Arbeitsorganisation (International Labour Organization, ILO) betonen, dass Gleichbehandlung ein fundamentales Prinzip sozialer Gerechtigkeit ist.[370] Studien zeigen, dass diverse Teams innovativer sind, bessere Entscheidungen treffen und die Wettbewerbsfähigkeit von Unternehmen

---

368 *Maschmann*, in: Kühling/Buchner, DS-GVO BDSG, § 26 BDSG Rn. 64; *Franzen*, in: ErfK, § 26 BDSG Rn. 43 ff.

369 *Maschmann*, in: Kühling/Buchner, DS-GVO BDSG, § 26 BDSG Rn. 63 ff.; *Franzen*, in: ErfK, § 26 BDSG Rn. 40 ff.; *Gola/Pötters*, in: Gola/Heckmann, DS-GVO BDSG, § 26 BDSG Rn. 68.; *Brink/Joos*, in: NK-ArbR, § 26 BDSG Rn. 10.

370 ILO, Promoting Diversity and Inclusion through Workplace Adjustments: A Practical Guide.

steigern können. Für Mitarbeitende bedeutet Diversität zudem ein inklusiveres Arbeitsumfeld, das individuelle Stärken anerkennt und Entwicklungschancen verbessert.[371]

Hinsichtlich der Verarbeitung besonderer Kategorien personenbezogener Daten kann auch eine Einwilligung nach § 26 Abs. 2 und 3 Satz 2 BDSG genutzt werden. Dabei muss sich die Einwilligung jedoch ausdrücklich auf diese Daten beziehen.[372]

Eine dahingehende (General-)Einwilligung, dass alle Daten vom Arbeitgeber für jegliche Zwecke verarbeitet werden dürfen, womit natürlich auch die Daten zur Diversität umfasst wären, ist nicht möglich, da dies der vorgeschriebenen Zweckbindung aus Art. 5 DSGVO sowie gleichzeitig dem Grundsatz der Datenminimierung, welcher ebenfalls von Art. 5 Abs. 1 lit. c DSGVO umfasst ist, widersprechen würde.[373]

Ferner ist zu berücksichtigen, dass der Widerruf der Einwilligung im Sinne von § 26 Abs. 2 Satz 4 BDSG in Verbindung mit Art. 7 Abs. 3 DSGVO jederzeit möglich ist und die entsprechenden Daten der widerrufenden Person dann sofort gelöscht und aus der statistischen Erhebung herausgenommen werden müssen.[374]

Noch herausfordernder wird die Einwilligung, wenn die Daten nicht nur innerhalb der EU transferiert werden, sondern auch etwa in die USA übertragen werden sollen, beispielsweise zum Mutterkonzern. Hier müsste die Einwilligung zudem den Voraussetzungen der Rechtsprechung des EuGH sowie der jeweils geltenden Regelungen zum Datentransfer zwischen der EU und Drittstatten entsprechen.[375] Besonders relevant ist in diesem Zusammenhang das EU-US Data Privacy Framework (DPF), das seit Juli 2023 gilt.[376] Es handelt sich um eine Vereinbarung zwischen der EU und den USA, die ein angemessenes Datenschutzniveau für zertifizierte US-Unternehmen anerkennt und somit den Datentransfer erleichtert. Alternativ oder ergänzend können auch sogenannte Standardvertragsklauseln (Standard Contractual Clauses, SCC) oder Binding Corporate Rules (BCR) eingesetzt werden.[377] Diese stellen geeignete Garantien im Sinne der DSGVO dar und ermög-

---

371 OECD v. 2.9.2020, https://www.oecd.org/en/publications/diversity-at-work_789cc27f-en.html (abgerufen am 29.8.2025).

372 *Gola/Pötters*, in: Gola/Heckmann, DS-GVO BDSG, § 26 BDSG Rn. 74.

373 *Heberlein*, in: Ehmann/Selmayr, DSGVO, Art. 5 Rn. 29 ff.

374 *Dendorfer-Ditges*, in: MAHB ArbR, § 75 Rn. 403; *Franzen*, in: ErfK, § 26 BDSG Rn. 40.

375 EuGH, 16.7.20 – C-311/18, CB 2020, 437.

376 Durchführungsbeschluss (EU) 2023/1795 v. 10.7.2023, ABl. L 231/118 v. 20.9.2023.

377 Durchführungsbeschluss (EU) 2021/914 v. 4.6.2021, ABl. L 199/31 v. 7.6.2021; Europäische Kommission, Working Document on the approval of the Binding Corporate Rules for controllers and processors, WP263 rev.01.

lichen unter bestimmten Voraussetzungen ebenfalls eine rechtssichere Übermittlung personenbezogener Daten in Drittländer. Diese Instrumente sind insbesondere dann erforderlich, wenn kein Angemessenheitsbeschluss – wie im Fall des DPF – vorliegt oder zusätzliche Absicherungen notwendig sind.

3. Pseudonymisierung/Anonymisierung/Verschlüsselung

Um Diversity Kriterien in einem Unternehmen zu bewerten, kommt es in den wenigsten Fällen darauf an, dass die Daten personenbeziehbar sind, sondern typischerweise auf eine prozentuale Verteilung im Unternehmen. Dieser Umstand gibt Unternehmen mehr Freiheiten bezüglich der datenschutzrechtlichen Bestimmungen.

Personenbezogene Daten sind nur zu schützen, wenn dadurch auf einen Mitarbeiter geschlussfolgert werden kann. Ohne diesen direkten Bezug können die Daten genutzt werden. Hintergrund ist, dass keine personenbezogenen Daten vorliegen, wenn keine Rückschlüsse auf die Person gezogen werden können, die die Daten abgegeben hat, Art. 4 Nr. 1 DSGVO.[378]

Bei einer Diversitätsumfrage kommt es typischerweise nicht darauf an, dass im Rahmen der Auswertung eine Rückverfolgung auf eine bestimmte Person möglich ist, sondern vielmehr geht es darum festzustellen, auf welcher Ebene im Unternehmen beispielsweise wie viele Frauen arbeiten oder wie die Verteilung hinsichtlich der ethnischen Herkunft unter den Mitarbeitern des Unternehmens ist. Das Ziel, etwa zu erheben wie viele Frauen auf der Führungsebene beschäftigt werden, kann auch ohne Rückschlüsse auf die Person selbst erfolgen. Die drei Vorgehensweisen sind denkbar – die Pseudonymisierung, die Anonymisierung und die Verschlüsselung. Es ist zu beachten, dass diese drei Verfahren unterschiedliche Folgen haben und auch datenschutzrechtlich anders zu bewerten sind. Im Einzelnen:

a) Pseudonymisierung

Nach Art. 4 Nr. 5 DSGVO ist Pseudonymisierung die Verarbeitung personenbezogener Daten in einer Weise, dass diese ohne zusätzliche Informationen nicht mehr einer bestimmten Person zugeordnet werden können.[379] Diese zusätzlichen Informationen müssen gesondert aufbewahrt und besonders geschützt werden.

---

378 *Klabunde/Horváth*, in: Ehmann/Selmayr, DSGVO, Art. 4 Rn. 7 ff.; *Schantz*, in: BeckOK DatenschutzR, Art. 4 DSGVO Rn. 3.

379 *Hladjk*, in: Ehmann/Selmayr, DSGVO, Art. 32 Rn. 9 f.

Art. 25 DSGVO verpflichtet Arbeitgeber zur datenschutzfreundlichen Gestaltung von Prozessen („Privacy by Design“).[380] Pseudonymisierung ist ein konkretes Mittel, um diesen Anforderungen gerecht zu werden. Sie reduziert das Risiko der Identifikation bei der Datenverarbeitung – etwa bei internen Auswertungen, Weitergabe an externe Dienstleister oder im Rahmen von Compliance-Prüfungen.

Pseudonymisierte Daten gelten weiterhin als personenbezogen, solange eine Rückführung möglich ist. Das bedeutet: Die DSGVO ist weiterhin anwendbar. Eine Ausnahme liegt dann vor, wenn nur ein Dritter (z. B. ein externer Dienstleister) eine Möglichkeit zur Re-Identifizierung hat und nicht mehr der Arbeitgeber selbst. In diesem Fall gelten die Daten für ihn nicht als personenbezogen.[381]

Stellen Sie sich vor, ein Unternehmen möchte eine interne Mitarbeiterbefragung zur Arbeitszufriedenheit durchführen. Um ehrliche Antworten zu erhalten, sollen die Ergebnisse anonym bleiben. Statt den Namen der Mitarbeiter zu speichern, wird jedem eine zufällige Kennziffer zugewiesen – z. B. „Mitarbeiter 1023“. Allein die Personalabteilung hat eine separate Liste, die den Code mit dem tatsächlichen Namen verknüpft – und diese Liste ist sicher verschlossen.

Das ist Pseudonymisierung. Die Auswertung kann erfolgen, ohne dass die befragten Personen direkt identifizierbar sind. Gleichzeitig bleibt die Möglichkeit bestehen, bei berechtigtem Interesse (z. B. bei Mobbing-Vorwürfen) die Identität wiederherzustellen – aber nur durch autorisierte Stellen.

b) Anonymisierung

Anonymisierung bedeutet, dass personenbezogene Daten so verändert werden, dass eine Identifizierung der betroffenen Person nicht mehr möglich ist – weder direkt noch indirekt.[382] Das ist der entscheidende Unterschied zur Pseudonymisierung, bei der eine Re-Identifizierung grundsätzlich noch möglich ist.

Laut Erwägungsgrund 26 der DSGVO gilt: Daten sind dann anonym, wenn selbst mit zusätzlichen Informationen und vertretbarem Aufwand keine Rückführung auf eine Person mehr möglich ist. In diesem Fall liegen keine personenbeziehbaren Daten mehr vor und die DSGVO würde nicht mehr zur Anwendung kommen.

---

380 *Hense*, in: Taeger/Pohle, ComputerR-HdB, Teil 3, 33.2 Rn. 6 f.; *Katko*, in: Katko, Checklisten DS-GVO, § 3. Rn. 80 ff.

381 EuG, 26.4. 2023 – T-557/20, RDV 2023, 254.

382 *Hansen*, in: Simitis/Hornung/Spiecker gen. Döhmann, Datenschutzrecht, Art. 4 Nr. 5 DS-GVO Rn. 23 f.; *Schantz*, in: BeckOK DatenschutzR, Art. 4 DSGVO Rn. 15a.

Ein Unternehmen möchte auswerten, wie viele Krankmeldungen es im letzten Jahr gab – aufgeschlüsselt nach Abteilungen. Dabei ist es nicht relevant, welche konkreten Mitarbeiter krank waren, sondern nur die Anzahl der Fälle. Die Personalabteilung erstellt also eine Statistik, in der keine Namen, Personalnummern oder andere identifizierende Merkmale enthalten sind. Auch Kombinationen wie „weiblich, 34 Jahre, Teilzeit" werden vermieden, wenn sie Rückschlüsse auf Einzelpersonen zulassen könnten – etwa in kleinen Teams.

Die Daten gelten als anonymisiert. Sie können nun frei verwendet werden, etwa für interne Berichte oder zur Optimierung des Gesundheitsmanagements – ohne dass die DSGVO Anwendung findet.

Für die Anonymisierung nicht ausreichend wäre, dass „weiblich, 34 Jahre, Teilzeit, Abteilung X" in der Übersicht enthalten ist, da mit Hilfe dieser Information sehr wahrscheinlich ein Rückschluss auf die Person gemacht werden kann und dementsprechend weiterhin personenbeziehbare Daten vorliegen.

c) Verschlüsselung

Verschlüsselung ist ein technisches Verfahren, bei dem lesbare Daten (Klartext) mithilfe eines Schlüssels in unlesbare Zeichenfolgen (Geheimtext) umgewandelt werden. Nur wer den passenden Schlüssel besitzt, kann die Daten wieder lesbar machen.[383]

Im Sinne der DSGVO – insbesondere Art. 32 DSGVO – ist Verschlüsselung eine empfohlene Maßnahme zur Sicherung personenbezogener Daten. Sie dient dem Schutz vor unbefugtem Zugriff, etwa bei einem Hackerangriff oder dem Verlust eines Laptops. Die DSGVO verpflichtet Arbeitgeber, geeignete technische und organisatorische Maßnahmen zu treffen, um personenbezogene Daten zu schützen (Art. 32 DSGVO). Verschlüsselung ist dabei explizit als Schutzmaßnahme genannt. Jedoch können weiterhin personenbeziehbare Daten vorliegen. Wenn eine Person sowohl die Daten als auch den Schlüssel hat, können, vergleichbar mit der Pseudonymisierung, Rückschlüsse auf die einzelnen Personen gemacht werden.

Ein Unternehmen speichert die Personalakten digital auf einem Server. Diese enthalten sensible Informationen wie Krankheitszeiten, Abmahnungen oder Gehaltsdaten. Um diese Daten zu schützen, werden sie verschlüsselt gespeichert. Selbst wenn jemand unbefugt Zugriff auf den Server erhält, kann er mit den Daten nichts anfangen – sie sind ohne den Schlüssel unlesbar. Für die Personen mit dem Schlüssel findet weiterhin die DSGVO Anwendung, da sie Rückschlüsse auf einzelnen Personen vornehmen können.

---

383 *Bock*, in: BeckOK DatenschutzR, § 64 BDSG Rn. 80 ff.

Alle drei Verfahren haben im Zusammenhang mit Diversitätsuntersuchungen im Unternehmen Vor- und Nachteile. Wenn es lediglich um eine allgemeine Feststellung der jeweiligen Verteilung im Unternehmen geht, ist wohl die Anonymisierung zu bevorzugen, da diese alle personenbezogenen Daten – also Daten, aus denen Rückschlüsse auf die jeweilige Person gezogen werden können – herausnimmt. Gleiches gilt bei einer Vielzahl von Mitarbeitern auch bei der Pseudonymisierung, wenn aufgrund der Masse an Daten keine Rückverfolgung auf einzelne Personen möglich ist. Es ist dabei immer zu berücksichtigen, ob durch die Kombination von Kriterien eine Rückverfolgung auf einzelne Personen möglich ist.[384]

Zudem ist die Menge der Daten wichtig, um Rückschlüsse auf einzelne Personen zu vermeiden. Der Kreis der Teilnehmenden sollte vorab genau bestimmt werden. In einem Unternehmen mit beispielsweise zehn Mitarbeitern ist die Anonymisierung/Pseudonymisierung nicht umzusetzen, weil mit wenigen Informationen schnell Schlüsse auf einzelne Mitarbeiter gezogen werden können.[385] Beschäftigt man im Unternehmen hingegen mehrere hundert Personen, sind Rückschlüsse auf einzelne Mitarbeiter kaum möglich.

Eine Kombination aus Pseudonymisierung und Anonymisierung – beispielsweise, wenn Daten durch einen Drittanbieter pseudonymisiert erhoben und anschließend anonymisiert an das Unternehmen weitergegeben werden – ist grundsätzlich zu empfehlen. Dabei ist jedoch zu beachten, dass die Wirksamkeit solcher Maßnahmen maßgeblich von der Größe der Bezugsgruppe abhängt. Diese Gruppengröße stellt ein eigenständiges Kriterium dar, da sie entscheidend dafür ist, ob Rückschlüsse auf Einzelpersonen ausgeschlossen werden können. Die erforderliche Mindestgröße variiert je nach Art und Sensibilität der erhobenen Fragen, weshalb sich keine pauschale Kennziffer festlegen lässt.

Alternativ kann auch mit Drittanbietern gearbeitet werden. Der Arbeitgeber würde im Rahmen der Auswertung nur Prozentangaben zu der Verteilung von bestimmten Diversity-Kriterien im Unternehmen erhalten, beispielsweise 10 % der Mitarbeiter sind christlichen Glaubens. Die entsprechende Auftragsverarbeitung nach Art. 28 Abs. 1 DSGVO müsste dahingehend vorab geregelt sein, dass Gegenstand und Dauer der Verarbeitung festzulegen sind.[386]

---

384 *Hilber*, in: Hilber/Knorr/Müller/Schilling/Wurth, Deutsche Tochter im internationalen Konzern, Kap. D Rn. 18.

385 *Schneider*, in: Specht/Mantz, Handbuch Europäisches und deutsches Datenschutzrecht, § 15 Rn. 78.

386 *Petri*, in: Simitis/Hornung/Spiecker gen. Döhmann, Datenschutzrecht, Art. 28 DSGVO Rn. 52 ff.

IV. Vorhandene Diversity-Daten nutzen

Wer nun auf die Idee kommt, sich die Umfrage zu ersparen und die bereits vorhandenen Daten, die im Laufe eines Arbeitsverhältnisses – beginnend mit der Bewerbung – gesammelt wurden, zu nutzen, um die Diversity-Lage im Unternehmen zu bestimmen, wird leider enttäuscht. Denn die Daten, die in einem Unternehmen vorhanden sind, können nicht ohne Weiteres für einen neuen Zweck – eben das Diversity-Monitoring – genutzt werden. Eine Zweckänderung ist nicht ohne weitere Voraussetzung, etwa eine eigene Rechtsgrundlage und/oder womöglich eine Einwilligung der Mitarbeiter, möglich. Wie bereits festgehalten, wird diese recht schwer zu finden sein. Ferner sind Mitarbeiter über diese Änderung zu unterrichten.

Mithin ist auch genau zu prüfen, wann und zu welchem Zweck die Daten erhoben worden sind, denn neben der Zweckbindung ist auch zu prüfen, ob der Zweck bereits weggefallen sein könnte. Es kann vorkommen, dass Daten im Sinne des Löschkonzeptes, Art. 17 DSGVO bereits hätten gelöscht werden müssen.[387] Ergänzend ist zu beachten, dass das einseitige Ändern des Verarbeitungszweckes von sensiblen Daten zur Analyse des Diversity-Stands im Unternehmen negativ in der Belegschaft aufgenommen werden kann, da Mitarbeiter durch diese neue Verwendung der Daten Benachteiligung und Diskriminierung befürchten könnten. Hier ist insbesondere das AGG zu berücksichtigen. Dementsprechend ist das Nutzen von vorhandenen personenbezogenen Daten ohne eine Einwilligung der Mitarbeiter kaum möglich.

V. Weitere Vorgaben der DSGVO

Gerade bei sensiblen Themen wie dem Diversitätsmonitoring ist es unerlässlich, dass Mitarbeitende klar und verständlich darüber informiert werden, welche Daten zu welchem Zweck verarbeitet werden. Dies ergibt sich unmittelbar aus dem Grundsatz der Transparenz gemäß Art. 5 Abs. 1 lit. a DSGVO, wonach personenbezogene Daten in einer für die betroffene Person nachvollziehbaren Weise verarbeitet werden müssen.

Transparenz bedeutet in diesem Zusammenhang nicht nur, dass der Zweck der Datenverarbeitung offengelegt wird, sondern auch, dass Mitarbeitende in verständlicher Weise darüber informiert werden, wie ihre Daten verarbeitet werden. Sie müssen nachvollziehen können, warum ihre Daten erhoben werden. Allgemeine oder unklare Formulierungen reichen dabei nicht aus; die Zwecke müssen konkret und eindeutig benannt werden. Ebenso ist es erforderlich, die Datenflüsse klar darzustellen. Das umfasst Informationen darüber, wer die Daten erhebt, ob sie intern oder extern verarbeitet werden, ob

387 *Nolte/Werkmeister*, in: Gola/Heckmann, DS-GVO BDSG, Art. 17 DSGVO Rn. 11 ff.

eine Pseudonymisierung oder Anonymisierung erfolgt und ob eine Weitergabe an Dritte – wie externe Dienstleister oder Konzernunternehmen – vorgesehen ist. Auch technische Aspekte, etwa die Nutzung von Cloud-Diensten oder Analyseplattformen, sollten transparent gemacht werden. Darüber hinaus müssen die Mitarbeitenden wissen, wer Zugriff auf ihre Daten hat. Dies betrifft sowohl interne Stellen wie die Personalabteilung oder Diversity-Beauftragte als auch externe Partner wie Beratungsfirmen oder IT-Dienstleister. Schließlich ist auch die geplante Speicherdauer offenzulegen – entweder durch eine feste Frist, etwa sechs Monate nach Abschluss der Auswertung, oder durch nachvollziehbare Kriterien, wie etwa die Erreichung des Verarbeitungszwecks innerhalb eines bestimmten Zeitraums.

VI. Fazit und Ausblick

Derzeit können Diversity-Umfragen und/oder die Verarbeitung der entsprechenden Daten nur unter Berücksichtigung von strengen datenschutzrechtlichen Vorgaben und mit einem entsprechend erheblichen Aufwand vorgenommen werden. Da dieses Thema als Teil eines gesellschaftlichen Wandels auch im Rahmen des Vorhabens der EU-Richtlinie zur Nachhaltigkeits-Berichtserstattung, immer mehr an Bedeutung erlangt, werden Unternehmen nicht mehr vermeiden können, sich mit diesem Thema zu beschäftigen. In der Richtlinie ist festgehalten, dass Unternehmen verpflichtet sind, unter anderem in ihrem Jahresbericht Stellung zu verschiedenen ESG-Faktoren zu nehmen; dazu zählen auch die Diversity-Kriterien.

Um der Berichtspflicht nachzukommen, braucht der Arbeitgeber die Informationen zur Diversität seiner Beschäftigten. Wie diese Daten erhoben, verarbeitet und gespeichert werden dürfen oder sollen, gibt die Richtlinie nicht vor. Jedoch dürfte sich der deutsche Gesetzgeber bei der Umsetzung der Richtlinie mit dieser Frage beschäftigen, da er im Rahmen der Umsetzung des europäischen Datenschutzes im Bereich des Beschäftigtendatenschutzes abgewichen ist und das Erforderlichkeitskriterium in § 26 Abs. 1 Satz 1 BDSG eingefügt hat. Ferner könnte eine Berichtspflicht des Arbeitgebers im Bereich Diversity womöglich die Erhebung von Diversity-Kriterien nach § 26 Abs. 1 Satz 1 und Abs. 3 Satz 1 BDSG ermöglichen, da der Arbeitgeber einer gesetzlichen Verpflichtung – Berichtspflicht – nachkommt. Unabhängig von der Entwicklung in diesem Zusammenhang sollten Arbeitgeber das Monitoring von Diversitätskriterien im Unternehmen immer sorgsam unter Datenschutzaspekten prüfen, um die Akzeptanz zu erhöhen und mögliche negative Auswirkungen im Unternehmen zu vermeiden.

3. Konsequenzen des politischen DEI-„Rollback“ für globale Unternehmen

Ferdinand Groß und Dr. Till Heimann

Der gesellschaftliche und politische Diskurs um DEI hat in den vergangenen Jahren eine bemerkenswerte Wendung genommen. Was zunächst als progressiver Ansatz zur Förderung von Vielfalt und Chancengleichheit in Unternehmen und Institutionen galt und – belegt durch eine Vielzahl an Studien – die Resilienz, Kreativität und Leistungsfähigkeit von Unternehmen und Organisationen zu stärken anerkannt war[388], steht heute zunehmend in der Kritik. Insbesondere seit der Wiederwahl *Donald Trumps* zum US-Präsidenten und seinen ersten Amtshandlungen im Januar 2025 ist auf der internationalen Ebene ein systematischer „Rollback“ durch die Politik und Gesetzgebung zu beobachten. Während die Vereinigten Staaten im Fokus stehen, geht jeder fehl, der meint, solche Entwicklungen seien für Europa und den deutschen Markt gleichgültig. Denn wie dieser Beitrag zeigen wird, hat *Trump* einen Erdrutsch losgetreten, der mit ganz konkreten rechtlichen und wirtschaftlichen Auswirkungen auch Organe, Personalverantwortliche und Juristen hierzulande betrifft.

I. Die rechtlichen Rahmenbedingungen in Deutschland

In Deutschland gelten – teils auf Grundlage europäischer Rechtssetzung – eine Vielzahl von Vorschriften rund um das Thema Gleichbehandlung. Arbeitgeber sind umfassend zum Schutz des Persönlichkeitsrechts ihrer Beschäftigten verpflichtet. Maßnahmen gegen Mobbing[389] – etwa durch Schulungen zur Konfliktprävention – gehören zum Standard der HR-Compliance und sind in der Regel mitbestimmt.[390]

1. Spezialgesetzliche Vorgaben durch das AGG

Das AGG untersagt Benachteiligungen u. a. wegen ethnischer Herkunft, Geschlecht, Religion, Behinderung, Alter oder sexueller Identität im privaten Rechtsverkehr. Nach § 12 Abs. 1 und 2 AGG sind Arbeitgeber zu vorbeugenden Maßnahmen gegen Diskriminierung verpflichtet. Bei Verstößen drohen nach § 15 AGG Schadensersatz- und Entschädigungsansprüche – so-

388 Dazu die Nachweise bei → Teil 1, Kap. 3.1 (*Byrne*), unter I.
389 Zur Begriffsdefinition etwa BAG 25.10.2007 – 8 AZR 593/06, NZA 2008, 223.
390 *Benecke*, NZA-RR 2003, 225, 232.

wohl bei eigenem Fehlverhalten als auch bei Pflichtverletzungen von Erfüllungsgehilfen[391], vornehmlich Führungskräften[392]. Insbesondere verpflichtet das AGG die Arbeitgeber dazu, ihre Arbeitnehmer vor sexuellen Belästigungen am Arbeitsplatz zu schützen (§ 12, § 3 Abs. 3, Abs. 4 AGG). Auch hier drohen bei Verstößen Schadenersatzansprüche sowie Schmerzensgeld.

Wegen des großen Graubereichs zwischen mitbestimmungsfreien und -pflichtigen Regelungen[393] wurden die Regelungen zur Umsetzung des AGG in vielen Unternehmen mitbestimmt eingeführt. Entsprechend ist eine Umgestaltung nur mit einer gewissen Vorlaufzeit und ggf. auch nur gegen Widerstände möglich. Förderprogramme, die nach US-Diktion unter „affirmative action" fallen könnten, sind nach dem AGG nicht zwingend vorgesehen, aber nach § 5 AGG gestattet, wenn und soweit dadurch bestehende Nachteile verhindert oder ausgeglichen werden sollen. Beispiele für zulässige positive Maßnahmen sind etwa:

- Gezielte Rekrutierungsmethoden für benachteiligte Personengruppen
- Diversity-Trainings in Betrieben
- Betriebsvereinbarungen zur Förderung der Vielfalt
- Bevorzugte Einstellungen bei gleicher Qualifikation oder
- Flexible Quotenregelungen.

Die rechtlichen Voraussetzungen für solche „positiven" Maßnahmen sind jedoch streng: Sie müssen geeignet und verhältnismäßig sein, dürfen keinen absoluten Vorrang einräumen und erfordern eine objektive Einzelfallbeurteilung.

2. Vorgaben für börsennotierte Unternehmen

Das Zweite Führungspositionen-Gesetz (FüPoG II) sieht vor, dass börsennotierte Unternehmen mit über 2000 Beschäftigten und mehr als drei Vorstandsmitgliedern mindestens eine Frau in den Vorstand berufen müssen.[394] Schon seit dem FüPoG I besteht eine fixe Quote von mindestens 30 % für Aufsichtsratsmitglieder börsennotierter und zugleich paritätisch mitbestimmter Unternehmen. Zudem müssen die Unternehmen Zielgrößen für den Frauenanteil veröffentlichen. Diese Zielgrößen müssen den angestreb-

391 *Tödtmann/Kaluza-Krieg*, in: Maschmann/Sieg/Göpfert, C. 250 Rn. 78; *Simon/Greßlin,* BB 2007, 1782,1783.

392 BAG 25.10.2007 – 8 AZR 593/06, NZA 2008, 223.

393 BAG 22.7.2008 – 1 ABR 40/07 = NZA 2008, 1248 zu einem Verhaltenskodex, der ein Verbot des Zeigens oder Verbreitens von *„Bildern, Karikaturen oder Witzen sexueller Natur"* beinhaltete.

394 Näher *Heimann/Flöter*, ESG 2022, 138, 139.

ten Frauenanteil in der jeweiligen Führungsebene beschreiben. Eine Zielgröße „Null“ muss gesondert begründet werden.

3. Allgemeine gesetzliche Vorgaben

a) Nationales Recht

Für Menschen mit Behinderungen verpflichtet das Neunte Sozialgesetzbuch (SGB IX) größere Unternehmen, mindestens 5 % ihrer Arbeitsplätze mit schwerbehinderten Menschen zu besetzen und macht Vorgaben zur Inklusion im Betrieb.

Die Vergütungssysteme von Vorstands- und Aufsichtsratsmitgliedern müssen bzw. sollen immer stärker auf eine nachhaltige und langfristige Unternehmensentwicklung ausgerichtet werden.[395]

§ 75 Abs. 1 BetrVG bestimmt, dass Arbeitgeber und Betriebsrat darüber zu wachen haben, dass alle im Betrieb tätigen Personen nach den Grundsätzen von Recht und Billigkeit behandelt werden und nennt dabei konkrete Diskriminierungsmerkmale. Diese zwingenden Grundsätze sind bei der Wahrnehmung von Beteiligungs- und Mitbestimmungsrechten zu beachten, sie dienen zudem als gesetzliche Auslegungsregel für betriebliche Regelungen.[396] Vereinbarungen, die gegen § 75 Abs. 1 BetrVG verstoßen, sind nichtig.[397]

b) Europarecht

Ergänzend hierzu treffen die Unternehmen bei Erfüllung der Voraussetzungen Berichtspflichten zum Thema DEI, etwa unter der CSRD.[398]

4. Selbstverpflichtungen

Abgesehen von medienwirksamen Ausreißern[399] ist die grundsätzlich positive Bewertung von Gleichheit und Vielfalt sowie Inklusion in deutschen Unternehmen akzeptiert und gehört vielfach zur kulturellen DNA. Ergänzend zum gesetzlichen Rahmen hat dementsprechend auch eine große Zahl

---

395 *Arnold/Herzberg/Zeh*, NZA 2024, 1521; *Heimann/Flöter*, ESG 2022, 138, 139 f. m. w. N.

396 *Fitting*, 32. Aufl. 2024, BetrVG, § 75 Rn. 3.

397 *Kania*, in: ErfK, 25. Aufl. 2025, BetrVG, § 75 Rn. 12; *Jacobs*, in: GK-BetrVG, 12. Aufl. 2022, BetrVG, § 75 Rn. 193.

398 Hierzu näher → Teil 1, Kap. 2.1, (*Flöter*), unter I.3.

399 OLG München, Hinweisbeschluss vom 17.7.2023 – 21 U 5235/22, juris; Sueddeutsche Zeitung online vom 17.7.2023, https://www.sueddeutsche.de/wirtschaft/gendern-audi-vw-gender-gap-1.6039003 (abgerufen am 29.8.2025).

von Unternehmen durch freiwillige Selbstverpflichtungen[400] weitergehende Pflichtenkataloge definiert. So haben aktuell über 6.500 Organisationen in Deutschland die „Charta der Vielfalt“ unterzeichnet[401] und erfasst diese mehr als 13 Millionen Beschäftigte[402]. Die Charta verpflichtet Unterzeichner zur Schaffung eines wertschätzenden und vorurteilsfreien Arbeitsumfelds, ohne jedoch rechtlich bindende Kontrollen zu etablieren.

II. Systematischer DEI-Rollback auf internationaler Ebene

1. Backlash gegen DEI nach der Wiederwahl von Präsident Trump in den USA

Den rechtlichen Grundstein für den aktuellen DEI-Rollback legte der Supreme Court bereits im Juni 2023 mit seinem Urteil gegen die Affirmative Action an Universitäten[403]. Das Gericht erklärte die Berücksichtigung der Hautfarbe bei Hochschulzulassungen im Rahmen von Minderheitenförderprogrammen für verfassungswidrig und argumentierte, dass Vielfalt als Ziel zu vage sei, um Diskriminierung zu rechtfertigen. Dies war Wasser auf die Mühlen der Republican Party.

Bereits kurz nach seiner Amtsübernahme im ersten Quartal 2025 unterzeichnete US-Präsident *Trump* sodann eine Reihe sog. Executive Orders (EOs) – präsidiale Dekrete mit unmittelbarer Bindungswirkung für die Exekutive[404], die auch die Auslegung von Bundesgesetzen mit Ermessensspielraum beeinflussen. Ziel dieser Maßnahmen ist vor allem ein politischer „Roll-back“ zentraler Initiativen zur Förderung von Diversity, Equity und Inclusion, die unter der Administration Biden etabliert wurden. Die neuen EOs enthalten insbesondere folgende Regelungsinhalte:

---

400 Hierzu näher → Teil 4, Kap. 1.1 (*Buroh/Stark*), unter III.1.

401 Internetauftritt der Organisation, https://www.charta-der-vielfalt.de/, abgerufen am 29.8.2025.

402 Integrationsbeauftragte des Bundes, https://www.integrationsbeauftragte.de/ib-de/integrationsarbeit-in-den-bereichen/bildung-und-arbeit/charta-der-vielfalt-1865342, abgerufen am 29.8.2025.

403 Entscheidung vom 29. Juni 2023, *Students for Fair Admissions, Inc.* (SFFA) *v. President & Fellows of Harvard College (Harvard)* and *SFFA v. University of North Carolina (UNC)*, Nos. 20-1199 & 21-707.

404 Als Rechtsgrundlage gilt Art. II Sec. 1 Clause 1 der amerikanischen Verfassung („*The executive Power shall be vested in a President of the United States of America* (…) *He shall take Care that the Laws be faithfully executed.*“) i. V. m. Gewohnheitsrecht.

a) Ending Radical and Wasteful Government DEI Programs and Preferencing

EO 14151[405] sieht die Abschaffung sämtlicher DE&I-Programme im *federal government* vor. Innerhalb von 60 Tagen sind alle DE&I-Büros, -Funktionen, – Initiativen und -Programme sowie alle entsprechenden staatlichen Aufforderungen an Mitarbeiter, Dienstleister oder Leistungsempfänger abzuschaffen.

b) Defending Women From Gender Ideology Extremism and Restoring Biological Truth to the Federal Government

Mit EO 14168[406] werden Bundesbehörden unter anderem verpflichtet, von der Benutzung des Begriffes „Gender“ abzusehen, alle Materialien zu entfernen, die „Gender-Ideologie“ befördern, und die Unterstützung bzw. Finanzierung von Maßnahmen einzustellen, die der „Gender-Ideologie“ dienen (§ 3 (a), (e) EO 14168). Behörden und die Öffentlichkeit werden aufgerufen, die „biologische Wahrheit“ („*biological truth*“ [sic!]) anzuerkennen, dass es nur zwei Geschlechter, männlich und weiblich, gebe. Alle offiziellen Dokumente wie Pässe und Aufenthaltstitel dürfen spätestens mit Neuausstellung keine Auswahlmöglichkeit der Geschlechtsidentität mehr vorsehen (§ 3 (d) EO 14168). Die Förderung medizinischer Maßnahmen für Transpersonen aus dem Bundeshaushalt wird eingestellt.

c) Ending Illegal Discrimination and Restoring Merit-Based Opportunity

Mit EO 14173[407] geht Präsident Trump gegen „illegale“ (sic!) DE&I-Maßnahmen und Regelungen vor. Die EO propagiert den Schutz der Bürgerrechte, die Förderung individueller Errungenschaften sowie die Beseitigung diskriminierender Praktiken im öffentlichen und auch im privaten Sektor. Bundesbehörden und -ministerien sollen daher sofort jegliche Maßnahmen einstellen, die Diversität fördern (Sec. 3 (b) (iii) (A) EO 14173). Unternehmen, die staatliche Aufträge erhalten, sowie Unterauftragnehmer müssen ebenfalls Maßnahmen zugunsten unterrepräsentierter Personengruppen ein-

---

405 Executive Order No. 14151 v. 20.1.2025, https://www.federalregister.gov/documents/2025/01/29/2025-01953/ending-radical-and-wasteful-government-dei-programs-and-preferencing (abgerufen am 29.8.2025).

406 Executive Order No. 14168 v. 20.1.2025, https://www.federalregister.gov/documents/2025/01/30/2025-02090/defending-women-from-gender-ideology-extremism-and-restoring-biological-truth-to-the-federal (abgerufen am 29.8.2025).

407 Executive Order No. 14173 v. 21.1.2025, https://www.federalregister.gov/documents/2025/01/31/2025-02097/ending-illegal-discrimination-and-restoring-merit-based-opportunity (abgerufen am 29.8.2025).

stellen [Sec. 3 (b) (iii) (B) und (C) EO 14173]). Die EO sieht eine Blacklist von Unternehmen vor, welche „die schlimmsten Verstöße“ begehen (Sec. 4 (b) (ii) EO 14173). Insbesondere große börsengehandelte Unternehmen werden in den Fokus genommen (Sec. 4 (b) (iii) EO 14173). Es sollen bis zu neun zivilrechtliche Compliance-Untersuchungen von börsennotierten Unternehmen, großen gemeinnützigen Unternehmen und Vereinigungen, Stiftungen, staatlichen und lokalen Anwalts- und Ärztekammern und Hochschulen identifiziert und durchgeführt werden. Die Einhaltung der EO soll durch regulatorische Maßnahmen und Klageverfahren durchgesetzt werden.

2. Weitere Entwicklung

Die EOs haben ein vielfältiges Echo und entsprechende Reaktionen ausgelöst. Angesichts der Dynamik ist eine tagesaktuelle Nachverfolgung kaum möglich. Zahlreiche Bürgerrechtsorganisationen und Betroffene setzen sich dagegen zur Wehr – vor allem im Wege des einstweiligen Rechtsschutzes, mit dem Ziel, die dargestellten Regelungen ganz oder teilweise außer Kraft zu setzen.

Wie unübersichtlich die Situation geworden ist, zeigt etwa die Veröffentlichung eines Memorandums der neuen Generalstaatsanwältin *Bondi* am 5. Februar 2025[408], in dem sie (wie in EO 14173 vorgesehen) die Abteilung für Bürgerrechte des Department of Justice (DOJ) und das Office of Legal Policy aufforderte, einen Bericht mit Empfehlungen zur Durchsetzung der Bürgerrechtsgesetze vorzulegen, um „illegale“ (sic!) DE&I-Programme im privaten Sektor zu beenden, einschließlich strafrechtlicher Ermittlungen gegen Unternehmen hinsichtlich solcher DE&I-Programme. Im Gegenzug gaben die Attorneys General von insgesamt 16 Bundesstaaten eine gemeinsame Leitlinie heraus, wie Unternehmen „trotz“ der EOs weiterhin an DE&I Initiativen erhalten können.[409]

Das Thema bleibt weiterhin auf der Agenda der US-Regierung: Am 22. Juli 2025 kündigte die US-Regierung den (erneuten) Rückzug aus der UNESCO an – Begründung: „*wokeness*“.[410] Am 23. Juli 2025 erklärte Präsident *Trump* im Rahmen weiterer Executive Orders zum Thema Stärkung der amerikanischen AI-Kapazitäten, man werde “*woke Marxist lunacy in the AI models*” (sinngemäß: „*politisierten marxistischen Wahnsinn in den AI-Modellen*“)

---

408 Memorandum v. 5.2.2025, https://www.justice.gov/ag/media/1388501/dl?inline (abgerufen am 29.8.2025).

409 Multi-State Guidance v. 13.2.2025, https://www.mass.gov/doc/multi-state-guidance-concerning-diversity-equity-inclusion-and-accessibility-employment-initiatives (abgerufen am 29.8.2025).

410 Tagesschau Online v. 22.7.2025, https://www.tagesschau.de/eilmeldung/usa-unesco-austritt-100.html (abgerufen am 29.8.2025).

bekämpfen. Zu diesem Zweck sieht die Executive Order Nr. 14319[411] detaillierte Regelungen dazu vor, dass die US-Regierung nur noch „nicht vorurteilsbeladene" AI-Modelle einsetzen wird – mit entsprechenden wirtschaftlichen Folgen für nicht genehme Anbieter.

Angesichts der Vielzahl an Maßnahmen und darum herum stattfindenden rechtlichen Auseinandersetzungen[412] ist klar: Der Politikwechsel der US-Administration wird mit größter Vehemenz verfolgt. Es handelt sich nicht um einen kurzfristigen Trend, sondern einen grundsätzlichen Kurswechsel und (formal) eine Neujustierung in der Gewichtung von Freiheitsrechten, die dazu genutzt wird, politisch gewollte Veränderungen rechtlich einfacher durchsetzen zu können.

3. Sonstige internationale Entwicklungen

In Kanada führte der Vorsitzende der Konservativen Partei, *Pierre Poilievre*, einen *Trump*-ähnlichen Kampf gegen „woke ideology". Seine Wahlversprechen umfassten u. A. die Beendigung aller DEI-Programme im öffentlichen Dienst, die Streichung von DEI-Anforderungen für Universitätsförderung sowie die Eliminierung von „woke ideology" aus dem Militär. Einziger Unterschied war, dass *Poilievre* den Begriff „DEI" weitgehend vermied, da Diversity, Equity und Inclusion in Kanada durchaus verwurzelt waren; stattdessen war immer nur vom Kampf gegen „wokeness" die Rede.[413]

Im Vereinigten Königreich hat die Conservative Party eine ähnliche „Anti-Woke"-Agenda verfolgt. Die Parteivorsitzende *Kemi Badenoch*, die sich als Gegnerin des „Wokism" profilierte, kritisierte insbesondere LGBTQIA+-Programme und Diversity-Initiativen.[414] Im Zuge der schweren Ausschreitungen des Jahres 2024 wurden die gesellschaftlichen Spannungen um Migration und Diversity deutlich.

In Australien bleiben die rechtlichen Rahmenbedingungen für Diversity-Maßnahmen bislang stabil. Das „Australian Institute of Company Directors" warnt anhand eines gesetzlich gut verankerten Schutzniveaus vor

---

411 Executive Order No. 14319 v. 23.7.2025, https://www.federalregister.gov/documents/2025/07/28/2025-14217/preventing-woke-ai-in-the-federal-government (abgerufen am 29.8.2025).

412 Einen aktuellen Überblick über sämtliche laufende Verfahren bietet etwa https://www.justsecurity.org/ 107087/tracker-litigation-legal-challenges-trump-administration/ (zuletzt aufgerufen am 18.7.2025).

413 Policy Options vom 15.4.2025, https://policyoptions.irpp.org/magazines/april-2025/poilievre-woke/ (abgerufen am 29.8.2025).

414 Le Monde vom 2.11.2024, https://www.lemonde.fr/en/international/article/2024/11/02/kemi-badenoch-a-right-wing-politician-with-no-time-for-wokism-is-the-new-leader-of-the-british-conservatives_6731359_4.html (abgerufen am 29.8.2025).

voreiligen Entscheidungen und empfiehlt eine sorgfältige Abwägung der verschiedenen rechtlichen und geschäftlichen Anforderungen.[415]

III. Auswirkungen für Unternehmen mit US-Bezug

Exemplarisch soll anhand der Entwicklungen in den USA aufgezeigt werden, wie die Rollback-Maßnahmen auch international erhebliche Auswirkungen haben. Das gilt auch und gerade für Unternehmen des privaten Sektors, insbesondere wenn diese Auftragnehmer des Bundes sind. Dabei sind nicht nur Unternehmen mit Hauptquartier in den USA betroffen, sondern alle Unternehmen insoweit diese auch US-Geschäfte betreiben bzw. in die Berichterstattung der Konzernmutter einfließen. Entsprechend sind alle Tochtergesellschaften weltweit den Vorgaben der EOs unterworfen. Unternehmen, die „entgegen" den EOs weiterhin an DE&I-Programmen festhalten, sind potenziell dem Risiko erheblichen öffentlichen Stigmatisierung ausgesetzt. Es drohen die Aufnahme in eine von der Regierung geführte „schwarze Liste" sowie Ermittlungsverfahren, Klagen sowie potenziell auch staatlich initiierte, öffentlichkeitswirksame Boykottaufrufe.

1. US-Markt

Bereits jetzt ist bekannt geworden, dass Starbucks im Staat Missouri sich einer Klage des Attorney General gegenübersieht, der die Behauptung aufstellt, die diversen Einstellungsrichtlinien des Unternehmens führten zu künstlich aufgeblähten Preisen.[416] Konkret wird – soweit ersichtlich, ohne Angabe von Gründen – behauptet, das Unternehmen greife „bevorzugte Gruppen für zusätzliche Schulungen und Beschäftigungsvorteile heraus", was dazu führt, dass Kunden „höhere Preise zahlen und länger auf Waren und Dienstleistungen warten müssen", da Einstellungspraktiken, die auf „nicht leistungsbezogenen Überlegungen basieren, den Einstellungspool in Richtung von Personen verzerren, die für die Ausführung ihrer Arbeit weniger qualifiziert sind".

In Florida ist eine Klage des Attorney General gegen die Einzelhandelskette Target anhängig, in der behauptet wird, durch falsche finanzielle Berichterstattung zu DE&I den Aktienpreis negativ beeinflusst zu haben.[417] Insbe-

---

415 AICD Online, https://www.aicd.com.au/economic-news/world/global-risk-report/how-directors-can-tackle-DEI-reforms.html, (abgerufen am 29.8.2025).

416 *Dunbar*, The Guardian v. 13.2.2025, https://www.theguardian.com/business/2025/feb/13/starbucks-missouri-dei-lawsuit (abgerufen am 29.8.2025).

417 *Stempel*, Reuters v. 20.2.2025, https://www.reuters.com/legal/target-sued-by-florida-defrauding-shareholders-about-dei-2025-02-20/ (abgerufen am 29.8.2025).

sondere wird gezielt die Unterstützung einer „Pride Month“ Initiative durch den CEO persönlich angeprangert.

In Konsequenz dieser Situation haben mehrere große US-Konzerne reagiert.

- **Meta/Facebook k**ündigte schon im Januar 2025 die Beendigung seiner DEI-Programme an und begründete dies mit der „sich verändernden rechtlichen und politischen Landschaft“.[418]
- **Amazon e**ntfernte bereits Ende 2024 DEI-bezogene Inhalte von seiner Website und sprach von „veralteten Programmen“.[419]
- **Walmart, McDonald‘s, Boeing und Ford** kündigten den Rückbau ihrer Diversity-Programme an, noch bevor rechtliche Schritte eingeleitet wurden.[420]

2. Europa

Auch auf europäischer Ebene lässt sich ein entsprechender Trend erkennen. So passten der dänische Pharmakonzern Novo Nordisk und der britische Industriekonzern Rolls-Royce nahezu zeitgleich ihre unternehmensinternen Diversity-Strategien an. Novo Nordisk kündigte an, in den US-Niederlassungen künftig keine Geschlechterquoten mehr umzusetzen. Gleichwohl bekräftigte das Unternehmen, dass das globale Ziel einer mindestens 45 % Repräsentanz von Frauen bis Ende 2025 aufrechterhalten werde – die USA jedoch ausgenommen.[421] Rolls-Royce ging sogar noch einen Schritt weiter: Der Konzern stellte sämtliche DEI-Programme weltweit ein und implementierte stattdessen ein „Employee Voice Network“, das allen Mitarbeitenden offenstehen soll – unabhängig von Diversitätsmerkmalen.[422]

Auf der Hauptversammlung des Telekom-Konzerns im April 2025 berichtete der Telekom-Vorstandsvorsitzende Timotheus Höttges, dass mehrere Tochtergesellschaften Hinweise von US-Botschaften hinsichtlich der neu erlassenen EOs erhalten hätten. Die Konzernleitung habe diese zum An-

418 FAZ Online vom 11.1.2025, https://www.faz.net/aktuell/wirtschaft/unternehmen/meta-ohne-diversitaetsprogramme-konzern-soll-weniger-woke-sein-110224984.html (abgerufen am 29.8.2025).

419 Trending Topics vom 13.1.2025, https://www.trendingtopics.eu/amazon-und-meta-streichen-diversitaetsprogramme-apple-haelt-dagegen/ (abgerufen am 29.8.2025).

420 Deutsche Welle Online vom 13.1.2025, https://www.dw.com/de/usa-unternehmen-f%C3%B6rdern-vielfalt-weniger-auch-wegen-trump-diversit%C3%A4t-woke-wokeness-dei/a-71257765 (abgerufen am 29.8.2025).

421 *Gronholt-Pedersen/Fick*, Reuters v. 7.5.2025, https://www.reuters.com/sustainability/society-equity/drugmaker-novo-nordisk-drops-gender-representation-requirements-us-2025-05-07 (zuletzt aufgerufen am 18.7.2025).

422 *Barlow*, BBC v. 7.5.2025, https://www.bbc.com/news/articles/cnv5vj07plmo (zuletzt aufgerufen am 18.7.2025).

lass genommen, auf die Geltung des jeweils einschlägigen nationalen beziehungsweise europäischen Rechts hinzuweisen.[423] Indes kündigte T-Mobile US bereits Ende März 2025 gegenüber der US-Regulierungsbehörde FCC an, Maßnahmen im Bereich Diversity, Equity & Inclusion (DEI) einzuschränken oder ganz einzustellen. Dies sei nach Unternehmensangaben erforderlich gewesen, um die regulatorische Zustimmung zur Übernahme des Glasfaseranbieters Lumos zu erhalten.[424]

Auch SAP hat die neue US-amerikanische Rechtslage rezipiert. Das Unternehmen teilte mit, dass die Vereinigten Staaten künftig bei der Erreichung der konzernweit angestrebten Frauenquote von 40 % nicht mehr berücksichtigt würden. Darüber hinaus sollen geschlechterspezifische Vergütungskomponenten – besonders im Bereich der Vorstandsvergütung – durch eine allgemein gehaltene Health Culture Index-Regelung ersetzt werden. SAP betont, Diversität und Inklusion würden auch weiterhin bei der Personal- und Organisationsentwicklung berücksichtigt, jedoch sei ein Handeln unvermeidbar gewesen.[425]

3. Was nun für deutsche Unternehmen mit internationalem Bezug?

Das Spannungsfeld zwischen der „neuen" US-Linie und europäischem wie nationalem Recht stellt deutsche Unternehmen vor erhebliche Herausforderungen. Diese haben in den vergangenen Jahren weitreichende Förderprogramme, Inklusionsinitiativen, Quotenregelungen und Ähnliches geschaffen und insbesondere auch die Vergütung ihrer Leitungsorgane an die Erreichung von nachhaltigkeitsbezogenen Zielen (einschließlich DE&I) gekoppelt. Sie sind und bleiben gehalten, alle gesetzlichen Vorschriften zu berücksichtigen, die Diversität, Gleichberechtigung und Inklusion fördern und Diskriminierung verhindern sollen. Gleichzeitig droht nun – besonders bei Unternehmen mit US-Hauptquartier, und dort insbesondere bei den im

---

423 *Scheuer*, Handelsblatt v. 9.4.2025, https://www.handelsblatt.com/technik/it-internet/usa-unter-trump-telekom-bekam-woke-warnung-von-der-trump-regierung/100120261.html (zuletzt aufgerufen am 18.7.2025).

424 Schreiben der T-Mobile US v. 27.3. 2025, https://www.fcc.gov/ecfs/document/1032785606628/1?ref=broadbandbreakfast.com (zuletzt aufgerufen am 9.7.2025); *Scheuer*, Handelsblatt v. 9.4.2025, https://www.handelsblatt.com/technik/it-internet/usa-unter-trump-telekom-bekam-woke-warnung-von-der-trump-regierung/100120261.html (zuletzt aufgerufen am 18.7.2025)

425 *Walldorf*, FAZ v. 13.5.2025, https://www.faz.net/aktuell/wirtschaft/unternehmen/sap-personalchefin-vargiu-breuer-wir-sind-nicht-vor-trump-eingeknickt-110473105.html (zuletzt aufgerufen am 9.7.2025); Brussels Times v. 11.5.2025, https://www.brusselstimes.com/1574151/sap-cuts-diversity-programmes-to-comply-with-trump-administration (zuletzt aufgerufen am 18.7.2025).

Fokus der EOs stehenden großen börsennotierten Unternehmen – dass diese zum einen aus handfester wirtschaftlicher Sorge vor Boykotten[426], zum anderen aus Angst vor politischen oder juristischen Repressalien die ihnen tatsächlich obliegenden oder – aufgrund der Unbestimmtheit der EOs – potentiell drohenden Verpflichtungen per gesellschaftsrechtlicher Weisungskette an ihre (insbesondere europäischen und damit auch) deutschen Tochtergesellschaften durchreichen und diese verpflichten, ihre Diversity-Commitments und -programme zurückzufahren.

Die derzeitige Entwicklung deutet auf eine zunehmende Fragmentierung von Inklusions- und Diversitätsstrategien hin. Anstatt konzernweite Neuausrichtungen vorzunehmen, setzen viele Unternehmen auf standortspezifische Anpassungen – orientiert an den jeweiligen nationalen Rechtsvorgaben. Eine global einheitliche Lösung scheint angesichts der divergierenden rechtlichen Rahmenbedingungen kaum noch realisierbar. Denn die in Deutschland und der EU geltenden Vorschriften, die DE&I-orientierte Unternehmenspolitik nicht nur zulassen, sondern zum Teil auch fordern, stehen in einem Spannungsverhältnis zu den restriktiven Regelungen der aktuellen US-Administration.

Diese Zwangslage verpflichtet deutsche Unternehmen in Deutschland zu einer eingehenden Prüfung der für sie geltenden Rechtslage und einer entsprechenden Anpassung ihres Außenauftritts und der internen Regularien. Darüber hinaus gibt sie aber auch Gelegenheit zu einer gesellschaftlich relevanten Fragestellung: Der Klärung, wie wichtig Diversität und Inklusivität den Unternehmen wirklich ist: Welches Risikoniveau man bereit ist, einzugehen, mit Blick darauf, dass das gesamte Thema von einem außenpolitischen Konflikt überschattet wird, und damit bei egal welchen Maßnahmen und egal welchem Compliance-Niveau damit zu rechnen ist, dass der aktuelle Wertekonflikt zwischen den USA und der EU auf dem Rücken der Unternehmen ausgetragen wird? Das muss jedes Unternehmen für sich beantworten.

IV. Handlungsempfehlungen

Unternehmen sollten nun keinesfalls vorschnell sämtliche über die Jahre gewachsenen Werte und Errungenschaften aufgeben. Vielmehr bietet sich ein differenziertes Vorgehen an:

---

426 Zur Sorge vor „Go Woke, Go Broke" etwa *Weimer*, Web.de v. 10.1.2025, https://web.de/magazine/wirtschaft/go-woke-go-broke-us-firmen-klimaschutz-diversity-40538674 (abgerufen am 29.8.2025).

1. DE&I-Risk Due Diligence

Zunächst einmal empfiehlt sich eine spezifische DE&I-Risiko-Due Diligence. Die Unternehmen müssen herausarbeiten, welchen rechtlichen (und wirtschaftlichen sowie Reputations-) Risiken sie im Lichte der neuen US-Policy ausgesetzt sind. Hierbei sollten sie nicht nur einbeziehen, welches Ausmaß ihre US-Geschäftsaktivitäten haben, sondern auch, wie sich die Wettbewerber am Markt positionieren. Zu untersuchen sind insbesondere:

- Bestehende Ethikkodizes und sonstige Verschriftlichungen der Unternehmenswerte,
- Bestehende Programme und Richtlinien sowie (mitbestimmte) Vereinbarungen zum Thema DE&I, insbesondere bei länderübergreifender Ausgestaltung, sowie die Involvierung des Managements in derartige Programme,
- Fluktuationsquoten und Arbeitgeberattraktivität, insbesondere dort, wo sich Zusammenhänge in der Datenlage zu DE&I-Bemühungen ergeben,
- Gesetzliche sowie freiwillige Quotenregelungen,
- Öffentliche Subventionen und sonstige Förderleistungen sowie deren Bedingungen.
- Orientierung der Vergütung des Managements sowie weiterer Beschäftigter an DE&I-relevanten Zielen, Sonderboni oder sonstige wirtschaftliche Benefits für bestimmte Personengruppen,
- Programme zu affirmative action oder sonstiger bevorzugter Berücksichtigung von bestimmten Personengruppen im Rahmen von HR-Prozessen, Vorgaben zur Besetzung von Recruitment-Teams nach Diversity-Kriterien,
- Recruitment- und Employer Branding-Kommunikation,
- Regelmäßige Berichtspflichten und dafür genutzte Datenquellen,
- Schulungen und Förderungsmaßnahmen; Mentoring- oder Führungskräfteprogramme, die nur bestimmten Personengruppen offenstehen,
- Umsetzung bestehender gesetzlicher Verpflichtungen und etwaige „überschießende" Umsetzungen, sowie
- Verträge mit Subunternehmern und sonstigen Dritten.

2. Strategieanpassung

Auf dieser Grundlage sollte dann eine strategische Neujustierung vorgenommen werden. Dabei sollte eine Balance zwischen der Einhaltung rechtlicher Verpflichtungen und der Vermeidung einer „Überkorrektur", die Unternehmenswerte verleugnen würde, sowie der Mitigierung der vorstehend beschriebenen Risiken gefunden werden. Insoweit sollten folgende Anhaltspunkte besonders berücksichtigt werden:

a) Absicherung des Managements und der Gesellschaft gegen Haftungsrisiken

Das Management muss gegen drohende Haftungsrisiken geschützt werden, sodass sich eine regelmäßige Dokumentation getroffener Entscheidungen mit Blick auf die „*business judgment rule*“ anbietet. Die Involvierung des Managements in DE&I-Initiativen sollte rechtlich abgesichert und flankiert werden. DE&I-Richtlinien sollten landesspezifisch ausgestaltet werden, so dass es in keinem Land zu einem überschießenden Normenvollzug kommt. Gleichzeitig sollten die Unternehmen sicherstellen, dass die zumeist abgeschlossenen D&O-Versicherungen entsprechende Risiken abdecken – solange dies für die Versicherer aufgrund eigener Geschäftsaktivitäten in den USA (noch) darstellbar ist.

b) Anpassung der Außendarstellung

Die Außendarstellungen von Unternehmen stellen einen offensichtlichen Angriffspunkt beim Thema DE&I dar, insbesondere wenn dies Teil der Corporate Values oder von Recruitment-Websites und -auftritten ist. Um sich hier zu schützen, greifen viele Unternehmen nun zu eher kosmetischen Schritten: einer schlichten Umbenennung ihrer entsprechenden Initiativen, etwa in „Employee Experience“ oder „Belonging“, ohne dass die dahinterstehenden Werte in Frage gestellt würden.[427]

c) Anpassung von Schulungsprogrammen

Als sehr visibler Teil der Außendarstellung sollten auch Schulungsprogramme, die bewusst DE&I-spezifisch ausgestaltet waren (DE&I Trainings, etc.) überarbeitet und angepasst werden. Nichts spricht dagegen, dass derartige Programme respektvolles Verhalten am Arbeitsplatz oder ein Verhalten im Einklang mit den Firmenwerten nahezubringen suchen; offensichtliche Aufhänger für Case Studies o. Ä. anhand (im Lichte der EOs) „kritischer“ Merkmale könnten vermieden werden.

---

427 *Kratz*, Forbes v. 21.8.2024, https://www.forbes.com/sites/juliekratz/2024/08/21/is-it-time-to-rename-diversity-equity-and-inclusion-dei/ (abgerufen am 29.8.2025).

d) Absicherungen gegen Diskriminierungsklagen

Der „anti-woke“-Kulturkampf dürfte auch in deutschen Belegschaften Spuren hinterlassen und das in zweierlei Hinsicht: Einerseits könnten EOs als Grundlage für Forderungen nach einem Rückbau von DE&I-Maßnahmen genutzt werden, mit dem Risiko von Diskriminierungsklagen sowohl „nicht-diverser“ als auch betroffener Personengruppen, etwa bei Einstellungs- oder Beförderungsentscheidungen. Andererseits besteht die Gefahr, dass angepasste Maßnahmen als Freibrief für grenzüberschreitendes Verhalten missverstanden werden – mit möglichen Konflikten rund um Mobbing, Bossing oder Belästigung. Daher ist jedenfalls anzuraten, dass Führungskräfte und HR gezielt geschult und klare Handlungsrichtlinien für den Umgang mit Beschwerden festgelegt werden. Außerdem empfiehlt sich eine Überprüfung der Whistleblowing-Policies, da der rechtliche Schutz stark von der Einordnung als Hinweisgebermeldung abhängt.

V. Fazit

Der internationale Rollback von DEI-Initiativen stellt Personalverantwortliche und Juristen vor komplexe Herausforderungen. Während in den USA, Kanada und teilweise Großbritannien ein systematischer Abbau von Diversity-Programmen zu beobachten ist, bleiben die rechtlichen Grundlagen in Deutschland weitgehend stabil.

Das deutsche AGG mit seinen Diskriminierungsverboten und der ausdrücklichen Zulässigkeit positiver Maßnahmen bietet einen robusten rechtlichen Rahmen. Allerdings erfordert die internationale Verflechtung der Wirtschaft eine differenzierte Herangehensweise, die sowohl den lokalen rechtlichen Anforderungen als auch den globalen Geschäftsrealitäten Rechnung trägt.

Die aktuelle Krise könnte paradoxerweise auch eine Chance darstellen: Sie zwingt zur kritischen Reflexion über die Wirksamkeit verschiedener Diversity-Ansätze und könnte zu rechtlich fundierteren und gesellschaftlich nachhaltigeren Lösungen führen. Dabei bleibt das Ziel einer diskriminierungsfreien und chancengerechten Arbeitswelt unverändert relevant – unabhängig von den politischen Konjunkturen des Diversity-Diskurses.

Kapitel 4 – Wertschätzendes Trennungsmanagement

1. Arbeitsverhältnisse lösen. Wirtschaftlich und auf Augenhöhe.

Dagmar Walker

I. Strategische und kommunikative Exzellenz

Erfolgreiche Trennungsprozesse sind durchdacht, vorbereitet und klar kommuniziert.

Die arbeitgeberseitige Kündigung gehört zu den wohl anspruchsvollsten Führungsaufgaben. Sie berührt nicht nur rechtliche und wirtschaftliche Aspekte, sondern hat immer auch eine emotionale Dimension – für die betroffene Person, für die Führungskraft selbst sowie für die verbleibenden Mitarbeiter im Team bzw. im Unternehmen.

Gerade deshalb ist es essenziell, professionell, gut vorbereitet und wertschätzend zu agieren. Ein klar strukturierter und wohldurchdachter Trennungsprozess stärkt die Glaubwürdigkeit von Führung, vermittelt Sicherheit für beide Seiten und verhindert unnötige Eskalationen, die Zeit, Nerven und Vertrauen kosten.

Die Erfahrung zeigt zudem: Es ist nicht das „Ob", sondern dass „Wie" einer Kündigung, das entscheidend für eine zeitnahe und wirtschaftliche Einigung mit dem Mitarbeiter ist.

Wie ist es um die Trennungsstrategie in deutschen Unternehmen bestellt? Die Ergebnisse der Studie von Kienbaum „Trennungsmanagement Update 2021" zeigt, dass der Handlungsbedarf weiterhin groß ist.

Mit diesem Beitrag lade ich Sie ein, Schritt für Schritt ins wohldurchdachte Handeln zu kommen und Trennungsprozesse sowohl zeitlich als auch wirtschaftlich effizienter zu gestalten.

Anhand eines realen Einzelfalls (ohne Betriebsrat) zeige ich zentrale Erfolgsfaktoren auf und führe Sie durch den Trennungsprozess. Der Fokus liegt auf guter Vorbereitung, klarer Kommunikation, Augenhöhe, wirtschaftlich tragfähigen Lösungen und einem guten Offboarding.

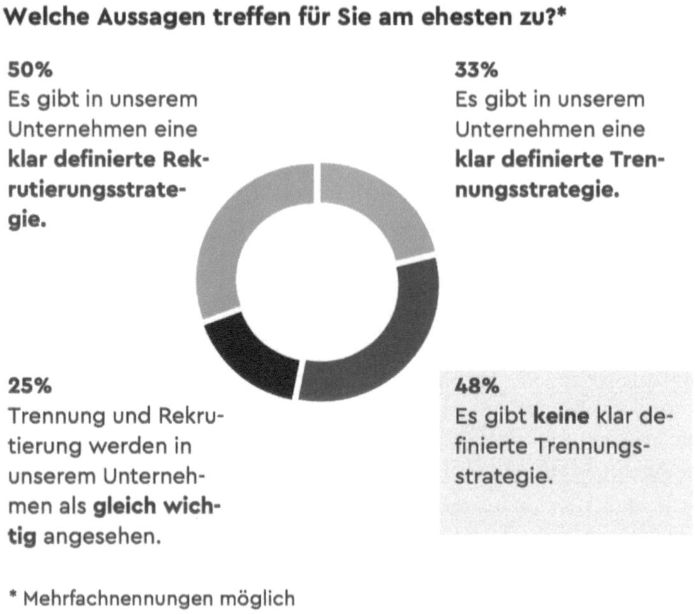

Abbildung 1: Diagramm Kienbaum Studie „Trennungsmanagement 4.0." Themen, Trend und Best Practices.[428]

Wie intensiv Sie Ihren Betriebsrat konkret einbinden, hängt wesentlich vom bestehenden Vertrauensverhältnis ab.

Die Grundprinzipien lassen sich auch auf komplexe Restrukturierungen übertragen, natürlich mit noch größerem Bedarf an Planung und Zusammenarbeit, insbesondere mit dem Betriebsrat.

1. Kündigung als Ultima Ratio

Starten wir mit einem Low Performance Fall aus der Praxis.

Der Fall: Gerd, der Geschäftsführer einer IT-Beratung, erscheint sichtbar verärgert bei HR. In einem neu akquirierten Kundenprojekt kam es zu einer Reihe von Unstimmigkeiten zwischen dem Team und Projektlead Petra. Die Folge: eine versäumte Deadline und ein schlecht vorbereiteter Kundentermin. Der Kunde platzierte seinen Unmut bei der Geschäftsführung Gerd. Gerd riss der Geduldsfaden – er hatte Sorge um den Kunden. Auch befürchtete er, dass die High Performer aus dem Team bald abspringen würden. Er

428 https://www.klaglos.at/wp-content/uploads/Trennungsmanagement-4.0_Kienbaum-Studie_2016.pdf (abgerufen am 29.8.2025).

kündigte Petra (58 Jahre alt, 80.000 EUR Jahresgehalt, erst seit 3 Jahren im Unternehmen, 1 Monat Kündigungsfrist) am Tag darauf, um noch vor Monatsende Klarheit zu schaffen. Als Kündigungsbegründung macht er seinen Unmut über ihre mangelnde Performance deutlich. Er stellte sie auch sofort von der Arbeit frei. Er wollte sie nicht mehr im Unternehmen sehen und die Kosten der Freistellung während der einmonatigen Kündigungsfrist störten ihn nicht. Mehr als eine Abfindung mit dem Faktor 0,5 Gehälter „sei nicht drin", gab er Petra zu verstehen.

Gerd übergibt die Personalie nach ausgesprochener Kündigung an Hannah (People & Culture) „Ihr seid doch die Experten, kümmert euch drum! Löst mir das. Aber mehr Abfindung kriegt die nicht, die performt nicht."

Abbildung 2: Verärgerte Führungskraft.

So läuft es in der Praxis (leider) oft: Ein gravierender Fehler passiert, die Führungskraft ist äußerst verärgert. Sie reagiert unmittelbar und undurchdacht mit der Kündigung. HR darf die weitere Abwicklung übernehmen, ist vorher gar nicht oder nur unzureichend involviert. So auch hier.

Hannah weiß schon eine Weile, dass Gerd mit Petras Leistung unzufrieden war. Ein „klares“ Feedback hatte Gerd Petra wohl schon vor einiger Zeit gegeben. Sie müsse besser führen, das Team mehr in Ihre Entscheidungen einbinden, nicht so viele Verständnisfragen stellen und schneller Ergebnisse erzielen. Petra wurde auf eine Fortbildung für Führungskräfte geschickt. Und in einem guten Moment gab Gerd der alleinerziehenden Petra im letzten Jahr eine Gehaltserhöhung.

Abbildung 3: Leistungsbewertung.

Hannah ist verzweifelt. Eine Abmahnung gab es nicht und sie hat zudem auch Zweifel, dass Gerd wirklich konstruktives Feedback an Petra gegeben, klare Lernziele vereinbart und den richtigen Support für das Erreichen der Lernziele angeboten hat.

Was lief hier falsch?

- Emotion statt Führung
- Der Vorgesetzte Gerd handelt aus einem Impuls heraus. Er ist verärgert, frustriert, überfordert. Eine Kündigung ist keine Affekthandlung.
- Eine strukturierte Leistungsrückmeldung und ein gemeinsames Zielbild fehlen.
- Niemand sollte unvorbereitet ein Kündigungsgespräch führen. Ein professionelles Gespräch ohne Vorbereitung zu führen ist unrealistisch, egal wie oft Sie schon Kündigungen ausgesprochen haben. Jeder Fall ist anders und muss kommunikativ gut vorbereitet sein.

2. Wie sollten Sie im Sinne eines wertschätzenden Trennungsmanagements handeln?

Die Low Performance muss vor der Trennung sichtbar und fair adressiert worden sein. Wichtig ist, dass es schriftlich fixierte Zielvereinbarungen und gute, regelmäßige Feedbackgespräche gab. Es braucht ebenfalls passgenaue Entwicklungsangebote für das Erreichen der Performanceziele – diese sind mit dem Mitarbeiter gemeinsam zu vereinbaren.

Bitte bedenken Sie auch, dass die konkreten Veränderungsziele (SMART[429]) mit einer realistischen Timeline versehen sind. Preisen Sie längere Urlaube und andere Aspekte rechtzeitig mit ein. Dies macht das Führen der Performance-Improvement-Gespräche deutlich einfacher und zielgerichteter. Andernfalls müssen Sie ständig Anpassungen vornehmen und der Prozess zieht sich unnötig in die Länge.

Oftmals ist die Divergenz in der Wahrnehmung der Performance in diesen Fällen zentral. Daher empfehle ich den Führungskräften, sich professionelle Unterstützung – sei es von HR oder einem Coach – zu holen. Wichtig ist, dass die Führungskraft offen ist und Gespräche zur Klärung von Missverständnissen anbietet.

Was den allermeisten Führungskräften schwerfällt, ist, im Sinne der Transparenz und Klarheit dem Mitarbeiter eine frühzeitige, klare Rückmeldung zu geben. Sind Verbesserungen erkennbar, die darauf schließen lassen, dass der Mitarbeiter die gesteckten Entwicklungsziele erreichen wird? Falls nicht, in welchen (Teil-) Zielen ist noch deutlich Luft nach oben? Ist die Entwicklung insgesamt nicht ausreichend, sollte nicht mit einer Kündigung gedroht werden. Machen Sie deutlich, ob die Performance aktuell im gelben oder ggf. sogar im roten Bereich ist. Diese Art von Ampelsystem macht die Einordnung für beide Seiten oft klarer.

429 Specific, Measurable, Achievable, Relevant and Time-bound.

Nur auf dieser Grundlage entsteht ein fairer Leistungsentwicklungsprozess und erst, wenn dieser erkennbar scheitert, ist eine Trennung verantwortbar.

Es lohnt sich auch, zu prüfen, ob es nicht interne Anpassungsmöglichkeiten gibt. Kann die Aufgabe des Mitarbeiters stärkenorientierter ausgerichtet werden, zum Beispiel durch eine Umverteilung im Team? Das ist ein Lösungsweg, der oftmals zu sehr vernachlässigt wird.

Treffen Sie die Trennungsentscheidung nachvollziehbar und respektvoll. Es darf kein Überraschungsmoment für den Mitarbeiter sein. Ist keine ausreichende Entwicklung erfolgt, ist die Trennung sachlich gut zu begründen.

Die Führungsspitze des Unternehmens ist gut beraten, HR rechtzeitig zu involvieren. Zu oft noch ist HR der Vollstrecker von Entscheidung. Zu besseren Ergebnissen kommen solche Unternehmen, die HR den Prozess von Beginn an (Entdeckung, dass es Leistungsdefizite gibt) begleiten, moderieren, beraten, kritisch hinterfragen und durch den Prozess führen lassen.

3. Austrittsstrategie: sauber geplante Schritte und eine realistische Timeline

Eine durchdachte Austrittsstrategie ist zentral, um emotionale, rechtliche und wirtschaftliche Risiken zu minimieren und um dem betroffenen Mitarbeiter eine faire, respektvolle Trennung zu ermöglichen.

Diese fehlte komplett in unserem Fallbeispiel.

Welche weiteren Fehler hätten vermieden werden sollen:

- Der Mitarbeiterin ein unrealistisches erstes Angebot zu unterbreiten
- Es gibt keine rechtlich hörbare Argumentation – von einer Abmahnung mal abgesehen, eine sehr kurze Kündigungsfrist, ein fortgeschrittenes Alter der Mitarbeiterin sowie den Status „alleinerziehend“ – genug Gründe, warum zum Faktor 0,5 keine Einigung zu erzielen sein wird.
- Die Mitarbeiterin unmittelbar und unwiderruflich freizustellen

Sachliche Gründe dafür sind nicht ersichtlich. Für die betroffene Mitarbeiterin fühlt es sich wie eine fristlose Kündigung an.

- Es wurde versäumt, die Kommunikation ins Team und dem Kunden gegenüber zu überlegen und abzustimmen. Die Notwendigkeit eines Handovers wäre zu klären gewesen.

Diese Aspekte gehören zu einer wohldurchdachten Austrittsstrategie.

Eine durchdachte Austrittsstrategie beginnt nicht erst am Tag der Kündigung. Sie setzt voraus, dass die Trennungsentscheidung nicht isoliert und vorschnell getroffen wird. Es ist wichtig, dass sie nicht allein auf Initiative einer einzelnen Führungskraft basiert, die sich lediglich ein kurzfristiges

„Okay“ vom eigenen Vorgesetzten holen muss, ohne dass dieser sich wirklich mit dem Fall befasst hat.

Abbildung 4: Entscheidungsoptionen.

Gerade bei schwierigen oder performancebezogenen Trennungen ist es entscheidend, dass unterschiedliche Perspektiven und Fachkompetenzen zusammenkommen. Beispielsweise: HR, Führung, eventuell auch Legal oder Personalentwicklung (in der Abbildung als „Gremium“[430] bezeichnet). Es kommt ganz auf die Größe und Art der Organisation an.

Ein solider Entscheidungsprozess braucht verschiedene Blickwinkel; das kritische Hinterfragen, ob alles getan wurde; die Klärung, welche alternativen Möglichkeiten statt der Kündigung eventuell bestehen. Ein „Gremium“ sollte diese Abstimmung und eine gemeinsame Verantwortung tragen. Nur so entsteht ein nachvollziehbarer, tragfähiger Weg für alle Beteiligten.

Abbildung 5: Konsequenzen bedenken.

Das „Gremium“ spricht auch eine Empfehlung für den Verhandlungsrahmen des Austrittspakets aus. Es hat die unterschiedlichen Kostenszenarien gegeneinander abgewogen. Welche Aspekte dies sind – dazu mehr im nächsten Kapitel.

Das „Gremium hat auch strategisch vorgedacht, mit welchen Reaktionen des Mitarbeiters nach Ausspruch der Trennung zu rechnen ist und wie Führungskraft und HR klugerweise reagieren werden. Dies mit dem Ziel, zu einer gütlichen Einigung zu gelangen.

---

430 Vertiefend *Andrzejewski/Refisch*, Trennungs-Kultur und Mitarbeiterbindung, S. 468 f.

Gut vorbereitet ist fair geführt: Den Trennungsprozess vorausschauend planen

Bevor Sie in die konkrete Vorbereitung des Kündigungsgesprächs einsteigen, lohnt sich ein Moment des Innehaltens und der strategischen Vorausplanung. Denn ein Trennungsprozess braucht mehr als eine gute Gesprächsführung: Er braucht einen klaren zeitlichen Fahrplan.

Denken Sie den gesamten Ablauf auf der Zeitschiene mit.

Planen Sie frühzeitig Urlaube und Abwesenheiten aller beteiligten Personen ein, wie z. B. Führungskräfte, HR, ggf. Betriebsrat oder externe Berater. Wo nötig, sorgen Sie für eine Vertretung. Es passiert nicht selten, dass genau diese Basics übersehen werden, weil der Fokus zu sehr auf der „Exekution“, also dem Gespräch selbst liegt. Das kann unnötige Unsicherheiten und Verzögerungen verursachen.

Auch emotional gilt: Wer vorausschauend denkt, führt souveräner.

Überlegen Sie, mit welchen Reaktionen des Mitarbeiters Sie rechnen müssen – von Schock oder Rückzug bis hin zu rechtlichem Widerspruch oder Verhandlung. Wer reagiert in welcher Situation? Was sind Ihre nächsten Schritte, um handlungsfähig zu bleiben und das Ziel einer fairen Einigung nicht aus dem Blick zu verlieren? Vordenken heißt führen. Wer vorbereitet ist, bleibt gestaltend im Prozess. Wer erst reagiert, wenn etwas passiert, verliert nicht nur Zeit, sondern oft auch Vertrauen.

Kurz zurück zum Fall, war die sofortige Freistellung sinnvoll?

Insbesondere in Fällen, in denen die Trennung auf Leistungsgründen basiert und die Mitarbeiterin sich (noch) nicht auf eine Lösung einlassen will, gilt besondere Vorsicht:

Eine sofortige, endgültige Freistellung direkt nach Kündigung ist selten sinnvoll. Dennoch machen Sie es der Mitarbeiterin einfach: in der Freistellung ist sie nicht dem Arbeitsalltag ausgesetzt. Andererseits fühlt es sich für sie wie eine „fristlose Kündigung“ an. Sie ist emotional blockiert und hat sich auf dem „Berg der Verneinung“ verschanzt.

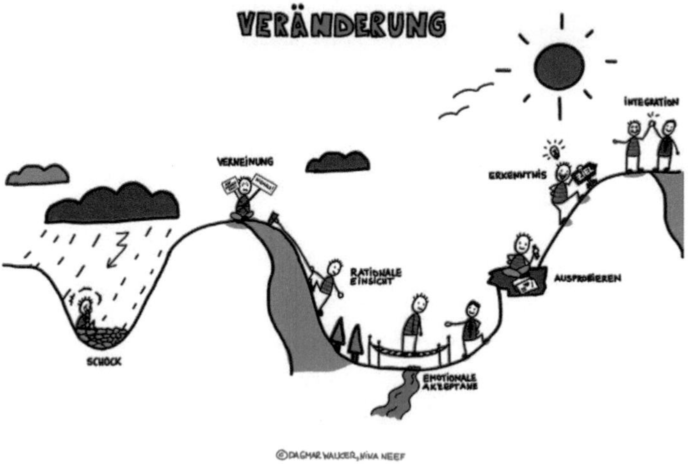

Abbildung 6: Veränderungskurve.

Wer mit einem klaren Plan, empathischem Gespür und echter Gesprächsbereitschaft in den Prozess geht und dabei bewusst berücksichtigt, wo der Mitarbeiter gerade auf seiner emotionalen Veränderungskurve steht, schafft die Grundlage für konstruktive Gespräche und eine tragfähige, zeitnahe Lösung.

4. Dos & Don'ts im Kündigungsgespräch

Ein Kündigungsgespräch ist eine sehr sensible und belastende Situation – sowohl für die gekündigte Person als auch für die Führungskraft. Letztere sollte niemals unvorbereitet in ein Kündigungsgespräch gehen. Dennoch sieht die Unternehmenspraxis, wie Kienbaum in der Studie „Trennungsmanagement Update 2021“ feststellt, anders aus: 59 % der Führungskräfte wurden (noch immer nicht) systematisch auf das Kündigungsgespräch vorbereitet.

Abbildung 7: Diagramm Kienbaum Studie, „Trennungsmanagement 4.0." Themen, Trends und Best Practices.[431]

Ein weiteres Beispiel aus der Praxis:

Das Sekretariat der Personalleitung lädt den Mitarbeiter per E-Mail für Freitag, den 20.6., von 17 bis 18 Uhr für ein Mitarbeiterentwicklungsgespräch ein – gemeinsam mit der direkten Führungskraft. Die Führungskraft teilt mit, man habe vor, sich performancebedingt zum 30.9. qua Aufhebungsvertrag zu trennen. Der sichtlich überraschte Mitarbeiter wird kreidebleich und verstummt, die Führungskraft reagiert unsicher und verhaspelt sich in langatmigen high Level Rechtfertigungen zur nicht ausreichenden Performance des Mitarbeiters. Der Mitarbeiter verlässt nach Übergabe eines unterschriebenen Entwurfs des Aufhebungsvertrags unmittelbar den Raum.

Hier wurden einige Fehler gemacht.

Bevor Sie weiterlesen. Welche Fehler sehen Sie? Finden Sie alle fünf Fehler? Überlegen Sie einen Moment. Ich lade Sie zum Perspektivwechsel ein: Versetzen Sie sich in die Position des Mitarbeiters. Welche Aspekte rund um das Gespräch und die Einladung würden Ihnen zu Recht missfallen?

Hier die „Red Flags":

- Ein irreführender Betreff für ein Trennungsgespräch in der Einladung führt zum Vertrauensbruch.
- Freitags sollten keine Trennungsgespräche stattfinden. Der Mitarbeiter geht unsicher ins Wochenende, da er keinen Rat von externer Seite mehr einholen kann.
- Trennungsgespräche sollten möglichst vormittags stattfinden und nicht erst am späten Nachmittag.

---

431 *Andrzejewski/Refisch*, Trennungs-Kultur und Mitarbeiterbindung, S. 468 f.

– Es gab vorab keine strukturierte Leistungsrückmeldung mit klarem Zielbild und Timeline an den Mitarbeiter
– Die Führungskraft war unvorbereitet und konnte den Kündigungsgrund nicht klar und wertschätzend benennen. Sie war nicht in der Lage, angemessen auf kritische Nachfragen zu reagieren.

Die wichtigsten Dos and Don‘ts für ein professionelles Kündigungsgespräch[432] habe ich in der folgenden Graphik für Sie zusammengefasst.

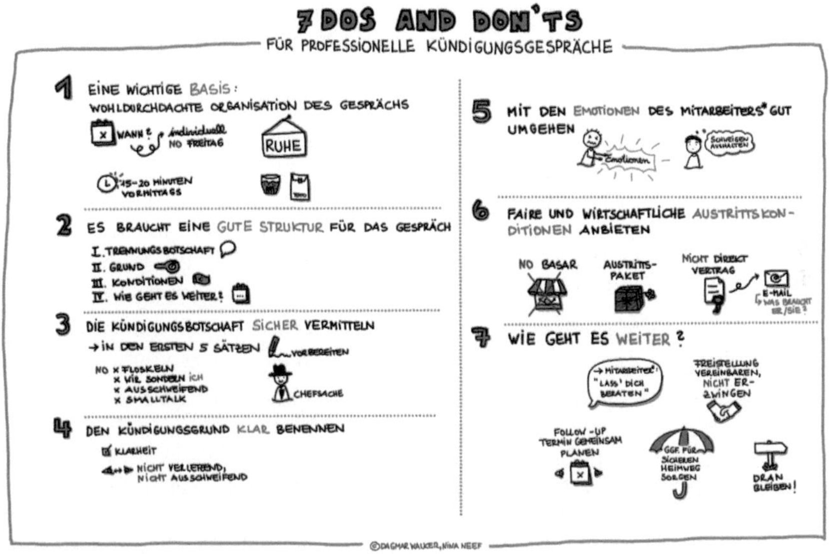

Abbildung 8: Dos und Dont's im Kündigungsgespräch.

Was gehört zur wohldurchdachten Organisation des Gesprächs? Hier einige wichtige Hinweise.

Eine Empfehlung, die mir besonders wichtig ist: Führen Sie das Gespräch in Präsenz. Auch wenn Reisezeit und Reisekosten anfallen – für mich ist das eine Frage der Haltung. Bei der Wahl des Wochentags sollte Sie niemals einen Freitag wählen und das Gespräch möglichst am Vormittag stattfinden lassen. Tabu sind ebenso der Geburtstag oder ein anderer Ehrentag des Mitarbeiters sowie der letzte Tag vor Beginn des Urlaubs.

---

432 Zur Vertiefung: *Walker,* in: Der Good Work Podcast mit Jule Jankowski, Folge #245, https://humiq.de/podcast-good-work/dagmar-walker-trennungsmanagement/.

- Bitte vermeiden Sie auch irreführende Angaben in der Termineinladung. So können Sie etwa sagen: „Es geht um unseren Vertrag." Oder „Es geht um unsere Zusammenarbeit."
- Sorgen Sie am Tag des Gesprächs für eine ungestörte Gesprächsatmosphäre und haben Sie ein Glas Wasser und Taschentücher parat.
- Klären Sie, ob die Führungskraft das Gespräch allein oder gemeinsam mit HR führt. Kündigungsbotschaft und Kündigungsbegründung sind immer Chefsache. Ob allein oder zu zweit ist immer im Einzelfall zu entscheiden.
- Unverzichtbar: „Dry Runs" (oder Trockenübungen) mit Trennungsmanagement-Expertise geben der Führungskraft Sicherheit im Ablauf, helfen bei der sprachlichen Präzision und ermöglichen ein authentisches, aber klares Auftreten im Ernstfall.
- Idealerweise begleitet ein erfahrener Trennungsmanagement-Experte diesen Übungsprozess. Das kann eine entsprechend geschulte HR-Person sein. Falls dieses Know-how intern (noch) nicht vorhanden ist, sollte ein externer Berater hinzugezogen werden. Nur so ist gewährleistet, dass kritische Gesprächsphasen, wie das Formulieren der Kündigungsbotschaft und der Kündigungsbegründung, professionell vorbereitet werden.

Aus der Praxiserfahrung zeigt sich: Auch die vermeintlich souveränen und entscheidungsstarken Führungskräfte profitieren besonders von Dry Runs.

Das Erleben im Rollenspiel, wenn ein „Mitarbeiter" kritisch nachhakt oder emotional reagiert, ist immer wirkungsvoller als jede Theorie. Ein solches Szenario konfrontiert mit echten Gesprächsdynamiken, die sich weder durch Fachliteratur noch durch reine Vorbereitung simulieren lassen. Das Gefühl, plötzlich sprachlich ins Stolpern zu geraten oder emotional aus dem Tritt zu kommen, wirkt im geschützten Trainingsrahmen weit nachhaltiger als jede Checkliste.

Seien Sie auf mögliche Reaktionen gut vorbereitet.

Ein Kündigungsgespräch verläuft selten nach Drehbuch. Emotionen, Rückfragen oder Einwände sind völlig normal und oft Ausdruck von Überforderung, Enttäuschung oder der Suche nach Halt. Wer sich im Vorfeld Gedanken darüber macht und im Dry Run erprobt, wie die betroffene Person reagieren könnte, gewinnt Handlungssicherheit. Typische Reaktionen wie „Warum gerade ich?", „Das kann doch nicht Ihr Ernst sein!" oder „Da kämpfe ich seit Jahren und jetzt das?" lassen sich besser auffangen, wenn mögliche Erwiderungen vorher durchdacht wurden. Ziel ist nicht, in die Diskussion einzusteigen, sondern ruhig, klar und respektvoll zu bleiben – das gilt auch bei emotionalen Gegenreaktionen.

Wichtig dabei: Bleiben Sie sachlich, ohne kalt zu wirken. Zeigen Sie Verständnis, ohne von der Entscheidung abzurücken. Rechtfertigen oder verteidigen Sie sich nicht – das nimmt Klarheit aus der Situation. Geben Sie dem Mitarbeiter Zeit, Wut, Ärger und Frustration zu verdauen. Halten Sie Schweigen aus! Betonen Sie die richtigen Worte und wiederholen Sie Ihre Kernbotschaften. Oftmals ist Zuhören besser als Argumentieren. So wird es ihnen gut gelingen mit den Emotionen und/oder kritischen Rückfragen des Mitarbeiters souverän umzugehen.[433]

Wie beenden Sie das Kündigungsgespräch? Wie geht es an dem Tag sinnvollerweise weiter?

Planen Sie gemeinsam mit dem Mitarbeiter einen follow-up Termin. Dieser sollte möglichst innerhalb der nächsten vier bis zehn Tage stattfinden. Drängeln Sie nicht unnötig – es ist unterschiedlich, wieviel Zeit benötigt wird, um die Kündigung innerlich anzunehmen und ins Gestalten und Verhandeln des Austrittspakets zu kommen. Dies hängt auch davon ab, wie schnell der Mitarbeiter externen Rat einholen kann.

Für den restlichen Arbeitstag der Kündigung empfehle ich, den Mitarbeiter freizustellen. Eventuell auch für ein bis drei weitere Tage. Schauen Sie, was es im konkreten Einzelfall braucht. Sie tragen auf diese Weise zu einem schnellen Verhandlungsstart bei. Stimmen Sie mit dem Mitarbeiter ab, welcher Grund für die Abwesenheit ins Team kommuniziert wird.

In extremen Ausnahmesituationen kann es angezeigt sein, dafür zu sorgen, dass der gekündigte Mitarbeiter mit dem Taxi oder in Begleitung sicher nach Hause kommt. Auch das kommt in der Praxis vor, wenn auch selten.

II. Das Austrittspaket erfolgreich gestalten und verhandeln

1. Der Abfindungsfaktor bestimmt die Dotierung des Austrittspakets

Spätestens in der Endphase einer Trennung wird oft nicht mehr gerechnet, sondern demonstriert, wer am längeren Hebel sitzt. Aussagen wie „Für den gibt's kein Geld, der hat nicht geliefert" klingen hart, sind aber betriebswirtschaftlich sinnlos.

Fakt ist: Wie das Austrittspaket dotiert ist und welcher Abfindungsfaktor dem zugrunde liegt, hat nicht mit „verdient" oder „nicht verdient" zu tun, sondern mit Risiko, Geschwindigkeit und professioneller Trennungskultur. Wer an dieser Stelle Prinzipien statt Lösungen verhandelt, zahlt in barer Münze, in Zeit und im Ruf drauf.

---

433 Vertiefend zum Umgang mit Reaktionen und Einwänden *Andrzejewski/Refisch*, Trennungs-Kultur und Mitarbeiterbindung, S. 390 f.

Der wirtschaftlich sinnvollste Abfindungsfaktor ergibt sich aus einer sauberen Risiko-Nutzen-Abwägung. Wie hoch ist das Prozessrisiko und was kostet der Kündigungsschutzprozess an Zeit, Geld und Energie? Rechnen Sie auch die internen Kosten für die Begleitung des Rechtsstreits mit ein. Wie groß ist das strategische Interesse an einer schnellen, einvernehmlichen Lösung?

In Performance Fällen: Wie hoch sind die jährlichen Opportunitätskosten, die dadurch entstehen, dass Sie für das Gehalt des Mitarbeiters nur eine unzureichende Leistung erhalten? Welche unvermeidbaren Kollateralschäden können entstehen?

Was ist Ihr tatsächlicher Spielraum? Wenn Sie das sauber durchrechnen, merken Sie schnell, dass mit dem Faktor 0,5 Monatsgehälter pro Jahr der Betriebszugehörigkeit in den meisten Fällen ein Kündigungsrechtsstreit vorprogrammiert ist. Also: Rechnen Sie. Entscheiden Sie. Und kommen Sie zum Punkt. Wer Trennungen einvernehmlich und zeitnah verhandelt, hat mehr Ressourcen für die Zukunft.

Die Abfindung ist der wirtschaftliche Rahmen des Austrittspakets, hinzukommen die Kosten einer etwaigen Freistellung während der Kündigungsfrist. Geld allein verschafft keinen neuen Job und daher ist es wichtig, dass der Mitarbeiter mir Ihrer Hilfe konkret überlegen kann, wie der finanzielle Rahmen für seine persönliche Situation bestmöglich genutzt wird. Signalisieren dem Mitarbeiter unmittelbar, dass im Falle einer Einigung der Gestaltungsspielraum groß ist.

Ich rate davon ab, dem gekündigten Mitarbeiter im Kündigungsgespräch den (unterzeichneten) Entwurf eines Abwicklungsvertrags auszuhändigen und ihm als erstes Angebot eine Abfindung anzubieten, die unabhängig von den Rechtsaussichten einer Klage auf dem Faktor 0,5 basiert. Falsch ist es auch, das Angebot unangemessen kurz, z. B. zeitlich auf eine Woche zu befristen. Dazu später mehr.

Schauen Sie bitte für einen kurzem Moment mit den Augen des gekündigten Mitarbeiters auf diese Situation. Was würde Ihnen in diesem Moment Halt, Orientierung und Wertschätzung geben? Was braucht ein Mensch in dieser Situation, um konstruktiv mitgestalten, fair verhandeln und einer zügigen Einigung zustimmen zu können?

Zurück zum Ausgangsfall um Petra: Wenige Tage nach Ausspruch der Kündigung legitimierte sich der Anwalt von Petra und erklärte, man sei bereit, sich auf eine Beendigung des Anstellungsverhältnisses zum 30.11.2017 zu verständigen. Rein vorsorglich werde man Kündigungsschutzklage einreichen. Sie lesen richtig, er forderte eine exorbitante Laufzeitverlängerung um 23 Monate. Die Verzweiflung bei HR wuchs. Hier schien klar, dass es keine Einigung geben konnte. Ebenso klar würde man den Kündigungsschutzprozess verlieren und der Chef Gerd war auf gar keinen Fall bereit, die Kündigung zurückzuziehen. Und nun?

Externe Beratung wurde geholt. Drei Szenarien wurden wirtschaftlich durchkalkuliert.

Abbildung 9: Trennungskosten.

1. Alles bleibt so – Kündigung zurückziehen. Opportunitätskosten bis zur Rente von Petra: im Ergebnis erschreckende 365.500 EUR.

2. Bei der eingereichten Kündigungsschutzklage versuchen, das Beste rauszuholen. Alle Kosten inklusive Annahmeverzugslohn, voraussichtlicher Abfindung, Management und HR-Attention intern sowie die eigenen Rechtsanwaltskosten und Opportunitätskosten für die sofortige Freistellung: im Ergebnis 97.000 EUR.

3. Verhandlungslösung – max. Verhandlungsrahmen, interne und eigene externe Rechtsanwaltskosten, Opportunitätskosten für die bereits erfolgte sofortige Freistellung. Erschwerende Kriterien: kurze Betriebszugehörigkeit beim Faktor der Abfindung zu berücksichtigen, sehr kurze Kündigungsfrist und Lebensalter 58, alleinerziehend. Gewünschter Verhandlungsrahmen (all in all): 73.000 EUR.

Die nächsten Schritte auf dem Weg zur Einigung:

– Eigene Fehler eingestehen, Augenhöhe herstellen
– Perspektivwechsel vollziehen
– Ein erstes respektables Angebot machen
– Eine realistische Timeline setzen
– Ein vernünftiges Offboarding starten

Nach vier Wochen waren sich die Parteien handelseinig und der Vergleich wurde im schriftlichen Verfahren protokolliert. Die Einigung kostete 26 % weniger als ein Rechtsstreit mit unsicherem Ausgang.

2. Auf Augenhöhe verhandeln

So schaffen Sie als Arbeitgeber die Grundlage für eine faire und lösungsorientierte Einigung.

Der gekündigte Mitarbeiter bekommt das Gefühl, dass seine Situation ernst genommen wird und er die Möglichkeit hat, ein individuelles, an seine persönlichen Bedürfnisse angepasstes Austrittspaket mitzugestalten. Er spürt:

- Es gibt ausreichend Zeit, um die Optionen in Ruhe zu prüfen
- Juristischer oder steuerlicher Rat ist möglich, ohne unter Entscheidungsdruck zu stehen
- Die Gespräche finden auf Augenhöhe statt, in einer Atmosphäre der Fairness
- Bei kleinen, wichtigen Aspekten zeigt sich der Arbeitgeber großzügig. Der Mitarbeiter kann seinen Laptop beispielsweise zunächst für seine Bewerbungsaktivitäten weiter nutzen.

Wenn dies gelingt, haben Sie die Bereitschaft des Mitarbeiters, eine tragfähige und schnelle Lösung mitzutragen und er kann sich mit klarem Blick und innerem Frieden wieder nach vorne orientieren. Zeigen Sie dem Mitarbeiter durch Ihr Verhalten, dass Sie Wertschätzung, Augenhöhe und Verlässlichkeit ernst nehmen.

Fünf Erfolgsfaktoren, die Sie beherzigen sollten

Kommunizieren Sie die Eckpunkte des Austrittspakets offen und transparent, zunächst im persönlichen Gespräch, anschließend schriftlich per E-Mail. So geben Sie dem Mitarbeiter Orientierung und die Möglichkeit, sich strukturiert mit dem Vorschlag auseinanderzusetzen.

Definieren Sie den finanziellen Rahmen und laden Sie aktiv zur Mitgestaltung ein. Signalisieren Sie: „Es geht nicht nur um eine Zahl, sondern darum, was Sie jetzt wirklich brauchen." So fördern Sie Verantwortung und individuelle Lösungen.

Machen Sie ein erstes Angebot, das fair ist und gleichzeitig angemessenen Spielraum lässt. Verzichten Sie bewusst auf Taktieren am unteren Rand. Ein wertschätzendes Startangebot schafft Vertrauen und beschleunigt die Einigung.

Sprechen Sie offen über das Ziel, innerhalb von drei bis vier Wochen zu einer Lösung zu kommen und offenbaren Sie: Wenn es zügig vorangeht, zeigen wir uns bei Details gern großzügig. Laden Sie zu einem ersten Verhandlungsgespräch ein und legen Sie gemeinsam einen Termin fest. Klare nächste Schritte geben Sicherheit und Struktur.

Ermutigen Sie den Mitarbeiter ausdrücklich, sich rechtlich oder steuerlich beraten zu lassen. So zeigen Sie: Sie verhandeln auf Augenhöhe und halten es für selbstverständlich, dass auch der Mitarbeiter gut beraten ist.

3. Mögliche Elemente eines individuellen Austrittspakets

Ein individuell abgestimmtes Austrittspaket kann nicht nur den Übergang für ausscheidende Mitarbeiter erleichtern, sondern auch die Arbeitgebermarke stärken und potenzielle rechtliche Risiken minimieren. Für die erfolgreiche Gestaltung und Verhandlung kann der verhandelte finanzielle Rahmen neben der Laufzeitverlängerung und/oder der Sprinterklausel für die folgenden Elemente eingesetzt werden.

Bei Mitarbeitern mit wenig Erfahrung am Bewerbermarkt kann ein systematisches Bewerbungscoaching durch die interne Personal- oder Talentmanagement-Abteilung erfolgen, inkl. Lebenslaufberatung, Interviewtraining und Zugang zu internen Netzwerken.

Ein gezieltes Empfehlungsmanagement über das bestehende Geschäfts- und Partnernetzwerk kann Türen zu neuen Chancen öffnen. Unterstützen Sie aktiv die berufliche Weitervermittlung, z. B. durch persönliche Empfehlungen und/oder Kontaktvermittlung.

Notwendige Weiterbildungen (z. B. für den Wechsel in eine neue Branche, Digitalisierung, Projektmanagement, Sprache) erhöhen die Beschäftigungsfähigkeit des Mitarbeiters und zeigen soziale Verantwortung.

Ein persönliches Coaching oder Karriereberatung kann insbesondere Fach- und Führungskräften helfen, individuelle Kompetenzen zu schärfen und den nächsten Karriereschritt gezielt vorzubereiten.

Bei Mitarbeitern im Übergang zum Ruhestand kann ein gezielter finanzieller Ausgleich für Renteneinbußen sinnvoll und sozialverträglich sein (z. B. durch Sonderzahlungen, freiwillige Beiträge zur Rentenversicherung oder Überbrückungsgeld bis zum Renteneintritt).

Eine Newplacement-Beratung unterstützt den Mitarbeiter bei der strukturierten Reflexion, dem Herausarbeiten der eigenen Stärken und Erfolge, der strategischen Neuausrichtung und Positionierung am Arbeitsmarkt, gibt Halt und wertvolle Unterstützung in anspruchsvollen Bewerbungsprozessen und begleitet oftmals auch während der Probezeit im neuen Unternehmen.

Eine New Placement Beratung kann für höhere oder kritische Positionen von Fach- und Führungskräften, deren Ausscheiden intern wie extern sichtbar ist, sinnvoll sein.

Hat der Mitarbeiter eine lange Betriebszugehörigkeit und daher eine geringe Arbeitsmarktroutine und ist unsicher in der Eigendarstellung oder im Auftritt, ist eine Karriere- oder New Placement Beratung sicherlich hilfreich.

Erfolgt die Trennung im gegenseitigen Respekt aber aus strukturellen Gründen, möchten Arbeitgeber „Verantwortung zeigen" und den Weg in neue Beschäftigung ebnen – der für den Arbeitnehmer ohne professionelle Unterstützung eine echte Herausforderung ist, wird oftmals ein New Placement angeboten.

Als verantwortungsvolles Unternehmen sollten Sie im Rahmen Ihrer wirtschaftlichen Möglichkeiten alles daransetzen, ausscheidenden Mitarbeitern individuell passende Unterstützungsangebote mit dem Ziel zu machen, ihnen eine zeitnahe berufliche Neuorientierung zu ermöglichen.

Denn: Gelingt es Ihnen, in nahezu allen Trennungssituationen Perspektiven zu schaffen, wächst das Vertrauen in eine faire, menschliche Trennungskultur nicht nur bei unmittelbar Betroffenen, sondern in der gesamten Belegschaft.

Ein solches Vertrauen ist unbezahlbar: Es versetzt Sie in die Lage, auch in schwierigen Veränderungsprozessen Trennungen respektvoll, effizient und wirtschaftlich tragfähig zu gestalten und das mit Blick nach vorn, nicht zurück.

III. Augenhöhe als zentraler Wirkfaktor

Augenhöhe ist ein Gamechanger im Trennungsmanagement und ein zentrales Element einer guten Trennungskultur. Wie gehen wir jetzt im Trennungsdialog miteinander um? Augenhöhe bedeutet: auf gleicher Ebene, ohne Machtgefälle oder Überheblichkeit.

1. Sieben Impulse wie Ihnen eine Trennung auf Augenhöhe gelingt

Seien Sie transparent beim Kündigungsgrund. Erklären Sie offen, warum die Trennung notwendig ist, ohne Beschönigung ebenso wie ohne Drohgebärden. Nennen Sie die wahren Trennungsgründe (z. B. performance bedingt) und schieben Sie bitte nicht betriebsbedingte Gründe vor, weil Sie oder Ihr Anwalt es für taktisch klüger halten. Es ist genau das Gegenteil: taktisch unklug. Der Mitarbeiter kennt den wahren Kündigungsgrund. Wie soll er Ihnen jetzt im weiteren Verlauf des Trennungsprozesses vertrauen, wenn Sie gleich zu Beginn den Kündigungsgrund verschleiern.

Gestehen Sie eigene Fehler ein. Gerade bei leistungsbezogenen Trennungen lohnt sich ein ehrlicher Blick zurück. Nicht selten zeigt sich, dass die Führungskraft trotz bester Absicht ihre Führungsaufgaben nicht konsequent oder wirksam wahrgenommen hat: Es fehlte vielleicht an klarer Ursachenanalyse, an regelmäßigem und konstruktivem Feedback oder an gezielter Unterstützung zur Weiterentwicklung. Es ist deshalb angemessen, als Führungskraft selbstkritisch einzuräumen: „Auch ich habe nicht alles richtig gemacht. Und dennoch stehe ich heute nach sorgfältiger Abwägung zu der Entscheidung, dass eine Trennung der richtige Schritt ist.“ Es ist absehbar, dass der Mitarbeiter in seiner aktuellen Rolle dauerhaft nicht seine Stärken einbringen kann und es ihm trotz künftiger Unterstützungsmaßnahmen mit sehr großer Wahrscheinlichkeit nicht gelingen wird, das erforderliche Leistungsniveau nachhaltig zu erreichen. Diese Einsicht ist nicht Anklage, sondern Ausdruck von Verantwortung – gegenüber dem Mitarbeiter wie auch dem Unternehmen.

Perspektivwechsel einnehmen. Nehmen Sie bewusst die Sichtweise des Mitarbeiters ein – und zwar emotional, sachlich und situativ. Das Ziel ist nicht Mitleid, sondern ein fürsorgliches Mitdenken für den Mitarbeiter. Je nachdem wo der Mitarbeiter noch in der Veränderungskurve steht, braucht es jetzt gute Impulse für ihn. Versetzen Sie sich deshalb in die konkrete Lage des Mitarbeiters: Was löst die Trennung bei ihm aus? Welche Fragen, Ängste oder Hoffnungen begleiten ihn? Was braucht er, um loslassen und neu anfangen zu können? Fragen Sie den Mitarbeiter, wenn Sie diese Fragen nicht klar beantworten können. Sie schaffen damit Vertrauen in eine tragfähige und faire Lösung, die die Interessen des Mitarbeiters berücksichtigt und kommen schneller zu einer Einigung. Der Perspektivwechsel ist aus meiner Sicht kein Zeichen von Schwäche. Er ist vielmehr ein Zeichen von Reife, Respekt und echter Führung in einer herausfordernden Situation.

Seien Sie flexibel und lösungsorientiert bei individuellen Anliegen, die keine großen Kosten verursachen, aber viel Wirkung entfalten. Um die berufliche Neuorientierung aktiv zu unterstützen, stellen Sie dem Mitarbeitenden vorübergehend den Laptop zur Verfügung, auch wenn dies vom üblichen Rückgabeprozess abweicht.

Zeigen Sie juristische Fairness. Ermutigen Sie den Mitarbeiter, sich externe, kompetente Beratung einzuholen. Ihr Signal: „Wir wollen nichts durchdrücken.“

Schaffen Sie eine realistische Timeline für die Einigung. In der Praxis erlebe ich immer wieder, dass Unternehmen den Faktor Zeit im Trennungsprozess massiv unterschätzen. Wird die Entscheidung zur Trennung endlich getroffen, soll es plötzlich – ganz ohne Rücksicht darauf, wie lange es zuvor gedauert hat, zu dieser Entscheidung zu kommen – schnell gehen. Doch was für das Unternehmen das Ende eines langen internen Abwägungsprozesses ist, ist für den Mitarbeiter oft erst der Anfang: der Anfang eines tiefgreifenden Einschnitts. Er braucht Zeit, um die Situation emotional zu verarbeiten, erste Gedanken zu sortieren und überhaupt wieder in einen handlungsfähigen Modus zu kommen. Wer diesen Prozess zu stark beschleunigen will, riskiert unnötige Reibung, Blockaden oder gar Eskalation.

Ich rate Ihnen die psychologische Realität des Mitarbeiters anzuerkennen. Die Kündigung löst bei den meisten Mitarbeitern eine Schockreaktion aus, unabhängig vom Kündigungsgrund. In der ersten Phase dominiert nicht die Verhandlungsbereitschaft, sondern Unsicherheit, Angst und manchmal auch Wut. Wer in dieser Phase zu schnellen Entscheidungen gedrängt wird, blockiert eher oder eskaliert. Mein Fazit: Mitarbeiter, die sich in einem respektvollen, gut geführten Trennungsprozess gesehen fühlen, klagen nicht – selbst bei schwieriger rechtlicher Ausgangslage für das Unternehmen. Die Qualität des Trennungsprozesses ist zudem ausschlaggebender als die Höhe der Abfindung.

Verzichten Sie auf „Take it or leave it"-Angebote. Ihr erstes Abfindungsangebot ist nicht bewusst niedrig angesetzt, sondern ernst gemeint und verhandelbar. Das schafft enormes Vertrauen, reduziert die Klagebereitschaft gen Null und führt zudem zu einer schnelleren Einigung.

2. Beispiele für gelebte Augenhöhe bei Kündigungen

Situation	So bitte nicht	Besser so
Kündigungsgespräch	„Sie passen hier nicht mehr rein."	„Wir haben diese Entscheidung sehr sorgfältig und nicht leichtfertig getroffen. Wir wissen, dass Sie viel geleistet haben und möchten den weiteren Weg mit Ihnen fair gestalten."
Abwicklungsvertrag	Vorgefertigtes Standardpapier mit Unterschriften	Dotierungsrahmen kommunizieren und Freiraum für individuelle Optionen öffnen. E-Mail mit Eckpunkten des Austrittspakets
Trennungsbegründung	Allgemeine Floskeln („betriebsbedingt")	Klare, nachvollziehbare Begründung mit ehrlichem, aber respektvollem Feedback zur Leistung
Umgang mit Emotionen	Gespräch wird abgebrochen oder abgeblockt	Raum geben für Reaktion, Emotionen ernst nehmen, ruhig bleiben
Nach Ausspruch der Kündigung	Sofortige unwiderrufliche Freistellung, direkt von allen IT-Systemen abmelden	Freistellung in Absprache mit dem Mitarbeiter zunächst für ein oder zwei Arbeitstage
Verabschiedung	Keine / knappe Mail ans Team	Persönliche Verabschiedung (optional intern & extern), individuelle Würdigung

Abbildung 10: Modalitäten der Trennung.

Tipp für Augenhöhe in schwierigen Trennungssituationen: Frühzeitige Perspektivenberatung. Bereits während der Trennungsverhandlungen kann eine professionelle Perspektivenberatung einsetzen (Dauer: etwa sechs Wochen), um realistische berufliche Optionen aufzuzeigen und psychologische Sicherheit zu geben.

IV. Gutes Offboarding mit Haltung und System

Ein durchdachtes Offboarding ist kein administrativer Restposten, sondern ein zentraler Hebel für Kultur, Vertrauen und Zukunftsfähigkeit. Es stärkt die Würde der Gehenden und das Vertrauen der Verbleibenden. Ein gelungener Abschluss zeigt: Trennung bedeutet nicht Abwertung, sondern Verantwortung gegenüber dem Mitarbeiter und dem Unternehmen.

1. Freistellung und Handover sinnvoll gestalten

Eine sofortige und unwiderrufliche Freistellung direkt nach Ausspruch der Kündigung kann Schutz bei Eskalationsgefahr und bei Vertrauensverlust bieten. Unverzichtbar ist die sofortige Freistellung, wenn Betrug, Untreue oder andere Straftaten die Kündigung begründen. Bitte bedenken Sie: die sofortige Freistellung ist dennoch nicht die Default-Lösung in anderen als den eben erwähnten Trennungsszenarien.

Diese Risiken birgt die vorschnelle, einseitig von Ihnen erklärte sofortige Freistellung: Sie sorgt für Verunsicherung im Team („Warum so plötzlich?"). Sie stellt das Team vor unnötige Herausforderungen, da es an einem Handover fehlt. Sie gibt dem Mitarbeiter selbst das Gefühl der Ausgrenzung.

Meine Empfehlung: Treffen Sie die Entscheidung zur Freistellung nicht vorschnell. Der Wunsch einer Führungskraft, dem Mitarbeiter nicht mehr begegnen zu wollen, ist allein kein ausreichender Grund. Für viele Mitarbeitr ist eine geordnete Übergangsphase im Unternehmen ein wichtiger Schritt. Sie wollen sich in Ruhe verabschieden, eine geordnete Übergabe machen und mit Würde gehen. Wichtig ist eine differenzierte Betrachtung: Klären Sie im Dialog mit dem Team, wie viel Zeit eine sinnvolle Übergabe braucht und wann das Team tatsächlich in der Lage ist, die Aufgaben zu übernehmen. Sprechen Sie mit dem Mitarbeiter und dem Team diesen Punkt offen und wertschätzend an. Nur so finden Sie gemeinsam einen Freistellungstermin, der für alle Seiten tragfähig ist. Die strukturierte Handover Phase ist gegenüber dem Team und dem Gehenden auch ein wichtiges Zeichen von Respekt.

2. Kommunikation und Verabschiedung mit Augenmaß

Klar und abgestimmt, intern wie extern kommunizieren: Der letzte Eindruck zählt – ein weiteres Argument, Kommunikation und Verabschiedung nicht auf die leichte Schulter zu nehmen. Die Kommunikation prägt das Bild von Führung und Unternehmenskultur. Schweigen oder vage Andeutungen schaffen Unsicherheit und Raum für Spekulationen, das ist in keinem Fall hilfreich. Deshalb gilt: Keine Kommunikation ist keine Option.

Stimmen Sie den Inhalt und das Timing der Kommunikation mit dem Mitarbeiter ab. Wenn es ihm wichtig ist, den Austritt persönlich im Team zu verkünden, ermöglichen Sie das. Ein solcher Schritt kann Würde und Selbstwirksamkeit in einem schwierigen Moment stärken.

In größeren Organisationen empfiehlt sich eine gestufte Kommunikation:

Im direkten Führungskreis und ggf. im betroffenen Team können auch sensible Hintergründe genannt werden, sofern sie professionell und respektvoll kommuniziert werden. In der Kommunikation an die gesamte Belegschaft genügt zumeist eine sachliche, knappe Information.

Wichtig: Führungskräfte und HR sollten inhaltlich synchron kommunizieren. Unstimmigkeiten sorgen intern wie extern für große Irritation. Dies nachträglich zu korrigieren ist fast immer eine große Herausforderung und eine gewisse Irritation bleibt dennoch zurück.

Gerade bei größeren Veränderungen oder Restrukturierungen ist eine gute Vorbereitung entscheidend. Rechnen Sie mit kritischen Fragen und bereiten Sie sich mit stichhaltigen FAQ und abgestimmten Antworten vor.

So schaffen Sie Klarheit, nehmen Unsicherheiten und stärken auch bei denen, die bleiben, das Vertrauen.

Persönliche Verabschiedung & Würdigung: Eine persönliche Verabschiedung ist ein starkes Signal. Hier zeigt die Kultur Gesicht. Die Person wird als Mensch gesehen, nicht nur in ihrer Funktion. Ihr Beitrag wird gewürdigt, auch wenn es zum Ende kam. Die Formate können individuell sein: Eine kleine Runde, ein gemeinsamer Abschluss im Team, ein persönliches Dankesgespräch, eine virtuelle Dankeskarte vom Vorgesetzten und den Kollegen im Team.

Trennen Sie sich aufgrund unzureichender Performance, braucht es trotzdem eine Verabschiedung. Vielleicht sind Sie erleichtert, dass der Mitarbeiter bald geht. Die Zusammenarbeit war schwierig, die Leistung blieb hinter den Erwartungen zurück. Und trotzdem: Am Ende geht ein Mensch und nicht nur eine Leistungsbilanz. Gerade in solchen Fällen ist eine respektvolle Verabschiedung wichtig. Würdigen Sie, was gut war: Eigenschaften, Momente, menschliche Qualitäten. Und wünschen Sie dem Mitarbeiter ehrlich alles Gute für seinen weiteren Weg. Das zeigt Haltung. Und es sendet ein starkes Signal an alle, die bleiben.

3. Zeugnis, Referenzen & Sichtbarkeit zeitnah ermöglichen

Zeugnis und Referenzen sind mehr als bloße Formalien, sie sind Teil der letzten Visitenkarte des Unternehmens. Auch wenn der Stellenwert von Zeugnissen in den letzten Jahren im Bewerbungsprozess rückläufig ist. Gerade jetzt hat die Aussicht auf ein gutes Zeugnis eine unmittelbare Wirkung auf das Selbstwertgefühl des Mitarbeiters und den Verlauf der Einigung mit ihm. Auch bei leistungsbezogenen Trennungen sollte das Zeugnis respektvoll formuliert sein. Es geht nicht um Schönfärberei, aber um einen menschlichen Umgang. Ein „vernünftiges" Zeugnis ist für viele Mitarbeiter ein Türöffner. Signalisieren Sie daher in den Verhandlungen rechtzeitig Ihre diesbezügliche Einigungsbereitschaft und stellen Sie klar, dass auch ein Zwischen- und/oder Endzeugnis binnen sehr kurzer Zeit nach der Einigung erstellt werden kann.

Hier meine Empfehlungen:

- Ein wohlwollendes, sauberes Arbeitszeugnis, das den tatsächlichen Beitrag würdigt, ohne unnötige Codierung
- Angebot einer Referenz: Persönlich auf Anfrage im konkreten Fall oder schriftlich
- LinkedIn-Empfehlung, wenn angemessen: Kurz, authentisch, mit Fokus auf Stärken und Leistungen

Diese Gesten sind oft mehr wert als eine kleine Gehaltssumme und signalisieren Wertschätzung und Vertrauen in die Zukunft des Mitarbeiters.

4. Ein Exit-Gespräch ist keine Kür, sondern Bestandteil moderner Unternehmenskultur

Richtig geführt bringt es Klarheit, Wertschätzung und wertvolles Lernen für Sie als Organisation.[434]

Die Versuchung ist groß, sich möglichst schnell und geräuschlos von einem Mitarbeiter zu trennen. Vor allem, wenn die Emotionen hochkochen oder der Mitarbeiter selbst, Kollegen oder Vorgesetzte sauer und enttäuscht sind.

Trotzdem sind Austrittsgespräche extrem wichtig, und zwar in zweierlei Hinsicht.

Mitarbeiter, die das Unternehmen verlassen, sprechen Probleme meist offener an. Sie müssen nicht mehr befürchten, dass Kritik ihre Vorgesetzten verprellt und ihre Karriere bremst. Exit Interview Fragen bieten die Gelegenheit, tiefe Einsichten über die Unternehmens- und Führungskultur zu gewinnen und strukturelle Probleme aufzudecken.

Sie verbessern das Arbeitgeberimage: Exit-Gespräche sind oftmals Ihre letzte Chance für das versöhnliche Ende einer Zusammenarbeit. Im offenen Exit-Gespräch zeigen Sie, dass Sie eine lernende Organisation sind. Hören

---

434 Zur Vertiefung empfohlen: Metaplan/brand eins, Whitepaper Retention – Wer geht, hat recht, S. 1 – 60 (abgerufen am 29.8.2025).

Sie Ihrem Mitarbeiter bis zum Schluss gut zu und vermitteln Sie ihm Wertschätzung. Er wird Sie in besserer Erinnerung behalten und sogar als Arbeitgeber weiterempfehlen.

Exit Interviews funktionieren nur mit einem neutralen Gegenüber und einem strukturierten Ansatz. HR ist der richtige Ansprechpartner dafür.

V. Schlussbemerkungen

Kündigungen sind ein Stresstest für Unternehmenskultur und Führung. Jede Kündigung ist einzigartig und wird sie ggf. vor neue Herausforderungen stellen. Niemand von uns ist fehlerfrei, die Haltung zählt immens. Wichtig ist zudem, dass auch Sie als Organisation weiter lernen. Daher fragen Sie sich: Wie sorgen Sie am besten dafür, dass die Lessons Learned aus einer Kündigung nicht verloren gehen, sondern in Ihre künftigen Trennungsprozesse integriert werden.

Teil 2 – Entgeltgleichheit und Entgelttransparenz

Kapitel 1 – Die Suche nach dem „richtigen“ Vergütungssystem

1. Die Stellenbewertung als Basis für eine faire Vergütungsstruktur

Florian Frank

I. Hintergrund und Zielsetzung

Faire Vergütung ist mehr als ein Gehaltszettel – sie ist Ausdruck von Wertschätzung, Gleichstellung und unternehmerischer Verantwortung. Doch wie lässt sich Fairness objektiv gestalten? Eine fundierte Antwort beginnt mit der Stellenbewertung.

II. Relevanz und Aktualität des Themas

Die Diskussion um faire Vergütung und Gleichstellung hat in den letzten Jahren erheblich an Bedeutung gewonnen. Gesellschaftlicher Wandel, regulatorische Entwicklungen wie die ETRL sowie der zunehmende Fokus auf ESG-Kriterien fordern Unternehmen heraus, ihre Vergütungsstrukturen kritisch zu hinterfragen und neu auszurichten. In diesem Kontext rückt die Stellenbewertung als zentrales Instrument in den Fokus: Sie bildet eine Grundlage für objektive, transparente und diskriminierungsfreie Vergütungssysteme – und ist damit ein unverzichtbares Element moderner Personal- und Unternehmenspolitik.

Doch die Bedeutung der Stellenbewertung geht weit über die reine Gehaltsfindung hinaus. Sie ist ein strategisches Steuerungsinstrument, das zahlreiche HR-Prozesse beeinflusst: von der Personalentwicklung über Karrierepfade und Nachfolgeplanung bis hin zu Diversity-Strategien und Organisationsdesign.

1. Perspektiven von Mitarbeitern, Öffentlichkeit und Investoren

Unternehmen, die ihre Stellen systematisch und nachvollziehbar bewerten, schaffen nicht nur Vertrauen bei Mitarbeitern, sondern erfüllen auch zentrale Anforderungen von Investoren, Aufsichtsbehörden und der Öffentlichkeit an verantwortungsvolle Unternehmensführung.

Aus Sicht der Mitarbeiter ist Stellenbewertung ein zentrales Element für Transparenz und Gerechtigkeit. Sie erwarten nachvollziehbare Kriterien für ihre Vergütung und Entwicklungsmöglichkeiten. Eine faire Bewertung stärkt das Vertrauen in das Unternehmen, fördert die Motivation und wirkt sich positiv auf die Mitarbeiterbindung aus.

Auch die Öffentlichkeit – insbesondere Medien und Gewerkschaften – beobachtet zunehmend kritisch, wie Unternehmen mit dem Thema Vergütung umgehen. Gleichzeitig legen auch Investoren vermehrt Wert auf die Erfüllung von ESG-Anforderungen. Stellenbewertung kann somit ein Indikator für gute Unternehmensführung sein.

2. Bestimmung gleichwertiger Arbeit als Grundlage fairer Vergütung

Ein zentrales Prinzip fairer Vergütung ist die Gleichbehandlung bzw. die vergleichbare Vergütung gleichwertiger Arbeit. Doch was bedeutet „gleichwertig“? Die Definition orientiert sich an objektiven Kriterien wie Qualifikation, Verantwortung, geistiger und körperlicher Belastung sowie den Arbeitsbedingungen. Die ETRL (Art. 4) fordert explizit die Berücksichtigung dieser Kriterien, um geschlechtsneutrale und diskriminierungsfreie Vergütung sicherzustellen.

Die Herausforderung liegt in der praktischen Umsetzung: Bewertungsverfahren müssen nachvollziehbar, konsistent und geschlechtsneutral sein. Nur so lassen sich systematische Verzerrungen vermeiden und die Grundlage für rechtssichere, faire und strategisch wirksame Vergütungsmodelle schaffen. Gleichzeitig ermöglichen sie eine Vergleichbarkeit von Positionen im Unternehmen – unabhängig von Hierarchie oder Bereich – und schaffen damit Transparenz und Vertrauen.

Im weiteren Verlauf dieses Beitrags wird beleuchtet, welche Optionen Unternehmen bei der Strukturierung von Vergütungssystemen zur Verfügung stehen und inwiefern die Stellenbewertung dabei als tragfähige Grundlage dienen kann. Dabei stellt sich auch die Frage, ob sämtliche Faktoren, die zur Bestimmung gleichwertiger Arbeit herangezogen werden – wie Qualifikation, Verantwortung oder Arbeitsbedingungen – zwingend im Stellenbewertungssystem abgebildet sein müssen oder ob bestimmte Aspekte besser im Vergütungssystem selbst verankert werden sollten. Schließlich werden typische Herausforderungen aus der betrieblichen Praxis thematisiert – von der technischen Umsetzung über die Mitbestimmung bis hin zur Akzeptanz und Kommunikation – und es wird aufgezeigt, wie Unternehmen diesen erfolgreich begegnen können.

III. Optionen zur Strukturierung von Vergütungssystemen

Vor dem Hintergrund der dargestellten Relevanz der Stellenbewertung als Grundlage fairer Vergütung stellt sich die Frage, wie Unternehmen ihre Vergütungssysteme konkret strukturieren können, um den Anforderungen an Transparenz, Gleichbehandlung und strategische Steuerbarkeit gerecht zu werden. Dabei existieren unterschiedliche Ansätze – von individuellen Gehaltsverhandlungen bis hin zu systematisch bewerteten Stellenarchitekturen. Im folgenden Kapitel werden diese Optionen beleuchtet, miteinander verglichen und im Hinblick auf ihre Eignung für eine faire, rechtssichere und zukunftsfähige Vergütungsstruktur eingeordnet.

1. Überblick über Strukturierungsansätze

a) Individuelle Gehaltsverhandlung

Ein traditioneller Ansatz, bei dem das Gehalt individuell auf Basis von Qualifikation, Erfahrung und Verhandlungsgeschick festgelegt wird, ist die individuelle Gehaltsverhandlung. Diese Methode bietet hohe Flexibilität, birgt jedoch erhebliche Risiken hinsichtlich Transparenz und Diskriminierungsfreiheit. Insbesondere Frauen und Minderheiten können in solchen Systemen benachteiligt werden. In Studien hat sich gezeigt, dass Frauen niedrigere Gehaltsvorstellungen haben und viele das erste Gehaltsangebot akzeptieren. Männer hingehen verhandeln öfter im Rahmen des Bewerbungsverfahrens.[435]

b) Titelstruktur

Im Rahmen der Titelstruktur erfolgt die Vergütung auf Basis von Positionsbezeichnungen (z. B. „Senior Manager", „Referent"). Diese Methode ist einfach zu kommunizieren, jedoch oft wenig aussagekräftig hinsichtlich der tatsächlichen Anforderungen oder Verantwortung der Rolle. Zudem besteht die Gefahr von „Titel Inflation", was die Vergleichbarkeit erschwert. Es muss entsprechend sichergestellt werden, dass die Titel nach einheitlichen Kriterien vergeben werden.

---

435 Gesellschaft für Freiheitsrechte, Equal Pay Gehaltsverhandlungen, Studienlage-Verhandlung-Gesellschaft-für-Freiheitsrechte-2021-Equal-Pay-Gleiche-Rechte (abgerufen am 29.8.2025); IAB-Forum, https://iab-forum.de/weibliche-studieren-de-geben-sich-potenziell-mit-deutlich-niedrigeren-einstiegsloehnen-zufrieden-als-ihre-maennlichen-kommilitonen/ (abgerufen am 29.8.2025); *Wüst/Burkart*, https://elibrary.utb.de/doi/pdf/10.3224/gender.v4i3.10 (abgerufen am 29.8.2025).

c) Externe Vergütungsvergleiche (Benchmarking)

Die Orientierung an Marktgehältern ist insbesondere für wettbewerbsintensive Branchen relevant. Sie fördert die externe Wettbewerbsfähigkeit, kann jedoch zu interner Ungleichbehandlung führen, wenn keine systematische Stellenbewertung erfolgt. Zudem muss die Datenqualität geprüft und sichergestellt werden, dass die Marktdaten keinen systematischen Bias beinhalten.

d) Tätigkeitsbasierte Clusterung/generische Rollen

Ein modernerer Ansatz ist die Definition generischer Rollenprofile, die auf Tätigkeitsfeldern basieren ist das tätigkeitsbasierte Clustering (z. B. „Projektleitung“, „Fachberatung“). Diese Clusterung ermöglicht eine bessere Vergleichbarkeit und ist anschlussfähig an externe Benchmarks. Sie bildet eine gute Grundlage für transparente Karrierepfade und Entwicklungsmöglichkeiten.

e) Stellenbewertung

Die systematische Bewertung von Stellen anhand objektiver Kriterien (z. B. Verantwortung, Wissen, Einfluss) stellt die fundierteste Grundlage für eine faire Vergütungsstruktur dar. Sie ermöglicht die Abbildung gleichwertiger Arbeit im Sinne der ETRL und schafft eine belastbare Basis für interne Vergleichbarkeit und externe Kommunikation.

2. Vergleich der Optionen

Die Auswahl eines geeigneten Vergütungsmodells hängt stark von den unternehmensspezifischen Rahmenbedingungen ab – etwa der Größe, Kultur, Marktpositionierung und regulatorischen Anforderungen. Um die Vor- und Nachteile der verschiedenen Ansätze systematisch zu erfassen, bietet sich eine vergleichende Bewertung entlang zentraler Kriterien an. Die folgende Auswahl konzentriert sich auf fünf Kerndimensionen, die sowohl normative als auch strategische und operative Anforderungen abdecken:

- **Transparenz**: Wie nachvollziehbar und einfach zu verstehen ist die Vergütungslogik für Mitarbeiter und Führungskräfte?
- **Fairness & Akzeptanz**: Inwieweit wird gleichwertige Arbeit vergleichbar vergütet und fördert damit die Akzeptanz bei den Arbeitnehmern?
- **Rechtssicherheit**: Unterstützt das Modell die Einhaltung regulatorischer Anforderungen (z. B. ETRL)?
- **Marktbezug**: Wie gut lässt sich das Modell mit externen Vergütungsbenchmarks verknüpfen?

– **Praktikabilität**: Wie gut lässt sich das Modell in der Praxis umsetzen (inkl. Effizienz, Flexibilität, Komplexität)?

Die folgende Tabelle stellt die gängigsten Strukturierungsansätze gegenüber:

Bewertungskriterium	Individuelle Verhandlung	Titelstruktur	Externe Benchmarks	Tätigkeitsbasierte Cluster	Stellenbewertung
Transparenz	Gering	Mittel	Mittel	Hoch	Hoch
Fairness & Akzeptanz	Gering	Gering	Mittel	Hoch	Hoch
Rechtssicherheit	Gering	Mittel	Mittel	Mittel	Hoch
Marktbezug	Hoch	Mittel	Hoch	Hoch	Hoch
Praktikabilität	Hoch	Hoch	Mittel	Mittel	Mittel

Abbildung 1: Tabelle mit Strukturierungsansätzen

Die Übersicht zeigt: Während individuelle Verhandlungen und Titelstrukturen in der Praxis weit verbreitet sind, bieten sie nur begrenzte Vorteile im Hinblick auf Fairness und Rechtssicherheit. Tätigkeitsbasierte Cluster und externe Benchmarks stellen bereits eine deutlich fundiertere Grundlage dar. Die systematische Stellenbewertung jedoch vereint die meisten Vorteile und ist somit die robusteste Option.

3. Einordnung und Empfehlung

Die Bewertung zeigt: Stellenbewertung bietet die höchste Konsistenz in Bezug auf Fairness, Transparenz und rechtliche Absicherung. Sie ist insbesondere für größere Organisationen mit komplexen Strukturen geeignet. Für kleinere Unternehmen oder Start-ups kann eine pragmatische Kombination aus Tätigkeitsclustern und Marktvergleichen sinnvoll sein.

Die zunehmende Regulierung macht eine systematische Herangehensweise an Vergütungssysteme unerlässlich. Die Stellenbewertung ist dabei nicht nur ein technisches Instrument, sondern Ausdruck einer wertebasierten Vergütungskultur.

Somit sollte die Stellenbewertung als zentrales Element der Vergütungsstruktur etabliert werden. Sie schafft die notwendige Grundlage für Gleichbehandlung, Compliance und strategische Steuerung.

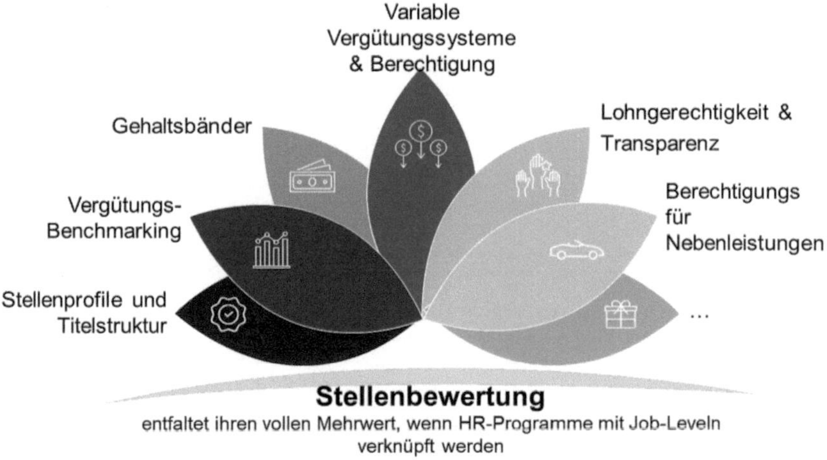

Abbildung 2: Facetten der Stellenbewertung

Die Stellenbewertung ist das Rückgrat der HR-Arbeit. Sie kann ihr volles Potenzial nur erlangen, wenn sie mit anderen HR-Programmen verknüpft wird.

Im weiteren Verlauf dieses Beitrags wird daher der Fokus auf die Ausgestaltung und Implementierung moderner Stellenbewertungssysteme gelegt.

IV. Hintergrund und rechtliche Anforderungen an Stellenbewertungssysteme

Bevor die Stellenbewertung als Basis eines fairen Vergütungssystems analysiert werden soll, lohnt sich ein Blick auf den Ursprung der Stellenbewertung. Die systematische Stellenbewertung hat ihre Wurzeln in der industriellen Arbeitswelt des frühen 20. Jahrhunderts. Erste Ansätze entstanden im Zuge der tayloristischen Arbeitsstudien, bei denen es darum ging, Arbeit in kleinste Einheiten zu zerlegen und effizient zu gestalten. Dies fand auch in der Arbeitswertermittlung des Reichsausschusses für Arbeitszeitermittlung (REFA) in Deutschland in den 1920er Jahren seinen Niederschlag.

Die klassischen Ansätze zur Arbeitsplatzbewertung entstanden einerseits in den USA, etwa mit den „Hay Guide Charts“, die Tätigkeiten anhand von

Know-how, Problemlösung und Verantwortung bewerteten. In Europa setzte ein entscheidender Impuls mit dem sogenannten „Genfer Schema“ ein, das 1950 von der ILO entwickelt wurde. Es gilt als eines der ersten international anerkannten Modelle zur objektiven Bewertung von Arbeit und diente insbesondere der tariflichen Eingruppierung. Das Genfer Schema unterscheidet vier zentrale Anforderungskategorien: geistige Anforderungen, körperliche Anforderungen, Verantwortung und erschwerende Arbeitsbedingungen.

Diese Anforderungskataloge wurden in den letzten Jahrzehnten vielfach kritisiert, da diese Anforderungskataloge den Anforderungen an ein modernes Arbeitsbewertungssystem nur noch eingeschränkt gerecht werden. Die starke Gewichtung von körperlicher Belastung und Führungsverantwortung im traditionellen Sinne sind potenziell diskriminierend. Der traditionelle Katalog hat einen einseitigen Fokus auf Können und Belastungen; neuere Anforderungen wie soziale Kompetenz, Innovationsfähigkeit oder interdisziplinäre Zusammenarbeit werden nicht ausreichend abgebildet. Die Bewertung erfolgt oft losgelöst vom organisationalen oder strategischen Kontext – moderne Systeme versuchen, diesen stärker zu integrieren.

Viele moderne Systeme, wie z.B. analytische Verfahren (z.B. Global Grading, Career Maps), oder auch aktuelle Tarifverträge greifen strukturell auf diese Grundlogik zurück, erweitern sie jedoch um zusätzliche Dimensionen wie Wirkung, Einfluss oder strategische Relevanz.

1. Anforderungen von globalen Organisationen und deren Einfluss auf Stellenbewertungssysteme

Internationale Organisationen wie die ILO und die UNO setzen seit Jahrzehnten Maßstäbe für faire Arbeitsbedingungen – einschließlich der gerechten Entlohnung. Diese Standards beeinflussen zunehmend auch nationale Gesetzgebungen und betriebliche Vergütungssysteme.

Die ILO-Konvention Nr. 100 („Equal Remuneration Convention“, 1951) verpflichtet die Mitgliedstaaten zur Gewährleistung gleichen Entgelts für Männer und Frauen bei gleichwertiger Arbeit. Zwar lässt die Konvention offen, wie Gleichwertigkeit konkret zu messen ist, doch impliziert sie die Notwendigkeit objektiver, diskriminierungsfreier Bewertungsverfahren.

Auch die Agenda 2030 der Vereinten Nationen enthält mit dem Sustainable Development Goal (SDG) 8.5 ein klares Ziel: „Bis 2030 produktive Vollbeschäftigung und menschenwürdige Arbeit für alle Frauen und Männer […] sowie gleichen Lohn für gleichwertige Arbeit erreichen.“ Dieses Ziel setzt voraus, dass Unternehmen in der Lage sind, gleichwertige Arbeit systematisch zu bestimmen – was wiederum eine strukturierte Stellenbewertung erfordert.

2. Europäische Vorgaben: Die ETRL

Die **ETRL** zur Stärkung des Grundsatzes des gleichen Entgelts bei gleichwertiger Arbeit durch Entgelttransparenz ist ein Meilenstein der europäischen Gleichstellungspolitik. Sie verpflichtet Unternehmen mit mehr als 100 Beschäftigten zur Offenlegung von Entgeltstrukturen und zur Durchführung von Entgeltanalysen, wenn geschlechtsspezifische Unterschiede festgestellt werden. Bei Nichterfüllung muss in Zukunft mit erheblichen rechtlichen, finanziellen aber auch Reputationsrisiken gerechnet werden. Die Stärkung der Rechte der Arbeitnehmer und der Mitarbeitervertretungen kann dabei als ein Katalysator wirken. Zudem müssen Mitarbeiter verstehen nach welchen Kriterien sich ihr Gehalt zusammensetzt und weiterentwickeln kann.

Ein zentrales Element der Richtlinie ist die Definition von „gleichwertiger Arbeit" anhand objektiver Kriterien wie:

- Kompetenzen
- Verantwortung,
- Belastung (geistig und körperlich)
- Arbeitsbedingungen

Diese Kriterien decken sich teilweise mit den klassischen Dimensionen moderner Stellenbewertungssysteme. Zwar schreibt die Richtlinie nicht vor, dass es eines Stellenbewertungsverfahrens bedarf – es reicht aus, wenn die Kriterien im Vergütungssystem widergespiegelt sind. Es wird aber deutlich, dass eine strukturierte Stellenbewertung ein zentrales Instrument zur Umsetzung der Vorgaben darstellt. Im Anhang wird explizit auf die das Commission Staff Working Dokument (SWD/2023/0512) verwiesen, welches im Anhang 1 zu „Gender neutral job evaluations and classification systems" Stellung bezieht. Dort wird der Einsatz von Stellenbewertungssystemen im Detail erklärt und bewertet.[436]

3. Nationale Anforderungen in Deutschland

In Deutschland existieren bislang keine gesetzlichen Vorgaben zur verpflichtenden Einführung von Stellenbewertungssystemen in der Privatwirtschaft – mit Ausnahme tarifgebundener Unternehmen. Dennoch ergeben sich aus verschiedenen Rechtsquellen indirekte Anforderungen:

- **EntgTranspG**: Dieses Gesetz verpflichtet Unternehmen mit mehr als 200 Beschäftigten zur Auskunft über Vergleichsentgelte. Eine systematische Stellenbewertung erleichtert die Einhaltung dieser Pflicht erheblich.

---

436 EU Commission Staff, https://eur-lex.europa.eu/legal-content/EN/TXT/HTML/?uri=CELEX:52013SC0512 (abgerufen am 29.8.2025).

- **Tarifverträge**: In den meisten Tarifverträgen wie z. B. im öffentlichen Dienst (TVöD) und in der Metall- und Elektroindustrie (ERA) ist die Stellenbewertung integraler Bestandteil der Eingruppierung. Die Bewertung erfolgt anhand abstrakt definierter Tätigkeitsmerkmale, die regelmäßig überprüft und angepasst werden.
- **Mitbestimmung nach dem BetrVG**: Wenn Stellenbewertungssysteme Auswirkungen auf Vergütung, Beförderung oder Leistungsbeurteilung haben, unterliegen sie der Mitbestimmung des Betriebsrats (§ 87 Abs. 1 Nr. 10 und 11 BetrVG). Auch die Aufstellung allgemeiner Beurteilungsgrundsätze (§ 94 Abs. 2 BetrVG) und die Personalplanung (§ 92 BetrVG) können betroffen sein.

4. Rechtlicher Rahmen als Treiber für Systematisierung

Die zunehmende Regulierung auf europäischer Ebene sowie die wachsenden Erwartungen von Stakeholdern im ESG-Kontext machen deutlich: Unternehmen sind gut beraten, ihre Vergütungsstrukturen auf eine objektive, nachvollziehbare und diskriminierungsfreie Grundlage zu stellen. Die Stellenbewertung ist dabei kein Selbstzweck, sondern ein zentrales Instrument zur rechtssicheren und strategisch wirksamen Gestaltung von Vergütungssystemen.

V. Überblick über unterschiedliche Systeme der Stellenbewertung

Die Wahl eines geeigneten Stellenbewertungssystems ist entscheidend für die Wirksamkeit, Fairness und damit Akzeptanz eines Vergütungsmodells. Dabei stehen Unternehmen verschiedene Verfahren zur Verfügung, die sich hinsichtlich Methodik, Differenzierungstiefe, Objektivität und Anwendungsaufwand unterscheiden. Grundsätzlich lassen sich zwei Hauptkategorien unterscheiden: summarische und analytische Verfahren.

1. Summarische Verfahren

Summarische Verfahren bewerten Stellen als Ganzes, ohne sie in einzelne Merkmale zu zerlegen. Sie sind vergleichsweise einfach und schnell umzusetzen, bieten jedoch nur begrenzte Transparenz und Objektivität.

a) Rangfolgeverfahren (summarisch)

Stellen werden in eine Rangreihe gebracht – etwa von „einfach" bis „komplex". Diese Methode ist besonders für kleinere Organisationen geeignet, da sie wenig administrativen Aufwand erfordert. Allerdings ist sie stark subjektiv geprägt und kaum nachvollziehbar dokumentierbar.

b) Klassifikationsverfahren

Hierbei werden Stellen vordefinierten Klassen zugeordnet, die bestimmte Anforderungsniveaus repräsentieren. Diese Methode ist strukturierter als das Rangfolgeverfahren, bleibt jedoch in der Differenzierung begrenzt und ist anfällig für Subjektivität und Intransparenz bei der Klassenzuordnung.

Summarische Verfahren sind selten als standardisierte Produkte verfügbar, da sie meist unternehmensspezifisch entwickelt werden. In der Praxis finden sich jedoch vereinfachte Klassifikationsmodelle in kleineren Unternehmen oder Start-ups, die Rollen nach Erfahrungsstufen (z. B. Junior, Professional, Senior) oder Funktionsgruppen (z. B. Support, Fachkraft, Leitung) einteilen. Viele Tarifverträge (z. B. Tarifverträge für das private Bankgewerbe, für Versicherung, für die chemische Industrie, Bergbau und Energie oder den Einzelhandel) sehen summarische Verfahren vor. Diese summarischen Modelle sind pragmatisch, aber oftmals erfüllen sie nicht alle regulatorischen Anforderungen.

2. Analytische Verfahren

Analytische Verfahren zerlegen Stellen in einzelne Anforderungsmerkmale (z. B. Wissen, Verantwortung, Einfluss) und bewerten diese systematisch. Sie gelten als objektiver, rechtssicherer und anschlussfähiger an externe Benchmarks.

a) Rangreihenverfahren (analytisch)

Für jedes Merkmal wird eine Rangreihe erstellt. Die Gesamtbewertung ergibt sich aus der Kombination der Einzelränge. Diese Methode bietet mehr Objektivität als summarische Verfahren, ist jedoch aufwendiger in der Anwendung und Kommunikation.

b) Stufenwertverfahren

Hierbei werden Merkmale in Stufen mit definierten Punktwerten unterteilt. Die Gesamtbewertung ergibt sich aus der Summe der Punkte. Diese Methode ist besonders verbreitet und bildet die Grundlage vieler marktgängiger Systeme.

Analytische Verfahren (wie das Global Grading System von WTW oder der ERA-Tarifvertrag in Baden-Württemberg und Nordrhein-Westfalen) haben sich insbesondere in größeren, international agierenden Unternehmen sowie in tariflich stark regulierten Industrien (z. B. Metall- und Elektroindustrie) etabliert. Sie ermöglichen eine differenzierte, objektive und nachvollziehbare Bewertung von Stellen und schaffen damit eine belastbare Grundlage für faire Vergütung, interne Vergleichbarkeit und regulatorische Compliance.

3. Summalytische Verfahren

Eine Sonderstellung bilden summalytische Verfahren. Dies sind Methoden die einerseits vordefinierte Klassen oder Level beinhalten, die allerdings detailliert nach einzelnen Faktoren beschrieben sind. Die Einwertung erfolgt jedoch nicht granular mathematisch, sondern auf Basis einer ganzheitlichen Betrachtung. Ein prominentes Beispiel bildet die Career Map von WTW. Dabei sind vordefinierte Level granular anhand von sechs einzelnen Bewertungsfaktoren beschrieben. Diese werden dann jedoch nicht zwingend mathematisch bewertet, sondern summarisch bewertet wo die Mehrheit oder im Durchschnitt die Anforderungen erfüllt sind. Die Übergänge zwischen den Verfahren sind oftmals fließend.

4. Marktgängige Systeme und ihre Zuordnung

Die folgende Übersicht ordnet einige bekannte Stellenbewertungssysteme den jeweiligen Verfahrenstypen zu und beschreibt ihre Besonderheiten:

System/Anbieter	Verfahrenstyp	Merkmale und Besonderheiten
WTW Global Grading System (GGS)	Analytisch – Stufenwertverfahren	Bewertung nach sieben Bewertungskriterien wie Wissen, Problemlösung, Einfluss; international etabliert; hohe Vergleichbarkeit
WTW Career Maps	Summalytisch	Bewertung anhand von 6 definierter Faktoren, jedoch erfolgt die Einwertung unter Berücksichtigung des ganzheitlichen Profils; hohe Anschlussfähigkeit an Benchmarks; Visualisierung von Karrierepfaden

System/Anbieter	Verfahrenstyp	Merkmale und Besonderheiten
Mercer IPE	Analytisch – Stufenwertverfahren	Bewertung nach Einfluss, Kommunikation, Innovation, Wissen, Umfeld; global einsetzbar
Korn Ferry Hay Guide Charts	Analytisch – Stufenwertverfahren	Bewertung nach Know-how, Problemlösung, Verantwortungsumfang; stark verbreitet im Konzernumfeld
Eigenentwickelte Modelle (z. B. Funktionscluster)	Summarisch – Klassifikation	Einteilung nach Funktionsgruppen oder Erfahrungsstufen; häufig in KMU oder Start-ups

Abbildung 3: Überblick über die marktgängigen Systeme

Diese Systeme unterscheiden sich nicht nur in ihrer methodischen Tiefe, sondern auch in ihrer Anschlussfähigkeit an externe Benchmarks, ihrer Skalierbarkeit und ihrer Eignung für bestimmte Branchen oder Unternehmensgrößen. Während GGS, IPE und Hay insbesondere in international agierenden Unternehmen Anwendung finden, sind summarische Eigenmodelle eher in kleineren, weniger regulierten Organisationen verbreitet.

VI. Kriterien für die Stellenbewertung

Die Auswahl geeigneter Bewertungskriterien ist das Fundament eines objektiven, diskriminierungsfreien und strategisch anschlussfähigen Stellenbewertungssystems. Sie entscheidet maßgeblich über die Fairness und Akzeptanz der Vergütungsstruktur – sowohl intern bei Mitarbeitern als auch extern bei Aufsichtsbehörden und Investoren. Im Folgenden werden klassische und moderne Kriterien, deren Bewertung sowie die Abgrenzung zum Vergütungssystem systematisch dargestellt.

1. Klassische Kriterien: Das Genfer Schema

Das sogenannte Genfer Schema, entwickelt von der ILO im Jahr 1950, gilt als eines der ersten international anerkannten Modelle zur objektiven Bewertung von Arbeit. Es unterscheidet vier zentrale Anforderungskategorien:

– Geistige Anforderungen
– Körperliche Anforderungen
– Verantwortung
– Erschwerende Arbeitsbedingungen

Diese Kriterien bildeten lange Zeit die Grundlage tariflicher Eingruppierungen, etwa im öffentlichen Dienst oder in der Metall- und Elektroindustrie. Sie sind einfach zu kommunizieren und bieten eine gewisse Vergleichbarkeit. Allerdings wurden sie in den letzten Jahren zunehmend kritisiert: Die starke Gewichtung körperlicher Belastung und Führungsverantwortung kann zu struktureller Benachteiligung führen – insbesondere von Frauen oder Mitarbeitern in nicht-führenden Rollen. Zudem werden moderne Anforderungen wie soziale Kompetenz, digitale Fähigkeiten oder interdisziplinäre Zusammenarbeit nicht ausreichend berücksichtigt.

2. Moderne Kriterien: Anschlussfähigkeit und ESG-Konformität

Moderne Bewertungssysteme wie das GGS von WTW, Mercer IPE oder die Hay Guide Charts von Korn Ferry setzen auf differenziertere Kriterien, die stärker auf die Anforderungen der Wissensarbeit, und Digitalisierung eingehen. Typische Merkmale sind:

- **Wissen und Erfahrung:** Fachliche und methodische Kompetenzen, Erfahrungsbreite, Kenntnisse der innerbetrieblichen Abläufe und des Wettbewerbsumfelds
- **Problemlösungskompetenz:** Komplexität der Aufgaben, Innovationsgrad, Analysefähigkeit
- **Einfluss und Wirkung:** Entscheidungsspielräume, Budgetverantwortung, strategische Relevanz
- **Kommunikation und Zusammenarbeit:** Interne und externe Schnittstellen, Koordinationsaufwand
- **Führung und Entwicklung:** Einfluss durch hierarchische, aber auch fachliche Führung von Themen

Diese Kriterien ermöglichen eine differenzierte Bewertung, die sowohl interne Vergleichbarkeit als auch externe Anschlussfähigkeit (z.B. an Marktbenchmarks) sicherstellt.

3. Marktstandard vs. Eigenbau

Unternehmen stehen vor der Wahl, ob sie auf etablierte Systeme zurückgreifen oder eigene Bewertungsmodelle entwickeln. Die Entscheidung hängt von Faktoren wie Unternehmensgröße, Internationalität, regulatorischem Umfeld und interner HR-Kompetenz ab.

Kriterium	Marktstandard	Eigenbau
Objektivität	Hoch	Variabel
Anschlussfähigkeit	Hoch (z. B. Benchmarks, Karriere)	Gering
Flexibilität	Gering	Hoch
Implementierungsaufwand	Mittel bis hoch	Hoch
Kosten	Lizenzgebühren	Entwicklungsaufwand
Rechtssicherheit	Hoch	Abhängig von der Ausgestaltung

Abbildung 4: Überblick über die Vor- und Nachteile der Bewertungssysteme

Marktstandards bieten den Vorteil erprobter Methodik, internationaler Vergleichbarkeit und regulatorischer Anschlussfähigkeit. Sie sind besonders geeignet für größere Organisationen mit komplexen Strukturen und internationalem Kontext. Zudem erleichtern sie die Integration in bestehende HR-Systeme und ermöglichen eine konsistente Kommunikation gegenüber internen und externen Stakeholdern.

Eigenentwicklungen hingegen bieten maximale Flexibilität und können spezifische kulturelle, strategische oder branchenspezifische Anforderungen besser abbilden. Sie sind insbesondere für kleinere Unternehmen oder Organisationen mit sehr spezifischen Rollenprofilen interessant. Allerdings erfordern sie methodische Expertise, klare Governance-Strukturen und eine sorgfältige Dokumentation, um Transparenz und Akzeptanz sicherzustellen.

Ein wachsender Trend ist die Kombination beider Ansätze: Unternehmen nutzen marktgängige Bewertungslogiken als methodisches Rückgrat und ergänzen diese um unternehmensspezifische Faktoren oder Gewichtungen. Diese hybriden Modelle verbinden Standardisierung mit Individualisierung und bieten damit einen pragmatischen Mittelweg. Systeme wie die WTW Career Map ermöglichen eine solche unternehmensspezifische Anpassung.

4. Abgrenzung: Faktoren Stellenbewertung und Faktoren des Vergütungssystems

Nicht alle Kriterien, die für die Vergütung relevant sind, gehören zwingend in das Stellenbewertungssystem. Eine klare Trennung zwischen Stellenbewertung und Vergütungssystem ist sowohl methodisch als auch rechtlich erforderlich, um Transparenz, Nachvollziehbarkeit und Diskriminierungsfreiheit zu gewährleisten.

Dabei lassen sich zwei Perspektiven unterscheiden:

a) Kriterien, die im Stellenbewertungssystem oder im Vergütungssystem abgebildet sein können:

Ein Beispiel hierfür sind die Arbeitsbedingungen. Diese können – müssen aber nicht – Teil der Stellenbewertung sein. In vielen Fällen sind sie variabel und nicht unmittelbar an die Stelle selbst gebunden. So kann etwa eine Pflegekraft sowohl im Tag- als auch im Nachtdienst tätig sein. Die Nachtschicht stellt eine besondere Arbeitsbedingung dar, die sich auf das Gehalt (z. B. durch Zuschläge) auswirkt, jedoch nicht zwangsläufig die Bewertung der Stelle selbst verändert. In der sich heute stark veränderten Arbeitswelt spielen weniger die früheren körperlichen Belastungen oder Unfallrisiken eine Rolle, als vielmehr die psychische Belastung uns Dauerstress der vielen Stellen innewohnt. Als Beispiel sei die Belastung von Lehrern, Pflegekräften oder Rettungskräften genannt. Dieser Faktor ist allerdings schwer zu messen und oftmals auch sehr subjektiv.

Darüber hinaus gibt es auch stellenfamilienspezifische Vergütungsstrukturen, obwohl die Stellenbewertung formal gleichwertige Anforderungen ergibt. Diese Unterschiede können sachlich gerechtfertigt sein, etwa durch unterschiedliche Arbeitsbedingungen, Marktanforderungen oder Talentverfügbarkeiten. Ein typisches Beispiel ist der Vergleich zwischen Finanzfachkräften und Pflegefachkräften: Beide Rollen können hinsichtlich Verantwortung, Problemlösungskompetenz und Qualifikation ähnlich eingestuft werden. Dennoch unterscheiden sich die Arbeitsbedingungen erheblich – etwa durch Schichtarbeit, körperliche Belastung oder emotionale Anforderungen im Pflegebereich. Diese Unterschiede können im Vergütungssystem durch Zuschläge oder differenzierte Grundgehälter abgebildet werden, ohne dass die Stellenbewertung selbst angepasst werden muss.

Die ETRL lässt hier bewusst Spielraum: Sie fordert objektive Kriterien für die Gestaltung von Vergütungsstrukturen, schreibt jedoch nicht vor, dass alle Kriterien zwingend im Stellenbewertungssystem abgebildet sein müssen.

b) Kriterien, die im Stellenbewertungssystem nicht abgebildet sein dürfen:

Dazu zählen insbesondere individuelle Leistung, Marktwert, Betriebszugehörigkeit oder Zielerreichung. Diese Merkmale sind personenbezogen und nicht stellenbezogen. Ihre Berücksichtigung in der Stellenbewertung würde die Objektivität und Vergleichbarkeit untergraben und könnte zu systematischen Verzerrungen führen. Sie gehören daher ausschließlich in das Vergütungssystem. Sie können als objektive, individuelle Kriterien für eine

Vergütungsdifferenzierung dienen – sei es bei der Grundvergütung oder der variablen Vergütung

Die folgende Übersicht zeigt die beispielhaft die Zuordnung zentraler Kriterien:

Bestandteil	Stellenbewertung	Vergütungssystem
Fachwissen	Ja	Indirekt
Verantwortung	Ja	Ja
Problemlösung	Ja	Ja
Verhandlungsanforderung	Ja	ja
Arbeitsbedingungen	(Ja)	Ja
Leistung	Nein	Ja
Marktwert	Nein	Ja
Betriebszugehörigkeit	Nein	Ja
Zielerreichung	Nein	Ja

Abbildung 5: Darstellung der Zuordnung

Diese Trennung ist nicht nur aus methodischer Sicht sinnvoll, sondern auch rechtlich geboten. Die ETRL fordert ausdrücklich die Anwendung objektiver, geschlechtsneutraler Kriterien zur Bestimmung gleichwertiger Arbeit. Die Richtlinie bezieht sich dabei auf die gesamte Vergütungsstruktur – nicht ausschließlich auf das Stellenbewertungssystem. Dies eröffnet Unternehmen die Möglichkeit, bestimmte Kriterien wie Arbeitsbedingungen oder Anstrengung (Effort) außerhalb der Stellenbewertung, etwa im Vergütungspaket, zu berücksichtigen.

Der Schlüssel zu einem diskriminierungsfreien und fairen Vergütungssystem liegt somit im Zusammenspiel eines strukturierten, objektiven Stellenbewertungssystems mit einem transparenten, differenzierten Vergütungssystem. Nur wenn beide Systeme klar voneinander abgegrenzt und zugleich aufeinander abgestimmt sind, kann der Grundsatz „gleicher Lohn für gleichwertige Arbeit“ wirksam umgesetzt werden.

VII. Voraussetzungen für eine erfolgreiche Stellenbewertung

1. Notwendige Rahmenbedingungen: Organisatorische und technische Voraussetzungen

Die erfolgreiche Implementierung eines Stellenbewertungssystems erfordert eine solide organisatorische und technische Grundlage. Zu den organisatorischen Voraussetzungen zählen eine klare Governance-Struktur, die Einbindung der Mitbestimmungsgremien sowie die Schulung der beteiligten Mitarbeiter. Eine transparente Kommunikation und die aktive Beteiligung der Mitarbeiter sind entscheidend für die Akzeptanz und Wirksamkeit des Systems.

Zudem ist ein genauer Überblick über die Inhalte der zu bewertenden Stellen erforderlich. Entweder müssen aussagekräftige Stellenprofile vorliegen, oder – wenn diese nicht vorhanden sind – muss zumindest eine fachkundige Person eingebunden werden, die die Stellen inhaltlich kennt. Dokumentation wird im Rahmen der ETRL in Zukunft wichtiger.

Technisch ist die Integration des Stellenbewertungssystems in bestehende HR-Systeme und digitale Plattformen von großer Bedeutung. Moderne Softwarelösungen ermöglichen eine effiziente Erfassung, Bewertung und Dokumentation der Stellenprofile. Dabei sollten Datenschutz und IT-Sicherheit stets gewährleistet sein.

2. Implementierungsstrategien zur Erfolgssicherung: Best Practices und Empfehlungen

Die Implementierung eines Stellenbewertungssystems sollte schrittweise und unter Einbeziehung aller relevanten Stakeholder erfolgen. Dazu zählen insbesondere Führungskräfte, HR Business Partner als auch der Rechtsbereich. Vor allem muss die Einbeziehung der Arbeitnehmervertretung frühzeitig geplant werden. Best Practices umfassen weiterhin die Durchführung von Pilotprojekten, regelmäßige Querkalibrierungen und die Kombination aus qualitativer und quantitativer Bewertung. Eine klare Definition der Bewertungskriterien und eine transparente Kommunikation der Ergebnisse sind entscheidend für die Akzeptanz und Wirksamkeit des Systems. Empfehlenswert ist zudem die Nutzung externer Expertise, etwa durch Beratungsunternehmen.

Die kontinuierliche Überprüfung und Anpassung des Systems an sich ändernde Marktbedingungen und Unternehmensstrukturen ist ebenfalls von großer Bedeutung. Dabei ist es wichtig sicherzustellen, dass es im Verlauf der Jahre nicht zu einer kontinuierlichen Höherbewertung von Stellen (Bewertungsinflation) kommt.

VIII. Anforderungen und Auswirkungen der EU-Entgelttransparenzrichtlinie

Die ETRL markiert einen bedeutenden Schritt zur Stärkung des Grundsatzes „gleicher Lohn für gleichwertige Arbeit" und zur Bekämpfung geschlechtsspezifischer Entgeltdiskriminierung. Sie verpflichtet Unternehmen zu mehr Transparenz in ihren Vergütungsstrukturen und schafft verbindliche Rahmenbedingungen für die objektive Festlegung und Kommunikation von Entgelt.

1. Überblick über die Richtlinie: Ziele und Inhalte

a) Zielsetzung der Richtlinie

Die Richtlinie verfolgt drei zentrale Ziele: Erstens soll die Entgeltgleichheit zwischen Frauen und Männern gefördert werden. Zweitens wird der Grundsatz „gleicher Lohn für gleichwertige Arbeit" durch verbindliche Transparenzanforderungen gestärkt. Drittens soll die Transparenz von Entgeltstrukturen verbessert werden, um strukturelle Diskriminierung sichtbar zu machen und zu beseitigen bzw. ihr vorzubeugen.

b) Kerninhalte

Kern der Richtlinie ist die Verpflichtung zur Offenlegung von Entgeltstrukturen sowie zur Transparenz über die Kriterien, nach denen Entgelt festgelegt und weiterentwickelt wird. Diese Kriterien müssen objektiv, geschlechtsneutral und nachvollziehbar sein. Die Richtlinie benennt vier zentrale Bewertungsdimensionen: Kompetenzen, Verantwortung, geistige und körperliche Belastung sowie Arbeitsbedingungen. Diese Kriterien müssen nicht zwingend in einem formalen Stellenbewertungssystem abgebildet sein, wohl aber im Vergütungssystem insgesamt berücksichtigt werden. Unternehmen mit mehr als 100 Beschäftigten sind verpflichtet, regelmäßig Entgeltanalysen durchzuführen. Ergibt sich dabei ein geschlechtsspezifischer Lohnunterschied von mehr als fünf Prozent innerhalb einer vergleichbaren Beschäftigtengruppe, der nicht durch objektive Kriterien gerechtfertigt werden kann, ist eine gemeinsame Entgeltbewertung mit den Arbeitnehmervertretungen durchzuführen.

Weitere Anforderungen betreffen die Transparenz im Einstellungsprozess: So dürfen Arbeitgeber keine Informationen über das bisherige Gehalt von

Bewerbern einholen und müssen Informationen über das Einstiegsentgelt oder dessen Spanne vor dem ersten Einstellungsgespräch bereitstellen. Mitarbeiter haben ein Auskunftsrecht über ihre individuelle Entgelthöhe sowie über die durchschnittlichen Entgelte vergleichbarer Gruppen.[437]

c) Einordnung im ESG-Kontext

Die Richtlinie ist nicht nur ein arbeitsrechtliches Instrument, sondern stärkt auch die soziale Nachhaltigkeit. Durch die Förderung von Gleichstellung und Fairness stärkt sie die soziale Dimension (Social) im ESG-Kontext. Auch in den Zeiten, in denen nicht eindeutig ist, was rechtlich in verschiedenen Regionen zulässig ist, ist ESG trotz allem weiterhin ein wichtiges gesellschaftliche Ziel, dass von der breiten Mehrheit der Bevölkerung getragen wird. Die Umsetzung muss vor dem jeweiligen rechtlichen Kontext erfolgen.

2. Auswirkungen auf Stellenbewertung und Vergütung

a) Stellenbewertung

Die Stellenbewertung ist ein zentrales Instrument zur Umsetzung der Richtlinie, da sie die Grundlage für die Abbildung objektiver Kriterien für die Vergütungsfindung bildet. Sie ermöglicht die systematische und geschlechtsneutrale Bewertung von Arbeit und unterstützt die Definition gleichwertiger Tätigkeiten. Unternehmen sollten bestehende Bewertungssysteme – etwa das GGS oder Career Maps – auf ihre Eignung zur Umsetzung der Richtlinienanforderungen prüfen und Begriffsdefinition gegebenenfalls auf den Unternehmenskontext anpassen. Entscheidend ist, dass die Bewertungslogik nachvollziehbar dokumentiert ist und die Bewertungsfaktoren geschlechtsneutral ausgestaltet sind. Nur so kann sichergestellt werden, dass die Bewertung nicht auf stereotypen Annahmen basiert und mittelbare Diskriminierung vermieden wird.

b) Verknüpfung mit dem Vergütungssystem

Die Stellenbewertung bezieht sich auf die Anforderungen einer Position – sie darf jedoch nicht mit personen- oder marktbezogenen Aspekten vermischt werden. Vielmehr ist eine klare Trennung erforderlich: Während die Stellenbewertung die strukturelle Vergleichbarkeit im Sinne gleichwertiger Arbeit sicherstellt, müssen weitere objektive Kriterien wie individuelle Leistung, Erfahrung, Standort oder Arbeitszeitmodelle im Vergütungssystem abgebildet werden. Ein modernes Vergütungssystem sollte entlang des gesamten

---

437 Hierzu näher → Teil 1, Kap. 1.2 (*Körlings*), unter II.1.

Mitarbeiterlebenszyklus konsistent ausgestaltet sein – von der Festlegung von Einstiegsgehältern über Gehaltsbänder, Beförderungsprozesse bis hin zu Gehaltsanpassungen bei Positionsveränderungen. Die Richtlinie fordert zudem, dass die Kriterien für die Entgeltentwicklung transparent und nachvollziehbar kommuniziert werden.

c) Flankierende Maßnahmen zur erfolgreichen Umsetzung

Die erfolgreiche Umsetzung der Richtlinie erfordert eine Reihe begleitender Maßnahmen. Dazu zählt insbesondere die Schulung von HR-Verantwortlichen und Führungskräften zu den Anforderungen der Richtlinie und zur Anwendung geschlechtsneutraler Bewertungs- und Vergütungspraktiken. Die Richtlinie schreibt nicht vor, gleichbewertete Stellen gleich zu vergüten. Eine Vergütungsdifferenzierung ist weiterhin zulässig, aber diese Differenzierung muss auf Grundlage objektiver, nichtdiskriminierender Kriterien erfolgen. Entsprechen ist ein zentrales Element die Durchführung regelmäßiger Entgeltanalysen. Dabei ist der Einsatz statistisch anerkannter Verfahren wie der multiplen Regressionsanalyse essenziell. Diese ermöglichen es, den Einfluss verschiedener Faktoren wie Berufserfahrung, Arbeitszeit oder Standort zu kontrollieren und so geschlechtsspezifische Unterschiede valide zu identifizieren. Einfache Mittelwertvergleiche reichen hierfür nicht aus, da sie keine Aussage über die Ursachen von Entgeltunterschieden zulassen.

Darüber hinaus ist die Einbindung der Mitbestimmung – insbesondere der Arbeitnehmervertretung – nicht nur rechtlich geboten, sondern auch ein Erfolgsfaktor für die Akzeptanz und Wirksamkeit der Maßnahmen. Ergänzend kann die Einbindung externer Expertise helfen, die rechtliche Konformität abzusichern und Best Practices zu implementieren.

IX. Verknüpfung der Stellenbewertung mit dem Vergütungssystem

Die Stellenbewertung bildet nicht nur die Grundlage für die objektive Bewertung von Arbeit, sondern auch für die systematische Gestaltung von HR-Programmen und speziell eines fairen und strategisch anschlussfähigen Vergütungssystems. Neben dem Vergütungssystem können, wie anfangs erwähnt (siehe → I.3.), auch weitere HR-Programme gekoppelt werden. Folgende Graphik kann dies veranschaulichen:

Job-Architektur			Stellenbewertung		Anwendungen						ILLUSTRATIV
Position	Job Familien Gruppe	Job-Familie	GG	Niveau	Titel	Benchmark-Code	Median des Marktes	Gehaltsband	STI	LTI	Firmenwagen
Leiter Land x	Verwaltung	Führung	18	B	Vice-President	AAB020-EX-18	244.000 Euro	N/A	30%	ja	Mercedes E-Klasse oder ähnlich
Leiter Controlling	Finanzen	Controlling	17			AFB000-EX-17	200.000 Euro	EUR 160.000-240.000			
Leiter der Unternehmens--kommunikation	Kommunikation	Kommunikation	16	C	Director	ACA000-M4-16	EUR 162.000	EUR 130.000-194.000	20%	Nein	Mercedes C-Klasse oder ähnlich
Projektleiter	Projekt-Management	Projekt-Management	15			APM000-M3-15	135.000 Euro	EUR 108.000-162.000			
Key Account Manager	Vertrieb	Key Account Mgmt	14	D	Senior Manager	CAM000-M3-14	EUR 115.000	EUR 92.000-138.000	15%	Nein	VW Passat oder ähnlich
Verfahrens-techniker	Ingenieurwesen	Verfahrens-technik	13		Ingenieur	AZE000-P4-13	100.000 Euro	EUR 80.000-120.000			

Abbildung 6: Graphik zur möglichen Kopplung mit weiteren HR-Programmen

Die Graphik illustriert drei Bereiche:

1. Die Stellenarchitektur, in der einzelne Stellen einer Job Familien Gruppe bzw. Jobfamilie zugeordnete sind
2. Die Stellenbewertung, die jeder Stelle eine Wertigkeit in Form eines Global Grades (GG) zuordnet. Unternehmensspezifisch können die Grades auch alternativ geclustert werden.
3. Jedem Grade oder Cluster können dann HR-Programme wie Titel, Vergütung oder Nebenleistungen zugeordnet werden. Damit diese Verknüpfung gelingt, bedarf es klarer Entscheidungen darüber, welche Vergütungskomponenten angebunden werden sollen, welche ergänzenden Kriterien berücksichtigt werden dürfen – und wie diese in der Praxis ausgestaltet werden können, ohne gegen rechtliche Vorgaben zu verstoßen.

1. Zielklärung: Welche Vergütungskomponenten und HR-Instrumente sollen angebunden werden?

Zu Beginn jeder Systemgestaltung steht die Frage, welche Elemente des Vergütungssystems durch die Stellenbewertung strukturiert oder beeinflusst werden sollen. In der Praxis betrifft dies typischerweise:

- Das **Grundgehalt**, etwa durch die Definition von Gehaltsbändern und Einstiegsgehältern je nach Stellenwertigkeit;
- die **kurzfristige variable Vergütung (STI)**, z.B. durch Zielhöhen nach Stellenwertigkeit;
- die **langfristige variable Vergütung (LTI)**, etwa durch Teilnahmevoraussetzungen auf Basis der Stellenwertigkeit;
- sowie **Neben- und Zusatzleistungen**, wie Dienstwagen, Mobilitätsbudgets, Gesundheitsleistungen oder Altersvorsorge.

Die Stellenbewertung dient dabei als Ordnungsrahmen, der die strukturelle Vergleichbarkeit sicherstellt und eine konsistente Differenzierung ermöglicht. Darüber hinaus ist sie eng mit weiteren HR-Instrumenten verknüpft – insbesondere mit der Gestaltung von Karrierepfaden. Unternehmen müssen dabei definieren, ob sich Vergütungsstruktur oder -höhe je nach Laufbahn (z.B. Führung, Fachlaufbahn, Projektlaufbahn, Vertrieb) unterscheiden sollen. So kann beispielsweise im Vertrieb ein höherer variabler Gehaltsanteil üblich sein, während in der Führungsebene die Vergütung stärker an unternehmensweite Erfolgskennzahlen gekoppelt ist. Die Bewertung kann dabei helfen, diese Pfade systematisch zu strukturieren und über Instrumente wie Career Maps zu visualisieren.

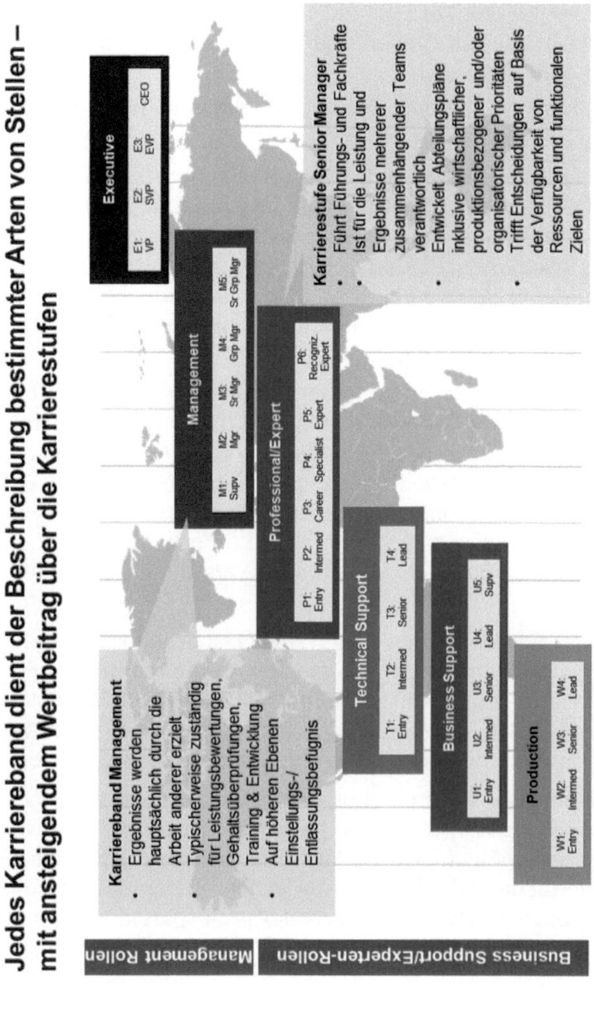

Abbildung 7: Übersicht zu möglichen Karrierebändern

2. Ergänzende Kriterien: Was beeinflusst die Vergütung zusätzlich zur Stellenbewertung?

Neben der Stellenbewertung fließen in der Praxis weitere Kriterien in die Bestimmung der Vergütungshöhe und Struktur mit ein. Diese lassen sich grob in zwei Gruppen unterteilen:

- **Individuelle Kriterien**, die am Stelleninhaber festgemacht werden wie Leistung, Erfahrung oder Potenzial
- **Strukturelle Kriterien** wie Standort, Jobfamilie, Arbeitsumgebung oder Unternehmenserfolg

Diese Kriterien können sinnvoll sein, um individuelle Beiträge oder kontextuelle Unterschiede abzubilden. Allerdings ist ihre Anwendung rechtlich sensibel: Während Leistung und Erfahrung grundsätzlich zulässig sind, müssen sie auf objektiven, nachvollziehbaren und diskriminierungsfreien Maßstäben beruhen. Standortzuschläge, Funktionszulagen oder unterschiedliche Vergütungshöhe je nach Job-Familie sind dann zulässig, wenn sie sachlich begründet und transparent dokumentiert sind.

Eine differenzierte Vergütung zwischen Jobfamilien bei gleicher Stellenwertigkeit ist rechtlich möglich, wenn sie auf objektiven, nicht diskriminierenden Kriterien basiert – etwa unterschiedlichen Marktanforderungen, Talentverfügbarkeiten oder Arbeitsbedingungen. So können beispielsweise eine Pflegekraft und ein Finanzcontroller auf derselben Bewertungsebene eingestuft sein, aber aufgrund von Schichtarbeit, körperlicher Belastung oder emotionaler Beanspruchung unterschiedliche Vergütungsbestandteile erhalten.

Vor dem Hintergrund der ETRL und des EntgTranspG ist besondere Sorgfalt geboten: Kriterien, die nicht unmittelbar mit der Stelle, sondern mit der Person oder dem Umfeld zu tun haben, dürfen nicht zu systematischer Benachteiligung führen. Dies betrifft insbesondere geschlechtsbezogene Auswirkungen, etwa bei Teilzeitmodellen oder frauendominierten Berufsgruppen.

Empfehlenswert ist daher eine klare Governance: Unternehmen sollten definieren, welche Kriterien zulässig sind, wie sie gewichtet werden und wer über ihre Anwendung entscheidet. Nur so lassen sich Transparenz, Nachvollziehbarkeit und rechtliche Sicherheit gewährleisten. Zudem müssen diese Kriterien nach der neuen ETRL den Mitarbeitern transparent kommuniziert werden.

3. Umsetzung in Vergütungselementen: Wie erfolgt die Differenzierung konkret?

Die Umsetzung der Stellenbewertung in konkrete Vergütungselemente erfolgt in mehreren Stufen:

- **Grundgehalt:** Die Einordnung in Gehaltsbänder erfolgt auf Basis der Bewertung. Dabei werden Bandbreiten, Einstiegsgehälter und Progressionslogiken definiert. Eine marktgerechte Ausgestaltung der Bänder sowie die Positionierung einzelner Stellen innerhalb der Bänder kann durch Benchmarks untermauert werden, um ein marktgerechtes Grundgehalt abzusichern. Von besonderer Bedeutung ist, dass die Gehaltsbandbreiten nicht zu groß sind, um Willkür zu vermeiden, und dass die Kriterien für einen Gehaltsbandwechsel klar geregelt sind. Innerhalb eines Gehaltsbandes kann über individuelle Faktoren wie Erfahrung, Leistung oder Betriebszugehörigkeit differenziert werden – allerdings nur, wenn diese objektiv und diskriminierungsfrei dokumentiert sind.
- **Variable Vergütung:** Bei der STI kann die Stellenbewertung Einfluss auf die Zielbonushöhe oder Metriken zur Ermittlung des Bonus haben. Teilweise werden Zielhöhen auch individuell (im Rahmen von Bandbreiten je Level) verhandelt – dies führt aber oftmals zu systematischen Benachteiligungen von einzelnen Mitarbeitern. Die Ist-Bonushöhe wird dann meist durch die individuelle Leistung differenziert.
- Bei LTI dient die Stellenbewertung häufig als Zugangskriterium – etwa ab einer bestimmten Karrierestufe. Die Zielhöhen sind oftmals je Karrierestufe gleich – aber auch hier wird manchmal eine Differenzierung nach Leistung oder Potenzial vorgenommen. Bei der ist Ist-Höhe wird oftmals weniger über individuelle Leistung differenziert, da der Fokus auf der langfristigen Ausrichtung des Unternehmenserfolges liegt.
- **Nebenleistungen:** Diese können nach Funktion, Level oder Standort differenziert werden. Beispiele sind Mobilitätsbudgets, Gesundheitsleistungen oder Homeoffice-Zuschüsse. Auch hier gilt: Differenzierungen müssen sachlich begründet und diskriminierungsfrei sein. Pauschale Ausschlüsse bestimmter Gruppen (z. B. Teilzeitkräfte) sind rechtlich problematisch und können gegen das AGG verstoßen.

Insgesamt zeigt sich: Die Verknüpfung von Stellenbewertung und Vergütungssystem ist kein rein technischer Vorgang, sondern ein strategischer Gestaltungsprozess. Sie erfordert Klarheit über Ziele, Kriterien und Governance – sowie ein Bewusstsein für die rechtlichen und kulturellen Implikationen. Die Stellenbewertung schafft die strukturelle Grundlage – doch die konkrete Ausgestaltung der Vergütung – insbesondere die Berücksichtigung individueller oder kontextbezogener Kriterien – erfordert zusätzliche Entscheidungen und eine klare Steuerung. Nur wenn nachvollziehbar geregelt ist, welche Kriterien zulässig sind, und wer über ihre Anwendung entscheidet, kann ein Vergütungssystem als fair und rechtssicher gelten. Wer diese Verknüpfung bewusst und transparent gestaltet, schafft nicht nur ein faires Vergütungssystem, sondern auch Vertrauen, Motivation und Zukunftsfähigkeit.

X. Herausforderungen in der Praxis

Die Implementierung und Anwendung von Stellenbewertungssystemen ist nicht nur eine methodische, sondern vor allem eine betriebliche Herausforderung. In der Praxis zeigt sich, dass die Einführung und der Betrieb solcher Systeme zahlreiche Schnittstellen zu Mitbestimmung, Technik, Kommunikation und Unternehmenskultur haben. Die folgenden Abschnitte beleuchten zentrale Erfolgsfaktoren und Stolpersteine aus der betrieblichen Realität.

1. Betriebliche Mitbestimmung: Wo ist Mitbestimmung geregelt und was sind die Herausforderungen für Arbeitgeber?

Die Mitbestimmung bei der Stellenbewertung ist rechtlich klar geregelt – und gleichzeitig in der Praxis häufig umstritten. Grundsätzlich gilt: Eine reine Stellenbewertung, die keine unmittelbaren Auswirkungen auf Vergütung, Beförderung oder Personalentscheidungen hat, unterliegt nicht der Mitbestimmung. Auch bei rein informatorischer Nutzung ohne normative Wirkung besteht keine Mitbestimmungspflicht. Allerdings bleibt dies weitestgehend eine theoretische Überlegung. Denn in der Praxis führen Unternehmen ein Stellenbewertungssystem gerade dazu ein, um weitere HR-Programme oder Prozesse daran zu knüpfen, allen voran die Vergütung.

Sobald jedoch die Bewertungsergebnisse in Vergütungsentscheidungen einfließen oder als Grundlage für Beförderungen oder Zielvereinbarungen dienen, greift die Mitbestimmung nach § 87 Abs. 1 Nr. 10 und 11 BetrVG. Weitere relevante Normen sind § 94 Abs. 2 BetrVG (Beurteilungsgrundsätze), § 92 BetrVG (Personalplanung) sowie § 90 Abs. 1 und 2 BetrVG (Unterrichtungs- und Beratungsrechte), die die frühzeitige Information und Beratung der Arbeitnehmervertretung bei der Einführung technischer Systeme verlangen – ein Aspekt, der insbesondere bei IT-gestützten oder KI-basierten Bewertungssystemen zunehmend an Bedeutung gewinnt.

In der Praxis gilt: Je früher die Einbindung der Betriebsräte erfolgt, desto reibungsloser verläuft die Einführung. Frühzeitige Transparenz schafft Vertrauen, reduziert Widerstände und ermöglicht eine gemeinsame Gestaltung des Systems.

Viele Betriebsräte haben zudem erfolgreich Initiativrechte zur Neubewertung von Stellen in Betriebsvereinbarungen verankert. Dies stärkt ihre Rolle als aktive Mitgestalter und ermöglicht es, Ungleichgewichte oder veraltete Bewertungen gezielt zu adressieren.

Besonders herausfordernd ist die Situation in internationalen Konzernen. Globale Bewertungssysteme, die zentral ausgerollt werden, stoßen in Deutschland häufig auf die Mitbestimmungsrechte der lokalen Betriebsräte. Diese fühlen sich nicht selten übergangen, insbesondere wenn internationale Systeme nicht ohne Weiteres an die lokalen Erfordernisse angepasst werden können. Hinzu kommt, dass deutsche Betriebsräte oft eine detailliertere Dokumentation verlangen, als im globalen Standard vorgesehen ist. Um hier Konflikte zu vermeiden, sind klare Governance-Strukturen, eine frühzeitige Einbindung der Mitbestimmungsgremien sowie eine aktive Kommunikation unerlässlich. Gleichzeitig gilt: Global vergleichbare Stellen sollten auch global vergleichbar bewertet werden – auch wenn dies im Einzelfall zu Spannungen mit lokalen Bewertungsvorstellungen führen kann. Die Arbeit bei der Implementierung mit den Arbeitnehmervertretern bedeutet dann viel Schulung, Befähigung und Diskussion – dieser Prozess sichert jedoch gleichzeitig die Akzeptanz im Unternehmen und bringt die Zusammenarbeit im Thema Vergütung voran.

2. Technische Umsetzung: Komplexität und Integration in bestehende HR-Systeme

Die technische Implementierung eines Stellenbewertungssystems ist weit mehr als die Auswahl eines Tools. Sie erfordert die Integration in bestehende HRIS-Landschaften wie SAP SuccessFactors oder Workday sowie die Anbindung an Vergütungs-, Karriere- und Talentmanagementsysteme. Dabei sind Datenschutz und IT-Sicherheit ebenso zu berücksichtigen wie mitbestimmungsrechtliche Aspekte – insbesondere bei Systemen, die personenbezogene Daten verarbeiten oder die zur Leistungsbeurteilung genutzt werden könnten.

Herausfordernd ist häufig auch die Migration historischer Daten, insbesondere wenn bisher keine systematische Bewertung vorlag. Schulungen für HR, Führungskräfte und Betriebsräte sowie ein strukturiertes Change-Management sind essenziell, um Akzeptanz und Anwendungssicherheit zu gewährleisten.

3. Einigung auf die Bewertung: Konflikte und Herausforderungen bei der Bewertung von Stellen

Die Festlegung von Bewertungskriterien und die eigentliche Bewertung sind ein klassisches Spannungsfeld zwischen HR, Führungskräften und Arbeitnehmervertretung. Während HR häufig auf Standardisierung und Anschlussfähigkeit an externe Benchmarks drängt, pochen Arbeitnehmervertreter auf Transparenz und unternehmensspezifische Kriterien. Hinzu kommen Führungskräfte, die nur eine beschränkte Sicht auf Ihren eigenen Bereich haben sowie die subjektive Wahrnehmung von Stelleninhabern, die sich in ihrer Rolle oft unter- oder falschbewertet fühlen.

Ein häufiges Problem ist die bei der Bewertung schwerfallende Trennung zwischen Stelle und Stelleninhaber. Wird eine Stelle von einer besonders leistungsstarken Person besetzt, besteht die Tendenz, die Stelle höher zu bewerten, als es der Anforderungszuschnitt und die organisatorische Notwendigkeit eigentlich rechtfertigen. Umgekehrt kann eine schwache Besetzung dazu führen, dass die Stelle zu niedrig eingestuft wird. In der Praxis hilft es, sich bei der Bewertung an einer idealtypischen Besetzung zu orientieren – also an der Frage: Welche Anforderungen müsste eine Person erfüllen, um die Stelle sachgerecht auszufüllen? Welche Anforderungen würden gestellt werden, wenn die Stelle neu ausgeschrieben wird.

Ein weiteres zentrales Risiko ist die sogenannte „Bewertungsinflation“: Wenn jede neue Bewertung tendenziell höher ausfällt, droht das System seine Differenzierungsfähigkeit zu verlieren. Um dem entgegenzuwirken, braucht es klare Prozesse und Governance-Strukturen. Dazu gehören:

- eine eindeutige Zuständigkeit für die Bewertung unterschiedlicher Stellen (z. B. globale Verantwortung für Top-Management-Positionen, lokale Verantwortung für operative Rollen),
- die Einrichtung eines Bewertungsgremiums,
- regelmäßige Querkalibrierungen und externe Benchmarks zur Sicherstellung der Vergleichbarkeit,
- sowie gegebenenfalls die Einbindung externer Berater zur Moderation sowie zur Kalibrierung mit dem externen Markt.

Darüber hinaus ist es hilfreich, Bewertungsleitlinien zu definieren, die typische Rollenprofile und deren erwartete Bewertung dokumentieren. Diese dienen als Referenzrahmen und erhöhen die Konsistenz über Bereiche und Standorte hinweg. Eine transparente Dokumentation der Bewertungslogik runden ein robustes Bewertungsmodell ab.

4. Übersetzung in die Vergütung: Faire und transparente Integration der Bewertungsergebnisse in die Vergütungsstruktur

Wie in Abschnitt VIII bereits erwähnt, ist die Überführung der Bewertungsergebnisse in die Vergütungsstruktur ein kritischer Schritt – sowohl rechtlich als auch kulturell. Dabei gilt es, Gehaltsbänder je Bewertungslevel zu definieren und gleichzeitig eine klare Trennung zwischen stellenbezogenen und personenbezogenen Kriterien zu wahren. Individuelle Leistung, Marktwert oder Betriebszugehörigkeit dürfen nicht in die Stellenbewertung einfließen, sondern müssen im Vergütungssystem separat abgebildet werden. Dies ist vor allem in der Verhandlung mit den Arbeitnehmervertretern oftmals ein heikler Punkt – aber auch in der Kommunikation zu Führungskräften und Mitarbeitern.

Besondere Aufmerksamkeit erfordert der Umgang mit Funktionszulagen, Standortzuschlägen oder marktbedingten Differenzierungen zwischen Jobfamilien. Diese müssen sachlich begründet, transparent dokumentiert und diskriminierungsfrei ausgestaltet sein – nicht zuletzt im Hinblick auf die Anforderungen der ETRL.

5. Kommunikation: Bedeutung der Kommunikation der Bewertungsergebnisse und deren Auswirkungen

Ein Bewertungssystem kann nur dann Vertrauen schaffen, wenn es nachvollziehbar kommuniziert wird. Mitarbeiter müssen verstehen, was bewertet wird – und was nicht. Insbesondere bei sensiblen Themen wie „Downgrading“ ist eine transparente, wertschätzende Kommunikation entscheidend.

Führungskräfte spielen hierbei eine Schlüsselrolle. Sie müssen nicht nur die Systematik verstehen, sondern auch in der Lage sein, diese glaubwürdig zu vermitteln. Schulungen und Kommunikationsleitfäden sind daher unverzichtbar.

Gleichzeitig birgt Transparenz auch Risiken: Wenn Kriterien zu offen kommuniziert werden, besteht die Gefahr, dass Stellenbeschreibungen gezielt angepasst werden, um ein gewünschtes Bewertungsergebnis zu erzielen. Hier ist eine feine Balance zwischen Offenheit und Systemintegrität notwendig.

6. Akzeptanz: Akzeptanz des Systems durch Mitarbeiter und Management

Die Akzeptanz eines Bewertungssystems steht und fällt mit seiner wahrgenommenen Fairness. Frühzeitige Einbindung der Stakeholder, Pilotierungen und Feedbackschleifen sind daher zentrale Erfolgsfaktoren. Die Ergebnisse müssen „intuitiv richtig“ erscheinen.

Besonders sensibel ist der Umgang mit den „Verlierern“ des Systems – also jenen, deren Stellen niedriger bewertet werden als erwartet. Hier braucht es transparente Kriterien, nachvollziehbare Prozesse und gegebenenfalls flankierende Maßnahmen.[438]

Ein weiterer kritischer Punkt ist die korrekte Zuordnung von Mitarbeitern zu Stellen. Wenn beispielsweise systematisch Frauen als „Junior Controllerinnen“ und Männer als „Senior Controller“ geführt werden, obwohl sie vergleichbare Aufgaben erfüllen, droht eine strukturelle Diskriminierung – mit erheblichen Rechts- und Reputationsrisiken.

7. Weitere Faktoren: Kontinuierliche Überprüfung und Anpassung an sich ändernde Marktbedingungen und Unternehmensstrukturen

Ein Bewertungssystem ist kein statisches Konstrukt. Die Bewertungsergebnisse müssen regelmäßig überprüft und an neue Anforderungen angepasst werden. Best Practices sehen Systemreviews im Abstand von etwa drei Jahren vor. Dabei sollten folgende Aspekte berücksichtigt werden:

- Festlegung klarer Anlässe für Neubewertungen (z.B. Reorganisation, Technologiewandel);
- Monitoring auf Bewertungsdrift und Gleichbehandlung;
- sowie die Integration neuer Rollenprofile, etwa im Zuge der Digitalisierung.

Nur wenn das System kontinuierlich gepflegt und weiterentwickelt wird, kann es seine Funktion als Grundlage fairer und strategisch anschlussfähiger Vergütung dauerhaft erfüllen.

---

438 Hierzu näher → Teil 2, Kap. 2.2 (*Sigl-Tempfli*), unter V.

XI. Zusammenfassung und Ausblick

1. Wichtige Erkenntnisse: Zusammenfassung der zentralen Punkte

Die vorangegangenen Abschnitte haben deutlich gemacht, dass die Stellenbewertung weit über ihre klassische Funktion als Grundlage der Gehaltsfindung hinausgeht. Sie ist ein zentrales Element moderner Personal- und Unternehmenspolitik und erfüllt eine Vielzahl strategischer Funktionen.

Stellenbewertung als strategisches Steuerungsinstrument: Stellenbewertung bildet nicht nur die Basis für eine faire und diskriminierungsfreie Vergütung, sondern unterstützt auch weitere zentrale HR-Prozesse wie Karrierepfade, Nachfolgeplanung, Talentmanagement und Diversity-Strategien.

Basis für Rechtsicherheit & Compliance: Darüber hinaus leistet sie einen wichtigen Beitrag zur Erfüllung regulatorischer Anforderungen – insbesondere im Kontext der ETRL. Eine strukturierte Stellenbewertung ermöglicht es, gleichwertige Arbeit objektiv zu identifizieren und systematisch zu vergleichen. Sie schafft Transparenz, fördert die Akzeptanz bei Mitarbeitern und erhöht die Rechtssicherheit für Unternehmen.

Differenzierung zwischen Bewertung und Vergütung: Während Aspekte wie Verantwortung, Fachkenntnis oder Problemlösungskompetenz in die Stellenbewertung einfließen, sollten weitere Vergütungskriterien wie Leistung, Marktwert, Erfahrung oder Arbeitszeiten separat im Vergütungssystem abgebildet werden.

Kommunikation als Erfolgsfaktor: Nicht zuletzt zeigt die Praxis: Die Akzeptanz und Wirksamkeit eines Bewertungssystems hängen maßgeblich von der Einbindung der Mitbestimmungsgremien, einer transparenten Kommunikation und einer klaren Governance ab. Nur wenn diese Voraussetzungen erfüllt sind, kann die Stellenbewertung ihr volles Potenzial entfalten.

2. Zukünftige Entwicklungen und Herausforderungen: Trends und zukünftige Anforderungen

Die Anforderungen an Stellenbewertungssysteme werden sich in den kommenden Jahren weiterentwickeln – vor allem getrieben durch technologische Innovationen und neue Arbeitsanforderungen.

Künstliche Intelligenz & Technologie: Ein zentraler Trend ist der zunehmende Einsatz von Künstlicher Intelligenz (KI) zur Unterstützung der Bewertung. KI kann helfen, Bewertungen effizienter, konsistenter und weniger bias-anfällig zu gestalten. Dabei verändert sich auch die Rolle der HR-Funktion: Der Fokus verlagert sich von der manuellen Bewertung hin zur Validierung, Kalibrierung und Interpretation der Ergebnisse. Gleichzeitig erfordert der Einsatz von KI neue Kompetenzen und eine bewusste Auseinandersetzung mit ethischen und datenschutzrechtlichen Fragestellungen.

Praxisbeispiel:

WTW ist das erste Unternehmen, das ein vollständig integriertes, KI-gestütztes System zur automatisierten Stellenbewertung entwickelt und in der Praxis etabliert hat. Das sogenannte Automated Job Leveling (AJL) ist Bestandteil des Global Grading Systems und nutzt maschinelles Lernen sowie generative KI, um auf Basis von Stellenbeschreibungen automatisierte Vorschläge für Stellenbewertungen zu generieren. Die Bewertung erfolgt dabei nachvollziehbar und textlich begründet, sollte jedoch stets durch eine menschliche Validierung („*human in the loop*“) abgesichert werden.

AJL ermöglicht insbesondere bei großvolumigen Projekten eine erhebliche Effizienzsteigerung und trägt zur Standardisierung von Bewertungsprozessen bei. Ein zentraler Vorteil liegt in der erhöhten Konsistenz der Bewertungen – nicht nur im Sinne einer einheitlichen Methodenanwendung, sondern auch durch die Reduktion individueller Verzerrungen und unbewusster Bias auf Seiten der Bewerter. Die Integration in bestehende HR-Systeme sowie die Möglichkeit zur Visualisierung von Ausreißern und Kalibrierungsbedarfen (z. B. über Heatmaps) machen AJL zu einem leistungsfähigen Instrument für moderne HR-Organisationen.

Gleichzeitig sind mit dem Einsatz solcher Systeme auch Herausforderungen verbunden: Die Qualität der Ergebnisse hängt maßgeblich von der Güte der zugrunde liegenden Stellenbeschreibungen ab. Zudem erfordert der Einsatz von KI eine sorgfältige Governance – insbesondere im Hinblick auf Datenschutz[439], Mitbestimmung und die Nachvollziehbarkeit algorithmischer Entscheidungen. Unternehmen müssen sicherstellen, dass automatisierte Vorschläge nicht unreflektiert übernommen werden und dass die Bewertungslogik transparent dokumentiert ist. Nur so kann AJL sein Potenzial als strategisches Steuerungsinstrument voll entfalten.

Neue Arbeitsanforderungen: Besonders herausfordernd ist die Integration von Stellenbewertungssystemen in skillbasierte Organisationsmodelle. In solchen Modellen wird Arbeit nicht mehr in festen Stellen, sondern in Aufgaben und Fähigkeiten (Skills) gedacht. Dies erfordert eine grundlegende Anpassung der Bewertungslogik: Bewertet wird nicht mehr nur die Stelle als Ganzes, sondern die Kombination aus erwarteten Kompetenzen, Erfah-

---

439 Hierzu näher → Teil 1 Kap. 3.2 (*Krüger*).

rungsniveaus und Beitrag zum Unternehmenserfolg. Bewertungsmodelle müssen flexibler, dynamischer und stärker auf individuelle Entwicklung ausgerichtet sein.

Eng damit verknüpft ist die zunehmende Verbreitung agiler Arbeitsformen. In agilen Teams sind Rollen oft fluide, Verantwortlichkeiten werden geteilt und klassische Hierarchien aufgelöst. Dies stellt etablierte Bewertungssysteme vor neue Herausforderungen: Kriterien wie „Verantwortung“ oder „Einfluss“ müssen neu interpretiert werden. Allerdings lassen sich in aller Regel auch neue Rollen wie „Scrum Master“ oder „Chapter Lead“ anhand traditioneller Kriterien bewerten.

Spannungsfeld Flexibilität vs. Regulatorik: Nicht zuletzt gilt es, das Spannungsfeld zwischen zunehmenden Anforderungen an die Flexibilität der Systeme und regulatorischer Standardisierung zu gestalten. Während Organisationen agiler, projektorientierter und internationaler werden, steigen gleichzeitig die Anforderungen an Transparenz, Nachvollziehbarkeit und Gleichbehandlung. Dies erfordert eine Balance zwischen Anpassungsfähigkeit und Systemintegrität – und eine Governance, die beides ermöglicht. Unternehmen sind gefordert, ihre Systeme kontextsensitiv weiterzuentwickeln und gleichzeitig die Anschlussfähigkeit an regulatorische Anforderungen zu wahren.

3. Ausblick: Die Stellenbewertung als Zukunftsinvestition

Die Stellenbewertung steht somit an einem Wendepunkt. Sie ist nicht länger ein rein administratives Verfahren zur Eingruppierung von Stellen, sondern entwickelt sich zu einem integralen Bestandteil strategischer Unternehmensführung. In einer Arbeitswelt, die von Wandel, Komplexität und steigenden Erwartungen geprägt ist, bietet sie Orientierung, Struktur und Fairness.

Die Zukunft der Stellenbewertung liegt in ihrer Fähigkeit, Wandel zu gestalten – nicht durch starre Regeln, sondern durch klare Prinzipien, transparente Prozesse und die Bereitschaft zur kontinuierlichen Weiterentwicklung. Wer diesen Weg geht, investiert nicht nur in Systeme, sondern in Menschen, Kultur und Zukunftsfähigkeit.

2. Gestaltungsmöglichkeiten und -grenzen in der Vergütung

Prof. Dr. Barbara Reinhard und Sabine Vorbrodt, LL. M. (Wisconsin-Madison)

Die ETRL verfolgt das Ziel, geschlechterbezogene Lohnungleichheit zu verringern und das Prinzip des gleichen Entgelts für gleiche oder gleichwertige Arbeit wirksam durchzusetzen (s. insbesondere Art. 4 Abs. 1 ETRL). Der Regelungsinhalt der ETRL geht dabei weit über das Ziel einer geschlechterbezogenen Gleichbehandlung hinaus. Unternehmen werden generell verpflichtet, Entgeltgleichheit umzusetzen und entsprechend transparente Strukturen zu schaffen. Es bedarf daher eines objektiven Vergütungssystems, das gleiches Entgelt bei gleicher oder gleichwertiger Arbeit sicherstellt. Ein solches verlangt insbesondere objektive, geschlechtsneutrale Kriterien für die Entgeltfestlegung. Der folgende Beitrag geht auf diese Kriterien näher ein, zeigt auf, welche Gestaltungsmöglichkeiten und -grenzen unter den zwingenden Vorgaben der ETRL verbleiben, und gibt praktische Vorschläge zur Umsetzung.

I. Vorgaben der ETRL zur Entgeltfestlegung

Gemäß Art. 4 Abs. 4 ETRL sind Entgeltstrukturen so zu gestalten und anzuwenden, dass anhand objektiver, geschlechtsneutraler und – sofern vorhanden – mit den Arbeitnehmervertretern[440] vereinbarter Kriterien beurteilt werden kann, ob sich die Arbeitnehmer im Hinblick auf den Wert der Arbeit in einer vergleichbaren Situation befinden. Dabei dürfen die Kriterien weder in unmittelbarem noch in mittelbarem Zusammenhang mit dem Geschlecht der Arbeitnehmer stehen. Dies betrifft zunächst die (initiale) Festlegung des Entgelts. Ausweislich Art. 6 Abs. 1 ETRL sind objektive und geschlechtsneutrale Kriterien aber auch für Entgelthöhen und -entwicklung festzulegen. Aber was genau bedeuten diese Vorgaben für die Unternehmen?

1. Kriterien zur Bewertung gleichwertiger Arbeit

Als Kriterien in Art. 4 Abs. 4 ETRL explizit benannt und damit *zwingend* bei der Festlegung von Vergütung zu berücksichtigen sind Kompetenzen, Belastungen, Verantwortung und Arbeitsbedingung (nachfolgend zusammen: „Kernkriterien"); dabei dürfen relevante sog. soziale Kompetenzen nicht un-

---

440 Hierzu näher → Teil 2, Kap. 2.3 (*Lohmann*).

terbewertet werden. Ggf. können weitere Faktoren zugrunde gelegt werden, die für den konkreten Arbeitsplatz oder die konkrete Position relevant sind. Weitere Einzelheiten zu Kriterien – insbesondere Definitionen von Kriterien – gibt die ETRL als solche nicht vor. Hier bleiben daher Gestaltungsfreiräume für den nationalen Gesetzgeber, die dieser auch nutzen sollte.

a) Auslegung der Kernkriterien

Es gilt abzuwarten, ob und wie der deutsche Gesetzgeber die vier Kernkriterien ggf. weiter definieren wird. Nach der Rechtsprechung des EuGH folgt aus dem Erfordernis der einheitlichen Anwendung des Gemeinschaftsrechts wie auch dem Gleichheitsgrundsatz, dass Begriffe einer Vorschrift des Gemeinschaftsrechts, die für die Bestimmung ihres Sinnes und ihrer Tragweite nicht ausdrücklich auf das Recht der Mitgliedstaaten verweist, normalerweise in der gesamten EU einer autonomen und einheitlichen Auslegung zu unterwerfen sind; dabei sind der Zusammenhang der Vorschrift und das mit ihr verfolgte Ziel (Sinn und Zweck) zu ermitteln.[441] Die Kernkriterien der ETRL sind demnach autonom und einheitlich auszulegen. Insoweit dürften die Standards der Internationalen Arbeitsorganisation (ILO) als Referenzpunkt und insoweit auch der ILO-Leitfaden für genderneutrale Tätigkeitsbewertung[442] eine wichtige Rolle spielen. Auf dieser Grundlage können die Kriterien wie folgt definiert und untergliedert werden:

aa) Kompetenzen

- Umfassen Wissen/Kenntnis (theoretisch und praktisch) und Fähigkeiten, die für eine Tätigkeit benötigt werden, wobei diese auf unterschiedlichen Qualifikationen beruhen können (etwa formelle oder informelle Ausbildung, Berufserfahrung), d. h. jedenfalls fachliche Kompetenzen.
- Ausdrücklich mit einzubeziehen sind soziale Kompetenzen (wie z. B. Team-, Konflikt-, Kommunikationsfähigkeit), wobei es nicht darauf ankommt, ob und ggf. wie diese erworben wurden; allerdings muss auch hier der Bezug zur Tätigkeit beachtet werden.
- Offen ist, wie insoweit mit persönlichen Kompetenzen wie Belastbarkeit, Führungsstärke, Motivation, etc. umzugehen ist; sie dürften aufgrund der weniger stark ausgeprägten Verbindung zu einer *bestimmten* Tätigkeit im Rahmen einer Arbeits-/Stellenbewertung jedenfalls seltener Relevanz erlangen; für Führungs- und Managementpositionen sind solche Formen der Kompetenz jedoch denkbar.

---

441 EuGH, 11.7.2006 – C-13/05, NZA 2006, 839 (Rn. 40 ff.).

442 https://www.ilo.org/sites/default/files/wcmsp5/groups/public/%40europe/%40ro-geneva/%40ilo-berlin/documents/genericdocument/wcms_531607.pdf.

bb) Belastung

- Bewertet die Anstrengung, die für die mit der Tätigkeit zusammenhängenden Aufgaben erforderlich ist.
- Diese ist nicht allein physisch, sondern auch psychisch im Sinne von geistiger, emotionaler und psychosozialer Anstrengung zu fassen.

cc) Verantwortung

- Bezieht sich auf Aufgaben/Zuständigkeiten mit Einfluss auf die jeweiligen Unternehmensziele, etwa in den Bereichen Personal, Material und Ausstattung, Daten/Informationen, Rechenschaft sowie Finanzen/Budget, Marktabdeckung, Gesundheit und Sicherheit.
- Verantwortung kann daher personelle Verantwortung wie auch sonstige sachbezogene Verantwortung umfassen.
- Dabei kommt es nicht allein auf eine bestimmte Hierarchieebene an. Allerdings wird diese mit Blick auf die Tragweite der jeweiligen Verantwortung eine nicht unerhebliche Rolle spielen.

dd) Arbeitsbedingungen

Umfassen alle Aspekte des konkreten Arbeitsprozesses (Aufgaben, Arbeitsmittel, organisatorische Abläufe) sowie das arbeitsbezogene Umfeld und arbeitsbezogene Umwelteinflüsse, die sich positiv oder negativ auf den Arbeitnehmer (psychisch oder physisch) auswirken können.

Um dem Gebot der Entgeltgleichheit Rechnung zu tragen, alle wesentlichen Anforderungen und Aspekte von Tätigkeiten zu berücksichtigen und eine übergreifende Vergleichbarkeit von Tätigkeiten herzustellen, dürfte eine Aufgliederung der oben genannten Kernkriterien in relevante Subkriterien geboten sein.

b) Bedeutung der Kernkriterien für die Entgeltfestlegung

Zentral ist, dass zunächst die vier Kernkriterien bei der Festlegung des Vergütungssystems hinreichende Berücksichtigung finden. Für Kleinstunternehmen sowie kleinere und mittlere Unternehmen soll eine Festlegung anhand dieser Kriterien ausweislich Erwägungsgrund 26 ETRL zugleich ausreichend sein. Dies mag ob des Grundsatzes verwundern, umfassend zu bestimmen, ob sich Arbeitnehmer im Hinblick auf den Wert der Arbeit mit ggf. unterschiedlichen Aufgaben innerhalb derselben Organisationsstruktur in einer vergleichbaren Situation befinden. Denn die objektive Bestimmung des Werts der Arbeit wird häufig weitere auf den Einzelfall abstellende Kriterien erfordern, die nicht zwingend von der Unternehmensgröße abhängen.

Da die ETRL Unternehmen jedoch zugleich erhebliche Dokumentations- und Informationspflichten auferlegt, trägt die Reduzierung auf die Kernkriterien dem Verwaltungsaufwand für Kleinstunternehmen, kleinere und mittlere Unternehmen Rechnung. Schon die Einführung eines Vergütungssystems nach den Vorgaben der Kernkriterien bedeutet einen erheblichen Umsetzungsaufwand – noch völlig unabhängig von Finanzierungsaufwand infolge der Gleichbehandlungsvorgaben.

Erwägungsgrund 26 der ETRL sieht weiter vor, dass jedes der vier Kernkriterien vom Arbeitgeber nach Maßgabe der Relevanz für den jeweiligen Arbeitsplatz oder die betreffende Position gewichtet werden soll und, sofern relevant und gerechtfertigt, zusätzliche Kriterien berücksichtigt werden können (zu Letzterem sogleich). Ein solcher Gewichtungsprozess setzt voraus, dass die Kernkriterien zunächst überschneidungsfrei festgelegt werden. Sodann kommt Unternehmen ein wichtiger Gestaltungsspielraum zu: Nach den Vorgaben der ETRL können die Unternehmen entscheiden und gewichten, welchem Kriterium welche Bedeutung zugemessen wird. Entscheidend ist allein, dass keines der Kernkriterien unberücksichtigt bleibt und die Differenzierung sachgerecht erfolgt.

2. Kriterien abseits der Kernkriterien zur Bewertung gleichwertiger Arbeit

a) Zulässigkeit weiterer Kriterien

Sofern der deutsche Gesetzgeber nicht einschränkend eingreift oder sonstige konkrete Vorgaben macht, können Unternehmen bei der Entgeltgestaltung weitere Kriterien berücksichtigen, die für den konkreten Arbeitsplatz oder die konkrete Position relevant sind. Selbstverständlich müssen auch diese Kriterien objektiv und geschlechtsneutral (sowie insoweit auch vorurteilsfrei) sein. Zudem müssen sie eine vergleichende Bewertung dahingehend ermöglichen, ob sich Arbeitnehmer im Hinblick auf den Wert der Arbeit in einer vergleichbaren Situation befinden (vgl. Art. 4 Abs. 4 ETRL). Richtigerweise kann diese Zulassung weiterer Kriterien nicht nur dahingehend verstanden werden, dass lediglich eine Auffächerung der Kernkriterien zulässig ist,[443] da eine solche ohnehin geboten sein dürfte (s. oben). Die ETRL stellt die möglichen weiteren Differenzierungsfaktoren sehr klar additiv aufzählend auf eine Ebene mit den Kernkriterien und damit neben diese.

Doch welche weiteren Kriterien können die Unternehmen nutzen? Nach unserer Auffassung gibt es hier keine generellen Gestaltungsgrenzen, sofern die vorstehend genannten Voraussetzungen erfüllt sind.[444] Es liegt auf der

443 So aber offenbar *von Roetteken*, NZA-RR 2024, 169, 172.
444 Ebenso *Flöter/Heimann*, BB 2025, 2164, 2167.

Hand, dass es einer Anknüpfung an den Arbeitsplatz oder die Position bedarf. Damit können Kriterien sowohl auf funktionaler Ebene als auch auf hierarchisch-personeller Ebene genutzt werden. Das weitere Merkmal der Objektivität sollte in Vergütungssystemen grundsätzlich auch keine Schwierigkeiten bereiten; objektiv sind alle Kriterien, wenn sie sachlich und unabhängig von persönlichen Meinungen oder Vorurteilen sind. Gleichwohl ist fraglich, inwiefern Unternehmen eine Beurteilung von dritter Seiter heranziehen sollten, um hinreichende Objektivität sicherzustellen (siehe hierzu noch unter → 3.).

Geschlechtsneutral sind schließlich Kriterien, wenn sie unterschiedslos alle Geschlechter betreffen bzw. auf jede Person Anwendung finden, die für eine bestimmte Tätigkeit eingesetzt wird. Es muss – dem Zweck der ETRL folgend – sichergestellt sein, dass die Kriterien nicht ihrerseits (oder in einer Gesamtschau) zu einer unmittelbaren oder mittelbaren Geschlechterdiskriminierung führen. Nach den Vorgaben des EuGH[445] soll zur Identifikation einer möglichen mittelbaren Diskriminierung bestimmt werden, wie hoch der prozentuale Anteil der betroffenen weiblichen Arbeitskräfte im Vergleich zu den männlichen ist. Auf dieser Grundlage wäre dann z. B. bei leistungsbezogenen Kriterien (s. dazu noch näher nachfolgend unter → 4.) zu ermitteln, ob die angelegten Bewertungskriterien dazu führen, dass Arbeitnehmer aufgrund Eigenschaften ihres Geschlechts prozentual schlechtere bzw. bessere Leistungen erbringen.[446]

b) Produktivität und Marktwert als zulässige Kriterien?

Demnach können grundsätzlich sämtliche Arten von Kriterien einfließen, die für das Unternehmen oder den Betrieb von Bedeutung sind und Einfluss auf die Vergütung haben sollen. Allerdings ist fraglich, ob der „Marktwert", d. h. der Wert einer Funktion oder Tätigkeit nach den aktuellen Wettbewerbsbedingungen, ebenfalls als Kriterium einfließen darf. So mag es durchaus sein, dass ein KI-Entwickler im derzeitigen Umfeld heiß begehrt und schwer zu finden ist, in fünf Jahren die Arbeitsmarktsituation aber eine gänzlich andere ist. Wie können solche Kriterien in ein Vergütungssystem einfließen, dass den Maßstäben der ETRL genügt?

Unstreitig dürfte zunächst sein, dass der Wert einer Tätigkeit für den Arbeitgeber bei der Vergütungsbemessung berücksichtigt werden darf. So ist z. B. bei einem Vergleich von Leistungsunterschieden und den diesen zugrundeliegenden Kriterien – so der Gesetzgeber jedenfalls zum EntgTranspG[447] –

445 EuGH, 3.10.2019 – C-274/18, NZA 2019, 1485.

446 *Heimann* in: Maschmann, Total Compensation, 2. Aufl. 2025, Low Performance Rn. 34.

447 BT-Drs. 18/11133, 52.

auch die Produktivität der betreffenden Beschäftigten zu erfassen. Die dazu verwendeten Methoden der Leistungsbewertung müssen lediglich diskriminierungsfrei sein und den in § 4 Abs. 4 EntgTranspG genannten Kriterien entsprechen.[448] Es ist kein Grund ersichtlich, warum dieser Ansatz nicht auch unter den Vorgaben der ETRL Bestand haben sollte.

Wir meinen weiter, dass auch der wettbewerbliche Marktwert außerhalb eines konkreten Leistungswerts eine Rolle spielen darf und in diesem Fall eine an den konkreten Arbeitsplatz und die erforderliche Funktion anknüpfende objektive Bewertung möglich ist. Sinnvoll wie erforderlich wird es allerdings sein, den Marktwert anhand der typischen Erhebungen eines Dritten (Vergütungsberaters) zu dokumentieren bzw. als objektives Bewertungsmerkmal hinzuziehen. Weiter stellt sich die Gestaltungsfrage, wie entsprechende marktbedingte „Zuschläge" in das Vergütungssystem einfließen. Denn gerade diese Kriterien sind volatil und bedürfen einer ständigen Anpassung. Um das Vergütungssystem über die Zeit stabil und nachhaltig zu gestalten, mag es daher sinnvoll sein, entweder mit einmaligen Sonderzahlungen („Signing Bonus") zu arbeiten oder aber bei höheren Festgehältern ggf. Marktzuschläge gesondert auszuweisen. Denn nur so kann über die Zeit und die Historie einer Vergütungsentwicklung nachgehalten werden, warum aktuell gleiche oder gleichwertige Arbeit aufgrund früherer Differenzierung im Marktwert zu unterschiedlichen Gehältern führt.

Wichtig ist bei allem (verbleibenden) Spielraum jedenfalls die einheitliche und nachvollziehbare Handhabung. Für den Streitfall erforderlich ist ferner Transparenz und Dokumentation. Bereits unter Geltung des aktuellen Entgelttransparenzgesetzes hat das Landesarbeitsgericht Baden-Württemberg entschieden, dass die Behauptung des Arbeitgebers, er habe irgendwelche Kriterien zur Ermittlung der Vergütung herangezogen, nicht ausreichend sei; er müsse vielmehr darlegen, wie er diese Kriterien zueinander gewichtet habe.[449] Im Übrigen sieht Art. 6 Abs. 1 der ETRL vor, dass Arbeitgeber Arbeitnehmern Informationen dazu, welche Kriterien verwendet werden, in leicht zugänglicher Weise zur Verfügung stellen müssen.

3. Keine Vorgabe der ETRL für ein bestimmtes Arbeits- oder Stellenbewertungssystem

Die ETRL selbst enthält keine Festlegung auf bestimmte Verfahren der Arbeits- oder Stellenbewertung oder eine ausdrückliche Vorgabe zur Ver-

448 *Gatz* in: Salamon, Entgeltgestaltung, 2. Aufl. 2025, § 12 Rn. 44; *Felisiak/Sorber*, in: Felisiak/Sorber, Praxisleitfaden zur Umsetzung der EU-Entgelttransparenzrichtlinie, Rn. 96.

449 LAG Baden-Württemberg, 19.6.2024 – 4 Sa 26/23, NZA-RR 2024, 457.

wendung solcher. Vergütungssysteme ohne jede analytische Arbeits- oder Stellenbewertung sind mit den Vorgaben der ETRL allerdings nicht zu vereinbaren. Dies betrifft offenkundig Ansätze wie rein individuell verhandelte, rein leistungsbezogene oder rein marktwertorientierte Vergütungen, da diese weder die Kernkriterien berücksichtigen noch auf Basis einer analytischen Vergleichsmethode festgelegt werden. Aber auch summarische Bewertungsverfahren, die ganzheitlich ansetzen und etwa Ränge oder Klassen festlegen, ohne Kriterien einzeln auszuweisen und zu berücksichtigen, dürften unzureichend sein, da sie nicht hinreichend transparent bzgl. der einzelnen Kriterien und deren Gewichtung sind. Den analytischen (sowie bei hinreichender Transparenz ggf. auch den summalytischen) Verfahren ist demgegenüber die Berücksichtigung von Einzelkriterien immanent, sodass diese einen geeigneten Ansatz für eine Bewertung liefern können.[450]

Art. 4 Abs. 2 ETRL gibt Mitgliedsstaaten insoweit auf, Instrumente oder Methoden zu entwickeln, um Arbeit bewerten und den Wert verschiedener Tätigkeiten vergleichen zu können. Solche gibt es bereits auf einer für Unternehmen unverbindlichen Basis;[451] bei dieser gesetzgeberischen Zurückhaltung sollte es auch bleiben. Unternehmen sollte schon aufgrund Sachnähe weiterhin freigestellt sein, nach welchen analytischen Verfahren sie ihre Arbeit/Stellen bewerten und ermitteln, ob es sich um eine gleiche oder gleichwertige Arbeit handelt. Dabei kann es sich anbieten, auf Systeme etablierter Anbieter am Markt zurückzugreifen, statt in Eigenregie zu agieren – anerkannte, extern entwickelte Systeme bieten eine gewisse Gewähr für Neutralität und Standardisierung und können demnach sowohl in Richtung Belegschaft als auch in Richtung des Betriebsrats vertrauensbildend wirken. Sie sind zudem typischerweise einfacher zu kommunizieren und zu erläutern als ein komplett im „Eigenbau" entwickeltes System.

4. Keine punktuelle Entgeltgleichheit

Die ETRL zwingt nicht dazu, die konkrete Vergütung anhand eines Arbeits- und Stellenbewertungssystems punktuell festzulegen. Der Spielraum eines Gradings, d. h. eines Systems mit Gehaltsbändern, ist weiterhin möglich. Dies folgt bereits aus Art. 5 Abs. 1 Satz 1a ETRL, wonach Stellenbewerber u. a. Informationen über das Einstiegsgehalt für die Stelle oder dessen „Spanne" erhalten können. Allerdings muss die Einordnung in und Entwick-

450 Zum Thema Stellenbewertung näher → Teil 2, Kap. 1.1 (*Frank*).

451 https://www.bmfsfj.de/resource/blob/93724/e46e95929dbb4b51fdbb9a6b4a58ac7d/fair-pay-entgeldgleichheit-fuer-frauen-und-maenner-data.pdf (abgerufen am 29.8.2025); https://www.bmbfsfj. bund.de/bmbfsfj/themen/gleichstellung/frauen-und-arbeitswelt/lohngerechtigkeit/entgelttransparenzgesetz/instrumente-zur-pruefung-der-entgeltgleichheit-117950 (abgerufen am 29.8.2025).

lung innerhalb einer Spanne ebenfalls durch objektive und geschlechtsneutrale Kriterien plausibilisiert, gerechtfertigt und entsprechend transparent dokumentiert sein.

Neben den klassischen Kriterien der Berufserfahrung, des Wissens- und Fertigkeitsgewinns oder einer damit einhergehenden Steigerung der Produktivität und Schnelligkeit kann auch die Leistung der Arbeitnehmer berücksichtigt werden. Erwägungsgrund 17 der ETRL stellt klar, dass die Arbeitgeber nicht gehindert sind, auch nach Leistung unterschiedlich zu vergüten. Weiter nennt Erwägungsgrund 35 der ETRL, dass bei der Entgeltentwicklung u.a. individuelle Leistung, Kompetenzentwicklung und Dienstalter als Kriterien herangezogen werden dürfen. Dies bedeutet im Ergebnis, dass auch insoweit der „Wert der Arbeit“ durch den konkreten Wert der Arbeitsleistung bestimmt werden darf. Dies ist unter Berücksichtigung der Vorgaben der ETRL möglich, solange leistungsbezogene Kriterien nicht (un-)mittelbar geschlechterdiskriminierend sind.

Keine Kriterien für die Stellenbewertung, da keinen Bezug zum Wert der Tätigkeit habend, dürften wohl Lebenshaltungskosten/externe Rahmenbedingungen ohne konkreten Tätigkeits- oder Funktionsbezug (z.B. Ost-/West) sein. Umgekehrt schließt die ETRL aber jedenfalls nach ihrem Sinn und Zweck nicht notwendigerweise aus, äußere und objektive Faktoren zusätzlich bei der Entgeltfindung zu berücksichtigen, solange diese in keinem negativ abgrenzenden Zusammenhang mit dem Geschlecht stehen. Es bleibt daher mit Spannung zu erwarten, ob und wie der Gesetzgeber sich hierzu konkretisierend positionieren wird. Der Aspekt der „Lagebedingungen“, z.B. Lebenshaltungskosten, ließe sich so oder so möglicherweise noch unter dem Stichwort „Marktbedingungen“ (dazu s.o.) abbilden. Denn der Preis der Leistung bildet sich im persönlichen Marktwettbewerb und damit auch über ortsbezogene Einflüsse, aus denen sich angemessene und geforderte Gehälter bilden. Problematisch kann dann im Einzelfall jedoch wiederum die Gestaltungsfrage sein, wie eine solche objektive Differenzierung in Zeiten von mobiler Arbeit hinreichend tragfähig ist.

Unzulässig dürften jedenfalls Kriterien sein, die bei isolierter Betrachtung keinen Rückschluss auf arbeitsplatzbezogene, wertbildende Merkmale haben, wie Verhandlungsgeschick in den eigenen Gehaltsverhandlungen oder Vergütungsforderungen von Mitarbeitern. Diese Kriterien dürften kaum diskriminierungsfrei objektivierbar sein und finden im Zweifel keine Rückkopplung zur Tätigkeit.[452] Es wird jedoch immer ein scharfer Blick auf die Umstände des Einzelfalles notwendig sein. So kann z.B. eine Gehaltsforderung im Einklang mit den Marktbedingungen stehen und insofern durchaus

452 Anders mag dies etwa bei einem Vertriebsmitarbeiter sein, bei dem das Verhandlungsgeschick tätigkeitsbezogen ist, aber dann objektivierbar gemacht werden muss.

einen objektiven Anknüpfungspunkt für die Entgeltfestlegung bilden. Wir empfehlen in diesen Fällen jedoch, nicht auf Forderungen im Einzelfall, sondern objektive Markt- und Datenerhebungen abzustellen.

Im Ergebnis dürfte ein zweistufiges Vorgehen angezeigt sein: Zunächst ist mit Rücksicht auf die Kernkriterien sowie ggf. weitere Kriterien tätigkeitsbezogen eine Gleichwertigkeit zu ermitteln. Anschließend kann eine weitergehende Differenzierung des individuellen Entgelts (innerhalb einer Vergütungsspanne/durch Zusatzleistungen) erfolgen, solange diese Differenzierung nicht zu einer Geschlechterungleichbehandlung führt. Unterschiedliche Bezahlungen auf demselben Job oder auf gleichwertigen Jobs sind damit weiterhin zu rechtfertigen.

5. Definition vergleichbarer Arbeitnehmer mitdenken

Klassische Bewertungskategorien wie *Job Family/Category/Level/Grade/Verantwortung* sind weiterhin zulässig und können den analytischen Ansatz unterstützen. Bei der Gestaltung des Vergütungssystems sollte bereits aus Gründen der Praktikabilität eine Vergleichsgruppenbildung mitgeplant und definiert werden, d.h. welche Arbeitnehmer die gleiche oder gleichwertige Arbeit verrichten. Je nach Entgeltstruktur kann sich dies aus demselben Job Level oder aus einer Kombination von Job Level und Job Family ergeben. Die Bildung größerer Vergleichsgruppen ist, wo möglich, im Zweifel „statistisch sicherer“, da sie seltener zu einer Überschreitung der 5%-Abweichung-Grenze für die gemeinsame Entgeltbewertung nach Art. 10 ETRL führt.

6. Entgeltbegriff beachten

Art. 3 Abs. 1 lit. a ETRL definiert „Entgelt” – im Wesentlichen dem Wortlaut des Art. 157 Abs. 2 AEUV und § 5 Abs. 1 EntTranspG entsprechend – als die üblichen Grund- oder Mindestlöhne und -gehälter sowie alle sonstigen Vergütungen, die ein Arbeitgeber aufgrund des Dienstverhältnisses einem Arbeitnehmer unmittelbar oder mittelbar (ergänzende oder variable Bestandteile) als Geld- oder Sachleistung zahlt. Die Vorgaben zu einem „fairen“ Entgeltsystem umfassen demnach sämtliche Vergütungsbestandteile und Benefits und können ausweislich des Erwägungsgrundes 21 der ETRL u. a. auch Abfindungen bei Entlassung sowie Betriebsrenten umfassen. Die Gestaltung eines richtlinienkonformen Entgeltsystems darf daher an den monatlichen Vergütungen nicht Halt machen, sondern muss jegliche weitere Sonderzahlung (Boni, Zulagen, Zuschläge, LTI etc.) und sonstige Zuwendung (privat genutzte Firmenwagen, Bikes etc.) einbeziehen.

Ausweislich Erwägungsgrund 22 der ETRL sollen Entgelthöhen als Bruttojahresentgelt und entsprechendes Bruttostundenentgelt angegeben werden; es sollte möglich sein, die Entgelthöhen auf der Grundlage des für den Arbeitnehmer *festgelegten tatsächlichen* Entgelts zu berechnen, unabhängig davon, ob es jährlich, monatlich, stündlich oder anderweitig festgelegt ist. Für die Bestimmung eines geschlechterspezifischen Lohngefälles sollte – um eine Vergleichbarkeit der Sachverhalte zu gewährleisten – auf die Entgelthöhe bei Vollzeitbeschäftigung ohne Fehlzeiten (Elternzeit, Langzeiterkrankung, Mutterschutz, Sabbatical, etc.) und ohne unterjährige Veränderungen im Beschäftigungsgrad (Wechsel in Teilzeit) abgestellt werden. Es bleibt abzuwarten, ob der nationale Gesetzgeber sich auch hierzu verhalten wird. Problematisch werden sich dabei ggf. Entgelte erweisen, die nicht einmal jährlich fällig werden, sondern über ggf. mehrere Jahre hinweg „erdient“ werden (können) sowie selbst einen volatilen Wert haben.

Offen ist, ob die ETRL voraussetzt, jeden Entgeltbestandteil gesondert zu prüfen, oder ob die Einhaltung des Grundsatzes der Gewährung von gleichem Entgelt für gleiche oder gleichwertige Arbeit im Wege der Gesamtbewertung verschiedener Entgeltbestandteile ermittelt werden kann. In Bezug auf Art. 157 AEUV, dessen Konkretisierung in Form von Mindestbedingungen die ETRL dient, ist die Rechtsprechung jedenfalls bisher davon ausgegangen, dass die Gleichheit des Entgelts (nur) nach Maßgabe einer Gesamtbewertung der den Arbeitnehmern gewährten Vergütungen, sondern für jeden einzelnen Entgeltbestandteil gewährleistet sein muss.[453] Es spricht daher einiges dafür, dass an diesem Grundsatz festgehalten wird.

Wir halten den Ansatz, Entgeltgleichheit jeweils für die einzelnen vergleichbaren Bestandteile sicherzustellen, für zutreffend. Denn letztlich kann nur unter Einbeziehung des Zweckbezugs der jeweiligen Leistung festgestellt werden, ob über die Frage gleichwertiger Arbeit hinaus vergleichbare Sachverhalte vorliegen. So kann es z. B. trotz gleichwertiger Jobs gerechtfertigt sein, nur einer Berufsgruppe funktionsbezogen einen Firmenwagen zu gewähren, der zugleich auch zur Privatnutzung überlassen wird. Derartige Rechtfertigungen müssen selbstverständlich auch vor dem Hintergrund der ETRL zulässig bleiben. Denn sie haben ihre Ursache in objektiven, sachbezogenen und diskriminierungsfreien Anknüpfungspunkten.

Auch bei Entgeltbestandteilen, die keinen Bezug zur ausgeübten Tätigkeit haben, sondern Arbeitnehmern situations- oder personenspezifisch gewährt werden, wie z. B. Kita-Zuschüsse, erscheint auf den ersten Blick ebenfalls eine (ausschließliche) Einzelbetrachtung angemessen. Wenn ein Arbeitgeber aus rein sozialen Gründen Arbeitnehmer mit Kindern durch einen

---

453 EuGH, 26.6.2001 – Rs. C-381/99, BeckRS 2004, 76901 zur Vorgängerregelung des Art. 119 EG-Vertrag; s. auch BAG, 16.2.2023 – 8 AZR 450/21, NZA 2023, 958.

Kita-Zuschuss unterstützen will, liegt hierin keine geschlechtsspezifische Diskriminierung, wenn dadurch die Gesamtgehälter von Arbeitnehmern mit und Arbeitnehmern ohne Kinder unterschiedlich hoch ausfallen. Denn das Merkmal knüpft zweckbezogen an einen Sachverhalt außerhalb des Werts der Leistung an. Allerdings gilt innerhalb des Sachgruppenvergleichs selbstverständlich wieder der Grundsatz, dass Differenzierungen innerhalb dies jeweiligen Entgeltbestandteils neutral bleiben müssen. Und es wäre unseres Erachtens auch nicht ausgeschlossen, eine Gesamtbetrachtung durchzuführen, wenn der Arbeitgeber gerade keinen sozialen Zweck verfolgt, sondern Arbeitnehmern vielmehr im Sinne eines Cafeteria-Modells die Wahl belässt, Teile der Grundvergütung (ggf. steuerbegünstigt) für bestimmte Zwecke – wie einen Kita-Zuschuss – zu verwenden.

Richtigerweise ist daher der Entgeltvergleich grundsätzlich immer auf die Einzelbestandteile oder zumindest auf die sachgerecht und zweckbezogen zu bildenden Gruppen von Entgelten zu beziehen („Äpfel mit Äpfeln und Birnen mit Birnen").

Da die Vorgaben der ETRL für sämtliches Entgelt Anwendung finden, ist Unternehmen dringend zu raten, soweit noch nicht bereits erfolgt, sich einen Überblick über sämtliche, auch ggf. undokumentierte Leistungen zu verschaffen und die Entgeltsystematik auf jeden Bestandteil oder ggf. zusammenzufassende Entgeltgruppen zu übertragen. Dieser Überblick über die jeweiligen Bestandteile sowie eine hieran anknüpfende Differenzierung ist sodann zu dokumentieren und zukünftig auch bei Vergütungszusagen, -abrechnungen und vertraglichen Gestaltungen sauber aufrechtzuerhalten. Denn nur auf diese Weise kann der Vorgabe der Transparenz genügt werden und kann auch über längere Zeiträume einer Gehaltshistorie sichergestellt werden, dass bei Entgeltvergleichen die passenden Entgeltgruppen gebildet und die passenden Entgeltbestandteile einbezogen werden.

7. Besitzstände – noch zu sichern?

Hoch problematisch ist die Frage, wie zukünftig mit Entgeltunterschieden aus einer Vertrags- und Vergütungshistorie umgegangen werden kann. Die ETRL trifft hierzu keine Aussage, sodass man vorbehaltlich der Umsetzungsgesetzgebung[454] grundsätzlich davon ausgehen muss, dass im Grundsatz ab dem Stichtag der Umsetzungspflicht Entgeltgleichheit zu gewähren ist.[455] Denn andernfalls ließen sich nach den Vorgaben der ETRL rechtswidrige Gehaltsunterschiede fortschreiben und könnte über eine lange Zeit wei-

454 Dazu *Heimann/Flöter*, BB 2025, 2164.

455 Für die Übertragung der „Stichtagsrechtsprechung" mit Blick auf Besitzstände *Heimann*, SPA 2024, 133.

terhin keine Entgeltgleichheit sichergestellt werden. Selbst wenn man daher aufgrund vertraglicher Bindungen Schutzräume zuließe, müsste jedenfalls streng bei jeder Entgeltrunde, bei jeder Verteilung eines Vergütungsbudgets und bei jedem Auslaufen von Gehaltsbestandteilen darauf geachtet werden, dass historisch gewachsene Ungleichheiten mit den zur Verfügung stehenden Mitteln ausgeglichen werden.

Auch vor diesem Hintergrund der nicht zu vermeidenden Ungleichheiten aus früheren – und damals rechtskonformen – Gehaltsentscheidungen erscheint es in der Gestaltung hoch sinnvoll, zwischen Entgeltbestandteilen zu differenzieren und im Sinne der vorstehenden Ausführungen unter 6. – ggf. sogar noch nachträglich – passende Sachgruppen zu bilden. Denn auf diese Weise lassen sich ggf. Unterschiede im Gesamtgehalt auch unter der Geltung der ETRL noch rechtfertigen.

8. Einheitliche Quelle

Schließlich bleibt Unternehmensgruppen ein Gestaltungsansatz über den Weg der Budget- und Vergütungsentscheidungen. Nach Art. 19 Abs. 1 ETRL ist bei der Bewertung, ob Arbeitnehmer die gleiche oder gleichwertige Arbeit verrichten, künftig auf die sog. „einheitliche Quelle”[456] abzustellen, die die Entgeltbedingungen festlegt. Nicht selten wird dies im Konzern die Konzernmutter sein, die alle für den Entgeltvergleich relevanten Vergütungselemente festlegt. Diese Vorgabe weicht erheblich von den Vorgaben des Gleichbehandlungsgrundsatzes[457] sowie der Gestaltungslogik des EntgTranspG ab. So beschränkt sich der individuelle Auskunftsanspruch nach § 12 Abs. 2 Nr. 1 EntgTranspG nur auf Entgeltregelungen, die in demselben Betrieb und bei demselben Arbeitgeber angewendet werden.[458] Es kann daher Konzernen, die keine konzerneinheitliche Vergütungsstruktur schaffen wollen, nur dringend angeraten werden, neben allgemeinen Budgetvorgaben weitere detaillierte Vergütungsentscheidungen zu unterlassen und eine solche spezifische Festlegung den jeweiligen Konzernunternehmen zu überlassen.

456 Zu weiteren Anwendungsfällen sowie den Konsequenzen u. A. für die Berichterstattung *Flöter/Heimann*, BB 2025, 2164, 2167.

457 S. etwa BAG, 19.11.1992 – 10 AZR 290/91, NJW 1993, 1813; BAG, 20.8.1986 – 4 AZR 272/85, AP TVG § 1 Tarifverträge: Seniorität Nr. 6.

458 *Gatz* in: Salamon, Entgeltgestaltung, 2. Aufl. 2025, § 12. Rn. 46.

II. Weitere Implementierungshinweise

Die Anforderungen der ETRL gelten unabhängig davon, ob Entgeltstrukturen einseitig bestimmt oder kollektiv ausgehandelt werden. Sie betreffen alle aktiven (auch leitenden) Arbeitnehmer sowie – ausgehend von der EuGH-Rechtsprechung zum weiten Arbeitnehmerbegriff[459] – wohl auch Fremdgeschäftsführer. Sie gelten auch grundsätzlich unterschiedslos für neue Vergütungssysteme wie für bereits implementierte – ggf. unterschiedlich (z.B. auch in Folge von Betriebsübergängen) divers gewachsene – Vergütungsstrukturen. Dies macht die Implementierung der ETRL-Vorgaben angesichts unterschiedlicher Regelungsebenen und Verhandlungspartner höchst komplex und zwingt Unternehmen dazu, genau hinzuschauen und etwaig bisher gelebte rechtliche Unstimmigkeiten zu überwinden. Exemplarisch wird auf die in Unternehmen bisweilen unzutreffende Differenzierung zwischen Tarifmitarbeitern mit übertariflicher Vergütung und „echten" außertariflichen Mitarbeitern, weil schon nicht unter den Geltungsbereich eines Tarifvertrages fallend, verwiesen. Es ergeben sich jeweils unterschiedliche Handlungsbedarfe.

Folgende Aspekte sind im Rahmen der Implementierung mit Rücksicht auf Regelungsebene und Verhandlungspartner beachtlich:

1. Unternehmen ohne Tarifbindung und ohne Betriebsrat

Die Implementierung der Vorgaben der ETRL dürfte in Unternehmen ohne Tarifbindung und ohne Betriebsrat praktisch die größten Schwierigkeiten verursachen, da es hier an einem kollektiven Verhandlungspartner und einem bestehenden System, das kollektiv mit entsprechender Gestaltungsmacht angepasst werden kann, fehlt. In diesen Fällen sind Arbeitgeber auf Einzelanpassungen in jedem Arbeitsverhältnis, konkret jedem Arbeitsvertrag, angewiesen. Einen tauglichen Mechanismus für eine Anpassung sollte der nationale Gesetzgeber oder jedenfalls die Rechtsprechung entsprechenden Unternehmen zur Verfügung stellen. Denn Anpassungen ausschließlich „nach oben", um ein rechtskonformes Entgeltsystem zu schaffen, sind Unternehmen weder zumutbar noch vom Zweck der ETRL gedeckt.[460] Teilkündigungen sind nach der Rechtsprechung des BAG grundsätzlich unzulässig.[461] Änderungskündigungen zur Entgeltanpassungen sind aufgrund der

459 BAG, 25.7.2023 – 9 AZR 43/22, NZG 2024, 36.
460 Zum Umgang mit Überschreitern → Teil 2, Kap. 2.2 (*Sigl-Tempfli*).
461 BAG, 18.5.2017 – 2 AZR 721/16, NZA 2017, 1195.

strengen Vorgaben nach der Rechtsprechung des BAG kaum praxistauglich umsetzbar.[462]

Denkbar wäre es etwa, über den Ansatz des kollektiven Günstigkeitsvergleichs Eingriffe in den Arbeitsvertrag ausdrücklich erleichternd zuzulassen oder Übergangsregelungen zur Entgeltanpassung im Rahmen und auf der Grundlage der jeweiligen Entgeltbudgets festzuschreiben.

2. Unternehmen mit Tarifbindung

Unternehmen mit Tarifbindung steht die Gewerkschaft direkt bzw. über die Mitgliedschaft im Arbeitgeberverband als Verhandlungspartner gegenüber; in diesem Rahmen können – beschränkt auf Tarifmitarbeiter und Tarifentgelte – Anpassungen in der Masse leichter umgesetzt werden; über Bezugnahmeklauseln wird auf die nicht-tarifgebundenen Arbeitsverhältnisse eingewirkt.

Fraglich ist allein, wie mit den jeweiligen Laufzeiten und Kündigungsmöglichkeiten von Tarifverträgen umgegangen werden kann. Entsprechendes gilt für die Laufzeiten der Allgemeinverbindlichkeitserklärungen. Sollten Tarifverträge gegen geltendes Recht, d.h. das jeweilige nationale Umsetzungsgesetz oder zwingende und verbindliche Vorgaben der ETRL, verstoßen, ergibt sich schon aus der Regelungslücke zwanglos die Pflicht zur Nach- bzw. Neuverhandlung. Die Fristenläufe dürften daher kein Hindernis darstellen. Vor dem Hintergrund der Langwierigkeit von Tarifverhandlungen ist es jedoch mehr als misslich, dass es (noch) an einem Entwurf für ein Umsetzungsgesetz fehlt und daher nur auf der Grundlage der Vorgaben der ETRL Verhandlungen geführt werden können. Denn es mag durchaus mit Spannung erwartet werden, wie der deutsche Gesetzgeber den Konflikt zwischen der Tariffreiheit nach Art. 9 GG – einschließlich der langjährigen Rechtsprechung zur Richtigkeitsgewähr eines Tarifvertrags – und den Entgeltvorgaben der ETRL lösen wird, die Sonderausnahmen für Kollektivverträge nicht vorsieht.[463]

3. Mitbestimmung auf betrieblicher Ebene

Hinsichtlich der Entgeltbestandteile, die nicht Teil des Tarifsystems sind (AT- und ÜT-Vergütung), und allgemein in nicht tarifgebundenen Unternehmen unterliegen Veränderungen des Vergütungssystems bei Bestehen eines Betriebsrats dem betrieblichen Mitbestimmungsrecht. Es bleibt offen, ob in-

462 BAG, 23.6.2005 – 2 AZR 643/04, BeckRS 2005, 30804536; *Brune*, in: Felisiak/Sorber, Praxisleitfaden zur Umsetzung der EU-Entgelttransparenzrichtlinie, Rn. 429.

463 Zu Besonderheiten tariflicher Vergütungssysteme → Teil 2, Kap. 1.3 (*Heimann*).

soweit § 87 Abs. 1 Nr. 10 und 11 BetrVG allein greifen oder der nationale Gesetzgeber weitergehende Mitbestimmungsrechte schaffen wird. Eine Notwendigkeit ergibt sich nicht, da die Verteilungskriterien schon heute umfassend der Mitbestimmung unterworfen sind.

Ein spannendes Diskussionsthema am Verhandlungstisch wird jedoch die Frage sein, inwiefern der Arbeitgeber die für die Entgeltdifferenzierung relevanten Kriterien, die über die vier Kernkriterien hinausgehen, mitbestimmungsfrei wird auswählen können. Denn in der Auswahl der Kriterien steckt ein wesentlicher Gestaltungsansatz. Dabei wird man – vergleichbar zur mitbestimmungsfreien Zwecksetzung freiwilliger Gehaltsbestandteile – dem Arbeitgeber einen Freiraum zugestehen müssen, sofern es um die Frage geht, welche sachlichen Kriterien für ein Unternehmen den Wert der Arbeit ausmachen.

Schließlich fragt sich, ob die Rechtsprechung des BAG zur fehlenden Zuständigkeit des Gesamtbetriebsrats für eine betriebsübergreifende Regelung der Vergütungsstruktur[464] mit Rücksicht auf Art. 19 Abs. 1 der ETRL (dazu s. o.) noch haltbar ist. Wir meinen: nein. Denn nach den Vorgaben der ETRL ist Entgeltgleichheit jeweils innerhalb der „einheitlichen Quelle" sicherzustellen, die die Entgeltbedingungen festlegt, vgl. Art. 19 ETRL und Erwägungsgrund 26 der ETRL. Dies sind in den allermeisten Fällen nicht einzelne Standorte oder Betriebe ohne Rechtsqualität und Entscheidungshoheit, sondern vielmehr das anstellende Unternehmen selbst (oder sogar die Konzernspitze), die neben Budgetvorgaben häufig auch inhaltliche Gestaltungsvorgaben setzt. Eine einheitliche und Gleichheit sicherstellende Regelung der mitbestimmten Angelegenheit ist daher gar nicht auf Ebene der Betriebe möglich – und je nach Entscheidungsumfang auf Ebene des Konzerns nicht einmal auf Unternehmensebene. Entsprechend ist eine Zuständigkeit des Gesamtbetriebsrats oder ggf. sogar des Konzernbetriebsrats anzunehmen, vgl. §§ 50, 58 BetrVG.[465] Umgekehrt liegt in dieser Erkenntnis aber auch eine Entscheidungsmacht der Unternehmen: Sie können durch die Festlegung der Ebene der Entgeltentscheidungen zugleich die Gestaltungszuständigkeit auf Konzern- oder Unternehmensebene vorgeben.

III. Fazit

Die ETRL hat erhebliche Implikationen für die Gestaltung von Vergütungssystemen, die weit über die bekannten Vorgaben des EntgTranspG hinausgehen. Sie schränkt nicht nur den Spielraum der Arbeitgeber für eine

464 BAG, 18.5.2010 – 1 ABR 96/08, NZA 2011, 171.

465 Für die Entgeltbewertung als GBR-Zuständigkeit *Barz*, in: Felisiak/Sorber, Praxisleitfaden zur Umsetzung der EU-Entgelttransparenzrichtlinie, Rn. 274.

individuelle Entgeltgestaltung ein, sie stellt Unternehmen auch vor die Herausforderung bisher gewachsene – und vor allem: bisher rechtmäßige – Vergütungssysteme anzupassen und Gehaltsunterschiede auszugleichen. Umso wichtiger wird es sein, die zulässigen Gestaltungsräume zu nutzen und ein Vergütungssystem möglichst passgenau und an den Bedürfnissen des Unternehmens orientiert zu implementieren.

Da es bisher an verlässlichen Leitplanken auf nationaler Ebene fehlt, ist auf die zwingenden Vorgaben der ETRL zurückzugreifen. Jedenfalls sollte mit den notwendigen Analysen und Vorbereitungshandlungen nicht bis zur nationalen Richtlinienumsetzung, die bis zum 7. Juni 2026 erfolgen muss, abgewartet werden. Denn der Spagat zwischen richtlinienkonformen objektiven Kriterien und Bedürfnissen der Unternehmen unter Einbeziehung bestehender Systeme dürfte herausfordernd sein. Und dabei sind notwendige Verhandlungen mit Kollektivpartnern noch nicht eingeplant.

3. Besonderheiten tariflicher Vergütungssysteme

Dr. Till Heimann[466]

Die ETRL bildet den Auslöser für eine der weitreichendsten Reformen der deutschen Arbeitsrechtspraxis in der jüngeren Vergangenheit. Bis zum 7. Juni 2026 muss Deutschland die Richtlinie in nationales Recht umsetzen, was unter anderem eine umfassende Überarbeitung des EntgTranspG von 2017 erfordert. Die Auswirkungen auf die Vergütungssysteme der Unternehmen werden erheblich sein. Auch und insbesondere tarifgebundene Unternehmen werden sich mit neuen Fragestellungen auseinandersetzen müssen, die der folgende Beitrag kurz darstellt.

I. Ausgangspunkt

1. Typologie von Tarifverträgen

Das deutsche Tarifvertragssystem gliedert sich in drei wesentliche Kategorien:

- **Flächentarifverträge** gelten für bestimmte räumliche Geltungsbereiche oder Branchen, und dort für die tarifgebundenen Arbeitgeber im Tarifgebiet sowie die tarifunterworfenen Arbeitnehmer. Sie kommen kraft Mitgliedschaft im tarifschließenden Arbeitgeberverband bzw. Mitgliedschaft in der tarifschließenden Gewerkschaft zur Anwendung.
- **Firmentarifverträge** (Haustarifverträge) werden zwischen einem einzelnen Arbeitgeber und einer Gewerkschaft abgeschlossen. Sie haben nur einen (meist unternehmens- oder sogar betriebsbezogenenen) beschränkten Anwendungsbereich, bieten meist größere Flexibilität bei der Berücksichtigung betriebsspezifischer Bedingungen und werden – in der Form von Sanierungstarifverträgen[467] – häufig in Krisensituationen abgeschlossen, um von den Bedingungen der Fläche abweichen zu können.
- Schließlich kann das BMAS Tarifverträge für **allgemeinverbindlich** erklären, woraufhin sie auch für nicht tarifgebundenen Arbeitgeber und Arbeitnehmer der betroffenen Branche Geltung beanspruchen. Stand 1. Juli 2025 sind 216 Tarifverträge allgemeinverbindlich.

---

466 Der Autor dankt der Wissenschaftlichen Mitarbeiterin *Sophie Heinz* für wertvolle Vorarbeit.

467 Ausführlich *Heimann*, in: Röger, Insolvenzarbeitsrecht, § 8 Rn. 474 ff. (2. Auflage 2024).

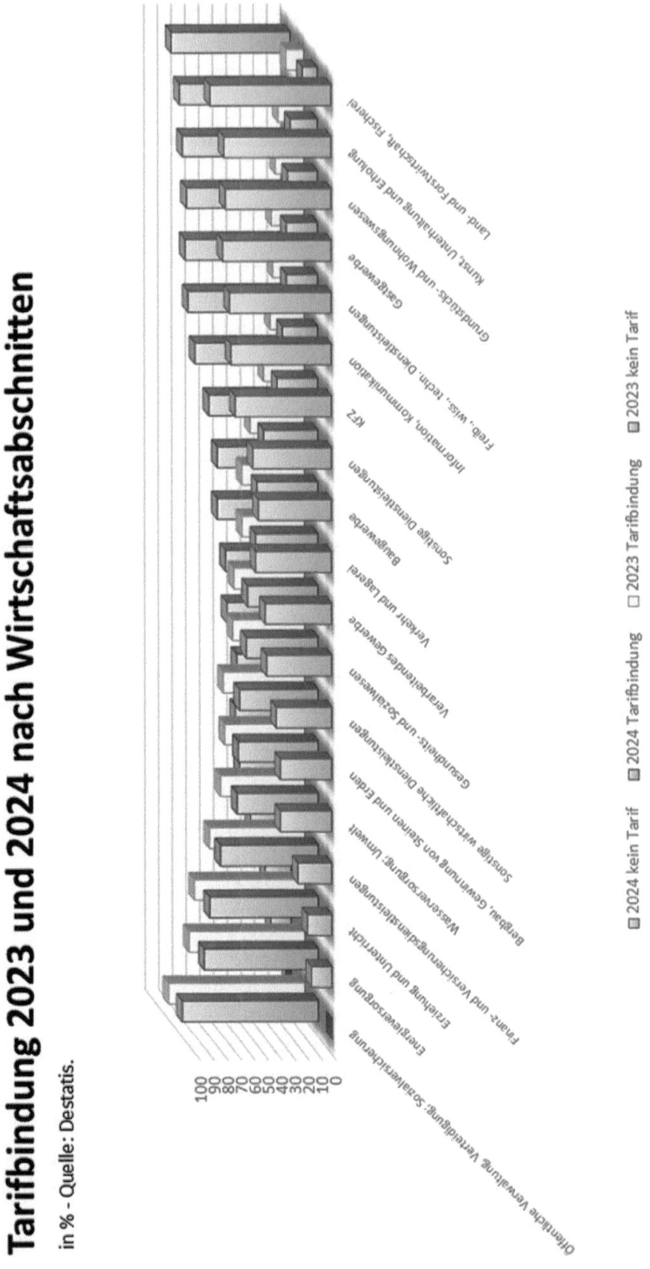

Abbildung: Tarifbindung in Deutschland 2024 vs. 2023. Eigene Darstellung, Quelle: Destatis.

2. Tarifbindung in Deutschland

Die Tarifbindung in Deutschland zeigt einen anhaltenden Rückgang und liegt Stand 2024 bei deutschlandweit im Durchschnitt 49 %[468]. Die Zahl wird durch die große Anzahl tarifangehöriger Beschäftigter im öffentlichen Dienst verzerrt und liegt für viele Branchen deutlich niedriger.

3. Entgeltfindungslogik von Tarifverträgen

Tarifverträge sehen typischerweise zur Entgeltfindung Entgeltgruppen vor, in welche die Arbeitnehmer aufgrund abstrakt-generell definierten Kriterien eingruppiert werden. Diese bauen typischerweise „relativ zueinander“ auf einer niedrigsten Entgeltgruppe auf, sind aber oft summarisch ausgestaltet, nicht analytisch.[469]

II. Rechtliche Rahmenbedingungen

1. Entgelttransparenz

a) Bisherige Rechtslage

Das derzeit geltende EntgTranspG normiert in § 4 Abs. 5 EntgTranspG eine Angemessenheitsvermutung für kollektivrechtliche Vergütungssysteme. Diese resultiert daraus, dass der Gesetzgeber davon ausgeht, dass das Benachteiligungspotenzial bei Regelungen, die nicht frei zwischen Arbeitgeber und Arbeitnehmer ausgehandelt werden, geringer sei. Der Gesetzgeber gewährt den Tarifvertragsparteien mithin einen Vertrauensvorschuss hinsichtlich der diskriminierungsfreien Ausgestaltung ihrer Vergütungssysteme, indem er ihnen eine Einschätzungsprärogative für das Vorliegen eines sachlichen Differenzierungsgrundes bei mittelbaren Diskriminierungen zugesteht.[470]

Eine weitergehende Privilegierung der Tarifparteien nimmt zudem § 4 Abs. 5 S. 2 EntgTranspG vor, indem er die Vermutung aufstellt, dass Tätigkeiten, die in unterschiedliche Entgeltgruppen eingeteilt sind, nicht gleichwertig sein können. Damit wird der Begründungsaufwand für tarifgebundene Arbeitgeber hinsichtlich der unterschiedlichen Vergütungsstrukturen erheblich reduziert. Für betroffene Arbeitnehmer besteht zwar die Möglichkeit,

---

468 Pressemitteilung Nr. 103 des Statistischen Bundesamtes vom 21.3.2025, https://www.destatis.de/DE/Presse/Pressemitteilungen/2025/03/PD25_109_623.html (abgerufen am 29.8.2025).

469 Hierzu → Teil 2, Kap. 1.1 (*Frank*), unter V. 1. b).

470 *Krieger/Plambeck*, NZA 2023, 1001.

die Angemessenheitsvermutung zu widerlegen, dabei sind sie jedoch darlegungs- und beweisbelastet, was das praktische Risiko der Inanspruchnahme deutlich reduziert.[471] Diese Privilegierungen blieben nicht ohne Kritik mit Blick auf einen möglichen Verstoß gegen Art. 157 AEUV.[472]

b) Wegfall der tariflichen Angemessenheitsvermutung mit der ETRL

Die ETRL bezieht sich gemäß ihres Wortlauts und ihrer Erwägungsgründe unstreitig auf sämtliche Vergütungssysteme, unabhängig davon, ob sie einseitig bestimmt oder kollektiv ausgehandelt sind.[473] Anders als das bisherige EntgTranspG enthält sie keine Angemessenheitsvermutung für kollektivrechtliche Vergütungssysteme, so dass auch diese auf potentielle Benachteiligungen hin überprüft werden müssen. Unternehmen, die sich für eine Tarifbindung entscheiden, müssen vor diesem Hintergrund sicherstellen, dass die von ihnen genutzten tariflichen Vergütungssysteme ETRL-konform sind.

Es ist davon auszugehen, dass gegen diese Festlegung trotz der europarechtlich garantierten Tarifautonomie (Art. 28 EGRC) keine durchgreifenden Bedenken bestehen, mithin der deutsche Gesetzgeber davon auch nicht negativ abweichen kann und darf.[474] Unternehmen müssen daher, egal ob tarifgebunden oder nicht,

- Vergleichsgruppen von Arbeitnehmern mit gleichen oder gleichwertigen Arbeitsaufgaben bilden, um innerhalb dieser die Gehaltsunterschiede zwischen den Geschlechtern zu ermitteln, und
- hierfür Kriterien zur Bestimmung gleichwertiger Arbeit hinsichtlich (u. a.) Kompetenzen, Belastungen, Verantwortung und Arbeitsbedingungen ermitteln.

Die Kriterien zur Ermittlung der Vergütung dürfen weder mittelbar noch unmittelbar in Zusammenhang mit dem Geschlecht des Arbeitnehmers stehen. Zudem muss die Anwendung der Kriterien diskriminierungsfrei erfolgen und auch soziale Kompetenzen müssen in die Bewertung einfließen.[475]

Es wird mit Spannung zu erwarten sein, ob die vom BMBFSFJ eingesetzte Expertenkommission, die sich u. A. aus Vertretern der Tarifvertragsparteien

---

471 *Heimann/Weinzierl*, BB 2024, 884, 888.

472 *Krüger*, NZA 2022, 956, 957.

473 *Günther/Schiffelholz/Westenrieder*, NZA 2024, 1305, 1308.

474 So auch *Flöter/Heimann*, BB 2025, 2164, 2170; *Felisiak/Sorber*, in: Felisiak/Sorber, Praxisleitfaden zur Umsetzung der EU-Entgelttransparenzrichtlinie, Rn. 159, 170; für (sehr eingeschränkte) Regelungsmöglichkeiten des Umsetzungsgesetzgebers etwa im Rahmen der Beweislastverteilung *Günther/Schiffelholz/Westenrieder*, NZA 2024, 1305, 1308.

475 *Winter*, NZA 2024, 8, 16 f.

und damit möglicherweise „befangenen" Teilnehmern zusammensetzt[476], diesen Umstand korrekt reflektiert und wie sie die Umsetzungsgesetzgebung ausgestaltet: ergebnisorientiert tarifprivilegiert, ja oder nein?

c) Weitere Herausforderungen durch die ETRL

Ein zusätzlicher „Haken" verbirgt sich in Art. 19 Abs. 1 ETRL. Hiernach ist die Bildung von Vergleichsgruppen nicht auf Situationen beschränkt, „in denen Männer und Frauen ihre Arbeit für ein und denselben Arbeitgeber verrichten". Vielmehr kann dann, wenn eine einheitliche „Quelle" für die Arbeitsbedingungen besteht, welche selbige definiert und ändern kann, auch eine unternehmensübergreifende Vergleichsgruppenbildung stattfinden. Die spannende Frage an dieser Stelle: Wieviel Freiheit steht dem Arbeitgeber zu? Ist der Arbeitgeber, der sich in eine (flächen-) tarifliche Bindung begibt und dadurch die Anwendung eines Entgeltsystems bewirkt, damit einer einheitlichen Quelle unterworfen, genauso, wie wenn die Konzernmutter bestimmte Entgeltstandards intern einheitlich vorgibt? Eine solche Interpretation ist zumindest nicht von der Hand zu weisen,[477] selbst wenn der Arbeitgeber keine (unmittelbare, eigene) Festlegung von Arbeitsbedingungen trifft, sondern nur die Verhandlungsmacht über selbige delegiert.

Besonders herausfordernd wird es werden, Tätigkeiten, die in den Unternehmen einer Branche durchaus unterschiedlich ausgeprägt sein können und sogar von Betrieb zu Betrieb variieren können, auf ihre Gleichwertigkeit zu untersuchen und in ein branchenweit stimmiges Schema zu pressen.

Fragen rund um die Vergleichbarkeit dürften den Verbänden ganz neue Herausforderungen bieten, wenn und weil ihre Mitglieder das Vorhalten entsprechender – auch historischer, Art. 19 Abs. 2 ETRL[478] – Gehaltsdaten erwarten werden. Im Rahmen von Flächentarifverträgen wird ein branchenweiter Vergleich die Identifizierung systematischer Entgeltunterschiede erleichtern. Haustarifverträge bieten hier ein einfacheres Handling, jedoch kann die Bildung von Vergleichsgruppen bei stark heterogenen Tätigkeiten eigene Herausforderungen bieten. Von Vorteil mag sich für (flächen-) tarifgebundene Unternehmen erweisen, dass die Kosten der Compliance mit dem „neuen" Modell über den Verband sozialisiert werden können.

---

476 Pressemitteilung des BMBFSFJ, https://www.bmfsfj.de/bmfsfj/aktuelles/alle-meldungen/kommission-zur-umsetzung-der-entgelttransparenzrichtlinie-startet-267884 (abgerufen am 29.8.2025).

477 Klar für eine entsprechende Ausweitung *Winter*, NZA 2024, 8, 17.

478 Zu den praktischen Schwierigkeiten *Flöter/Heimann*, BB 2025, 2164, 2173.

2. Konsequenzen

Für die Tarifvertragsparteien bedeutet das einen Paradigmenwechsel, ändert sich doch für ihre Mitgliedsunternehmen bzw. Mitglieder die rechtliche Situation drastisch. Während der (unbereinigte) Gender Pay Gap 2023 in tarifgebundenen Unternehmen 10-11 % (verglichen mit 16 % in nicht tarifgebundenen Unternehmen)[479] beträgt, liegt er deutlich oberhalb der nach der ETRL akzeptablen Toleranzschwelle von 5 % (Art. 10 Abs. 1 a) ETRL). Die Tarifvertragsparteien werden also Hausaufgaben zu erledigen haben.

Sie müssen in den bestehenden Entgelttarifverträgen überprüfen, ob die angelegten Kriterien geschlechtsneutral sind und ob die Kriterien für die Zuordnung zu Entgeltgruppen transparent und nachvollziehbar dargestellt werden. Das kann etwa überall dort fraglich sein, wo nicht alle Kriterien im Einklang mit der Richtlinie stehen, nicht alle angelegten Kriterien für eine Position gleichermaßen relevant sind, und daher keine gleichmäßige, sondern eine gewichtete Berücksichtigung von Kriterien erforderlich sein könnte. Zudem sehen gerade ältere Tarifverträge häufig so genannte „Richtbeispiele“ vor, die ggf. nicht mehr den aktuellen Gegebenheiten und Tätigkeitsanforderungen entsprechen. Problematisch sind weiter bestimmte Entgeltgruppen oder -tabellen mit abweichenden Vergütungshöhen, die nur bestimmten Beschäftigten vorbehalten sind, und die als tarifimmanente Vergleichssperre wirken, was eine Gleichwertigkeit der Arbeit nicht abbilden kann.[480] Schließlich können sich Schwierigkeiten dort ergeben, wo die Eingruppierungslogiken nicht alles berücksichtigen, was nach der ETRL als Entgelt zu definieren ist.[481] Der Umsetzungsgesetzgeber wird bei all diesen Fragen den Konflikt zwischen Tarifautonomie und den Transparenzanforderungen der ETRL aufzulösen haben.

III. Quo vadis, Tarifbindung?

1. Handlungsempfehlungen für die Tarifvertragsparteien

Daraus ergeben sich folgende kurz-, mittel- und langfristigen Handlungsfelder:

---

479 IAB-Report vom 7.3.2025 (für 2023), https://iab-forum.de/graphs/in-tarifgebundenen-betrieben-ist-der-gender-pay-gap-kleiner/ (abgerufen am 29.8.2025).

480 Beispiele bei *Winter*, NZA 2024, 8, 17.

481 Dazu → Teil 2, Kap. 1.2 (*Reinhard/Vorbrodt*), unter I.6.

a) Kurzfristig (bis Juni 2026)

- Systematische Überprüfung bestehender Entgeltgruppen und Bewertungskriterien
- Entwicklung geschlechtsneutraler Stellenbewertungsverfahren
- Einführung gemeinsamer Datenerhebungsprozesse und -systeme
- Koordinierte Schulungen ihrer Mitglieder
- Erweiterung der tariflichen Schlichtungsregelungen um Streitbeilegungsmechanismen für Entgelttransparenzfragen.

b) Mittel- bis langfristig (2026-2030)

- Anpassung der Tarifverträge an die ETRL-Anforderungen; anhand des knappen Zeitfensters wird eine 100%-Compliance kaum erreichbar sein. Die Tarifparteien sollten sich daher auf die größten identifizierten Probleme zuerst fokussieren (Abweichungshöhe, Skalierbarkeit innerhalb der Branche, etc.).
- Entwicklung branchenspezifischer Transparenzstandards
- Etablierung von Monitoring-Systemen.

2. Weitere Entwicklung

Es ist davon auszugehen, dass die Tarifvertragsparteien – wenn sie denn die Anforderungen ernst nehmen und erfüllen – die ETRL durchaus für sich fruchtbar machen und die Attraktivität tariflicher Bindungen wieder erhöhen können. Tarifbindung kann dann als eine Art „sicherer Hafen“ für die Konformität mit der ETRL dienen und mit Rechtssicherheit punkten.

Compliance mit der ETRL wird auch unter dem Gesichtspunkt des geplanten Tariftreuegesetzes[482] wichtig werden, soll doch bei Verstößen u.A. die Sanktion eines Ausschlusses von öffentlichen Aufträgen drohen.

---

482 BMAS-Informationsseite, https://www.bmas.de/DE/Service/Gesetze-und-Gesetzesvorhaben/tariftreuegesetz.html (abgerufen am 29.8.2025).

Kapitel 2 – Handlungsbedarfe

1. Entgelttransparenz – alte und neue Rechtslage

Tobias Vößing

I. Einleitung: Rechtspolitischer Hintergrund

Das Prinzip des gleichen Entgelts für Männer und Frauen bei gleicher oder gleichwertiger Arbeit ist bereits seit 1957 durch die Römischen Verträge in der europäischen Rechtsordnung verankert. Dieser Rechtsanspruch ist heute insbesondere in Artikel 157 AEUV und Artikel 4 der Richtlinie 2006/54/EG wiederzufinden.

Aktuelle Entscheidungen deutscher Gerichte, wie beispielsweise ein Urteil des LAG Stuttgart[483], verdeutlichen, dass Instanzgerichte nach wie vor von signifikanten Unterschieden bei den Gehältern von Frauen und Männern ausgehen. Diese Urteile machen zudem deutlich, dass selbst in großen Unternehmen oft kein strukturiertes und transparentes Gehaltssystem besteht.[484] Befürworter der Entgelttransparenz sehen in der Schaffung von Transparenz ein entscheidendes Instrument, um bestehende Ungleichheiten gezielt zu beheben. Transparenz sei dabei nicht nur ein rechtlicher Anspruch, sondern auch ein Gebot wirtschaftlicher Vernunft, insbesondere angesichts des aktuellen Fachkräfte- und Arbeitskräftemangels. Ziel sei es, durch Transparenz geschlechtsspezifische Lohnunterschiede zu reduzieren und letztlich ganz zu beseitigen.[485] Transparenz solle dazu beitragen, geschlechtsspezifische Lohnunterschiede zu verringern und zu beseitigen. Der sog. unbereinigte Gender Pay Gap – wie aussagekräftig auch immer er sein mag – betrug in Deutschland im Jahr 2024 rund 16 %.[486] Auf der anderen Seite steht die in der Wirtschaft verbreitete Sorge nach einer großen „Nachverhandlungswelle“.[487]

Seit 6.6.2023 gilt die ETRL. Bis 7.6.2026 müssen alle Mitgliedstaaten die ETRL in nationales Recht überführen. In Deutschland wird dies voraussichtlich durch die Anpassung des EntgTranspG geschehen. Um EntgTranspG

483 LAG Stuttgart, 1.10.2024 – 2 Sa 14/24, NZA-RR 2025, 12.

484 *Felisiak/Sorber*, BB 2025, 245.

485 *Winter*, EuZA 2024, 140, 166.

486 Statistisches Bundesamt, https://www.destatis.de/DE/Themen/Arbeit/Verdienste/Verdienste-GenderPayGap/Tabellen/ugpg-01-gebietsstand.html (abgerufen am 29.8.2025).

487 Handelsblatt Online vom 20.8.2025, https://www.handelsblatt.com/karriere/gehaltstransparenz-chefs-fuerchten-verhandlungswelle-nach-neuer-eu-richtlinie-01/100148443.html (abgerufen am 29.8.2025).

und ETRL zu harmonisieren, bedarf es nicht nur kleiner kosmetischer Korrekturen. Das EntgTranspG dürfte eine umfassende Umwälzung erfahren.

II. Die aktuelle Rechtslage in Deutschland: Das Entgelttransparenzgesetz

Mit dem EntgTranspG hat der deutsche Gesetzgeber im Jahr 2017 einen ersten verbindlichen Rechtsrahmen zur praktischen Durchsetzung der Entgeltgleichheit geschaffen. Der folgende Abschnitt gibt einen Überblick über zentrale Inhalte und Entwicklungen des EntgTranspG.

1. Inkrafttreten und Grundprinzip

Das Gesetz zur Förderung der Transparenz von Entgeltstrukturen ist zum 6.7.2017 in Kraft getreten. Unterstützt werden soll dadurch die praktische Durchsetzung des Prinzips „Gleicher Lohn für gleiche oder gleichwertige Arbeit" für Frauen und Männer. Es zielt nicht auf eine Offenlegung aller Gehälter ab, sondern auf einen bewussten Umgang mit Entgeltregelungen und Entgeltstrukturen.[488] Dabei regelt § 4 Abs. 1 EntgTranspG, dass Arbeitgeber[489] ihr Entgeltsystem diskriminierungsfrei gestalten müssen. Das Gesetz bezieht neben regulär Beschäftigten auch arbeitnehmerähnliche Personen mit ein. Es ergänzt gewissermaßen das AGG um besondere Auskunfts- und Berichtspflichten und schafft Beschäftigten neue Rechte zur Lohntransparenz.

2. Was umfasst das Entgelt?

Der Begriff des Entgelts umfasst nach § 5 Abs. 1 EntgTranspG „alle Grund- oder Mindestarbeitsentgelte sowie alle sonstigen Vergütungen, die unmittelbar oder mittelbar in bar oder in Sachleistungen aufgrund eines Beschäftigungsverhältnisses gewährt werden", also sämtliche Entgeltbestandteile und -bedingungen.

Darunter fallen neben der Grundvergütung unter anderem auch die betriebliche Altersvorsorge, Jubiläumsgelder, Weihnachtsgratifikationen, Altersrenten, aber auch Entgeltfortzahlungen im Krankheitsfall sowie Bonuszahlungen, Prämien und Sachbezüge wie Dienstwagen oder Bonusaktien. Dies,

---

488 BMFSMJ v. 29.9.2023, https://www.bmfsfj.de/bmfsfj/themen/gleichstellung/frauen-und-arbeitswelt/lohngerechtigkeit/entgelttransparenzgesetz/entgelttransparenzgesetz-117952 (abgerufen am 29.8.2025).

489 Zum Begriff des Arbeitgebers als Verpflichteten *Flöter/Heimann*, BB 2025, 2164, 2165.

soweit sie im Arbeitsvertrag oder durch Betriebsvereinbarung vereinbart sind.

Eine weite Definition des Entgeltbegriffs soll verhindern, dass Lohnunterschiede hinter hohen Bonuszahlungen oder ungewöhnlichen Vergütungsformen verborgen werden.

3. Der individuelle Auskunftsanspruch (§§ 10 ff. EntgTranspG)

Ein zentrales Element des EntgTranspG ist der individuelle Auskunftsanspruch nach §§ 10 ff. In Unternehmen bzw. Dienststellen mit in der Regel mehr als 200 Beschäftigten können Beschäftigte Auskunft über ihr eigenes individuelles Entgelt sowie über das Entgelt einer Vergleichsgruppe verlangen. Dieses ist als auf Vollzeitäquivalente hochgerechneter statistischer Median des durchschnittlichen Bruttoeinkommens anzugeben. Dabei können Informationen sowohl zu den Kriterien als auch zum Verfahren der Entgeltfindung eingefordert werden (§ 11 Abs. 2 EntgTranspG).

Ziel ist die Erleichterung der Durchsetzung des Anspruchs auf gleichen Lohn für gleiche oder gleichwertige Arbeit. Denn bis zur Einführung des EntgTranspG hatten Beschäftigte kaum Zugang zu Informationen, die potenzielle Zweifel über einen Verstoß des Arbeitgebers gegen das Entgeltgleichheitsgebot belegen oder widerlegen konnten. Das Dilemma lag darin, dass die Arbeitnehmerin oder der Arbeitnehmer wegen § 22 AGG im Streitfall entsprechende Indizien vortragen musste.[490]

Für die Geltendmachung des Auskunftsanspruchs unterscheidet das EntgTranspG danach, ob in Betrieben ein Betriebsrat besteht und ob ein Entgelttarifvertrag existiert. So regelt § 14 EntgTranspG, dass Beschäftigte tarifgebundener oder tarifanwendender Arbeitgeber ihr Auskunftsverlangen gegenüber dem Betriebsrat geltend machen müssen, sofern ein Betriebsrat besteht. Der Arbeitgeber hat die Möglichkeit, die Auskunftsverpflichtung selbst zu übernehmen. Wurde kein Betriebsrat gebildet, ist das Auskunftsersuchen direkt an den Arbeitgeber zu richten. Wo es keinen Betriebsrat, aber einen Tarifvertrag gibt, können die Tarifvertragsparteien auch einen Vertreter für die Wahrnehmung dieser Aufgabe vereinbaren. Die Auskunft ist innerhalb von drei Monaten zu erteilen.[491]

---

490 BT-Drs. 18/11133, S. 22.

491 Zu Rechtsmissbrauchsaspekten im Zusammenhang zum Auskunftsanspruch *Knoepffler/Kastel*, in: Felisiak/Sorber, Praxisleitfaden zur Umsetzung der EU-Entgelttransparenzrichtlinie, Rn. 206 ff.

4. Die Berichtspflichten (§§ 21 ff. EntgTranspG)

Private, tarifgebundene Arbeitgeber werden durch das EntgTranspG dazu verpflichtet, alle fünf Jahre über ihre Maßnahmen zur Förderung der Gleichstellung und zur Herstellung der Entgeltgleichheit von Frauen und Männern sowie dessen Wirkung der letzten fünf Jahre zu berichten, sofern ihr Betrieb in der Regel mehr als 500 Beschäftigte beschäftigt.

Nichttarifgebundene Arbeitgeber mit einer Beschäftigtenzahl von in der Regel mehr als 500 haben einen solchen Bericht alle drei Jahre über die vergangenen drei Jahre zu erstellen.

5. Rechtsprechung zum EntgTranspG

Die Rechtsprechung hat den Geltungsbereich des EntgTranspG durch einige wegweisende Urteile konkretisiert.

a) Begriff des „Arbeitnehmers“

In einer Entscheidung vom 25.6.2020 hat das BAG hinsichtlich des Begriffs des „Arbeitnehmers“ klargestellt, dass dieser unter unionsrechtskonformer Auslegung auch arbeitnehmerähnliche Personen (z. B. freie Mitarbeiter) – und nicht nur Arbeitnehmer i. S. d. innerstaatlichen Rechts – erfasst.[492]

Anders als die Vorinstanz angenommen hat, könne der Begriff „Arbeitnehmer“ nicht nach rein nationalem Rechtsverständnis ausgelegt werden, vielmehr sei der Begriff vor dem Hintergrund, dass das EntgTranspG der Umsetzung der Richtlinie 2006/54/EG diente, entsprechend auszulegen.

Im Unionsrecht hänge der Arbeitnehmerbegriff vom jeweiligen Anwendungsbereich ab. Im Anwendungsbereich der Richtlinie 2006/54/EG bestehe das wesentliche Merkmal des Arbeitsverhältnisses darin, dass eine Person während einer bestimmten Zeit für eine andere nach deren Weisung Leistungen erbringt, für die sie als Gegenleistung eine Vergütung erhalte. Diese Voraussetzungen seien auch bei arbeitnehmerähnlichen Personen erfüllt.

b) Vermutung der geschlechtsbezogenen Benachteiligung

Das EntgTranspG kennt unter gewissen Voraussetzungen Beweislastumkehrungen bzw. Indizwirkungen:

Der Umstand, dass das Entgelt einer Arbeitnehmerin geringer ist als das vom Arbeitgeber nach §§ 10 ff. EntgTranspG mitgeteilte Vergleichsentgelt

492 BAG, 25.6.2020 – 8 AZR 145/19, NZA 2020, 1613.

der männlichen Vergleichsperson, begründet demnach regelmäßig die vom Arbeitgeber widerlegbare Vermutung, dass die Benachteiligung beim Entgelt wegen des Geschlechts erfolgt ist.

Unterlässt der Arbeitgeber die Erfüllung seiner Auskunftspflicht aus dem EntgTranspG, trägt er nach § 15 Abs. 5 Satz 1 EntgTranspG die Beweislast dafür, dass kein Verstoß gegen das Entgeltgleichheitsgebot vorliegt. Das hat das BAG in einem Urteil vom 21.1.2021 entschieden. Demnach durfte die Vorinstanz die Klage der Klägerin auf Zahlung der Gehaltsdifferenz nicht abweisen.[493]

Dabei hat der Senat in einem aktuelleren Urteil konkretisiert, dass der Umstand, dass ein Mitarbeiter besser verhandelt hat als eine Beschäftigte des anderen Geschlechts, für sich betrachtet nicht geeignet sei, die Vermutung der geschlechtsbezogenen Entgeltdiskriminierung zu widerlegen.

Etwas anderes gelte nur, wenn wegen der Lage auf dem Arbeitsmarkt das höhere Entgelt erforderlich war, um eine offene Stelle mit einer geeigneten Arbeitskraft zu besetzen. Gleiches gelte für eine bessere Qualifikation eines Bewerbers aufgrund einer speziellen Ausbildung oder unter dem Aspekt der Berufserfahrung.[494]

c) LAG Baden-Württemberg: Der Streit um die richtige Bezugsgröße

Ein weiteres Verfahren betrifft eine Führungskraft bei Daimler, die seit 30 Jahren im Unternehmen arbeitet, davon die Hälfte im Management; dennoch erhielt sie ein geringeres Entgelt als ihre männlichen Kollegen.

Hier ging es um die Frage nach der Bezugsgröße für den Gehaltsvergleich.

Die Klägerin hatte einen männlichen Spitzenverdiener als Vergleich herangezogen, der weit über dem Median der Gruppe lag. Das LAG Baden-Württemberg lehnte diesen Vergleich ab, da der Mann deutlich über der Vergleichsgruppe verdiene und nicht als repräsentativ für die gesamte Gruppe angesehen werden könne.[495]

Das LAG entschied nachvollziehbar, dass die Klägerin nicht die Gehaltsdifferenz zum Median der gesamten Gruppe, sondern nur die Gehaltsdifferenz zwischen dem männlichen und dem weiblichen Median als Ausgleich erhalten soll. Denn dann besteht keine hinreichende Kausalitätsvermutung dahingehend, dass die volle Differenz des individuellen Entgelts einer Klägerin zum individuellen Entgelt des namentlich benannten männlichen Kollegen auf einer geschlechtsbedingten Benachteiligung beruht.[496]

493 BAG, 21.1.2021 – 8 AZR 488/19, NZA 2021, 1011
494 BAG, 16.2.2023 – 8 AZR 450/21, NZA 2023, 958.
495 LAG Baden-Württemberg, 1.10.2024 – 2 Sa 14/24, NZA-RR 2025, 12.
496 LAG Baden-Württemberg, 1.10.2024 – 2 Sa 14/24 NZA-RR 2025, 12.

Dies sah der Klägervertreter, seiner Aufgabe entsprechend, anders. Mit dieser Entscheidung weiche das LAG von den Vorgaben von BAG und EUGH ab. Die Klägerseite argumentiert, dass eine Frau, die innerhalb einer Gruppe schlechter bezahlt werde, dann nie diskriminiert werden könne, solange ihr Gehalt noch über dem Median liege.[497] Das Verfahren ist bereits zur Revision vor dem BAG anhängig (Az. 8 AZR 300/24).

III. Die neue europäische Rechtslage unter der ETRL

Mit der ETRL verfolgt die Europäische Union das selbsterklärte Ziel, die Lohngleichheit zwischen Frauen und Männern nachhaltig zu verbessern.

Die Kommission sah das Verbot der Entgeltdiskriminierung, zu dessen Einhaltung die Mitgliedsstaaten schließlich bereits seit über 60 Jahren verpflichtet sind, nicht ausreichend durchgesetzt. Auch eine zwischenzeitliche Handlungsempfehlung zur Stärkung des Grundsatzes des gleichen Entgelts für Frauen und Männer durch Transparenz konnte laut dem Unionsgesetzgeber keine Abhilfe schaffen.[498] Verschärft worden seien die Ungleichheiten in Gehaltsgefällen auch durch die COVID-19-Pandemie, insbesondere in frauendominierten und niedrig bezahlten Sektoren. Dieser Umstand wird explizit in den Erwägungsgründen 13 und 14 der Richtlinie erfasst.

In Deutschland sind Anpassungen bestehender Regelungen – insbesondere des EntgTranspG und des AGG – zu erwarten. Bereits jetzt zeichnet sich ab, dass Arbeitgeber künftig deutlich strengeren Anforderungen zur Offenlegung von Entgeltdaten, zur Gewährleistung von Transparenz und zur Bekämpfung von Lohndiskriminierung unterliegen werden.

1. Umsetzungsfrist und nationaler Umsetzungsweg

Die Richtlinie trat am 6.6.2023 in Kraft. Sie muss von allen Mitgliedstaaten bis zum 7.6.2026 in nationales Recht umgesetzt werden. In Deutschland wird erwartet, dass die bestehenden Regeln (insb. das EntgTranspG und das AGG) entsprechend angepasst werden. Bis dahin gelten die Vorschriften des EntgTranspG fort. Die Richtlinie enthält in Artikel 34 eine ausdrückliche Umsetzungsfrist von drei Jahren und räumt zugleich Ausnahmen bzw. Übergangsregelungen ein. Schon jetzt ist jedoch klar, dass ab dem Jahr 2026 verschärfte und erweiterte Transparenzpflichten gelten werden.

---

497 *Podolski*, LTO v. 1.10.2024, https://www.lto.de/persistent/a_id/55546 (abgerufen am 29.8.2025).

498 Europäische Kommission, Empfehlung v. 7.3.2014 – ABl. L 69/112 v. 8.3.2014.

2. Der Weg zur Herstellung der Entgelttransparenz

Ziel der Richtlinie ist also, geschlechtsspezifische Lohnunterschiede aufzudecken und zu beseitigen. Sie präzisiert zunächst in Artikel 3 wichtige Begriffe wie „Entgelt“, „Entgelthöhe“ und „gleichwertige Arbeit“ im Einklang mit der Rechtsprechung des EuGH.[499] In Artikel 4 verpflichtet die Richtlinie unter dem Titel „Gleiche Arbeit und gleichwertige Arbeit“ die Mitgliedsstaaten zur Schaffung transparenter Entgeltstrukturen. Dabei sieht Absatz 4 die Festlegung *objektiver* und *geschlechtsneutraler* Kriterien zur Bewertung des Wertes der Arbeit vor.

Diese Kriterien können Faktoren wie Kompetenzen (fachliche und soziale Fähigkeiten, berufliche Anforderungen, Weiterbildung), Belastungen (psychische und physische Erschwernisse), Verantwortung (finanzielle Verantwortung, Personalführung, Prozessverantwortung) und Arbeitsbedingungen sowie weitere für den konkreten Arbeitsplatz oder die konkrete Position relevante Faktoren umfassen.

Transparenz soll insbesondere von Anfang an erhöht werden – also bereits im Einstellungsprozess und in der Lohnfindung insgesamt. Hierzu sollen Arbeitgeber verpflichtet werden, für ausgeschriebene Stellen klare Gehaltsangaben oder Gehaltsspannen zu veröffentlichen.[500] Ferner sollen Bewerber nicht mehr nach ihrem bisherigen Einkommen gefragt werden dürfen.[501]

Hinsichtlich der Findung der Vergleichbarkeit erlaubt die Richtlinie in Erwägungsgrund 28 die Heranziehung hypothetischer Vergleichspersonen, sofern reale Vergleichspersonen fehlen. In Erwägungsgrund 29 wird klargestellt, dass Arbeitnehmer sich in einer vergleichbaren Situation befinden können, obgleich sie nicht für denselben Arbeitgeber arbeiten, wenn die Entgeltbedingungen auf eine einheitliche Quelle zurückzuführen sind, die diese Bedingungen festlegt. Voraussetzung ist, dass diese Bedingungen in sich gleich und vergleichbar sind. Als Beispiel wird aufgeführt, dass entsprechende Bedingungen für mehr als einen Betrieb eines Konzerns zentral festgelegt werden.

3. Auskunftspflichten

Erhebliche Stärkung erfahren die Auskunftsrechte der Arbeitnehmer. Nach Artikel 7 haben alle Arbeitnehmer das Recht, auf Anfrage schriftlich über ihr eigenes Entgelt und über die durchschnittlichen Entgelte (nach Geschlecht getrennt) der Mitarbeiter Auskunft zu erhalten, die dieselbe oder gleich-

499 Erwägungsgrund 20 der ETRL.
500 Erwägungsgründe 32 und 33 der ETRL.
501 Erwägungsgrund 32 der ETRL.

wertige Arbeit verrichten – aufgeschlüsselt nach Geschlecht und einzelnen Entgeltbestandteilen. Diese Informationen müssen ihnen proaktiv zur Verfügung gestellt werden – beispielsweise in der Stellenausschreibung oder vor dem Vorstellungsgespräch. Artikel 5 Abs. 3 regelt zudem, dass Arbeitgeber die Stellenausschreibungen und Berufsbezeichnungen in geschlechtsneutraler und nichtdiskriminierender Weise führen müssen.

Beschäftigte können die Informationen direkt oder über ihre Arbeitnehmervertretung (z. B. Betriebsrat) beantragen. Auskünfte sind innerhalb von zwei Monaten nach Antragsstellung zu erteilen. Von den Offenlegungspflichten nach Art. 6 können die Mitgliedsstaaten kleine Unternehmen mit weniger als 50 Mitarbeitern ausnehmen.

4. Berichtspflichten (Artikel 9 ETRL)

Als weiteres Instrument zur proaktiven Förderung von Entgelttransparenz und Gleichstellung dienen die Berichtspflichten. Artikel 9 verpflichtet Arbeitgeber ab einer Größe von 100 Beschäftigten, regelmäßig Berichte über das geschlechtsspezifische Entgeltgefälle in ihrem Unternehmen zu erstellen und zu veröffentlichen.

Ab dem 7.6.2027 gelten gestaffelte Berichtspflichten:

- Unternehmen mit 250 oder mehr Beschäftigten müssen jährlich berichten.
- Arbeitgeber mit 150 bis 249 Beschäftigten erstellen einen Bericht alle drei Jahre.
- Für Betriebe mit 100 bis 149 Beschäftigten beginnt die Berichtspflicht ab 2031, ebenfalls im Drei-Jahres-Rhythmus.

Mitgliedstaaten haben zudem die Möglichkeit, kleinere Unternehmen zur Berichterstattung zu verpflichten.

Die Berichte umfassen umfassende quantitative Kennzahlen zum Entgeltgefälle, darunter das Entgeltgefälle insgesamt sowie getrennt für variable Entgeltbestandteile. Weiterhin müssen die Berichte Angaben zum Anteil der Beschäftigten mit variablen Entgeltbestandteilen sowie zur Verteilung der Geschlechter in verschiedenen Entgeltquartilen enthalten.

Absatz 7 regelt, dass die Berichte öffentlich zugänglich zu machen sind – beispielsweise als Anhang im Lagebericht oder auf der Unternehmenswebsite.[502] Die Richtigkeit der gemeldeten Daten muss durch die Unternehmensleitung nach Anhörung der Arbeitnehmervertretung bestätigt werden. Arbeitnehmer, ihre Vertreter sowie Arbeitsaufsichtsbehörden und Gleichbehandlungsstellen haben das Recht, zusätzliche Erläuterungen und Klarstellungen zu den bereitgestellten Daten zu verlangen. Arbeitgeber sind

502 Erwägungsgründe 38 und 41 der ETRL.

verpflichtet, entsprechende Anfragen innerhalb einer angemessenen Frist fundiert zu beantworten.

5. Gemeinsame Entgeltbewertung (Artikel 10 ETRL)

Ein zentrales neues Instrument der Richtlinie ist die gemeinsame Entgeltbewertung nach Artikel 10. Sie ist verpflichtend, wenn in einem Unternehmen ein geschlechtsspezifisches Entgeltgefälle von mindestens 5 % festgestellt wird und dieses nicht durch objektive, geschlechtsneutrale Kriterien gerechtfertigt ist. In einem solchen Fall muss der Arbeitgeber gemeinsam mit der Arbeitnehmervertretung eine umfassende Entgeltbewertung durchführen. Diese Bewertung erfolgt anhand objektiver Kriterien wie Qualifikation, Verantwortungsbereich, Anforderungen oder Belastungen und zielt darauf ab, strukturelle Ursachen für das Gefälle zu identifizieren. Sofern diese Bewertung eine ungerechtfertigte Diskriminierung feststellt, sind vom Arbeitgeber geeignete Abhilfemaßnahmen zu ergreifen. Die Ergebnisse müssen der Belegschaft und den zuständigen Aufsichtsstellen zugänglich gemacht werden. Als Ziel wird kolportiert, strukturelle Diskriminierungen durch die Einführung objektiver, geschlechtsneutraler Kriterien wie Verantwortung, Anforderungen und Kompetenzen zu beseitigen. Die Ergebnisse müssen offengelegt und zugänglich gemacht werden.

6. Anspruch auf Schadensersatz oder Entschädigung (Artikel 16 ETRL)

Artikel 16 der Richtlinie räumt betroffenen Arbeitnehmern einen umfassenden Anspruch auf Schadensersatz oder Entschädigung ein. Dieser Anspruch gilt bei nachgewiesener geschlechtsbezogener Diskriminierung im Entgelt. Er umfasst nicht nur die Nachzahlung der Differenzbeträge, sondern auch etwaige Boni, Sachleistungen oder entgangene Chancen. Zudem können immaterielle Schäden, wie Rufschädigung oder psychische Belastung, geltend gemacht werden. Besonders bedeutsam ist, dass der Schadensersatz keiner betragsmäßigen Obergrenze unterliegt. Die Regelung verfolgt das Ziel, eine volle Wiedergutmachung im Sinne des Effektivitätsgrundsatzes sicherzustellen.

7. Beweislastverlagerung (Artikel 18 ETRL)

Die Richtlinie greift die Systematik des AGG auf und verschärft sie zugleich.

Nach Artikel 18 genügt es, dass Arbeitnehmer Tatsachen vortragen, die eine Diskriminierung vermuten lassen – etwa ein signifikant niedrigeres Gehalt im Vergleich zu Kollegen des anderen Geschlechts. In einem solchen Fall muss der Arbeitgeber beweisen, dass die Ungleichbehandlung auf objektiven und geschlechtsneutralen Gründen beruht. Diese Beweislastumkehr gilt zudem auch dann, wenn der Arbeitgeber seine Transparenzpflichten verletzt hat, etwa keine Auskünfte erteilt oder keine Entgeltberichte veröffentlicht hat.

8. Sanktionen (Artikel 23 ETRL)

Die Richtlinie verpflichtet die Mitgliedstaaten, wirksame, verhältnismäßige und abschreckende Sanktionen einzuführen.[503] Ziel ist es, die Einhaltung der Transparenzpflichten und Entgeltgleichheit sicherzustellen. Mögliche Sanktionen umfassen Bußgelder, die Verpflichtung zur Veröffentlichung von Verstößen („naming and shaming"), sowie die Rückerstattung unrechtmäßiger Entgeltvorteile. Die Sanktionen müssen geeignet sein, nicht nur individuelle Verstöße zu ahnden, sondern auch eine generalpräventive Wirkung zu entfalten.

IV. Vergleich der Rechtslagen: Kernunterschiede und Verschärfungen durch die Richtlinie

1. Geltungsbereich

Die ETRL geht deutlich weiter als das EntgTranspG: Für den Auskunftsanspruch nach Art. 7 ETRL existiert keine Schwellenwertregelung. Er steht allen Beschäftigten unabhängig von der Größe des Unternehmens zu – also auch in Kleinstbetrieben. Dies ist ein entscheidender Fortschritt im Sinne des Diskriminierungsschutzes, denn gerade in kleinen Betrieben erfolgen Gehaltsfestsetzungen häufig informell und ohne objektive Systematik.

Auch der öffentliche Sektor wird ausdrücklich erfasst. Art. 2 Abs. 2 der Richtlinie definiert den sachlichen Anwendungsbereich so, dass sowohl private als auch öffentliche Arbeitgeber unter die Vorschriften fallen. Damit gilt das neue Regelwerk umfassend für alle Beschäftigungsbereiche.

Hinsichtlich der Berichtspflichten enthält die Richtlinie eine differenzierte Staffelung nach Unternehmensgröße.

Die mit der Richtlinie eingeführte Erstreckung auf kleinere und mittlere Unternehmen hat in der Praxis erhebliche Relevanz. Viele Betriebe, die bislang

503 Dazu → Teil 2, Kap. 3.1 (*Groß/Lohmann*), unter IV.

aufgrund der Schwellenwerte des EntgTranspG von Transparenzpflichten ausgenommen waren, müssen künftig umfangreiche Auskunfts- und Berichtspflichten erfüllen – verbunden mit der Einführung oder Überarbeitung ihrer Entgeltsysteme. Insbesondere Betriebe mit mehr als 100 Beschäftigten müssen sich darauf einstellen, innerhalb weniger Jahre regelmäßige Entgeltberichte zu erstellen. Diese müssen zudem öffentlich zugänglich sein (z.B. über die Unternehmenswebsite oder zentrale Portale), was zusätzlichen Reputationsdruck erzeugt.

Die Einbeziehung öffentlicher Arbeitgeber bedeutet auch für Verwaltungen, Hochschulen und öffentliche Unternehmen neue Anforderungen – ein Bereich, der im deutschen EntgTranspG bislang kaum berücksichtigt wurde.

2. Auskunftsanspruch

Besonders hervorzuheben ist die Abkehr vom Schwellenwert des EntgTranspG (200 Beschäftigte für das Auskunftsrecht), was bislang eine erhebliche Zugangshürde darstellte. Die Richtlinie sieht hier keine generelle Betriebsgrößenschwelle mehr vor. Zwar dürfen die Mitgliedstaaten Unternehmen mit weniger als 50 Beschäftigten von einzelnen Pflichten (z.B. der Offenlegung der Entgeltkriterien nach Art. 6 ETRL) ausnehmen, ein genereller Ausschluss vom Auskunftsrecht ist jedoch nicht vorgesehen.

Die Informationen müssen nicht nur das individuelle Entgelt, sondern auch die durchschnittlichen Entgelte vergleichbarer Tätigkeiten nach Geschlecht sowie nach Entgeltbestandteilen enthalten. Die Richtlinie verlangt damit mehr als das bisherige EntgTranspG, das sich auf Medianwerte beschränkte (§ 11 Abs. 3 EntgTranspG).

3. Berichtspflichten

Die Berichtspflichten nach dem EntgTranspG sind auf große tarifgebundene Unternehmen beschränkt und wenig detailliert geregelt. Demgegenüber verlangt die Richtlinie jährliche oder dreijährliche Entgeltberichte ab 100 Beschäftigten anstatt wie bislang ab 500 Beschäftigen. Diese Berichte enthalten präzise Angaben zu Entgeltgefällen und Entgeltbestandteilen, differenziert nach Geschlechtern, und müssen öffentlich zugänglich sein. Die Transparenzanforderungen steigen damit erheblich. Unternehmen müssen künftig umfangreiche Gehaltsdaten systematisch erheben, auswerten und strukturieren, inklusive variabler Vergütungsbestandteile. Allerdings dürften erforderlichen IT-Systeme, HR-Prozesse und Kontrollmechanismen in vielen Unternehmen derzeit nicht vorhanden sein. Auch der Datenschutz muss gewahrt bleiben – bei kleinen Unternehmen mit wenigen Beschäftigten je

Vergleichsgruppe können Rückschlüsse auf Einzelpersonen problematisch sein. Somit wird der mit den Berichtspflichten einhergehende Aufwand zukünftig erheblich sein.

4. Gemeinsame Entgeltbewertung

Das EntgTranspG kennt keine verpflichtende gemeinsame Entgeltbewertung. Bislang ermöglicht § 17 EntgTranspG lediglich ein freiwilliges betriebsinternes Prüfverfahren. Die EU-Richtlinie hingegen verpflichtet zu einer gemeinsamen Entgeltbewertung, wenn signifikante Entgeltunterschiede nicht sachlich gerechtfertigt sind. Dies ist der Fall, wenn ein Entgeltgefälle von 5 % oder mehr festgestellt wird und dieses nicht innerhalb von 6 Monaten objektiv begründet oder beseitigt wird. Die Richtlinie führt somit erstmals eine verpflichtende Korrekturmaßnahme ein, die nicht durch den Arbeitgeber einseitig steuerbar ist. Gestärkt wird hierdurch die Mitbestimmung durch Verpflichtung zu konkretem Handeln bei Entgeltlücken.

5. Kriterien des Entgelts

Ein zentraler Unterschied zwischen dem deutschen EntgTranspG und der ETRL liegt in der Behandlung der Entgeltfestlegungskriterien. Während das EntgTranspG lediglich verlangt, dass Entgeltsysteme weder unmittelbar noch mittelbar diskriminierend ausgestaltet sein dürfen (§ 4 Abs. 1 EntgTranspG), bleibt es vage hinsichtlich der konkreten Kriterien, die für die Entgeltfestlegung zulässig oder offenzulegen sind. Eine Pflicht zur proaktiven Information der Beschäftigten über die zugrunde liegenden Bemessungsgrundlagen besteht bisher nicht.

Die ETRL geht hier deutlich weiter: Sie verpflichtet Arbeitgeber in Art. 6 ETRL dazu, die Kriterien, nach denen Entgelte, Lohnerhöhungen und Aufstiegsmöglichkeiten gewährt werden, klar, objektiv, geschlechtsneutral und nachvollziehbar zu definieren – und diese Informationen allen Beschäftigten zugänglich zu machen. Damit wird ein Transparenzgebot eingeführt, das weit über die bisherigen Vorgaben des deutschen Rechts hinausgeht.

Die Richtlinie nennt zwar keine abschließende Liste an Kriterien, betont aber, dass diese messbar, überprüfbar und vergleichbar sein müssen. Dagegen gelten subjektive oder nicht überprüfbare Kriterien wie „Verhandlungsgeschick“, „individuelle Einschätzung der Leistung“ oder „kultureller Fit“ als ungeeignet, sofern sie nicht in nachvollziehbare Maßstäbe überführt werden. Solche Kriterien bergen ein hohes Risiko der geschlechtsbezogenen Ungleichbehandlung und können – im Falle einer gerichtlichen Auseinandersetzung – als diskriminierend gewertet werden, wenn sie zu Entgeltunterschieden führen.

Im Vergleich zum EntgTranspG stellt dies eine erhebliche Standardisierungs- und Dokumentationspflicht dar. Unternehmen, die über keine formale Entgeltstruktur verfügen oder individuelle Entscheidungen nicht systematisch erfassen, laufen künftig Gefahr, in den Anwendungsbereich der Beweislastumkehr zu fallen oder Entschädigungsansprüche auszulösen (Art. 18, 16 ETRL). Die Entwicklung und Einführung geschlechtsneutraler, nachvollziehbarer Bewertungssysteme (z. B. über Punkteschemata, Stellenbewertungssysteme oder tarifliche Eingruppierungsmodelle) wird damit zur arbeitsrechtlichen Compliance-Aufgabe.

6. Rechtsdurchsetzung

Die EU-Richtlinie sieht weitreichendere Konsequenzen fehlender Compliance vor: Schadensersatzansprüche, Beweislastumkehr und die Pflicht zur Sanktionierung durch die Mitgliedstaaten. Im EntgTranspG fehlen entsprechende Sanktionen bislang vollständig. Damit verstärkt die Richtlinie die Durchsetzbarkeit individueller Rechte erheblich.[504]

So haben betroffene Arbeitnehmer nach Art. 16 der Richtlinie einen umfassenden Anspruch auf Schadensersatz oder Entschädigung bei nachgewiesener geschlechtsbezogener Diskriminierung, der auch immaterielle Schäden umfasst und keiner betragsmäßigen Obergrenze unterliegt.

Die Beweislast bei Diskriminierung kann auch auf den Arbeitgeber übergehen, insbesondere wenn sie Transparenzpflichten nicht einhalten.[505] Dies sieht Art. 18 ETRL vor, wonach Arbeitnehmer nur Tatsachen vortragen müssen, die eine Diskriminierung vermuten lassen.

V. Auswirkungen für Unternehmen und praktische Umsetzung der Richtlinie

Trotz der mit der Richtlinie verbundenen Umsetzungsanforderungen kann sie Unternehmen auch strategische Chancen bieten. Entgelttransparenz ist nicht nur ein rechtliches Erfordernis, sondern kann zu einem echten Wettbewerbsvorteil werden – insbesondere auf einem zunehmend werteorientierten Arbeitsmarkt. Wer faire Vergütungsstrukturen sichtbar macht, stärkt das Vertrauen der Beschäftigten, verbessert das Betriebsklima und erhöht die Mitarbeiterbindung. Die neuen Transparenzvorgaben bieten somit die Ge-

504 Hierzu → Teil 2, Kap. 3.1 (*Groß/Lohmann*), unter IV.
505 Erwägungsgrund 52 der ETRL.

legenheit, Gleichstellung nicht nur zu dokumentieren, sondern aktiv zu gestalten und davon zu profitieren.

1. Herausforderungen und Risiken

Die ETRL verpflichtet Arbeitgeber zu weitreichenden Transparenzmaßnahmen, die in vielen Betrieben tiefgreifende strukturelle, technische und rechtliche Anpassungen erfordern. Die damit verbundenen Herausforderungen betreffen sowohl die praktische Umsetzung der neuen Vorschriften als auch deren rechtssichere Ausgestaltung im Unternehmensalltag.

Im Fokus steht dabei der Auskunftsanspruch der Beschäftigten über ihre individuelle Entgelthöhe und über die durchschnittliche Entgelthöhe, aufgeschlüsselt nach Geschlecht und für die Gruppen von Arbeitnehmern, die gleiche oder gleichwertige Arbeit wie sie verrichten. Nach welchen Kriterien die Gruppen zu bilden sind ist nicht klar. Zu erwarten ist also, dass der Punkt der Vergleichsgruppe für die Entgelthöhe ein Streitthema darstellen wird, das wohl (soweit nicht vom Gesetzgeber) von der Rechtsprechung konkretisiert werden wird.[506]

Nicht nur hinsichtlich der Vergleichsgruppenbildung werden die rechtlichen Risiken steigen: Mit der Einführung eigenständiger Schadensersatzansprüche (Art. 16 ETRL), Sanktionen (Art. 23 ETRL) und der klaren Beweislastverteilung liegt die Verantwortung in Entgeltfragen künftig stärker beim Arbeitgeber.

Versäumnisse bei der Umsetzung können nicht nur zu Bußgeldern und Nachzahlungen führen, sondern auch zum Reputationsschaden – etwa durch die Pflicht zur öffentlichen Berichterstattung oder durch gerichtliche Verfahren mit Signalwirkung für andere Beschäftigte. Zu rechnen ist also mit einer steigenden Zahl arbeitsgerichtlicher Verfahren, da die niedrigschwelligen Auskunftsrechte und erweiterten Ansprüche auf Entschädigung dazu führen werden, dass Beschäftigte häufiger und gezielter Rechtsmittel nutzen, um vermutete Entgeltbenachteiligungen geltend zu machen.

2. Chancen und Vorteile

Die neue Rechtslage ermöglicht Unternehmen, durch klare Vergütungssysteme Vertrauen aufzubauen und sich als moderne, faire Arbeitgeber zu positionieren. Dies kann die Mitarbeiterbindung verbessern und die Attraktivität auf dem Arbeitsmarkt steigern. Transparenz fördert die interne Fairness und unterstützt Diversity-Strategien, wodurch sich Unternehmen als attraktive Arbeitgeber für diejenigen Arbeitnehmer positionieren können, denen diese

506 So auch *Winter*, EuZa 2024, 140,150.

Werte wichtig sind. Insbesondere in Zeiten von Fachkräftemangel und demografischem Wandel kann ein glaubwürdiges Bekenntnis zur Gleichstellung ein Wettbewerbsvorteil sein.

Studien zeigen: Intransparente oder ungerechte Vergütung ist ein häufiger Kündigungsgrund – mehr noch als die Entgelthöhe selbst.[507]

3. Kritischer Blick

Aber auch ein kritischer Blick ist erforderlich und geboten. Die Einführung umfassender Berichtspflichten wird für die betroffenen Unternehmen eine zusätzliche administrative Herausforderung darstellen. Vor allem kleine und mittelständische Unternehmen, die bereits jetzt mit vielen regulatorischen Vorgaben konfrontiert sind, werden sich weiteren bürokratischen Hürden ausgesetzt sehen. Ressourcen, die anderweitig für produktive Zwecke, Innovationen oder die Entwicklung der Beschäftigten genutzt werden könnten, müssen zukünftig vermehrt für Dokumentationspflichten aufgewendet werden.

Darüber hinaus könnte die Richtlinie unerwünschte rechtliche Folgen nach sich ziehen, etwa in Form von vermehrtem Missbrauch. Bereits heute gibt es Fälle, in denen Akteure das AGG nutzen, um überbordende Ansprüche geltend zu machen („AGG-Hopping“). Die erhöhten Transparenz- und Offenlegungspflichten könnten Anreize schaffen, diesen Missbrauch auszuweiten. Die Konzeption in Bezug auf Beweislastumkehr und Indizwirkung begünstigt dies – was mit ziemlicher Sicherheit zu erhöhten rechtlichen Risiken für Unternehmen und damit Kosten führen wird.

Auch das innerbetriebliche Vertrauensklima kann nachhaltig belastet werden, z. B. wenn in kleinen Einheiten Gehälter der Kollegen durch Rückschlüsse offenbar werden („Warum verdient er/sie mehr als ich?“).

Nicht zuletzt bestehen Zweifel, ob die neue Richtlinie tatsächlich zu einer nachhaltigen Verringerung der geschlechtsspezifischen Entgeltunterschiede beitragen wird. Wissenschaftliche Studien verdeutlichen, dass der Gender Pay Gap komplexe Ursachen hat, welche über bloße Diskriminierung hinausgehen.[508] Faktoren wie geschlechtsspezifische Berufswahl, Unterbrechungen der Erwerbsbiografien und Teilzeitarbeit spielen hier eine zentrale Rolle,[509] werden jedoch von der ETRL kaum oder nicht adäquat adressiert.

---

507 *Torone*, HR Drive v. 1.6.2023, https://www.hrdive.com/news/pay-transparency-reduces-turnover-improves-retention (abgerufen am 29.8.2025); *Tenhiälä/Chung/Park*, Compensation & Benefits Review 2024, 56, 2, S. 83-102.

508 *Skora/Rüger/Stawarz,* Sustainability 2020, 12, 14, 5692.

509 Statistisches Bundesamt, 2014, Großstädte, Länder und Deutschland – Strukturanalyse des unbereinigten und bereinigten Gender Pay Gap 2014; https://www.destatis.

Somit besteht die Gefahr, dass trotz hoher administrativer und rechtlicher Kosten keine signifikanten Verbesserungen erzielt werden.

4. Praktische Schritte zur Umsetzung

Der derzeitige Schwellenwert von 200 Beschäftigten für das individuelle Auskunftsrecht (§ 12 Abs. 1 EntgTranspG) steht im klaren Widerspruch zur Richtlinie. Diese sieht keine solche Einschränkung vor.

Damit ist eine gesetzliche Anpassung zwingend erforderlich, um das Auskunftsrecht künftig für alle Arbeitnehmer unabhängig von der Betriebsgröße zu gewährleisten. Die optional vorgesehene Ausnahme für Unternehmen mit weniger als 50 Beschäftigten (Art. 6 Abs. 5 ETRL) bezieht sich nicht auf das Auskunftsrecht selbst (Art. 7 ETRL), sondern auf die Offenlegung von Entgeltkriterien.

Die Verpflichtung, Bewerbern bereits vor Vertragsschluss über das Einstiegsentgelt oder dessen Spanne zu informieren, ist im EntgTranspG bislang nicht enthalten. Ebenso fehlt das Verbot, nach dem bisherigen Entgelt zu fragen, sowie die Pflicht zu geschlechtsneutralen Stellenausschreibungen.

5. Die Rolle von Arbeitnehmervertretungen

Arbeitnehmervertretungen spielen eine zentrale Rolle bei der Umsetzung der Richtlinie. Sie sind an der Entwicklung und Überwachung von Entgeltstrukturen zu beteiligen, unterstützen Beschäftigte bei der Durchsetzung ihrer Rechte und wirken bei gemeinsamen Entgeltbewertungen mit. Darüber hinaus können sie als vertrauensbildende Instanz zwischen Arbeitgeber und Arbeitnehmer fungieren und so zur erfolgreichen Implementierung der Transparenzmaßnahmen beitragen.

Mit der EU-Richtlinie wird die Rolle der Arbeitnehmervertretungen deutlich gestärkt. Sie sind nicht nur Adressaten von Auskunftsansprüchen, sondern aktiv in die gemeinsame Entgeltbewertung eingebunden. Zudem unterstützen sie bei der Ausarbeitung objektiver Kriterien und kontrollieren die Einhaltung der Transparenzvorgaben. Dies verlangt eine enge und partnerschaftliche Zusammenarbeit zwischen Betriebsrat und Unternehmensleitung.

---

de/DE/Themen/Arbeit/Verdienste/Verdienste-GenderPayGap/Tabellen/bgbp-stunden-laender-2014.html (abgerufen am 29.8.2025); OECD v. 12.10.2022, https://www.oecd.org/en/publications/the-role-of-firms-in-the-gender-wage-gap-in-germany_e8623d6f-en.html (abgerufen am 29.8.2025).

VI. Fazit und Ausblick

Die Umsetzung der Richtlinie erfordert substanzielle Änderungen des EntgTranspG. Dabei reicht es nicht, einzelne Paragrafen zu überarbeiten – vielmehr sind die Grundstruktur, der Anwendungsbereich und die Methodik des Auskunftsverfahrens grundlegend zu modernisieren. Unternehmen, die schon jetzt ihre Entgeltsysteme nach objektiven Kriterien aufbauen, reduzieren das Risiko arbeitsrechtlicher Streitigkeiten.

Die Erfahrung zeigt, dass ESG-Kriterien in der Unternehmensbewertung stark an Bedeutung gewinnen. Gleichstellung und faire Bezahlung gelten zunehmend als Teil unternehmerischer Verantwortung. Unternehmen, die offenlegen, wie sie Entgeltgleichheit sicherstellen, zeigen sich zukunftsfähig und wertebasiert.

Gleichermaßen wird der bürokratische Aufwand für Unternehmen, die ohnehin bereits unter überbordender Regulatorik leiden, weiter verstärkt. Es bleibt zu hoffen, dass die EU kein neues Bürokratiemonster geschaffen hat, dass bei der Zielerreichung als Papiertiger endet. Hier wird der deutsche Gesetzgeber gefordert sein, Missbrauch zu verhindern und den bürokratischen Aufwand gering zu halten.

2. Diagnose: Überbezahlt? Zum Umgang mit Überschreitern

Jessica Sigl-Tempfli, LL. M.

„Besser früher als später" – ist der Ratschlag, der Arbeitgebern hinsichtlich der Kontrolle und Anpassung der Entgeltsysteme vor dem Hintergrund der ETRL immer wieder gegeben wird. Wenn sich aus diesem Prozess aber ergibt, dass einzelne Arbeitnehmer „nach oben" aus dem Entgeltschema ausscheren, d. h. nach objektiven Kriterien überbezahlt sind, stellt sich die Frage wie hiermit rechtssicher umzugehen ist und welche rechtlichen Pflichten den Arbeitgeber treffen. Klar ist, dass einige Fragen hierzu bisher noch offen sind und deren Beantwortung insbesondere Aufgabe des nationalen Gesetzgebers und der Gerichte sein wird. Die in Tarifverträgen etablierte Praxis im Umgang mit „Überschreitern" könnte ein Vorbild und eine den gegenüberstehenden Interessen gerecht werdende „Kompromisslösung" sein.

I. Zum Begriff der so genannten „Überschreiter"

Das Konzept der „Überschreiter" fand sich schon unter der aktuellen Rechtslage in Tarifverträgen bei der Einführung eines neuen Entgeltsystems. Regelmäßig gibt es hier Arbeitnehmer, die vor der Einführung mehr verdient haben als ihnen danach als Tabellenentgelt zugeordnet wird. Diese werden als „Überschreiter" verstanden. Um den Besitzstand dieser „Überschreiter" zu wahren, einigen sich die Tarifvertragsparteien oftmals darauf, dass die Differenz zwischen dem individuellen Tabellenentgelt nach Eingruppierung und dem Ist-Entgelt vor Einführung des neuen Entgeltsystems an die „Überschreiter" zunächst weiterhin als zusätzliche übertarifliche Zulage (sog. „Überschreiterzulage") gewährt wird. Diese übertarifliche Zulage wird so lange beibehalten, bis das Tabellenentgelt durch Tariferhöhungen das Entgeltniveau des „Überschreiters" vor Einführung des neuen Entgeltsystems erreicht.[510]

Das tarifvertragliche Konstrukt gewährt demnach dem Schutz des Vertrauens sowie dem Besitzstand der „überbezahlten" Arbeitnehmer Vorrang vor der (sofortigen) Gleichbehandlung aller Arbeitnehmer. Die Tarifvertragsparteien gewichten ein „Abschmelzen des Mehr" der „Überschreiter" und demnach zumindest die Sicherung des Status quo höher als eine sofortiges „Glattziehen" aller Gehälter auf ein Level.

510 BAG, 23.10.2024 – 5 AZR 110/24, NZA 2025, 264.

II. Causa ETRL

Die ETRL fordert von einem Großteil der in Deutschland agierenden Unternehmen die Einführung von diskriminierungsfreien Entgeltstrukturen (Art. 4 Abs. 4 ETRL) sowie eine entsprechende Berichterstattung (Art. 9 ETRL) und gegebenenfalls Entgeltbewertung mit Sozialpartnern (Art. 10 ETRL). Entgeltstrukturen müssen nach Art. 4 Abs. 4 ETRL so beschaffen sein, dass anhand objektiver, geschlechtsneutraler und mit den Arbeitnehmervertretern vereinbarter Kriterien, sofern es solche Vertreter gibt, beurteilt werden kann, ob sich die Arbeitnehmer im Hinblick auf den Wert der Arbeit in einer vergleichbaren Situation befinden. Diese Kriterien dürfen weder in unmittelbarem noch in mittelbarem Zusammenhang mit dem Geschlecht der Arbeitnehmer stehen. Sie umfassen Kompetenzen, Belastungen, Verantwortung und Arbeitsbedingungen sowie gegebenenfalls etwaige weitere Faktoren, die für den konkreten Arbeitsplatz oder die konkrete Position relevant sind. Sie werden auf objektive, geschlechtsneutrale Weise angewandt, wobei jede unmittelbare oder mittelbare Diskriminierung aufgrund des Geschlechts ausgeschlossen wird. Insbesondere dürfen relevante soziale Kompetenzen dabei nicht unterbewertet werden.

In den meisten Unternehmen werden diese Vorgaben bei der Entgeltgestaltung noch nicht oder zumindest nicht im ausreichenden Umfang eingehalten werden. Die Art. 9 und 10 ETRL sollen nun gerade eine Proaktivität der Arbeitgeber zur Einhaltung des Grundsatzes des gleichen Entgelts bei gleicher oder gleichwertiger Arbeit[511] und entsprechend auch zur Begegnung von gegebenenfalls bisher unabsichtlich diskriminierenden Entgeltlandschaften durch Einführung von Entgeltstrukturen bewirken. Statt des bisherigen freiwilligen betrieblichen Prüfverfahrens sollen die Unternehmen nun gemäß Art. 9 und 10 ETRL zur Durchführung eines Prüfverfahrens, einer Anpassung desselben oder ansonsten zu einer mit den Sozialpartnern gemeinsamen Entgeltbewertung verpflichtet sein. Es wird demnach in einem Großteil der Unternehmen zur Einführung neuer Entgeltsysteme kommen, um auch zukünftig compliant mit den Vorgaben der ETRL beziehungsweise einem entsprechenden nationalen Umsetzungsgesetz zu handeln und sich nicht öffentlich visibel dem Vorwurf der Diskriminierung auszusetzen. Eine vergleichbare Situation zu der erwarteten Welle an Einführungen von Entgeltsystemen, über Kollektivvereinbarungen oder einseitig durch den Arbeitgeber, hat es bisher nicht gegeben. Die Welle wird aber kommen beziehungsweise kommen müssen. Und das auf einen Schlag.

---

511 *Winter*, NZA 2024, 8.

III. Überleitungsregelung

Im Kontext der ETRL wurde den nationalen Gesetzgebern eine Umsetzungsfrist von drei Jahren (Art. 34 Abs. 1 ETRL) gewährt. Diese im Vergleich zu den üblichen zwei Jahren längere Umsetzungsfrist hat ihren Ursprung darin, dass sichergestellt werden soll, dass Arbeitgeber zum Zeitpunkt der Umsetzung bereits diskriminierungsfreie Vergütungsstrukturen eingerichtet haben, um sodann auch die der ETRL entsprechenden neuen nationalen Normen erfüllen zu können.[512] Bedauerlicherweise (im Sinne der Rechtssicherheit) hat der nationale Gesetzgeber diese längere Frist, die gerade eine Überrumpelung der Arbeitgeber verhindern soll, bisher nicht genutzt, sodass durch kurzfristig noch ins Haus stehende Regelungen ein großes Überraschungspotenzial droht. Sollte der deutsche Gesetzgeber bis zum 7.6.2026 die ETRL nicht mitsamt Überleitungsregelung in nationales Recht umsetzen, werden die Bestimmungen der Richtlinie, die hinreichend klar und unbedingt sind, ab dem 8.6.2026 insgesamt unmittelbare Wirkung entfalten. Ein gestaffeltes Inkrafttreten sieht die Richtlinie nämlich abgesehen von Art. 9 ETRL (Berichtspflichten) nicht vor. (Nur) dort ist vorgesehen, dass die Unternehmen erstmalig ihre Pflicht zur Berichterstattung zu bestimmten Daten erfüllen müssen. Diese Zeitpunkte liegen ein beziehungsweise fünf Jahre nach dem Stichtag (7.6.2026). Überall sonst fehlt es dagegen an einer solchen Übergangsphase.

Klare Empfehlung[513] und einhellige Meinung ist daher, dass die Unternehmen aufgrund der drohenden unmittelbaren Anwendbarkeit der Richtlinie bereits schnellstmöglich, auch ohne nationales Gesetz, tätig werden müssen. Das führt wiederum dazu, dass Unternehmen auch ggf. unmittelbar aus der ETRL handlungsverpflichtet sind, wenn die Überprüfung der Entgeltlandschaft im Unternehmen und das saubere Aufsetzen einer Entgeltstruktur im Sinne von Art. 4 Abs. 4 ETRL ergibt, dass einige Arbeitnehmer in der Vergangenheit ohne sachlichen Grund mehr bekommen haben, als ihnen nach der Entgeltstruktur zustehen würde, sprich sie bisher überbezahlt wurden.

IV. Handlungsbedarf

Sobald feststeht, dass eine sachgrundlose Ungleichbehandlung vorliegt, besteht Handlungsbedarf des Arbeitgebers. Dies gilt unabhängig von der ETRL und ihrer unmittelbaren Anwendung oder Umsetzung in nationales Recht bereits seit Langem. Denn ein Rechtsanspruch auf gleiches Entgelt für Männer und Frauen bei gleicher oder gleichwertiger Arbeit ist nicht neu,

512 *Winter,* NZA 2024, 8.
513 *Heimann/Weinzierl,* BB 2024, 884, 892.

sondern bereits in Art. 157 AEUV, §§ 3 Abs. 1, 7 EntgTranspG verankert.[514] Es galt jedoch bisher als „Prinzip ohne Praxis".[515]

Auch der gewohnheitsrechtlich anerkannte, allgemeine arbeitsrechtliche Gleichbehandlungsgrundsatz verbot schon immer sowohl die sachfremde Schlechterstellung einzelner Arbeitnehmer gegenüber anderen Arbeitnehmern in vergleichbarer Lage als auch eine sachfremde Differenzierung zwischen Gruppen von Arbeitnehmern. Allein auf Basis des arbeitsrechtlichen Gleichbehandlungsgrundsatzes kann allerdings nicht per se eine gleichförmige Vergütung gefordert werden. Bei Fragen der Vergütung wiegt der Grundsatz der Vertragsfreiheit für individuell vereinbarte Löhne und Gehälter grundsätzlich schwerer als der Gleichbehandlungsgrundsatz.[516] Allein auf Grund des Gleichbehandlungsgrundsatzes muss der Arbeitgeber auch keine abstrakten Regelungen zur Vergütungsberechnung aufstellen. Wenn er dies aber tut – beispielsweise in Anbetracht der ETRL – und bei der Entscheidung hinsichtlich Vergütungserhöhungen nach einem erkennbaren und generalisierenden Prinzip beziehungsweise einer betrieblichen Einheitsregelung vorgeht, ist der allgemeine arbeitsrechtliche Gleichbehandlungsgrundsatz zu beachten.[517] Grundsätzlich gilt: Wird der Gleichbehandlungsgrundsatz verletzt, muss der Arbeitgeber die von ihm gesetzte Regel entsprechend korrigieren.[518]

Zu einer Korrektur werden Arbeitgeber zukünftig insbesondere dadurch motiviert, dass Beschäftigte, die geschlechtsspezifischer Entgeltdiskriminierung unter Verletzung der ETRL-Grundsätze ausgesetzt sind, entsprechend Art. 16 Abs. 1 ETRL das Recht haben sollen, Schadensersatz zu verlangen. Der Schadensersatzanspruch soll in der Höhe auch nicht zu gering angesetzt werden. So soll er nach Absatz 2 des Art. 16 ETRL „auf eine abschreckende und angemessene Art" eine „tatsächliche und wirksame" Entschädigung für den erlittenen Schaden darstellen. Die konkrete Ausgestaltung liegt in der Hand der Mitgliedsstaaten, jedoch soll der Schadensersatzanspruch jedenfalls nicht durch eine vorab festgelegte Obergrenze beschränkt werden (Art. 16 Abs. 4 ETRL)[519].

---

514 *Heimann/Weinzierl*, BB 2024, 884, 892.

515 *Winter*, NZA 2024, 8.

516 BAG, 12.10.2011 – 10 AZR 510/10, NZA 2012, 680, Rn. 13.

517 BAG, 26.4.2023 – 10 AZR 137/22, NJW 2023, 2592, Rn. 22; *Hexel*, in: MAH ArbR, § 23 Rn. 8.

518 BAG, 27.4.2016 – 5 AZR 311/15, BeckRS 2016, 73335, Rn. 35.

519 Hierzu → Teil 2, Kap. 2.1 (*Vößing*), unter III.6. sowie → Teil 1, Kap. 1.2 (*Körlings*), unter VI.; *Heimann/Weinzierl*, BB 2024, 884 (891); *Besgen*, B+P 2024, 811, 814.

V. Korrektur: Anpassen oder Abschmelzen?

Offen lässt die Richtlinie die Frage, in welcher Form eine entsprechende Korrektur vorzunehmen ist, wenn eine sachfremde Ungleichbehandlung festgestellt wird. Als Korrektur kommt sowohl die Angleichung nach oben als auch nach unten in Betracht.[520]

1. „Anpassung nach oben"

Die Entscheidungen des BAG lesen sich teilweise derart, dass die notwendige Korrektur dahingehend zu erfolgen hat, dass dem „benachteiligten Arbeitnehmer" die vorenthaltenen Leistungen gewährt – sprich: das Gehalt nach oben angepasst wird.[521] In der Rechtsprechung[522] wird zur Begründung dieses „Anspruchs nach oben" oftmals das Narrativ gewählt, nach dem der „durch das nationale Recht vorgegebene Rechtsbehelf eine den Gleichbehandlungsgeboten entsprechende Ordnung herzustellen" habe. Der Anspruch auf eine „Anpassung nach oben" berücksichtige „damit nicht zuletzt auch, dass ein den rechtlichen und gesellschaftlichen Zielvorstellungen entsprechender Zustand nicht erreicht werden kann, wenn es sich „nicht lohnt", auf eine sachwidrige Gleichbehandlung mit einem Gang vor Gericht zu reagieren."[523] Ob eine Anpassung „nach oben" bei dem Arbeitgeber zu erheblichen finanziellen Belastungen führt, war in einigen Fällen nach Ansicht der Gerichte für das Bestehen des Anpassungsanspruchs nach oben irrelevant.[524]

Würde man dieser Argumentation weiter folgen, würde dies bei der Schaffung von Entgeltstrukturen im Hinblick auf die ETRL bedeuten, dass das neu eingeführte Entgeltsystem faktisch am Gehalt des bestbezahlten Mitarbeiters ausgerichtet werden müsste, auch wenn dieser für seine Tätigkeit und Stellung im Unternehmen schlicht überbezahlt ist. Dies dürfte für eine Menge Unternehmen nicht umsetzbar beziehungsweise wirtschaftlich belastend bis hin zu existenzgefährdend sein, so dass andere Möglichkeiten der Korrektur sinnhafter erscheinen.

---

520 *Heimann/Weinzierl*, BB 2024, 884 (891); *Besgen*, B+P 2024, 811, 813.
521 BAG, 27.4.2016 – 5 AZR 311/15, BeckRS 2016, 73335, Rn. 35; BAG, 3.9.2014 – 5 AZR 109/13, NJOZ 2015,1063, Rn. 22 m. w. N.
522 BAG, 9.12.2020 – 10 AZR 334/20, Rn. 88, m. w. N.
523 LAG Düsseldorf, 10.12.2024 – 3 SLa 318/24, BeckRS 2024, 46219.
524 BAG, 9.12.2020 – 10 AZR 334/20, Rn. 88.

2. Beseitigung der Lohnungleichheit durch Beförderung des Überschreiters

Sollte eine Person für seine aktuelle Stelle überbezahlt sein, mag sich für so manch einen die Idee aufdrängen, bei entsprechender Eignung die Ungleichbehandlung dadurch zu lösen, dass der „Überschreiter" auf eine höhereingestufte Ebene befördert wird, die seinem bisherigen Gehalt entspricht.

Allerdings darf dies nicht bloß aus monetären Gründen geschehen, denn dies würde das Problem der Überbezahlung durch Überforderung noch vergrößern.[525]

Zudem gilt es auch zu beachten, dass die Beförderung die Diskriminierung nicht nur in ein anderes Gewand hüllen darf. Auch Beförderungen können zu einer unzulässigen Benachteiligung führen (§ 2 Abs. 1 Nr. 1 Var. 2 AGG: „Bedingungen […] für den beruflichen Aufstieg"). Vor einer entsprechenden Beförderung sollte der Arbeitgeber daher kritisch prüfen, ob die Beförderung im Einzelfall ohnehin „überfällig" war und sich die Überzahlung daher nicht – auch nicht mittelbar – auf diskriminierenden Merkmalen begründet, sondern tatsächlich an einer „Überqualifikation" des Arbeitnehmers für seine aktuelle Stelle liegt. Sollte dies nicht der Fall sein und der Überschreiter nur zur Vermeidung einer „Anpassung nach oben" befördert werden, so wird dies wohl kaum erfolgsversprechend sein, sondern die Ungleichbehandlung verstärken, anstatt sie zu lösen.

3. „Anpassung nach unten"

Wenn eine „Anpassung nach oben" beziehungsweise die Ausrichtung des Entgeltsystems an dem bestbezahlten Arbeitnehmer auf der jeweiligen Stufe für den Arbeitgeber aufgrund von wirtschaftlichen Erwägungen nicht umsetzbar oder erstrebenswert ist und eine Beförderung des Überschreiters nach den oben benannten Kriterien unzulässig wäre, erscheint eine Korrektur in Form der Anpassung der Überschreiter „nach unten" als einzige Möglichkeit, um die rechtswidrige Ungleichbehandlung aufzulösen.

Einen solchen Entzug der in der Vergangenheit gewährten Leistungen gegenüber den Überschreitern als „Lösungsmechanismus" schließen die Gerichte keinesfalls aus.[526] Allerdings wird in den entsprechenden Urteilen insbesondere der Vertrauensschutz der Begünstigten als Grund thematisiert, der einer solchen „Anpassung nach unten" entgegensteht. Vor einer Anglei-

525 *Heimann/Weinzierl*, BB 2024, 884, 887.
526 LAG Düsseldorf, 10.12.2024 – 3 SLa 318/24, BeckRS 2024, 46219 Rn. 32.

chung nach unten ist daher stets zu prüfen, ob dies mit etwaigen Besitzständen der bisher Bevorzugten vereinbar ist.[527]

a) Kann überhaupt (noch) Vertrauensschutz bestehen?

Im Hinblick auf den Grundsatz „Kein Recht im Unrecht“ und die nun bereits jahrelang diskutierte ETRL stellt sich die Frage, ob sich überbezahlte Arbeitnehmer überhaupt noch auf Vertrauensschutz berufen können oder ob sie sich auf die Anpassung nach unten „einstellen mussten“. Wenn auch bei einigen überbezahlten Arbeitnehmern eine Vorahnung bestehen dürfte, so dürften wohl nur die wenigsten mit Sicherheit wissen, dass sie gegebenenfalls aus diskriminierenden Aspekten, gegebenenfalls aus anderen Gründen, in der Vergangenheit zu Unrecht die Vergütung in der gewährten Höhe erhalten haben. Ohne positive Kenntnis dürfen diese überbezahlten Arbeitnehmer wohl aber darauf vertrauen, dass die vom Arbeitgeber gewährte Vergütung rechtens bemessen war und auch in Zukunft in dieser Höhe entrichtet wird.

b) „Anpassung nach unten“ – Trotz Vertrauensschutz umsetzbar?

Grundsätzlich können durch den privaten Arbeitgeber im Unterschied zu der Befugnis von kontrollierenden Behörden und Gerichten Gehälter auch nach unten angeglichen werden, soweit dies mit den Besitzständen von bisher Bevorzugten vereinbar ist.[528] Dafür bedarf es jeweils eines anerkannten Mittels.

aa) Freiwillige Vereinbarungen

Eine Absenkung des Arbeitsentgelts ist grundsätzlich nur durch eine einvernehmliche Vereinbarung zwischen Arbeitgeber und Arbeitnehmer möglich, bei der jedoch Grenzen zu beachten sind: Soweit durch die Form der Vereinbarung das AGB-Recht (§§ 305 ff. BGB) eingreift, muss die Vereinbarung dem Transparenzgebot (§ 307 Abs. 1 Satz 2 BGB) entsprechen. Zudem dürfen die Regelungsinhalte der Vereinbarung nicht gegen zwingende gesetzliche Vorschriften – insbesondere die Vorschriften hinsichtlich des gesetzlichen Mindestlohns gemäß § 1 MiLoG sowie die Sittenwidrigkeit gemäß § 138 BGB bei entstehendem grobem Missverhältnis zwischen Leistung und Gegenleistung – verstoßen. Auch kollektivrechtliche Regelungen (z. B. Tarifverträge oder Betriebsvereinbarungen) sind zu beachten.

Bei dem Abschluss der Vereinbarung ist zudem zwingend zu beachten, dass sie tatsächlich freiwillig erfolgt und keine Partei bei Abschluss unter (erheb-

---

527 *Besgen,* B+P 2024, 811, 813.
528 *Winter,* NZA 2024, 8, 16.

lichem) Druck steht. Dies dürfte bei dem strukturell unterlegenen Arbeitnehmer, der durch die entgeltabsenkende Vereinbarung nur negativ betroffen ist, schwer darstellbar sein und erhebliche Hürden im Hinblick auf ein rechtskonformes, rechtssicheres Vorgehen darstellen.

bb) Änderungskündigungen

Wenn der Arbeitnehmer, was in den meisten Fällen der Fall sein dürfte, einer für ihn rein negativen Entgeltabsenkung allerdings nicht zustimmt, steht lediglich der Weg der einseitigen Entgeltabsenkung offen. Da die Vergütung eine arbeitsvertragliche Bedingung darstellt, ist eine Änderungskündigung gemäß § 2 KSchG notwendig, wenn ein Arbeitnehmer zu geringerem Gehalt und damit zu geänderten schlechteren Vertragsbedingungen weiterbeschäftigt werden soll.

Eine Entgeltreduktion durch Änderungskündigung ist rechtlich möglich, jedoch (insbesondere in kollektiven Sachverhalten) an strenge Voraussetzungen gebunden.[529] Bei einer betriebsbedingten Änderungskündigung zur Entgeltsenkung ist zu berücksichtigen, dass der Arbeitgeber nachhaltig in das arbeitsvertraglich vereinbarte Verhältnis von Leistung und Gegenleistung eingreift, wenn er die vereinbarte Vergütung reduziert. Grundsätzlich sind jedoch einmal geschlossene Verträge einzuhalten.[530] In der Vergangenheit wurde allein das Bestreben des Arbeitgebers, die Arbeitsbedingungen zu vereinheitlichen oder Kosten zu senken, nicht allein als Rechtfertigungsgrund für eine Änderungskündigung anerkannt. Vielmehr ist notwendig, dass bei der Aufrechterhaltung der bisherigen Personalkostenstruktur weitere, betrieblich nicht mehr auffangbare Verluste entstehen, die absehbar zu einer Reduzierung der Belegschaft oder sogar zu einer Schließung des Betriebs führen. Regelmäßig setzt deshalb eine solche Situation einen umfassenden Sanierungsplan voraus, der alle gegenüber der beabsichtigten Änderungskündigung mildere Mittel ausschöpft.[531] Mit einer gesetzlich zwingenden Anforderung zur Beseitigung von diskriminierenden Strukturen hat sich das BAG in diesem Kontext, soweit ersichtlich, noch nicht auseinandergesetzt. Die Änderungskündigung muss zudem noch sozial gerechtfertigt sein. Das setzt voraus, dass das Bedürfnis für die Weiterbeschäftigung des Arbeitnehmers zu den bisherigen Bedingungen entfallen ist und sich der Arbeitgeber bei einem an sich anerkennenswerten Anlass darauf beschränkt hat, lediglich solche Änderungen vorzuschlagen, die der Arbeitnehmer billigerweise

---

529 Überblick bei *Rennpferdt*, in: MHdbArbR, § 119 Rn. 44; *Koneberg*, in: Maschmann, Compensation & Benefits, Kap. 21, Rn. 27 ff.; kritisch dazu *Heimann*, ebd., Kap. 23, Rn. 65 ff.

530 ArbG Siegburg, 25.11.2016 – 3 Ca1180/16, *juris* Rn. 38.

531 BAG, 1.3.2007 – 2 AZR 580/05, NZA 2007, 1445, 1448.

hinnehmen muss. Ob der Arbeitnehmer eine ihm vorgeschlagene Änderung billigerweise hinnehmen muss, ist nach dem Verhältnismäßigkeitsgrundsatz zu ermitteln.[532]

Die Anforderungen an eine einseitige Entgeltabsenkung sind zum Schutze vertraglicher Besitzstände derart hoch, dass sie außerhalb einer krisenhaften Situation unmöglich erscheinen.[533] In der Kommentarliteratur wird sogar davon gesprochen, dass eine Änderungskündigung zur Entgeltreduzierung aufgrund der Anforderungen der Rechtsprechung „in der Praxis so gut wie ausgeschlossen" sei und „es leichter ist, sich von einem Mitarbeiter zu trennen, als ihn zu reduziertem Arbeitsentgelt weiter zu beschäftigen".[534] Es wäre wünschenswert, wenn das BAG im Lichte der neuen rechtlichen Rahmenbedingungen auch in Fällen der Heranführung von Überschreitern ein billigenswertes Interesse (in individuellen sowie kollektiven Fällen) an der Anpassung der Arbeitsbedingungen anerkennen und der Änderungskündigung wieder größeres Gewicht verleihen würde.

4. Rechtskonforme Auflösung der Situation?

Sollten die Arbeitgeber demnach nicht so viele finanzielle Mittel in die Hand nehmen können, die jedoch notwendig wären, um eine neue Entgeltsstruktur aufzusetzen, welche sich an den bestbezahlten Arbeitnehmern ausrichtet und zur Folge hat, dass ein Großteil der Gehälter „nach oben angepasst wird", befinden sie sich in einer scheinbar nicht rechtskonform lösbaren Lage „zwischen den Stühlen". Wenn der Arbeitgeber die Situation wie bisher belässt, befindet er sich bewusst in einer rechtswidrigen Ungleichbehandlung. Wenn die überbezahlten Arbeitnehmer allerdings nicht bereit sind, freiwillig und ohne Druck auf einen Teil ihres Gehalts zu verzichten, können auch die Arbeitgeber in den meisten Fällen nicht einseitig das Entgelt rechtskonform senken.

Als interessengerechter Lösungsansatz könnte daher das „Abschmelzen des Mehr" der Überschreiter fungieren. Die Vergütung der Überschreiter würde demnach beibehalten werden, bis die vergleichbaren Arbeitnehmer im Rahmen der Entgeltstruktur mit der Zeit durch Entgelterhöhungen auf das Niveau „aufgeschlossen haben". Auf diese Weise würden perspektivisch Entgeltdiskriminierungen beseitigt und der Vertrauensschutz der Arbeitnehmer an ihren historischen Besitzständen gewahrt werden.

Ein solches Vorgehen kann Arbeitgebern jedoch auf Basis der derzeitigen Rechtslage nur rechtssicher empfohlen werden, wenn sich daraus nicht an

---

532 BAG, 27.11.2008 – 2 AZR 757/07, NZA 2009, 481, Rn. 25 m. w. N.

533 *Heimann/Weinzierl*, BB 2024, 884, 887

534 *Land*, in: Wetzling/Habel, Umgang mit Low Performern, Kapitel 7 Rn. 105.

anderer Stelle Probleme ergeben (dazu unten a) – c)). Zudem stellt sich die Frage, welche Zeiträume durch eine solche Abschmelzungsregelung überbrückbar sind (dazu unten d)).

a) Ausschluss von Gehaltserhöhungsrunden = Selbst Ungleichbehandlung?

Zum einen stellt sich bereits die Frage, ob die Gehaltsentwicklung von Überschreitern überhaupt derart pausiert werden kann oder ob der Ausschluss der Überschreiter von Gehaltserhöhungen selbst eine Ungleichbehandlung darstellt.

Das BAG hat in seiner Entscheidung vom 15.7.2009 klargestellt:

> „Ein sachlicher Grund für eine Differenzierung bei freiwilliger Lohnerhöhung liegt nicht ohne Weiteres in der Angleichung unterschiedlicher Vergütungen im Betrieb oder Unternehmen vor. Vielmehr kommt es darauf an, aus welchen Gründen bereits unterschiedliche Vergütungen vorliegen und welche materielle Rechtfertigung den Vergütungsunterschieden (noch) zu Grunde liegt. Die Benachteiligung des Arbeitnehmers bei einer freiwilligen Lohnerhöhung ist nicht in der zulässigen Ausübung von Rechten begründet (§ 612a BGB), wenn der maßgebliche Grund für die Benachteiligung nicht darin liegt, dass der Arbeitnehmer eine auf Vergütungsminderung zielende Vertragsänderung abgelehnt hat, sondern darin, dass im Zusammenhang mit der Ablehnung ein unterschiedliches Vergütungsniveau im Betrieb entstanden ist.“[535]

Auch wenn sich das Urteil des BAG auf einen Einzelfall bezog und sich nicht für alle Fälle der Angleichung nach unterschiedlichen Vergütungsniveaus generalisieren lässt, so dient die Entscheidung dennoch als Orientierung für die höchstrichterliche Abwägung. Zwar lag im streitgegenständlichen Fall die Sondersituation vor, dass es zunächst zu einer aktiven, einvernehmlichen Lohnabsenkung aus wirtschaftlichen Gründen bei einem Teil der Belegschaft (und eben nicht zu einer einseitigen Ungleichbehandlung aufgrund von diskriminierenden Strukturen) kam. Das BAG kam ausdrücklich demnach auch nur zu dem Entschluss, dass der Ausgleich sachlich berechtigt ist, wenn er daran anknüpft, dass der Arbeitgeber zuvor eine Lohnabsenkung aus wirtschaftlichen Gründen bei einem Teil seiner Arbeitnehmer durchgesetzt hat. Jedoch lassen sich Parallelen ziehen, wenn in dem thematisierten Kontext dem Anspruch der benachteiligten Arbeitnehmer auf „Anpassung nach oben“ aus wirtschaftlichen Gründen (zunächst) nicht ent-

535 BAG, 15.7.2009 – 5 AZR 486/08, NZA 2009, 1202, Os.

sprochen wird. Auch in einer im Sinne der Entgeltgleichheit notwendigen Angleichung sprechen daher gute Argumente für einen sachlich berechtigten Ausgleich durch Differenzierung bei der Lohnerhöhung.

b) Rechtfertigung der Ungleichbehandlung aufgrund des überwiegenden Vertrauensschutzes?

Im Umkehrschluss stellt sich sodann auch die Frage, ob die Hinnahme der, wenn auch zeitlich begrenzten, weiteren Ungleichbehandlung sachlich gerechtfertigt ist und nicht gegen Art. 157 AEUV, §§ 3 Abs. 1, 7 EntgTranspG verstößt.

Während die zum Zeitpunkt des Inkrafttretens der ETRL geltende höchstrichterliche Rechtsprechung im Fall der Wahrung von sozialen Besitzständen nach einem Betriebsübergang einen Verstoß gegen den Gleichbehandlungsgrundsatz und die Notwendigkeit einer späteren Angleichung ablehnt, da der Arbeitgeber lediglich die gesetzliche Rechtsfolge des § 613a Abs. 1 S. 1 und 2 BGB vollzieht und keine verteilende Entscheidung trifft, [536] kann ein solche weitreichende Rechtfertigung der Ungleichbehandlung in den besprochenen Fällen nicht angenommen werden. Insbesondere, da das BAG selbst den durch Betriebsübergang geschützten Besitzstand spätestens bei der Schaffung einer neuen Vergütungsstruktur als beendet sieht.[537]

Aber auch unabhängig von den gesetzlichen Rechtsfolgen des § 613a BGB könnten soziale Besitzstände zumindest zeitweise schützenswert sein. Dies könnte der Fall sein, wenn durch Gesetzgebung oder Rechtsprechung angenommen wird, dass der Vertrauensschutz der Überschreiter an ihren historischen Besitzständen so schwer wiegt, dass eine sofortige Lösung der Ungleichbehandlung gar nicht notwendig – und im Übrigen auch nicht möglich – ist, da der Vertrauensschutz (zeitweise) einen Rechtfertigungsgrund darstellt, der der Qualifizierung der Ungleichbehandlung als Diskriminierung entgegensteht.

In der Rechtsprechung von BAG und EuGH finden sich Ausführungen zur Angemessenheit und Erforderlichkeit von Regelungen mit Übergangscharakter, die die Fortwirkung der Diskriminierung schrittweise nach Maßgabe der Entwicklung der Vergütung der Angestellten verschwinden lassen. Höchstrichterlich wird zumindest den Tarifvertragsparteien ein angemessener Spielraum zur Überleitung der bereits Beschäftigten vom alten ins neue

536 BAG, 31.8.2005 – 5 AZR 517/04, NZA 2006, 265, Rn. 15 ff.
537 BAG, 31.8.2005 – 5 AZR 517/04, NZA 2006, 265, Rn. 18.

Vergütungssystem zugesprochen und das Ziel, ein neues Entgeltsystem unter Wahrung sozialer Besitzstände einzuführen, akzeptiert.[538]

Im Hinblick darauf, scheint es vertretbar anzunehmen, dass das Interesse des Überschreiters an der Wahrung seines Besitzstandes zumindest zeitweise das Interesse des Arbeitgebers an einer Harmonisierung der Vergütungssysteme im Einklang mit geltendem Recht überwiegt. Das gilt jedoch abseits von Aufrechterhaltung der Ungleichbehandlung durch gesetzliche Rechtsfolgen nur dann, wenn sichergestellt ist, dass über einen angemessenen Zeitraum eine vollständige Angleichung der Vergütung erfolgen wird.[539]

c) Lohndifferenz aus der Vergangenheit

Zu beachten gilt jedoch zudem, dass eine solche Anpassung die Problematik nur zukunftsgerichtet, jedoch nicht vergangenheitsbezogen löst. Sollten die jeweiligen Voraussetzungen vorliegen, sollten sich die Arbeitgeber darauf einstellen, dass ihnen neben den zukunftsgerichteten Anpassungen auch Ausgleichsansprüche der benachteiligten Arbeitnehmer aus der Vergangenheit begegnen könnten.

d) Überbrückbarer Zeitraum

Offen ist die Frage, wie lang ein *„angemessener Zeitraum"* für eine vollständige Angleichung der Vergütung ist und demnach wie lange der Arbeitgeber eine Ungleichbehandlung, wenn auch durch Abschmelzung mit der Dauer in reduzierter Form, aufrechterhalten darf.

Soweit der nationale Gesetzgeber und/oder die Rechtsprechung nicht (anderweitig) Stellung nimmt, erscheint es vertretbar, den Arbeitgebern hierzu (jedenfalls) eine Frist bis 7.6.2027 einzuräumen. Der Ein-Jahres-Zeitraum nach dem Umsetzungsstichtag für die nationalen Gesetzgeber ergibt sich aus einer Parallelbewertung zum vorgesehene Fristenregime in Art. 9 Abs. 2, 3 ETRL, in dem ein „angemessener" Zeitraum für einen Großteil der Arbeitgeber zur Umsetzung von Vorgaben der ETRL definiert wurde, sowie im Hinblick auf die in § 613a Abs. 1 Satz 2 BGB gesetzliche verankerte einjährige Veränderungssperre zur Gewährleistung des Vertrauensschutzes.

Arbeitgeber dürften sich allerdings die Frage stellen, was nach diesem Zeitraum gilt. Grundsätzlich sollten Arbeitgeber bis spätestens zu diesem Zeitpunkt eine Vergütungsstruktur ohne Ungleichbehandlungen aufweisen können. Im besten beziehungsweise einfachsten Fall, in dem durch die zwi-

538 BAG, 15.1.2015 – 6 AZR 707/13, NZA-RR 2015, 252 Rn. 28; EuGH, 8.9.2011 – C-297, 298/10 (Hennigs/Eisenbahn-Bundesamt und Mai/Land Berlin), EuZW 2011, 883 Rn. 96 ff.

539 *Heimann/Weinzierl,* BB 2024, 884, 887 m. w. N.

schenzeitlichen Gehaltserhöhung(en) der restlichen Arbeitnehmer diese zum Gehalt der „Überschreiter“ aufgeschlossen haben und die Ungleichbehandlung vollständig abgeschmolzen wurde. Sollte die Gehaltsdifferenz jedoch so groß sein, dass diese nicht durch das Aussetzen des Überschreiters in den „Gehaltserhöhungsrunden“ bis zum 7.6.2027 zu schließen ist und eine Angleichung aller restlicher Arbeitnehmer „nach oben“ zu einer Notlage des Arbeitgebers führen, sollte der Arbeitgeber spätestens zu diesem Zeitpunkt von einem auf Arbeitsrecht spezialisierten Rechtsanwalt prüfen lassen, ob nicht doch die strenge Voraussetzungen an eine Änderungskündigung (dazu → V. 3. b) bb) im Einzelfall vorliegen. Auf ein reines „Hinwirken“ auf einen gesetzeskonformen Zustand, wie es in § 14 Abs. 1 der Institutsvergütungsverordnung vorgesehen ist, werden sich Arbeitgeber ohne explizite Regelung im Umsetzungsgesetz nicht zurückziehen können. Stattdessen „droht“ im Fall der Entgeltungleichheit der von der Rechtsprechung anerkannte Anpassungsanspruch der Arbeitnehmer „nach oben“, falls der Arbeitgeber nicht anderweitig Abhilfe schafft.

VI. Umsetzungsgesetzgebung

Der Gesetzgeber sollte im Rahmen der Richtlinienumsetzung schnellstmöglich Licht ins Dunkel bringen und für alle beteiligten Akteure Rechtssicherheit über die Lösung der unterschiedlichen Interessenlagen zu schaffen. Ausdrückliche Regelungen zur Abschmelzung der Ungleichbehandlung wären hierbei nicht nur ein geeigneter „Mittelweg“, sondern sind schlicht unabdingbar.[540]

540 *Heimann/Weinzierl,* BB 2024, 884, 887.

3. Die zuständige Arbeitnehmervertretung als Sparringspartner

Dr. Anna Lohmann

I. Entgelttransparenz in Erfüllung der sozialen Pflichten von ESG

Die ETRL verfolgt das Ziel, ein transparentes, objektives und insbesondere geschlechtergerechtes Vergütungssystem in den Mitgliedstaaten zu etablieren. Sie verpflichtet daher Arbeitgeber, Vergütungssysteme anhand nachvollziehbarer und geschlechtsneutraler Kriterien zu gestalten. Solche Kriterien sind insbesondere in Art. 4 Abs. 4 ETRL normiert. Diese sind mit der Arbeitnehmervertretung zu verhandeln. Ziel ist es, die strukturelle Lohnungleichheit zwischen Männern und Frauen – insbesondere die Gender Pay Gap – sukzessive abzubauen.

Im Rahmen des europäischen Gleichbehandlungsgebots sowie der arbeitsrechtlichen Antidiskriminierungsvorgaben soll die ETRL einen weiteren Schritt zur Verwirklichung materieller Gleichstellung darstellen. Zugleich leistet sie einen Beitrag zur Umsetzung der sozialen Anforderungen innerhalb des ESG-Rahmens. Dabei rückt die soziale Komponente („S"), insbesondere die unternehmerische Verantwortung für Lohngerechtigkeit, in den Vordergrund. Mit Umsetzung dieser Richtlinie entsteht sodann die Pflicht der Arbeitgeber zur Implementierung eines objektiven und diskriminierungsfreien Entgeltsystems, das sowohl mit dem Gleichbehandlungsgrundsatz als auch mit unionsrechtlichen Transparenzanforderungen in Einklang steht. Die Umsetzung der ETRL in Deutschland steht noch aus, muss aber bis zum 7.6.2026 erfolgen.

II. Handlungspflichten des Arbeitgebers

Mit Umsetzung der Richtlinie im Jahr 2026 kommen, vorbehaltlich des noch ausstehenden gesetzgeberischen Tätigwerdens, zahlreiche Handlungspflichten auf Arbeitgeber zu[541], bei denen auch die jeweils zuständige Arbeitnehmervertretung mit einzubeziehen ist.

---

541 → Teil 2 Kap. 2.1 (*Vößing*). Die Autorin dankt der Rechtsreferendarin *Marie-Theres Hausser* und dem wissenschaftlichen Mitarbeiter *Sebastian Oswald* für wertvolle Vorarbeit.

1. Entgeltgleichheit zwischen Frauen und Männern: Kurze Analyse des derzeit geltenden nationalen Rechtsrahmens

Mit dem am 6.7.2017 in Kraft getretenen Gesetz zur Förderung der Transparenz von Entgeltstrukturen (EntgTranspG) hat der deutsche Gesetzgeber auf die strukturelle Lohnungleichheit zwischen Frauen und Männern bereits reagiert und erstmals gesetzlich verankert, dass bei gleicher oder gleichwertiger Arbeit keine Benachteiligung aufgrund des Geschlechts hinsichtlich des Entgelts erfolgen darf (§ 3 Abs. 1 EntgTranspG). Das Gesetz orientiert sich dabei am Grundsatz des „Equal Pay", wie er in Art. 157 AEUV und der einschlägigen Rechtsprechung des Europäischen Gerichtshofs (EuGH) verankert ist. Die Reichweite und auch die Rolle der Arbeitnehmervertretung ist jedoch begrenzt:

- Der individuelle Auskunftsanspruch nach §§ 10-16 EntgTranspG steht ausschließlich Beschäftigten in Betrieben mit mehr als 200 Arbeitnehmern zu und muss aktiv geltend gemacht werden. Dies führt zu einer faktischen Hürde, da viele Beschäftigte von ihrem Recht keinen Gebrauch machen (können).
- Die Rolle der Arbeitnehmervertretung ist nur vereinzelt, etwa im Rahmen des Auskunftsanspruchs, vorgesehen. Arbeitnehmer tarifgebundener und tarifanwendender Arbeitgeber wenden sich grundsätzlich für ihr Auskunftsverlangen nach § 10 EntgTranspG an den Betriebsrat, § 14 Abs. 1 EntgTranspG. Besteht kein Betriebsrat, wenden sich die Arbeitnehmer an den Arbeitgeber. Der Arbeitgeber informiert die Vertreterinnen und Vertreter der zuständigen Tarifvertragsparteien nach § 6 Abs. 1 Satz 2 EntgTranspG über seine Antwort zu eingegangenen Auskunftsverlangen. Der Arbeitgeber sowie die Vertreterinnen und Vertreter der zuständigen Tarifvertragsparteien können vereinbaren, dass letztere die Beantwortung von Auskunftsverlangen übernehmen, § 14 Abs. 3 EntgTranspG. Arbeitnehmer nicht tarifgebundener und nicht tarifanwendender Arbeitgeber wenden sich grundsätzlich für ihr Auskunftsverlangen an den Arbeitgeber, § 15 Abs. 1 EntgTranspG
- Eine verbindliche Vorgabe zur Einrichtung objektiver Entgeltstrukturen besteht bislang ebenfalls nicht.

2. Entgelttransparenzrichtlinie der Europäischen Union: Neue Standards bis 2026

Zur Stärkung der Anwendung des Grundsatzes des gleichen Entgelts für Männer und Frauen für gleiche oder gleichwertige Arbeit wurde nun die ETRL geschaffen. Die Richtlinie verpflichtet die Mitgliedstaaten zu einer substantiellen Neugestaltung ihrer nationalen Regelungen mit dem Ziel, die

Entgeltgleichheit effektiver durchzusetzen. Zu den zentralen Vorgaben der ETRL mit Relevanz für die Rolle der Arbeitnehmervertretung gehören:

- **Errichtung eines objektiven, geschlechtsneutralen Vergütungssystems (Art. 4 Abs. 1 und 4 ETRL):** Die Arbeitgeber werden verpflichtet, ein strukturiertes, objektives und geschlechtsneutrales Entgeltsystem einzuführen. Die Kriterien zur Bewertung von Tätigkeiten – etwa Anforderungen, Verantwortungsbereiche, Kompetenzen oder Belastungen – müssen nachvollziehbar und diskriminierungsfrei definiert werden. Diese Kriterien sollen dabei unter Beteiligung der Arbeitnehmervertretungen ausgehandelt und offengelegt werden. Es können auch konkrete weitere Kriterien vereinbart werden, die der Beurteilung der Vergleichbarkeit der Entgeltstrukturen zugrunde gelegt werden. Die Rolle der Arbeitnehmervertretung wird somit gestärkt.
- **Individueller und kollektiver Auskunftsanspruch (Art. 7 ETRL):** Die Richtlinie stärkt auch die Rechtsposition der Arbeitnehmer, indem sie ihnen einen Anspruch auf Auskunft über das individuelle Entgelt sowie über das durchschnittliche Entgelt von Kollegen, die gleichwertige Arbeit leisten, aufgeschlüsselt nach Geschlecht einräumt. Dieser Anspruch gilt unabhängig von der Unternehmensgröße und ersetzt das bisherige, auf bestimmte Unternehmensgrößen beschränkte Modell. Die Rolle der Arbeitnehmervertretung wird diesbezüglich in Abs. 2 und 3 betont. So haben etwa Arbeitnehmer die Möglichkeit, Auskünfte nach Abs. 1 über ihre Arbeitnehmervertreter im Einklang mit nationalen Rechtsvorschriften und/oder Gepflogenheiten zu verlangen und zu erhalten.
- **Gemeinsame Entgeltbewertung (Art. 10 Abs. 1, 4 ETRL):** Zuletzt sieht auch Art. 10 Abs. 1, 4 ETRL eine Beteiligung der Arbeitnehmervertretung bei der gemeinsamen Entgeltbewertung vor.

III. Rolle der Arbeitnehmervertretung

Damit wird deutlich, dass die ETRL eine umfassende Zusammenarbeit zwischen den Sozialpartnern voraussetzt. Aufgrund der ohnehin bestehenden Mitbestimmungsrechte (insbesondere des Betriebsrats) im Bereich Entgeltgestaltung werden damit kollektive Vergütungssysteme wieder deutlich attraktiver.[542]

In diesem Zusammenhang stellen sich für deutsche Unternehmen allerdings zwei Probleme:

---

542 Ebenso *Matt/Felisiak/Sorber*, in: Felisiak/Sorber, Praxisleitfaden zur Umsetzung der EU-Entgelttransparenzrichtlinie, Rn. 58.

Zum einen gibt es eine Vielzahl verschiedener Arbeitnehmervertretungen im deutschen Arbeitsrecht, die jeweils adressiert werden könnten. So kommen neben den örtlichen Betriebsräten insbesondere der Gesamt- und/oder Konzernbetriebsrat in Betracht. Häufig wird es für Unternehmen praktischer sein, direkt mit den beiden letztgenannten Gremien in Verhandlungen zu treten. Diesem Pragmatismus steht jedoch oftmals die Betonung der örtlichen Zuständigkeit der lokalen Betriebsratsgremien seitens der Rechtsprechung entgegen.[543] Darüber hinaus schließen sich die Zuständigkeiten der verschiedenen Gremien auch gegenseitig aus.[544] Daher wird der Arbeitgeber gezwungen sein, einige Angelegenheiten jeweils mit den örtlichen Betriebsräten zu verhandeln. Dies kann eine effektive und gerechte Lohngestaltung im Ergebnis behindern.

Zum anderen verzeichnet die Mitbestimmung in Deutschland einen Rückgang. So haben etwa 93 % aller Betriebe in Deutschland keine Arbeitnehmervertretung in Form eines Betriebsrats[545] und nur 49 % aller Arbeitsverhältnisse waren durch einen Tarifvertrag geregelt[546]. Für die meisten deutschen Unternehmen besteht damit originär keine Arbeitnehmervertretung, mit der in entsprechende Verhandlungen, wie sie die Richtlinie vorsieht, getreten werden kann.

IV. Ermittlung der zuständigen Arbeitnehmervertretung für die Vorgaben der Richtlinie

Fraglich ist demnach, wie mit den zuvor genannten Problemstellungen umzugehen ist, insbesondere welche Arbeitnehmervertretung die ETRL als Sparringpartner vorsieht. Der Begriff des „Arbeitnehmervertreters“ ist in Art. 3 lit. m ETRL als jede Vertretung im Einklang mit nationalen Rechtsvorschriften oder Gepflogenheiten legaldefiniert. In Deutschland[547] gestaltet

543 BAG, 23.3.2010 – 1 ABR 82/08, NZA 2011, 642.

544 BAG, 4.11.2006 – 1 ABR 4/06, NZA 2007, 399.

545 *Wolf,* Bayerischer Rundfunk v. 18.1.2025, abrufbar unter https://www.br.de/nachrichten/wirtschaft/zahl-der-betriebsraete-in-deutschland-auf-tiefpunkt-gesunken,UaE04Xy (abgerufen am 29.8.2025).

546 Statistisches Bundesamt, abrufbar unter https://www.destatis.de/DE/Themen/Arbeit/Arbeitsmarkt/Qualitaet-Arbeit/Dimension-5/tarifbindung-arbeitnehmer.html (abgerufen am 29.8.2025).

547 In Deutschland wurde eine Kommission zur Umsetzung der Entgelttransparenzrichtlinie eingesetzt; Pressemitteilung des Bundesministeriums für Bildung, Familie, Senioren, Frauen und Jugend v. 17.7.2025, abrufbar unter https://www.bmbfsfj.bund.de/bmbfsfj/aktuelles/alle-meldungen/kommission-zur-umsetzung-der-entgelttransparenzrichtlinie-startet-267884 (zuletzt abgerufen am 29.8.2025).

sich die Arbeitnehmervertretung im Rahmen von Entgeltfragen derzeit wie folgt:

Nach dem deutschen Recht erfolgt die betriebliche Arbeitnehmerrepräsentation im Kontext von Entgelttransparenz grundsätzlich durch den Betriebsrat (§§ 13 ff. EntgTranspG). Existiert ein solcher, besteht nach § 87 Abs. 1 Nr. 10 BetrVG bei Fragen der betrieblichen Lohngestaltung, insbesondere die Aufstellung von Entlohnungsgrundsätzen und die Einführung und Anwendung von neuen Entlohnungsmethoden sowie deren Änderung ein Mitbestimmungsrecht. Zwar unterliegt die individuelle Lohnfestsetzung nicht der Mitbestimmung,[548] die Richtlinie verlangt jedoch die Schaffung eines objektiven und geschlechtsneutralen Systems, sodass Arbeitgeber bei der Einführung regelmäßig einen kollektiven Tatbestand schaffen.[549] Zuständig ist grundsätzlich der örtliche Betriebsrat; eine betriebsübergreifende Zuständigkeit etwa des Gesamtbetriebsrats nach § 50 Abs. 1 BetrVG ist gegeben, wenn die Gleichartigkeit der Betriebe in Struktur, Aufgaben und Tätigkeit eine gleichartige Lohnstruktur notwendig macht oder aus anderen zwingenden Gründen einheitliche Vergütungssysteme geschaffen werden müssen.[550] Entsprechendes gilt für den Konzernbetriebsrat (§ 58 Abs. 1 BetrVG). Zudem kann eine Zuständigkeit des Gesamt- oder Konzernbetriebsrats kraft Delegationsbeschluss gegeben sein, §§ 50 Abs. 2, 58 Abs. 2 BetrVG.[551] Mithin wird wohl bei Bestehen einer betrieblichen Mitbestimmung der lokale Betriebsrat auch nach Umsetzung der ETRL die zuständige Arbeitnehmervertretung sein, wobei eine Zuständigkeit kraft Delegation oder auch eine originäre Zuständigkeit auf den Gesamt- bzw. Konzernbetriebsrat verlagert werden kann.

In Betrieben ohne Betriebsrat, jedoch mit Tarifbindung, ist die Lohngestaltung regelmäßig in Tarifverträgen geregelt. Davon geht auch das EntgTranspG aus. So sieht das EntgTranspG bereits jetzt die Tarifvertragspartei als Arbeitnehmervertretung vor, § 14 Abs. 3 EntgTranspG. Da viele Vergütungsregelungen auch durch Tarifverträge geregelt sind, ist in solchen Fällen die sorgfältige Überprüfung erforderlich, ob die tariflichen Entgeltstrukturen den Vorgaben der Richtlinie – insbesondere hinsichtlich Diskriminierungsfreiheit – genügen.[552] Sollte man zu dem Ergebnis gelangen, dass ein geltender Tarifvertrag mit der Richtlinie nicht vereinbar ist, sind interimistisch übertarifliche Regelungen denkbar, bis der Tarifvertrag überarbeitet ist. Bei

548 *Gutzeit*, in: Wiese/Kreutz/Oetker, Gemeinschaftskommentar Betriebsverfassungsgesetz, § 87 BetrVG Rn. 856.

549 *Heimann/Weinzierl*, BB 2024, 884, 885.

550 *Nebendahl*, in: Kiel/Lunk/Oetker, MHDB ArbR, § 300 Rn. 54.

551 *Schmidt*, in: Oberthür/Seitz, Betriebsvereinbarungen, Betriebsvereinbarungen zur Vergütung, Rn. 39.

552 *Winter*, NZA 2024, 8, 16.

einer solchen Interimslösung gilt es allerdings die Vorgaben der Richtlinie zu beachten und diese mit dem zuständigen Sozialpartner abzustimmen.

Besondere Herausforderungen ergeben sich schließlich in Unternehmen, die weder tarifgebunden sind noch über einen Betriebsrat verfügen. In solchen Konstellationen existiert bislang keine explizite gesetzliche Grundlage für die Beteiligung von Arbeitnehmervertretern im Kontext der Entgelttransparenz, sodass nicht auf nationale rechtliche Vorgaben oder Gepflogenheiten zurückgegriffen werden kann.

In diesem Zusammenhang könnte man auf die Idee kommen, den Erwägungsgrund 24 der ETRL auszulegen. Dieser sieht vor, dass sich die Arbeitnehmer durch eine Person ihres Vertrauens vertreten lassen können. Der Erwägungsgrund 24 der ETRL konkretisiert den Begriff der Arbeitnehmervertretung dahingehend, dass es sich dabei nicht nur um klassische betriebliche oder tarifliche Vertretungsorgane handeln muss. Vielmehr sollen die Mitgliedstaaten den nationalen Gegebenheiten Rechnung tragen und auch in Konstellationen ohne Betriebsrat oder Gewerkschaft die Möglichkeit eröffnen, dass Arbeitnehmer eine Person ihres Vertrauens als Vertreter wählen können. Konkret ist folgendes beschrieben:

> „Um die Arbeitnehmer zu schützen und ihrer Angst vor Viktimisierung bei der Anwendung des Grundsatzes des gleichen Entgelts Rechnung zu tragen, sollte es ihnen möglich sein, sich durch einen Vertreter vertreten zu lassen. Dabei könnte es sich um Gewerkschaften oder andere Arbeitnehmervertreter handeln. Gibt es keine Arbeitnehmervertreter, so sollten sich die Arbeitnehmer durch einen Vertreter ihrer Wahl vertreten lassen können. Die Mitgliedstaaten sollten die Möglichkeit haben, ihre nationalen Gegebenheiten und unterschiedliche Rollen bei der Arbeitnehmervertretung zu berücksichtigen."

Damit könnte man auf die Idee kommen, dass die Richtlinie mittelbar auch in Fällen, in denen keine Tarifbindung sowie keine betriebliche Arbeitnehmervertretung besteht, zur Schaffung geeigneter Beteiligungsstrukturen verpflichtet. Dieser Gedanke überzeugt jedoch nicht, da der Arbeitgeber in den Fällen, in denen er mit dem Betriebsrat sprechen muss (pay review, etc.) das Gremium nicht als Vertreter der Arbeitnehmer agiert. Daher laufen die Regelungen für Betriebe, in denen kein Betriebsrat besteht, schlicht leer, soweit sie eine Mitwirkung der Arbeitnehmervertreter vorsehen. Der Arbeitgeber führt dann die entsprechenden Regelungen (allein) aus und durch.

Anhand des entstehenden Vakuums könnte man daran denken, dass die tarifzuständige Gewerkschaft in diesem Fall die Arbeitnehmervertretung im

Sinne der ETRL darstellen soll. Das würde jedoch einen Verstoß gegen die Tarifautonomie im Sinne des Art. 9 Abs. 3 GG darstellen.[553]

V. Ausblick auf die Zusammenarbeit mit den Arbeitnehmervertretungen

Die effektive Umsetzung der ETRL erfordert nicht nur gesetzliche Anpassungen, sondern auch strukturelle Veränderungen innerhalb der Unternehmen. Eine zentrale Rolle kommt hierbei den betrieblichen und tariflichen Arbeitnehmervertretungen zu. Die Richtlinie sieht vor, dass objektive und geschlechtsneutrale Entgeltbewertungs- und Festlegungssysteme unter Einbeziehung der Arbeitnehmervertretungen entwickelt werden sollen (Art. 4 Abs. 4 ETRL). Eine konstruktive Zusammenarbeit zwischen Arbeitgebern und Arbeitnehmervertretungen sieht die ETRL daher als unerlässlich an, um Akzeptanz und Rechtskonformität gleichermaßen zu gewährleisten.

Wie diese Beteiligungspflichten im Einzelnen umgesetzt werden, bleibt jedoch der bevorstehenden nationalen Gesetzgebung vorbehalten. In betriebsratslosen und nicht tarifgebundenen Unternehmen sollte von einer Überregulierung jedoch abgesehen werden und insbesondere keine zusätzliche „Adhoc-Gremienlandschaft“ o. Ä. geschaffen werden.

553 Ebenso *Flöter/Heimann*, BB 2025, 2164, 2170 f.

4. Geheimhaltungsverpflichtungen in Arbeitsverträgen

Sophie Haubold, Maître en droit (Université Paris XII)

Geheimhaltungsverpflichtungen in Arbeitsverträgen verfolgen das Ziel, Arbeitnehmer zur Wahrung von Geschäfts- und Betriebsgeheimnissen zu verpflichten – und zwar typischerweise nicht nur für die Dauer des bestehenden Arbeitsverhältnisses, sondern auch über dessen Ende hinaus. Sie dienen dem Schutz sensibler Informationen gegenüber Dritten sowie gegenüber unternehmensinternen, nicht autorisierten Mitarbeitern.

Geheimhaltungsverpflichtungen stehen dabei im Spannungsfeld zwischen Arbeitgeber- und Arbeitnehmerinteressen: Auf der einen Seite steht das legitime Interesse des Arbeitgebers am Schutz seiner Betriebs- und Geschäftsgeheimnisse – sensible Informationen wie Kundenlisten, Preisstrategien, technische Verfahren oder interne Abläufe sollen insbesondere zum Schutz des unternehmenseigenen Geschäftsmodells nicht in die Hände von Wettbewerbern geraten. Zuweilen steht hier nicht weniger als die wirtschaftliche Existenz des Unternehmens auf dem Spiel. Auf der anderen Seite steht das berechtigte Interesse des Arbeitnehmers, sich unter anderem in seiner beruflichen Entwicklung und der Ausübung seiner grundgesetzlich geschützten Berufsfreiheit aus Art. 12 GG nicht einschränken bzw. behindern zu lassen.

Teilweise wird in Arbeitsverträgen explizit geregelt, dass sich die Geheimhaltungsvereinbarung (im Folgenden auch „Geheimhaltungsklausel“) auch auf die individuelle Vergütung erstreckt. Eine solche allenfalls im Interesse des Arbeitgebers liegende Regelung zielt augenscheinlich darauf ab, Gehaltsvergleiche unter Beschäftigten zu unterbinden und so zu vermeiden, dass einzelne Arbeitnehmer mitunter kostenintensive Anpassungsforderungen stellen könnten. Die Rechtswirksamkeit solcher Regelungen ist umstritten, stehen sie doch offensichtlich im Konflikt zu den Equal-Pay-Bemühungen des nationalen sowie des europäischen Gesetzgebers. In diesen Fällen tritt zu dem oben aufgezeigten Spannungsfeld noch das berechtigte Arbeitnehmerinteresse hinzu, etwaigen Benachteiligungen im Hinblick auf Entwicklung und Entlohnung im bestehenden Arbeitsverhältnis durch eine klare Informationslage vorzubeugen und entgegenzuwirken.

Im Zusammenhang mit der ETRL und deren bevorstehender Umsetzung in nationales Recht (bis spätestens 7.6.2026), wird in zahlreichen Veröffentlichungen kommentiert, dass die ETRL eine Anpassung der arbeitsvertraglichen Geheimhaltungsklauseln vorschreibe. Dieser Frage gehen wir im Folgenden auf den Grund. Zur besseren Einordnung stellen wir nachfolgend zunächst bestehende Anforderungen an wirksame Geheimhaltungsvereinbarungen in Arbeitsverträgen dar (siehe hierzu → I.) und gehen sodann auf die Sonderthematik der Erstreckung dieser Geheimhaltungsvereinbarung auf die Vergütung ein (siehe hierzu → II.).

I. Derzeitige Rechtslage: Überblick über Anforderungen an wirksamen Geheimnisschutz

1. Maßgeblicher Rechtsrahmen

Die arbeitsvertragliche Pflicht des Arbeitnehmers zur Verschwiegenheit begreift das deutsche Arbeitsrecht als eine wichtige Nebenpflicht.[554] Dabei gilt: Der Arbeitnehmer ist auch in Abwesenheit einer expliziten (arbeits-) vertraglichen Geheimhaltungsvereinbarung unmittelbar aus dem Arbeitsvertrag i.V.m. §241 Abs.2 BGB dazu verpflichtet, Betriebs- und Geschäftsgeheimnisse für sich zu behalten, also solche Informationen, die

1. im Zusammenhang mit dem Geschäftsbetrieb stehen,
2. nur einem eng begrenzten Personenkreis bekannt und nicht offenkundig sind und
3. die nach dem (ausdrücklich oder konkludent) bekundeten Willen des Arbeitgebers aufgrund eines berechtigten wirtschaftlichen Interesses geheim zu halten sind.[555]

Neben technischem Know-how, Umsatzinformationen, Preiskalkulationen oder Herstellungsverfahren sind hiervon z.B. auch Informationen zu Kundenbeziehungen und Kundendaten erfasst. Durch diese gesetzliche Verpflichtung wird dem berechtigten Interesse des Arbeitgebers am Schutz seiner Betriebs- und Geschäftsgeheimnisse Rechnung getragen. Dementsprechend kann der Arbeitgeber Verletzungen der von Gesetzes wegen bestehenden Geheimhaltungsverpflichtung im bestehenden Arbeitsverhältnis im Einzelfall arbeitsrechtlich sanktionieren. Je nach Einzelfall können als Sanktionen eine Abmahnung oder ggf. auch eine (außerordentliche) Kündigung gerechtfertigt sein. Zudem kann der Arbeitgeber sein Interesse an künftiger Geheimhaltung der betreffenden Informationen im Wege der Unterlassungsklage geltend machen. Gegebenenfalls kommen auch Schadensersatzansprüche des Arbeitgebers gegen den Arbeitnehmer in Betracht.

Es empfiehlt sich jedoch, die bereits gesetzlich vorgeschriebene Verschwiegenheitspflicht zusätzlich in den Arbeitsvertrag aufzunehmen, um die

554 *Joussen*, in: BeckOK ArbR, §611a BGB Rn.463; BAG, 27.11.2008 – 2 AZR 193/07, NZA 2009, 671, 674.

555 BAG, 16.3.1982 – 3 AZR 83/79, AP BGB §611 Betriebsgeheimnis Nr. 1.

Verschwiegenheitsplicht zu konkretisieren und den Schutz der Geschäftsgeheimnisse – insbesondere mit Blick auf die Regelungen des Gesetzes zum Schutz von Geschäftsgeheimnissen (GeschGehG, näheres hierzu im Folgenden) zu stärken. Arbeitsvertragliche Geheimhaltungsvereinbarungen sind ein wichtiger Baustein der Absicherung im arbeitsrechtlichen Maßnahmenportfolio. Daneben können sie auch dabei helfen, Missverständnisse zwischen Arbeitgeber und Arbeitnehmer zu vermeiden und als zusätzliche psychologische Hürde der Verbreitung von Geschäftsgeheimnissen entgegenwirken.

Den Dreh- und Angelpunkt für den gesetzlichen Schutz von Geschäftsgeheimnissen bildet das Gesetz zum Schutz von Geschäftsgeheimnissen. Dieses dient dem Schutz von Geschäftsgeheimnissen vor unerlaubter Erlangung, Nutzung und Offenlegung (siehe § 1 Abs. 1 GeschGehG) und hat die §§ 17 ff. aF des Gesetzes gegen den unlauteren Wettbewerb (UWG) als Schutz- und Sanktionsregime abgelöst. Das in Umsetzung der Geheimnisschutz-Richtlinie (EU) 2016/943 erlassene GeschGehG dient dabei explizit (nur) dem Schutz solcher Informationen, die gem. § 2 Nr. 1 GeschGehG

- weder insgesamt noch in der genauen Anordnung und Zusammensetzung ihrer Bestandteile den Personen in den Kreisen, die üblicherweise mit dieser Art von Informationen umgehen, allgemein bekannt oder ohne Weiteres zugänglich und daher von wirtschaftlichem Wert sind,
- die Gegenstand von den Umständen nach angemessenen Geheimhaltungsmaßnahmen durch ihren rechtmäßigen Inhaber sind und
- bei denen ein berechtigtes Interesse an der Geheimhaltung besteht.

Im Gegenzug bietet das GeschGehG ein breites Repertoire an Reaktionen und Sanktionen für den Geheimnisinhaber. Für den Arbeitgeber ist es daher erstrebenswert, dass die aus seiner Sicht vertraulich zu behandelnden Informationen dem Anwendungsbereich dieses Gesetzes unterfallen. Da der Schutz des GeschGehG sich nur auf solche Informationen erstreckt, hinsichtlich derer der Geheimnisinhaber angemessene Geheimhaltungsmaßnahmen trifft, ist die Einführung ebensolcher Geheimnisschutzmaßnahmen von maßgeblicher Bedeutung. Den Kern solcher Schutzmaßnahmen bilden dabei wirksame Geheimhaltungsvereinbarungen in Arbeitsverträgen.

2. „Catch-All"-Klauseln unzureichend

Eine wirksame Formulierung von Geheimhaltungsvereinbarungen setzt wiederum voraus, dass die Vereinbarung sich auf den Schutz von Geschäftsgeheimnissen i. S. d. § 2 GeschGehG (siehe oben) beschränkt.

Hierfür ungenügend sind die in der Praxis leider immer noch weit verbreiteten sog. „Catch-All"-Klauseln, die den Arbeitnehmer ohne ausreichende

Differenzierung generell verpflichten, über alle Informationen zu schweigen, von denen er im Zusammenhang mit seiner Tätigkeit für den Arbeitgeber Kenntnis erlangt. Ein Negativ-Beispiel einer solchen Klausel ist das folgende:

> „Der Arbeitnehmer wird während sowie nach Beendigung seines Arbeitsverhältnisses verpflichtet, über alle Betriebs- und Geschäftsgeheimnisse sowie alle sonstigen ihm im Rahmen seiner Tätigkeit zur Kenntnis gelangenden Angelegenheiten und Vorgänge der Gesellschaft Stillschweigen zu bewahren. Er wird dafür Sorge tragen, dass Dritte nicht unbefugt Kenntnis erlangen."

Arbeitgeber, die solch pauschale, weitgreifende Klauseln in ihren Arbeitsverträgen verwenden, sollten auch im Hinblick auf Altverträge umgehend nachbessern. Denn die Rechtsprechung kontrolliert vertragliche Verschwiegenheitspflichten hinsichtlich ihres Umfangs kritisch.[556] Dabei wägt sie sorgfältig ab zwischen den Interessen des Arbeitgebers an einer vertraglichen Erweiterung der von Gesetzes wegen bestehenden Geheimhaltungspflicht und den entgegenstehenden Interessen des Arbeitnehmers. Zudem sind Geheimhaltungsklauseln in Arbeitsverträgen häufig als AGB zu qualifizieren. Als solche müssen sie dem Transparenzgebot (§ 307 Abs. 1 Satz 2 BGB) entsprechen, d. h. mit hinreichender Deutlichkeit erkennen lassen, welche Verhaltensweisen dem Arbeitnehmer verboten sind. Außerdem dürfen sie den Arbeitnehmer nicht unangemessen benachteiligen (§ 307 Abs. 1 Satz 1 BGB). Diese Anforderungen erfüllen sog. „Catch-All"-Klauseln wie die oben beispielhaft dargestellte nicht, denn sie verpflichten den Arbeitnehmer zu unendlicher und uneingeschränkter Verschwiegenheit und damit auch zum Stillschweigen über solche Umstände, an deren Geheimhaltung der Arbeitgeber überhaupt kein (berechtigtes) Interesse hat. In der Folge sind solche Klauseln eindeutig unwirksam.[557]

3. Tipps zur Gestaltung einer wirksamen Geheimhaltungsklausel

Für eine wirksame Gestaltung sind insbesondere folgende Aspekte zu beachten:

- Zunächst ist § 2 Nr. 1 GeschGehG nachzuzeichnen: Es empfiehlt sich, die Anforderungen dieser Norm wörtlich zu übernehmen. Jedenfalls sollte

---

556 BAG, 17.10.2024 – 8 AZR 172/23, NZA 2025, 112; LAG Köln, 28.9.2022 – 11 Sa 128/22, BeckRS 2022, 50817; LAG Köln, 2.12.2019 – 2 SaGa 20/19, ArbAktuell 2020, 395; LAG Rheinland-Pfalz, 21.2.2013 – 2 Sa 386/12, ZD 2013, 460.

557 BAG, 19.5.1998 – 9 AZR 394/97, NZA 1999, 200; BAG, 17.10.2024 – 8 AZR 172/23, NZA 2025, 112.

eine Geheimhaltungsklausel Bereichsausnahmen für allgemein bekannte Informationen vorsehen.

- Darüber hinaus muss der Arbeitnehmer genau erkennen können, welche Informationen zum Bereich der geschützten Geschäftsgeheimnisse gehören. Hierzu kann z. B. eine Auflistung der verschiedenen Kategorien von Informationen, welche der Arbeitgeber für schützenswert erachtet, aufgenommen werden.
- Zudem sind Ausnahmen von der Geheimhaltungspflicht vorzusehen für Fälle, in denen die Offenlegung zum Schutz eines berechtigten Interesses i. S. d. § 5 GeschGehG erfolgt, oder in denen der Arbeitnehmer zur Offenlegung aufgrund gesetzlicher Vorschriften oder behördlicher Anordnungen verpflichtet ist.

Mit Blick auf die vom GeschGehG geforderte abwägende Entscheidung kann es zudem sinnvoll sein, zwischen verschiedenen Mitarbeitergruppen abzuwägen und jeweils unterschiedliche Regelungen zu treffen.[558] Unterschiedliche Anforderungen an die Geheimhaltungsvereinbarung können sich etwa bei Tätigkeit eines Arbeitnehmers im Home-Office ergeben: Die faktische Zutrittsmöglichkeit Unbefugter und (zusätzliche) Gefahren bei der Datensicherheit gebieten im Vergleich zur Tätigkeit im Betrieb die Einhaltung höherer/anderer Sicherheitsstandards.

Gerade für Arbeitnehmer, die in besonders sensiblen Bereichen beschäftigt sind, kann es sich empfehlen, eine Vertragsstrafe mit aufzunehmen. Diese verschafft – sofern sie nicht zu hoch bemessen und daher unwirksam ist – dem Arbeitgeber nicht nur weitere Rechtsschutzoptionen, sondern bildet ferner auch eine zusätzliche (psychologische) Hürde gegen den Verrat von Geschäftsgeheimnissen.

4. Weitere erforderliche Schutzmaßnahmen

Vertragliche Geheimhaltungsverpflichtungen allein bewirken jedoch keinen hinreichenden Geheimnisschutz. Vielmehr bilden sie auch bei rechtswirksamer Formulierung lediglich das Fundament des Geheimnisschutzes im Arbeitsverhältnis. Darauf aufbauend müssen Unternehmen angemessene technische und organisatorische Maßnahmen zum Geheimnisschutz ergreifen und diese regelmäßig überprüfen und weiterentwickeln. Solche erforderlichen Maßnahmen umfassen etwa physische Zugangsbeschränkungen sowie Weisungen, allg. unternehmensseitige Vorgaben und Mitarbeiterschulungen auf Basis eines stets zu aktualisierenden Schutzkonzepts.[559] Ein wichtiger Aspekt eines guten Schutzkonzeptes ist, dass ein aktuelles Berechtigungs-

558 *Fuhlrott/Hiéramente*, DB 2019, 967.
559 *Fuhlrott*, in: BeckOK GeschGehG, § 2 Rn. 39, 52.

konzept existiert. Dieses sollte klar festlegen, welche Arbeitnehmer Zugriff auf welche Informationen haben. Auf diese Weise behält der Arbeitgeber den Überblick, wer mit welchen sensiblen Daten in Berührung kommt, und kann entsprechende Maßnahmen treffen.

Wie wichtig ein angemessenes Schutzkonzept ist, zeigt auch ein aktuelles Urteil des BAG vom 17.10.2024:[560] Obwohl der betroffene Arbeitnehmer bereits seit 1988 beim Arbeitgeber beschäftigt war, die beanstandeten Handlungen in eine Zeit vor Inkrafttreten des GeschGehG fielen und das Arbeitsverhältnis bereits beendet war, prüfte das Gericht den Unterlassungsanspruch des Arbeitgebers dennoch am Maßstab des § 6 GeschGehG. Der Arbeitgeber scheiterte mit seinem Anspruch auf Unterlassung der Weitergabe sensibler Geschäftsinformationen – unter anderem, weil er veraltete Vertragsklauseln verwendet hatte und keine genügenden aktuellen Schutzmaßnahmen nachweisen konnte. Dieser Fall veranschaulicht: Arbeitgeber dürfen sich nicht mit der einmaligen Einführung von (zum Einführungszeitpunkt geeigneten und angemessenen) Schutzmaßnahmen zufriedengeben, sondern müssen die Einführung und Fortführung angemessener Schutzmaßnahmen als dynamischen Prozess verstehen. Ob Schutzmaßnahmen angemessen sind, hängt von der Art des Geschäftsgeheimnisses und den konkreten Umständen der Nutzung im Einzelfall ab. Kriterien sind der wirtschaftliche Wert des Geschäftsgeheimnisses, die Entwicklungskosten, die Bedeutung für das Unternehmen, die Größe und Leistungsfähigkeit des Unternehmens sowie die Branchenüblichkeit bestimmter Sicherheitsstandards.[561] Die Devise sollte dabei sein: Je wertvoller das Geschäftsgeheimnis, desto weitreichender werden die Schutzmaßnahmen ausgestaltet.

Selbstredend ist auch die Nachhaltung der Vorgaben in Form der arbeitgeberseitigen Überwachung und Kontrolle ein wichtiger Aspekt des Geheimnisschutzes im Arbeitsverhältnis.[562]

5. Nachvertraglicher Geheimnisschutz

Das Spannungsfeld zwischen arbeitgeberseitigen Geheimhaltungsinteressen und berechtigten Arbeitnehmerinteressen tritt am deutlichsten hervor, wo die Geheimhaltungsverpflichtung auch auf die Zeit nach Beendigung des Arbeitsverhältnisses erstreckt wird: Während der Arbeitnehmer bei einem Unternehmen beschäftigt ist, hat er seine Berufsausübungsfreiheit auf dieses Unternehmen konkretisiert und damit einhergehende Pflichten akzeptiert. Mit Beendigung des Arbeitsverhältnisses erlischt jedoch die allgemeine

560 BAG, 17.10.2024 – 8 AZR 172/23, NZA 2025, 112.
561 *Schmitt*, NZA-Beilage 2020, 50.
562 *Fuhlrott*, in: BeckOK GeschGehG, § 2 Rn. 62.

Treuepflicht des Arbeitnehmers und seine Berufsausübungsfreiheit lebt wieder auf.[563] Eine Einschränkung derselben durch den (bisherigen) Arbeitgeber ist daher mit besonderen Hürden verbunden.

Soweit sich die Verschwiegenheitsvereinbarung auf einzelne, konkret bestimmte oder bestimmbare Geschäftsgeheimnisse beschränkt, ist sie auch ohne Karenzentschädigung wirksam.[564] Bei einer generellen Verschwiegenheitsvereinbarung ohne konkrete Bezeichnung der Art des Geschäftsgeheimnisses hingegen wird die Berufsausübungsfreiheit des Arbeitnehmers derart eingeschränkt, dass ihm die reguläre Ausübung der Tätigkeit bei einem anderen Arbeitgeber nicht möglich wäre. Eine derartige Einschränkung ohne Kompensation stünde im Widerspruch zum gesetzlichen Konzept des nachvertraglichen Wettbewerbsverbots nach §§ 74 ff. HGB.[565]

II. Konkret: Vergütung als Geschäftsgeheimnis

1. Bisherige Rechtslage

Ein arbeitgeberseitiges Geheimhaltungsinteresse kann auch im Hinblick auf die seinen Arbeitnehmern gewährte Vergütung gegeben sein. Das BAG entschied in einem Urteil im Jahr 1987, dass Lohn- und Gehaltsdaten Teil der betriebswirtschaftlichen Kalkulation über Umsätze und Gewinnmöglichkeiten des Unternehmens sind und – unter Berücksichtigung der Besonderheiten des betroffenen Unternehmensbereichs – ein Geschäftsgeheimnis darstellen können.[566] Allerdings handelte es sich hierbei um eine absolute Einzelfallentscheidung, die als solche nicht verallgemeinerungsfähig ist. So wiesen sowohl das BAG als auch das Landesarbeitsgericht (LAG) in der Vorinstanz explizit auf die Besonderheit hin, dass es sich bei dem betroffenen Unternehmen um einen Zeitschriftenverlag handelte und führten aus, dass bei diesen die Kosten für redaktionelle Mitarbeiter typischerweise weitgehend mit den Produktionskosten identisch seien, sodass in diesem besonderen Fall die Lohn- und Gehaltsdaten besonders schutzbedürftig seien. Dennoch wurde in der juristischen Literatur betreffend diese Entscheidung zum Teil vertreten, es könne ihr die Wertung entnommen werden, Arbeitgeber hätten ein anzuerkennendes Interesse daran, dass ihre Arbeitnehmer Stillschweigen über ihre Vergütung bewahren.[567]

---

563 BGH, 21.12.1962 – I ZR 47/61, GRUR 1963, 367.
564 BAG, 16.3.1982 – 3 AZR 83/79, NJW 1983, 134.
565 BAG, 15.12.1987 – 3 AZR 474/86, NZA 1988, 502.
566 BAG, 26.2.1987 – 6 ABR 46/84, NZA 1988, 63.
567 *Reinfeld*, in: MAHB ArbR, § 34 Rn. 19.

Tatsächlich war jedoch bei Verschwiegenheitsvereinbarungen betreffend die Entgelthöhe schon seit jeher Vorsicht geboten. Insbesondere bietet das zitierte Urteil keinen Anknüpfungspunkt für die Annahme, Arbeitgeber hätten im Allgemeinen ein berechtigtes Interesse an der Geheimhaltung der Information über die Höhe der gewährten Löhne. Vielmehr war die Entscheidung des BAG allein auf die im konkreten Einzelfall vorliegende Konstellation gemünzt und ließ zu keinem Zeitpunkt allgemeine Rückschlüsse zu. In Abwägung der Interessen der Arbeitnehmer stellt das Ergebnis des BAG in diesem Fall vielmehr die Ausnahme dar; in der Regel wird kein berechtigtes Interesse des Arbeitgebers gegeben sein.[568]

Des Weiteren erfahren Verschwiegenheitsklauseln über die Gehaltshöhe eine Einschränkung über die §§ 305 ff. BGB (AGB-Kontrolle): Regelmäßig benachteiligen sie Arbeitnehmer unangemessen. Hintergrund ist, dass Arbeitnehmer ein berechtigtes Interesse daran, und aus § 7 AGG sowie §§ 3 und 7 EntgTranspG sogar einen Anspruch darauf haben, bei der Lohngestaltung nicht diskriminiert zu werden. Ein Vergleich mit den Bezügen der Kollegen ist dabei ein notwendiges Mittel, um die Vermeidung von Diskriminierung zu erreichen.[569]

Auch im Hinblick auf Art. 9 Abs. 3 GG ist eine Verschwiegenheitspflicht hinsichtlich der Lohnhöhe nicht haltbar, da der Arbeitgeber durch eine solche Verschwiegenheitspflicht die Weitergabe lohnrelevanter Informationen an die zuständige Gewerkschaft verhindern könnte. Sinnvolle Arbeitskämpfe gegen ein Unternehmen wären so nicht möglich, da die Gewerkschaft die Lohnstruktur nicht in Erfahrung bringen könnte.[570] Arbeitnehmer können nicht wirksam dazu verpflichtet werden, Verschwiegenheitsverpflichtungen einzuhalten, die sie daran hindern, eigene Rechte durchzusetzen.

2. Anpassungsbedarf aufgrund der ETRL

Vor dem Hintergrund der am 6.6.2023 in Kraft getretenen ETRL stellt sich für Arbeitgeber die dringende Frage, ob und inwieweit bestehende arbeitsvertragliche Verschwiegenheitsklauseln einer Überarbeitung bedürfen. Die Richtlinie verpflichtet die Mitgliedstaaten, bis spätestens zum 7.6.2026 nationale Regelungen zu schaffen, die sicherstellen, dass Arbeitnehmer nicht daran gehindert werden, Informationen über ihr Entgelt offenzulegen, um den Grundsatz des gleichen Entgelts für Männer und Frauen durchzusetzen.

568 Die Möglichkeit einer wechselseitigen Verständigung der Arbeitnehmer über ihre Gehaltsdaten als schützenswert voraussetzend auch BAG, 26.2.1987 – 6 ABR 46/84, NZA 1988, 63.
569 LAG Mecklenburg-Vorpommern, 21.10.2009 – 2 Sa 183/09, AuR 2010, 343.
570 LAG Mecklenburg-Vorpommern, 21.10.2009 – 2 Sa 183/09, BeckRS 2011, 65298.

Gem. Art. 7 Abs. 5 der ETRL dürfen Arbeitnehmer „nicht daran gehindert werden, ihr Entgelt offenzulegen, um den Grundsatz des gleichen Entgelts durchzusetzen." Ferner sind die Mitgliedstaaten gehalten, Maßnahmen zu treffen, „um Vertragsbedingungen zu verbieten, durch die Arbeitnehmer davon abgehalten werden, Informationen über ihr Entgelt offenzulegen."

Diese Regelung zielt ersichtlich darauf ab, Arbeitnehmern den offenen Austausch über Gehälter zu ermöglichen, um so strukturelle Lohnungleichheiten aufzudecken und zu beseitigen.

In der Praxis bedeutet dies, dass das EntgTranspG mit Umsetzung der Richtlinie in deutsches Recht um ein konkretes Verbot ergänzt werden könnte. Arbeitsvertragliche Verschwiegenheitsklauseln, die pauschal jede Weitergabe von Informationen über das Arbeitsverhältnis – einschließlich der Entgelthöhe – untersagen, wären dann auch wegen dieses Verbots unzulässig. Zwar entspricht dies inhaltlich – wie aufgezeigt – schon der ständigen Rechtsprechung; die ETRL schafft jedoch eine unionsrechtlich verbindliche Grundlage, die nach einer expliziten gesetzlichen Klarstellung verlangt.

Für Arbeitgeber ergibt sich daraus ein klarer Handlungsauftrag zur Überprüfung bestehender Geheimhaltungsvereinbarungen: Wo erforderlich, sind diese anzupassen – sowohl in Musterverträgen, auf deren Basis künftige Arbeitsverhältnisse eingegangen werden, als auch im laufenden Arbeitsverhältnis. Hierbei sind nicht nur die Arbeitsverträge und Arbeitsvertragsmuster selbst, sondern das gesamte vertragliche Regelwerk in den Blick zu nehmen – denn zuweilen enthalten auch etwaige Zusatzvereinbarungen zu variablen Vergütungsbestandteilen oder unternehmens- oder konzernweit ausgerollte Vergütungsordnungen weitergehende Geheimhaltungsverpflichtungen. Hintergrund der erforderlichen Anpassung ist dabei nicht nur die Compliance mit geltendem Recht. Die Anpassung ist vielmehr auch erforderlich, um die Wirksamkeit und Durchsetzbarkeit der Geheimhaltungsvereinbarung im Rahmen ihrer zulässigen Ausgestaltung sicherzustellen. Je nach bisherigem Wording der Klausel kann z. B. erwogen werden, eine explizite Klarstellung aufzunehmen, dass Informationen zur individuellen Vergütung vom Anwendungsbereich der Verschwiegenheitspflicht ausgenommen sind, soweit deren Offenlegung zur Durchsetzung des Grundsatzes des gleichen Entgelts erforderlich ist.

Eine solche Klarstellung dient nicht nur der rechtlichen Absicherung, sondern fördert eine offene Unternehmenskultur, in der Transparenz und (Entgelt-)Gleichbehandlung aktiv gelebt werden. Arbeitgeber, die frühzeitig auf die zu erwartende gesetzliche Kodifizierung der bereits bisher geltenden Anforderungen reagieren, vermeiden also nicht nur rechtliche Risiken, sondern positionieren sich im Wettbewerb um Talente auch als fortschrittliche und faire Arbeitgeber.

III. Fazit

Die Umsetzung der Regelungen der ETRL in nationales Recht führt bei einer Vielzahl von Unternehmen zu einem umfangreichen Überprüfungs- und Anpassungsbedarf, insbesondere sind Entgeltstrukturen grundlegend anzupassen oder sogar neu einzuführen[571]. Ebenfalls hier einzuordnen ist die Notwendigkeit zur Überprüfung und ggf. Anpassung bestehender Geheimhaltungsvereinbarungen in Arbeits- und Dienstverhältnissen. Allerdings ergeben sich aus der ETRL wie gezeigt keine grundsätzlich neuen Anforderungen an die Rechtswirksamkeit von Geheimhaltungsvereinbarungen, insbesondere ist auch die Rechtsunwirksamkeit von Geheimhaltungsvereinbarungen betreffend Vergütungsinformationen im deutschen Arbeitsrecht nicht neu.

Stattdessen steht vielmehr zu erwarten, dass bereits jetzt geltende Anforderungen dann gesetzlich kodifiziert werden. Da die entsprechenden Anforderungen an Geheimhaltungsverpflichtungen schon heute bestehen, sind Arbeitgeber gut beraten, die Überprüfung der bestehenden vertraglichen Regelungen bereits jetzt (!) in Angriff zu nehmen. Dabei ist insbesondere darauf zu achten, dass die Klauseln hinreichend konkret und bestimmt sind. Allgemein gehaltene, pauschale „Catch-All"-Klauseln, die alle während der Tätigkeit bekannt gewordenen Geschäftsvorgänge und -daten undifferenziert als vertraulich einstufen, sind unwirksam, da sie den Arbeitnehmer unangemessen benachteiligen. Auch ist auf eine klare und verständliche Formulierung zu achten, um den Arbeitnehmern die Bedeutung und Tragweite der Geheimhaltungspflichten ausreichend zu verdeutlichen.

---

571 Hierzu bereits → Teil 2, Kap. 1.2 (*Reinhard/Vorbrodt*), unter I.

Kapitel 3 – Rechtsdurchsetzung und Sanktionen

1. Konsequenzen unzureichender Umsetzung

Ferdinand Groß und Dr. Anna Lohmann

I. Einleitung

Die ETRL verpflichtet die Mitgliedstaaten, wirksame Instrumente zur Durchsetzung von Entgeltgleichheit und Sanktionsmechanismen einzuführen. Ausgangspunkt und Grundüberlegung des Richtliniengebers verdeutlicht dabei Erwägungsgrund 11 der ETRL: Im Rahmen der Bewertung der Bestimmungen der sog. Gleichbehandlungs-Richtlinie vom 5.7.2006 – RL 2006/54/EG sei festgestellt worden, dass die Anwendung des Grundsatzes des gleichen Entgelts u. a. durch Verfahrenshindernisse für Diskriminierungsopfer behindert werde. Daher müssen gerichtliche Verfahren *„leicht zugänglich"*, Art. 14 Satz 2 ETRL, und Sanktionen *„abschreckend"*, Art. 23 Abs. 1 ETRL, sein. Die 13 Vorschriften des dritten Kapitels der ETRL bilden damit ein Kernelement der Richtlinie.[572]

II. Rechtsschutz

Wesentlicher Bestandteil sind die weitreichenden Vorgaben der ETRL zu kollektiver Rechtsdurchsetzung und Beweiserleichterungen zugunsten von Arbeitnehmern. Ihre Umsetzung in nationales Recht dürfte tief in die bislang im deutschen Arbeitsrecht geltenden Strukturen eingreifen und könnte das Prozessgeschehen in Entgeltstreitigkeiten grundlegend verändern.

1. Unterstützung von Arbeitnehmern durch Verbände und Gleichbehandlungsstellen

Nach Art. 15 Satz 1 ETRL haben die Mitgliedstaaten sicherzustellen, dass Verbände, Organisationen, Gleichbehandlungsstellen (vgl. Art. 28 ETRL) und Arbeitnehmervertreter oder andere juristische Personen, die gemäß den im nationalen Recht festgelegten Kriterien ein berechtigtes Interesse an der Gewährleistung der Gleichstellung von Männern und Frauen haben, sich an Verwaltungs- und Gerichtsverfahren betreffend eine mutmaßliche Verletzung der Rechte oder Pflichten im Zusammenhang mit dem Grundsatz des gleichen Entgelts beteiligen können. Diese können mit Zustimmung eines Arbeitnehmers, der mutmaßliches Opfer einer Verletzung von Rechten

---

572 *Jung*, RdA 2024, 89, 92.

oder Pflichten im Zusammenhang mit dem Grundsatz des gleichen Entgelts ist, im Namen oder zur Unterstützung dieser Person handeln, Art. 15 Satz 2 ETRL.

Die in Art. 15 Satz 1 ETRL aufgeführten Institutionen sollen ausweislich Erwägungsgrund 47 der ETRL die Möglichkeit haben, Einzelpersonen (außergerichtlich und gerichtlich) zu vertreten. Die Ausgestaltung der Verfahrensvorschriften für die Rechtsdurchsetzung obliegt zwar nach dem Wortlaut der Vorschrift den Mitgliedstaaten,[573] jedoch macht Art. 15 Satz 2 ETRL insoweit Umsetzungsvorgaben, als die in Art. 15 Satz 1 ETRL aufgeführten Interessenvertreter nicht nur „*zur Unterstützung*“, sondern „*im Namen*“ des betroffenen Beschäftigten handeln, d. h. diesen sowohl außergerichtlich als auch als Prozessbevollmächtigte vertreten können sollen.

Für den außergerichtlichen Bereich ist in Deutschland die Erbringung von Rechtsdienstleistungen im Rechtsdienstleistungsgesetz (RDG) geregelt. Das RDG legt fest, dass nur Personen, die über die erforderliche Qualifikation verfügen (i. d. R. die Befähigung zum Richteramt), Rechtsdienstleistungen erbringen dürfen, § 7 Abs. 2 RDG. Zudem erlaubt es bestimmten Organisationen, wie Verbraucherzentralen und öffentlich geförderten Verbänden, die Erbringung von Rechtsdienstleistungen im Rahmen ihres Aufgabenbereichs, § 8 Abs. 1 RDG. Hierunter wird sich auch die Gleichbehandlungsstelle fassen lassen.

Im Arbeitsrecht spielen mit Verbraucherzentralen vergleichbare Organisationen bislang keine Rolle. In der Regel erfolgt die außergerichtliche Vertretung auf Arbeitnehmerseite durch Rechtsanwälte und Gewerkschaften bzw. deren Rechtsschutzgesellschaften. Diese sind dann nach § 11 Abs. 2 Arbeitsgerichtsgesetz (ArbGG) auch zur Prozessvertretung im arbeitsgerichtlichen Verfahren befugt. Es ist daher zu erwarten, dass § 11 Abs. 2 ArbGG um die Gleichbehandlungsstelle erweitert wird, soweit diese Arbeitnehmer in Rechtsstreitigkeiten im Zusammenhang mit dem Grundsatz des gleichen Entgelts vertritt.

2. Kollektive Rechtsdurchsetzung

Zur Verbesserung der Durchsetzungsmechanismen und des Zugangs zu Rechtsschutz sieht Art. 15 Satz 2 ETRL zudem eine Kollektivierung der Rechtsdurchsetzung vor. Dadurch sollen verfahrenstechnische und finanzielle Hindernisse sowie die Furcht vor Viktimisierung, mithin das strukturelle Ungleichgewicht zwischen Arbeitgeber und Arbeitnehmer,[574] besei-

573 Art. 14 Satz 1 ETRL: „*Die Mitgliedstaaten stellen sicher…*“, „*… im nationalen Recht festgelegten Kriterien …*“.

574 *Jung*, RdA 2024, 89, 92.

tigt werden.[575] Erwägungsgrund 48 sieht in diesem Zusammenhang zudem ausdrücklich vor, dass auch die Geltendmachung von Ansprüchen mehrerer Arbeitnehmer und Sammelklagen möglich sein soll.

a) Bisher: nur eingeschränkte Kollektivierung der Rechtsdurchsetzung im Arbeitsrecht

Der Begriff der Sammelklage ist im deutschen Recht nicht legaldefiniert. Er wird in der Regel rechtsvergleichend verwendet, um Verfahren zu beschreiben, die der US-amerikanischen „class action" entsprechen. Diese ist ein Rechtsinstitut des kollektiven Rechtsschutzes, das bislang weder im europäischen noch im deutschen Rechtsraum existiert und dazu führt, dass Tat- und Rechtsfragen, die für eine Vielzahl von Betroffenen von Bedeutung sein können, für alle einheitlich geklärt werden.[576]

In Deutschland gibt es hingegen andere Instrumente kollektiver Rechtsdurchsetzung, von denen einige kurz skizziert werden sollen:

- Im Kapitalmarktrecht eröffnet das Kapitalanleger-Musterverfahrensgesetz (KapMuG) die Möglichkeit, in Musterverfahren wegen falscher, irreführender oder unterlassener öffentlicher Kapitalmarktinformationen Tatsachen- und Rechtsfragen, die sich in Schadensersatzprozessen gleichlautend stellen, einheitlich durch das Oberlandesgericht mit Bindungswirkung klären zu lassen.
- Im öffentlichen Recht bestehen insbesondere Verbandsklagerechte nach dem Umwelt-Rechtsbehelfsgesetz (UmwRG) für anerkannte Umweltverbände. Mit dem am 15.12.2006 in Kraft getretenen UmwRG setzte der Gesetzgeber Regelungen der europäischen Öffentlichkeitsbeteiligungs-Richtlinie 2003/35/EG vom 26.5.2003 um.
- Im Bereich des Wettbewerbs- und Datenschutzrechts besteht für bestimmte Verbände die Möglichkeit, Unterlassungs- und Beseitigungsansprüche gerichtlich durchzusetzen. So können nach § 8 Abs. 3 Nr. 2, 3 UWG und dem Unterlassungsklagegesetz (UKlaG) qualifizierte Wirtschafts- bzw. Verbraucherverbände gegen unlautere geschäftliche Handlungen oder verbraucherrechtswidrige AGB vorgehen. Im Datenschutzrecht eröffnet § 2 Abs. 2 Nr. 13 UKlaG Verbraucherverbänden die Möglichkeit, Verletzung datenschutzrechtlicher Vorschriften im eigenen Namen oder im Namen Betroffener gerichtlich geltend zu machen.
- Von zentraler Bedeutung ist schließlich im Verbraucherrecht das Gesetz zur Umsetzung der Richtlinie (EU) 2020/1828 über Verbandsklagen zum

575 Erwägungsgrund 48 der ETRL.

576 *Scherer*, in: Köhler/Feddersen, Gesetz gegen den unlauteren Wettbewerb, VDuG Vor § 1 Rn. 33.

Schutz der Kollektivinteressen von Verbrauchern etc. vom 8.10.2023,[577] einem Artikelgesetz, mit dem u.a. das Verbraucherrechtedurchsetzungsgesetz (VDuG) eingeführt wurde. Nach § 1 Abs. 1 VDuG können klageberechtigte Stellen, d.h. vor allem qualifizierte Verbraucherverbände (§ 2 Abs. 1 Nr. 1 VDuG) in bürgerlichen Rechtsstreitigkeiten, die Ansprüche und Rechtsverhältnisse einer Vielzahl von Verbrauchern gegen einen Unternehmer betreffen, eine Abhilfeklage oder eine Musterfeststellungsklage erheben (sog. Verbandsklage). Die Abhilfeklage ist eine Leistungsklage und bspw. auf Zahlung von Schadensersatz oder die Vornahme einer Handlung wie Reparatur oder Ersatzleistung gerichtet, § 14 VDuG.[578] Der Verbraucher erhält dadurch „Abhilfe", ohne selbst klagen zu müssen.[579] Die Musterfeststellungsklage ist auf Feststellung des Vorliegens oder Nichtvorliegens von tatsächlichen und rechtlichen Voraussetzungen für das Bestehen oder Nichtbestehen von Ansprüchen oder Rechtsverhältnissen zwischen einem Verbraucher und einem Unternehmer gerichtet (§ 41 Abs. 1 VDuG). Sie entbindet den Verbraucher nicht davon, ausgehend von dem Musterfeststellungsurteil, den Unternehmer auf Leistung zu verklagen.

Im Arbeitsrecht existiert derzeit dagegen noch kein gesetzliches Instrument kollektiver Rechtsdurchsetzung. Zwar gibt es auch hier immer wieder gerichtliche Massenverfahren, insbesondere Leistungsklagen im Zusammenhang mit kollektiv-rechtlichen Rechtsgrundlagen (Tarifverträge, Betriebsvereinbarungen) und im Betriebsrentenrecht. Jedoch können die Abhilfe- bzw. Feststellungsklage nach dem VDuG hierzu nicht herangezogen werden. Denn auch wenn der Wortlaut von § 1 Abs. 1 VDuG („*In bürgerlichen Rechtsstreitigkeiten, die Ansprüche und Rechtsverhältnisse einer Vielzahl von Verbrauchern gegen einen Unternehmer betreffen…*") auf den ersten Blick etwas anderes vermuten lässt, finden die Vorschriften des VDuG auf arbeitsrechtliche Streitigkeiten keine Anwendung.[580]

Bei gleichgelagerten Sachverhalten und Rechtsfragen werden daher häufig sogenannte Pilotverfahren geführt, deren Ergebnis dann auf die weiteren Verfahren übertragen wird – sei es durch entsprechende Entscheidungen oder Vergleichsabschlüsse. Pilotverfahren sind jedoch nicht institutionalisiert, sie hängen daher maßgeblich von den Prozessbeteiligten ab. Denkbar, jedoch in der Praxis weitaus seltener, ist zudem, dass bei identischen

---

577 BGBl. 2023 I Nr. 272.

578 *Scherer*, in: Köhler/Feddersen, Gesetz gegen den unlauteren Wettbewerb, VDuG, § 14 Rn. 5, Fn. 577.

579 *Scherer*, in: Köhler/Feddersen, Gesetz gegen den unlauteren Wettbewerb, VDuG, § 14 Rn. 15, Fn. 577.

580 BT-Drs. 20/6520 vom 24.4.2023, S. 68; *Scherer*, in: Köhler/Feddersen, Gesetz gegen den unlauteren Wettbewerb, VDuG, Vor § 1 Rn. 2, Fn. 577.

Lebenssachverhalten (bspw. Massenentlassungen bei Betriebsschließungen) mehrere Kläger als Streitgenossen Klage erheben (subjektive Klagehäufung).[581]

Unüblich ist die kollektive Rechtsdurchsetzung bislang im Bereich der Entgeltgleichheit und der Diskriminierung, da sowohl das EntgTranspG als auch das AGG den individuellen Anspruch als Anknüpfungspunkt zur Rechtsdurchsetzung festlegen.

b) Mögliche Umsetzung in nationales Recht

Mit Blick auf den Wortlaut von Art. 15 ETRL ist damit zu rechnen, dass der deutsche Gesetzgeber ein Verbandsklagerecht als besondere Form der Prozessstandschaft mit den aus dem VDuG bekannten Instrumenten der Abhilfe- und Musterfeststellungsklage einführen wollen könnte. Beide Klagearten wären geeignet, um die Vorgaben der ETRL zur Rechtsdurchsetzung umzusetzen und den Zugang zu Verfahren zu erleichtern. Dabei ist auch zu berücksichtigen, dass gerade Verbandsklagen geeignet sind, mit einer öffentlichen Breitenwirkung einherzugehen und Reputationsrisiken für Arbeitgeber zu begründen.[582]

Unwahrscheinlich erscheint es daher, dass der Gesetzgeber die Möglichkeit einer Gruppen- bzw. Sammelklage mehrerer Arbeitnehmer nach US-amerikanischem Vorbild schaffen wird. Diese ist nicht nur im europäischen Rechtsraum nicht bekannt,[583] sondern es bedarf ihrer bei der Einführung einer Abhilfe- und Musterfeststellungsklagemöglichkeit nach dem Vorbild des VDuG dann nicht.

3. Beweiserleichterungen zu Gunsten des Arbeitnehmers

Um die Effektivität der Umsetzung des Anspruchs auf gleiches Entgelt sicherzustellen, werden die Mittel der Rechtsdurchsetzung in Art. 18 bis 20 ETRL durch verschiedene Formen der Beweiserleichterungen für Arbeitnehmer ergänzt.

a) Überblick

Nach Art. 18 Abs. 1 ETRL soll, für den Fall, dass ein Arbeitnehmer, der sich durch die Nichtanwendung des Grundsatzes des gleichen Entgelts in seinen Rechten verletzt hält und Tatsachen glaubhaft macht, die das Vorliegen

---

581 LAG Berlin, 27.4.2006 – 17 Ta (Kost) 6012/06.

582 Kritisch daher *Flöter/Heimann*, BB 2025, 2164, 2174.

583 *Scherer*, in: Köhler/Feddersen, Gesetz gegen den unlauteren Wettbewerb, VDuG, Vor § 1 Rn. 33, Fn. 577.

einer unmittelbaren oder mittelbaren Diskriminierung vermuten lassen, der Arbeitgeber nachweisen müssen, dass keine entsprechende Diskriminierung vorliegt.

Die Notwendigkeit der Glaubhaftmachung der Vermutung einer Diskriminierung soll für den Arbeitnehmer dann entfallen, wenn der Arbeitgeber Transparenzpflichten nach Art. 5 bis 7, 9 und 10 ETRL nicht erfüllt hat, Art. 18 Abs. 2 Satz 1 ETRL. Zur weiteren Beweiserleichterung können daher bspw.

- die fehlende Zurverfügungstellung der Informationen für Bewerber, Art. 5 Abs. 1 ETRL,
- die Frage an den Bewerber nach dessen Gehaltsentwicklung, Art. 5 Abs. 2 ETRL,
- die Nichtzurverfügungstellung von Informationen zur Entgeltfestlegung, Entgelthöhen und Entgeltentwicklung, Art. 6 Abs. 1 ETRL,
- die Verletzung von Auskunftspflichten nach Art. 7 Abs. 1 oder Abs. 3 ETRL,
- die Verletzung der Berichtspflichten nach Art. 9 ETRL,
- die Verletzung von Pflichten im Zusammenhang mit der gemeinsamen Entgeltbewertung nach Art. 10 ETRL wie z. B. die Verweigerung von deren Durchführung oder Verletzung der Informationspflichten aus Art. 10 Abs. 3 ETRL führen.[584] Weist der Arbeitgeber nach, dass der Verstoß gegen die Transparenzpflichten „*offensichtlich unbeabsichtigt und geringfügig*" war, greift die weitere Beweiserleichterung für den Arbeitnehmer nicht, Art. 18 Abs. 2 Satz 2 ETRL. Es bleibt dann bei der Notwendigkeit der Glaubhaftmachung der Vermutung einer Diskriminierung nach Art. 18 Abs. 1 Satz 1 ETRL.
- Art. 19 ETRL enthält Regelungen, die dem Arbeitnehmer den Nachweis für gleiche oder gleichwertige Arbeit erleichtern. So sieht Art 19 Abs. 1 Satz 1 ETRL vor, dass für die Bestimmung einer „*vergleichbaren Situation*" im Rahmen der Bewertung von gleicher oder gleichwertiger Arbeit auch Arbeitnehmer anderer Arbeitgeber herangezogen werden können, sofern eine einheitliche Quelle der Entgeltbedingungen besteht. Eine solche Quelle kann etwa die Konzernmutter oder eine HR-Service-Gesellschaft im Konzern sein.[585] Nach Art. 19 Abs. 2 ETRL kommt es nicht darauf an, dass die vergleichbaren bzw. zu vergleichenden Arbeitnehmer zum gleichen Zeitpunkt beschäftigt sind bzw. waren. Wenn keine echte Vergleichsperson ermittelt werden kann, kann der Arbeitnehmer andere Beweismittel zum Nachweis einer mutmaßlichen Entgeltdiskriminierung

584 *Rolfs/Lex*, NZA 2023, 1353, 1358.

585 *Heimann/Weinzierl*, BB 2024, 884, 889; weitere Fallgruppen bei *Flöter/Heimann*, BB 2025, 2164, 2167.

heranziehen, Art. 19 Abs. 3 ETRL. Die Vorschrift ist nicht abschließend und benennt als Regelbeispiele Statistiken und „*Vergleiche darüber, wie ein Arbeitnehmer in einer vergleichbaren Situation behandelt würde*".

– Art. 20 ETRL sieht schließlich vor, dass Gerichte eine Anordnung treffen können sollen, nach der in Verfahren zu Ansprüchen auf gleiches Entgelt der Arbeitgeber „*einschlägige Beweismittel*", die sich in seiner „*Verfügungsgewalt*" befinden, offenlegt.

b) Umsetzung in nationales Recht erforderlich

Die in Art. 18 bis 20 ETRL enthaltenen Regelungen zur Beweiserleichterung bedürfen der Umsetzung in nationales Recht durch den Gesetzgeber. Dies gilt namentlich für Art. 18 ETRL, da die aktuell im Bereich der Entgeltdiskriminierung geltenden bzw. von der Rechtsprechung entwickelten Grundsätze zur Beweislasterleichterung nicht den Anforderungen der Richtlinie abschließend genügen.

Maßgeblich für Beweislasterleichterungen im Zusammenhang mit Klagen wegen Entgeltdiskriminierung sind aktuell § 22 AGG und § 15 Abs. 4 EntgTranspG:

– Wenn eine Partei Indizien beweist, die eine Benachteiligung wegen eines in § 1 AGG genannten Grundes vermuten lassen, trägt die andere Partei die Beweislast dafür, dass kein Verstoß gegen die Bestimmungen zum Schutz vor Benachteiligung vorgelegen hat, § 22 AGG.[586]
– Unterlässt der Arbeitgeber die Erfüllung seiner Auskunftspflicht nach dem EntgTranspG, trägt er nach § 15 Abs. 4 Satz 1 EntgTranspG die Beweislast dafür, dass kein Verstoß gegen das Entgeltgleichheitsgebot vorliegt.

In einer wegweisenden Entscheidung vom 21.1.2021 – 8 AZR 488/19 hatte das BAG die Beweiserleichterung nach § 22 AGG unionrechtskonform ausgelegt und auch auf die Ansprüche auf gleiches Entgelt nach Art. 157 EUV und §§ 3 Abs. 1, 7 EntgTranspG angewendet. Das Gericht führte u. a. grundlegend aus:

> Nach § 22 AGG trifft die Beweislast für das Vorliegen einer Diskriminierung beim Entgelt aufgrund des Geschlechts grundsätzlich den Arbeitnehmer, der sich diskriminiert glaubt und deshalb gegen seinen Arbeitgeber Klage auf Beseitigung dieser Diskriminierung erhebt. Er hat mit allen rechtlich vorgesehenen Mitteln zu beweisen, dass sein Arbeitgeber ihm ein niedrigeres Entgelt zahlt als seinen zum Vergleich he-

586 Zu den Besonderheiten im Bewerbungsverfahren → Teil 1, Kap. 1.2 (*Körlings*), unter VII.

rangezogenen Kollegen und dass er die gleiche oder eine gleichwertige, mit deren Arbeit vergleichbare Arbeit verrichtet, so dass er dem ersten Anschein nach Opfer einer nur mit dem unterschiedlichen Geschlecht erklärbaren Diskriminierung ist. […]

Besteht die Vermutung einer Benachteiligung, trägt die andere Partei die Beweislast dafür, dass der Gleichbehandlungsgrundsatz nicht verletzt worden ist. Hierfür gilt das Beweismaß des so genannten Vollbeweises. Der Arbeitgeber muss Tatsachen vortragen und gegebenenfalls beweisen, aus denen sich ergibt, dass kein Verstoß gegen das Entgeltgleichheitsgebot vorliegt, sondern ausschließlich andere Gründe als das Geschlecht zu einer ungünstigeren Behandlung geführt haben.[587]

In dem Urteil hat das Gericht dem Umstand, dass das Entgelt des klagenden Arbeitnehmers geringer war als das vom Arbeitgeber nach §§ 10 ff. EntgTranspG mitgeteilte Median-Entgelt der Vergleichsgruppe des anderen Geschlechts, die Vermutungswirkung des § 22 AGG für eine Benachteiligung wegen des Geschlechts zugesprochen.[588]

Auch im Lichte der Entscheidung des BAG genügt § 22 AGG nicht der Umsetzung von Art. 18 Abs. 1 ETRL. Denn Voraussetzung für die Beweiserleichterung nach § 22 AGG ist zunächst das Vorliegen von unstreitigen oder bewiesenen Haupt- und Hilfstatsachen, die eine Benachteiligung wegen des Geschlechts vermuten lassen. Nach Art. 18 Abs. 1 ETRL soll hingegen bereits die Glaubhaftmachung entsprechender Tatsachen für eine Beweislastverlagerung auf den Arbeitgeber ausreichen. An die Glaubhaftmachung einer tatsächlichen Behauptung sind im Rahmen der Beweiswürdigung nach § 286 ZPO geringere Anforderungen zu stellen als an den Beweis der Tatsache.[589] Glaubhaft gemacht ist eine Behauptung, wenn eine überwiegende Wahrscheinlichkeit dafür besteht, dass sie zutrifft, also letztlich mehr für das Vorliegen der in Rede stehenden Behauptung spricht als dagegen.[590]

Zwar hat das BAG in der angeführten Entscheidung unter Bezugnahme auf den EuGH auch betont, dass wegen des Gebots der „*praktischen Wirksamkeit des Unionsrechts*“ die Anwendung von § 22 AGG unter besonderen Umständen „*modifiziert*“ werden müsse, um die Einhaltung des Grundsatzes des gleichen Entgelts durchzusetzen[591] und damit einer Art. 18 Abs. 2

587 BAG, 21.1.2021 – 8 AZR 488/19, NZA 2021, 1011, Rn. 28, 31.
588 *Sagan,* NZA 2025, 1034, 1037 ff.
589 *Prütting*, in: MüKo-ZPO, § 294 Rn. 2.
590 BGH, 26.1.2022 – XII ZB 227/21, BeckRS 2022, 2221, Rn. 11.
591 BAG, 21.1.2021 – 8 AZR 488/19, NZA 2021, 1011, Rn. 30 m. w. N.: Das Gericht führt u. a. ein nicht durchschaubares Entgeltsystem an (EuGH, 17.10.1989 – 109/88, NZA 1990, 772 Rn. 16 – Danfoss).

Satz 1 ETRL entsprechenden noch weitergehenden Beweiserleichterung für Arbeitnehmer den Weg gewiesen. Auch hat das Gericht § 15 Abs. 4 EntgTranspG als weiteres Argument angeführt. Sowohl die Fälle, in denen eine Nichterfüllung von Transparenzpflichten zu einer weiteren Beweiserleichterung führten, als auch die Möglichkeit der Exkulpation für Arbeitgeber nach Art. 18 Abs. 2 Satz 2 ETRL und einer Festlegung, wann von „*offensichtlich unbeabsichtigten und geringfügigen*“ Verstößen die Rede sein kann, bedürfen jedoch einer verlässlichen Rechtsgrundlage und sollten nicht der richterlichen Rechtsfortbildung überlassen werden.

III. Schadensersatz und Entschädigung

Art. 16 Abs. 1 ETRL sieht als weitere Sanktion einen Anspruch für Arbeitnehmer auf Ersatz des Schadens vor,[592] den sie durch die arbeitgeberseitige Verletzung von Rechten oder Pflichten im Zusammenhang mit dem Grundsatz des gleichen Entgelts erlitten haben.

Die Arbeitnehmer sollen so gestellt werden, wie sie ohne die arbeitgeberseitige Entgeltdiskriminierung stünden, Art. 16 Abs. 3 Satz 1 ETRL, also wenn keine aufgrund des Geschlechts stattgefundene Diskriminierung oder wenn keine Verletzung der Rechte oder Pflichten im Zusammenhang mit dem Grundsatz des gleichen Entgelts erfolgt wäre.

Art. 16 Abs. 3 Satz 2 ETRL konkretisiert weiter, welche Aspekte die Mitgliedstaaten im Rahmen der Zusammensetzung des Schadensersatzes berücksichtigen müssen.[593] Nach dem Erwägungsgrund 50 handelt es sich bei diesem Schadensersatzanspruch um einen „vollständigen“ Schadensersatzanspruch. Das bedeutet, dass der Anspruch auf Ersatz des erlittenen Schadens nicht nur vollständige Entgeltnachzahlungen und damit verbundene Prämien und Sachleistungen umfassen soll, sondern eben auch den Zugang zu bestimmten Leistungen je nach Entgelthöhe. Daneben sollen Arbeitgeber auch den immateriellen Schaden ersetzen, den Arbeitnehmer aufgrund der Unterbewertung ihrer geleisteten Arbeit erlitten haben. Eine Obergrenze für einen solchen Schadensersatzanspruch soll aber nicht festgelegt werden, Art. 16 Abs. 4 ETRL. Dieser vollständige Schadensersatzanspruch soll zum einen Arbeitnehmern Anreize setzen, ihre Rechte auch tatsächlich geltend zu machen. Für Arbeitgeber sollen diese drohenden Schadensersatzansprüche auf der anderen Seite vor allem abschreckend wirken, Art. 16 Abs. 2 ETRL.

Fraglich ist, wie der deutsche Gesetzgeber diesen Anspruch auf Schadensersatz in nationales Recht umsetzen wird. Auf nationaler Ebene ergibt sich

---

592 Hierzu auch *Heimann/Weinzierl*, BB 2024, 884, 891.
593 *Jung*, RdA 2024, 89, 92.

der Anspruch auf Zahlung der rückständigen Vergleichsvergütung bereits aus Art. 157 AEUV, §§ 3 Abs. 1, 7 EntgTranspG.[594] Das EntgTranspG selbst enthält jedoch keine spezifische Anspruchsgrundlage für weitere Ersatzforderungen infolge einer geschlechterspezifischen Diskriminierung. Ein solcher ist aber bereits im AGG verankert. Das AGG bleibt, insbesondere auch wegen seiner weitergehenden Zielsetzung, gemäß § 2 Abs. 2 Satz 1 EntgTranspG im Rahmen des EntgTranspG grundsätzlich unberührt. Ebenfalls unberührt bleiben sonstige Benachteiligungsverbote und Gebote der Gleichbehandlung sowie öffentlich-rechtliche Vorschriften, die dem Schutz oder der Förderung bestimmter Personengruppen dienen. Lediglich abschließende Regelungen des EntgTranspG gehen dem AGG als leges speciales vor.[595] Da das EntgTranspG mit Blick auf weitere Ersatzforderungen einer geschlechtsspezifischen Diskriminierung keine Regelungen enthält, kann hier auf das AGG zurückgegriffen werden. Liegt also eine Entgeltdiskriminierung vor, folgt der Ersatzanspruch bislang aus § 15 AGG. Danach können Arbeitnehmer nach § 15 Abs. 1 AGG einen verschuldensabhängigen Schadensersatzanspruch und nach § 15 Abs. 2 AGG einen Anspruch auf verschuldensunabhängige Entschädigung geltend machen.

Die Einführung einer neuen spezifischen Schadensersatz- oder Entschädigungsgrundlage in Umsetzung des Art. 16 ETRL erwartet somit ein Teil der Literatur nicht.[596] Andere Stimmen in der Literatur weisen jedoch zurecht darauf hin, dass § 15 AGG zum Nachteil der Arbeitnehmer enger gefasst ist als es Art. 16 ETRL vorsieht.[597] Grund hierfür ist, dass § 15 Abs. 2 AGG eine Höchstgrenze des Entschädigungsanspruchs auf drei Bruttomonatsgehälter für den Fall beinhaltet, dass Arbeitnehmer selbst bei benachteiligungsfreier Auswahl nicht eingestellt worden wären. Diese Höchstgrenze greift also für den Fall der Einstellungsdiskriminierung,[598] also für diejenigen, die auch bei benachteiligungsfreier Auswahl nicht eingestellt worden wären.[599]

Der Schadensersatzanspruch nach Art. 16 ETRL soll jedoch nur für „Arbeitnehmer" gelten. Im Erwägungsgrund 18 der Richtlinie ist festgelegt, dass diese für alle Arbeitnehmer gelten soll, einschließlich Teilzeitbeschäftigte, befristet beschäftigte Arbeitnehmer und Personen mit einem Arbeitsvertrag oder Beschäftigungsverhältnis mit einem Leiharbeitsunternehmen sowie Arbeitnehmer in Führungspositionen, die nach den geltenden Rechtsvorschriften, Tarifverträgen oder Gepflogenheiten in dem jeweiligen Mitgliedstaat einen Arbeitsvertrag haben und/oder in einem Beschäftigungsverhältnis ste-

594 *Rolfs/Lex*, NZA 2023, 1353, 1357.
595 *Schlachter*, in: ErfK, EntgTranspG § 2 Rn. 2; *Rolfs/Lex*, NZA 2023, 1353, 1357.
596 *Rolfs/Lex*, NZA 2023, 1353, 1357.
597 *Günther/Schiffelholz*, NZA-RR 2023, 568, 573.
598 BAG, 28.5.2020 – 8 AZR 170/19, NZA 2020, 1392, 1394.
599 *Schlachter*, in: ErfK, AGG § 15, Rn. 11.

hen, wobei die Rechtsprechung des Gerichtshofs zu berücksichtigen ist. Der „Bewerber" ist zwar in Art. 16 ETRL gerade nicht ausdrücklich genannt. Allerdings stellt der Erwägungsgrund 19 der ETRL klar, dass die Richtlinie auch für Stellenbewerber Anwendung finden soll. Der Anwendungsbereich im Bewerbungsverfahren ist somit ebenfalls trotz der fehlenden ausdrücklichen Nennung in Art. 16 ETRL sehr wahrscheinlich eröffnet.

Selbst wenn sich der nationale Gesetzgeber daher dafür entscheidet, eine Entschädigungsregelung einzuführen, muss diese nicht notwendigerweise analog zu § 15 Abs. 3 AGG mit drei Monatsgehältern pauschaliert werden. Die Pauschalierung von immateriellen Entschädigungsansprüchen gestaltet sich kompliziert. Bei AGG-Verstößen in Bewerbungsverfahren steht fest, zu welchem Gehalt der abgelehnte Bewerber hätte beschäftigt werden sollen. Bei Entgelttransparenz-Verstößen muss das richtige Gehalt erst (mühsam) festgestellt werden.

IV. Drohende Sanktionen

Neben den Schadensersatz- bzw. Entschädigungsansprüchen nach Art. 16 ETRL gibt es weitere Sanktionen, mit denen Arbeitgeber rechnen müssen, wenn sie die Vorgaben im Rahmen der Entgelttransparenzregelungen der Richtlinie nicht beachten.

1. Abhilfemaßnahmen, insbesondere Unterlassung, Art. 17 ETRL

Ein weiterer gegen den Arbeitgeber gerichteter Anspruch im Falle einer Entgeltdiskriminierung sind die in Art. 17 ETRL geregelten Abhilfemaßnahmen. Danach müssen sich Arbeitgeber auf Ansprüche zur Unterlassung der Verletzung und zur Ergreifung von Maßnahmen zur Sicherstellung, dass die Rechte oder Pflichten im Zusammenhang mit dem Grundsatz des gleichen Entgelts erfüllt werden, einstellen. Nach Art. 17 Abs. 2 ETRL kann diese Verpflichtung bei Nichtbeachtung ggf. auch unter der Verhängung von Zwangsgeldern erfolgen. Arbeitgeber können also künftig unter Androhung entsprechender Zwangsgelder behördlich oder gerichtlich angewiesen werden, Verletzungen zu unterlassen und bestimmte organisatorische oder strukturelle Maßnahmen zu ergreifen.[600]

---

600 *Rolfs/Lex*, NZA 2023, 1353, 1357.

a) Denkbare Fallkonstellationen

Im Rahmen der Umsetzung und Durchsetzung der Entgelttransparenzrichtlinie lassen sich insbesondere zwei zentrale Fallkonstellationen differenzieren:

1. Eine gerichtliche Verpflichtung auf Antrag der klagenden Partei gegenüber der beklagten Partei, etwa im Kontext arbeitsgerichtlicher Auseinandersetzungen über vermutete Verstöße gegen das Gebot der Entgeltgleichheit.[601]
2. Ein behördliches Einschreiten, sofern die zuständige Aufsichtsbehörde im Zuge der ihr obliegenden Prüfung von Entgeltberichten auf Unregelmäßigkeiten aufmerksam wird.

Beide Konstellationen veranschaulichen unterschiedliche Zugänge zur Anwendbarkeit der Abhilfemaßnahmen: Während im ersten Fall die Initiative bei dem von der Entgeltdiskriminierung Betroffenen selbst liegt, basiert der zweite Fall auf einer institutionellen Kontrolle durch staatliche Stellen.

b) Mögliche Abhilfemaßnahmen

Die möglichen Abhilfemaßnahmen, die im Rahmen von Art. 17 ETRL arbeitgeberseitig drohen können, sind in Art. 17 ETRL klar vorgegeben. Zur effektiven Durchsetzung der Entgelttransparenzrichtline sieht Art. 17 Abs. 1 ETRL zwei Maßnahmengruppen vor: präventive und reaktive.

Nach Art. 17 Abs. 1 lit. a ETRL können Arbeitgeber zur Unterlassung bestehender Rechtsverstöße verpflichtet werden (reaktive Maßnahme).

Demgegenüber sieht Art. 17 Abs. 1 lit. b ETRL weitergehende Maßnahmen zur Beseitigung struktureller Defizite vor (präventive und reaktive Maßnahmen). Solche Maßnahmen können etwa die Überprüfung und gegebenenfalls Anpassung bestehender Entgeltsysteme sein, die Erstellung eines konkreten Aktionsplans zur Förderung der Entgeltgleichheit, um die festgestellten Diskrepanzen zu beseitigen und ungerechtfertigte Entgeltfälle abzubauen oder auch die verpflichtende Unterrichtung der Arbeitnehmer über ihr Recht auf gleiches Entgelt. Ergänzend dazu nennt Erwägungsgrund 51 der Richtlinie auch spezifische Schulungen im Bereich Human Resources, insbesondere zur geschlechtsneutralen Arbeitsbewertung und Einstufung, als geeignete Maßnahme.

---

601 *Winter*, EuZA 2024, 140, 165.

c) Mögliche Verfahrensvorschriften, insbesondere für die Zwangsgeldandrohung bzw. -festsetzung

Hinsichtlich der Durchsetzung dieser Maßnahmen sieht Art. 17 Abs. 2 ETRL eine Zwangsgeldandrohung oder -festsetzung für den Fall vor, dass Arbeitgeber der Anordnung nach Art. 17 Abs. 1 ETRL nicht nachkommen, um eine ordnungsgemäße Erfüllung sicherzustellen. Bei der Zwangsgeldandrohung bzw. -festsetzung ist – wie die erwähnten Fallkonstellationen zeigen – zwischen gerichtlichem und behördlichem Vorgehen zu differenzieren.

Erfolgt die Anordnung durch ein Gericht, so dürfte wohl auf die im Rahmen der Zwangsvollstreckung nicht vertretbarer Handlungen entwickelten Grundsätze des § 888 Abs. 1 Satz 2 ZPO zurückgegriffen werden.[602] Weitergehende Regelungen, speziell für die Zwangsgeldandrohung und -festsetzung im Rahmen von Entgelttransparenzverstößen sind in dieser Konstellation wohl nicht zu erwarten. Vielmehr ist es hier sachgerecht auf die entsprechenden Vorschriften in der ZPO zu verweisen.

Demgegenüber richtet sich die behördliche Zwangsgeldandrohung bzw. -festsetzung voraussichtlich nach nationalem Verwaltungsverfahrens- und Vollstreckungsrecht, insbesondere nach dem Verwaltungsverfahrensgesetz (VwVfG) sowie den landesrechtlichen Verwaltungsverfahrensvorschriften. Argumentativ lässt sich ein Rückgriff auf die verwaltungsrechtliche Praxis im Datenschutzrecht stützen.[603] Im ebenfalls durch europarechtliche Regelungen geprägten Datenschutzrecht erfolgt die Zwangsgeldfestsetzung etwa auf Grundlage von landesrechtlichen Verwaltungsverfahrensvorschriften. Somit legt die Vorgehensweise im Datenschutzrecht die Vermutung nahe, dass sich auch im Kontext der Entgelttransparenz bei behördlichen Anordnungen das Verfahren nach dem VwVfG bzw. den jeweils einschlägigen landesrechtlichen Verwaltungsverfahrensvorschriften richten wird.

2. Sanktionsregime, insbesondere Bußgelder, Art. 23 ETRL

Schließlich sieht die Entgelttransparenzrichtline in Art. 23 ETRL ein weiteres Sanktionsregime vor. Die Mitgliedstaaten sind danach verpflichtet, wirksame, verhältnismäßige und abschreckende Sanktionen bei Verstößen gegen den Grundsatz des gleichen Entgelts vorzusehen und umzusetzen.

---

602 Zum Verfahren allgemein *Stürner*, in: BeckOK, ZPO § 888, Rn. 22 ff.

603 VG Bremen, 17.12.2024 – 4 K 2298/23, BeckRS 2024, 36618, Rn. 50; VG Göttingen, 31.5.2017 – 1 A 83/15, BeckRS 2017, 116998, Rn. 21 ff.

a) Wahrscheinlich: Regelung von Bußgeldern

Die Umsetzung des in Art. 23 ETRL verankerten Sanktionsregimes bleibt dem nationalen Gesetzgeber vorbehalten.[604] Wie in Art. 23 Abs. 2 ETRL bereits normiert („[…] *Zu diesen Sanktionen gehören auch Geldbußen,* […]"), wird auch der deutsche Gesetzgeber sehr wahrscheinlich auf die bereits etablierten Regelungen von Bußgeldern zurückgreifen.[605] Es ist davon auszugehen, dass er sich am Vorgehen des Datenschutzrechts orientiert. Das zu erwartende Bußgeldsystem wird also wohl vergleichbar mit der Geldbuße bei Datenschutzverstößen gemäß der DSGVO ausgestaltet sein.[606]

b) Bußgeldhöhe

Fraglich ist, mit welcher Höhe eines Bußgeldes Arbeitgeber bei Verstößen zu rechnen haben. Hierzu ist im Erwägungsgrund 55 der ETRL u. a. folgendes beschrieben:

> Die Mitgliedstaaten sollten wirksame, verhältnismäßige und abschreckende Sanktionen für Verstöße gegen nationale Vorschriften zur Umsetzung dieser Richtlinie oder gegen nationale Vorschriften vorsehen, die zum Zeitpunkt des Inkrafttretens dieser Richtlinie bereits in Kraft sind und sich auf das Recht auf gleiches Entgelt beziehen. Diese Sanktionen sollten Geldbußen umfassen, die auf dem Bruttojahresumsatz des Arbeitgebers oder der Gesamtentgeltsumme des Arbeitgebers beruhen könnten. […]

Eine Möglichkeit wäre demnach, dass sich die Höhe des Bußgeldes am Bruttojahresumsatz des Arbeitgebers orientiert. Hierfür spricht erneut das Vorgehen des europäischen Gesetzgebers, das dieser im Bereich des Datenschutzrechtes gewählt hat. Hier hat dieser in Art. 83 Abs. 4 und 5 DSGVO ebenfalls auf eine bestimmte Prozentzahl des gesamten weltweit erzielten Jahresumsatzes des vorangegangenen Geschäftsjahrs abgestellt, es sei denn, der in dem jeweiligen Absatz normierte Betrag (in Art. 83 Abs. 4 DSGVO: 10 Mio. EUR; in Art. 83 Abs. 5 DSGVO: 20 Mio. EUR) sei höher. Da ein vergleichbares Geldbußensystem wie im Datenschutzrecht erwartet wird, spricht vieles dafür, dass der Gesetzgeber die bereits im Datenschutzrecht bekannte und bewährte Berechnungsmethode mit der Anknüpfung an den Jahresumsatz auch im Rahmen des Sanktionsregime der Entgelttransparenz wählt.

---

604 *Heimann*, SPA 2024, 133.
605 *Heimann*, SPA 2024, 133.
606 *Heimann*, SPA 2024, 133.

Denkbar ist aber auch, dass sich der Gesetzgeber für die zweite in Erwägungsgrund 55 genannte Möglichkeit der Begrenzungshöhe des Bußgeldes entscheidet. Diese stellt auf die Gesamtentgeltsumme des Arbeitgebers ab. Hier wird der Gesetzgeber, sollte er sich für diese Höchstgrenze entscheiden, wohl eine Legaldefinition finden müssen, um Unsicherheiten bei der Auslegung des Begriffs und infolge bei der Höhe der Berechnung des Bußgeldes zu vermeiden. Insbesondere wird der nationale Gesetzgeber konkret regeln müssen, welche Entgeltbestandteile bei der Berechnung der Gesamtentgeltsumme zu berücksichtigen sind: Es werden daher u.a. gesetzgeberische Aussagen erforderlich sein, ob nur das Grundgehalt oder auch die variablen Vergütungsbestandteile und falls ja, welche von diesen, bei der Berechnung der Gesamtentgeltsumme zu berücksichtigen sind.

Neben den beiden aufgezeigten Möglichkeiten der Berechnung der Bußgeldhöhe ist in den Erwägungsgründen 55 und 56 der ETRL aber auch festgelegt, dass mildernde oder schwere Umstände des Einzelfalls zu berücksichtigen sein sollten, die sich schließlich auf die Höhe des Bußgeldes auswirkt. Erwägungsgrund 55 und 56 treffen hierzu nachfolgende Aussage:

> (55) […] Sonstigen erschwerenden oder mildernden Umständen des Einzelfalls, beispielsweise wenn Entgeltdiskriminierung aufgrund des Geschlechts mit Diskriminierung in Bezug auf andere Schutzgründe verbunden ist, sollte Rechnung getragen werden. Es liegt an den Mitgliedstaaten, festzulegen, für welche Verletzungen der Rechte und Pflichten im Zusammenhang mit gleichem Entgelt bei gleicher oder gleichwertiger Arbeit Geldbußen die angemessenste Form der Sanktionierung darstellen.
>
> (56) Die Mitgliedstaaten sollten spezifische Sanktionen für wiederholte Verletzungen von Rechten oder Pflichten in Bezug auf das gleiche Entgelt für Männer und Frauen bei gleicher oder gleichwertiger Arbeit festlegen, um der Schwere der Handlung Rechnung zu tragen und diese Verletzungen weiter zu verhindern. […]

Die Höhe des Bußgeldes wird somit auch von der Anzahl der Verstöße und von der konkreten Art des Verstoßes abhängen.

c) Bußgeldverfahren

Neben der Bußgeldhöhe wird der Gesetzgeber auch Regelungen zum Bußgeldverfahren festlegen müssen. Hier ist zu erwarten, dass sich auch dieses nach dem gesetzgeberischen Vorgehen im Rahmen des Datenschutzrechtes orientiert. In § 41 BDSG legte der Gesetzgeber fest, dass für das Bußgeldverfahren die Vorschriften des Gesetzes über Ordnungswidrigkeiten (OwiG) und der allgemeinen Gesetze über das Strafverfahren, namentlich der Strafprozessordnung (StPO) und des Gerichtsverfassungsgesetzes (GVG) zur Anwendung gelangen. Bleibt der Gesetzgeber auch hier bei Vorgehensweise „bekannt und bewährt" wird sich eine ähnliche Regelung auch im Rahmen der nationalen Vorschriften zur Entgelttransparenz finden. Eine eigenständige Regelung im Bußgeldverfahren für Verstöße im Rahmen der Entgelttransparenz ist somit nicht zu erwarten. Vielmehr wird sich der Gesetzgeber bei der Umsetzung der Richtlinie in diesem Bereich wohl ebenfalls auf eine Regelung zur Anwendbarkeit bereits bestehender nationaler Vorschriften im Bereich der StPO, des GVG und des OwiG beschränken.

d) Denkbare sonstige Sanktionen

Neben der Verhängung von Bußgeldern könnten Arbeitgeber aber auch andere Sanktionen in Umsetzung des in Art. 23 EntgTranspG normierten Sanktionsregimes drohen. Dies deuten zumindest Art. 23 Abs. 4 ETRL

> (4) Die Mitgliedstaaten stellen sicher, dass für wiederholte Verletzungen der Rechte und Pflichten im Zusammenhang mit dem Grundsatz des gleichen Entgelts spezifische Sanktionen Anwendung finden.

und der Erwägungsgrund 56

> (56) [...] Solche Sanktionen könnten verschiedene Arten finanzieller Negativanreize umfassen, wie den Entzug öffentlicher Zuwendungen oder den Ausschluss von sonstigen finanziellen Anreizen oder öffentlichen Ausschreibungen für einen bestimmten Zeitraum.

an. Arbeitgeber müssen sich bei Verstößen gegen die Vorschriften der Entgelttransparenz also auch darauf einstellen, dass neben einem Bußgeld in empfindlicher Höhe auch der Entzug öffentlicher Zuwendungen bzw. der Ausschluss von öffentlichen Ausschreibungen folgen kann. Auch das ist eine Sanktion, die Arbeitgeber dringend vermeiden sollten, um weiterhin auch im Rahmen von öffentlichen Ausschreibungen wettbewerbsfähig zu bleiben.

V. Fazit und Empfehlungen für Arbeitgeber

Die Regelungen der ETRL zur Rechtsdurchsetzung und Sanktionen zeigen, dass die Umsetzung der Vorgaben – auch ohne nationales Umsetzungsgesetz – kein reines Anpassungsprojekt, sondern eine strategische Herausforderung ist. Neue Klagemöglichkeiten, eine deutliche Verschiebung der Beweislast und verschärfte Sanktionen schaffen ein Umfeld, in dem Rechtsverstöße nicht nur erhebliche wirtschaftliche Folgen nach sich ziehen können, sondern auch Reputationsschäden. Wer daher mit der Prüfung und Anpassung der Vergütungssysteme und des Bewerbermanagements zu lange (auf den deutschen Gesetzgeber) wartet, läuft Gefahr, vom künftigen Rechtsrahmen überrollt zu werden.

2. Pay Transparency vs. Privacy Protection: Offenlegungspflichten unter der ETRL

Dr. Jessica Jacobi und Isabell Flöter

Die ETRL wird eine deutliche Erweiterung der Auskunfts- und Berichtspflichten gegenüber der jetzigen Rechtslage nach dem EntgTranspG mit sich bringen. So wird z. B. die aktuelle Mindestgruppengröße für eine Auskunftspflicht von sechs oder mehr vergleichbaren Arbeitnehmern entfallen. Trotz der neuen Transparenzpflichten sind aber die Vorgaben des Datenschutzes zu beachten: Informationen identifizierbarer Arbeitnehmer sind personenbezogene Daten und dürfen nur nach den Regeln der DSGVO herausgegeben werden. Der folgende Beitrag untersucht die Frage, wie dieser Zielkonflikt aufzulösen ist.

I. Spannungsverhältnis zwischen Transparenz und Schutz der Privatsphäre

Frauen verdienen in Deutschland im Durchschnitt 16 %[607] weniger als Männer in vergleichbaren Rollen. Um diesen (unbereinigten) Gender Pay Gap zu verringern, müssen nach der ETRL geschlechtsspezifische Entgeltunterschiede sichtbar werden. Während dies zu mehr Fairness führen soll, muss zugleich der Datenschutz gewahrt bleiben. Neben der Verpflichtung für Arbeitgeber zur Offenlegung von Gehaltsinformationen (Transparenzpflicht) ist auch das Datenschutzrecht zu beachten, welches den Schutz personenbezogener Daten und der Privatsphäre sicherstellt. Art. 12 Abs. 1 ETRL betont ausdrücklich, dass jede Datenverarbeitung im Rahmen der Maßnahmen nach der ETRL den Vorgaben der DSGVO entsprechen muss.

1. Datenschutz auch bei Wunsch nach mehr Transparenz

Die erwünschte Transparenz im Hinblick auf das Entgelt steht in einem natürlichen Spannungsverhältnis zu dem ebenfalls von der EU vorgegebenen Ziel des Schutzes der persönlichen Daten. Auch die DSGVO ist bindendes europäisches Recht. Sie ist von einer Kultur der Vorsicht geprägt, bei der die Nicht-Verarbeitung der Regelfall sein soll. Das lässt sich mit dem Ziel,

607 Statistisches Bundesamt (DESTATIS), https://www.destatis.de/DE/Themen/Arbeit/Verdienste/Verdienste-GenderPayGap/_inhalt.html (abgerufen am 29.8.2025).

transparent Zugang zu Entgeltinformationen zu verschaffen, nur schwer vereinbaren.[608]

2. Datenschutz und Schutz der Privatsphäre, geht aber darüber hinaus

Kern des Datenschutzes ist der Schutz der Privatsphäre, auch wenn die Bestimmungen von DSGVO und BDSG darüber hinausgehen, und z. B. auch die technischen und organisatorischen Vorgaben enthalten, die den Schutz der Daten sicherstellen sollen. Verfassungsrechtliche Grundlage für die zu schützende Privatsphäre sind Art. 1 Abs. 1, Art. 2 Abs. 1 GG. Darüber hinaus ist auch der Grundsatz der Datenminimierung zu beachten, Art. 5 Abs. 1 lit. c DSGVO, wonach nur so viele personenbezogene Daten verarbeitet werden dürfen, wie unbedingt nötig. Gleichzeitig dürfen die erhobenen Daten ausschließlich für den Zweck genutzt werden, für den sie erhoben wurden (Zweckbindungsgrundsatz, Art 5 Abs. 1 lit. b DSGVO). Im Sinne der ETRL ist dieser Zweck „die Anwendung des Grundsatzes des gleichen Entgelts", Art 12 Abs. 2 ETRL.

3. Der Schutz von Gehaltsinformationen

Gehaltsinformationen einzelner Beschäftigter zählen nicht zu den sog. „besonderen Kategorien personenbezogener Daten" i. S. v. Art. 9 Abs. 1 DSGVO, auch „sensible Daten" genannt. Sie werden dennoch allgemein als besonders schutzbedürftig angesehen.[609] Ihre Offenlegung ist geeignet, die Privatsphäre der Betroffenen zu verletzen.

II. Vorgaben der ETRL zum Datenschutz

In der ETRL heißt es zum Datenschutz in Art. 12 wie folgt:

> „(1) Soweit Informationen, die im Rahmen von Maßnahmen nach den Artikeln 7, 9 und 10 übermittelt werden, mit der Verarbeitung personen-

608 *Hooton/Pearce*, Industrial Law Journal 2023, 52, 3, 595, 625 Fn. 145; zu datenschutzrechtlichen Grenzen in Bezug auf Diversitätsbestrebungen → Teil 1 Kap. 3.2 (*Krüger*), unter I. und III.

609 *Frenzel*, in: Paal/Pauly, DS-GVO BDSG, Art. 9 DSGVO Rn. 6, der hervorhebt, dass Art. 9 Abs. 1 DSGVO andere höchstpersönlich relevante Eigenschaften gerade nicht berücksichtigt, was gleichwohl zu beachten ist, etwa bei der Ermittlung der berechtigten Interessen nach Art. 6 Abs. 1 lit. f DSGVO; ähnlich *Weichert*, in: Kühling/Buchner, DS-GVO BDSG, Art. 9 DSGVO Rn. 19a, der feststellt, dass Art. 9 Abs. 1 DSGVO nicht alle hoch sensitiven Datenarten erfasst, bei denen ein hoher Schutzbedarf besteht.

bezogener Daten verbunden sind, werden sie im Einklang mit der Verordnung (EU) 2016/679 bereitgestellt.

(2) Personenbezogene Daten, die gemäß den Artikeln 7, 9 oder 10 dieser Richtlinie verarbeitet werden, dürfen nicht für andere Zwecke als die Anwendung des Grundsatzes des gleichen Entgelts verwendet werden.

(3) Die Mitgliedstaaten können beschließen, dass in Fällen, in denen die Offenlegung von Informationen nach den Artikeln 7, 9 und 10 zur unmittelbaren oder mittelbaren Offenlegung des Entgelts eines bestimmbaren Arbeitnehmers führen würde, nur die Arbeitnehmervertreter, die Arbeitsaufsichtsbehörde oder die Gleichbehandlungsstelle Zugang zu den betreffenden Informationen haben. Die Arbeitnehmervertreter oder die Gleichbehandlungsstelle beraten Arbeitnehmer über mögliche Ansprüche nach dieser Richtlinie, ohne dass die tatsächlichen Entgelthöhen einzelner Arbeitnehmer, die gleiche oder gleichwertige Arbeit verrichten, offengelegt wird. Für Zwecke der Überwachung gemäß Artikel 29 werden die Informationen uneingeschränkt zugänglich gemacht.“

1. Grundsatz: Den Datenschutz auch bei der Entgelttransparenz beachten

Soweit bei der Erfüllung der Pflichten aus Art. 7, 9 und 10 ETRL personenbezogene Daten verarbeitet werden, darf dies gem. Art. 12 Abs. 1 ETRL nur in Übereinstimmung mit der DSGVO geschehen. Das bedeutet, dass insbesondere die Grundsätze für die Verarbeitung personenbezogener Daten in Art. 5 DSGVO und die Vorgaben für die Rechtmäßigkeit der Verarbeitung aus Art. 6 DSGVO erfüllt sein müssen. Danach muss die Verarbeitung personenbezogener Daten insbesondere

- **rechtmäßig, fair und transparent** geschehen, Art. 5 Abs. 1 lit. a DSGVO,
- dem Grundsatz der **Zweckbindung** genügen, Art. 5 Abs. 1 lit. b DSGVO und Art. 12 Abs. 2 ETRL und
- dem Grundsatz der **Datenminimierung** entsprechen und auf das für den Zweck notwendige Maß beschränkt sein, Art. 5 Abs. 1 lit. c DSGVO.

2. Regelung zum Schutz der Gehaltsdaten identifizierbarer Arbeitnehmer

Die Mitgliedstaaten können bei der Umsetzung in nationales Recht entscheiden, dass das Bekanntwerden der Gehaltsinformationen eines einzelnen identifizierbaren Arbeitnehmers beschränkt werden kann, Art. 12 Abs. 3 Satz 1 ETRL. Das bedeutet im Umkehrschluss, dass der europäische Gesetzgeber ein Bekanntwerden dieser Gehaltsformationen nicht unter allen Umständen beschränken will. Sofern der Mitgliedstaat diese Beschränkung wählt, darf die Gehaltsinformation nur an die Arbeitnehmervertreter, die Arbeitsaufsichtsbehörde oder die Gleichbehandlungsstelle bekanntgegeben werden.[610]

Eine ähnliche Vorgabe enthält Erwägungsgrund (EG) 44 Satz 2 ETRL, wonach besondere Sicherheitsmaßnahmen ergriffen werden sollten (das im Gesetzestext gewählte Passiv lässt offen, von wem), um zu verhindern, dass die Gehaltsinformation eines identifizierbaren Arbeitnehmers direkt oder indirekt bekannt wird.

Das ist jedenfalls aus deutscher Sicht eine deutliche Abkehr von der bisherigen Rechtslage, wonach bei der Beantwortung von Auskunftsverlangen das Vergleichsentgelt nicht anzugeben ist, wenn die Vergleichstätigkeit von weniger als sechs Beschäftigten des jeweils anderen Geschlechts ausgeübt wird, § 12 Abs. 3 Satz 2 EntgTranspG.

III. Der Zweckbindungsgrundsatz: Keine Zweitverwertung nützlicher oder interessanter Daten ohne eigene Rechtsgrundlage

Der in Art. 12 Abs. 2 ETRL besonders hervorgehobene Zweckbindungsgrundsatz besagt, dass Daten nur für im Vorhinein festgelegte, eindeutige und legitime Zwecke erhoben und nicht in einer Weise verarbeitet werden dürfen, die mit dem ursprünglichen Zweck nicht vereinbar ist, Art. 5 Abs. 1 lit. b DSGVO.

Die für die Erfüllung der Pflichten aus Art. 7, 9 und 10 ETRL erhobenen Gehaltsdaten dürfen also z. B. nicht zu Recruitingzwecken veröffentlicht werden. Auch eine Zweitverwertung von personenbezogenen Informationen über identifizierbare Arbeitnehmer z. B. zur Bestimmung des Migrant Pay Gaps kommt auf Basis der ETRL nicht in Betracht.[611]

---

610 So hatte auch der Europäische Datenschutzbeauftragte in seiner Stellungnahme vom 27.4.2021 dafür plädiert, die Regelung zu speziellen Schutzmaßnahmen aus den Erwägungsgründen heraus in den Text der Richtlinie selbst zu übernehmen. Die Behörde war im Rahmen des europäischen Gesetzgebungsverfahren gem. Art. 42 VO 2018/1725 um eine Stellungnahme gebeten worden, EG 66 ETRL, https://www.edps.europa.eu/data-protection/our-work/publications/formal-comments/proposal-directive-european-parliament-and-0_en (abgerufen am 29.8.2025).

611 Hierzu die Überlegungen zur parallel gelagerten Problematik beim Migrant Pay Gap von *Rahimina*, RdA 2025, 20. Die im Rahmen der ETRL preiszugebenden Informationen sind nützlich auch für eine Bestimmung des Migrant Pay Gap und etwaige entsprechende Ansprüche nach dem AGG, dürfen aber für diesen neuen Zweck nur

IV. Offenlegungspflichten und deren datenschutzkonforme Umsetzung

Die ETRL beinhaltet verschiedene Offenlegungspflichten, denen schon bei Anbahnung des Arbeitsverhältnisses, im Rahmen individueller Auskunftsansprüche der Arbeitnehmer, als Bestandteil der allgemeinen Berichtspflichten des Unternehmens oder in Erfüllung der kollektivrechtlichen Ansprüche des Betriebsrats nachzukommen ist.

1. Informationspflichten und Begrenzung des Fragerechts im Bewerbungsverfahren

Schon im Bewerbungsprozess besteht ein Spannungsfeld zwischen dem Informationsinteresse des Arbeitgebers und dem Datenschutz bzw. der Privatsphäre der Bewerber. Zentrale Frage ist, welche Daten Arbeitgeber erheben dürfen. DSGVO und BDSG setzen hierfür enge Grenzen, etwa in Bezug auf Fragen zu sensiblen Daten wie der Schwerbehinderung. Arbeitgeber dürfen nur die für die Durchführung des Arbeitsverhältnisses erforderlichen Daten verarbeiten (Art. 5 Abs. 1 lit. c DSGVO, § 26 BDSG) und müssen Bewerber gemäß Art. 13 DSGVO frühzeitig über die Datenverarbeitung informieren. Background Checks oder externe Informationsquellen erfordern eine klare Rechtsgrundlage oder Einwilligung.

Die ETRL bringt weitere Pflichten für Arbeitgeber mit sich.[612] Nach Art. 5 Abs. 1 ETRL sind Bewerber bereits vor dem Vorstellungsgespräch – etwa in Stellenausschreibungen – über das Einstiegsgehalt, die Gehaltsspanne oder einschlägige Tarifregelungen zu informieren. Ferner schränkt Art. 5 Abs. 2 ETRL das Fragerecht der Arbeitgeber ein: Fragen zur Vergütung in früheren Beschäftigungen sind unzulässig. Diese Regelung soll verhindern, dass bestehende Gehaltsunterschiede perpetuiert und Bewerber aufgrund ihrer bisherigen Vergütung benachteiligt werden[613]. Analog zur bestehenden Rechtslage zu unzulässigen Fragen etwa zur Schwangerschaft oder Schwerbehinderung wird auch hier ein „Recht zur Lüge“ gelten[614].

Unternehmen müssen daher transparente Vergütungsstrukturen festlegen, die klar kommuniziert werden können.

---

weiterverwendet werden, soweit sie keine personenbezogenen Daten sind, sich also nicht auf identifizierbare Personen beziehen.

612 Hierzu → Teil 1, Kap. 1.2 (*Körlings*), unter I.2 und II.

613 Erörterung des Rats der Europäischen Union vom 5.3.2021, S. 13, abrufbar unter https://data.consilium.europa.eu/doc/document/ST-6750-2021-INIT/de/pdf (abgerufen am 29.8.2025).

614 *Sagan*, DRdA, 2024, 255, 264.

2. Auskunftsanspruch für Beschäftigte aus Art. 7 ETRL

a) Rechtsgrundlagen für die Verarbeitung

Art. 7 ETRL gewährt Beschäftigten einen Auskunftsanspruch über die durchschnittliche Entgelthöhe von Gruppen von Arbeitnehmern, die gleiche Arbeit wie sie oder gleichwertige Arbeit verrichten. Den Anspruch können Beschäftigte auf Wunsch auch mit Unterstützung der Arbeitnehmervertreter geltend machen. Soweit diese Informationen Rückschlüsse auf einzelne Arbeitnehmer ermöglichen, handelt es sich um eine Verarbeitung personenbezogener Daten.

Die Norm enthält – anders als das bisherige deutsche Recht (§ 12 Abs. 3 Satz 2 EntgTranspG) – keinen Schwellenwert, wonach der Anspruch nicht in Gruppen von weniger als sechs Beschäftigten besteht. Ein solcher Schwellenwert dient auch dem Datenschutz, da Anonymität bei einer größeren Beschäftigtenzahl leichter gewahrt werden kann. Der EU-Gesetzgeber hat sich offenkundig für mehr Transparenz in kleinen Betrieben entschieden.

Der Auskunftsanspruch ist aber in keinem Fall schrankenlos, denn der Arbeitgeber ist zugleich zur Einhaltung der Vorgaben der DSGVO verpflichtet. Die Verarbeitung der Entgeltinformationen des Einzelnen muss rechtmäßig und fair sein, Art. 5 Abs. 1 lit. a DSGVO. Sie bedarf also insbesondere einer Rechtsgrundlage:

– Nach Art. 6, Abs. 1 lit. c DSGVO ist die Verarbeitung personenbezogener Daten rechtmäßig, wenn sie zur Erfüllung einer rechtlichen Verpflichtung erforderlich ist. Das ist etwa bei der Übermittlung von Gehaltsinformationen an die Krankenkasse oder die Arbeitsagentur unproblematisch der Fall, ebenso im Grundsatz bei der Erfüllung des Auskunftsanspruchs nach der ETRL. Bei dem Auskunftsanspruch aus Art. 7 ETRL ist sodann die zweite Vorgabe aus Art. 5 Abs. 1 lit. a DSGVO zu beachten, nämlich die Forderung nach der Einhaltung von Treu und Glauben, in der angelsächsischen Fassung „Fairness" genannt, ebenso wie der Grundsatz der Datenminimierung aus Art. 5 Abs. 1 lit. c DSGVO.
– Nach Art. 6 Abs. 1 lit. e DSGVO ist die Verarbeitung der Daten erforderlich für die Wahrnehmung von Aufgaben, die im öffentlichen Interesse liegen. Man könnte vertreten, dass die Herstellung von Entgeltgerechtigkeit zwischen Männern und Frauen eine im öffentlichen Interesse liegende Aufgabe ist. Auch hier wären aber die Vorgaben aus Art. 5 Abs. 1 lit. a DSGVO (Treu und Glauben bzw. Fairness) sowie der Grundsatz der Datenminimierung zu beachten.
– Schließlich kann die Verarbeitung personenbezogener Daten zur Wahrung eines berechtigten Interesses des Verantwortlichen erforderlich sein, sofern nicht die Interessen oder Grundrechte der betroffenen Person über-

wiegen, Art. 6 Abs. 1 lit. f DSGVO. Das berechtigte Interesse wird im deutschen Recht aufgrund der in § 26 Abs. 1 Satz 1 BDSG vorgegebenen (engeren) „Erforderlichkeit" der Datenverarbeitung eher selten als Rechtsgrundlage im Arbeitsverhältnis verwendet. Angesichts der Kritik des EuGH an der fast wortgleich formulierten Norm des Hessischen Landesdatenschutzgesetzes ist das Schicksal von § 26 Abs. 1 BDSG offen, so dass das berechtigte Interesse wieder stärker in den Blick rückt.[615]

b) Abwägung zwischen Informationsinteresse und Schutz der Privatsphäre

Das sich daraus ergebende Spannungsverhältnis zwischen Informationsinteressen des Einzelnen und der Pflicht zum Datenschutz ist im Rahmen einer Interessenabwägung aufzulösen. Diese Vorgabe findet sich auch außerhalb der Entgelttransparenz. Das BVerfG hat eine solche Interessenabwägung in vielen seiner Entscheidungen zu Art. 1 Abs. 1, Art. 2 Abs. 2 GG herausgearbeitet.[616] Im Grundsatz gilt: Das Informationsinteresse der Allgemeinheit an Gehaltsinformationen eines Individuums kann den Schutz der Privatsphäre des Einzelnen übertreffen.

So ist etwa die Vergütung von öffentlichen Amtsträgern und öffentlichen Bediensteten des Bundes und der Länder gesetzlich oder tarifvertraglich geregelt und in aller Regel leicht nachzuprüfen.

Auch die Vergütung von Vorstandsmitgliedern börsennotierter Aktiengesellschaften ist aufgrund der Berichtspflichten offenzulegen, während es bei nicht börsennotierten Gesellschaften eine Einschränkung zugunsten der Privatsphäre der einzelnen Organmitglieder gibt.[617]

---

615 EuGH, 30.3.2023 – C-34/21, ZIP 2023, 1039; *Grimm*, ArbRB 2023, 131, zu § 23 Hess. LDSchG, welcher fast wortgleich mit § 26 Abs. 1 BDSG formuliert ist und nach der Entscheidung des EuGH nicht die Anforderungen an eine „spezifischere Vorschrift" nach Art. 88 DSGVO erfüllt. Sollte auch § 26 Abs. 1 BDSG unwirksam sein, so entfällt bis zu einer gesetzlichen Neuregelung auch die dort gewählte Fokussierung auf die „Erforderlichkeit".

616 BVerfG, 6.5.1997 – 1 BvR 409/90, MDR 1997, 741 zur Kollision des Rechts auf Transparenz (des adoptierten Kindes) mit dem Recht auf Privatsphäre (des biologischen Vaters).

617 § 285 Nr. 9 HGB zur Angabepflicht für die Gesamtbezüge der Organmitglieder; Einschränkung nach § 286 Abs. 4 HGB für die Berichtspflicht in nicht börsennotierten Gesellschaften, „wenn sich anhand dieser Angaben die Bezüge eines Mitglieds dieser Organe feststellen lassen".

c) Künftige Umsetzung durch den Arbeitgeber

Der Arbeitgeber muss der Verpflichtung zur Preisgabe dieser Informationen nach der ETRL bzw. dem deutschen Umsetzungsgesetz künftig grds. nachkommen[618], sei es bei einer Auskunft an den fragenden Arbeitnehmer selbst oder jedenfalls an die Arbeitnehmervertreter, die Aufsichtsbehörde oder die Gleichbehandlungsstelle. Das gilt selbst dann, wenn der deutsche Gesetzgeber nur die – umfangreichen – Mindestvorgaben aus der ETRL umsetzen sollte.

Es wird nicht möglich sein, sich schlicht unter Verweis auf den „Datenschutz“ dieser Auskunftspflicht zu entziehen. Dennoch sollte der Einzelfall sorgfältig bewertet werden, denn die DSGVO ist weiterhin zu beachten. Vorüberlegung ist die Prüfung, ob und inwieweit tatsächlich eine konkrete Person identifizierbar ist.[619] Es genügt, wenn die Information zusammen mit weiteren Angaben eine Identifizierung ermöglicht.

Die jeweilige Gruppengröße ist ein Anhaltspunkt für die Identifizierbarkeit. Je kleiner die Gruppe ist, desto eher sind einzelne Arbeitnehmer identifizierbar. Allerdings wird die bisherige Mindestgruppengröße von sechs Arbeitnehmern in § 12 Abs. 3 Satz 2 EntgTranspG in der zu erwartenden Neufassung des EntgTranspG nicht mehr enthalten sein. Sie ist also kein absolutes Argument.

Die vorzunehmende Abwägung ist zwingend zu dokumentieren. Darunter auch, wie wichtig und nützlich die einzelne Information für die auskunftssuchende Arbeitnehmerin ist. Auch besondere Interessen des identifizierbaren Arbeitnehmers, dessen Gehalt ggf. bekannt gegeben werden würde, sind zu berücksichtigen.

Sinnvollerweise sollte der Arbeitgeber generell bei der erstmaligen Implementierung der Prozesse zur Umsetzung der ETRL bzw. des deutschen Umsetzungsgesetzes eine Datenschutzfolgenabschätzung durchführen, die ihrerseits eine Schilderung etwaiger Risiken und sodann Ansätze zur Milderung dieser Risiken beschreibt.[620] Auch der oder die betriebliche Datenschutzbeauftragte sollte hierbei einbezogen werden.

Eine etwaige begrenzte Antwort, also ohne Preisgabe der Informationen über einen identifizierbaren Arbeitnehmer, sollte gut begründet werden, erneut ohne dabei unnötig personenbezogene Daten preiszugeben.

---

618 Für eine DSGVO-konforme Auslegung der ETRL an dieser Stelle *Flöter/Heimann*, BB 2025, 2164, 2172.

619 *Eßer*, in: Auernhammer, DSGVO BDSG, Art. 4 DSGVO Rn. 20; *Wybitul,* in: MHDB ArbR, § 96 Rn. 26-29 zur Identifizierbarkeit der Person, Rn. 30-34 zur Anonymität.

620 Art. 35 DSGVO; *Jacobi*, AuA 2018, 400 zur Datenschutzfolgenabschätzung im Arbeitsrecht.

3. Berichtspflichten aus Art. 9 ETRL

Entsprechendes gilt für die Erfüllung der Berichtspflichten aus Art. 9 ETRL. Auch hier sind die Informationen über das Gehalt identifizierbarer Arbeitnehmer nicht ohne weiteres, sondern erst nach einer Interessenabwägung preiszugeben.

Nach Art. 9 Abs. 1 lit. g ETRL muss das Unternehmen über das geschlechtsspezifische Entgeltgefälle innerhalb der einzelnen Gruppen von Arbeitnehmern berichten, wobei nach dem Grundlohn und nach weiteren, ggf. auch variablen, Vergütungsbestandteilen zu differenzieren ist. Bei diesen Informationen ist angesichts der Granularität der Information die Wahrscheinlichkeit, dass Gehaltsinformationen identifizierbarer Arbeitnehmer bekannt werden, höher als bei den übrigen Berichtspflichten.

4. Rechte des Betriebsrats nach Umsetzung der ETRL

Betriebsräte verfügen bereits nach §§ 80, 87 BetrVG und dem EntgTranspG über gewisse Informations-, Einsichts- und Mitbestimmungsrechte[621]. Die Richtlinie erweitert diese teils beträchtlich und verschiebt damit gewissermaßen den Schutz der Privatsphäre der einzelnen Arbeitnehmer zugunsten der Entgeltgerechtigkeit im Unternehmen. Dennoch lässt die ETRL die konkrete Ausgestaltung offen. Eine Begrenzung auf nur einzelne Mitglieder oder einen (Betriebs-)Ausschuss – wie es § 80 Abs. 2 Satz 2 BetrVG vorgibt – fehlt. Der Betriebsrat hat insoweit weitergehende Rechte als nach derzeitigem nationalen Recht. Aber auch hier gilt es bei der „Zusammenarbeit mit den Arbeitnehmervertretungen", wie es in der ETRL heißt, die DSGVO zu beachten. Arbeitgeber sollten dafür sorgen, dass die Vertretungsorgane nur diejenigen Daten erhalten, die zur Erfüllung ihrer Aufgaben zwingend erforderlich sind. So kann ein unnötiges Herausgeben personenbezogener Daten vermieden werden, ohne den eigentlichen Zweck der Entgelttransparenz zu gefährden.

a) Mitbestimmungsrechte

Zur Sicherung gleichen Entgelts für gleiche oder gleichwertige Arbeit fordert Art. 4 ETRL geschlechtsneutrale, objektive und diskriminierungsfreie Vergütungsstrukturen. Diese sind nach Art. 4 Abs. 4 ETRL mit den Arbeitnehmervertretern zu vereinbaren.[622] Insoweit besteht Deckungsgleichheit zum Mitbestimmungstatbestand des § 87 Abs. 1 Nr. 10 BetrVG bei der Einrichtung kollektiver Vergütungssysteme. Dabei gilt weiterhin: Mitbestimmt

621 Hierzu → Teil 2 Kap. 2.3 (*Lohmann*), unter II.1 und III.

622 Entsprechen den Kriterien für „gleichwertige Arbeit", Art. 3 Abs. 1 lit. g ETRL.

ist nur die Vergütungssystematik, etwa die Abstände zwischen Gehaltsgruppen und -bändern, das Verfahren der Entgeltbewertung und die Zuordnungskriterien. Der Betriebsrat hat kein Mitbestimmungsrecht bei der Festlegung konkreter Entgelthöhen.

Die ETRL legt ergänzend fest, dass Arbeitgeber – ggf. in Zusammenarbeit mit dem Betriebsrat – Gruppen von Arbeitnehmern nach den vereinbarten Kriterien bilden, Art. 3 Abs. 1 lit. h ETRL.

b) Teilhaberechte

Nach Art. 7 ETRL können Beschäftigte ihren Auskunftsanspruch über ihre Entgelthöhe und die durchschnittliche Vergütung der Vergleichsgruppe (geschlechtsdifferenziert) wahlweise auch über den Betriebsrat geltend machen. Dieser soll durch sein Einsichts- und Auswertungsrecht die für den Schutz personenbezogener Daten erforderliche Anonymität sicherstellen.[623]

Art. 9 Abs. 6 ETRL verpflichtet Arbeitgeber zudem, Arbeitnehmervertreter vorab zum Bericht über das geschlechterspezifische Entgeltgefälle anzuhören. Der Wortlaut deutet auf ein umfassendes Informations- und Prüfrecht des Betriebsrats hin, welches Mitteilungsanforderungen analog §§ 99, 102 BetrVG schafft. Art. 9 Abs. 10 ETRL eröffnet dem Betriebsrat zudem, Klarstellungen und Erläuterungen zu den bereitgestellten Daten zu verlangen, um im Zweifel gemeinsam mit dem Arbeitgeber Abhilfe zu schaffen.

c) Einsichtsrechte

Art. 7 und 9 ETRL sehen umfassende Informations- und Einsichtsrechte vor, deren konkrete Ausgestaltung die ETRL jedoch offenlässt. Im Gegensatz zu § 80 Abs. 2 Satz 2 BetrVG,[624] wonach nur der Betriebsausschuss oder ein nach § 28 BetrVG gebildeter Ausschuss nichtanonymisierte Bruttolohnlisten einsehen und in gewissem Umfang Notizen machen kann, sehen Art. 7 und Art. 9 ETRL eine Beteiligung des gesamten Gremiums vor. Damit werden die Rechte des Betriebsrats ausgeweitet. Gleichzeitig werden die Gehaltsinformationen einem größeren Personenkreis bekannt als nach jetzigem nationalem Recht. Jedoch gilt die Verschwiegenheitspflicht einzelner Betriebsratsmitglieder nach § 79 Abs. 1 Satz 1 BetrVG[625] ohnehin nicht gegenüber

---

623 *Schlachter*, in: ErfK, § 14 EntgTranspG Rn. 3.

624 Interessanterweise war eine Forderung der CDU/CSU-Fraktion im Bundestag 1971 zur Vorgängerregelung des § 80 Abs. 2 BetrVG, ein Zustimmungserfordernis vor Offenlegung der Gehaltsinformationen vorzusehen, BT-Drs. VI/1806, 6.

625 Nach § 79 BetrVG müssen geheimhaltungsbedürftige Informationen ausdrücklich als solche gekennzeichnet werden.

dem Gremium, so dass die Betriebsratsmitglieder schon jetzt untereinander über Gehaltsinformationen sprechen könnten.

Das BAG hat die auf § 80 Abs. 2 Satz 2 Hs. 2 BetrVG gestützte Datenverarbeitung als erforderlich i. S. v. § 26 Abs. 1 Satz 1 BDSG anerkannt.[626] Das Recht auf informationelle Selbstbestimmung der Arbeitnehmer sei durch die datenschutzrechtlichen Regelungen gewahrt. Auch künftig wird der Arbeitgeber bei erweiterten Offenlegungspflichten immer noch den Datenschutz beachten müssen.[627]

d) Informationsrechte

Nach Art. 9 Abs. 9 ETRL müssen Arbeitgeber den Arbeitnehmervertretern künftig Daten zum geschlechtsspezifischen Entgeltgefälle bereitstellen – gruppenweise aufgeschlüsselt und inklusive Grundvergütung sowie variabler Entgeltbestandteile. Art. 9 Abs. 10 ETRL gewährt zudem das Recht, zusätzliche Details anzufordern. Die ETRL eröffnet auch hier mehr Datentransparenz als das nationale Recht. Nach den datenschutzrechtlichen Vorgaben ist die Datenverarbeitung aber auch hier auf das erforderliche Maß zu beschränken.

e) Gemeinsame Entgeltbewertung nach Art. 10 ETRL

Art. 10 ETRL verpflichtet Arbeitgeber bei geschlechtsspezifischen Entgeltunterschieden ab 5 % – sofern nicht objektiv gerechtfertigt und binnen sechs Monaten korrigiert – zu einer Entgeltbewertung mit den Arbeitnehmervertretern. Diese umfasst u. a. eine Analyse der Geschlechterverteilung, durchschnittliche Entgelthöhen und Entgeltsteigerungen nach Unterbrechungen (z. B. Elternzeit). Der Arbeitgeber muss hierfür relevante Daten offenlegen, so dass der Betriebsrat ein weiteres Einsichts- und Prüfrecht erhält.

Nach Art. 10 Abs. 4 ETRL sind Arbeitgeber und Betriebsrat zur Analyse bestehender oder Einrichtung neuer Schutzsysteme verpflichtet. Die ETRL fordert eine „enge Zusammenarbeit“, deren Ausgestaltung nationalen Vorgaben folgt. Dabei werden die Grundsätze der Zweckbindung und Datenminimierung gelten.

---

626 BAG, 7.5.2019 – 1 ABR 53/17, ZD 2019, 571.

627 Für den nationalen Gesetzgeber bietet sich nicht die Möglichkeit, die Transparenzpflichten zum Zweck des Schutzes der Privatsphäre einzuschränken, denn die ETRL enthält Mindestvorgaben, Art. 1 ETRL. Einschränkungen der europäischen Vorgaben zugunsten des Rechts auf informationelle Selbstbestimmung dürfte der nationale Gesetzgeber nicht vornehmen, solange der unabdingbar gebotene Grundrechtschutz gewahrt ist, BVerfG, 22.10.1986 – 2 BvR 197/83, MDR 1987, 290 – „Solange II“.

5. Handlungsempfehlungen für Arbeitgeber

Der Arbeitgeber muss der Verpflichtung zur Preisgabe von Gehaltsinformationen nach den Vorgaben der ETRL künftig grundsätzlich nachkommen, sei es bei einer Auskunft an den fragenden Arbeitnehmer selbst, oder jedenfalls an die Arbeitnehmervertreter. Um das Spannungsverhältnis datenschutzgerecht aufzulösen, empfiehlt sich eine strukturierte Vorgehensweise:

- **Analyse der rechtlichen Grundlage**: Im Einzelfall prüfen, welcher Verpflichtung in welchem Umfang nachgekommen werden muss
- **Datenschutzfolgenabschätzung**: Ermitteln, welche Risiken bei der Offenlegung entstehen (z. B. Identifizierbarkeit Einzelner) und wie sich diese minimieren lassen
- **Zugriffskonzepte**: Festlegen, wer Zugriff auf welche Daten für welche Zwecke hat. – gerade bei der Verarbeitung von Gehaltsinformationen bedarf es klarer Rollen und Berechtigungen
- **Anonymisierung und Pseudonymisierung**: Wo möglich, sollten Daten nur in zusammengefasster Form weitergegeben werden, sodass individuelle Gehälter nicht erkennbar sind
- **Dokumentation**: Alle Schritte und Entscheidungen sind zu dokumentieren, um im Zweifel nachweisen zu können, dass die Datenschutzanforderungen eingehalten wurden

V. Fazit

Die ETRL erfordert einen sensiblen Umgang mit personenbezogenen Daten. Arbeitgeber müssen einerseits Transparenzpflichten erfüllen, dürfen andererseits aber nicht gegen Datenschutzvorgaben verstoßen. Die Interessenabwägung zwischen Offenlegungspflichten und dem Schutz der Privatsphäre bleibt eine Herausforderung. Eine datenschutzfreundliche Umsetzung der ETRL erfordert daher ein präzises Vorgehen, klare Regelungen und eine sorgfältige Abwägung im Einzelfall. Eine rechtssichere Umsetzung gelingt, wenn im Vorfeld alle relevanten Aspekte – von der gruppenweisen Anonymisierung über die enge Zweckbindung bis hin zu internen Zugriffsregelungen – sorgsam geprüft und dokumentiert werden. Sodann sind Prozesse für die Beantwortung von Auskunftsansprüchen und für die Erfüllung der Berichtspflichten (und ggf. der gemeinsamen Entgeltbewertung mit den Arbeitnehmervertretern) aufzusetzen. Diese sollten auch datenschutzkonform sein, was mit Hilfe einer Datenschutzfolgenabschätzung und mit Einbindung des betrieblichen Datenschutzbeauftragten überprüft werden kann.

Teil 3 – Die Nachhaltigkeitstransformation gestalten

Kapitel 1 – ESG-Integration in die Unternehmensstrategie

1. Verankerung der Nachhaltigkeitstransformation im Management

André Köhler und Max Köppl

I. Chance statt Bürde: Wie Unternehmen von der Einführung einer ESG-Strategie profitieren

Seit Januar 2025 fallen nicht mehr nur sehr große und kapitalmarktorientierte Unternehmen unter die ESG-Berichtspflicht, sondern auch Unternehmen mit mehr als 250 Mitarbeitern mit einem Umsatz von mindestens 40 Mio. EUR pro Jahr.[628] Dieser Trend zur Ausweitung der Berichtspflichten nimmt gerade erst Fahrt auf und wird sich bis 2028 auf nahezu alle Unternehmen erstrecken. Von KMU wird dies meist skeptisch und nur als regulatorisch getriebene Pflicht betrachtet – ohne dabei die sich ergebenden Möglichkeiten und Chancen zu sehen. Wer ESG nicht als Bürde, sondern als strategische Chance begreift, kann langfristig resilienter und wettbewerbsfähiger werden und darüber hinaus auch die Reputation und Außenwahrnehmung des eigenen Unternehmens stark steigern.[629]

Besonders unterschätzt wird häufig die begünstigende Wirkung einer aktiven ESG-Strategie auf den für mittelständische Unternehmen meist essenziellen Fremdkapitalzugang. Die Risikobewertung durch Kreditinstitute und anderer Geldgeber wird von der ESG-Strategie positiv beeinflusst und vereinfacht somit die Fremdkapitalbeschaffung. Aber nicht nur der positive Effekt auf die Fremdkapitalbeschaffung, sondern auch auf die eigenen Betriebsergebnisse wurde in empirischen Studien nachgewiesen.[630] Zum Beispiel verbesserten sich durch die Integration von ESG-Faktoren in die Unternehmensstrategie die Eigenkapitalrendite, aber auch die Nettomarge und somit der Gewinn der in den Studien analysierten Unternehmen.[631] Aufgrund dieser Vorteile muss die Implementierung einer ESG-Strategie nicht

---

628 Europäisches Parlament, Pressemitteilung v. 10.11.2022, https://www.europarl.europa.eu/news/en/press-room/20221107IPR49611/sustainable-economy-parliament-adopts-new-reporting-rules-for-multinationals?utm_source=chatgpt.com (abgerufen am 29.8.2025).

629 *Nicolas/Desroziers/Caccioli/Aste*, Finance Research Letters 2024, 59, 104712.

630 *Friede/Busch/Bassen*, Journal of Sustainable Finance & Investment 2015, 5,4, S. 210–233.

631 *Kirchhoff/Niefünd/von Pressentin*, ESG: Nachhaltigkeit als strategischer Erfolgsfaktor 2024, S. 95-109.

nur aus regulatorischer Pflicht, sondern auch aus eigenem Interesse am Unternehmenserfolg vorangetrieben werden.

II. Herausforderungen bei der Implementierung von ESG-Strategien

Trotz der aufgezeigten Potenziale ist die aktive Einführung und das „Leben" einer ESG-Strategie ein komplexes Unterfangen – gerade für mittelständische Unternehmen. Die Berichtspflichten, aber vor allem auch die prozessualen Änderungen, welche eine ESG-Transformation verursacht, müssen sowohl durch finanzielle Ressourcen als auch durch personelle Kapazitäten gestützt werden. Häufig ist es in KMU der Fall, dass ESG als Themenkomplex „nebenbei" von der Geschäftsleitung oder einigen wenigen ausgewählten Mitarbeitern betreut wird. Dies zeigt zwar Engagement und Bereitschaft für das Thema, schafft aber keine dauerhafte und nachhaltige Verankerung. Aufgrund vielfach knapper Ressourcen können selten externe Experten oder sogar zusätzliches internes Personal zur Ausarbeitung und Implementierung einer ESG-Strategie aufgebaut werden. Um diese Hürde zu überwinden, gilt es die Belegschaft in einen Change-Prozess einzubeziehen und somit die Arbeitslast auf mehrere Schultern zu verteilen. Dieses Vorgehen schwächt eine weitere Herausforderung ab, mit der kleine und mittelständische Unternehmen konfrontiert sind: Mangelnde Mitarbeiter-Akzeptanz. ESG-Themen werden häufig nur als bürokratischer Mehraufwand ohne persönlichen und greifbaren Mehrwert betrachtet, weshalb das Verständnis innerhalb der Belegschaft oft nur begrenzt ist. Um aber den Change-Prozess erfolgreich und nachhaltig durchzuführen, ist die „Rückendeckung" durch die Mitarbeiter essenziell. Sie sind es, welche die ESG-Ziele im Alltag umsetzen, Prozesse überarbeiten und neue Vorschläge mit einbringen.

Damit dieser Wandel gelebt werden kann, ist ein strukturierter Change-Management-Prozess, der die begrenzten Ressourcen effizient nutzt und sich nahtlos in die Firmenkultur integriert, unabdingbar.

III. ESG-Strategie leben: Nachhaltiges Change-Management

Der Erfolg einer ESG-Implementierung hängt maßgeblich von einer tiefgreifenden und strukturierten Integration des Transformationsprozesses in die Unternehmenskultur und somit auch vom Wandel des Mindsets der Mitarbeiter in Bezug auf die Nachhaltigkeitsagenda des eigenen Unternehmens ab. Gerade kleine und mittelständische Firmen stehen vor der Herausforderung, Nachhaltigkeit nicht nur als Notwendigkeit zu verstehen, sondern als zentralen Erfolgsfaktor in einem zunehmend ökologieorientierten Marktumfeld, den es langfristig zu verankern gilt. Um diesen Veränderungsprozess gestalten und steuern zu können, empfehlen sich etablierte Methoden und Werkzeuge aus dem Change-Management. Ein durchdachter und gezielter Change-Management-Ansatz schafft dabei entscheidende Vorteile: Es wird ein klares Ziel- und Rollenbild aufgezeigt, Widerstände und Herausforderung während der Implementierung werden vorgebeugt und, falls notwendig, gegengesteuert. Zudem werden langfristige Instrumente für eine messbare Fortschrittskontrolle etabliert. Dieser Umgang mit einem fundamentalen Wandel im Unternehmen ist notwendig, um der Tragweite des Unterfangens gerecht zu werden und die Veränderung nicht im Aktionismus verpuffen zu lassen.

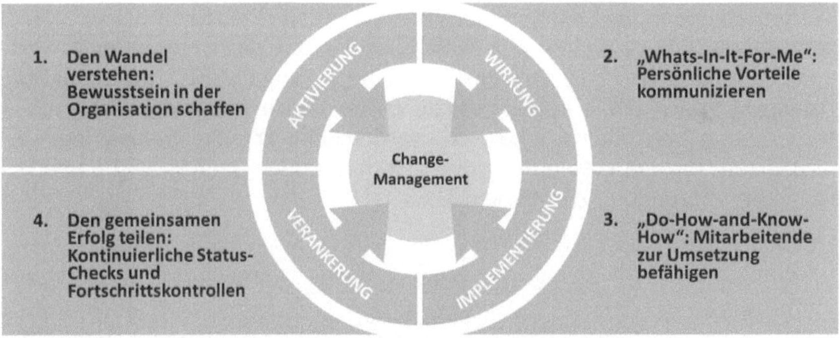

Abbildung: Verlaufsphasen des Change-Management-Prozesses

1. Den Wandel verstehen: Bewusstsein in der Organisation schaffen

Die Basis für den Change-Prozess im Rahmen der Implementierung einer ESG-Strategie bildet die Herausarbeitung eines gemeinsamen Nachhaltigkeitsbewusstseins über alle Hierarchieebenen einer Organisation hinweg. Der Kulturwandel beginnt in der obersten Führungsebene und muss von dort aus „Top-Down" verankert werden. Dafür ist es unabdingbar, dass der Nachhaltigkeitsstrategie eine hohe Sichtbarkeit verliehen wird und diese sich auch im Handeln der oberen Managementebene widerspiegelt, damit die damit verbundene Glaubwürdigkeit des Transformationsprozesses gesichert ist.

Entscheidend dabei ist, dass das Bewusstsein für den Kulturwandel von der Management-Ebene zu den Mitarbeitern getragen wird. Dieses Bewusstsein muss über lebhafte Kommunikation und eine gewisse Vorbildfunktion an die

Mitarbeiter herangetragen werden. Es ist demnach unzureichend, nur den inhaltlichen Rahmen der Transformation in Präsentationen und formellen Meetings zu erwähnen. Es gilt, aktivierende Formate anzubieten und eine stringente, gut nachvollziehbare Story anstatt einer komplexen Richtlinie zu kommunizieren. Relevant sind dabei vor allem Formate, die den Austausch fördern und somit allen Teilnehmenden das Gefühl vermitteln, ein aktiver Treiber und nicht bloß eine „Randfigur“ des Transformationsprozesses zu sein. Geeignet sind dazu Formate wie Roundtables, interaktive Workshops und weitere Diskussionsangebote, um die ESG-Strategie und deren Implikationen auf den Geschäftsalltag zu erläutern, offene Fragen zu klären und eine gemeinsame Agenda zu kreieren, damit nicht nur ein rationales Verständnis, sondern auch ein Zugehörigkeits- und Verantwortungsgefühl bei allen Mitarbeitern entsteht. Eine gemeinsame Basis aller Austauschformate muss die nahtlose Migration der Nachhaltigkeitsagenda in das bestehende Wertefundament des Unternehmens darstellen. ESG darf kein Fremdkörper sein, sondern muss als logische Weiterentwicklung der Unternehmenswerte verstanden werden. Nur so kann ESG eine glaubwürdige Umsetzung und Adaption von Nachhaltigkeitsprinzipien im Bewusstsein der Belegschaft fördern und breitflächig verankert werden. Dieser erste Schritt legt den Grundstein für den Erfolg der Implementierung der ESG-Strategie und bedarf damit besonderer Aufmerksamkeit.

Dos

- Verankerung der Nachhaltigkeitsagenda in die Unternehmensstrategie und -werte
- Die Transformation von der Management-Ebene aus über alle Hierarchiestufen vermitteln
- Aktivierende Austauschformate und transparente Kommunikation entsprechend den Bedürfnissen der Mitarbeiter bieten

Don’ts

- ESG als selbsterklärend und nur als „schmückendes Beiwerk“ der Unternehmensstrategie betrachten
- ESG lediglich auf der Management-Ebene oder nur durch einen „Kümmerer“ auf der Arbeitsebene zum Thema machen
- Vermittlung von Inhalten per „Einbahnstraße“, z.B. Versand einer Vorstandsunterlage

2. „What‘s-In-It-For-Me“: Persönliche Vorteile kommunizieren

Akzeptanz für tiefgreifende Veränderungen in einem Unternehmen lässt sich nicht nur über ein gemeinsam ausgeprägtes Gemeinschaftsgefühl in Bezug auf das Nachhaltigkeitsbewusstsein realisieren, sondern braucht auch die Vermittlung des individuellen Nutzens für jeden Einzelnen. Der Perspektivwechsel vom Gemeinschaftsgedanken hin zum individuellen Nutzen muss dem Mitarbeiter vermitteln, welche konkreten Vorteile er durch die Maßnahmen der ESG-Strategie hat und ihn so motivieren, den Change-Prozess aktiv zu unterstützen und mitzugestalten.

Die Vorteile für die Mitarbeiter sollen dabei aus verschiedenen Blickwinkeln und Bereichen kommuniziert werden, wobei zwischen direkten und indirekten Vorteilen zu unterscheiden ist. Indirekte Vorteile ergeben sich zum Beispiel aus erhöhter Arbeitgeberattraktivität und auch langfristiger Arbeitsplatzsicherheit, da ESG-Strategien für Innovationskraft und Resilienz eines Unternehmens stehen. Daraus ergibt sich ein indirekter finanzieller Nutzen für jeden einzelnen Mitarbeiter, da eine erfolgreich implementierte ESG-Strategie zu besseren Geschäftsergebnissen führt. Direkte Vorteile haben eine stärkere Wirkung für den Einzelnen und müssen deshalb sowohl in der internen als auch in der externen Kommunikation hervorgehoben werden. Besonders ESG-bezogene Benefits wie z. B. Mitarbeiterangebote für E-Auto-Abonnements und -leasing oder ÖPNV- und Bahncard Zuschüsse, welche im Rahmen der ESG-Strategie Einzug ins Unternehmen halten können, müssen gefördert werden und erhöhte Sichtbarkeit erhalten. All diese Benefits müssen dabei nicht nur faktisch aufgelistet, sondern stets mit einer emotionalen Kernaussage aufgeladen werden, um konkrete Bezüge zu den Mitarbeitern zu schaffen. Dabei spielt vor allem der Input und die Überzeugung von direkten Arbeitskollegen eine entscheidende Rolle – so kann mittels „Peer-Stories“ die Wirkung der Benefits anschaulich beschrieben werden, z. B. wie Kollegen durch die Einführung eines neuen Mobilitätsbudgets ihr Auto abschaffen und damit jeden Monat bares Geld sparen konnten.

Neben diesen, aus der ESG-Strategie abgeleiteten, Benefits für Mitarbeiter, müssen auch die individuellen Anreize mit Bezug auf die Vergütung eine große Rolle bei der Implementierung einer ESG-Strategie spielen. Dabei ist vor allem notwendig, die ESG-Ziele (wie z. B. konkrete Vorgaben zur Erreichung der Recycling-Ziele oder Einsparungen in Bezug auf Reisetätigkeiten) mit den persönlichen Aufgaben- und Handlungsfeldern der Mitarbeiter zu verknüpfen. Sinnvoll ist auch, nicht nur Zielvorgaben auf individueller Eben zu setzen, sondern teamübergreifende Vorgaben zu definieren und somit das Vergütungs- und Bonussystem auf drei Säulen zu stellen.[632] Damit verbindet man bestmöglich die unternehmensweiten, teamübergreifenden und individuellen Zielvorgaben in Bezug auf ESG und schafft somit auf allen Ebenen Anreize zur erfolgreichen Umsetzung der neuen Strategie.

---

632 Zur Implementierung von ESG-Kriterien in die variable Vergütung auch → Teil 1 Kap. 2.1 (*Flöter*), unter I.3. und → Teil 1 Kap. 2.6 (*Häußer*), unter II.2.

Dos

- Vorteile der ESG-Implementierung mitarbeiterindividuell kommunizieren und Möglichkeiten im Einzelgespräch aufzeigen
- Kombination aus individuellen und teamübergreifenden Zielvorgaben zur Motivationssteigerung
- Nutzung emotionaler Mitarbeitergeschichten („Story-Telling") zur Stärkung der Identifikation mit dem Wandel

Don'ts

- Mitarbeitervorteile lediglich „im Kleingedrucktem" oder als Randnotiz kommunizieren
- Mitarbeiter nicht in persönlichen Einzelgesprächen über die Vorteile aufklären („Gruppen-Mailing")
- Intransparente oder fehlende Zielvorgaben für Teams/individuelle Mitarbeiter und daraus resultierende Unklarheit über den eigenen Beitrag

3. „Do-How-and-Know-How": Mitarbeiter zur Umsetzung befähigen

Nur mit Nachhaltigkeitsbewusstsein und Anreizen zur Umsetzung und Zielerfüllung der ESG-Agenda allein kann natürlich keine Strategie erfolgreich implementiert werden. Nach dem „Abstecken" der Rahmenbedingungen gilt es, mittels umfangreicher Wissensvermittlung gezielt ESG-Kompetenzen aufzubauen, Umsetzungsbarrieren zu beseitigen und alle notwendigen Werkzeuge und Ressourcen zur Verfügung zu stellen.

Ziele und Managementvorgaben in Bezug auf ESG können im ersten Moment abstrakt und wenig handlungsleitend auf den einzelnen Mitarbeiter wirken und müssen somit durch definierte und zielgerichtete Schulungskonzepte angelernt werden. Dabei ist zu beachten, dass unterschiedliche Bereiche auch unterschiedliche ESG-Inhalte benötigen bzw. mit verschiedenen Inhalten in ihrem Arbeitsalltag konfrontiert werden. Somit müssen Trainings (wie z. B. klassische Präsenztrainings, digitale Lernplattformen und Webinare) immer auf die jeweilige Zielgruppe angepasst werden, um die gewünschte Wirkung zu erzeugen. Auch die Grundlagen und der Kontext hinter der ESG-Strategie müssen vermittelt werden, da viele Mitarbeiter noch keine Berührungspunkte mit Begriffen wie „EU-Taxonomie", „Scope-3-Emissionen" und „Diversity Score" hatten. Dabei können interaktive Wissens-Quizze und Infoposter Abhilfe schaffen. Nachdem die bereits im Unternehmen integrierten Arbeitnehmer in das Thema eingeführt wurden, muss auch von Seiten der Personalabteilung ein Onboarding-Leitfaden zum Thema ESG gestaltet werden, um neue Mitarbeiter sofort mit der nötigen ESG-Kompetenz auszustatten und somit auch zu kommunizieren, dass ESG einen großen Stellenwert im Unternehmen innehat.

Jeder Mitarbeiter muss auch dazu befähigt werden ESG in seinen Arbeitsalltag zu integrieren und somit seine, im vorherigen Prozessschritt definierten Ziele, zu erreichen. Dies muss mittels spezifischer „ESG-Toolkits" umgesetzt werden, wobei mittels plastischer Beispiele aus dem realen Arbeitsalltag spezifische Handlungsempfehlungen gegeben werden. So kann z.B. dem Vertriebs- und dem Einkaufsteam eine Entscheidungsmatrix an die Hand gegeben werden, mit deren Hilfe die Entscheidungen in Kunden- und Lieferantengesprächen anhand von ESG-Kriterien getroffen werden. Darüber hinaus verlangt ESG in Unternehmen vor allem eines: Das uneingeschränkte Engagement der Mitarbeiter. Um dieses bestmöglich zu fördern, ist es wichtig, zeitliche und finanzielle Ressourcen für ESG-Aktivitäten bereitzustellen. Dabei können sogenannte „ESG-Pilots" richtungsweisend sein, welche eine Art sicheren Raum bzw. eine Sandbox darstellen und die Teammitglieder dazu einladen sollen eigene Ideen und Projekte zu testen und somit selbstständig nachhaltigere Prozesse zu gestalten. Neben diesen Experimentierräumen ist auch der interdisziplinäre Austausch zwischen den Bereichen wie z.B. Vertrieb und Entwicklung entscheidend, um eine ESG-Strategie lebendig werden zu lassen. So können Synergien entstehen und teamübergreifende Probleme gemeinsam gelöst und beseitig werden.

Dos

- Plastische Handlungsleitfäden erstellen und klare Umsetzungsbeispiele aus dem Alltag der Mitarbeiter nutzen
- Kreative Formate zur Weitergabe von Wissen oder zum Erlernen neuer Kompetenzen ausprobieren
- Gezielter Einsatz von Mitarbeitern als Multiplikatoren für den Transfer von Know-How (Wissen) & Do-How (Können)

Don'ts

- „One-Size-Fits-All"-Lösungen in puncto Schulungskonzept
- Unzureichender Bezug zur Lebenswirklichkeit der Mitarbeiter aufgrund generischer Leitfäden
- Wissen ohne Handlungskompetenz: Zu starrer Fokus auf theoretisches Wissen, welches nicht handlungsleitend ist

4. Den gemeinsamen Erfolg teilen: Kontinuierliche Status-Checks und Fortschrittskontrollen

Die Umsetzung einer ESG-Strategie ist niemals ein Sprint, sondern stets ein Marathon. Um die angestoßenen Veränderungen langfristig wirkend zu verankern, müssen systematisch Maßnahmen implementiert werden, die die Zielerreichung messen und die Motivation aufrechterhalten. So wird dafür gesorgt, dass die ESG-Strategie gefestigter Teil der Unternehmenskultur wird.

Eine Säule dieser Maßnahmen muss in jedem Fall eine regelmäßige ESG-Review sein. Dabei werden mindestens quartalsweise die unternehmensweiten ESG-Ziele mit der Zielerreichung verglichen und somit Defizite aufgezeigt, aber auch bereits erreichte Erfolge gefeiert. An dieser Stelle müssen ESG-Dashboards, welche vorab definierte KPIs im Team sichtbar machen und somit den Fortschritt zur Zielerfüllung gezielt tracken, eine tragende Rolle spielen, da hier auch eine Review auf Teamebene möglich gemacht wird. Der dabei erzielte Fortschritt muss auch unternehmensweit durch bspw. Newsletter oder kurze Videos sichtbar gemacht werden, um den gemeinsamen Erfolg emotional zu verankern. Um ausreichend Raum für Rückmeldungen zu den implementierten Prozessen und Veränderung innerhalb der ESG-Transformation zu geben, muss auch ein Tool eingeführt werden, welches das Teilen des Feedbacks und somit die aktive Partizipation der Mitarbeiter ermöglicht. Eine Umsetzungsvariante stellt ein „ESG-Stimmungsbarometer“ dar, bei dem eine Umfrage an alle Mitarbeiter verschickt und dadurch eine Quantifizierung des Fortschritts der Strategie-Implementation ermöglicht wird. Auf Basis dessen kann auch eine jährliche Retrospektive stattfinden, welche einen Gesamtüberblick über alle „Lessons Learned“, Erfolge und Defizite liefert und somit den gesamten Transformationsprozess bewertet.

Dos

- Unternehmensübergreifende ESG-Reviews etablieren
- Den Fortschritt für alle sichtbar machen (z. B. in Form von allgemein zugänglichen Dashboards)
- Regelmäßige Kommunikation von individuellen „Success-Stories“ und emotionalisierten Inhalten

Don’ts

- Zu lange Zyklen in der Umsetzungskontrolle (aber Vorsicht vor Mikro-Management)
- Fortschritt lediglich auf Management-Ebene tracken und dadurch Intransparenz über den Beitrag des Einzelnen erzeugen
- Eine erfolgreiche Transformation lediglich auf nackte Zahlen und KPIs reduzieren, ohne die menschliche Komponente zu berücksichtigen

IV. Fazit

Kleine und mittelständische Unternehmen stellt die ESG-Strategieimplementierung vor eine Herausforderung – insbesondere vor dem Hintergrund begrenzter Ressourcen und zunehmendem Druck aus der Lieferkette. Doch KMU, die ESG lediglich als bürokratische Pflicht betrachten, vergeben reale Chancen: Richtig strategisch verankert und nachhaltig umgesetzt, kann ESG zur wichtigen Säule in der Unternehmensstrategie werden – mit positiven Effekten auf Finanzierung, Betriebsergebnisse, Mitarbeiterzufriedenheit und Wettbewerbsposition.

Der Schlüssel zu einer erfolgreichen ESG-Transformation liegt in einem konsequenten, gut strukturierten Change-Management-Prozess. Dabei gilt es, die Mitarbeiter nicht nur zu passiv zu informieren, sondern aktiv in die Transformation einzubeziehen – durch Bewusstseinsbildung, das Aufzeigen persönlicher Vorteile, gezielte Befähigung und kontinuierliche Rückkopplung über Erfolge und Optimierungspotenziale. ESG kann somit nur dann wirksam im Unternehmen verankert werden, wenn es nicht als Fremdkörper, sondern als Teil der Unternehmenskultur gelebt wird.

Für KMU bedeutet das: Weg von alleinstehenden Einzelmaßnahmen und hin zu einem ganzheitlichen Verständnis von ESG als Teil der Unternehmensstrategie und als Schlüssel zum Erfolg. Gelingt dieser Wandel, sind nicht nur regulatorische und lieferantenbezogene Pflichten erfüllt, sondern auch die Chance geschaffen, die Zukunftsfähigkeit des Unternehmens langfristig zu sichern.

2. ESG Cooperation Agreements zur Einbindung des Betriebsrats

Dr. Jan Heuer

Die erfolgreiche Umsetzung von ESG-Strategien hängt in mitbestimmten Betrieben entscheidend von der Einbindung der Arbeitnehmervertretung ab. Ihre Haltung gegenüber ESG-Maßnahmen beeinflusst maßgeblich, ob Nachhaltigkeitsziele im betrieblichen Alltag tatsächlich verankert werden. Um zu verhindern, dass der Betriebsrat den Transformationsprozess blockiert, ist es unerlässlich, ihn frühzeitig einzubeziehen und inhaltlich von den Zielen zu überzeugen. In diesem Zusammenhang stellen ESG Cooperation Agreements zwischen Arbeitgeber und Betriebsrat ein wirkungsvolles Instrument dar, um die Zusammenarbeit strukturiert zu gestalten, Beteiligungsrechte zeitig zu berücksichtigen und gemeinsame Verantwortlichkeiten festzulegen.

I. Welche Beteiligungsrechte stecken in ESG?

Entscheidet sich ein Unternehmen dafür, seine Geschäftstätigkeit (stärker) an ESG-Kriterien auszurichten, stellt sich zwangsläufig die Frage, ob und in welchem Umfang daraus Beteiligungsrechte des Betriebsrats erwachsen. Dabei ist zunächst zu betonen, dass die grundsätzliche Entscheidung über die Unternehmenspolitik und -strategie dem Kernbereich unternehmerischer Freiheit zuzuordnen ist. Die Ausrichtung auf nachhaltige Ziele betrifft vorrangig die Überwachungs- und Kontrollfunktion des (mitbestimmten) Aufsichtsrats. Ein generelles Mitbestimmungsrecht des Betriebsrats bei der Einführung oder Umsetzung einer nachhaltigen und sozial verantwortlichen Geschäftstätigkeit besteht daher nicht. Gleichwohl kann die Umsetzung einzelner ESG-Ziele im Betrieb Beteiligungsrechte des Betriebsrats auslösen, insbesondere dann, wenn die ESG-Strategie durch konkrete Maßnahmen in den Arbeitsalltag der Beschäftigten hineinwirkt.

1. Mitbestimmung in sozialen Angelegenheiten, § 87 BetrVG

Bei näherer Betrachtung zeigt sich, dass ESG-Themen eine Vielzahl möglicher Beteiligungsrechte des Betriebsrats berühren. Dies gilt vor allem für die soziale Dimension von ESG. So kommt typischerweise fast das gesamte Spektrum der Mitbestimmung in sozialen Angelegenheiten nach § 87

BetrVG zur Anwendung. Im Folgenden werden exemplarisch einige mitbestimmungsrelevante Fallkonstellationen aufgezeigt:

Maßnahmen zur Förderung nachhaltigen oder sozial verantwortlichen Verhaltens betreffen nicht selten das betriebliche Ordnungsverhalten (§ 87 Abs. 1 Nr. 1 BetrVG). Dies gilt etwa bei der Einführung von Verhaltenskodizes („Codes of Conduct"), die Regelungen zur Abfallvermeidung oder zur Parkplatznutzung zugunsten von Elektrofahrzeugen enthalten. Dabei ist jedoch stets eine sorgfältige Abgrenzung zwischen dem mitbestimmungspflichtigen Ordnungsverhalten und dem mitbestimmungsfreien Arbeitsverhalten erforderlich. Zudem ist die Mitbestimmung nach dem Eingangssatz des § 87 Abs. 1 BetrVG ausgeschlossen, wenn und soweit bestimmte Pflichten verbindlich gesetzlich geregelt sind, wie etwa die Pflicht zur Mülltrennung gemäß § 7 Abs. 2, Abs. 3 Kreislaufwirtschaftsgesetz.[633] Der Umstand, dass ein Unternehmen aufgrund ausländischer Vorschriften zur Umsetzung bestimmter Standards verpflichtet ist, führt dagegen grundsätzlich nicht zum Ausschluss der Mitbestimmungsrechte des Betriebsrats.[634]

Nachhaltige Arbeitsmodelle wie flexible Arbeitsplatz- und Homeoffice-Konzepte betreffen regelmäßig sowohl Fragen der Arbeitszeitgestaltung (§ 87 Abs. 1 Nr. 2 BetrVG) als auch des Gesundheitsschutzes (§ 87 Abs. 1 Nr. 7 BetrVG) und der mobilen Arbeit (§ 87 Abs. 1 Nr. 14 BetrVG).

Weiter können technische Einrichtungen, die ESG-Ziele unterstützen sollen, mitbestimmungspflichtig sein, wenn sie – auch nur potenziell – zur Verhaltens- oder Leistungsüberwachung der Beschäftigten geeignet sind (§ 87 Abs. 1 Nr. 6 BetrVG). Dies betrifft etwa IT-Tools zur Erfassung und Auswertung von Diversity-Daten.

Auch Maßnahmen zur ökologischen Transformation betrieblicher Angebote können Beteiligungsrechte auslösen. Wird beispielsweise das Speisenangebot der Betriebskantine auf klimafreundliche Optionen umgestellt, betrifft dies die Ausgestaltung einer Sozialeinrichtung (§ 87 Abs. 1 Nr. 8 BetrVG). Bei nachhaltigen Vergütungssystemen besteht meist ebenfalls ein Mitbestimmungsrecht des Betriebsrats.[635] Dies gilt etwa, wenn umweltbezogene Ziele in Zielvereinbarungen aufgenommen werden oder Nachhaltigkeitspauschalen, E-Dienstwägen, Jobräder oder Jobtickets als Teil der Vergütung angeboten werden. Solche Regelungen betreffen sowohl die betriebliche Lohngestaltung als auch leistungsbezogene Entgelte (§ 87 Abs. 1 Nr. 10, Nr. 11 BetrVG).[636]

---

633 Dazu LAG Nürnberg, 14.12.2016 – 4 TaBV 38/16, BeckRS 2016, 131668, Rn. 44.

634 BAG, 22.7.2008 – 1 ABR 40/07, NZA 2008, 1248 Rn. 66.

635 Hierzu → Teil 1 Kap. 2.1 (*Flöter*), unter VI.

636 Zur Rolle des Betriebsrats beim Thema Entgelttransparenz → Teil 2 Kap. 2.3 (*Lohmann*), unter IV.

Schließlich kann auch die ESG-bezogene Öffnung des betrieblichen Vorschlagswesens mitbestimmungspflichtig sein (§ 87 Abs. 1 Nr. 12 BetrVG), beispielsweise, wenn Beschäftigte Ideen zur Energieeinsparung oder zu sozialem Engagement einbringen können.

2. Interessenausgleichs- und Sozialplanpflicht bei Betriebsänderungen, §§ 111 ff. BetrVG

ESG-Kriterien gewinnen nicht nur im Bereich der Unternehmensstrategie, sondern auch bei der Bewertung von Unternehmen zunehmend an Bedeutung. Aspekte wie Umweltverträglichkeit und soziale Verantwortung können sich unmittelbar auf die Bonität, die allgemeine Attraktivität und die Refinanzierungsmöglichkeiten eines Unternehmens auswirken.[637] Vor diesem Hintergrund liegt es nahe, ESG-konforme Geschäftsfelder zu integrieren und sich von Bereichen zu trennen, die als ESG-kritisch oder nicht zukunftsfähig gelten. Solche strategischen Neuausrichtungen können, sofern sie mit strukturellen Veränderungen im Betrieb verbunden sind, als Betriebsänderungen im Sinne von § 111 BetrVG zu qualifizieren sein.[638] Ist dies der Fall, besteht für Unternehmen mit in der Regel mehr als 20 wahlberechtigten Arbeitnehmern die Pflicht, rechtzeitig und umfassend mit dem Betriebsrat über einen Interessenausgleich zu verhandeln und gegebenenfalls einen Sozialplan abzuschließen. Eine solche Betriebsänderung liegt unter anderem vor, wenn der Betrieb oder wesentliche Betriebsteile eingeschränkt oder stillgelegt (§ 111 Satz 3 Nr. 1 BetrVG) oder grundlegend neue Arbeitsmethoden eingeführt (§ 111 Satz 3 Nr. 5 BetrVG) werden. Ein Beispiel wäre, wenn ein Lebensmittelhersteller im Zuge wachsender Nachhaltigkeitsanforderungen künftig vollständig auf Kunststoffverpackungen verzichten will und deshalb seine Produktionsprozesse umstellt.

Auch eine grundlegende Änderung der Betriebsanlagen (§ 111 Satz 3 Nr. 4 BetrVG) ist im Rahmen von ESG-getriebenen Restrukturierungen denkbar, beispielsweise dann, wenn zur CO_2-Reduktion neue Fertigungsanlagen angeschafft werden. Allerdings ist nicht jede Maßnahme der betrieblichen Modernisierung automatisch eine Betriebsänderung. § 111 BetrVG erfasst vielmehr nur Veränderungen, die von solcher Erheblichkeit sind, dass sie wesentliche Nachteile für die Belegschaft oder erhebliche Teile dieser zur Folge haben können.[639]

---

637 *Heimann/Flöter*, ESG 2022, 138, 141; *Roeder/Werthmüller/Schlutz/Havlik*, CCZ 2024, 13, 17.

638 Näher *Heimann/Flöter*, ESG 2022, 290, 293 f.

639 *Kania*, in: ErfK, § 111 BetrVG Rn. 9; *Annuß*, in: Richardi, BetrVG, § 111 Rn. 47.

3. Weitere Beteiligungsrechte des Betriebsrats

Daneben finden die weniger prominenten Beteiligungsrechte Anwendung. Im Zuge des digitalen Wandels kommt § 97 Abs. 2 BetrVG eine besondere Bedeutung zu. Die Norm verleiht dem Betriebsrat ein Mitbestimmungsrecht für den Fall, dass arbeitgeberseitige Maßnahmen zu einem Qualifikationsdefizit der Beschäftigten führen. Ein Beispiel hierfür ist der Einsatz künstlicher Intelligenz, etwa in Form von automatisierten Entscheidungssystemen oder lernenden Softwarelösungen. Werden neue Technologien eingesetzt oder Arbeitsprozesse verändert, kann der Betriebsrat im Rahmen des wirtschaftlich Zumutbaren verlangen, dass der Arbeitgeber betriebliche Qualifizierungsmaßnahmen ergreift.[640] Ziel ist es, die Beschäftigten in die Lage zu versetzen, den neuen Anforderungen gerecht zu werden und dadurch drohenden Arbeitsplatzverlusten präventiv entgegenzuwirken. Qualifizierungsmaßnahmen können so echte Alternativen zu teuren und nicht nachhaltigen Abfindungssozialplänen darstellen.[641]

Führt der Arbeitgeber Mitarbeiterbefragungen durch, beispielsweise zu ressourcenschonendem Arbeiten, steht dem Betriebsrat gemäß § 80 Abs. 2 BetrVG jedenfalls ein Informationsrecht zu. Enthalten solche Erhebungen darüber hinaus etwa Fragen zu persönlichen Verhältnissen, Kenntnissen und Fähigkeiten, können sie sogar als zustimmungspflichtige Personalfragebögen im Sinne des § 94 Abs. 1 BetrVG einzuordnen sein. Dieses Mitbestimmungsrecht entfällt jedoch, wenn die Teilnahme an der Befragung freiwillig erfolgt.[642]

Außerhalb des Bereichs der zwingenden Mitbestimmung eröffnet § 88 BetrVG die Möglichkeit, freiwillige Betriebsvereinbarungen abzuschließen, ausdrücklich etwa über Belange des betrieblichen Umweltschutzes (§ 88 Nr. 1a BetrVG).

4. Förderung des betrieblichen Umweltschutzes

Der betriebliche Umweltschutz hat auch an weiteren Stellen explizit Eingang in das BetrVG gefunden. So gehört es nach § 80 Abs. 1 Nr. 9 BetrVG zu den allgemeinen Aufgaben des Betriebsrats, Maßnahmen des betrieblichen Umweltschutzes zu fördern. Ergänzend dazu regelt § 89 BetrVG weitere Aufgaben, Pflichten und Befugnisse. Dennoch verleiht das Gesetz dem

---

640 *Göpfert/Seier*, NZA 2019, 588, 594.

641 *Heimann/Flöter*, ESG 2022, 138; allgemein zu Qualifikation statt Personalabbau → Teil 3 Kap. 2.3 (*Lösch*), unter I.4, und konkret zu Transformationseinheiten und Qualifizierungsbetrieben → Teil 3 Kap. 2.3 (*Lohmann*), unter II.2 und II.3.

642 BAG, 11.12.2018 – 1 ABR 13/17, BB 2019, 1529 Rn. 36.

Betriebsrat kein allgemeines umweltpolitisches Mandat.[643] Er ist in Umweltschutzfragen vielmehr nur dann zu beteiligen, wenn ESG-Maßnahmen Auswirkungen auf die betriebliche Sphäre haben, wobei ein funktionaler Bezug zum Betrieb erforderlich ist.[644] Letzterer dürfte zumeist fehlen, sofern es um die unternehmensweite ESG-Strategie geht, da diese in der Regel nicht auf Betriebsebene ausgestaltet, sondern nach Rechtseinheiten, Geschäftsbereichen oder vergleichbaren Strukturen gegliedert wird.[645]

5. Einbeziehung des Wirtschaftsausschusses

Im Zusammenhang mit ESG-Themen bestehen zudem Einfallstore für die Mitwirkung des Wirtschaftsausschusses.[646] Dieser ist ein auf Unternehmensebene eingerichtetes Hilfsorgan des (Gesamt-)Betriebsrats. Der Wirtschaftsausschuss hat nach § 106 Abs. 2 Satz 1 BetrVG gegenüber dem Arbeitgeber ein Informationsrecht im Hinblick auf wirtschaftliche Angelegenheiten des Unternehmens. Zu diesen wirtschaftlichen Angelegenheiten gehören unter anderem Fragen des betrieblichen Umweltschutzes (§ 106 Abs. 3 Nr. 5a BetrVG).

Parallel zur Beteiligung des Betriebsrats wird die Rolle des Wirtschaftsausschusses bei übergeordneten ESG-Strategien im Bereich des betrieblichen Umweltschutzes jedoch regelmäßig durch einen fehlenden Betriebsbezug begrenzt. Schließlich kann sich über den Auffangtatbestand der sonstigen wirtschaftlichen Angelegenheiten gemäß § 106 Abs. 3 Nr. 10 BetrVG[647] ein Anknüpfungspunkt zur ESG-Thematik ergeben. Voraussetzung ist allerdings, dass die betreffenden Vorgänge oder Maßnahmen geeignet sind, die Interessen der Beschäftigten wesentlich zu berühren. Informationsrechte bezüglich der Nachhaltigkeitsstrategie des Unternehmens kommen daher vor allem dann in Betracht, wenn es um umwelt- oder sozialpolitische Entscheidungen geht, die in engem Zusammenhang mit der wirtschaftlichen oder finanziellen Lage des Unternehmens stehen und somit potenziell arbeitsplatz- oder standortrelevante Auswirkungen entfalten.[648]

---

643 *Annuß*, in: Richardi, BetrVG, § 89 Rn. 31; *Gutzeit*, in GK-BetrVG, § 89 Rn. 31.
644 *Ahrendt*, in: Schaub, ArbR-HdB, § 236 Rn. 17; *Göpfert/Stöckert*, NZA 2022, 452, 454.
645 *Heimann/Flöter*, ESG 2022, 138, 140.
646 Dazu *Stöckert/Vogel*, in: Göpfert/Giese, Beratungen im Wirtschaftsausschuss, S. 167 f.
647 Dazu *Oetker*, in: GK-BetrVG, § 106 Rn. 103.
648 *Heimann/Flöter*, ESG 2022, 138.

II. Kooperation statt Konfrontation – „ESG Cooperation Agreements“ als sinnvoller Ansatz

Insgesamt zeigt sich, dass ESG-Themen zahlreiche Beteiligungstatbestände betreffen, die zu unterschiedlichen Zeitpunkten im Prozess relevant werden. Die Beteiligungsrechte greifen zum Teil ineinander und lösen unterschiedliche Folgeprozesse und Eskalationsmechanismen aus. Da ESG-Maßnahmen oft verschiedene betriebsverfassungsrechtliche Bereiche gleichzeitig berühren, ist eine koordinierte und strukturierte Beteiligung umso wichtiger. Das gilt insbesondere vor dem Hintergrund, dass klassische Abläufe hierfür bislang kaum vorgesehen sind.

ESG bietet daher nicht nur inhaltlich, sondern auch strukturell eine Chance für neue Formen der Zusammenarbeit zwischen Arbeitgeber und Betriebsrat. Gerade die gemeinsame Arbeit an existentiell wichtigen Nachhaltigkeitsthemen kann Anlass sein, eingefahrene Rollenmuster zu überwinden und sich bewusst von etwaigen konfliktbelasteten Erfahrungen aus der Vergangenheit abzugrenzen.

Es ist dabei von zentraler Bedeutung, den Betriebsrat frühzeitig einzubinden und ihm auf Augenhöhe zu begegnen – den Betriebsrat nicht als reine Kontrollinstanz, sondern als konstruktiven Partner mit eigenem Interesse an sozialen, ökologischen und unternehmerischen Nachhaltigkeitszielen zu verstehen. Gesetzliche Grundlage dafür bildet das Gebot der vertrauensvollen Zusammenarbeit (§ 2 Abs. 1 BetrVG).[649]

Damit ESG-Projekte also nicht im kleinteiligen Streit um Zuständigkeiten und Beteiligungsrechte ins Stocken geraten, haben sich in manchen Unternehmen sogenannte „ESG Cooperation Agreements“ bewährt. Dabei handelt es sich um Verfahrensvereinbarungen mit dem Betriebsrat zu Inhalten und Formen der Zusammenarbeit bei ESG-Themen. ESG Cooperation Agreements zeichnen sich durch eine klare Abgrenzung und Priorisierung der Themen sowie durch die Festlegung gemeinsamer Spielregeln für die Zusammenarbeit aus. Sie schaffen effiziente Abläufe und können Mitbestimmungsprozesse im Sinne einer proaktiven Verfahrensgestaltung vorstrukturieren.

Zwar begegnen manche Betriebsräte solchen Verfahrensvereinbarungen zunächst mit Zurückhaltung. Stellt man jedoch die Vorteile heraus, nimmt die Skepsis meist schnell ab. Der Betriebsrat wird frühzeitig eingebunden, kann die ESG-Transformation aktiv mitgestalten und stärkt dadurch seine Rolle als verantwortungsbewusster Akteur im Unternehmen. Er wird nicht als Bremsfaktor wahrgenommen, sondern als konstruktiver Mitgestalter nachhaltiger Veränderungsprozesse. Gleichzeitig stecken in einem ESG Co-

649 So schon *Heimann/Heuer*, ESGZ 2022, 18, 19.

operation Agreement Vorteile für den Arbeitgeber. Er profitiert von klaren Strukturen, planbaren Verfahren und einem beschleunigten Umgang mit ESG-Themen, was eine (kosten-)effiziente und lösungsorientierte Umsetzung derselben ermöglicht. So gelingen etwa komplexe Vorhaben, wie nachhaltigkeitsbezogene Umstrukturierungen mit (teilweisem) Personalabbau und Qualifikationsmaßnahmen, reibungsloser und schneller.

III. Bausteine eines ESG Cooperation Agreements

Die konkrete Ausgestaltung eines ESG Cooperation Agreements richtet sich danach, wie die Nachhaltigkeitsstrategie des Unternehmens im Einzelfall ausgestaltet ist und wieweit Beteiligungsrechte berührt werden. Allerdings gibt es ein Grundgerüst von Themen, deren Regelung sich häufig als sinnvoll erweist, und auf dem weitere Klauseln aufbauen können. Die folgenden Themen sind Teil dieses Grundgerüsts:

1. Festlegung gemeinsamer Ziele und Werte

Zu Beginn eines ESG Cooperation Agreements empfiehlt es sich, ein gemeinsames Verständnis der angestrebten ESG-Ziele in einer Präambel festzuhalten. Die explizite Vereinbarung zentraler Werte wie Transparenz und Fairness fördert Vertrauen und schafft ein Fundament für die weitere Zusammenarbeit.

2. Definition und Priorisierung konkreter ESG-Maßnahmen

Ein wesentliches Element ist die klare Benennung der zu behandelnden ESG-Maßnahmen. Hierbei sollte nicht nur festgelegt werden, welche Themen konkret angegangen werden (z. B. Green Mobility, Energieeffizienz, Lieferkettenverantwortung oder Diversitätsförderung), sondern auch, in welcher Reihenfolge und mit welcher Dringlichkeit. Eine transparente Priorisierung hilft, Ressourcen zielgerichtet einzusetzen und Überforderung auf beiden Seiten zu vermeiden.

3. Zeitliche Abläufe

Zudem sollten die Betriebsparteien sich auf einen strukturierten Zeitplan verständigen. Dieser ist unerlässlich, um im Sinne der Effizienz mehrere ESG-Themen parallel angehen zu können. Die Vereinbarung realistischer Zwischenziele (Meilensteine) gibt dabei Orientierung, schafft Verbindlichkeit und bietet regelmäßig Anlass zur Evaluation des Projektfortschritts.

4. Einbindung relevanter Stakeholder durch themenspezifische Verhandlungsgruppen

In der Praxis hat sich die Einrichtung kleiner, thematisch fokussierter Arbeits- oder Verhandlungsgruppen bewährt, die je nach Inhalt unterschiedlich besetzt werden. Die Auswahl der Beteiligten sollte sich dabei an deren Kompetenz und Zuständigkeit orientieren. Abhängig vom jeweiligen Thema kann es beispielsweise sinnvoll sein, Fachpersonen aus Bereichen wie HR, Datenschutz, IT oder Gleichstellung einzubeziehen. So wird sichergestellt, dass ESG-Themen sachgerecht und effizient bearbeitet werden.

5. Einrichtung eines gemeinsamen Review-Gremiums

Zur Bündelung, Koordination und Überwachung der Zusammenarbeit kann ein zentrales Gremium eingerichtet werden. Dieses Gremium dient unter anderem dazu, übergreifende Fragen zu klären, Paketlösungen zu kontroversen Einzelthemen zu entwickeln und erzielte Einigungen rechtssicher zu dokumentieren. Zudem kann dort ein ESG-Controlling angesiedelt werden, dass die eigene Zusammenarbeit auf Nachhaltigkeit prüft.

6. Festlegung geeigneter Umsetzungsinstrumente

Je nach Regelungsmaterie kann es sinnvoll sein, unterschiedliche rechtliche Instrumente zur Umsetzung einzelner ESG-Maßnahmen vorzusehen. Neben freiwilligen (Rahmen-)Betriebsvereinbarungen kommen auch Regelungsabreden oder informelle Dokumente („Non-Legal-Documents“) in Betracht, etwa für rein koordinierende oder informatorische Inhalte. Die Auswahl des geeigneten Instruments trägt wesentlich zur Rechtssicherheit und Akzeptanz der Maßnahmen bei.

7. Regelung transparenter Prozesse

Die Prozesse, wie ESG-Maßnahmen eingebracht, diskutiert und beschlossen werden, bilden das Herzstück des ESG Cooperation Agreements. Dazu gehören Regelungen zu Vorschlagsrechten, Rückmeldefristen und Informationsvorgängen. Ebenso sollte geregelt werden, wie mit künftig aufkommenden potenziell mitbestimmungsrelevanten Themen umzugehen ist. Besonders wirkungsvoll kann es sein, dem Betriebsrat ausdrücklich eigene Vorschlagsrechte einzuräumen. Dies stärkt seine Identifikation mit der Transformation, erhöht die Legitimität des Verfahrens und kann die Bereitschaft zur konstruktiven Zusammenarbeit fördern – ohne dass der Arbeitgeber dafür formale Mitbestimmungsrechte ausweitet.

8. Grundsätze der internen und externen Kommunikation

Darüber hinaus sollten die Betriebsparteien Grundsätze zur Kommunikation vereinbaren. Intern umfasst dies insbesondere Informationsflüsse zur Belegschaft, extern die Positionierung gegenüber der Öffentlichkeit und weiteren Stakeholdern wie Kunden und Investoren. Dabei sollte auch der Umgang mit sozialen Medien geregelt werden. Eine abgestimmte Kommunikation schützt das Unternehmensimage und beugt Missverständnissen vor.

9. Entwicklung von Qualifizierungskonzepten

In das ESG Cooperation Agreement können auch bereits Qualifizierungsmaßnahmen, die Beschäftigte auf neue ESG-Anforderungen vorbereiten, aufgenommen werden. Hierbei sollten Inhalte, Zielgruppen und Umfang frühzeitig festgelegt werden. Dies vermeidet unnötige Diskussionen im laufenden Transformationsprozess und sendet zugleich ein positives Signal, dass ESG nicht mit Personalabbau, sondern mit Zukunftssicherung verbunden ist.

10. Mechanismen zur Konfliktlösung

Schließlich können Lösungsmechanismen für festgefahrene Verhandlungen vorgesehen werden. Neben der klassischen Einigungsstelle ist dabei auch an alternative Formate zur Konfliktlösung zu denken, beispielsweise Moderatoren, Mediatoren und Ideengeber. Gerade bei komplexen ESG-Themen, die verschiedene Interessen berühren, kann ein unkonventioneller Ansatz dazu beitragen, Blockaden zu überwinden und kreative Lösungen zu finden.

IV. Rechtliche Rahmenbedingungen für ESG Cooperation Agreements

Auch wenn ESG Cooperation Agreements zunächst unkonventionell daherkommen, müssen sie sich innerhalb der rechtlichen Rahmenbedingungen bewegen.

1. Gremienzuständigkeit

Sowohl für den Abschluss eines ESG Cooperation Agreements selbst als auch für die einzelnen Verhandlungen und Maßnahmen ist die Frage des zuständigen betriebsverfassungsrechtlichen Gremiums (lokaler Betriebsrat, Gesamt- oder Konzernbetriebsrat) relevant. Unternehmen und Betriebsräte sollten sich damit bereits vor dem Einstieg in die Sachthemen auseinandersetzen. Eine frühzeitige Klärung beugt späteren Zuständigkeitskonflikten vor und schafft für die erarbeiteten Lösungen die notwendige Verbindlichkeit.

Die originäre Zuständigkeit richtet sich dabei nach der Reichweite der jeweiligen Maßnahme und ist für jeden Schritt gesondert zu prüfen.[650] In der Regel wird eine ESG-Strategie unternehmens- oder sogar konzernweit einheitlich entwickelt und verfolgt, wobei eine übergreifende Koordination erfolgt. Aus diesem Grund ist in ESG-Angelegenheiten häufig der Gesamt- oder Konzernbetriebsrat gemäß § 50 Abs. 1 bzw. § 58 Abs. 1 BetrVG originär zuständig. Betrifft eine bestimmte ESG-Maßnahme hingegen ausschließlich die Betriebsebene, kommt die originäre Zuständigkeit des lokalen Betriebsrats in Betracht. Dies ist beispielsweise der Fall, wenn in einem Werk entschieden wird, den Betriebsteil für die chemische Oberflächenbehandlung von Bauteilen dauerhaft stillzulegen, weil die dort eingesetzten Verfahren besonders umweltschädlich sind, oder an einem Produktionsstandort eine energieintensive Maschine abgeschaltet wird, die nur in diesem Betrieb verwendet wurde.

Besonders herausfordernd sind Konstellationen, in denen die Zuständigkeitsbereiche verschiedener Gremien berührt sind oder die Zuständigkeitsverteilung zweifelhaft ist. Dann ist im Einzelfall auszutarieren, ob eine Delegation der Zuständigkeit in Frage kommt. Das BetrVG eröffnet hierfür in § 50 Abs. 2 und § 58 Abs. 2 BetrVG die Möglichkeit einer Verhandlungs- oder Entscheidungsdelegation. Allerdings ist diese nur in eine Richtung vorgesehen: von der jeweils niedrigeren auf die nächsthöhere Ebene, etwa vom Betriebsrat an den Gesamtbetriebsrat. Überdies ist eine pauschale Generaldelegation unzulässig; vielmehr muss die Delegation konkret auf bestimmte Angelegenheiten bezogen sein.[651]

2. Rechtnatur des ESG Cooperation Agreements

Den Betriebsparteien stehen je nach gewünschter Verbindlichkeitsstufe verschiedene Regelungsformen für das ESG Cooperation Agreement offen. Soll die Vereinbarung rechtlich verbindlich und unmittelbar auch gegenüber den Beschäftigten wirken, kommt der Abschluss einer Betriebsvereinbarung in Betracht. Eine Regelungsabrede dagegen bindet ausschließlich die Betriebsparteien untereinander. In beiden Fällen besteht die Möglichkeit, die daraus erwachsenden Rechte im Streitfall auch gerichtlich durchzusetzen.

---

650 BAG, 3.5.2006 – 1 ABR 15/05, NZA 2007, 1245 Rn. 27 f. zur Klarstellung, dass die Zuständigkeit für den Interessenausgleich nicht automatisch auch den Sozialplan umfasst.

651 *Franzen*, in: Wiese/Kreutz/Oetker, GK-BetrVG, § 50 Rn. 76.

Unverbindlichere Formen wie ein Eckpunktepapier oder Projektplan entfalten keine Rechtwirkung und sind allenfalls betriebspolitisch bindend. Unabhängig von der gewählten Form sollten die wechselseitigen Rechte und Pflichten jedoch stets klar definiert werden.

3. Entscheidung der Einigungsstelle

Darüber hinaus sollte im Blick behalten werden, ob die betroffenen Gegenstände der zwingenden Mitbestimmung unterliegen. Ist das der Fall – etwa bei sozialen Angelegenheiten im Sinne des § 87 BetrVG – kann die Einigungsstelle verbindlich entscheiden, wenn Arbeitgeber und Betriebsrat keine Einigung erzielen. Außerhalb des Bereichs der zwingenden Mitbestimmung ist eine verbindliche Entscheidung der Einigungsstelle hingegen nur möglich, wenn sich beide Seiten zuvor freiwillig ihrem Spruch unterworfen haben.

Im Hinblick auf ESG Cooperation Agreements ist zu beachten, dass reine Verfahrensvereinbarungen ohne inhaltliche Regelung („in der Sache") grundsätzlich nicht der zwingenden Mitbestimmung unterliegen. Ein verbindlicher Einigungsstellenspruch über die bloße Absprache zur Zusammenarbeit kann daher nicht einseitig herbeigeführt werden. Anders ist dies für die Inhalte zu beurteilen, bei denen das ESG Cooperation Agreement darüber hinausgeht und materielle Vorgaben beinhaltet, etwa, wenn nicht nur vereinbart werden soll, dass das Thema Green Mobility angegangen wird, sondern bereits festgelegt werden soll, dass ab einem bestimmten Datum Jobräder zur Verfügung gestellt werden und deren Nutzung durch ein Anreizsystem gefördert wird. Gleiches gilt, wenn bereits Konzepte zur Qualifizierung der Beschäftigten im Agreement enthalten sind. Derartige Regelungen sind zwingend mitbestimmungspflichtig, weshalb die Einigungsstelle bei einem Scheitern der Verhandlung eine verbindliche Entscheidung treffen kann.

V. Hinweise zur Verhandlung eines ESG Cooperation Agreements

Im ersten Austausch mit dem Betriebsrat gilt es, das ESG Cooperation Agreement nicht als einseitige Top-down-Maßnahme zu präsentieren, sondern als gemeinsamen Gestaltungsrahmen, der auf Kooperation und Beteiligung abzielt. Zentral ist ein Dialog auf Augenhöhe: Die Vereinbarung sollte nicht als fertiges Konzept „vorgelegt", sondern als Gesprächsangebot verstanden werden. Ziel ist es, die Einzelheiten des Agreements gemeinsam zu entwickeln und Raum für die Mitgestaltung durch den Betriebsrat zu lassen. Offenheit gegenüber inhaltlichen Impulsen und Bedenken des Gremiums ist dafür unerlässlich.

Um Akzeptanz und Motivation zu fördern, sollte der konkrete Mehrwert für die Belegschaft und die Betriebsratsarbeit herausgestellt werden. ESG Cooperation Agreements tragen dazu bei, ESG-Ziele effizienter und schneller zu erreichen. Zugleich bieten sie dem Betriebsrat oft neue Instrumente und Informationsquellen, etwa in Form regelmäßiger Berichte oder strukturierter Datenzugriffe, die seine Aufgabenwahrnehmung erleichtern. Eine offene Kommunikation über mögliche praktische oder rechtliche Hürden schafft Vertrauen. Gleichzeitig sollten realistische Wege zur Überwindung dieser Herausforderungen aufgezeigt werden.

VI. Fazit

Die Umsetzung von ESG-Zielen berührt in vielfältiger Weise die Beteiligungsrechte des Betriebsrats. ESG Cooperation Agreements bieten einen zukunftsorientierten Ansatz, um diese Rechte wirksam wahrzunehmen und Transformationsprozesse strukturiert zu begleiten. Voraussetzung für ihren Erfolg ist die Einhaltung der rechtlichen Rahmenbedingungen, insbesondere die Beachtung der jeweiligen Zuständigkeiten. ESG Cooperation Agreements stehen für eine moderne Mitbestimmungskultur, fördern eine konstruktive Zusammenarbeit und schaffen durch klare Prozesse und abgestimmte Prioritäten die Grundlage für eine zügige, effiziente Zielerreichung. So stärken sie das gemeinsame Verständnis für Nachhaltigkeit und eröffnen neue Wege für eine partnerschaftliche Betriebsratsarbeit.

Kapitel 2 – Restrukturierung und Transformation

1. Nachhaltigkeitsgetriebene Restrukturierungen

Dr. Till Heimann

Während traditionelle Restrukturierungen primär von wirtschaftlichen Zwängen, technologischen oder Marktveränderungen getrieben wurden, beansprucht eine neue Form von Auslöser Raum neben den etablierten: politischer, regulatorischer und gesellschaftlicher Veränderungsdruck, getrieben durch die wachsende Bedeutung von Nachhaltigkeit und damit der ESG-Compliance. Strategische Erwägungen der Unternehmen zur Positionierung in diesem Umfeld können unter einer Vielzahl von Aspekten zu betriebsändernden Maßnahmen führen.

I. ESG-Compliance als strategischer Transformationstreiber

Exemplarisch seien einige Treiber verdeutlicht, welche Unternehmen dazu bringen könnten, ihre Geschäftsaktivitäten zukünftig einzustellen, anders aufzustellen oder sich durch Zu- und Verkäufe anders am Markt zu positionieren:

1. Nichtfinanzielle Berichterstattung unter SFDR, CSRD & Co.

Die auf die Berücksichtigung und den Umgang mit sozialen und ökologischen Herausforderungen ausgedehnte Pflicht der Unternehmen zur nichtfinanziellen Berichterstattung unter (insbesondere) europäischer Regulatorik[652] führt dazu, dass Investoren mit den auf diesen Berichten aufsetzenden ESG-Scorings von Ratingagenturen[653] eine neue Grundlage für ihre Investitionsentscheidungen erhalten. Studien haben gezeigt, dass Nachhaltigkeitsaspekte eine derartige Relevanz gewonnen haben, dass sie die Investmententscheidung stark beeinflussen und fehlende Initiativen der Unternehmen in diesem Bereich für 49 % der Befragten sogar zu einer Deinvestitionsentscheidung führen würden.[654] Das bedeutet wiederum, dass Unternehmen,

---

652 Zur CSRD → Teil 1, Kap. 2.1 (*Flöter*), unter I. 3.

653 Auch diese sind zwischenzeitlich reguliert, s. VO (EU) 2024/3005 des Europäischen Parlaments und des Rates vom 27.11.2024 über die Transparenz und Integrität von Rating-Tätigkeiten in den Bereichen Umwelt, Soziales und Unternehmensführung (ESG) und zur Änderung der Verordnungen (EU) 2019/2088 und (EU) 2023/2859, Abl. EU (L) 2024/3005.

654 PwC Global Investor ESG Survey 2021, https://www.pwc.de/de/nachhaltigkeit/global-investor-esg-survey.html (abgerufen am 29.8.2025)

die Nachhaltigkeitsaspekte nicht oder nicht hinreichend in ihrer Strategie reflektieren, aber auf Fremdkapital angewiesen sind, zukünftig größere Schwierigkeiten haben werden, Kapital von Investoren einzuwerben.

2. Lieferkettenregulatorik

Gleichzeitig nimmt die Regelungsdichte mit Blick auf die Lieferketten von Unternehmen aller Branchen zu. Angefangen beim deutschen Lieferkettensorgfaltspflichtengesetz über die CSDDD und branchenspezifische Regelungen wie die EU-Entwaldungsverordnung[655] prüft eine immer größer werdende Anzahl von Unternehmen, mit welchen Kooperationspartnern und Lieferanten sie zusammenarbeiten; auch hier finden ESG-Scorings immer stärker Berücksichtigung. Unternehmen, die keine ausreichenden Scores erreichen, müssen damit rechnen, dass sich Geschäftspartner von ihnen distanzieren.

Aspekt	LkSG Deutschland	CSDDD (idF nach Omnibus-Verfahren[656])
Anwendbarkeit	Unternehmen mit > 1.000 Arbeitnehmern im Inland	*Mitte 2028:* EU-Unternehmen und Mutterunternehmen mit mehr als 5.000 Arbeitnehmern und einem weltweiten beziehungsweise (für Nicht-EU-Unternehmen) einem in der EU generierten Umsatz von mehr als 1.500 Mio. EUR. *Mitte 2029:* EU-Unternehmen und Mutterunternehmen mit mehr als 3.000 Arbeitnehmern und einem weltweiten beziehungsweise (für Nicht-EU-Unternehmen) einem in der EU generierten Umsatz von mehr als 900 Mio. EUR. *Mitte 2030:* EU-Unternehmen und Mutterunternehmen mit mehr als 1.000 Arbeitnehmern und einem weltweiten beziehungsweise (für Nicht-EU-Unternehmen) in der EU generierten Umsatz von mehr als 450 Mio. EUR. Franchiseunternehmen mit einem Umsatz von mehr als 80 MEUR, sofern mindestens 22,5 Mio. EUR durch Lizenzgebühren erwirtschaftet wurden

655 Verordnung (EU) 2023/1115 des Europäischen Parlaments und des Rates vom 31.5.2023 über die Bereitstellung bestimmter Rohstoffe und Erzeugnisse, die mit Entwaldung und Waldschädigung in Verbindung stehen, auf dem Unionsmarkt und ihre Ausfuhr aus der Union sowie zur Aufhebung der Verordnung (EU) Nr. 995/2010, https://eur-lex.europa.eu/legal-content/DE/TXT/PDF/?uri=CELEX:32023R1115 (abgerufen am 29.8.2025).

656 Hierzu → Teil 1 Kap. 1.2 (Flöter), unter I.3.

Lieferkette/Wertschöpfungskette	Eigene Aktivitäten + Tochtergesellschaften Tier-1-Lieferanten Tier-n-Lieferanten nur bei Verdachtsfällen	Eigene Aktivitäten + Tochtergesellschaften Direkte Geschäftspartner Indirekte Geschäftspartner: nur bei konkreten Verdachtsmomenten bzgl. (möglicher) negativer Auswirkungen
Risiken adressiert	Menschenrechte Umweltrisiken	Höhere Anforderungen an Menschenrechte Höhere Anforderungen an Umweltrisiken Übergangsplan hinsichtlich 1,5 Grad-Ziel
Sorgfaltspflichten	Grundsatzerklärung Risikomanagementsystem und Risikonanalysen Präventiv- und Abhilfemaßnahmen Stakeholder-Involvement Beschwerdemechanismus Berichtspflicht BAFA	Identifikation und Impact Assessment Risiken Integration in Unternehmenspolitik und Risikomanagementsysteme Präventiv- und Abhilfemaßnahmen Wirksame und transparente Konsultation der Stakeholder Meldemechanismus und Beschwerdeverfahren Jährliche Erklärung oder Erklärung als Teil des CSRD-Reportings
Zivilrechtliche Haftung	Keine	Keine, aber im Ermessen der Mitgliedsstaaten möglich

Abbildung: Gegenüberstellung LkSG und CSDDD

Daher screenen die betroffenen Unternehmen (teils über-) sorgfältig ihre Geschäftspartner und trennen sich ggf. von etablierten und langjährigen Kooperationen oder stellen Geschäftsbereiche gleich ganz ein, wenn diese „zu riskant" sind.

3. ESG-Compliance und Jahresabschlüsse

Das gilt auch und insbesondere, als die nichtfinanzielle Berichtserstattung auf die gleiche Stufe gehoben wurde wie die finanzielle, d. h. die Unternehmen darauf angewiesen sind, dass die von ihnen bestellten Abschlussprüfer den Prüfvermerk zum Jahresabschluss erteilen, was bei fehlender Compliance zu echten Problemen führen kann:

– Als erster und wohl wichtigster Aspekt ist der Imageschaden durch den Vertrauensverlust in die Verlässlichkeit der Berichterstattung des Unternehmens – auch und gerade der finanziellen Berichterstattung – zu nennen. In Konsequenz könnten Geschäftspartner von Business Abstand nehmen oder ungünstigere Konditionen (z. B. strengere Zahlungsbedingungen mit entsprechender Auswirkung auf die Liquidität der Gesellschaft) verlangen. Banken oder sonstige Kapitalgeber könnten Fremdkapital nicht mehr oder nur noch unter verschärften Bedingungen bereitstellen und bestehende Darlehens- oder Anleiheverträge sind häufig mit Sonderkündigungsrechten für den Fall einer versagten Bestätigung versehen. Für kapitalmarktorientierte Unternehmen kann ein nicht erteilter Vermerk sogar bedeuten, dass der Zugang zur Börse oder bestimmten Märkten versperrt wird. Börsengelistete Unternehmen müssen mit Kursverlusten rechnen. Investorenklagen können drohen.

- Für Unternehmen in regulierten Industrien[657] (z. B. Banken, Wertpapierinstitute, Versicherungen, Kapitalverwaltungsgesellschaften) bedeutet ein Versagungsvermerk regelmäßig ein Einschreiten der BaFin, der verschiedene Instrumente zur Sanktionierung zur Verfügung stehen – von Anordnungen zur Einschränkung der Geschäftsaktivitäten über Sonderprüfungen bis hin zu Bußgeldern.
- Sofern die Feststellung des Jahresabschlusses durch den fehlenden Bestätigungsvermerk blockiert wird, kann dies bei Kapitalgesellschaften zu Haftungsrisiken für Geschäftsleitung und Aufsichtsgremien führen. Den verantwortlichen Organen drohen häufig auch personelle Konsequenzen; so haben Versagungsvermerke dem Vernehmen nach schon zum Austausch der Geschäftsführung oder jedenfalls der Finanzleitung geführt.

4. Gesellschaftliche Entwicklung und Fachkräftemangel

Schließlich hat sich auch der Blick der Bevölkerung (als Endkunden für B2C-Geschäft bzw. als aktuelle oder potentielle Arbeitskräfte) auf das Thema Nachhaltigkeit gewandelt und prägt sowohl Konsum- als auch Karriereentscheidungen. So zeigt eine Nielsen-Studie aus 2024, dass ein Großteil der Konsumenten bereit ist, für langlebigere und nachhaltigere Produkte mehr Geld auszugeben. Gleiches gilt für den Umsatz an Bio-Lebensmitteln, und all dies trotz eines gemeinhin schwachen Konsumklimas.[658] Eine überwältigende Mehrheit der Befragten einer Studie der Gesellschaft für Konsumforschung, die Nielsen zitiert, befürworten recycelbare Verpackungsmaterialien und eine Reduzierung der Umweltverschmutzung durch Produktion. Bei jüngeren Menschen gewinnen Trends wie Second Hand, Refurbishment und Share Economy an Bedeutung.

---

657 Exemplarisch s. § 26 KWG, § 35 VVG.

658 NielsenIQ vom 7.2.2024, https://nielseniq.com/global/de/news-center/2024/preisbereitschaft-fur-nachhaltigen-konsum-steigt/, abgerufen am 29.8.2025.

In einer Stepstone-Studie aus 2023[659] gaben 58 % der Befragten an, im Falle eines Jobwechsels gezielt nach Stellen bei nachhaltig aktiven Unternehmen zu suchen – das sind gut 10 % mehr als vier Jahre zuvor (47 %). 75 % der Befragten würden sich dort auch eher bewerben, und gut 38 % wären sogar bereit, bei einem als nachhaltig wahrgenommen Arbeitgeber ein Gehalt unter dem Marktdurchschnitt zu akzeptieren. In Zeiten des Fachkräftemangels ist die Relevanz für Arbeitgeber offenkundig.

5. Politische Entwicklungen

Schließlich sind globale politische Konflikte zu nennen, die etablierte Handelsbeziehungen stören. Wo etwa der Handelskonflikt zwischen den USA und dem Rest der Welt (insb. Europa) Unternehmen dazu zwingt, ihre Marktaufstellung zu überdenken und ggf. zu diversifizieren oder sich von Teilen ihres Geschäfts zu trennen, weil es zollbedingt nicht mehr wirtschaftlich zu betreiben ist[660] oder weil die Konsumenten „made in US" Produkte beginnen, abzulehnen[661], sind anderweitige langfristige, zuverlässige und nachhaltige Geschäftsbeziehungen nötig.

6. Fazit

Die oben dargestellten Einflüsse sind so gravierend, dass die Unternehmen das Thema Nachhaltigkeit zur „Chefsache" machen müssen und es unmittelbar in der Unternehmensstrategie reflektieren müssen. Damit beeinflusst Nachhaltigkeit zunehmend die M&A-Aktivitäten sowie Umstrukturierungsplanungen eines Unternehmens.[662]

II. Umstrukturierung – aber etwas anders

Nachhaltigkeitsgetriebene Restrukturierungen unterscheiden sich oftmals von „klassischen" dadurch, dass es nicht die eine Maßnahme und das eine Schlüsselereignis gibt, die berücksichtigt werden müssen. Vielmehr müssen Unternehmen in einer Vielzahl von Themenfeldern Stellschrauben neu justieren, was „klassische" Restrukturierungselemente beinhalten kann, aber

659 The Stepstone Group vom 1.6.2023, https://www.thestepstonegroup.com/deutsch/newsroom/pressemitteilungen/studie-drei-von-vier-beschaeftigten-wuerden-sich-eher-bei-nachhaltigen-unternehmen-bewerben/ (abgerufen am 29.8.2025).

660 *Heimann*, SPA 2025, 101 ff.

661 So etwa die „Elbows Up" Bewegung in Kanada; Tageschau online vom 28.3.2025, https://www.tagesschau.de/ausland/amerika/kanada-trump-100.html, abgerufen am 29.8.2025.

662 *Heimann/Flöter*, ESG 2022, 290.

nicht ausschließlich darauf beschränkt ist. Insoweit stellen sich insbesondere die folgenden Herausforderungen:

a) Zuständigkeiten und Relevanz agiler Projektplanung

„Klassische" Restrukturierungen kennzeichnet eine abgeschlossene Maßnahmenplanung. Restrukturierungen aus Nachhaltigkeitsgesichtspunkten sind viel häufiger moving targets mit fluider Zeitschiene und vielen beweglichen Teilen, etwa, wenn es darum gehen soll, bessere ESG-Ratings zu produzieren – das kann selbstredend durch eine Vielzahl an verschiedenen einzelnen Maßnahmen erreicht werden.

Insoweit muss das Unternehmen schon im Vorhinein berücksichtigen, dass eine große Anzahl von Stakeholdern eingebunden und koordiniert werden will. Wo Nachhaltigkeit echte „Chefsache" ist, ist sie häufig Teil des CEO-Portfolios; gelegentlich sind spezielle Positionen (Chief Sustainability Officer oder Ähnliche) hauptverantwortlich zu beteiligen. Personalrelevante Themen dürften beim CHRO oder ähnlichen Rollen aufgehängt sein, die eine nachgeordnete Organisation zur Umsetzung zur Verfügung haben. Ein typisches Projekt wird neben dem Project Owner mindestens die Bereiche HR, Legal, Compliance und (falls vorhanden) Sustainability sowie Supply Chain mit einbinden. Zudem können als externe Stakeholder etwa Investoren (über Beiräte) oder Gewerkschaften, als interne Stakeholder die betriebliche Mitbestimmung zu beteiligen sein.

Dies führt zum nächsten Punkt: wo dem Betriebsrat gegenüber keine abgeschlossene Planung und klare Zeitschiene dargestellt werden kann, kann die Aufnahme etwa von Verhandlungen über einen Interessenausgleich durchaus komplex werden. Hier helfen ESG Cooperation Agreements, die einen iterativen Planungsansatz, multiple Themen und ggf. Verhandlungsebenen, Zeitpläne und Eskalationsmechanismen beinhalten.[663]

b) Informations- und Beteiligungsrechte

Durch die vielfältige Möglichkeit für Arbeitnehmervertreter, sich schon frühzeitig bei Nachhaltigkeitsfragen zu involvieren, ist es um so wichtiger für Arbeitgeber, nicht als Getriebene, sondern als Treiber aufzutreten. Insbesondere der betriebliche Umweltschutz findet an mehreren Stellen im Gesetz ausdrücklich Erwähnung wie zum Beispiel in den allgemeinen Aufgaben gem. § 80 Abs. 1 Nr. 9 BetrVG oder der Ermächtigung zum Abschluss freiwilliger Betriebsvereinbarungen nach § 88 Abs. 1 a BetrVG. § 106 Abs. 3

---

663 Hierzu → Teil 3 Kap. 1.2 (*Heuer*).

Nr. 5 a BetrVG sieht darüber hinaus eine erweiterte Informations- und Berichtspflicht in „Fragen des betrieblichen Umweltschutzes" vor.[664]

Besonders relevant für Restrukturierungen sind freilich die Informationsrechte des Wirtschaftsausschusses nach § 106 BetrVG. Ist (wie in Unternehmen mit in der Regel mehr als einhundert ständig beschäftigten Arbeitnehmern erforderlich) ein solcher gebildet, ist er rechtzeitig und umfassend über die wirtschaftlichen Angelegenheiten des Unternehmens unter Vorlage der erforderlichen Unterlagen zu unterrichten. Das kann etwa im Zusammenhang einer Stilllegung, Verlegung, einer Spaltung oder eines Zusammenschlusses[665] von Betrieben beziehungsweise Betriebsteilen relevant werden, aber auch bei Zukäufen und Veräußerungsprozessen, die die wirtschaftliche Leistungsfähigkeit des Unternehmens verändern, oder der Einführung neuer Arbeitsmethoden. Insbesondere der letzte Punkt ist relevant, wo etwa neue ressourcensparende oder weniger energieintensive Fertigungsmethoden eingeführt und Prozesse verändert werden. Mittels des Auffangtatbestands der „sonstigen wirtschaftlichen Angelegenheiten" in § 106 Abs. 3 Nr. 10 BetrVG lassen sich grundsätzlich Informationspflichten über Nachhaltigkeitsaspekte subsumieren.

c) Gremienzuständigkeiten

Weiter müssen die Unternehmen die Gremienzuständigkeiten auf Seiten der Arbeitnehmer themenbezogen auseinanderhalten.

- Eine Zuständigkeit des Konzernbetriebsrats kann sich ergeben, wenn ESG-Maßnahmen auf einer einheitlichen konzernweiten Strategie beruhen und die in den einzelnen Gesellschaften umgesetzten Maßnahmen gezielt aufeinander abgestimmt sind. Dies ist etwa denkbar bei der konzernweiten Einführung neuer ESG-Standards oder Nachhaltigkeitsmanagementsysteme, aber eben auch im Restrukturierungskontext bei betriebsändernden Maßnahmen, die betriebs- und unternehmensübergreifend miteinander verwoben sind.
- Eine Zuständigkeit des Gesamtbetriebsrats kann dort in Betracht kommen, wenn ESG-Maßnahmen auf ein einzelnes Unternehmen zugeschnitten sind, und dies auch, wenn sie Teil einer übergeordneten Konzernstrategie sind, aber eben nicht zwingend nur konzerneinheitlich umgesetzt werden können.
- Ansonsten verbleibt es bei einer lokalen Betriebsratszuständigkeit. Sofern Unternehmer jetzt aber Sorge haben, dass die oben unter → b) dargestellten Rechte dazu führen, dass auch und sogar ein lokaler Betriebsrat

664 *Göpfert/Stöckert*, NZA 2022, 452, 454.

665 Z. B., wenn nachhaltige Geschäftsbereiche von „problematischen" Aktivitäten getrennt werden sollen.

die auf viel höherer Ebene festgelegte ESG-Strategie selbst beeinflussen kann, kann dies schnell aufgelöst werden: Es ist nicht Sache des Betriebsrates (bzw. seines Hilfsorgans, des Wirtschaftsausschusses), die Gesamt/ESG-Strategie des Unternehmens zu beeinflussen.[666]

d) Kommunikation und Change Management

ESG-Transformationen erfordern eine umfassende interne Kommunikationsstrategie. Die Beschäftigten müssen nicht nur über Veränderungen informiert, sondern für diese begeistert werden, damit sie diese positiv mitvollziehen. Hierbei müssen die Unternehmen sich insbesondere Strategien für die Teile der Belegschaft überlegen, die nicht das „*transformative mindset*" mitbringen, also sich aufgrund ihrer Persönlichkeit, ihrer Lebenssituation o. Ä. nicht in der Lage sehen, den Wandel mit zu vollziehen. Schließlich ist neben der internen Kommunikation die externe Kommunikation gegenüber Kunden, Investoren und anderen Stakeholdern zu beachten. Das Reputationsrisiko bei ESG-Transformationen ist in alle Richtungen hoch.

III. Unternehmerentscheidung und Planung

Neue Relevanz erhält bei nachhaltigkeitsgetriebenen Restrukturierungen die Differenzierung in der Rechtsprechung des Bundesarbeitsgerichts zur Überprüfbarkeit unternehmerischer Entscheidungen. Entscheidend ist die Abgrenzung zwischen „innerbetrieblichen" strategischen Entscheidungen und „außerbetrieblich" erzwungenen Anpassungen.[667] Bei außerbetrieblichen Gründen muss der Arbeitgeber darlegen, wie sich der „fremdbestimmte" Grund für die Reduzierung des Beschäftigungsbedarfs zahlenmäßig in den Stellen- und Personalabbau übersetzt, d. h. warum der Wegfall von Beschäftigungsbedarf genau aus welchen externen Einflüssen folgt. Innerbetriebliche Gründe hingegen unterliegen einem deutlich niedrigeren Prüfungsniveau: Solche Entscheidungen können vom Arbeitsgericht nicht auf ihre sachliche Rechtfertigung oder ihre Zweckmäßigkeit hin überprüft werden, sondern nur darauf, ob sie offensichtlich unsachlich, unvernünftig oder willkürlich sind.

Für nachhaltigkeitsgetriebene Restrukturierungen wird die entscheidende Differenzierung sein – die auch entsprechend in den zugrundeliegenden Beschlüssen der Geschäftsführung niedergelegt werden sollte[668] – ob regulatorische Vorgaben eine bestimmte Änderung konkret und en detail erzwingen,

---

666 *Heimann/Flöter*, ESG 2022, 290, 291; ebenso *Göpfert/Stöckert*, NZA 2022, 452, 453.
667 Grundlegend *Ascheid*, NZA 1991, 873 (876); weiter *Heimann*, SPA 2025, 101, 103.
668 *Heimann/Flöter*, ESG 2022, 290, 292.

mithin schon kein innerbetrieblicher Entscheidungsspielraum zur Umsetzung besteht, oder ob im Lichte solcher Vorgaben (oder anderer Auslöser) die Geschäftsführung eine strategische Umsetzungsentscheidung trifft, die aber unabhängig von den eigentlichen außerbetrieblichen Gründen bleibt. Ersteres kann z. B. denkbar sein, wenn ein Unternehmen eine Geschäftsbeziehung zu einem Lieferanten einstellen muss, weil keine LkSG-Compliance in diesem Bezug hergestellt werden kann, und in Konsequenz ein Geschäftsfeld eingestellt werden muss. Letztere ist die vorzugswürdige Variante und dürfte auch die Mehrzahl der Fälle erfassen.

IV. Sozialplan

ESG-getriebene Restrukturierungen sind nicht ausgenommen von den allgemeinen Regelungen zur Sozialplanpflichtigkeit von Betriebsänderungen. Jedoch können auch und gerade in diesem Kontext ggf. „kreativere" Lösungen als nur schlichte „Pay and go"-Konzepte (Abfindung und Abwicklung des Arbeitsverhältnisses) mehr Gehör finden, etwa in Form von Qualifizierungssozialplänen.[669]

V. Massenentlassung

Bei realistischer Betrachtung wird man aber sehen müssen, dass bestimmte Beschäftigte auch bei besten Absichten nicht umqualifiziert werden können (oder hierzu nicht bereit sind).[670] Und selbst dort, wo Wille und Weg vorhanden sind: wenn Geschäftsfelder abgestoßen werden und gleichzeitig ein Neuaufbau oder die Ausweitung eines anderen Feldes erfolgt, muss dieses nicht immer ausreichend Stellen vorsehen, um den Abbau zu kompensieren. Oder aber eine Zuweisung dieser Arbeitsplätze ist nicht einvernehmlich möglich; dann bedarf es ggf. der Änderungskündigung.

Schließlich ist (leider) noch immer eine „klassische" Betrachtung Standard bei vielen Sozialpartnern. Wenn der Betriebsrat oder die Gewerkschaft schlicht auf Abfindungspakete hinauswill, wird der Arbeitgeber dies nicht ändern können. Das heißt: auch bei „nachhaltigen" Restrukturierungen sind Entlassungen Teil des Pflichtprogramms. Daher müssen die Arbeitgeber insoweit wie üblich die Konsultation mit der Mitbestimmung sowie die Anzeige bei der Bundesagentur für Arbeit einplanen. Angesichts der restriktiven Vorgaben der Rechtsprechung und der Unwirksamkeitsrisiken bei falscher

---

669 → Teil 3 Kap. 2.2 (*Lösch*), dort unter 2., weiter *Göpfert/Seier*, NZA 2019, 588.

670 Zu Qualifizierung und Förderungsmöglichkeiten *Heimann/Ryßok-Lösch*, SPA 2023, 46 ff. sowie weiter → Teil 3 Kap. 2.2 (*Lösch*).

oder unterbliebener Massenentlassungsanzeige und den erst in jüngerer Zeit zu erkennenden Lockerungstendenzen[671] ist hier nach wie vor größte Vorsicht geboten, insbesondere, wo Entlassungen gestaffelt über Zeit erfolgen und Schwellenwerte getrackt werden müssen.

VI. Veräußerung/Abstoßen einzelner Geschäftsbereiche

Planen Unternehmen, bestimmte Geschäftsaktivitäten – die in einem Betrieb einer Gesellschaft vorhanden sein können, aber eben auch über mehrere Betriebe und Gesellschaften verteilt – zu veräußern, bietet sich hierfür grundsätzlich die Struktur eines Asset Deals an. Dieser ermöglicht es, gezielt potentiell „problematische" Vermögensgegenstände oder Geschäftsbereiche zu separieren. Wichtigste Prämisse ist die klare Abgrenzbarkeit der Geschäftsaktivitäten; ist dies nicht der Fall, muss eine Strukturierung und Zuordnung der relevanten Betriebsmittel und Arbeitnehmer (Versetzung, Änderungskündigung, Änderungsvereinbarung, jeweils unter Beteiligung des Betriebsrats, soweit erforderlich) zu übertragungsfähigen Einheiten erfolgen.

Denn in einem „durchmischten" Betrieb droht in Umsetzung des Asset Deals jedenfalls in Fällen des Betriebsübergangs (§ 613a BGB) nach jüngerer EuGH-Rechtsprechung möglicherweise eine Splittung des Arbeitsverhältnisses (aus einem Vollzeitarbeitsverhältnis würden zwei Teilzeitarbeitsverhältnisse), in jedem Fall aber ein Risiko, dass Arbeitnehmer auf die Idee kommen könnten, ein „Cherrypicking" hinsichtlich einer Zugehörigkeit zum später veräußerten Geschäftsteil oder einer Zugehörigkeit zum verbleibenden Teil geltend zu machen. Die daraus resultierenden rechtlichen (Teilwidersprüche?), praktischen (Rückabwicklung der Gehälter) und kommerziellen (Haftungsverteilung) Risiken sollten vermieden werden.

Praktisch häufig ist es, durch einen Carve-Out (Geschäftsaktivitäten werden zunächst gebündelt und abgespalten und danach auf ein Erwerbsvehikel (NewCo) überführt, um diese dann durch Share Deal zu veräußern) oder Reverse Carve out (die verbleibenden Aktivitäten werden abgespalten und auf eine in der Unternehmensgruppe bleibende Gesellschaft übertragen; die verbleibende Gesellschaft wird veräußert) klare Verhältnisse zu schaffen.

Sind ESG-kritische Aktivitäten dann/bereits innerhalb einer Gesellschaft gebündelt, und bestehen auch aus anderer Perspektive (Bilanzen, Steuerrecht/Organschaft, Pensionsansprüche) keine durchgreifenden Bedenken, ist ein share deal meist die beste Handlungsoption – da arbeitsrechtlich we-

671 Etwa Vorlageverfahren des BAG zum EuGH hinsichtlich falscher aber von der Arbeitsagentur akzeptierter Anzeige, BAG, Beschluss vom 23.5.2024 – 6 AZR 152/22 (A), NZA 2024, 257; EuGH zur unterbliebenen Vorabinformation der Behörde, EuGH, Urteil vom 13.7.2023 – C-134/22, BeckRS 2023, 16848.

nig(er) komplex. In der Beratung liegt der Blick hier zumeist darauf, welche (kollektiven, falls vorhanden) Arbeitsbedingungen ggf. angepasst werden müssen. Klassische Beispiele sind Restricted Stock- und Long Term Incentive-Pläne innerhalb eines Konzerns.

VII. Zukäufe

Bei Verkäufen wie eben beschrieben, aber auch dort, wo Unternehmen über Zukäufe nachdenken, um das Geschäft eher in Richtung nachhaltiger Geschäftsfelder zu entwickeln, schlägt das Thema Nachhaltigkeit auch immer stärker auf M&A-Prozesse durch. Wie bereits erwähnt, sehen auch (institutionelle) Investoren, Venture-Capital Fonds und Corporates zunehmend auf Nachhaltigkeitsaspekte. Daher etabliert sich langsam der Bereich ESG als eigenständiger Teil des Unternehmenskaufs und fokussiert etwa die folgenden Aspekte:

- Compliance mit aktueller und zukünftiger ESG-Regulierung
- Lieferkettensorgfaltspflichten und deren Einhaltung
- Umweltrisiken und -verbindlichkeiten
- Soziale Standards und Arbeitsbedingungen
- Corporate Governance-Strukturen.
- Wie üblich, werden identifizierte Risiken in den zugrundeliegenden Kaufverträgen reflektiert, etwa durch spezifische Garantien, Freistellungen oder Anpassungsklauseln hinsichtlich des Kaufpreises.

2. Qualifizierung als Alternative zum Personalabbau

Lisa Lösch

Wie im vorangehenden Kapitel aufgezeigt, stehen viele Unternehmen derzeit unter erheblichem Veränderungsdruck – von geopolitischen Unsicherheiten und Spannungen über technologische Umbrüche bis hin zu wachsenden Nachhaltigkeitsanforderungen. In diesem Kontext gewinnen Restrukturierungen in Betrieben an Bedeutung. Was häufig jedoch unter dem Radar bleibt, ist die entscheidende Frage: Muss Personalabbau tatsächlich der einzig gangbare Weg sein – oder könnte gezielte Qualifizierung eine tragfähige Alternative sein?

In Zeiten des sich zuspitzenden Fachkräftemangels, der gesellschaftlichen Erwartung an nachhaltiges Wirtschaften und der zunehmenden Regulierung im Bereich „Human Capital Management", rückt eine strategische Neuausrichtung in den Fokus: Bevor Menschen entlassen werden, sollte geprüft werden, ob sie nicht für neue Aufgaben qualifiziert werden können. Gerade im Kontext tiefgreifender Veränderungsprozesse wird Qualifizierung damit nicht nur zum sozialpolitisch gewünschten, sondern auch zum wirtschaftlich klugen Instrument. Der Beitrag beleuchtet, wie Unternehmen Qualifizierungsmaßnahmen rechtssicher als milderes Mittel zur Kündigung einsetzen können – und welche arbeitsrechtlichen, betriebsverfassungsrechtlichen und förderrechtlichen Instrumente dabei zur Verfügung stehen.

I. Restrukturierung in der Transformation – der Paradigmenwechsel

Die gegenwärtige Transformation der Arbeitswelt begründet einen strukturellen Wandel im Umgang mit Beschäftigung und zwingt Unternehmen, ihre Restrukturierungsstrategien grundlegend neu auszurichten. Die klassische Vorstellung von Restrukturierung als bloßer Personalabbau – etwa zur Kostenreduktion oder Ergebnisstabilisierung – greift unter den heutigen Rahmenbedingungen zu kurz. Vielmehr zeigt sich ein fundamentaler Paradigmenwechsel, in dem strategische Personalqualifizierung zur zentralen Restrukturierungsmaßnahme wird.

1. Technologischer und sozial-ökologischer Strukturwandel als Auslöser

Digitalisierung, der verstärkte Einsatz Künstlicher Intelligenz (KI) sowie Automatisierung und Robotik verändern branchenübergreifend die betrieblichen Tätigkeitsprofile grundlegend. Technologische Fortschritte machen es immer häufiger möglich, dass Aufgaben, die früher von Menschen erledigt wurden, nun von Algorithmen oder Maschinen übernommen werden. Was früher vor allem Helfer- und Fachkrafttätigkeiten betraf, dehnt sich inzwischen auch auf anspruchsvollere Berufsfelder aus – gerade auf Expertenebene steigt das Automatisierungspotenzial spürbar.[672] Die Folge: Der Bedarf an Weiterbildung ist längst kein Thema mehr nur für einzelne Qualifikationsebenen. Er betrifft heute nahezu alle Erwerbsbereiche – und macht vor kaum einem Tätigkeitsfeld Halt.

Ergänzend wirkt der Umbau hin zu einer klimaneutralen Wirtschaft spürbar auf den Arbeitsmarkt und die Beschäftigungsstruktur. In vielen Berufen entstehen neue Anforderungen an die Qualifikation, weil sich die Tätigkeiten verändern. Ein Beispiel: Die Installation von Solaranlagen verlangt Dachdeckern inzwischen andere Fähigkeiten ab als das klassische Eindecken von Dächern. Man rechnet damit, dass bis 2030 allein in den Kernbereichen Solar, Wind und Wasserstoff bis zu 300.000 Fachkräfte gebraucht werden, um das Klimaneutralitätsziel für 2045 überhaupt zu schaffen.[673] Betroffen sind dabei längst nicht nur die sogenannten „Klima-Berufe", sondern auch Bereiche wie Logistik, Transport, Planung oder Verwaltung. Regionale Unterschiede entstehen vor allem durch die Konzentration bestimmter Wirtschaftsbereiche. So stehen etwa Regionen, die stark von der Verbrenner-Produktion geprägt sind, vor ganz speziellen Herausforderungen.[674]

Hinzu kommt der demografische Wandel: Die Zahl der Erwerbstätigen in Deutschland wird bis 2040 deutlich zurückgehen – und das verschärft die ohnehin schon spürbaren Engpässe auf dem Arbeitsmarkt noch weiter. Während etwa im produzierenden Gewerbe die Beschäftigtenzahlen voraussichtlich abnehmen, wächst der Bedarf an Fachkräften im Gesundheitswesen und in der IT-Branche stetig. Insgesamt werden die Anforderungen an die Qualifikation der Beschäftigten immer höher. So nimmt der Bedarf an einfachen Helfertätigkeiten ab, während der Anteil der Beschäftigten ohne formalen Berufsabschluss leicht zunimmt. Diese Veränderungen führen zu komple-

---

672 *Grienberger/Matthes/Paulus*, IAB-Kurzbericht 5/2024, S. 1.

673 *Engler/Mertens/Neligan,* Zusammenfassung der Studie „Klima-Jobs erfordern zusätzliche Kompetenzen", Studie im Auftrag der Bertelsmann Stiftung, S. 9.

674 BMBF, Umsetzungsbericht, Nationale Weiterbildungsstrategie 2025, S. 12.

xeren Passungsproblemen zwischen Arbeitsangebot und -nachfrage, die gezielte Weiterbildungsmaßnahmen erfordern.[675]

Die stark gestiegenen und breit gefächerten Weiterbildungsbedarfe hängen vor allem mit den Fortschritten bei der Entwicklung und Integration von KI zusammen. Laut einer aktuellen Erhebung des ifo-Instituts hat sich der Anteil der Unternehmen, die KI-Anwendungen einsetzen, innerhalb eines Jahres mehr als verdoppelt – von 13 % im Jahr 2023 auf 27 % in 2024.[676] Erste produktivitätssteigernde Effekte zeichnen sich vor allem in funktionsübergreifenden Bereichen ab – etwa im Kundenservice, in der IT-Entwicklung oder bei wissensbasierten Dienstleistungen wie der Unternehmensberatung.

Ein interessanter Blick in den „Future of Jobs Report 2025" vom World Economic Forum zeigt: Bis 2030 werden voraussichtlich rund 41 von 100 Beschäftigten kaum nennenswerten Weiterbildungsbedarf haben. Für 11 Arbeitnehmer ist zwar Weiterbildung notwendig, diese wird kurzfristig jedoch nicht zugänglich sein. Rund 29 Arbeitnehmer sollen durch Weiterbildung innerhalb ihrer Position auf- und umgeschult werden, während 19 eine Umschulung erfahren und innerhalb des Unternehmens neu eingesetzt werden. Der Weiterbildungsbedarf variiert deutlich je nach Branche und Region: So erwarten Unternehmen mit Sitz in Nordamerika, dass bis 2030 etwa 67% ihrer Belegschaft Weiterbildung benötigen, während Firmen aus Zentralasien sowie dem Nahen Osten und Nordafrika von weniger als der Hälfte ausgehen.[677]

Welche gesamtwirtschaftlichen Folgen sich daraus langfristig ergeben – sowohl hinsichtlich Produktivitätssteigerungen als auch der Anforderungen an Arbeitsplätze – ist derzeit noch offen. Klar ist jedoch: Der strukturelle Weiterbildungsbedarf wird in Breite und Tiefe zunehmen und betrifft bereits heute den Arbeitsmarkt insgesamt, nicht nur einzelne Branchen oder Tätigkeitsfelder.

2. Überforderung klassischer Restrukturierungsinstrumente

Dennoch dominieren in der Unternehmenspraxis vielfach noch traditionelle Muster: Sozialplanlösungen mit Abfindungszahlungen, Vorruhestandsregelungen und die Einschaltung von Transfergesellschaften. Diese Ansätze sind regelmäßig kostenintensiv, kurzfristig orientiert und erzeugen im Ergebnis keine Zukunftsfähigkeit. Verschärft wird dieses Problem durch eine

---

675 BMBF, Umsetzungsbericht, Nationale Weiterbildungsstrategie 2025, S. 12.

676 *Kerkhof/Licht/Menkhoff/Wohlrabe,* ifo Schnelldienst 8/2024, S. 39; BMBF, Umsetzungsbericht, Nationale Weiterbildungsstrategie März 2025, S. 11.

677 Word Economic Forum, Future of Jobs Report 2025, S. 47, https://reports.weforum.org/docs/WEF_Future_of_Jobs_Report_2025.pdf (abgerufen am 29.8.2025).

inadäquate Nachbesetzungsstrategie: Notwendige Qualifikationen werden extern rekrutiert, obwohl internes Potenzial durchaus vorhanden wäre – nur nicht systematisch entwickelt wurde.

3. Rechtlicher Ordnungsrahmen als Transformationsmotor

Parallel zur betrieblichen Realität hat sich der regulatorische Kontext deutlich verschärft: Wie im vorangegangenen Beitrag[678] erläutert, sind Unternehmen – in den ersten Stufen ab 2024 zunächst große, kapitalmarktorientierte – mit der CSRD[679] und den ESRS verpflichtet, transparent über ihre Personalstrategie im Sinne nachhaltiger Beschäftigung zu berichten. ESRS S1 verpflichtet etwa zur Offenlegung, wie Weiterbildung, Qualifizierung und berufliche Entwicklung organisiert und mit der Unternehmensstrategie verzahnt sind.

Diese Pflichten sind keine bloße Berichtsbürokratie, sondern greifen substanziell in Investitions- und Finanzierungsentscheidungen ein: Nachhaltigkeitsratings wirken sich unmittelbar auf Kapitalmarktzugang und Refinanzierungskonditionen aus. Damit entsteht ein wirtschaftlicher Anreiz, die Personalstrategie strukturell an Transformationszielen auszurichten. Qualifizierung wird zur Frage der Finanzierungsfähigkeit. Der Deutsche Nachhaltigkeitskodex (DNK) verlangt hierzu u. a. eine Beschreibung der Weiterbildungsstrategie zur Kompetenzsicherung. Vor diesem Hintergrund haben Unternehmen ein ureigenes Interesse, auch im Restrukturierungskontext zukünftig verstärkt eine strategische Personalplanung und Qualifizierung zu berücksichtigen.

4. Die veränderte Rolle des Personalabbaus

Im Zuge der beschriebenen Transformationsprozesse verliert der klassische Personalabbau seine Rolle als primäres Mittel betrieblicher Restrukturierung. Qualifizierungs- und Kompetenzaufbau gewinnen an Bedeutung, um Arbeitnehmer für die neuen Anforderungen fit zu machen. Dies führt zu einer schrittweisen Verschiebung in der Priorisierung der Restrukturierungsmaßnahmen – ohne jedoch den Personalabbau gänzlich zu ersetzen. Vielmehr wird er zunehmend als ergänzende Maßnahme verstanden, die erst nach Ausschöpfung interner Qualifizierungsoptionen zum Tragen kommt. Die rechtlichen Rahmenbedingungen und der zunehmende Druck durch Nachhaltigkeitsanforderungen forcieren diesen Wandel und fordern eine

---

678 → Teil 3 Kap. 2.1 (*Heimann*), unter I.1.

679 Zum Anwendungsbereich *Heimann*, Personalwirtschaft 02/2023, 38, 40; *ders.*, ZAU 2022, 583 ff.

sorgfältige Abwägung zwischen Abbau und Qualifizierung. Die laufende Veränderung der Personalstrategie bildet die Grundlage für die nachfolgende Betrachtung vorausschauender Personalplanung und betrieblicher Mitbestimmung.

II. Vorausschauende Personalplanung, Mitbestimmung und Qualifizierungsmaßnahmen

Noch bevor konkrete Restrukturierungen anstehen, bietet eine gut durchdachte Personalplanung die Chance, mit gezielter Personalentwicklung und Qualifizierung den künftigen Anforderungen des Arbeitsmarktes vorzubeugen. Unternehmen, die diesen Schritt nicht von sich aus gehen, sollten sich darauf einstellen, dass Betriebsräte künftig ihre Mitbestimmungsrechte in diesem Bereich umso aktiver und umfassender wahrnehmen werden. Gerade §§ 92 und 92a BetrVG sind hier von Bedeutung: Sie geben dem Betriebsrat nicht nur Informations- und Beratungsrechte bei der Personalplanung, sondern auch ein Initiativrecht, um Vorschläge zur Beschäftigungssicherung einzubringen und deren Beratung zu verlangen.

1. Mitbestimmung bei der Ermittlung von Qualifizierungsbedarfen und Personalentwicklung

Worum geht es? Die Personalplanung soll den aktuellen Personalbestand systematisch erfassen und darauf aufbauend Maßnahmen anstoßen, die bestmöglich auf den Personalbedarf des Unternehmens abgestimmt sind. Dabei muss vor allem der künftige Bedarf an fachlichen Kompetenzen genau bestimmt werden – und zwar unter Berücksichtigung aller Veränderungen, die sich etwa durch neue Produkte, Investitionen oder sonstige betriebliche Entwicklungen abzeichnen.

Die anschließende Personalbedarfsplanung umfasst dann nicht nur die Menge (Quantifizierung) der benötigten Arbeitskräfte mit bestimmten Qualifikationen, sondern auch, wann (Zeitpunkt) und wo (Einsatzort) diese gebraucht werden. Daraus ergibt sich eine Bestandsaufnahme der Belegschaft und deren Qualifikationen, um den konkreten Weiterbildungsbedarf zu erkennen – etwa für neue Aufgaben oder zusätzliche Stellen.

An dieser Stelle greift die betriebliche Mitbestimmung: Nach § 96 BetrVG kann der Betriebsrat verlangen, dass der Arbeitgeber den beruflichen Bildungsbedarf ermittelt und ihm vorstellt. Außerdem besitzt er ein einigungsstellenbewehrtes Recht, um die Vereinbarung von Bildungsmaßnahmen durchzusetzen. Und falls es um strukturell bedingte Bedarfe geht, können –

wie unten noch ausgeführt – bereits frühzeitig staatliche Förderungen genutzt werden.

2. Qualifizierungsvereinbarungen als integraler Bestandteil von Interessenausgleich und Sozialplan

Ergibt sich aus dem strukturellen Wandel eine unvermeidbare Betriebsänderung, etwa durch Standortverlagerungen, Einführung neuer Fertigungstechnologien oder Personalabbau, so führen diese Maßnahmen in mitbestimmten Betrieben regelmäßig zu Verhandlungen über Interessenausgleich und Sozialplan. Im Rahmen dieser Verhandlungen wird häufig auch eine gesonderte Betriebsvereinbarung zu Qualifizierungsmaßnahmen getroffen – ein Instrument, das umgangssprachlich oft als „Qualifizierungssozialplan" bezeichnet wird. Diese Vereinbarungen zeichnen sich gegenüber einseitig durchgesetzten Weiterbildungsprogrammen durch eine höhere Akzeptanz in der Belegschaft und bessere rechtliche Chancen aus.

Eine realistische Einschätzung der Möglichkeiten ist dabei unerlässlich: Nicht alle Arbeitnehmer können oder wollen sich in dem erforderlichen Umfang qualifizieren. Qualifizierungsmaßnahmen sind daher stets als integraler, aber nicht alleinig ausreichender Bestandteil eines umfassenden Restrukturierungskonzepts zu betrachten. Schaltet der Arbeitgeber ein Qualifizierungsangebot zwecks Erhalts des Arbeitsplatzes vor und können Arbeitnehmer dieses ausschlagen und gegen Abfindung das Arbeitsverhältnis beenden, wird man dies auch im Rahmen der Höhe des auszugleichenden Nachteils berücksichtigen können.

Typische Regelungskomplexe solcher Qualifizierungsvereinbarungen umfassen insbesondere:

- Die Ermittlung und Festlegung von Qualifizierungsbedarfen sowie die Definition der zu ergreifenden Maßnahmen und angestrebten Weiterbildungsziele;
- den Teilnehmerkreis und die Berechtigten;
- die Finanzierung der Maßnahmen, die durch Eigenbeiträge der Arbeitnehmer, staatliche Förderungen oder vollständige Arbeitgeberfinanzierung erfolgen kann;
- die Organisation der Arbeitsleistung während der Qualifizierungsphase, etwa durch Freistellungen oder parallele Tätigkeiten;
- die Laufzeit der Vereinbarung sowie die Handhabung von „Störfällen", etwa bei nicht bestandenen Teilprüfungen;
- die Konsequenzen im Hinblick auf Nachteilsausgleichsregelungen im Sozialplan oder freiwilligen Programmen.

3. Weitere Qualifizierungsmaßnahmen

Ein Beispiel für interne Qualifizierungsstrategien ist die sog. Bildungsteilzeit, bei der Arbeitnehmer auf freiwilliger Basis mit dem Arbeitgeber eine Reduzierung ihrer Arbeitszeit vereinbaren, um die freigestellte Zeit für Weiterbildungsmaßnahmen zu nutzen.[680] Während dieses Modell in Österreich gesetzlich verankert ist (sog. Bildungskarenz) und dort auch staatliche Förderungen sowie Zuschläge des Arbeitgebers üblich sind, erfolgt während der Bildungsteilzeit in Deutschland grundsätzlich keine direkte staatliche Förderung, sodass die Arbeitnehmer für den reduzierten Zeitraum entsprechend weniger Gehalt erhalten. Das Bundesministerium für Arbeit und Soziales (BMAS) hat die Einführung einer Bildungsteilzeit geprüft; ein entsprechender Referentenentwurf wurde vom Kabinett jedoch nicht beschlossen.[681]

Gleichwohl bestehen diverse Möglichkeiten zur Inanspruchnahme von Zuschüssen, Bildungsprämien und weiteren Förderinstrumenten (Weiterbildungsgesetz, nachfolgend unter → III.3.). Die IG Metall hat das Modell der Bildungsteilzeit bereits für Mitglieder in tarifgebundenen Betrieben der Metall- und Elektroindustrie eingeführt, indem sie mit Arbeitgebern Tarifverträge zur Weiterbildung abgeschlossen hat und ihren Mitgliedern empfiehlt, ein Bildungskonto einzurichten. Dieses Konto erlaubt das Ansparen von Mehrarbeitsstunden und Zulagen für Qualifizierungszwecke sowie ein begrenztes Überziehen mit späterem Ausgleich.[682]

Neben der Bildungsteilzeit gibt es noch viele andere Möglichkeiten für Arbeitnehmer, ihre Fähigkeiten beruflich weiterzuentwickeln. Zahlreiche Unternehmen bieten zum Beispiel interne Weiterbildungen an – Workshops, Seminare oder E-Learning-Module, die genau auf den Betrieb zugeschnitten sind. Oft sind diese Angebote praxisnah und lassen sich schnell umsetzen. Darüber hinaus gibt es natürlich auch externe Weiterbildungschancen: Lehrgänge oder Zertifikatskurse bei anerkannten Bildungsträgern oder Fachakademien zum Beispiel. Und nicht zu vergessen: Berufsbegleitende Studiengänge, die immer beliebter werden – sei es in Teilzeit oder als Fernstudium.

Darüber hinaus gibt es verschiedene Förderprogramme der Bundesagentur für Arbeit, wie beispielsweise das Programm WeGebAU, das gezielt die Weiterbildung geringqualifizierter oder älterer Beschäftigter unterstützt. Auch individuelle Qualifizierungsformen wie Mentoring durch erfahrene Kollegen oder Coaching durch externe Coaches bieten gute Möglichkei-

680 *Mückl/Bähr,* ArbRAktuell 2024, 285.

681 BMBF, Umsetzungsbericht, Nationale Weiterbildungsstrategie 2025, S. 24.

682 IG Metall v. 15.5.2017, https://www.igmetall.de/politik-und-gesellschaft/zukunft-der-arbeit/bildung-und-qualifizierung/ratgeber-so-funktioniert-die-bildungsteilzeit (zuletzt aufgerufen am 29.8.2025).

ten, um persönliche Kompetenzen zu stärken. Zudem sind Instrumente wie Job Rotation oder Job Enlargement geeignet, um durch wechselnde oder erweiterte Aufgaben neue Kenntnisse zu erwerben und so die berufliche Entwicklung zu fördern. Nicht zuletzt spielen digitale Lernplattformen und E-Learning-Formate eine immer größere Rolle, da sie flexible und selbstorganisierte Weiterbildung ermöglichen.

Auch wird bereits in einzelnen Konzernen auf Kooperationen mit Hochschulen gesetzt, um gezielt Qualifizierungsprogramme für Mitarbeiter anzubieten. So bietet bspw. Bosch im Rahmen des Programms „MISSION TO MOVE" Qualifizierungsangebote an, die in Zusammenarbeit mit dem Robert Bosch Kolleg sowie Hochschulen und Universitäten durchgeführt werden.[683] Teilnehmer können innerhalb eines Jahres in Teilzeit oder in drei Monaten in Vollzeit während der Arbeitszeit die Qualifizierung absolvieren. Das Programm umfasst Vorlesungsmodule, Projektwochen und individuelle Vertiefungsangebote. Wer es erfolgreich abschließt, bekommt ein Zertifikat – und übernimmt danach Aufgaben in Bereichen wie Softwareentwicklung, Elektromobilität oder Data Engineering. Außerdem hat Bosch ein Schulungsprogramm speziell für Künstliche Intelligenz gestartet. Ziel ist es, die Mitarbeiter fit im Umgang mit KI zu machen. Initiativen wie die von Bosch lassen erkennen, wie Unternehmen zunehmend in die Qualifizierung ihrer Mitarbeiter für Zukunftstechnologien investieren und als zentrales Element aktueller Unternehmensstrategie aufgreifen können.

Auch hier gilt: Der Erfolg solcher Maßnahmen hängt maßgeblich von der Akzeptanz und dem Verständnis der Belegschaft ab. Die Rückkehr an eine Lernumgebung kann Unsicherheiten und Ängste auslösen, die es frühzeitig durch gezielte Kommunikation abzubauen gilt.

III. Förderinstrumente als wirtschaftlicher Hebel

Obwohl entsprechende Qualifizierungsmaßnahmen oftmals als kostenintensiv wahrgenommen werden, insbesondere wenn der Arbeitgeber die Finanzierung vollständig allein trägt, bleiben zahlreiche gesetzlich verankerte Fördermöglichkeiten in der Praxis häufig ungenutzt. Diese wurden in den letzten Jahren kontinuierlich ausgebaut, um den Anforderungen des Strukturwandels Rechnung zu tragen und zugleich die Wettbewerbsfähigkeit der Unternehmen zu stärken. So ist die gezielte Weiterbildung ein zentrales Element der im Oktober 2022 vorgestellten Fachkräftestrategie der Bundesregierung. Im zweiten Handlungsfeld der Strategie geht es vor allem darum, Qualifizierungen stärker an den Anforderungen der Zukunft auszu-

683 *Huis*, Bosch, https://www.bosch.com/de/stories/mission-to-move/ (abgerufen am 29.8.2025).

richten – und das vor allem mit Blick auf Digitalisierung, Künstliche Intelligenz und den ökologischen Wandel.[684] Aus diesem Ansatz heraus entstand die Nationale Weiterbildungsstrategie (NWS). Dabei haben sich 17 wichtige Akteure am Arbeitsmarkt, koordiniert vom BMAS und dem Bundesministerium für Bildung und Forschung (BMBF), auf gemeinsame Schritte verständigt. Ziel ist es, eine Weiterbildungskultur zu etablieren, die sowohl rechtlich abgesichert als auch digital zugänglich ist – etwa über die Nationale Online-Weiterbildungsplattform (NOW). Flankiert wird dieses Vorhaben durch gesetzliche Grundlagen wie das Qualifizierungschancengesetz, das Arbeit-von-morgen-Gesetz, das Beschäftigungssicherungsgesetz, das Bürgergeld-Gesetz sowie das im Sommer 2023 verabschiedete Weiterbildungsgesetz, das unter anderem das neue Qualifizierungsgeld einführt, auf die nachfolgend genauer eingegangen wird.

1. Qualifizierungschancengesetz 2019

Das Qualifizierungschancengesetz, das seit 2019 gilt, hat vor allem ein Ziel: die Fachkräftebasis dauerhaft zu stärken und Beschäftigte fit zu machen für die neuen Anforderungen auf dem Arbeitsmarkt. Die finanzielle Entlastung für Arbeitgeber läuft über Zuschüsse der Bundesagentur für Arbeit oder der Jobcenter – und zwar nicht nur für die Weiterbildungskosten selbst, sondern auch für die Lohnnebenkosten, die während der Qualifizierung anfallen.

Wichtig für die Förderung nach § 82 Abs. 1 SGB III ist unter anderem, dass die Maßnahme über reine, kurzfristige und arbeitsplatzbezogene Fortbildungen hinausgeht. Sie muss mindestens 120 Stunden umfassen, außerhalb des Betriebs stattfinden und von einem anerkannten Bildungsträger angeboten werden. Außerdem dürfen der Berufsabschluss und die letzte geförderte Weiterbildung nicht jünger als zwei Jahre sein. Die Kostenbeteiligung des Arbeitgebers ist hierbei abhängig von der Betriebsgröße (§ 82 Abs. 2 SGB III). Zusätzlich kann ein direkter Arbeitsentgeltzuschuss an den Arbeitnehmer gewährt werden (§ 82 Abs. 3 SGB III).[685] Hierbei können bestimmte Faktoren genutzt werden, um die Förderung zu optimieren: Eine Erhöhung der Förderquote um fünf Prozentpunkte ist möglich, wenn eine Betriebsvereinbarung oder ein Tarifvertrag zur Weiterbildung besteht (§ 82 Abs. 4 SGB III).

684 Bundesregierung v. 12.10.2022, https://www.bundesregierung.de/breg-de/aktuelles/fachkraeftestrategie-2133284 (abgerufen am 29.8.2025).

685 Antragsformulare online verfügbar unter https://www.arbeitsagentur.de/datei/antrag-arbeitsentgeltzuschuss-weiterbildungsbedingte-ausfallzeiten-beschaeftigter_ba042359.pdf (abgerufen am 29.8.2025).

2. Arbeit-von-morgen-Gesetz und Beschäftigungssicherungsgesetz 2020

Die Fördermöglichkeiten wurden durch das Gesetz zur Förderung der beruflichen Weiterbildung im Strukturwandel und zur Weiterentwicklung der Ausbildungsförderung (sog. „Arbeit-von-morgen-Gesetz“) sowie – formal – durch das weiterhin geltende, in der Praxis jedoch kaum noch relevante, „Beschäftigungssicherungsgesetz“ (BeschSiG) im Jahr 2020 ausgeweitet. Während das BeschSiG lediglich einen allgemeinen Rechtsrahmen für beschäftigungssichernde Maßnahmen bildet, konkretisiert das Arbeit-von-morgen-Gesetz die Förderinstrumente unmittelbar durch Änderungen im Dritten Buch Sozialgesetzbuch. Diese Anpassungen reagieren auf den beschleunigten Strukturwandel, indem sie die Bezuschussung erhöhen und die Voraussetzungen für den Förderzugang in §§ 81 ff. SGB III erheblich erleichtern.

Unternehmen erhalten bis zu 15 % mehr Zuschüsse zu Lehrgangskosten und Löhnen, insbesondere bei tariflichen oder betrieblichen Vereinbarungen. Die Antragstellung wird durch Sammelanträge erleichtert, wenn Qualifikationen vergleichbar sind. Förderfähig sind Weiterbildungen bereits ab 120 Stunden statt wie bisher 160. Auch kleinere Maßnahmen mit wenigen Teilnehmern können nun gefördert werden. Während Kurzarbeit werden auf Antrag 50 % der Sozialversicherungsbeiträge des Arbeitgebers bei Weiterbildung erstattet.

3. Weiterbildungsgesetz und Einführung des Qualifizierungsgeldes 2024

Mit dem Inkrafttreten des Gesetzes zur Stärkung von Aus- und Weiterbildung – dem sogenannten Weiterbildungsgesetz – zum 1.4.2024 hat der Gesetzgeber die Förderlandschaft um ein weiteres Instrument erweitert. Dieses konzentriert sich besonders darauf, Qualifizierungsprozesse in Unternehmen zu unterstützen, die für den anstehenden Strukturwandel notwendig sind.[686] Kernstück der Neuregelung ist das sogenannte Qualifizierungsgeld, das gemäß § 82a SGB III als Entgeltersatzleistung von der Bundesagentur für Arbeit gewährt wird. Es beträgt bis zu 67 % des Nettoentgelts und kann von den Arbeitgebern auf freiwilliger Basis aufgestockt werden.

686 *Mückl/Bähr,* ArbRAktuell 2024, 285.

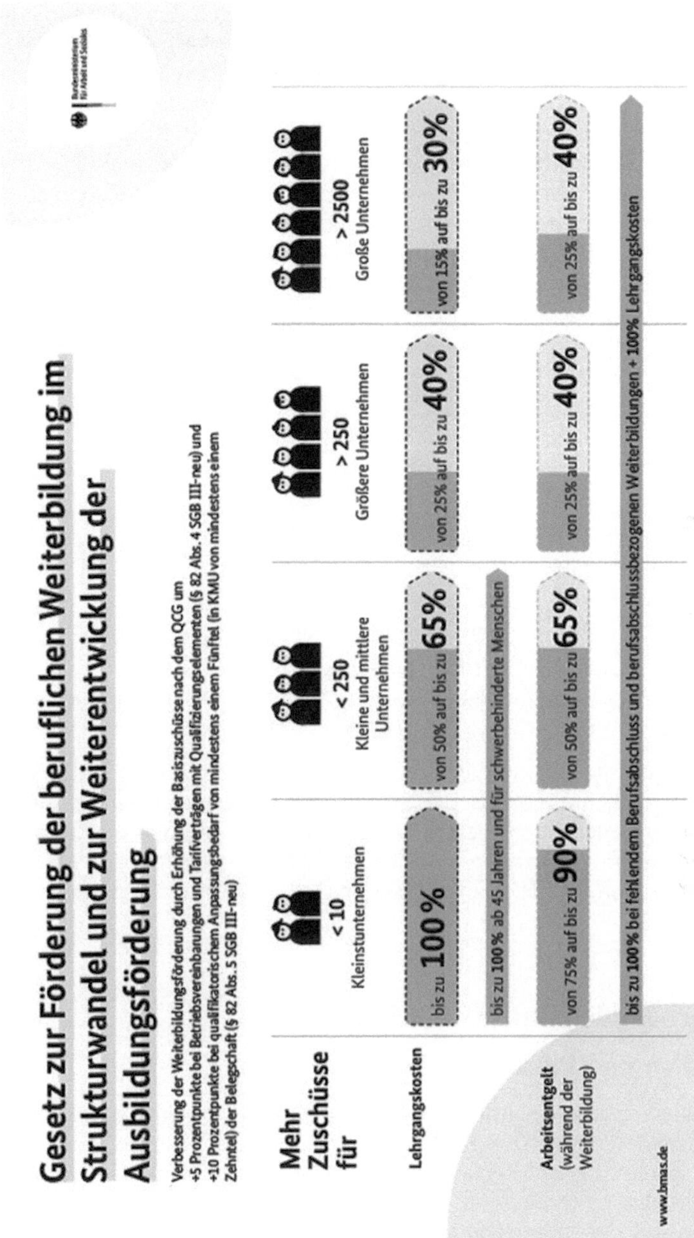

Abbildung: Zuschüsse für Lehrgangskosten und Arbeitsentgelt unter dem „Arbeit-von-morgen-Gesetz" (Darstellung: BMAS).

Gefördert werden Arbeitnehmer, deren Arbeitsplatz durch den Strukturwandel bedroht ist, bei denen aber durch gezielte Weiterbildung eine Weiterbeschäftigung im Betrieb weiterhin realistisch erscheint. Voraussetzung für das Qualifizierungsgeld ist, dass in der Belegschaft ein strukturwandelbedingter Weiterbildungsbedarf vorliegt – und zwar bei mindestens 20 % der Mitarbeiter in Unternehmen mit 250 oder mehr Beschäftigten, beziehungsweise bei 10 % in kleineren Betrieben. Dieser Bedarf muss schriftlich festgehalten sein, entweder in einer betrieblichen Regelung oder in einem Tarifvertrag. Die Weiterbildung muss mehr als 120 Stunden umfassen und kann flexibel gestaltet werden – ob in Vollzeit, Teilzeit oder neben dem Job. Wichtig ist, dass die Inhalte über kurzfristige, rein arbeitsplatzbezogene Anpassungsfortbildungen hinausgehen und von einem Bildungsträger angeboten werden, der nach der Akkreditierungs- und Zulassungsverordnung Arbeitsförderung (AZAV) zertifiziert ist.

Die Kosten für die Maßnahme trägt grundsätzlich der Arbeitgeber, allerdings gibt es ergänzende Fördermöglichkeiten seitens der Bundesagentur für Arbeit.

Zusätzlich zu klassischen Maßnahmen wurden durch das Weiterbildungsgesetz weitere Förderstrukturen durch Anpassungen im SGB III geschaffen:

- § 48a SGB III: Einführung berufsorientierender Praktika
- § 54a SGB III: Anpassung der Einstiegsqualifizierung
- § 76 SGB III: Neuordnung der außerbetrieblichen Berufsausbildung ab August 2024

Das Weiterbildungsgesetz markiert damit einen weiteren Schritt in der Verzahnung von arbeitsmarktpolitischer Steuerung und betrieblicher Personalstrategie. Diese Neuerungen zielen darauf ab, das Förderinstrumentarium zu vereinfachen, flexibilisieren und verlässlicher zu gestalten – gerade auch für Unternehmen, die Transformationsprozesse aktiv begleiten wollen.

IV. Praxisbeispiele und Good Practices

1. Fallstudien und Praxisbeispiele

Henkel arbeitet zusammen mit dem Beratungsunternehmen Accenture an einer umfassenden Upskilling-Strategie. Ziel ist, die Kompetenzen der Mitarbeiter systematisch zu erfassen und gezielt weiterzuentwickeln. Dabei kooperiert das Unternehmen eng mit der Personalabteilung, den Führungskräften und der Arbeitnehmervertretung, um Weiterbildungsbedarfe frühzeitig zu erkennen und passgenaue Maßnahmen umzusetzen. Digitale Lernplattformen sorgen für flexible und individuelle Qualifizierung, während klare Betriebsvereinbarungen rechtliche Sicherheit schaffen. Seit Start des Programms Anfang 2019 haben Henkel-Mitarbeiter mehr als 215.000 Schulungen über das neue HR-System absolviert. Gleichzeitig wurde der Bewerbungsprozess für externe Kandidaten auf 60 Sekunden verkürzt – was die Bewerberzahlen um 40 % hat steigen lassen.[687]

Auch Bosch verfolgt seit Jahren eine konsequente interne Weiterbildungspolitik und hat bereits über 130.000 Beschäftigte für neue Aufgaben in Zukunftstechnologien qualifiziert. Im Jahr 2022 investierte Bosch rund 300 Mio. EUR in die Weiterbildung seiner Mitarbeiter.[688]

Um den Anforderungen des Strukturwandels gerecht zu werden, bieten Hochschulen immer mehr spezialisierte Studiengänge in Bereichen wie Künstliche Intelligenz, Data Science, Green Technologies oder Nachhaltigkeitsmanagement an. Beispiele dafür sind der Master „Digital Transformation“ an der Technischen Universität München oder der Studiengang „Renewable Energy Management“ an der Hochschule für Technik und Wirtschaft Berlin. Diese Programme vermitteln praxisnahe Kompetenzen, die Unternehmen dringend brauchen – und stärken damit Fachkräftebasis und Innovationsfähigkeit zugleich.

2. Rollenverständnis der HR-Abteilung und der Arbeitnehmervertretung

Die HR-Abteilung übernimmt im Zuge des Wandels zunehmend eine strategische Rolle. Neben der klassischen Personalverwaltung liegt der Fokus auf Kompetenzplanung und interner Mobilität. Dabei gilt es, Daten aus Skill-Mappings, Personalentwicklungssystemen und Lernplattformen gezielt einzusetzen. Die Zusammenarbeit mit dem Betriebsrat gewinnt an Bedeutung, der seine Mitbestimmungsrechte bei Weiterbildung zunehmend aktiv nutzt.

---

687 *Fesenbeck*, Accenture v. 29.1.2021, https://newsroom.accenture.de/de/news/2021/accenture-unterstutzt-transformation-bei-henkel (abgerufen am 29.8.2025).

688 *Christmann*, Bosch v. 13.9.2023, https://www.bosch-presse.de/pressportal/de/de/trainingsoffensive-bosch-schult-ueber-130-000-mitarbeitende-in-zukunftstechnologien-258176.html (abgerufen am 29.8.2025).

3. „Lessons learned“ aus der Unternehmenspraxis

Erfolgreiche Transformationsprozesse zeigen deutlich: Weiterqualifizierung ist dann wirksam, wenn sie nicht isoliert, sondern als integraler Bestandteil der Unternehmensstrategie verstanden wird. Entscheidend ist, frühzeitig strukturelle Skill-Gaps zu identifizieren, transparente Kommunikation gegenüber der Belegschaft sicherzustellen und Weiterbildung nicht als Defizitbehebung, sondern als Entwicklungschance zu positionieren. Unternehmen, die Weiterbildung mit agilen Pilotprojekten einführen, erzielen nicht nur höhere Akzeptanz, sondern auch schnell verwertbare Erfahrungswerte. Gleichzeitig ist klar: Ohne begleitende Maßnahmen zur Führungskräfteentwicklung, technischen Infrastruktur und partizipativen Lernkulturen greifen selbst gut konzipierte Programme ins Leere.

4. Handlungsempfehlungen

Qualifizierung ist eine gemeinsame Aufgabe von Geschäftsleitung, HR, Führungskräften und Arbeitnehmervertretung. Empfehlenswert sind: Systematisches Skill-Monitoring für frühzeitige Veränderungen, eine frühzeitige Abstimmung mit Betriebsrat und klare Betriebsvereinbarungen, flexible und digitale Lernplattformen für individuelle Entwicklung, eine gezielte Nutzung von Förderprogrammen (§§ 82, 82a SGB III, Qualifizierungschancengesetz) sowie aktive Kommunikation durch Führungskräfte und interne Botschafter. So entstehen zukunftsfähige Strukturen, die Arbeitgeberattraktivität und Beschäftigung sichern.

V. Fazit

Der technologische, ökologische und demografische Wandel stellt Unternehmen und den Arbeitsmarkt vor neue Herausforderungen, die eine nachhaltige und ganzheitliche Personalentwicklung unverzichtbar machen. Weiterbildung ist heute kein Einzelprojekt mehr, sondern ein fester Bestandteil moderner Unternehmensstrategien. Entscheidend ist, Förderangebote gezielt einzusetzen, neue Kompetenzen frühzeitig zu erkennen und flexible Lernformate zu schaffen. Dabei kommt es auf eine enge Zusammenarbeit zwischen Geschäftsleitung, Personalabteilung, Arbeitnehmervertretungen und externen Partnern an, um den Wandel sozial ausgewogen und effektiv zu gestalten. Nur so kann der Fachkräftebedarf gedeckt und zugleich Innovationsfähigkeit sowie Wettbewerbsstärke langfristig gesichert werden. Unternehmen, die ihre Weiterbildungsmaßnahmen mit Nachhaltigkeitszielen verbinden, schaffen nicht nur zukunftsfähige Geschäftsmodelle, sondern erhöhen auch ihre Attraktivität als Arbeitgeber – ein wichtiger Wettbewerbsvorteil im Fachkräftemarkt. Die Zukunft der Arbeit wird von Anpassungsfähigkeit, lebenslangem Lernen und einer ganzheitlichen Personalpolitik geprägt sein.

3. Transformationseinheiten und Qualifizierungsbetriebe

Dr. Anna Lohmann[689]

I. ESG – Auch bei erforderlichen Personalanpassungsmaßnahmen zu beachten

Die aktuelle Wirtschaftsperiode ist geprägt von einem Fachkräftemangel auf der einen und wirtschaftlichen Schwierigkeiten auf der anderen Seite. Über die Branchen hinweg sind Einsparungsprogramme in Form von Personalanpassungsmaßnahmen unumgänglich, um ein zukünftiges Fortbestehen der einzelnen Unternehmen gewährleisten zu können. In Zeiten des Fachkräftemangels können es sich Unternehmen jedoch regelmäßig nicht leisten, Arbeitsverhältnisse mit hoch qualifizierten und motivierten Arbeitnehmern zu beenden.

Klassische Instrumente des Personalabbaus im Rahmen von Betriebsänderungen im Sinne des § 111 BetrVG wie Freiwilligenprogramme, Altersteilzeitprogramme, Transfergesellschaften oder auch der Ausspruch von betriebsbedingten Kündigungen werden den Interessen der Arbeitgeber in vielen Fällen daher nicht umfassend gerecht, um den beschriebenen Konflikt aufzulösen. Grund hierfür ist, dass bei diesen Anpassungsinstrumenten Arbeitgeber die Arbeitsverhältnisse mit den Arbeitnehmern beenden müssen. Auch das Beschäftigungsinteresse der Arbeitnehmer, die sich ihrem jeweiligen Arbeitgeber unter Umständen seit mehreren Jahren verbunden fühlen, bleibt bei diesen Personalanpassungsinstrumenten unberücksichtigt.

Um dem Beschäftigungsinteresse der Arbeitnehmer an der Fortsetzung des Arbeitsverhältnisses auf der einen Seite und dem arbeitgeberseitigen Bedarf an Fachkräften auf der anderen Seite gerecht zu werden, haben sich in den letzten Jahren Alternativen zu den beschriebenen Personalanpassungsinstrumenten entwickelt. Im Vordergrund steht der Wertschätzungsgesichtspunkt. Der Bereich Social im Rahmen von ESG ist daher auch im Rahmen von Personalanpassungsmaßnahmen für alle Beteiligten zu einem wichtigen Baustein geworden. Viele Unternehmen setzen daher auf alternative Personalanpassungsinstrumente, um Arbeitsverhältnisse vorerst nicht beenden zu müssen, sondern das Beschäftigungsinteresse der Arbeitnehmer und das

---

689 Die Autorin dankt den wissenschaftlichen Mitarbeitern *Sebastian Oswald* und *Michael Wittmann* für wertvolle Vorarbeit.

arbeitgeberseitige Interesse an Fachkräften trotz erforderlichem Personalabbau zu vereinen.[690]

II. Unterschiedliche Vermittlungs- und Qualifizierungsinstitute im Rahmen einer wertschätzenden Restrukturierung

Um einen zwingend erforderlichen Personalabbau möglichst sozialverträglich umsetzen zu können, greifen Arbeitgeber häufig auf das Instrument der Transfergesellschaft[691] zurück. Die Transfergesellschaft ist ein bislang etabliertes Instrument des Personalabbaus. Fraglich ist jedoch, worin die Gemeinsamkeiten und Unterschiede zu neueren Personalanpassungsinstrumenten liegen und warum gerade bei diesen der Wertschätzungsgesichtspunkt im Vordergrund steht.

1. Die Transfergesellschaft

Im Rahmen von zwingend notwendig werdenden Personalanpassungsmaßnahmen bieten Arbeitgeber Arbeitnehmern häufig die Transfergesellschaft an, um die für die Arbeitnehmer aus einer Betriebsänderung im Sinne des § 111 BetrVG folgenden wirtschaftlichen Nachteile möglichst abzumildern und sie vor einer Arbeitslosigkeit weitestgehend zu bewahren.

Primäres Ziel des Angebots einer Transfergesellschaft ist daher die Arbeitslosigkeit der betroffenen Arbeitnehmer zu vermeiden, indem diese nach der Beendigung des Arbeitsverhältnisses mit ihrem bisherigen Arbeitgeber in eine befristete Übergangsanstellung mit der Transfergesellschaft überführt werden.[692]

Die Anbieter von Transfergesellschaften sind in der Regel externe Dienstleistungsunternehmen, die der Arbeitgeber selbst beauftragt. Der Übergang der Arbeitnehmer in die Transfergesellschaft erfolgt dabei mittels Abschlusses eines sog. dreiseitigen Vertrags: Der betroffene Arbeitnehmer schließt einen Aufhebungsvertrag mit dem bisherigen Arbeitgeber zum Beendigungsdatum und gleichzeitig einen befristeten Anstellungsvertrag mit einem zeitlich unmittelbar an das Beendigungsdatum anschließenden Start-

---

690 *Göpfert/Stöckert,* NZA 2024, 737.

691 *Gatz*, in: Bayreuther/Salamon, Kündigungsschutz und Personalanpassungen, Kap. 2. Rn. 84 ff.

692 *Zobel*, in: Beck/Depré/Ampferl, Praxis der Sanierung und Insolvenz, § 28 Rn. 309.

datum mit der Transfergesellschaft.[693] Der Anstellungsvertrag mit der Transfergesellschaft ist regelmäßig auf zwölf Monate befristet. Hintergrund für die Dauer des Anstellungsverhältnisses ist die Dauer der Förderung durch Transferkurzarbeitergeld (§ 111 Abs. 1 Satz 2 SGB III). Die Befristung erfolgt regelmäßig sachgrundlos.[694]

Das befristete Anstellungsverhältnis mit der Transfergesellschaft dient dabei der Qualifizierung, Unterstützung und Vermittlung des einzelnen Arbeitnehmers. Die Transfergesellschaft soll den Arbeitnehmern durch gezielte Qualifizierungs- und Vermittlungsmaßnahmen auf eine neue berufliche Perspektive vorbereiten.[695] Daher erhalten die Arbeitnehmer während der Verweildauer in der Transfergesellschaft Unterstützung in Form von Bewerbungstrainings, Qualifizierungsmaßnahmen und individueller Beratung. Ziel ist die nachhaltige Integration der Arbeitnehmer in ein neues, dauerhaftes Beschäftigungsverhältnis.

In finanzieller Hinsicht sollen die Arbeitnehmer während des befristeten Anstellungsverhältnisses mit der Transfergesellschaft ebenfalls abgesichert sein. Die Arbeitnehmer erhalten von der Agentur für Arbeit regelmäßig Transferkurzarbeitergeld. Dieses stocken die Arbeitgeber in der Regel auf.[696]

2. Transformationseinheit

Trotz der zahlreichen Vorteile, die eine Transfergesellschaft für Arbeitnehmer und Arbeitgeber bietet, entscheiden sich dennoch immer mehr Unternehmen für alternative Personalanpassungsinstrumente. Grund hierfür ist, dass es sich viele Unternehmen aufgrund des Fachkräftemangels trotz erforderlicher Transformation und Personalabbaumaßnahmen nicht leisten können, das Arbeitsverhältnis mit hoch qualifizierten Arbeitnehmern zu beenden, da diese dann an anderer Stelle im Unternehmen fehlen.[697]

Eine Alternative, die diesen Konflikt berücksichtigt, stellt die sog. Transformationseinheit dar. Hierbei handelt es sich um eine (inner-)betriebliche Verwaltungseinheit. Arbeitgeber ordnen die von dem Personalabbau betroffenen Arbeitnehmer dieser betriebsinternen Abteilung für einen beschränk-

---

693 BAG, 18.8.2005 – 8 AZR 523/04, NZA 2006, 145; *Zobel*, in: Beck/Depré/Ampferl, Praxis der Sanierung und Insolvenz, § 28 Rn. 310.

694 *Gatz*, in: Bayreuther/Salamon, Kündigungsschutz und Personalanpassungen, Kap. 2. Rn. 106.

695 *Zobel*, in: Beck/Depré/Ampferl, Praxis der Sanierung und Insolvenz, § 28 Rn. 315; zur Unterstützung bei der Suche nach einer neuen Anstellung auch → Teil 1 Kap. 4.1 (*Walker*), unter III.1.

696 *Zobel*, in: Beck/Depré/Ampferl, Praxis der Sanierung und Insolvenz, § 28 Rn. 312.

697 *Göpfert/Stöckert*, NZA 2024, 737.

ten Zeitraum zu. Während der Verweildauer in der Transformationseinheit sind die Arbeitnehmer von ihrer vertraglich geschuldeten Arbeitsleistung suspendiert und erhalten stattdessen verschiedene Angebote zur Qualifizierung. Dies können Angebote in Form von Gruppenkursen sowie individuelle Unterstützungsleistungen mit speziell zugewiesenen Beratern sein. Die Qualifizierungsmaßnahmen bietet regelmäßig ebenfalls ein externes Unternehmen an, mit dem Arbeitgeber hier eng zusammenarbeiten.[698]

Ziel der Transformationseinheit ist es, nicht nur – wie auch im Rahmen einer Transfergesellschaft – die Arbeitslosigkeit der betroffenen Arbeitnehmer zu vermeiden, sondern diese so weiter zu qualifizieren, dass sie bestenfalls auf einer anderen freien Stelle innerhalb des Unternehmens weiterbeschäftigt werden oder – aber nur sofern dies nicht möglich ist – zumindest extern leichter eine der Qualifizierung entsprechende Anschlussbeschäftigung finden können.

Der wesentliche Unterschied der Transfergesellschaft zu einer innerbetrieblichen Transformationseinheit ist also, dass das Arbeitsverhältnis zwischen den betroffenen Arbeitnehmern und dem Arbeitgeber fortgesetzt werden kann. Die Arbeitnehmer erhalten durch die Transformationseinheit trotz erforderlichem Stellenabbau eine Möglichkeit, um im Unternehmen zunächst zu verbleiben.[699]

3. Qualifizierungsbetrieb

Neben der Transformationseinheit als innerbetriebliche Verwaltungseinheit, gibt es auch die Möglichkeit der Schaffung eines sog. Qualifizierungsbetriebs.

Der Qualifizierungsbetrieb ist eine eigene organisatorische Einheit, deren ausschließlicher Betriebszweck in der Weiterbildung der Arbeitnehmer liegt. Ziel ist es, wie auch im Rahmen der Transformationseinheit, die von dem Stellenabbau betroffenen Arbeitnehmer zu befähigen, neue oder veränderte Tätigkeiten innerhalb des Unternehmens wahrnehmen zu können. Während der Qualifizierungsphase werden die betroffenen Arbeitnehmer vollständig von ihrer bisherigen vertraglich geschuldeten Tätigkeit suspendiert.[700]

Fraglich ist hier regelmäßig, ob der Qualifizierungsbetrieb auch tatsächlich als Betrieb im Sinne des BetrVG oder Kündigungsschutzgesetzes (KSchG) gilt. Eine solche Einordnung setzt voraus, dass eine eigene betriebliche Lei-

---

698 *Göpfert/Stöckert*, NZA 2024, 737 f.

699 *Göpfert/Stöckert*, NZA 2024, 737.

700 *Göpfert/Seier*, NZA 2018, 1439, 1442; vertieft zur Qualifizierung als Alternative zum Personalabbau → Teil 3 Kap. 2.3 (*Lösch*), unter II.3.

tung besteht.[701] Ein Betrieb ist nach ständiger Rechtsprechung des BAG durch eine organisatorische Einheit gekennzeichnet, innerhalb derer der Arbeitgeber allein oder mit seinen Leitungsorganen mit Hilfe technischer und immaterieller Mittel bestimmte arbeitstechnische Zwecke fortgesetzt verfolgt, § 1 Abs. 1 BetrVG.[702] Ein Qualifizierungsbetrieb erfüllt diese Voraussetzungen somit in der Regel dann, wenn er über eine eigene Leitung verfügt, die über personelle, soziale und organisatorische Entscheidungen autonom entscheiden kann.[703] Ein weiteres Indiz für die Eigenständigkeit ist etwa auch das Vorhandensein betriebsinterner Regelungen.

Die Anerkennung der Qualifizierungseinrichtung als eigenständiger Betrieb hat dann wesentliche Konsequenzen für das kollektive und individuelle Arbeitsrecht. Zum einen unterliegt sie der Mitbestimmung nach dem BetrVG, was insbesondere bei der Gestaltung von Weiterbildungsmaßnahmen, Versetzungen und Leistungsbeurteilungen von Bedeutung ist. Zum anderen kann sich bei ggf. erforderlich werdenden betriebsbedingten Kündigungen eine eigenständige Sozialauswahl nach § 1 Abs. 3 KSchG ergeben.[704]

Der entscheidende Unterschied zur Transfergesellschaft ist auch hier, dass das Arbeitsverhältnis mit dem bisherigen Arbeitgeber zunächst bestehen bleiben kann.

4. Vorteile einer Transformationseinheit oder eines Qualifizierungsbetriebs

Die Implementierung innerbetrieblicher Qualifizierungsmaßnahmen in Form einer Transformationseinheit oder eines Qualifizierungsbetriebs stellt somit eine sozialverträgliche Alternative zu unmittelbaren Personalabbaumaßnahmen dar. Sie stößt daher auch regelmäßig auf eine hohe Akzeptanz seitens der Arbeitnehmer, wie auch seitens der betrieblichen Interessensvertretungen. Durch die Weiterbeschäftigung und gezielte Qualifizierung von Arbeitnehmern wird nicht nur deren Verbleib im Unternehmen gesichert, sondern zugleich die Möglichkeit geschaffen, flexibel auf bereits an anderer Stelle im Unternehmen bestehenden oder künftig zu erwartenden Personalbedarf zu reagieren. Vor dem Hintergrund eines zunehmend dynamischen und von strukturellen Umbrüchen geprägten Arbeitsumfelds gewinnen solche flexiblen Lösungsansätze daher immer mehr an Bedeutung, da sie Unternehmen befähigen, ihre Belegschaft proaktiv auf sich wandelnde An-

---

701 *Koch*, in: ErfK, BetrVG, § 1 Rn. 10.

702 BAG, 14.12.1992 – 7 ABR 26/49, NZA 1995, 906, 907; BAG, 15.10.2014 – 7 ABR 53/12, NZA 2015, 1014, 1016.

703 BAG, 17.1.2007 – 7 ABR 63/05, NZA 2007, 703, 704 f.

704 *Göpfert/Seier*, NZA 2018, 1439, 1441, 1444.

forderungen vorzubereiten und gleichzeitig soziale Verantwortung wahrzunehmen.[705]

III. Transformationseinheit

Einige Unternehmen setzen im Rahmen einer wertschätzenden Restrukturierung daher auf das Instrument einer Transformationseinheit.

1. Einführung und Umsetzung einer Transformationseinheit

Die Einführung einer Transformationseinheit als Instrument zur Qualifizierung und Steuerung betrieblicher Anpassungsprozesse erfordert eine strukturierte und strategisch abgestimmte Vorgehensweise.

a) Abstimmung mit externen Beratern

Zur effektiven Umsetzung bedarf es einer klaren organisatorischen Struktur. Die Transformationseinheit sollte über eine eigene Leitung verfügen. In der Regel erfolgt dies durch eine verantwortliche Führungskraft, die sowohl für die strategische Ausrichtung als auch die operative Steuerung zuständig ist. Ergänzend ist die Auswahl geeigneter Qualifizierungspartner erforderlich. Hierbei kann auf externe Dienstleister zurückgegriffen und eine interne Lösung über bestehende Personal- oder Weiterbildungsabteilungen implementiert werden. Mit diesen sollten sich Arbeitgeber auch zur methodischen Konzeption der einzelnen und erforderlich werdenden Qualifizierungsmaßnahmen abstimmen.

b) Unternehmerische Entscheidung und Vorbereitungsmaßnahmen

Sodann sollten Arbeitgeber die von der Betriebsänderung betroffenen Stellen und den erforderlichen Qualifikationsbedarf identifizieren. Dabei können Arbeitgeber bereits feststellen, ob die erforderliche Personalanpassung in manchen Bereichen ggf. durch andere Instrumente, wie etwa Einstellungsstopps, Altersteilzeitvereinbarungen oder auch freiwillige Austritte zu erreichen sind. Das ist insbesondere dann sinnvoll, wenn zwar ein Personalabbau erforderlich ist, aber eine Qualifizierung ins Leere geht, da die Arbeitnehmer bereits signalisiert haben, das Arbeitsverhältnis mit dem Arbeitgeber in naher Zukunft ohnehin, etwa aufgrund von Renteneintritten oder anderen Anschlussbeschäftigungen, beenden zu wollen.

---

705 *Göpfert/Stöckert*, NZA 2024, 737.

Sind diese Möglichkeiten final sondiert, sollten Arbeitgeber sodann eine gerichtsfeste unternehmerische Entscheidung treffen. Hier sollten sie genau ausführen, welche Stellen vom Stellenwegfall betroffen sind und wo ein entsprechender Qualifizierungsbedarf besteht.[706]

c) Verhandlung zwischen den Betriebsparteien

Die geplanten Qualifizierungsmaßnahmen sind im Rahmen von nach § 111 BetrVG erforderlichen Interessenausgleichs- und Sozialplanverhandlungen mit der betrieblichen Arbeitnehmervertretung entsprechend zu besprechen. Bei Konzernstrukturen macht es Sinn, seitens der lokalen Arbeitnehmervertretungsgremien mit Hilfe von Delegationsbeschlüssen die Verhandlungen auf Konzernebene zu verlagern, sodass der Arbeitgeber eine konzernweite Regelung mit dem Konzernbetriebsrat bespricht.[707]

Zudem ist der Abschluss einer Betriebsvereinbarung über Regelungen der Modalitäten einer Transformationseinheit regelmäßig nicht nur erforderlich, sondern auch für die Überführung der Arbeitnehmer in die Transformationseinheit zumeist unerlässlich (dazu sogleich). Im Rahmen dieser Verhandlungen ist von den Betriebsparteien auf eine ausreichende finanzielle wie auch berufliche Absicherung der Arbeitnehmer während der Dauer der Transformationseinheit zu achten.

Darüber hinaus sind Arbeitgeber gut beraten, im Falle einer Einführung eines entsprechenden Qualifikationsinstruments – wie Transformationseinheit oder Qualifizierungsbetrieb – frühzeitig auf die zuständige betriebliche Arbeitnehmervertretung zuzugehen. Eine solche frühzeitige Einbindung der Arbeitnehmervertretungen sorgt für eine entsprechende Akzeptanz und auch für Verständnis bei den Arbeitnehmern, da Arbeitgeber mit dieser Kommunikation den Wertschätzungsgesichtspunkt im Rahmen einer zwingend erforderlichen Restrukturierung bei den Verhandlungen frühzeitig betonen.[708]

d) Individualarbeitsrechtliche Überführung der Mitarbeitenden in die Transformationseinheit

Nach Abschluss der Vorbereitungsarbeiten und Verhandlungen müssen die Arbeitgeber die von der Transformation betroffenen Arbeitnehmer in die Transformationseinheit überführen. Dies erfolgt regelmäßig einvernehmlich, sodass ein entsprechendes Zuordnungsschreiben zu Dokumentationszwecken vorzubereiten und den Arbeitnehmern auszuhändigen ist. Erfahrungsgemäß erklären sich nur in seltenen Ausnahmefällen Arbeitnehmer mit

706 *Göpfert/Stöckert*, NZA 2024, 737, 738.
707 *Besgen*, in: BeckOK-ArbR, BetrVG, § 111 Rn. 37.
708 *Göpfert/Stöckert*, NZA 2024, 737, 739.

einer solchen Qualifizierung nicht einverstanden, da diese fälschlicherweise nicht als Chance, sondern als „Reservebank“ oder „Sackgasse“ wahrgenommen wird. Wichtig ist daher, gemeinsam mit den externen Beratern der Qualifizierungsmaßnahmen, frühzeitig das geplante Vorhaben gegenüber den Mitarbeitenden zu kommunizieren, um etwaige bestehende Bedenken aufzugreifen und aufklären zu können.

Wenn sich Arbeitnehmer trotz dessen, dass ihr Arbeitsplatz aufgrund einer Betriebsänderung im Sinne des § 111 BetrVG entfällt, dennoch nicht mit der Zuordnung zur Transformationseinheit einvernehmlich einverstanden erklären, stellt sich die Frage, wie die Zuordnung trotzdem erfolgen kann. Eine Weiterbeschäftigung auf der bisherigen Position ist aufgrund des betriebsbedingten Wegfalls der Position nicht mehr möglich, sodass die Zuordnung unumgänglich ist, um den Ausspruch einer ansonsten ggf. notwendig werdenden betriebsbedingten Kündigung zu vermeiden.

aa) Befristung

Die Zuordnung zur Transformationseinheit ist, wie das Anstellungsverhältnis mit der Transfergesellschaft, zu befristen. Je nachdem welcher Qualifizierungsaufwand erforderlich ist, kann die Zuordnung zur Transformationseinheit sechs bis neun Monate andauern und sollte insgesamt auf maximal zwölf Monate verlängerbar sein.[709]

bb) Überführung der Arbeitnehmer in die Transformationseinheit im Rahmen von § 106 Gewerbeordnung (GewO)

Die befristete Zuweisung der von der Betriebsänderung im Sinne von § 111 BetrVG betroffenen Arbeitnehmer in eine Transformationseinheit erfolgt – selbst wenn sich einzelne Arbeitnehmer nicht damit einverstanden erklären sollten – im Rahmen der Ausübung des arbeitgeberseitigen Direktionsrechts nach § 106 GewO. Danach ist der Arbeitgeber berechtigt, Inhalt, Ort und Zeit der Arbeitsleistung nach billigem Ermessen näher zu bestimmen, soweit entsprechende Arbeitsbedingungen nicht bereits durch den Arbeitsvertrag, eine Betriebsvereinbarung, einen Tarifvertrag oder gesetzliche Vorschriften abschließend geregelt sind.[710]

Die Prüfung der Rechtmäßigkeit einer Weisung erfolgt grundsätzlich in zwei Stufen. Zunächst ist zu klären, ob die Weisung lediglich eine Konkretisierung der arbeitsvertraglich geschuldeten Leistung darstellt oder ob sie unzulässigerweise eine einseitige Änderung des Arbeitsvertrages bewirkt. In einem zweiten Schritt ist zu untersuchen, ob die Weisung dem Maßstab des

709 *Göpfert/Stöckert*, NZA 2024, 737, 738.
710 BAG, 30.11.2022 – 5 AZR 336/21, NZA 2023, 429, 431.

billigen Ermessens entspricht. Letzteres erfordert eine umfassende Interessenabwägung unter Berücksichtigung aller relevanten Umstände des Einzelfalls.[711]

Weisung im Sinne des § 106 GewO. Die Zuweisung in eine Transformationseinheit ist in der Regel zulässig. Ein Verstoß gegen gesetzliche oder kollektivrechtliche Regelungen ist grundsätzlich nicht gegeben. Dennoch ist im Einzelfall zwingend zu prüfen, ob entgegenstehende Normen – insbesondere aus Tarifverträgen oder Betriebsvereinbarungen – Anwendung finden, die einer Zuordnung zu einer Transformationseinheit entgegenstehen.

Auch im Hinblick auf die arbeitsvertraglichen Regelungen ist eine einzelfallbezogene Prüfung erforderlich. Regelmäßig handelt es sich bei der Zuweisung in eine Transformationseinheit nicht um eine unzulässige Änderung der arbeitsvertraglichen Pflichten.[712] Vielmehr ist diese Maßnahme Ausdruck der arbeitsvertraglichen Fortbildungspflicht, die sich aus dem dynamischen Charakter des Arbeitsverhältnisses ergibt. Die Arbeitnehmer sind daher grundsätzlich verpflichtet, sich regelmäßig fortzubilden, um den sich verändernden Anforderungen ihres Berufsbildes gerecht zu werden.[713] Insbesondere bei technologischen Entwicklungen kann eine Weiterbildung erforderlich sein – sei es zur Ausübung der bisherigen Tätigkeit oder zur Vorbereitung auf neue Tätigkeiten, die an deren Stelle treten. Die Anordnung entsprechender Qualifizierungsmaßnahmen durch den Arbeitgeber während der Arbeitszeit ist daher regelmäßig von § 106 GewO gedeckt.[714]

Bedeutung im Kontext betriebsbedingter Kündigungen. Die Zuweisung in eine Transformationseinheit erfolgt vor dem Hintergrund eines drohenden Wegfalls des Arbeitsplatzes. In solchen Fällen ist die Maßnahme auch unter kündigungsschutzrechtlichen Gesichtspunkten zu betrachten. Nach § 1 Abs. 2 Satz 3 KSchG ist der Arbeitgeber vor Ausspruch einer betriebsbedingten Kündigung verpflichtet, dem betroffenen Arbeitnehmer zumutbare Umschulungs- oder Fortbildungsmaßnahmen anzubieten.[715] Andernfalls kann eine Kündigung als unverhältnismäßig und damit unwirksam gelten („Ultima-Ratio-Prinzip").

Die Zuweisung in eine Transformationseinheit stellt insoweit eine mildere Maßnahme im Sinne des „Ultima-Ratio-Prinzips" dar und dient dazu, eine Weiterbeschäftigung in demselben Unternehmen durch Requalifizierung zu ermöglichen.[716]

---

711 *Preis*, in: ErfK, GewO, § 106 Rn. 1.
712 *Göpfert/Stöckert*, NZA 2024, 737, 738.
713 *Natzel*, BB 2010, 697, 699; *Wisskirchen/Bissels/Schmidt*, NZA 2008, 1386, 1388.
714 ArbG Bonn, 4.7.1990 – 4 Ca 751/90, NZA 1991, 512.
715 *Greiner*, in: NK-ArbR, KSchG, § 1 Rn. 342.
716 *Hoffmann*, in: BeckOK-GewO, GewO, § 106 Rn. 10.

Maßstab des billigen Ermessens und soziale Auswahl. Die Zuweisung der Transformationseinheit muss ferner dem Grundsatz des billigen Ermessens entsprechen. Dieser verlangt eine sorgfältige Abwägung der Interessen des Arbeitgebers und des betroffenen Arbeitnehmers unter Berücksichtigung verfassungsrechtlicher und gesetzlicher Wertentscheidungen, der allgemeinen Grundsätze der Verhältnismäßigkeit und Angemessenheit sowie der Verkehrssitte und Zumutbarkeit.[717]

Zwar findet im Rahmen der Ausübung des Direktionsrechts grundsätzlich keine soziale Auswahl im Sinne des § 1 Abs. 3 KSchG statt, jedoch ist bei der Auswahl der betroffenen Arbeitnehmer zumindest eine gewisse sozialschützende Wertung vorzunehmen. Arbeitgeber sollten daher soziale Gesichtspunkte berücksichtigen und nachvollziehbar darlegen, warum bei einer möglichen Auswahl gerade bestimmte Arbeitnehmer der Maßnahme zugewiesen werden.[718] Leistungsträger können unter bestimmten Umständen im Vorfeld ausgenommen werden, sofern dies sachlich begründet ist. Maßgeblich ist insbesondere, dass der Arbeitsplatz des zugewiesenen Arbeitnehmers tatsächlich durch den Wegfall des Beschäftigungsbedarfs bedroht ist.

Darüber hinaus handelt es sich bei der Zuweisung in eine Transformationseinheit um eine zeitlich befristete Maßnahme, die dem Arbeitnehmer letztlich auch Vorteile verschafft: Sie ermöglicht eine berufliche Neuorientierung innerhalb des Unternehmens und kann eine andernfalls drohende betriebsbedingte Kündigung abwenden.

Freistellung. Bei der Überprüfung der Verhältnismäßigkeit der Weisung im Rahmen des § 106 GewO ist auch der Vergleich zu einer befristeten Freistellung zu berücksichtigen. So wäre beispielweise eine befristete Freistellung für den Fall denkbar, dass die Zuweisung lediglich der Überbrückung bis zu einer Versetzung auf einen anderen Arbeitsplatz dient und die bisherige Tätigkeit bereits gänzlich entfallen ist. Sofern keine verfügbaren internen oder externen Einsatzmöglichkeiten für den Arbeitnehmer bestehen und man ihn aufgrund fehlender Qualifizierungsmöglichkeiten nicht beschäftigen kann, wäre eine zeitlich begrenzte widerrufliche Freistellung denkbar. Als möglicher Zeitraum kann man hier wohl vier bis sechs Monate in Betracht ziehen.[719]

Einer Freistellung steht zwar grundsätzlich die vertragliche Pflicht des Arbeitgebers aus §§ 611a, 613 i. V. m. § 242 BGB entgegen, den Arbeitnehmer vertragsgemäß zu beschäftigen. Dieser Pflicht sind jedoch Grenzen gesetzt in Fällen, in denen das Interesse des Arbeitgebers an der Nichtbeschäftigung des Arbeitnehmers gegenüber dem Interesse des Arbeitnehmers an seiner

717 BAG, 18.10.2017 – 10 AZR 33/16, NZA 2017, 1452, 1456.
718 BAG, 26.9.2012 – 10 AZR 412/11, NJOZ 2013, 457, 459.
719 *Göpfert/Stöckert*, NZA 2024, 737, 738 f.

Beschäftigung überwiegt. Denn der vertragsgemäße Anspruch auf Beschäftigung vermittelt regelmäßig keine Beschäftigungsgarantie.[720]

Ist in so einem Fall bereits eine Freistellung des Arbeitnehmers möglich, so muss es dem Arbeitgeber erst recht möglich sein, den Arbeitnehmer einer betriebsinternen Abteilung zuzuordnen, innerhalb derer er Qualifikationsmaßnahmen erhält, die ihn bestenfalls dazu befähigen andere im Unternehmen freie Stellen zu übernehmen.

Erweiterung des Direktionsrechts durch kollektivrechtliche Vereinbarung. Selbst wenn man die Zuordnung der Arbeitnehmer zur Transformationseinheit als nicht mehr vom arbeitsvertraglichen Weisungsrecht umfasst sehen sollte, so ist dieses regelmäßig aufgrund der Erweiterung des Direktionsrechts durch eine kollektivrechtliche Vereinbarung wirksam.[721] Das Weisungsrecht kann durch kollektivrechtliche Vereinbarungen im Rahmen einer sog. echten Direktionsrechtserweiterung ausgedehnt werden. Echte Direktionsvereinbarungen verschaffen dem Arbeitgeber die Möglichkeit, Weisung bzgl. Art, Ort und Zeit der Arbeitsleistung zu erteilen, die vom allgemeinen Direktionsrecht nicht mehr umfasst sind.[722]

e) Mitbestimmungsrechte des Betriebsrats

Ungeachtet dessen, ob man bei der Zuordnung der von der Transformationseinheit betroffenen Arbeitnehmer von einer Versetzung im Sinne des § 95 Abs. 3 BetrVG ausgeht, ist eine (vorsorgliche) Unterrichtung nach §§ 99, 100 BetrVG in jedem Fall zu empfehlen. Damit verhindern Arbeitgeber, dass das konstruktive Verhältnis zu der Arbeitnehmervertretung, etwa im Rahmen eines § 101 BetrVG-Verfahrens, belastet wird. Gleichzeitig stellen Arbeitgeber auf diese Weise kollektivarbeitsrechtlich sicher, dass die Zuordnung zur Transformationseinheit mit Wegfall des Beschäftigungsbedarfs umgesetzt werden kann.[723]

2. Hohe Akzeptanz

Die Einführung und Umsetzung der Transformationseinheit zeigt sich in der arbeitsrechtlichen Praxis als wirksames Instrument zur internen Beschäftigungssicherung und Personalentwicklung. Die hohe Akzeptanz seitens der betroffenen Arbeitnehmer und Arbeitnehmervertretungen – erkennbar an der Vielzahl freiwilliger Übergänge – spricht für ein tragfähiges und mit-

720 BAG, 15.6.2021 – 9 AZR 217/20, NZA 2021, 1625 1629 f.
721 ArbG München, 27.11.2024 – 35 Ca 5313/24; ArbG München, 31.1.2025 – 31 Ca 5236/24.
722 *Preis*, in: ErfK, GewO, § 106 Rn. 17.
723 *Göpfert/Stöckert*, NZA 2024, 737, 739.

bestimmungsorientiertes Konzept. Die Zahl arbeitsgerichtlicher Auseinandersetzungen hält sich damit in Grenzen. Die Transformationseinheit dient erkennbar nicht der strategischen Ausgliederung oder Fremdplatzierung von Arbeitnehmern, sondern vielmehr der systematischen Prüfung und Nutzung interner Weiterbeschäftigungsmöglichkeiten im Unternehmen. Ziel ist es, unter enger Einbindung betrieblicher Strukturen und unter Wahrung der Mitbestimmungsrechte, individuelle Entwicklungsperspektiven aufzuzeigen und möglichst viele Arbeitnehmer in geeignete Anschlussbeschäftigungen zu überführen.

Externe Beschäftigungsperspektiven sollten dabei lediglich als ultima ratio in zeitlich eng begrenzten Ausnahmefällen eröffnet werden, etwa wenn trotz umfassender interner Vermittlungsbemühungen keine geeigneten internen Einsatzmöglichkeiten bestehen.

Der Erfolg des Modells der Transformationseinheit hängt aber auch maßgeblich von der Qualität der internen Abstimmungsprozesse ab – insbesondere zwischen den Vorgesetzten, die das Erstgespräch mit den Arbeitnehmern führen, und den internen Karriereberatern, die für Qualifizierungsmaßnahmen verantwortlich sind. Deren Schulung und Sensibilisierung für die betrieblichen Rahmenbedingungen sowie für individuelle Förderbedarfe sind entscheidend für eine wertschätzende und sozialverträgliche Umsetzung. Die Transformationseinheit kann somit – bei korrekter rechtlicher Ausgestaltung und praktischer Umsetzung – ein effektives arbeitsrechtliches Instrument zur Begleitung betrieblicher Transformierungen darstellen.[724]

IV. Qualifizierungsbetrieb

Neben der Transfergesellschaft kann aber auch der Qualifizierungsbetrieb ein wertschätzendes Instrument im Rahmen einer Betriebsänderung im Sinne des § 111 BetrVG darstellen. Die Zuweisung zum Qualifikationsbetrieb erfolgt ebenfalls im Wege einer Weisung nach § 106 GewO. Insoweit kann im Grundsätzlichen zu den Ausführungen bei der Transformationseinheit verwiesen werden. Auch der Betriebsrat sollte bei der Zuweisung zum Qualifikationsbetrieb nach §§ 99, 100 BetrVG beteiligt sein.[725] Insoweit ergeben sich keine Besonderheiten zur Transformationseinheit.

Im Gegensatz zur Transformationseinheit stellt der Qualifizierungsbetrieb nicht nur eine bloße Verwaltungseinheit dar. Vielmehr soll es sich bei die-

---

724 *Göpfert/Stöckert*, NZA 2024, 737.
725 *Göpfert/Seier*, NZA 2018, 1439, 1442.

sem um einen eigenständigen Betrieb, sowohl im betriebsverfassungsrechtlichen als auch im kündigungsschutzrechtlichen Sinne handeln.[726]

Erforderlich dafür ist, dass der Betriebszweck bei der Bildung eines eigenständigen Qualifizierungsbetriebs sorgfältig bestimmt wird.

Mit dem Betrieb müssen bestimmte arbeitstechnische Zwecke fortgesetzt verfolgt werden.[727] Aus dem Erfordernis der fortgesetzten Verfolgung des Betriebszwecks ergibt sich, dass der Qualifizierungsbetrieb jedenfalls nicht nur bloße Liquidationseinheit sein darf. Im Übrigen ist ein arbeitstechnischer Zweck jeder Arbeitszweck, der über die bloße Befriedigung des Eigenbedarfs hinausgeht. Auf die Verfolgung eines wirtschaftlichen Zwecks kommt es dabei nicht an.[728]

Demnach kann auch die dauerhafte Qualifizierung der eigenen Arbeitnehmer ein ausreichender Betriebszweck darstellen. Vor dem Hintergrund der Rechtsprechung des BAG[729] zur Übergangsfähigkeit einer Einheit im Rahmen des § 613a BGB ist überdies darauf zu achten, dass der Betrieb ausreichend verselbständigt ist und der Zweck auf eine auf gewisse Dauer angelegte Qualifizierung und Vermittlung der eigenen Arbeitnehmer ausgerichtet ist. Das BAG hatte in der Entscheidung die punktuelle Abarbeitung einzelner Aufgaben und die Weiterbildung für den internen wie externen Arbeitsmarkt im Rahmen eines Weiterbildungs- und Schulungskonzepts nicht für einen ausreichenden Betriebszweck erachtet, um eine übergangsfähige Einheit im Sinne des § 613a BGB zu bilden. Unklar blieb hier aber, weshalb es an einem ausreichenden Betriebszweck fehlte. Der Entscheidung lag ein Betrieb zugrunde, bei dem das Unternehmen bereits verdeutlicht hatte, dass die bisherige Tätigkeit nur noch vorübergehend möglich sei und der Betrieb anschließend geschlossen werden sollte. Anzunehmen ist daher, dass es insbesondere an der Dauerhaftigkeit des einzurichtenden Betriebs fehlte. Allerdings ist der Betriebsbegriff im Sinne des § 613a BGB nicht identisch mit dem betriebsverfassungsrechtlichen Betriebsbegriff, da ersterer unionsrechtlich determiniert ist.[730]

Um als eigenständiger Betrieb im Sinne des BetrVG gelten zu können, muss der Qualifizierungsbetrieb außerdem über eigenständige Betriebsmittel verfügen und von einem einheitlichen Leitungsapparat gesteuert werden.[731]

Das heißt, dass der Arbeitgeber den Qualifizierungsbetrieb mit sämtlichen notwendigen sachlichen Mitteln ausstatten muss, damit sich die Arbeitneh-

---

726 *Göpfert/Seier*, NZA 2018, 1439, 1441.
727 BAG, 21.7.2004 – 7 ABR 57/03, NJOZ 2005, 4853, 4855.
728 *Koch*, in: ErfK, BetrVG § 1 Rn. 9; *Besgen*, in: BeckOK-ArbR, BetrVG § 1 Rn. 18.
729 BAG, 19.10.2017 – 8 AZR 63/16, NZA 2018, 370, 374.
730 BAG, 27.2.2020 – 8 AZR 215/19, NZA 2020, 1303, 1322.
731 BAG, 15.10.2014 – 7 ABR 53/12, NZA 2015, 1014, 1016.

mer dem Betriebszweck entsprechend qualifizieren können. Dies wird im Regelfall vor allem die ausreichende Ausstattung von Plätzen, einschließlich der relevanten Hard- und Software, umfassen.[732]

Auch muss der Arbeitgeber einen einheitlichen Leitungsapparat einrichten, der den Qualifizierungsbetrieb steuert. Die einheitliche Leitung muss sich insbesondere auf die wesentlichen Funktionen des Arbeitgebers in sozialen und personellen Angelegenheiten erstrecken.[733]

Die Errichtung eines Qualifizierungsbetriebs erfordert daher einiges an organisatorischem Mehraufwand als die Errichtung einer organisatorischen Abteilung in Form einer Transformationseinheit.

V. Wertschätzende Restrukturierung

Der Wertschätzungsgesichtspunkt im Rahmen von zwingend erforderlichen Betriebsänderungen im Sinne des § 111 BetrVG wird auch in Zukunft weiter in den Vordergrund rücken. Eine wertschätzende Restrukturierung verfolgt dabei das Ziel, notwendige betriebliche Veränderungen gemeinsam mit den Arbeitnehmern umzusetzen. Im Zentrum stehen dabei der Erhalt von Perspektiven und das Vertrauen der betroffenen Arbeitnehmer – selbst in wirtschaftlich herausfordernden Situationen. Die Transformationseinheit hat sich in diesem Zusammenhang als wirksames Instrument bereits bewährt.

Anders als klassische Restrukturierungsmaßnahmen, die häufig mit Unsicherheit und einem Arbeitsplatzverlust seitens der Arbeitnehmer assoziiert werden, zielt die wertschätzende Restrukturierung auf Dialog, Beteiligung und Perspektivklärung. Die enge Abstimmung zwischen Führungskräften, Qualifizierungsverantwortlichen und den betrieblichen Interessenvertretungen ist dabei ein zentraler Erfolgsfaktor.

Insgesamt zeigt sich: Restrukturierungen müssen nicht zwangsläufig mit dem häufig subjektiv empfundenen Verlust von Sicherheit und Perspektive einhergehen. Vielmehr kann durch transparente Kommunikation, verbindliche Verfahren und eine konsequente interne Orientierung ein Rahmen geschaffen werden, in dem Wandel stets als wertschätzende Entwicklungschance erlebt wird.

---

732 *Göpfert/Seier*, NZA 2018, 1439, 1441.

733 BAG, 15.10.2014 – 7 ABR 53/12, NZA 2015, 1014, 1016.

4. Die optimalen Instrumente für die Nachhaltigkeit der Transformation

Sophia von Rundstedt

Der Begriff der Nachhaltigkeit erlebt seit einigen Jahren einen großen Aufschwung, so dass es wichtig und sinnvoll ist, ihn auch auf den Bereich der Personaltransformation zu übertragen. In Folge der sukzessiven Erweiterung der ESG-Berichtspflichten für Unternehmen in der Bundesrepublik Deutschland,[734] besteht einerseits die Notwendigkeit, betriebswirtschaftliche und sozialpartnerschaftliche Aspekte zu berücksichtigen. Andererseits sind auch formal-rechtliche Gründe ausschlaggebend, sich mit der konkreten Ausgestaltung einer nachhaltigen Personaltransformation in den Unternehmen auseinanderzusetzen.

Der Fokus dieses Beitrages richtet sich auf die Weiterentwicklung von bewährten Instrumenten und die Einführung von neuen Konzepten für die nachhaltige Workforce Transformation[735].

I. Definition von Nachhaltigkeit für die Personaltransformation

Es gibt mittlerweile eine sehr umfangreiche Literatur zur Nachhaltigkeit, so dass es für Verantwortliche im Top-Management und im HR-Bereich sinnvoll ist, sich an einer praxisnahen Ableitung für das Personalmanagement zu orientieren, die den Rahmen für die Personaltransformation darstellt. Dieser Beitrag orientiert sich an dem Handbuch von Prof. Dr. Uta Kirschten zum nachhaltigen Personalmanagement. Die Autorin leitet darin die Dimensionen und Strategien für das Personalmanagement konkret und anschaulich ab.[736]

Im Unterschied zu den Bereichen Operations und Supply Chain spielt für den Personalbereich die ökologische (environmental) Dimension eine nachgeordnete Rolle. Daher soll hier der Blick auf die ökonomische und soziale Dimension gerichtet werden.

---

734 *Preuss*, ESG-Reporting umsetzen: Berichtsanforderungen und IT-Lösungen, S. 26 ff.

735 In diesem Beitrag werden Personaltransformation und Workforce Transformation synonym gebraucht.

736 *Kirschten,* Nachhaltiges Personalmanagement: Aktuelle Konzepte, Innovationen und Unternehmensentwicklung, S. 50 ff.

1. Die ökonomische Dimension der Personaltransformation

Angesichts der demografischen Herausforderungen und der disruptiven Rolle von Technologien wie KI und Robotik spielen Effektivität und Effizienz im Einsatz der knapper werdenden Ressource Personal auch für die Nachhaltigkeitsstrategie von Unternehmen eine immer größere Rolle. Das Engagement für die doppelte Zukunftsfähigkeit von Unternehmen und Beschäftigten leistet somit auch einen Beitrag zu den Nachhaltigkeitszielen von Firmen.

Es gilt also, das ökonomische Potenzial des Faktors Personal aus volks- und betriebswirtschaftlicher Perspektive durch die Kombination von bewährten und innovativen Instrumenten deutlich besser auszuschöpfen, ohne damit etablierte Sozialstandards zu gefährden. Wenn es um das Thema Workforce geht, ist es unerlässlich, den Blick über die Unternehmensgrenzen hinaus zu richten, um eine nachhaltige Entwicklung des regionalen Arbeitsmarktes zu beeinflussen. Dies ist abhängig von der jeweiligen Unternehmensgröße.

In Anbetracht der gegenwärtigen Welle einer partiellen Deindustrialisierung in der Bundesrepublik kann die nachhaltige Personaltransformation auch indirekt einen Beitrag zur ökologischen Dimension beitragen. Wenn es gelingt, deutsche Industrie-Arbeitsplätze längerfristig wettbewerbsfähig zu halten, kann die Verlagerung der Produktion in Länder mit deutlich geringeren Umweltstandards vermieden werden.

2. Die soziale Dimension der Personaltransformation

Wie die Abkürzung ESG andeutet, erfährt die soziale Dimension von Nachhaltigkeit bereits eine deutlich höhere Aufmerksamkeit. In diesem Kontext werden diverse Aspekte berücksichtigt, darunter der Gesundheitsschutz und die Sicherheit der Beschäftigten, die Mitarbeiterzufriedenheit sowie die Förderung von Diversität und Inklusion. Bereits heute eröffnen sich für HR-Bereiche vielfältige Möglichkeiten, die Leistungen des Personalmanagements im ESG-Bericht widerzuspiegeln.

Der Beitrag der Personaltransformation bezieht sich hingegen auf die langfristige Erhaltung der Employability der Beschäftigten, sowohl auf dem internen als auch dem externen Arbeitsmarkt. Hierzu muss jedoch der bisherige statische Employability-Ansatz in ein dynamisches Modell überführt werden, um die Auswirkungen technologischer und organisatorischer Trends auffangen zu können.

II. Drei Trends, die das Employability-Konzept grundlegend verändern werden

Die Diskussion um Beschäftigungsfähigkeit hat ihren Ursprung in den späten 1990er Jahren. Seit dieser Zeit hat der Begriff in der Arbeitsmarktpolitik und in den Unternehmen wechselnde Phasen des Auf- und Abschwungs erlebt. Während er in Zeiten der Massenarbeitslosigkeit in den frühen 2000er Jahren ausführlich diskutiert wurde,[737] geriet er in den Jahren des Aufschwungs nach der Finanzkrise in den meisten Unternehmen an die Peripherie der Aufmerksamkeit.

Es handelt sich um drei unterschiedliche Trends, die aktuell zu einer Renaissance des Employability-Konzepts führen, es zugleich aber auch dynamisieren.

1. Die mittelfristige Wirkungsmacht der Leit-Technologien KI und Robotik

Der ChatGPT-Hype hat seit November 2022 maßgeblich dazu beigetragen, für die Folgen von KI für die Arbeitswelt zu sensibilisieren. Es ist jedoch festzustellen, dass die kurzfristige Wirkung auf Produktivität und Workforce nach wie vor überschätzt wird, während die Auswirkungen auf das Volumen und die Gestaltung von Arbeitsplätzen innerhalb der nächsten fünf Jahre massiv unterschätzt werden.[738]

In den Unternehmen ist ein Abschied vom traditionellen linearen Denken erforderlich, das von einer Investition X auf einen Return on Investment (ROI) von Y schließt. Die Dynamik der Leit-Technologien verlangt nach einem vernetzten Denkansatz, der die Folgen einzelner Technologien nicht isoliert betrachtet, sondern von sich verstärkenden und abschwächenden Wirkmechanismen ausgeht. Dazu gehört auch, auf der Ebene der Organisation den Umgang mit mangelnder Planungssicherheit zu lernen und die Beschäftigten für mehr Veränderungsbereitschaft und -fähigkeit zu gewinnen. In früheren Jahrzehnten, die bereits stark von Rationalisierung und Automatisierung geprägt waren, existierten zuverlässige Zielbilder der Veränderung und es bestand ausreichend Zeit, sich auf diese vorzubereiten. Im Kontext von KI und Robotik wird es keine „Komfortzone" der Anpassung mehr geben.

---

737 Beispielhaft sei hier *Rump/Sattelberger/Fischer*, Sammelband Employability Management – Grundlagen, Konzepte, Perspektiven, genannt.

738 Der renommierte KI-Experte Kai Fu-Lee hat bereits vor dem ChatGPT-Hype wichtige Überlegungen zu den langfristigen Folgen von KI auf die Arbeitswelt vorgelegt. Bedauerlicherweise ist sein Buch in Deutschland nur wenig rezipiert worden. *Lee/Chen*, AI 2041: Ten visions for our future, S. 344 ff.

2. Der Übergang vom festen Betrieb zum fluiden Netzwerk der Wertschöpfung

Die deutsche Arbeitswelt ist heute noch stark vom Angestelltenverhältnis geprägt, das trotz Home-Office-Popularität in den meisten Fällen immer noch einem festen Betrieb zugeordnet ist. Avantgardisten wie der chinesische Haier-Konzern haben bereits vor fünfzehn Jahren begonnen, fluide Netzwerke der Wertschöpfung aufzubauen, um die Wettbewerbsvorteile der Dezentralisierung von schwerfälligen Konzernstrukturen in Mikro-Unternehmen und der flexiblen Partnerschaft mit anderen Unternehmen zu nutzen.[739]

Die Rezeption in der amerikanischen Management-Literatur[740] deutet an, dass dieser Übergang in den kommenden Jahren auch in westlichen Unternehmen Bahn brechen wird. Die fortschreitende Digitalisierung von immateriellen Dienstleistungen und KI-basierte Echtzeitübersetzung ermöglichen nicht nur eine global aufgestellte Supply Chain mit Präferenz für Best-Cost Countries, sondern auch die nahtlose Integration in die grenzüberschreitenden Wertschöpfungsketten von größeren und mittelständischen Unternehmen und deren Partnerfirmen.

Aktuell ist in Deutschland der Fokus stark auf die Transformationskrise der Industrie und ihrer Schlüsselbranchen ausgerichtet, so dass die Gefahr groß ist, dass Wirtschaft, Mitbestimmung und Politik diesen mittelfristigen Trend unterschätzen, der neben der Industrie auch den Dienstleistungssektor mit deutlich mehr Beschäftigten grundlegend umgestalten wird.

3. Der schrittweise Wandel von fixierten Jobprofilen zur skillbasierten Arbeit

Die Dynamik der Leit-Technologien KI und Robotik verändert nicht nur die Arbeitsorganisation, sondern führt zudem zu einer Anpassung der von Unternehmen nachgefragten formalen Qualifikationen wie auch informellen Fertigkeiten. Dies führt mittelfristig zu einer schrittweisen Auflösung der traditionellen Berufsbilder, die die deutsche Arbeitswelt in den vergangenen Jahrzehnten stark geprägt haben. Aufgrund der unterschiedlichen Entwicklungsdynamik bei KI und Robotik ist davon auszugehen, dass die White Collar-Profile deutlich früher und massiver von diesem Wandel betroffen sein werden. In der Konsequenz dessen wird sich in diesem Bereich ein

---

739 *von Rundstedt,* Unternehmen im Wandel brauchen starke Teams, unveröffentlichter Vortrag auf der 2. Workforce Transformation-Konferenz am 4. Mai 2022.

740 *Hamel/Zanini,* Humanocracy: Creating Organizations as Amazing as the People Inside Them, S. 131 ff.

skill-basierter Ansatz durchsetzen, der den gesamten Mitarbeiter-Lebenszyklus abdeckt.[741]

Es wird für Unternehmen – sowohl Konzerne als auch KMU – erfolgsentscheidend werden, die veränderte Skill-Nachfrage als Ergebnis der Business-Transformation operativ in die Personaltransformation zu übertragen und umzusetzen. In diesem Kontext wird die enge Zusammenarbeit zwischen dem HR-Bereich des Unternehmens, Arbeitsrechtsexperten und Beratern für Workforce Transformation eine wichtige Rolle spielen. Im Unterschied zur personalwirtschaftlichen Restrukturierung, die als Projekt zeitlich begrenzt ist und klar definierte Veränderungsziele verfolgt, handelt es sich bei der Workforce Transformation um einen längerfristigen Prozess, der durch unterschiedliche Phasen der Veränderungsgeschwindigkeit gekennzeichnet ist und mit einem hohen Maß an Planungsunsicherheit umgehen muss. Das gestaltet die Kooperation zwischen HR, Arbeitsrecht und Transformationsberater deutlich anspruchsvoller als in der klassischen Restrukturierung.

III. Auswahl von Instrumenten mit hohen Nachhaltigkeitseffekten

In den vergangenen Jahrzehnten haben sich eine Reihe von Instrumenten in der personalwirtschaftlichen Restrukturierung bewährt. Nun gilt es, diese für die nachhaltige Personaltransformation weiterzuentwickeln.

1. Strategische Personalplanung und Skill-Management-Ansatz integrieren

Die strategische Personalplanung hat in den vergangenen 15 Jahren unterschiedliche Phasen des Interesses in den Unternehmen erfahren. Im Konzernsegment hat man hier bereits früh experimentiert und umfangreiche Erfahrungen gesammelt. Allerdings blieb nicht selten die Frage offen, wie die Ergebnisse in der personalwirtschaftlichen Praxis umgesetzt werden. Aufgrund der demografischen Herausforderungen hat die strategische Personalplanung in den letzten Jahren wieder mehr Aufmerksamkeit erfahren und dabei auch gerade im industriellen Mittelstand neue Anwender gewonnen.

---

741 *Jesuthasan/Kapilashrami,* The Skills-Powered Organization – The Journey to the Next Enterprise, S. 24 f. Zwar beziehen die Autoren ihre Erfahrung in Beratung und HR-Praxis aus dem angelsächsischen Raum, der traditionell eine größere Flexibilität mit Berufsbildern pflegt, aber die Beschreibung der Trends dürften mit zeitlicher Verzögerung auch in der deutschen Arbeitswelt sichtbar werden.

Da sich wie oben beschrieben die Jobprofile in den Unternehmen flexibilisieren und längerfristig sogar auflösen werden, sollte die strategische Personalplanung nicht mehr isoliert eingesetzt, sondern mit dem Skill-Management-Ansatz verbunden werden. Diese Integrationsprozesse werden sich zwischen einem global aufgestellten Konzern und einem mittelständischen Familienunternehmen mit zwei bis drei Standorten in Mitteleuropa deutlich unterscheiden müssen. Heute bietet der Markt bereits ein vielfältiges Angebot von Beratung und Tools auf der Basis einer Skill-Taxonomie oder einer Skill-Ontologie. In den kommenden Jahren wird auch hier die KI eine größere Rolle spielen, so dass man klug beraten ist, sich nicht langfristig festzulegen, sondern mit Pilot-Projekten zu starten. Hier gilt es vor allem mittelfristige Risiken (3-5 Jahre) zu erkennen, um bereits heute gegenzusteuern:

<u>Personelle Unterdeckung bei Key Skills, die für die Zukunftsfähigkeit des Unternehmens unverzichtbar sein werden:</u>

- Erkennen und Bewerten von heutigen und zukünftigen Key Skills
- Resiliente Aufstellung des Talent Supply Chain
- Vorausschauende Qualifizierung mit Fokus interner Arbeitsmarkt
- Aufbau von branchenübergreifenden Netzwerken in der Region mit Shared-Workforce-Modellen, die die arbeitsrechtlichen Herausforderungen lösen und die Interessen von Mitbestimmung und Gewerkschaft berücksichtigen

<u>Personelle Überdeckung bei nachrangigen Skills, die durch KI oder Robotik schrittweise übernommen werden oder deren Beschaffung ausgelagert wurde:</u>

- Vorausschauende Qualifizierung mit Fokus externer Arbeitsmarkt
- Förderung der Fähigkeit und Bereitschaft zum Verändern durch einen Mix von analogen und digitalen Angeboten (z. B. Jobbörsen und virtuelle Lernplattformen)
- Vermittlungspriorität von Arbeit in Arbeit über Partner-Netzwerke

2. Die lernende Arbeit als Modell für die doppelte Zukunftsfähigkeit etablieren

Die nachhaltige Personaltransformation wird auf die Überwindung der traditionellen Trennung zwischen Arbeiten und Lernen nach Zeit und Raum angewiesen sein. Dies wird zweifellos für die meisten Unternehmen eine der größten Herausforderungen darstellen, da es klassische Effizienz-Prinzipien und lang eingeübte Kennzahlen in Frage stellt. Die Gewinne in Bezug auf Zeit und Innovation werden bei einem produktiven Einsatz der Leit-Technologien größer als der zeitliche und materielle Aufwand für das betriebliche

Lernen sein.[742] Für die Implementierung der lernenden Arbeit empfehlen sich aus unserer Beratungserfahrung diese vier Handlungsfelder, die von jedem Unternehmen in individualisierte Maßnahmen zu übersetzen sind:

- Zielgruppenorientiertes Empowerment durch Führungskräfte und HR in der täglichen Arbeitserfahrung
- Versprechen von beruflicher Zukunft im heutigen Unternehmen oder bei einem alternativen Arbeitgeber in der Region durch gezielte Investitionen in die längerfristige Beschäftigungsfähigkeit der Mitarbeitenden
- Individualisierte Lernreisen in Abhängigkeit von Alter, Qualifikation und Bildungsaffinität über eine arbeitsbegleitende virtuelle Plattform von externen Partnern
- Betriebsvereinbarung zu den Zeitbudgets für das verteilte Lernen in der Arbeits- und Freizeit und Förderung der Selbstverantwortung der Beschäftigten für ihre Employability

3. Betriebliche und überbetriebliche Personaldrehscheiben längerfristig und nachhaltig nutzen

In der gegenwärtigen Restrukturierungswelle stoßen Modelle wie die Personaldrehscheibe und Transformationseinheit[743] im Konzernsegment auf großes Interesse, um unvermeidbaren Personalabbau sozialverträglich zu gestalten und Mitarbeitern einen Wechsel von Beschäftigung zu Beschäftigung zu ermöglichen.

Gerade wenn es um die Gewinnung von Konzern-Beschäftigten für Perspektiven im externen Arbeitsmarkt geht, die zumindest kurzfristig mit Gehaltsverlusten einher gehen, gilt es die Beschäftigten im geschützten Raum des geltenden Arbeitsvertrages von den langfristigen Vorteilen der Qualifizierung und der Vermittlung in den externen Arbeitsmarkt zu überzeugen. Daher ist die Orientierungsphase nach dem freiwilligen Wechsel in die Transformationseinheit oder in die Personaldrehscheibe von entscheidender Bedeutung, um sich mental und beruflich aus einem abgeschotteten Konzernarbeitsmarkt heraus zu entwickeln. Hierfür braucht es eine gut abgestimmte Zusammenarbeit von HR, Führungskraft, Betriebsrat, Transformationsberater und Karrierecoach, um neue Wege der beruflichen Weiterentwicklung als echte Chance zu entdecken und mit Kopf und Herz zu akzeptieren. Dazu gehört auch, den Beschäftigten zu erläutern, dass eine Maximierung der Abfindung nicht der beste Weg ist, sondern selbstverantwortliche Teil-Investition in Qualifizierung die eigene Beschäftigungsfähig-

742 *Siems,* HR Journal, v. 17.6.2024, https://www.hrjournal.de/lernende-arbeit-kulturwandel-einleiten/ (abgerufen am 29.8.2025).

743 *von Rundstedt,* Zeitschrift für Personalführung 6/2024, S. 34 ff.

keit jenseits der heutigen Branche längerfristig stabilisiert oder im besten Fall sogar erhöht.

Im Rahmen der Konzeption und Umsetzung von betrieblichen Personaldrehscheiben und Transformationseinheiten ist es wichtig, über den Zeitraum der aktuellen Transformationskrise hinauszudenken. Die gewonnen Erfahrungen in den nächsten Jahren werden die Grundlage für die Entwicklung flexibler Instrumente bilden, die auf die individuellen Bedürfnisse der Unternehmen zugeschnitten sind. Diese Instrumente werden dazu dienen, die nachhaltige Personaltransformation zu begleiten und das Konzept der lernenden Arbeit zu unterstützen.

Während betriebliche Personaldrehscheiben und Transformationseinheiten vorzugsweise in größeren Unternehmen zum Einsatz kommen, können überbetriebliche regionale Personaldrehscheiben ein attraktives Angebot für mittelständische Firmen sein. Hier gibt es bereits erste Angebote der Bundesagentur für Arbeit, die offen für die Integration kommerzieller Beratungspartner und Weiterbildungsträger sind. Wenngleich die Projektbudgets hier nicht mit denen der Konzern-Personaldrehscheiben vergleichbar sind, lässt sich dennoch die Flexibilisierung von lokalen bzw. regionalen Arbeitsmärkten fördern. Dies kommt sowohl den Unternehmen als auch den Arbeitnehmern zugute.

4. Transfergesellschaften über den klassischen Restrukturierungsrahmen hinausentwickeln

In den konjunkturell und strukturell geprägten Krisen seit den 1990er Jahren hat die Transfergesellschaft, in den Anfangsjahren auch Beschäftigungs- und Qualifizierungsgesellschaft genannt, wichtige Beiträge zur Reintegration von Arbeitnehmern in den Arbeitsmarkt geleistet. Nicht immer wurden die Vermittlungsquoten in den ersten Arbeitsmarkt erreicht, die sich Auftraggeber, Betriebsrat und Anbieter gewünscht hätten. Dies gilt insbesondere für die extremen Herausforderungen in der Systemtransformation der östlichen Bundesländer nach 1990 und die Branchentransformation von Kohle und Stahl in Nordrhein-Westfahlen und im Saarland in den späten 1980er und 1990er Jahren. Mit Blick auf die gegenwärtige Transformationskrise der industriellen Schlüsselbranchen gilt es auch diese Erfahrungen zu würdigen, wenngleich sie bereits länger zurückliegen.[744]

Heute stehen die Transfergesellschaften für ehemalige Beschäftigte der Automobilindustrie vor der Herausforderung, neue Beschäftigungschancen in anderen Branchen zu erkennen und zu ermöglichen. Ein Wechsel von Indus-

---

744 *Knuth,* Drehscheiben im Strukturwandel – Agenturen für Mobilitäts-, Arbeits- und Strukturförderung, S. 363 ff.

trie zu Industrie wird jedoch nicht immer gelingen, da auch andere produzierende Branchen unter einem erheblichen Anpassungsdruck stehen. Daher sollte auch für einen beruflichen Übergang in das Handwerk und den Dienstleistungssektor geworben werden, wenngleich die Gehaltseinbußen auf den ersten Blick demotivierend wirken. Hier kann die Transfergesellschaft durch ihre engmaschige Betreuung die Arbeitnehmer von der langfristigen Beschäftigungssicherheit und den attraktiven Entwicklungsmöglichkeiten im Handwerk und in Dienstleistungsunternehmen überzeugen.

Bislang waren Transfergesellschaften auf eine möglichst schnelle Vermittlung in den ersten Arbeitsmarkt ausgelegt und die Qualifizierung hatte primär dem Einstieg in den nächsten Job zu dienen. In den kommenden Jahren gilt es, das noch unausgeschöpfte Potenzial der Transfergesellschaft für die nachhaltige Personaltransformation zu nutzen, indem die Verweildauer noch mehr für die Erhaltung und Erhöhung der längerfristigen Employability genutzt wird. Hierzu gehört auch das Erlernen eines offenen Mindsets für Veränderungen und das Einüben von Routinen, um berufliches Weiter- und Neu-Lernen in den betrieblichen und privaten Alltag sinnvoll zu integrieren.

IV. Fazit

Wenngleich sich die meisten Unternehmen und ihre Beschäftigten derzeit vor allem auf die Bewältigung der Transformationskrise konzentrieren, müssen jetzt die Weichen für eine nachhaltige Personaltransformation bis 2035 gestellt werden. Andernfalls wird es kaum möglich sein, mit den sich gegenseitig verstärkenden Folgen von Demografie, Geopolitik, Technologie und Markt auf der Ebene der Volkswirtschaft und des einzelnen Unternehmens umzugehen.

Die personalwirtschaftliche Restrukturierung hat in den vergangenen Jahrzehnten bewährte Instrumente wie die Transfergesellschaft und das Outplacement hervorgebracht. Aktuell wurden diese um Transformationseinheiten und Personaldrehscheiben ergänzt. Jetzt gilt es, diese Werkzeuge für die längerfristige Transformation weiterzuentwickeln, um positive Effekte für die doppelte Zukunftsfähigkeit von Unternehmen und Beschäftigten zu erzielen. Dafür ist auch ein deutlich tieferes Verständnis für die Interdependenz von Business und Workforce Transformation erforderlich.

Teil 4 – Nachhaltigkeitscompliance sichern

Kapitel 1 – Compliance und Governance

1. Einbettung von ESG in die Compliance-Organisation

Carola Stark und Henrikje Buroh, LL. M. (Columbia)

I. Einleitung: Bedeutung von ESG im heutigen Unternehmenskontext

ESG – Environmental, Social, Governance – ist längst mehr als ein Schlagwort für Nachhaltigkeit. Die drei Buchstaben stehen heute für einen tiefgreifenden Wandel in der Unternehmensführung, der ökologische Verantwortung, soziale Gerechtigkeit und gute Unternehmensführung in den Mittelpunkt strategischer Entscheidungen rückt. ESG-Faktoren beeinflussen zunehmend regulatorische Anforderungen, Investorenentscheidungen und die öffentliche Wahrnehmung von Unternehmen. Sie sind damit nicht nur Ausdruck gesellschaftlicher Erwartungen, sondern auch ein wirtschaftlicher Imperativ.

Die regulatorische Dynamik unterstreicht diese Entwicklung: Neue nachhaltigkeitsbezogene Berichts- und Sorgfaltspflichten drängen Unternehmen zur aktiven Auseinandersetzung mit ESG-Themen. Gleichzeitig wächst der Druck von Seiten der Kapitalmärkte: Investoren und Kreditgeber verlangen zunehmend ESG-konforme Strategien und transparente Berichterstattung. Auch Konsumenten und Mitarbeiter erwarten von Unternehmen Haltung – etwa in Fragen der Klimaverantwortung, Diversität oder Menschenrechte. ESG-Verstöße werden zunehmend öffentlichkeitswirksam sanktioniert – durch Aufsichtsbehörden, Medien, Wettbewerber oder zivilgesellschaftliche Akteure.

Diese Entwicklung hat direkte Auswirkungen auf die Compliance-Funktion. Traditionell war Compliance auf die Einhaltung gesetzlicher Vorschriften, interner Richtlinien und ethischer Standards fokussiert – etwa im Bereich Korruptionsprävention, Datenschutz oder Kartellrecht. ESG erweitert dieses Spektrum erheblich: Neue Themen wie menschenrechtliche Sorgfaltspflichten, Umweltverantwortung, Diversitätsanforderungen oder Greenwashing müssen in bestehende Risiko- und Kontrollsysteme integriert werden.

Compliance-Abteilungen stehen damit vor der Herausforderung, ESG-Risiken systematisch zu erfassen, zu bewerten und zu steuern. Gleichzeitig entstehen neue Schnittstellen – etwa zur Nachhaltigkeitsabteilung, zum Einkauf oder zur Unternehmenskommunikation. ESG wird zur Querschnittsaufgabe, die neue Kompetenzen, Prozesse und Verantwortlichkeiten erfordert.

Die Rolle der Compliance-Abteilung verändert sich: Sie wird vom reaktiven Regelwächter zum proaktiven Gestalter nachhaltiger Unternehmensführung.

Zugleich eröffnet ESG die Chance, Compliance strategisch neu zu positionieren. Unternehmen, die ESG-Anforderungen frühzeitig und systematisch in ihre Governance-Strukturen integrieren, verbessern nicht nur ihre regulatorische Resilienz, sondern auch ihre Attraktivität für Investoren, Kunden und Mitarbeiter. ESG-Compliance kann so zum Differenzierungsmerkmal und Wettbewerbsvorteil werden – vorausgesetzt, sie wird glaubwürdig und wirksam umgesetzt.

Dieses Kapitel zeigt auf, wie ESG-Aspekte wirksam in bestehende Compliance-Strukturen integriert werden können. Es beleuchtet sowohl die Grundlagen der Compliance-Organisation als auch die Chancen und Herausforderungen durch ESG – mit Fokus auf regulatorische Entwicklungen, strategische Potenziale und praxisnahe Umsetzungsansätze.

II. Grundlagen der Compliance-Organisation

1. Definition und Zielsetzung von Compliance

Compliance bezeichnet die Gesamtheit aller Maßnahmen, die darauf abzielen, die Einhaltung von gesetzlichen Vorschriften, unternehmensinternen Richtlinien sowie ethischen Standards sicherzustellen.[745] Ziel ist es, rechtliche Risiken zu minimieren, Integrität zu fördern und das Vertrauen von Stakeholdern – wie Mitarbeitern, Kunden, Investoren und Aufsichtsbehörden – zu stärken. Compliance ist damit nicht nur ein Schutzmechanismus gegen Rechtsverstöße, sondern auch ein wesentlicher Bestandteil guter Unternehmensführung.

In Deutschland gibt es kein allgemein geltendes Gesetz, das Unternehmen zur Einrichtung oder Aufrechterhaltung eines Compliance-Management-Systems (CMS) verpflichtet.[746] Vielmehr haben sich verschiedene Überlegungen aus haftungsrechtlichen Regelungen und den an die Unternehmensleitung gerichteten Erwartungen als relevant erwiesen und zur Weiterentwicklung der geltenden Compliance-Anforderungen beigetragen.

---

745 Institut der Wirtschaftsprüfer in Deutschland e. V. (IDW), IDW Prüfungsstandard 2022, PS 980.

746 Sektorspezifische Compliance-Pflichten beinhalten insbesondere die Vorgaben für Banken und Finanzdienstleister gemäß § 25a Abs. 1 Kreditwesengesetz und § 80 Wertpapierhandelsgesetz sowie die hierzu erlassenen Rundschreiben der BaFin (MaRisk, MaComp); für Versicherungsunternehmen §§ 23, 29 Versicherungsaufsichtsgesetz; vertieft zu ESG in der Vergütung von Unternehmen im Finanzsektor → Teil 1, Kap. 2.6 (*Häußer*), unter II.

Grundlage für die Pflicht zur Compliance-Organisation ist die sogenannte Legalitätspflicht, die sich aus § 93 Abs. 1 Satz 1 AktG ableitet. Danach haben Vorstandsmitglieder „die Sorgfalt eines ordentlichen und gewissenhaften Geschäftsleiters" anzuwenden – was auch die Pflicht umfasst, für die Einhaltung aller geltenden Gesetze im Unternehmen zu sorgen. Daraus ergibt sich die Legalitätsorganisationspflicht: Organe einer Kapitalgesellschaft (z. B. Vorstand, Geschäftsführung) müssen nicht nur selbst rechtmäßig handeln, sondern auch eine Organisation schaffen, die Gesetzesverstöße im Unternehmen verhindert. Diese Pflicht wurde durch die Rechtsprechung – insbesondere durch das sogenannte Siemens/Neubürger-Urteil – konkretisiert: Geschäftsleiter haften persönlich, wenn sie keine angemessenen Compliance-Strukturen einrichten und dadurch Rechtsverstöße im Unternehmen ermöglichen oder nicht verhindern.[747]

Das Oberlandesgericht Nürnberg hat in seinem Urteil vom 30.3.2022 die Anforderungen an ein wirksames Compliance-System weiter geschärft.[748] Es stellte klar, dass ein Unternehmen – insbesondere bei bekannten Risikofeldern – verpflichtet ist, ein funktionsfähiges, auf Prävention und Aufdeckung ausgerichtetes Compliance-System zu unterhalten. Die Anforderungen an ein solches System richten sich nach Größe, Branche, Risikoprofil und Internationalität des Unternehmens. Ein bloß formales oder symbolisches System genügt nicht – es muss tatsächlich wirksam sein. Die Geschäftsleitung ist verpflichtet, laufend zu prüfen, ob das System geeignet ist, und es bei Bedarf anzupassen und weiterzuentwickeln. Bei Pflichtverletzungen kann ein unzureichendes CMS zu einer zivilrechtlichen Haftung der Organe führen.

2. Typische Aufgaben und Strukturen einer Compliance-Organisation

Die Aufgaben einer Compliance-Organisation sind vielfältig. Zu den zentralen Aufgaben zählen insbesondere: Risikobewertung und -analyse in Bereichen wie Korruption, Kartellrecht, Datenschutz oder Geldwäsche, Entwicklung, Pflege und Kommunikation von Verhaltensrichtlinien und Prozessen, Durchführung von Schulungen zur Förderung regelkonformen Verhaltens, Etablierung von Kontrollsystemen zur Früherkennung und Vermeidung von Verstößen, Einrichtung vertraulicher Hinweisgebersysteme sowie Aufklärung von Verdachtsfällen und Einleitung geeigneter Maßnahmen.[749] Ein

747 LG München I, 10.12.2013 – 5 HKO 1387/10, NZG 2014, 345.

748 OLG Nürnberg, 30.3.2022 – 12 U 1520/19, NZG 2022, 1058.

749 IDW, IDW Prüfungsstandard 2022, PS 980; Criminal Division of the U. S. Department of Justice and the Enforcement Division of the U. S. Securities and Exchange Commission, A Resource Guide to the U. S. Foreign Corrupt Practices Act, S. 58, https://www.

klassisches Beispiel für die Arbeit der Compliance ist die Implementierung eines Antikorruptionsprogramms, das u. a. Schulungen, Richtlinien zu Geschenken und Einladungen, Due-Diligence-Prozesse für Geschäftspartner sowie interne Kontrollmechanismen umfasst.

Organisatorisch ist die Compliance-Funktion häufig als Stabsstelle mit direkter Berichtslinie an die Geschäftsführung oder den Vorstand angesiedelt. Diese Unabhängigkeit ist entscheidend, um Interessenkonflikte zu vermeiden und eine wirksame Kontrolle sicherzustellen. In größeren Unternehmen existieren oft dezentrale Compliance-Strukturen, z. B. mit regionalen oder themenspezifischen Compliance-Officern, die mit der zentralen Funktion koordiniert sind.

3. Abgrenzung und strategische Anknüpfungspunkte von Compliance zu anderen Governance-Funktionen

Compliance ist Teil eines umfassenden Governance-, Risk- und Compliance-Systems (GRC), das in vielen Unternehmen arbeitsteilig organisiert ist. Um Effizienz, Konsistenz und Wirksamkeit zu gewährleisten, sollte die Compliance-Funktion gezielt an andere Governance-Funktionen andocken, um Synergien zu heben und einen Gleichlauf in der Risikosteuerung sicherzustellen. Ein zentraler Anknüpfungspunkt ist das unternehmensweite Risikomanagement. Während dieses alle Arten von Risiken betrachtet, fokussiert sich Compliance auf regelbezogene Risiken. Das Interne Kontrollsystem (IKS) und die Compliance-Funktion sind ebenfalls eng miteinander verzahnt, da beide auf die Prävention und Aufdeckung von Regelverstößen abzielen. Während das IKS vor allem auf die Wirksamkeit operativer und finanzieller Kontrollen fokussiert ist, stellt Compliance sicher, dass diese Kontrollen auch rechtlichen und ethischen Anforderungen genügen – insbesondere durch gemeinsame Risikoanalysen, Kontrollbewertungen und Maßnahmenverfolgung. Auch mit der „Internen Revision" bestehen enge Schnittstellen. Sie prüft unabhängig die Wirksamkeit von Prozessen und Kontrollen – auch im Bereich Compliance.

---

justice.gov/criminal/criminal-fraud/file/1292051/dl?inline (abgerufen am 29.8.2025); U. S. Department of the Treasury, A Framework for OFAC Compliance Commitments, https://ofac.treasury.gov/media/16331/download?inline (abgerufen am 29.8.2025).

III. ESG als Herausforderung und Chance für Compliance

Aus der zunehmenden Bedeutung von ESG ergibt sich für die Compliance-Organisation von Unternehmen ein Spannungsfeld: Einerseits wachsen regulatorische Anforderungen im ESG-Bereich kontinuierlich und stellen etablierte Compliance-Systeme vor neue Herausforderungen. Andererseits eröffnet ESG die Möglichkeit, die Rolle der Compliance-Funktion umfassender zu schärfen und strategisch als integralen Bestandteil nachhaltiger Unternehmensführung zu positionieren.

1. Von klassischer Compliance zu ESG-getriebener Verantwortung

Der Bedeutungszuwachs von ESG ist nicht nur auf neue gesetzliche Anforderungen zurückzuführen, sondern spiegelt auch den gesellschaftlichen Bewusstseins- und Wertewandel wider. Externe Stakeholder wie Investoren, Banken, Verbraucher und NGOs fordern von Unternehmen heute mehr denn je Transparenz, ethisches Handeln und Verantwortungsübernahme entlang der gesamten Wertschöpfungskette. Dabei sind ESG-Kriterien immer häufiger auch Voraussetzung für den Zugang zu Kapitalmärkten oder für die Bewertung durch Rating-Agenturen.

Mit der zunehmenden Bedeutung von ESG entstehen neue Berührungspunkte zur Nachhaltigkeitsabteilung. Der Deutsche Corporate Governance Kodex (DCGK) in der Fassung von 2022 unterstreicht die zentrale Bedeutung von Compliance und Nachhaltigkeit als integrale Bestandteile verantwortungsvoller Unternehmensführung. Diese umfasst nicht nur wirtschaftliche, sondern auch ökologische und soziale Aspekte, die in die strategische Ausrichtung und das Risikomanagement des Unternehmens integriert werden sollen. In den Grundsätzen 4 und 5 fordert der DCGK 2022, dass der Vorstand für die Einhaltung gesetzlicher Bestimmungen und unternehmensinterner Richtlinien sorgt und ein angemessenes CMS etabliert. Zugleich wird in Empfehlung A.1 des DCGK 2022 betont, dass der Vorstand systematisch auf die Einhaltung von Nachhaltigkeitszielen hinwirken und die ökologischen und sozialen Auswirkungen der Geschäftstätigkeit im Blick behalten soll. Der Aufsichtsrat hat die Aufgabe, die Wirksamkeit des CMS sowie die Nachhaltigkeitsstrategie regelmäßig zu überwachen. Damit wird deutlich, dass Compliance und ESG nicht isoliert betrachtet werden dürfen, sondern als miteinander verknüpfte Steuerungsbereiche zu verstehen sind, die gemeinsam zur langfristigen Unternehmenssicherung beitragen.

Diese Entwicklung wird durch neue regulatorische Anforderungen weiter verstärkt: Die noch in deutsches Recht umzusetzende CSRD[750] verpflichtet Unternehmen zur umfassenden und prüfbaren Berichterstattung über Nachhaltigkeitsaspekte, was eine enge Verzahnung von ESG-Reporting und Compliance-Prozessen erforderlich macht. Das deutsche LkSG verlangt von Unternehmen die Durchführung von Risikoanalysen, Präventions- und Abhilfemaßnahmen sowie die Einrichtung eines Beschwerdeverfahrens zur Einhaltung menschenrechtlicher und umweltbezogener Standards entlang der Lieferkette.[751] Vergleichbare nationale Regelungen in anderen Ländern bestehen beispielsweise mit dem französischen Loi de Vigilance (LdV)[752]. Mit der seit Juni 2025 geltenden und ebenfalls noch in deutsches Recht umzusetzenden CSDDD[753] oder auch der EU-Verordnung über entwaldungsfreie Produkte (EUDR)[754] und dem CO_2-Grenzausgleichsmechanismus (CBAM)[755] kommen weitere Anforderungen hinzu, insbesondere für größere Unternehmen, die hiernach verpflichtet werden sollen, menschenrechtliche und ökologische Risiken auch bei indirekten Zulieferern systematisch zu identifizieren und zu adressieren.

Diese Regulierung basiert auf einem breiteren normativen Rahmen: Neben den EU-Vorgaben gewinnen internationale Übereinkommen, Richtlinien und Empfehlungen an Bedeutung – insbesondere die Arbeits- und Sozialstandards der Internationalen Arbeitsorganisation (ILO)[756], die Leitlinien der Organisation für wirtschaftliche Zusammenarbeit und Entwicklung (OECD)[757] und die globalen Standards der Global Reporting Initiative (GRI) für die Nachhaltigkeitsberichterstattung[758]. Hinzu kommt sogenanntes Soft Law, also freiwillige Selbstverpflichtungen wie der Beitritt zu der Initiati-

---

750 Richtlinie (EU) 2022/2464 v. 14.12.2022, ABl. L 322/15 v. 16.12.2022, S. 15-80.

751 S. näher zum LkSG → Teil 4, Kap. 2.1 (*Groß*).

752 LOI n° 2017-399 du 27 mars 2017 relative au devoir de vigilance des sociétés mères et des entreprises donneuses d’ordre.

753 Richtlinie (EU) 2024/1760 v. 13.6.2024, ABl. L 2024/1760 v. 5.7.2024.

754 Verordnung (EU) 2023/1115 v. 31.5.2023, ABl. L 150/206 v. 9.6.2023.

755 Verordnung (EU) 2023/956 v. 10.5.2023, ABl. L 130/52 v. 16.5.2023.

756 Die Konventionen, Kernarbeitsnormen und Empfehlungen der ILO sind abrufbar unter https://www.ilo.org/de/regions-and-countries/europe-and-central-asia/internationale-arbeitsorganisation-vertretung-deutschland/ilo-arbeits-und-sozialstandards (abgerufen am 29.8.2025).

757 Die OECD-Leitsätze für multinationale Unternehmen zu verantwortungsvollem unternehmerischem Handeln (Stand: 4.9.2023) sind abrufbar unter https://www.oecd.org/de/publications/oecd-leitsatze-fur-multinationale-unternehmen-zu-verantwortungsvollem-unternehmerischem-handeln_abd4d37b-de.html (abgerufen am 29.8.2025); hierzu → Teil 4, Kap. 2.2 (*Melles*), unter II.

758 Die GRI-Standards für die Nachhaltigkeitsberichterstattung sind abrufbar unter https://www.globalreporting.org/how-to-use-the-gri-standards/gri-standards-german-translations (abgerufen am 29.8.2025).

ve UN Global Compact oder Marktstandards wie die UN-Leitprinzipien für Wirtschaft und Menschenrechte[759], deren Einhaltung und Umsetzung zwar nicht rechtlich erzwungen werden kann, die jedoch vor dem Hintergrund verstärkter Reputationsrisiken faktisch bindende Wirkung entfalten.

Ein Beispiel für die praktische Relevanz regulatorischer und gesellschaftlicher Anforderungen ist die CO_2-Bilanzierung in der Lieferkette. Unternehmen müssen nicht nur ihre eigenen Emissionen erfassen, sondern auch die ihrer Zulieferer – und haften unter Umständen für Versäumnisse Dritter. Ähnlich verhält es sich mit sozialen Risiken wie Kinderarbeit oder Diskriminierung, die nicht nur ethisch problematisch, sondern auch reputations- und haftungsrelevant sind.

Die teils weitreichenden und sehr detaillierten ESG-Pflichten stellen Unternehmen vor erhebliche Umsetzungsherausforderungen. Zunehmend wird dabei auch Kritik an einer drohenden Überregulierung laut, die insbesondere KMU überfordert. Die Veröffentlichung des „Competitiveness Compass" durch die EU-Kommission[760], die Omnibus-Richtlinien I und II[761] wie auch die von der EU-Kommission gestartete Initiative zur Vereinfachung der Verwaltung im Bereich des Umweltrechts[762] sind als Reaktion auf diese Entwicklung zu verstehen: Sie zielen darauf ab, regulatorische Belastungen zu überprüfen, zu priorisieren und künftig besser mit wirtschaftlicher Wettbewerbsfähigkeit in Einklang zu bringen. Diese Entwicklungen verdeutlichen, dass sich die ESG-Regulatorik weiterhin in einer dynamischen Findungs- und Konsolidierungsphase befindet. Unternehmen müssen sich daher auf fortlaufende Änderungen einstellen und flexible, anpassungsfähige Organisationsstrukturen vorhalten.

2. ESG-Risiken im Kontext von Compliance

Für die Compliance-Organisation ergibt sich aus dieser Entwicklung ein deutlich erweiterter Aufgabenbereich. ESG-bezogene Risiken müssen syste-

---

759 Die UN-Leitprinzipien sind abrufbar auf Englisch unter https://docs.un.org/en/A/HRC/17/31 (abgerufen am 29.8.2025).

760 Europäische Kommission, https://commission.europa.eu/topics/eu-competitiveness/competitiveness-compass_en#:~:text=In%20January%202025%2C%20the%20Commission%20presented%20the%20competitiveness,Draghi%E2%80%99s%20report%20on%20the%20future%20of%20European%20competitiveness (abgerufen am 29.8.2025).

761 Richtlinie (EU) 2025/794 v. 14.4.2025, ABl. L v. 16.4.2025 (Omnibus I – „Stop the Clock"); Richtlinienvorschlag (EU) 2025/0045(COD) v. 26.2.2025, https://eur-lex.europa.eu/legal-content/DE/TXT/HTML/?uri=CELEX:52 025PC0081 (Omnibus II).

762 Europäische Kommission, https://ec.europa.eu/info/law/better-regulation/have-your-say/initiatives/14794-Simplification-of-administrative-burdens-in-environmental-legislation-_de (abgerufen am 29.8.2025).

matisch in bestehende CMS integriert und regelmäßig überprüft werden. Sie betreffen nahezu alle Bereiche des Unternehmens und entstehen häufig an Schnittstellen zwischen den einzelnen Unternehmensfunktionen. Typische ESG-Risiken reichen hierbei von falschen oder irreführenden ESG-Angaben über eine unklare Zuständigkeitsverteilung innerhalb der Unternehmensorganisation bis hin zu schweren Verstößen gegen Umwelt- oder Menschenrechtsstandards.

Ein zentrales Risikofeld liegt in der ESG-bezogenen Kommunikation. Unternehmen stehen zunehmend unter öffentlichem und regulatorischem Druck, ihre Nachhaltigkeitsziele und -leistungen glaubhaft darzustellen. Hier besteht das Risiko, dass entsprechende Aussagen in Nachhaltigkeitsberichten, in Werbematerialien oder auf Unternehmenswebseiten als ungenau oder irreführend gewertet werden, wenn sie nicht mit den tatsächlichen Unternehmenspraktiken übereinstimmen. Neben dem klassischen Greenwashing[763] treten auch weitere Formen wie Bluewashing[764] oder Pinkwashing[765] auf. Solche Informations- und Kommunikationsrisiken bergen nicht nur die Gefahr eines Wettbewerbsverstoßes durch Verbrauchertäuschung, sondern können auch die Glaubwürdigkeit des Unternehmens erheblich beeinträchtigen.

Ein Beispiel ist der Fall Mercer Superannuation (Australia) Limited:[766] Der Finanzdienstleister wurde 2024 von der australischen Finanzaufsicht Australian Securities and Investments Commission (ASIC) zu einer Geldstrafe von 11,3 Mio. AUD verurteilt, weil er in seinen „Sustainable Plus"-Produkten fälschlich behauptet hatte, bestimmte Branchen wie fossile Energien, Alkohol und Glücksspiel auszuschließen – obwohl entsprechende Investitionen nachweislich vorhanden waren. Der Federal Court of Australia stellte hierzu fest, dass Mercer keine ausreichenden internen Kontrollmechanismen zur Überprüfung der ESG-Aussagen implementiert hatte.

Dieser Fall zeigt exemplarisch, wie wichtig eine enge Abstimmung zwischen Compliance, Nachhaltigkeit und Unternehmenskommunikation ist.

---

763 Greenwashing bezeichnet die bewusste oder fahrlässige Kommunikation vermeintlich umweltfreundlicher oder nachhaltiger Unternehmenspraktiken, die unzutreffend oder nicht hinreichend belegbar sind.

764 Bluewashing bezeichnet die bewusste oder fahrlässige Kommunikation vermeintlich sozial oder ethisch verantwortlicher oder menschenrechtskonformer Unternehmenspraktiken (insbesondere im Zusammenhang mit der Unterstützung von UN-Initiativen wie dem UN Global Compact), die unzutreffend oder nicht hinreichend belegbar sind.

765 Pinkwashing bezeichnet die bewusste oder fahrlässige Kommunikation vermeintlich LGBTQ+-freundlicher Unternehmenspraktiken, die unzutreffend oder nicht hinreichend belegbar sind.

766 Federal Court of Australia, 2.8.2024, VID 117 of 2023, https://download.asic.gov.au/media/bq0nxstc/24-173mr-asic-v-mercer-superannuation-australia-limited-judgment-2-aug-2024.pdf (abgerufen am 29.8.2025); *Stark/Möller*, ESGZ 9/2024, S. 46 f.

ESG-Aussagen müssen prüfbar, konsistent und belegbar sein – sowohl intern als auch extern. Compliance sollte daher frühzeitig in Kommunikationsprozesse eingebunden werden, um Risiken zu identifizieren und zu minimieren.

Ein weiteres wesentliches Risiko betrifft gesetzliche Sorgfaltspflichten entlang der Lieferkette. Das LkSG verpflichtet Unternehmen zur Identifikation, Prävention und Abhilfe in Bezug auf menschenrechtliche und umweltbezogene Risiken. Verstöße können hier insbesondere durch lückenhafte Risikoanalysen, fehlende Dokumentation oder unzureichende Maßnahmen zur Kontrolle von Zulieferern entstehen. Der Einsatz automatisierter Bewertungstools, etwa im Rahmen von Lieferantenscreenings, kann ebenfalls ein Risiko darstellen, wenn die durch die Tools bereitgestellten Ergebnisse nicht systematisch plausibilisiert oder inhaltlich mit anderen ESG-Prozessen abgeglichen werden.

Auch Diversitätsaspekte gewinnen an Bedeutung. Diskriminierungen, beispielsweise durch ungleiche Vergütung[767] oder fehlende Barrierefreiheit, und Verstöße gegen Quotenregelungen werden nicht nur vom AGG erfasst, sondern können auch aufsichtsrechtlich oder arbeitsrechtlich relevant werden – etwa, wenn interne Kontrollmechanismen (z. B. Hinweisgebersysteme oder Verfahren zur Überwachung von Vergütungsstrukturen) mangelhaft ausgestaltet sind.

Schließlich stellt auch der Bereich der Datenerhebungs- und Berichtspflichten ein zunehmend relevantes Risikofeld dar. Im Zuge insbesondere der CSRD müssen Unternehmen nicht nur umfassender, sondern auch deutlich stringenter berichten. Risiken bestehen hier etwa dann, wenn ESG-Daten nicht konsistent erhoben, unzureichend validiert oder methodisch unsauber aggregiert werden. Eine fehlerhafte Vorgehensweise zieht hier regelmäßig Inkonsistenzen zwischen finanziellem Lagebericht, Nachhaltigkeitsbericht und sonstiger Kommunikation nach sich.

Häufig treten die beschriebenen Risiken nicht isoliert, sondern als Folge struktureller Schwächen in der Unternehmensorganisation auf. So entstehen Governance-Risiken etwa dann, wenn es an klar definierten Verantwortlichkeiten für ESG-Themen fehlt, relevante Konzerneinheiten wie Compliance, Einkauf oder HR nicht ausreichend koordiniert zusammenarbeiten oder keine systematische Integration von ESG in das Risikomanagement erfolgt. Solche organisatorischen Defizite führen nicht selten zu Fehlsteuerungen, widersprüchlichen Bewertungen und ineffizienten Prozessen, etwa bei der Wesentlichkeitsanalyse oder in der Lieferkettenprüfung. Um diese Silostrukturen zu überwinden, empfiehlt sich die Einführung eines integrierten

767 Zur Bedeutung ungleicher Vergütung in Anbetracht der neuen ETRL insbes. → Teil 2 Kap. 1.2 (*Reinhard/Vorbrodt*), unter I.7.

GRC-Ansatzes (Governance, Risk, Compliance), die Nutzung gemeinsamer Plattformen für Risikoerfassung und Reporting, die Einrichtung eines GRC-Komitees zur Koordination, die Entwicklung gemeinsamer Methodologien und KPIs sowie die Förderung einer bereichsübergreifenden Governance-Kultur.

3. Reputations- und Haftungsrisiken

Die vielfältigen Risikofelder zeigen, dass ESG-Compliance weit über die bloße Einhaltung rechtlicher Mindeststandards hinausgeht. Sie berührt grundlegende Steuerungsfragen der Unternehmensorganisation und kann – bei unzureichender Beachtung – erhebliche externe Auswirkungen entfalten.

Mangelnde ESG-Compliance kann nämlich nicht nur regulatorische Folgen nach sich ziehen, sondern birgt zunehmend auch beträchtliche Reputations- und Haftungsrisiken. Besonders deutlich zeigt sich dies im Bereich irreführender Nachhaltigkeitsversprechen. Beispiele hierfür sind die Fälle DWS Investment Management Americas Inc.[768] und BNY Mellon Adviser, Inc.[769]:

Die Fondsgesellschaft DWS Investment Management Americas Inc. sah sich wegen des Vorwurfs des Greenwashings im Zusammenhang mit Finanzprodukten Ermittlungen durch die US Securities and Exchange Commission (SEC) und die deutsche Staatsanwaltschaft ausgesetzt und zahlte infolgedessen Geldbußen in Höhe von 19 Mio. USD in den USA im Jahr 2023 und 25 Mio. EUR in Deutschland im Jahr 2025. Ähnlich verhängte die SEC gegen die Vermögensverwaltungsgesellschaft BNY Mellon Adviser, Inc. im Jahr 2022 eine Geldbuße in Höhe von 1,5 Mio. USD wegen unzutreffender Aussagen zu ESG-Kriterien bei Investmentfonds.

Auch entlang der Lieferkette können ESG-Verstöße erhebliche Folgen nach sich ziehen, wie die Fälle Boohoo Group Plc[770] und Lafarge S.A.[771] zeigen:

Im Jahr 2020 geriet der britische Textilhändler Boohoo Group Plc nach Berichten über missbräuchliche Arbeitsbedingungen bei Zulieferern (darunter

---

768 U.S.A. before the SEC, Administrative Proceeding File No. 3-21709, https://www.sec.gov/files/litigation/admin/2023/ia-6432.pdf (abgerufen am 29.8.2025); DWS v. 2.4.2025, https://www.dws.com/de-de/unser-profil/medien/medieninformationen/dws-statement-zum-abschluss-der-esg-untersuchung (abgerufen am 29.8.2025).

769 U.S.A. before the SEC, Administrative Proceeding File No. 3-20867, https://www.sec.gov/files/litigation/admin/2022/ia-6032.pdf (abgerufen am 29.8.2025).

770 *Bland/Butler*, Guardian v. 7.7.2020, https://www.theguardian.com/business/2020/jul/07/next-and-asos-drop-boohoo-amid-leicester-garment-factory-claims (abgerufen am 29.8.2025).

771 U.S. Attorney's Office, Eastern District of New York v. 18.10.2022, https://www.justice.gov/usao-edny/pr/lafarge-pleads-guilty-conspiring-provide-material-support-foreign-terrorist (abgerufen am 29.8.2025).

Löhne deutlich unter dem gesetzlichen Mindestlohn und unzureichende Arbeits- und Hygienebedingungen) unter starken Druck. Große Handelspartner distanzierten sich in der Folge von Boohoo und entfernten dessen Produkte aus ihrem Sortiment, was zu einem Einbruch des Börsenkurses um bis zu 40 % führte.

Der Baustoffkonzern Lafarge S.A. zahlte im Jahr 2022 im Rahmen eines Schuldeingeständnisses rund 778 Mio. USD an die US-Behörden, weil er zwischen 2013 und 2014 durch seine syrische Tochtergesellschaft Lafarge Cement Syria Terrorgruppen wie ISIS und die Al-Nusra-Front mit rund 6 Mio. USD unterstützt hatte, um den Betrieb einer Zementfabrik in Nordsyrien aufrechtzuerhalten. Hieraus folgt, dass sich selbst Menschenrechtsverletzungen im Kontext entfernter Auslandsgesellschaften zu strafrechtlicher Unternehmensverantwortung verdichten können.

Nicht zuletzt ist auch der Umweltschutzaspekt haftungsrelevant geworden. Prominente Beispiele sind hier die Fälle Volkswagen AG[772] und E. I. du Pont de Nemours and Company (DuPont)[773]:

Im sogenannten Diesel-Skandal wurde die Volkswagen AG ab 2015 wegen der Manipulation von Abgaswerten bei Millionen Dieselfahrzeugen weltweit zur Verantwortung gezogen. Das Unternehmen musste in mehreren Ländern hohe Strafen und Entschädigungen zahlen, insbesondere in den USA, wo sich die Gesamtkosten – einschließlich Bußgelder, Schadensersatz und Rechtsanwaltskosten – auf über 30 Milliarden EUR beliefen.

DuPont wurde wegen jahrzehntelanger Verunreinigung von Trinkwasser mit der giftigen Chemikalie PFOA, die bei der Herstellung von Teflon verwendet wurde, mit massiven zivilrechtlichen Klagen konfrontiert. In einem besonders beachteten Vergleich von 2017 zahlten DuPont und das abgespaltene Unternehmen The Chemours Company 671 Mio. USD, um etwa 3.500 Klagen von Anwohnern in West Virginia und Ohio beizulegen. Bislang haben DuPont, The Chemours Company, Corteva, Inc. und 3M Company insgesamt nahezu 11,5 Milliarden USD an Schadensersatzzahlungen im Zusammenhang mit PFAS-Verunreinigungen geleistet.

---

772 BGH, 25.5.2020 – VI ZR 252/19, NJW 2020, 1962.

773 Chemours v. 13.2.2017, https://www.chemours.com/en/news-media-center/all-news/press-releases/2017/the-chemours-company-settles-indemnification-claims-by-dupont-as-dupont-reaches-global-settlement-of; https://time.com/6292482/legal-liability-pfas-chemicals-lawsuit (abgerufen am 29.8.2025).

IV. Strategien zur Integration von ESG in die Compliance-Organisation

Um solchen Risiken wirksam zu begegnen, braucht es nicht nur effiziente Strukturen und Prozesse innerhalb der Compliance-Organisation, sondern auch eine enge, interdisziplinäre Zusammenarbeit mit anderen Unternehmensfunktionen. In der Praxis haben sich bereits verschiedene Lösungsansätze bewährt, die als gute Beispiele für eine gelungene ESG-Integration dienen. Aufbauend darauf lassen sich weitere Empfehlungen ableiten, auf die Unternehmen bei der systematischen Verankerung von ESG-Aspekten zurückgreifen können.

1. Governance und Verantwortlichkeiten in der ESG-Compliance-Organisation

Die klare Zuweisung von ESG-Verantwortlichkeiten innerhalb der Compliance-Organisation ist heute unerlässlich. ESG-Themen – insbesondere im Kontext regulatorischer Anforderungen wie der CSRD, dem LkSG oder der CSDDD – betreffen nicht mehr nur Nachhaltigkeitsabteilungen, sondern sind zunehmend Gegenstand unternehmensweiter Steuerungs- und Kontrollsysteme. Eine Möglichkeit zur strukturellen Verankerung ist die Einrichtung eines dedizierten ESG-Compliance-Officers oder die Integration von ESG-Themen in bestehende Gremien wie ein GRC-Komitee oder eine bereichsübergreifende ESG-Taskforce. Die ESG-Verantwortung sollte dabei nicht isoliert betrachtet werden, sondern in die bestehende Governance-Struktur eingebettet sein. Dies erfordert präzise Rollenbeschreibungen, abgestimmte Prozesse und eine enge Zusammenarbeit mit angrenzenden Funktionen. Die Verankerung von ESG-Kriterien in den Vergütungssystemen der Geschäftsleitung und des oberen Managements ist ein zentraler Hebel zur wirksamen Steuerung nachhaltiger Unternehmensziele – sie sollten daher integraler Bestandteil von Anreizsystemen sein.[774]

Ein Beispiel hierfür ist die Sustainability Governance und Organisation bei Siemens, die verschiedene Funktionen wie Recht, Nachhaltigkeit, Einkauf und Compliance zusammenführt:[775] Die Verantwortung für Nachhaltigkeit bei Siemens liegt beim Vorstand und dem Chief Sustainability Officer, unterstützt durch das Siemens Sustainability Board (SSB). Das SSB ist ein zentrales Steuerungsgremium, das sich aus Vertreterinnen und Vertretern der Siemens-Geschäftsbereiche, Länderorganisationen sowie der zentralen

---

774 *Willms/Stark*, ESGZ 6/2023, S. 40 ff.

775 Siemens, Sustainability Report 2024, S. 23 f., https://assets.new.siemens.com/siemens/assets/api/uuid:32a7154d-edba-47bc-8e9b-9761617ba774/sustainability-report.pdf (abgerufen am 29.8.2025).

Service- und Governance-Einheiten zusammensetzt. Es koordiniert die konzernweite Nachhaltigkeitsstrategie und stellt sicher, dass ESG-Ziele in allen Unternehmensbereichen verankert werden. Das **Sustainability Executive Committee** fungiert ergänzend als strategisches Beratungsgremium mit Fokus auf geschäftsrelevante Nachhaltigkeitsthemen wie Portfoliosteuerung, Marktsegmente und Go-to-Market-Strategien. Den Vorsitz führt der CEO von Siemens. Weitere Mitglieder sind der Chief Sustainability Officer, die CEOs zentraler Geschäftsbereiche, der Chief Strategy Officer, der General Counsel sowie der Global Head of Sustainability.

Mit der Erweiterung des Compliance-Verständnisses um ESG-Aspekte verändert sich auch das Anforderungsprofil an Compliance-Verantwortliche. Der „neue" Compliance-Officer benötigt neben juristischem Fachwissen zunehmend Kenntnisse in Bereichen wie:

- Nachhaltigkeitsregulierung und nichtfinanzielle Berichterstattung (z. B. CSRD, EU-Taxonomie, CSDDD),
- ESG-Datenmanagement,
- Risikomanagement mit Fokus auf Umwelt- und Menschenrechtsrisiken,
- interdisziplinäre Kommunikation mit Fachabteilungen wie Nachhaltigkeit, Einkauf oder Kommunikation.

Darüber hinaus sind digitale Kompetenzen gefragt, etwa im Umgang mit ESG-Reporting-Tools oder Hinweisgebersystemen. Auch ethische Sensibilität und ein Verständnis für gesellschaftliche Erwartungen an Unternehmen gewinnen an Bedeutung.

Beispiel: Kompetenzprofil eines Menschenrechtsbeauftragten

Das LkSG verpflichtet Unternehmen zur Benennung eines Menschenrechtsbeauftragten.[776] Diese Rolle ist eng mit der Compliance-Funktion verzahnt, da sie zentrale Aufgaben wie Risikoanalysen, Präventionsmaßnahmen und die Bearbeitung von Beschwerden umfasst. Ein effektiver Menschenrechtsbeauftragter sollte über folgende Kompetenzen verfügen:

- Kenntnisse internationaler Menschenrechtsstandards,
- Erfahrung im Lieferkettenmanagement und in der Zusammenarbeit mit Beschaffungsabteilungen,
- Fähigkeit zur Durchführung und Bewertung von Risikoanalysen,
- Vertrautheit mit Beschwerdemechanismen und interner Aufklärung.

Die Rolle erfordert zudem hohe kommunikative Fähigkeiten, da sie oft an der Schnittstelle zu NGOs, externen Stakeholdern und internen Fachbereichen agiert.

---

776 Hierzu näher → Teil 4, Kap. 2.4 (*Klimburg*), unter II.

2. Koordination statt Silos: ESG als interdisziplinäre Aufgabe

Eine enge Zusammenarbeit von Compliance und Nachhaltigkeit ist ein zentraler Erfolgsfaktor für eine wirksame ESG-Steuerung. Während Nachhaltigkeitsabteilungen häufig strategisch-konzeptionell agieren, bringt die Compliance-Funktion regulatorische Expertise, etablierte Kontrollmechanismen und ein strukturiertes Risikomanagement ein. Diese komplementären Stärken ermöglichen eine ganzheitliche Herangehensweise an ESG-Herausforderungen. Doch ESG betrifft weit mehr als nur diese beiden Bereiche. Relevante Schnittstellen bestehen auch zu Funktionen wie Einkauf, HR, HSE (Health, Safety and Environment), Datenschutz, Finance, Risikomanagement und internen Kontrollen. Besonders eng ist die Zusammenarbeit bei der ESG-Risikoanalyse, der Entwicklung von Richtlinien und Verhaltensstandards, dem ESG-Reporting (z.B. nach CSRD), der Schulung von Mitarbeitern sowie der Bearbeitung von Hinweisen über Hinweisgebersysteme.

Die Compliance-Funktion kennt viele interne und externe Stakeholder aus der Compliance-Risikoanalyse, verfolgt in der Regel einen bewährten, strukturierten Ansatz im Umgang mit dynamischer Regulierung, Systemen und Tools und versteht die zentralen ESG-Treiber. Damit kann sie die Entwicklung und Umsetzung der Nachhaltigkeitsstrategie – insbesondere im Bereich der „G-Themen“ – wirksam unterstützen.

Gleichzeitig wächst auch die Verantwortung der Compliance-Funktion im ESG-Kontext. Auf der Suche nach effizienter Governance und klaren Zuständigkeiten übernimmt sie zunehmend die Rolle einer koordinierenden Instanz – als „Spinne im Netz“, die Silos aufbricht und Synergien schafft. Eine abgestimmte Governance-Struktur und eindeutige Arbeitsteilung zwischen den Fachbereichen sind entscheidend, um Doppelarbeit zu vermeiden, Effizienz zu steigern und die Glaubwürdigkeit gegenüber externen Stakeholdern zu stärken.

Das Schaubild zeigt die zentrale Rolle der Compliance-Funktion als verbindendes Element zwischen verschiedenen Unternehmensbereichen. Es illustriert, wie Compliance die Zusammenarbeit und Koordination dieser Bereiche im Kontext von ESG-Themen unterstützt, um eine ganzheitliche und effektive Steuerung zu ermöglichen.

Abbildung: Compliance – Connecting the Dots

3. Strategische Gestaltung – Prozesse und Zuständigkeiten

Die effektive Integration von ESG-Aspekten in bestehende Compliance-Strukturen erfordert eine systematische Erweiterung etablierter Systeme, Prozesse und Kontrollmechanismen. Im Mittelpunkt steht dabei die Verknüpfung von ESG-Risiken mit dem GRC, um Nachhaltigkeitsaspekte als integralen Bestandteil der Unternehmenssteuerung operativ umzusetzen.

So sollte die unternehmensweite Risikoanalyse um Menschenrechts- und Umweltaspekte erweitert werden, da die strukturierte Erhebung und Bewertung relevanter Risiken eine zentrale Voraussetzung für die ESG-Integration in das Compliance-System ist. Ein holistischer Ansatz ermöglicht es hierbei, Wechselwirkungen zwischen verschiedenen Risikofeldern zu erkennen und Synergien in der Steuerung zu nutzen.

Unterschiedliche Bewertungsmethoden, wenn sie beispielsweise bei der LkSG-Risikoanalyse und der Wesentlichkeitsanalyse nach CSRD zum Einsatz kommen, führen in der Praxis nämlich häufig dazu, dass identische Risiken unterschiedlich eingeschätzt und folglich widersprüchlich berichtet werden. Dieses Problem entsteht insbesondere dann, wenn die Methodologien der einzelnen Analysen nicht aufeinander abgestimmt sind. Um eine konsistente und nachvollziehbare Berichterstattung im gesamten Unternehmen sicherzustellen, sollten die Bewertungsansätze unter Berücksichtigung der Konzernstruktur und der spezifischen Betroffenheit einzelner Konzerngesellschaften unternehmensweit harmonisiert werden. Hierzu empfiehlt sich die Einrichtung eines interdisziplinären ESG-Kernteams mit Vertretern verschiedener Fachbereiche (insbesondere Nachhaltigkeit, Einkauf, Recht,

Finance, HR, Compliance und Risikomanagement). Ziel ist es, ein gemeinsames Verständnis zu schaffen und konsistente Richtlinien, Prozesse und Methoden für alle relevanten Analysen zu entwickeln.

Zur Sicherstellung einer kohärenten Risikoerhebung empfiehlt sich die Definition ESG-spezifischer KRIs und KPIs, die in das bestehende unternehmensweite Risikoinventar eingebettet werden. Relevante Indikatoren können beispielsweise das strukturelle Risiko menschenrechtlicher Verstöße, der Energie- und Wasserverbrauch, Diversitätskennzahlen oder die Anzahl ESG-relevanter Hinweise über Whistleblower-Kanäle sein.

Im Zuge der ESG-Integration sind bestehende Unternehmensrichtlinien zu überprüfen und – soweit erforderlich – um ESG-spezifische Regelungsinhalte zu erweitern. Dies betrifft sowohl zentrale Verhaltenskodizes als auch fachbereichsspezifische Regelwerke, etwa zum Umgang mit Lieferanten.

Ein funktionsfähiges Hinweisgebersystem stellt eine zentrale Säule der ESG-Compliance dar. Dabei ist sicherzustellen, dass nicht nur klassische Compliance-Verstöße, sondern auch ESG-relevante Sachverhalte über geeignete Meldekanäle adressiert werden können. Von besonderer Bedeutung ist dabei die Qualifikation der mit der Bearbeitung betrauten Stellen. Die Untersuchung ESG-bezogener Hinweise erfordert neben juristischer Expertise zunehmend auch Kenntnisse in Bereichen wie Umweltrecht, Menschenrechtsregimen oder gesellschaftsethischen Bewertungen.

In der Unternehmenspraxis gewinnt die Externalisierung von Untersuchungen im ESG-Kontext zunehmend an Bedeutung, insbesondere im Rahmen von Audits bei Zulieferern. Wird beispielsweise über das Hinweisgebersystem ein Hinweis auf mögliche Menschenrechtsverletzungen in der Lieferkette gemeldet, kann das Unternehmen einen unabhängigen, zur Vertraulichkeit verpflichteten Dritten mit der Durchführung eines Audits vor Ort beauftragen. Die Möglichkeit, externe Audits in den Produktionsstätten von Zulieferern durchzuführen, sollte idealerweise bereits vertraglich abgesichert und im Rahmen der Geschäftsbeziehung klar geregelt sein.

Entsprechend sollte auch das Third Party Management auf die gesamte Wertschöpfungskette ausgeweitet und hierbei Menschenrechts- und Umweltaspekte einbezogen werden.

Mit der zunehmenden Bedeutung der ESG-Berichterstattung rücken Datenqualität, Zuständigkeiten und interne Abstimmungsprozesse in den Fokus. Die Compliance-Funktion übernimmt hierbei eine vermittelnde und qualitätssichernde Rolle – insbesondere bei der Definition von Verantwortlichkeiten, der Abstimmung methodischer Standards, der datenschutzkonformen Erhebung sowie der Plausibilisierung von Berichtsinhalten. Die Qualität und Verlässlichkeit von ESG-Berichten kann zudem durch unabhängige Prüfungen gestärkt werden.

In Unternehmensgruppen sollte klar geregelt werden, welche Aufgaben zentral, dezentral oder arbeitsteilig wahrgenommen werden sollen. Delegationskonzepte und eindeutige Zuständigkeiten – etwa über Intercompany-Vereinbarungen – schaffen hier Transparenz. Eine funktionale Bündelung entlang der Wertschöpfung oder Risikostruktur kann zusätzlich unterstützen. Risikobasierte Maßnahmen wie Selbstauskünfte, Scoring-Modelle, Audits oder Schulungen sind dabei entlang der Lieferkette umzusetzen – unter konzeptioneller und kontrollierender Begleitung der Compliance-Funktion.

Flankierend empfiehlt sich eine tragfähige Projektstruktur mit Zeitplan, Dokumentationsstandards und klar definierten Prüfschritten. Leitfragen, die sich die mit der Umsetzung betrauten Personen stellen sollten, können beispielsweise sein: Welche Daten werden wofür und in welcher Qualität benötigt? Wie werden sie erhoben, validiert, dokumentiert und freigegeben? Welche Anforderungen müssen an eine wirksame Kontrolle und Überwachung gestellt werden?[777]

4. Förderung einer ESG-orientierten Kultur und Kommunikation

Die Förderung einer ESG-orientierten Unternehmenskultur ist ein langfristiger Erfolgsfaktor – sie zeigt sich nicht in Strategiepapieren, sondern im gelebten Alltag, in Entscheidungen und in der Art, wie im Unternehmen kommuniziert wird. Führungskräfte nehmen dabei eine Schlüsselrolle ein: Als Vorbilder und Multiplikatoren prägen sie maßgeblich, wie ESG im Unternehmen wahrgenommen und umgesetzt wird.

Die Compliance-Funktion kann den notwendigen Kulturwandel aktiv unterstützen – etwa durch die Integration ESG-relevanter Inhalte in Schulungsprogramme, die Entwicklung verbindlicher Verhaltensstandards sowie die gezielte Aufarbeitung und Kommunikation von „Lessons Learned" aus internen Untersuchungen mit ESG-Bezug. So wird ESG nicht nur vermittelt, sondern im Unternehmensalltag verankert.[778]

Konkret erfolgt dies durch zielgruppenspezifische Schulungen für Führungskräfte und Mitarbeiter – etwa zu menschenrechtlichen Sorgfaltspflichten, Greenwashing-Prävention oder nachhaltiger Beschaffung. Ergänzend können interne Kommunikationskampagnen ESG-Werte mit Unternehmenszielen verknüpfen, etwa durch Storytelling über nachhaltige Projekte

777 *Stark*, ESG-Regularien: Haftungsrisiken und Handlungsempfehlungen, in: Handelsblatt E-Book GmbH-Geschäftsführung 2025, abrufbar unter https://live.handelsblatt.com/kostenloses-e-book-gmbh-geschaeftsfuehrung-2025 (abgerufen am 29.8.2025).

778 Zur Verankerung von ESG in der Unternehmenskultur auch → Teil 3 Kap. 1.1 (*Köhler/Köppl*).

oder die Sichtbarmachung von Erfolgen im Intranet. Auch die Integration von ESG-Kriterien in Führungsleitlinien, Zielvereinbarungen und Mitarbeitergesprächen trägt zur kulturellen Verankerung bei.

Ein strukturiertes Schulungskonzept bildet dabei die Grundlage für eine wirksame Umsetzung. Neben der Vermittlung rechtlicher Grundlagen steht die Sensibilisierung für die praktische Relevanz von ESG-Fragestellungen im Vordergrund – etwa bei der Lieferantenauswahl, Produktgestaltung oder Datenauswertung. Interdisziplinäre Formate, die juristische, technische und ethische Perspektiven vereinen, fördern ein ganzheitliches ESG-Verständnis im Unternehmen. Ebenso entscheidend ist die transparente externe Kommunikation – sei es im Rahmen des Nachhaltigkeitsberichts oder durch glaubwürdige Positionierung in öffentlichen Debatten. Sie stärkt die Glaubwürdigkeit gegenüber Stakeholdern und zeigt, dass ESG nicht nur intern gelebt, sondern auch nach außen verantwortungsvoll vertreten wird.

Zugleich verändert die geopolitische Lage die ESG-Kommunikation und Unternehmenskultur. In den USA etwa ist unter dem Einfluss konservativer Bewegungen eine Gegenreaktion auf ESG- und DEI-Initiativen zu beobachten. Begriffe wie „woke" werden politisiert, Programme gezielt zurückgefahren. Diese Entwicklungen verdeutlichen, dass ESG nicht nur regulatorisch, sondern auch kulturell und gesellschaftlich verhandelt wird – mit Auswirkungen auf globale Kommunikation, Investorenanforderungen und die Erwartungen von Mitarbeitern.

Unternehmen sind daher gefordert, ihre ESG-Kommunikation differenziert, konsistent und kontextsensibel zu gestalten. Eine klare Haltung, faktenbasierte Kommunikation und glaubwürdige Umsetzung stärken nicht nur die interne Kohärenz, sondern auch die Resilienz gegenüber externer Kritik.

V. Ausblick und Fazit: ESG-Compliance im Wandel

Die ESG-Compliance befindet sich im Wandel – geprägt von einem dynamischen regulatorischen Umfeld. Neue Schwellenwerte, Anpassungen und Vereinfachungen erfordern eine kontinuierliche Beobachtung sowie eine flexible und praxisnahe Umsetzung. ESG ist dabei längst kein reines Berichtsthema mehr, sondern ein strategisches Steuerungsinstrument, das tief in die Unternehmensführung eingreift. Auch geopolitische Entwicklungen beeinflussen die ESG-Landschaft zunehmend. Hinzu kommen sich stetig überholende ESG-Risiken durch den Klimawandel, technologische Disruptionen und sich wandelnde gesellschaftliche Erwartungen. Während Künstliche Intelligenz und digitale Tools neue Möglichkeiten für ESG-Compliance eröffnen – etwa durch automatisierte Risikoanalysen oder intelligente Datenverarbeitung – entstehen zugleich neue Herausforderungen: etwa durch algorithmische Intransparenz, ethische Zielkonflikte oder die Gefahr von ESG-Washing. Unternehmen sind gefordert, diese Chancen und Risiken aktiv zu steuern.

In diesem komplexen Umfeld kann Compliance eine Schlüsselrolle einnehmen – nicht nur als Kontrollinstanz, sondern als Treiber nachhaltiger Unternehmensführung. Voraussetzung ist ein integrierter, interdisziplinärer Ansatz, der ESG in bestehende Governance-Strukturen einbettet, Silos überwindet und kulturellen Wandel fördert. Die Verankerung von ESG in Schulungen, Verhaltensstandards, Zielsystemen und der internen wie externen Kommunikation ist dabei ebenso entscheidend wie die Fähigkeit, regulatorische Anforderungen vorausschauend zu interpretieren und umzusetzen. ESG ist dabei kein Add-on, sondern ein integraler Bestandteil moderner Compliance-Arbeit.

2. Arbeitsrechtliche Umsetzung der ESG-Compliance

Imke Pikkemaat, LL. M. (Cape Town)

Während ESG-Anforderungen ursprünglich vor allem im Kontext von Investoreninteressen und Nachhaltigkeitsberichterstattung diskutiert wurden, rücken zunehmend auch arbeitsrechtliche Fragestellungen in den Fokus. Unternehmen stehen vor der Herausforderung, ESG-Ziele nicht nur strategisch zu formulieren, sondern auch in der täglichen Personalarbeit und im Umgang mit Arbeitnehmern umzusetzen. Für die Sicherstellung der ESG-Compliance bedarf es daher eines stringenten Projektmanagements mit klaren Zuständigkeiten sowie einer engen Abstimmung der Unternehmensstrategie mit den zu erzielenden Nachhaltigkeitseffekten. Ausgangspunkt für eine erfolgreiche und langfristige arbeitsrechtliche Umsetzung von ESG-Compliance muss dabei sein, genau zu prüfen, welche arbeitsrechtlichen Handlungsspielräume überhaupt bestehen. Im Folgenden werden daher die arbeitsrechtlichen Implikationen der ESG-Compliance beleuchtet, die gesetzlichen Entwicklungen aufgezeigt und praxisnahe Hinweise zur Umsetzung vorgestellt.

I. Regulatorische Anforderungen

Nicht allein gesellschaftliche Entwicklungen und öffentlicher Druck sind Treiber der Nachhaltigkeit, sondern auch regulatorische Anforderungen, insbesondere auf europäischer Ebene, zwingen Unternehmen dazu, sich intensiver mit Nachhaltigkeitsstrategien auseinanderzusetzen.

1. Initiale Vorgaben der CSRD und ESRS

Europarechtlich sind primär die nichtfinanziellen Berichtspflichten der Unternehmen zu nennen, maßgebend war insoweit die am 5.1.2023 in Kraft getretene CSRD. Sie sollte die bisher auf Grundlage der Non-Financial Reporting Directive (NFRD)[779] bestehenden Vorgaben zur nichtfinanziellen Erklärung nach §289b bzw. §315b HGB für einen erweiterten Kreis der betroffenen Unternehmen innerhalb der EU ersetzen.[780] Wozu die betroffenen großen und kapitalmarktorientierten Unternehmen inhaltlich zu berich-

779 Richtlinie (EU) 2014/95 v. 22.10.2014, ABl. L 330/1 v. 15.11.2014.
780 Näher auch *Wulf*, DStZ 2025, 200-207.

ten hätten, sollten die europäischen Nachhaltigkeitsberichtsstandards ESRS vorgeben.[781]

Die ESRS umfassen drei arbeitsrechtliche Berichtselemente: Arbeitsbedingungen („secure employment"), Chancengleichheit („equal treatment and opportunities") sowie sämtliche arbeitsbezogene Rechte („all work-related rights").

Ziel dieser Nachhaltigkeitsberichtserstattung sollte sein, Anlegern und anderen Stakeholdern eine ausreichende Informationsgrundlage zu verschaffen, um Investitionsrisiken zu bewerten, die sich aus dem Klimawandel und anderen Nachhaltigkeitsfragen ergeben. Auf Grundlage der Berichterstattung erhalten Unternehmen ESG-Ratings am Kapitalmarkt. Negative Ratings könnten dann zum einen dazu führen, dass andere Unternehmen künftig ihre Zusammenarbeit mit „ESG-Sündern" überdenken und zum anderen bewirken, dass den jeweiligen Unternehmen schlechtere Kondition am Kapitalmarkt drohen.[782]

Einheitliche Berichtsstandards zu Nachhaltigkeitskriterien verbessern schließlich auch die Vergleichbarkeit von Unternehmen für potenzielle Arbeitnehmer – und wirken sich damit unmittelbar auf deren Außenwahrnehmung und Arbeitgeberattraktivität aus.

Die CSRD hätte formal bis zum 6.7.2024 in nationales Recht umgesetzt werden müssen. Dies ist bisher jedoch nicht erfolgt.

2. Erstes Omnibus-Paket zur Lockerung der Pflichten u. a. der CSRD

Der Großteil der Vorgaben der CSRD ist mittlerweile vermutlich jedoch aufgrund des Entwurfs des ersten Omnibus-Pakets der EU-Kommission vom 26.2.2025 zur Vereinfachung der ESG-Berichtspflichten ohnehin überholt.

Künftig sollen nur noch Unternehmen zur Nachhaltigkeitsberichterstattung nach der CSRD verpflichtet sein, die mehr als 1.000 Mitarbeiter beschäftigen und zusätzlich bestimmte finanzielle Schwellenwerte überschreiten – konkret 50 Mio. EUR Umsatz oder 25 Mio. EUR Bilanzsumme. Diese Anhebung der Schwellenwerte würde rund 80 % der bislang berichtspflichtigen Unternehmen von der Pflicht entbinden und damit erheblich entlasten.

Zudem verschiebt die am 17.4.2025 als Teil des Omnibus-Pakets I in Kraft getretene sog. „Stop-the-Clock"-Richtlinie[783] den Startzeitpunkt der Berichtspflicht nach CSRD für die betroffenen großen Unternehmen auf das

781 Hierzu → Teil 1, Kap. 2.1 (*Flöter*), unter I.3.
782 *Flöter/Heimann*, ArbRB 2023, 86, 87.
783 Richtlinie (EU) 2025/794 v. 16.4.2025, ABl. L v. 16.4.2025.

Geschäftsjahr 2027 (statt 2025). Kapitalmarktorientierte KMU starten erst ab dem Jahr 2028 (statt 2026). Damit soll ihnen mehr Zeit zur Vorbereitung auf die neuen Anforderungen eingeräumt werden. Parallel dazu plant die EU-Kommission eine Vereinfachung der europäischen Berichtsstandards. Die Anzahl verpflichtender Angaben soll reduziert, sektorspezifische Standards gestrichen und der Fokus stärker auf wesentliche, quantitative Informationen gelegt werden.

Die Umsetzung des Omnibus-Pakets I schreitet zügig voran. Die zeitliche Entlastung ist bereits beschlossen, während die inhaltlichen Änderungen noch im Gesetzgebungsverfahren sind. Es besteht insoweit daher für die betroffenen Unternehmen weiterhin die Unsicherheit, welche ESG-Berichtspflichten sie künftig konkret zu erfüllen haben. Zugute kommt den Unternehmen jedoch ein Zeitgewinn für die Überarbeitung ihrer ESG-Strategie, die bestmöglich genutzt werden sollte, um Prozesse zu etablieren und sich auf etwaige Berichtspflichten vorzubereiten.

3. Vorgaben des LkSG und des HinSchG

Gleichzeitig sind Unternehmen aufgrund des am 1.1.2023 in Kraft getretenen LkSG verpflichtet, die Einhaltung von Menschenrechten und Umweltschutz im Rahmen ihrer weltweiten Lieferketten zu überprüfen.[784]

Weitere regulatorische Anforderungen für Unternehmen werden durch das am 2.7.2023 in Kraft getretene Hinweisgeberschutzgesetz (HinSchG) vorgegeben. Es sieht für Arbeitgeber mit mindestens 50 Beschäftigten in § 12 HinSchG die Einrichtung eines internen Meldesystems zur Meldung und Offenlegung der in § 2 HinSchG genannten Informationen vor, wobei das in § 36 Abs. 1 HinSchG statuierte Verbot von Benachteiligung der hinweisgebenden Personen das zentrale Schutzelement des HinSchG darstellt.[785]

II. Arbeitsrechtliche Umsetzung

Trotz des momentanen Schwebezustands in Bezug auf den Umfang der Nachhaltigkeitsberichtspflicht gemäß CSRD sind Unternehmen gut beraten, frühzeitig die arbeitsrechtliche Umsetzung der ESG-Compliance anzugehen.

---

784 → Teil 4, Kap. 2.1 (*Groß*), unter II.1.

785 Näher *Lachmann/Hößl*, DB 2023, 1734, 1738.

1. Planung der ESG-Compliance

Wie bei jedem komplexen Vorhaben ist auch bei der erstmaligen Einführung eines ESG-Compliance-Programms eine sorgfältige Planung unerlässlich. Es braucht eine klare Struktur – sowohl inhaltlich als auch zeitlich –, um die einzelnen Maßnahmen sinnvoll zu ordnen, Verantwortlichkeiten zu definieren und realistische Meilensteine zu setzen. Nur so lässt sich sicherstellen, dass das Projekt effizient gesteuert und erfolgreich umgesetzt werden kann. Im Personalbereich stellt sich vorrangig die Frage, wie arbeitsrechtliche Rahmenbedingungen und HR-Prozesse gezielt mit Nachhaltigkeitsaspekten verknüpft werden können, um einen konkreten Beitrag zur übergeordneten ESG- bzw. Nachhaltigkeitsstrategie des Unternehmens zu leisten.[786] Aus der Gesamtstrategie lässt sich dabei eine spezifische Teilstrategie für den HR-Bereich ableiten, die auf die Besonderheiten der Personalarbeit zugeschnitten ist.

Eine universell gültige Nachhaltigkeitsstrategie für HR gibt es jedoch nicht. Vielmehr muss der Veränderungsprozess individuell gestaltet werden – unter Berücksichtigung bestehender, dem jeweiligen Unternehmen eigenen Strukturen, Unternehmenskultur und rechtlicher Rahmenbedingungen. Gleichzeitig muss er den Anforderungen einer zukunftsfähigen Arbeitswelt gerecht werden, etwa im Hinblick auf Diversität, Flexibilität und Transparenz. Die zentrale Herausforderung besteht darin, potenziell widersprüchliche Interessen – wie wirtschaftliche Effizienz, soziale Verantwortung und regulatorische Vorgaben – in ein ausgewogenes Verhältnis zu bringen.

Die arbeitsrechtlichen Themengebiete mit ESG-Bezug beschränken sich dabei nicht auf den wohl am häufigsten in diesem Zusammenhang genannten Aspekt des Arbeitnehmerschutzes, insbesondere in Form des Menschenrechts-, Persönlichkeits- und Gesundheitsschutzes, sondern sind weitaus vielfältiger.

Primär (aber nicht ausschließlich) sollten daher die folgenden Arbeitsbedingungen mit ESG-Bezug in die Prüfung aufgenommen werden[787]:

a) Vergütungsgestaltung und -entwicklung, gekoppelt an Nachhaltigkeits-KPIs

Eine nachhaltige Unternehmensstrategie kann nur dann wirksam umgesetzt werden, wenn sie im Arbeitsalltag verankert ist und von den Mitarbeitern aktiv mitgetragen wird. In diesem Zusammenhang spielt die Vergütungsgestaltung als strategisches Steuerungsinstrument eine zentrale Rolle – ins-

786 Hierzu → Teil 4, Kap. 1.1 (*Stark/Buroh*), unter IV. und → Teil 3, Kap. 2.4 (*v. Rundstedt*) unter III.

787 Hierzu *Flöter/Heimann*, ArbRB 2023, 86, 87; *Lachmann/Hößl*, DB 2023, 1734-1738.

besondere dann, wenn finanzielle Anreize gezielt an ökologische Zielsetzungen geknüpft werden. So können umweltbezogene Zielvorgaben, etwa zur CO_2-Reduktion oder Ressourcenschonung, Bestandteil individueller Zielvereinbarungen im Rahmen von variabler Vergütung werden. Auch alternative Formen der Incentivierung wie Nachhaltigkeitspauschalen oder Prämien für umweltfreundliche Innovationen können sinnvolle Bestandteile der ESG-orientierten Vergütungsstrategie sein. Nachhaltigkeits-KPIs sind dabei so zu gestalten, dass sowohl Interessen der Stakeholder als auch der Beschäftigten abgebildet werden und gleichzeitig die unternehmensstrategischen Zielsetzungen Ausdruck finden.[788]

Ebenso zu beachten sein werden die Vorgaben der ETRL[789], welche bis Juni 2026 in nationales Recht umgesetzt werden muss und Unternehmen zur Offenlegung geschlechtsspezifischer Entgeltunterschiede und Einführung transparenter Vergütungsstrukturen verpflichtet.

b) Flexible Arbeitszeit- und Arbeitsortmodelle

Flexible Arbeitszeitmodelle leisten neben individuellen Gestaltungsmöglichkeiten für Beschäftigte auch einen Beitrag zur Nachhaltigkeit. In der Praxis steht dabei weniger die tatsächliche Arbeitszeit im Fokus, sondern vielmehr der Arbeitsweg. Dieser lässt sich besonders dann nachhaltig gestalten, wenn er durch Homeoffice oder mobiles Arbeiten ganz entfällt und damit verbundene Emissionen reduziert werden – unabhängig vom gewählten Verkehrsmittel. Auch wenn die Einführung von Homeoffice etwa in reinen Produktionsbetrieben nicht umsetzbar ist, kann dennoch durch eine flexiblere Gestaltung der Schichtpläne ein Beitrag zur Nachhaltigkeit geleistet werden.

c) Mitarbeitermobilität

Auch die Unterstützung nachhaltiger Mobilität („Green Mobility") – wie die Einführung von Jobrädern, E-Fahrzeugen oder Zuschüssen für den öffentlichen Nahverkehr (Jobtickets) – sind Teil einer modernen, nachhaltigkeitsorientierten Vergütungspolitik. Die Förderung der Nutzung klimafreundlicher Verkehrsmittel fördert nicht nur den Klimaschutz, sie trägt auch zur Steigerung der Arbeitgeberattraktivität bei. So bleibt beispielsweise die Gewährung eines Dienstrades nach § 3 Nr. 37 Einkommenssteuergesetz (EstG) steuerfrei, sofern es zusätzlich zum ohnehin geschuldeten Arbeitslohn zur

---

788 Hierzu näher *Döring/Mayer*, DB Beilage 02/2022, 31, 31; *Heimann/Flöter*, ESG 2022, 138, 141; → Teil 1 Kap. 2.6 (*Häußer*), unter II.2 und → Teil 1 Kap. 2.1 (*Flöter*), unter III. sowie → Teil 1 Kap. 2.2 (*Gerdom*), unter III.

789 Richtlinie (EU) 2023/970 v. 10.5.2023, ABl. L 132/21 v. 17.5.2023.

Verfügung gestellt wird und wirkt dadurch gleichzeitig als steuerfreundliche Gehaltserhöhung.[790]

d) Verhaltensvorgaben

Unternehmen können im Rahmen von Codes of Conduct bzw. Codes of Ethics Vorgaben zu nachhaltigem Verhalten ihrer Arbeitnehmer machen, etwa zur Abfallvermeidung, zum Energiesparen, zur Verwendung umweltschonender Betriebsmittel oder zur Antidiskriminierung.

e) Betriebliche Altersversorgung

Die Wahl einer ESG-konformen Anlagepolitik im Rahmen der betrieblichen Altersversorgung etwa über unternehmenseigene Fonds bzw. Versicherungsprodukte mit nur nachhaltigen Anlagezielen kann ebenso zur Nachhaltigkeitsförderung beitragen.[791]

f) Qualifizierungsmaßnahmen

Kontinuierliche Weiterbildung eröffnet Unternehmen nicht nur neue Entwicklungschancen, sondern leistet einen wesentlichen Beitrag zur Transformation. Indem Arbeitnehmer gezielt für ökologische, soziale und digitale Herausforderungen qualifiziert werden, stärken Unternehmen ihre Zukunftsfähigkeit und fördern eine verantwortungsvolle, ESG-orientiere Unternehmenskultur.[792]

g) Gewährleistung von gesellschaftlicher Vielfalt im Führungskreis und in der Belegschaft (Diversity Monitoring, Recruiting)

Vielfalt in der Belegschaft kann durch Diversity-Kennzahlen messbar und steuerbar gemacht werden. Im Rahmen des Recruiting kann z. B. die Nutzung von Künstlicher Intelligenz in Erwägung gezogen werden.[793]

2. Analysephase

Notwendige Voraussetzung für die konkrete Umsetzung der ESG-Compliance ist zunächst eine dezidierte Analyse zum Ist-Zustand. Im Personalbereich sind dies insbesondere die folgenden Aspekte:

---

790 Näher *Lachmann/Hößl*, DB 2023, 1734, 1735 f.

791 *Heimann/Flöter*, AuA 07/2022, 46 ff.; hierzu näher *Döring/Rawe*, DB Beilage 02/2023, 34-36.

792 → Teil 3 Kap. 2.3 (*Lösch*), unter IV.

793 Hierzu näher *Thomas/Mattheus*, ESG 2024, 69, 71 f.

a) Bestehende Rahmenbedingungen

Es muss ermittelt werden, welche Rahmenbedingungen aktuell im Unternehmen bestehen in Form von

- Regulatorik,
- Tarifverträgen,
- Betriebsvereinbarungen oder
- einseitigen Vorgaben der Unternehmensleitung wie etwa Richtlinien oder anderweitig gestalteten Nachhaltigkeitsstrategien.

Sind die bestehenden Bedingungen ermittelt, lohnt es sich, diese auf ihre jeweilige Nachhaltigkeitsrelevanz zu prüfen – inwiefern sie also tatsächlich zur Nachhaltigkeit im Unternehmen beitragen. Denn nicht jede freiwillige Leistung, die auf den ersten Blick vorteilhaft für die Arbeitnehmer erscheint, erfüllt automatisch nachhaltige Kriterien – manche können sogar kontraproduktive Anreize setzen.

Viele Unternehmen evaluieren ihre Benefit-Strukturen regelmäßig, etwa auf Basis von Nutzungshäufigkeit oder Rückmeldungen aus der Belegschaft, und streichen wenig genutzte Angebote. Was dabei jedoch oft fehlt, ist eine gezielte Analyse, welche geldwerten oder sachbezogenen Leistungen konkret dazu beitragen, qualifizierte Fachkräfte zu gewinnen, langfristig zu binden und ihnen faire, zukunftsfähige Arbeitsbedingungen zu bieten. Hilfreich kann im Rahmen der Beurteilung der Wirksamkeit möglicher Maßnahmen in konkreten Einzelfällen auch die direkte Einbindung der Beschäftigten (etwa in Gestalt von Mitarbeiterbefragungen unter Beachtung des Datenschutzrechts) sein.[794]

Eine solche Bewertung sollte nicht nur auf Effizienz, sondern auch auf Wirkung im Sinne der ESG-Ziele ausgerichtet sein – etwa in Bezug auf soziale Gerechtigkeit, Gesundheitsförderung oder ökologische Verantwortung.

b) Beachtung der ESG-Berichtspflichten

Nicht aus den Augen lassen sollten insbesondere potenziell berichtspflichtige Unternehmen – sei es unmittelbar nach CSRD oder aufgrund freiwilliger Selbstverpflichtung – die weitere Entwicklung und Ausgestaltung der ESG-Berichtspflichten im Rahmen der Omnibus-Verordnung, um die kommende Berichterstattung frühzeitig mithilfe der benötigten Ressourcen und Prozesse vorzubereiten.

---

794 Hierzu näher *Flöter/Heimann*, ArbRB 2023, 86, 88.

c) Betroffene Beteiligungsrechte, insbesondere des Betriebsrats

Der weitere nicht zu vernachlässigende Aspekt ist die Prüfung der Beteiligungsrechte von Betriebsrat, Aufsichtsrat und Gewerkschaften.[795]

Ein allgemeines Mitbestimmungsrecht bei der Einführung und Umsetzung einer nachhaltigen und sozial verantwortlichen Unternehmensstrategie und -politik gibt es nicht. Allerdings gehört die Überwachung der Einhaltung von Schutzvorschriften zugunsten der Arbeitnehmer nach § 80 Abs. 1 Nr. 1 BetrVG zu den allgemeinen Aufgaben des Betriebsrats. Hiervon sind auch ESG-relevante Vorgaben in Tarifverträgen, Betriebsvereinbarungen, Gesetzen oder Verordnungen umfasst.[796] Zu seinen allgemeinen Aufgaben zählt ebenso die Förderung einiger Nachhaltigkeitsthemen, wie beispielsweise der Durchsetzung der tatsächlichen Gleichstellung von Frauen und Männern (§ 80 Abs. 1 Nr. 2a BetrVG) und Maßnahmen des Arbeitsschutzes und des betrieblichen Umweltschutzes (§ 80 Abs. 1 Nr. 10 BetrVG). Zur effektiven Durchführung dieser Aufgabe hat der Arbeitgeber den Betriebsrat nach § 80 Abs. 2 Satz 1 und Satz 2 BetrVG rechtzeitig und umfassend zu unterrichten sowie ihm auf Verlangen die erforderlichen Unterlagen zur Verfügung zu stellen. Weiter konkretisiert werden die allgemeinen Pflichten des Betriebsrats und des Arbeitgebers hinsichtlich des Arbeits- und betrieblichen Umweltschutzes in § 89 BetrVG.[797]

Kommt es zur Umsetzung konkreter Maßnahmen mit Nachhaltigkeitsbezug, kann dies auch die Auslösung zwingender Mitbestimmungsrechte des Betriebsrats nach Maßgabe des § 87 Abs. 1 BetrVG zur Folge haben. Beispielhaft kommen etwa die folgenden, das zwingende Mitbestimmungsrecht des Betriebsrats auslösenden, Maßnahmen in Betracht[798]:

- Die Aufnahme von Nachhaltigkeitsaspekten in die Vergütungsgestaltung des Unternehmens, etwa in Gestalt von Zusatzprämien im Tarifbereich oder Aufnahme umweltfördernder Ziele in Zielvereinbarungen, betreffen die betriebliche Lohngestaltung und unterliegen damit dem Mitbestimmungsrecht des Betriebsrats gemäß § 87 Abs. 1 Nr. 10 BetrVG. Auch die angesprochenen möglichen Maßnahmen im Bereich „Green Mobility" unterliegen diesem Mitbestimmungsrecht des Betriebsrats, da es sich um geldwerte Vorteile handelt, die die Vergütung im weiteren Sinne betreffen.
- Sofern im Rahmen von Codes of Conduct bzw. Codes of Ethics bestimmte Verhaltensvorgaben zum (betrieblichen) Ordnungsverhalten wie etwa zur Abfallvermeidung, zum Energiesparen oder zur Verwendung umweltschonender Betriebsmittel gemacht werden, ist ebenfalls regelmäßig das

795 → Teil 2 Kap. 2.3 (*Lohmann*), unter IV.
796 Hierzu *Heimann/Flöter*, ESG 2022, 138, 140.
797 Näher *Niklas*, ArbRB 2022, 269-272.
798 Näher *Heimann/Flöter*, ESG 2022, 138-144; *Niklas*, ArbRB 2022, 269-272.

Mitbestimmungsrecht des Betriebsrats nach § 87 Abs. 1 Nr. 1 BetrVG zu beachten.
- Im Falle der Einführung des Diversity oder Mobility Monitorings mittels IT-Tools steht dem Betriebsrat nach § 87 Abs. 1 Nr. 6 BetrVG ein Mitbestimmungsrecht zu, sofern dies zu der Möglichkeit einer Verhaltens- und Leistungskontrolle der Arbeitnehmer führt.

3. Gestaltungsmöglichkeiten

Um die ESG-Ziele wirksam in bestehende HR- und arbeitsrechtliche Strukturen zu integrieren, ist es entscheidend, die gefundenen bestehenden Regelungen gezielt zu überprüfen und gegebenenfalls anzupassen oder abzulösen. Dabei kommt es auf drei zentrale Faktoren an: die richtige Regelungsebene (z. B. Tarifvertrag, Betriebsvereinbarung, Vertrag, Richtlinie), das passende Gestaltungsmittel (etwa Kündigungsoptionen, Vorbehalte oder Anpassungsklauseln) sowie eine durchdachte Verhandlungsstrategie. Orientieren können sich Unternehmen insoweit an den folgenden Fragen:
- Bestehen Widerrufs- oder Freiwilligkeitsvorbehalte?
- Ist eine Änderungskündigung oder eine Beendigungskündigung erforderlich?
- Liegt ein Wegfall der Geschäftsgrundlage vor oder ist eine Anpassung möglich?
- Kann eine transformierte Regelung durch eine neue kollektive Vereinbarung ersetzt werden?
- Ist eine sogenannte „Überkreuzablösung“[799] denkbar?
- Ist eine einvernehmliche Neuregelung realistisch?
- Führt die neue Regelung zu einer erstmaligen Mitbestimmungspflicht?
- Soll außerhalb der zwingenden Mitbestimmung eine freiwillige Betriebsvereinbarung geschlossen werden – beispielsweise zu Belangen des betrieblichen Umweltschutzes (§ 88 Abs. 1a BetrVG)?
- Wird der arbeitsrechtliche Gleichbehandlungsgrundsatz berührt?[800]

Gerade bei komplexen Regelungsvorhaben, bei denen mehrere Beteiligte – etwa verschiedene Betriebsratsgremien oder auch Gewerkschaften – eingebunden werden müssen, empfiehlt es sich, frühzeitig einen strukturierten Verhandlungsrahmen zu schaffen. Der Abschluss eines ESG Cooperation Agreements[801] kann an dieser Stelle helfen, einen belastbaren Fahrplan zu

799 Überkreuzablösung meint die Ablösung tarifvertraglicher Regelungen durch eine Betriebsvereinbarung.
800 *Flöter/Heimann*, ArbRB 2023, 86, 89.
801 → Teil 3 Kap. 1.2 (*Heuer*), unter III.

entwickeln, der auch Eskalationsszenarien und mögliche Veränderungen der tatsächlichen Rahmenbedingungen berücksichtigt.[802]

4. Umsetzung

Die Umsetzung eines ESG-Compliance-Projekts zeigt in der Praxis immer wieder: Wer versucht, zu viele Themen gleichzeitig anzugehen, riskiert das Scheitern des gesamten Vorhabens. Selbst wenn die Unternehmensseite dies organisatorisch noch bewältigen kann, geraten insbesondere Mitbestimmungsgremien schnell an ihre Belastungsgrenzen. Die Folge: Prozesse werden blockiert oder verzögern sich erheblich.

Daher ist eine klare Priorisierung der Themen essenziell. Gleichzeitig sollte das Projektteam flexibel genug bleiben, um auf Veränderungen reagieren zu können – etwa, wenn ein parallellaufendes Projekt kurzfristig Vorrang erhält und zügig abgestimmt werden muss.

Ein weiterer Erfolgsfaktor ist die zielgerichtete Kommunikation: Neue Regelungen sollten verständlich und nachvollziehbar erklärt werden, wobei zentrale Anreize klar hervorgehoben, aber nicht übermäßig verbindlich formuliert werden sollten. Ebenso wichtig ist das richtige Timing – abhängig von der aktuellen Stimmungslage im Unternehmen und abgestimmt mit den beteiligten Gremien.

In der Praxis hat sich zudem bewährt, die interne Kommunikation frühzeitig einzubinden – oder bei Bedarf externe Kommunikationsexperten hinzuzuziehen. So lassen sich Inhalte professionell aufbereiten und zielgruppengerecht vermitteln, was die Akzeptanz und Umsetzung deutlich erleichtert.

5. Evaluation

Nicht zu vernachlässigen ist der Aspekt der ständigen Evaluation der getroffenen Regelungen. Nachhaltigkeit ist kein statischer Zustand – was heute als nachhaltig gilt, kann morgen bereits überholt sein, und umgekehrt.[803] Deshalb sind Unternehmen gut beraten, ihre Strategien regelmäßig zu überprüfen und regulatorische Entwicklungen kontinuierlich zu beobachten. Nur so lässt sich sicherstellen, dass die eigene Positionierung auch künftig den Anforderungen an verantwortungsvolles Handeln gerecht wird. Werden in der Umsetzungsphase frühzeitig durchdachte und praxistaugliche Regelungen getroffen – etwa in Form klarer Zuständigkeiten, flexibler Prozesse oder

---

802 Näher auch *Heimann/Heuer*, ESGZ 05/2022, 18 ff.

803 Beispielhaft zur Einordnung der Rüstungsindustrie vor und nach dem Ukraine-Krieg *Graewe*, BB 2023, 262.

belastbarer Kontrollmechanismen – ist bereits ein wesentlicher Schritt in Richtung nachhaltiger Unternehmensführung getan.

III. Fazit

Die ESG-Compliance wird das Arbeitsrecht auch in Zukunft prägen. Mit der schrittweisen Umsetzung der CSRD und der CSDDD in nationales Recht entstehen neue Berichtspflichten und Kontrollmechanismen. Unternehmen sind gut beraten, ESG nicht nur als regulatorische Pflicht, sondern als Chance zur nachhaltigen Transformation zu begreifen. Die Rolle der HR-Abteilungen wird dabei weiter an Bedeutung gewinnen – als Schnittstelle zwischen Unternehmensstrategie, Compliance und gelebter Unternehmenskultur. Dabei sind die Möglichkeiten, die ESG-Compliance arbeitsrechtlich umzusetzen, mannigfach. Nicht unterschätzen sollten Unternehmen dabei, dass die Nachhaltigkeitswende ein Marathon, kein Sprint ist. Einzelne, nicht aufeinander abgestimmte Maßnahmen zur ESG-Umsetzung führen in der Praxis häufig zu Inkonsistenzen und bergen erhebliche rechtliche Risiken – etwa durch Verstöße gegen Mitbestimmungsrechte, unklare Verantwortlichkeiten oder mangelnde Dokumentation. Stattdessen ist es aus unternehmerischer Sicht ratsam, eine integrierte Nachhaltigkeitsstrategie zu entwickeln, die sowohl rechtlich belastbar als auch operativ umsetzbar ist. Diese Strategie sollte in konkrete Handlungsfelder übersetzt und durch ein strukturiertes Projektmanagement begleitet werden – idealerweise mit klaren Zuständigkeiten, messbaren Zielen und regelmäßigen Review-Prozessen. In der Praxis bewährt sich ein interdisziplinärer Ansatz, bei dem HR, Rechtsabteilung, Nachhaltigkeitsmanagement und Betriebsrat frühzeitig eingebunden werden.

Erforderlich ist hierzu sicherlich zum einen die entsprechende Unterstützung aller Stakeholder und zum anderen ein offenes Mindset aller Beteiligten mit der Bereitschaft, kontinuierlich auf neue rechtliche Anforderungen und tatsächliche Veränderungen zu reagieren. Nur dann kann die Nachhaltigkeitswende den Mehrwert schaffen, den sie verspricht.

Kapitel 2 – Nachhaltigkeit in der Lieferkette

1. Umsetzung des Lieferkettensorgfaltspflichtengesetzes (LkSG)

Ferdinand Groß[804]

Die Achtung von Menschenrechten und Umweltstandards entlang globaler Lieferketten ist längst kein freiwilliges Anliegen gesellschaftlich engagierter Unternehmen mehr, sondern gesetzlich verankerte Pflicht. Mit dem am 1.1.2023 in Kraft getretenen LkSG hat der deutsche Gesetzgeber eine rechtlich verbindliche Grundlage geschaffen, um Unternehmen zur Einhaltung menschenrechtlicher und umweltbezogener Sorgfaltspflichten zu verpflichten – auch und gerade außerhalb des eigenen Betriebs. Trotz anhaltender Kritik und der im Koalitionsvertrag angekündigten Ablösung durch ein international ausgerichtetes Folgegesetz bleibt das LkSG derzeit geltendes Recht. Der folgende Beitrag zeigt, welche rechtlichen Anforderungen Unternehmen beachten müssen, wie die praktische Umsetzung gelingen kann und welche Faktoren entscheidend sind, um den regulatorischen Anforderungen nicht nur formell, sondern auch inhaltlich gerecht zu werden.

I. Hintergrund und aktueller Stand

Das LkSG verpflichtet seit dem 1.1.2023 in Deutschland ansässige Unternehmen von bestimmter Größe, ihren gesetzlichen Sorgfaltspflichten in Bezug auf Menschenrechte und Umwelt innerhalb der Lieferkette nachzukommen sowie entsprechende Maßnahmen zu implementieren. Die gesetzlich geforderte Umsetzung umfasst insbesondere die Einrichtung eines wirksamen Risikomanagementsystems, die regelmäßige Durchführung von Risikoanalysen, die Verabschiedung einer Grundsatzerklärung, die Implementierung von Präventions- und Abhilfemaßnahmen sowie eine transparente Berichterstattung.

Anstatt die europäische Lieferkettenrichtline CSDDD vom 13.6.2024[805], die am 25.7.2024 in Kraft trat, abzuwarten, setzte der deutsche Gesetzgeber mit dem LkSG damit frühzeitig rechtliche Rahmenbedingungen für die Stärkung von Menschenrechts- und Umweltstandards in globalen Lieferketten. Nachdem das LkSG bereits vor seiner Verabschiedung auf erhebliche Vorbehalte,

804 Der Autor dankt Rechtsreferendar *Dr. Yannick Peisker* für wertvolle Vorarbeit bei der Erstellung dieses Beitrages.

805 RL (EU) 2024/1760 v. 13.6.2024, ABl. 2024/1760 v. 5.7.2024.

v. a. in der Wirtschaft und bei Verbänden, stieß,[806] unterliegt das Gesetz auch mehr als zweieinhalb Jahre nach Inkrafttreten erheblichen Kritikpunkten. Moniert werden v. a. die bürokratische Überlastung und Kostenbelastung der Unternehmen.[807] Dies hat letztlich auch dazu geführt, dass die Bundesregierung ausweislich des Koalitionsvertrags für die 21. Legislaturperiode als Teil des „Sofortprogramms für Bürokratieabbau" das LkSG abschaffen und durch ein „Gesetz über die internationale Unternehmensverantwortung" ersetzen möchte.[808] Dieses neue Gesetz soll zugleich die CSDDD „bürokratiearm und vollzugsfreundlich umsetzen". Ein konkreter Zeitrahmen für dieses Vorhaben ist nicht bekannt.

Bis auf Weiteres bleibt das LkSG daher geltendes Recht und ist umzusetzen. Dies auch vor dem Hintergrund, dass Deutschland nach derzeitigem Stand noch bis zum 26.7.2027 Zeit hat, die CSDDD in nationales Recht umzusetzen.[809]

II. Geforderte Umsetzungstiefe und -zielrichtung des LkSG

1. Anwendungsbereich des LkSG

Das Gesetz ist nach § 1 Abs. 1 LkSG auf alle im Inland ansässigen Unternehmen ungeachtet ihrer Rechtsform anzuwenden, die in der Regel mindestens 3.000 Arbeitnehmer beschäftigen. Seit dem 1.1.2004 wurde der Schwellenwert auf 1.000 Arbeitnehmer abgesenkt. Bei der Berechnung der Arbeitnehmerzahl sind auch Leiharbeitnehmer zu berücksichtigen, wenn ihre Einsatzdauer sechs Monate übersteigt, § 1 Abs. 2 LkSG. Bei verbundenen Unternehmen i. S. d. § 15 Aktiengesetz (AktG) findet eine Zurechnung der im Inland beschäftigten Arbeitnehmer sämtlicher konzernangehöriger Unternehmen – unabhängig davon, ob diese Unternehmen ebenfalls ihren Sitz in Deutschland haben[810] – zur in Deutschland ansässigen Konzernspitze

806 *Börner,* BGA v. 3.3.2021, https://bga.de/presse/pressemitteilung/lieferkettengesetz-im-hauruckverfahren-schadet-dem-mittelstand/ (abgerufen am 29.8.2025).

807 Statt vieler: Welt v. 2.10.2024, https://www.welt.de/politik/deutschland/article253819876/Beim-Lieferkettengesetz-sei-man-voellig-falsch-abgebogen-sagt-Habeck.html (abgerufen am 29.8.2025); IHK Düsseldorf v. August 2024, https://www.ihk.de/duesseldorf/aussenwirtschaft/lieferkettengesetz/lksg-unternehmensumfrage-2024-6186706 (abgerufen am 29.8.2025).

808 CDU, CSU, SPD, Koalitionsvertrag für die 21. Legislaturperiode, Rn. 1909, https://www.koalitionsvertrag2025.de/sites/www.koalitionsvertrag2025.de/files/koav_2025.pdf (abgerufen am 29.8.2025).

809 RL (EU) 2025/794 v. 14.4.2025, ABl. L, 2025/794 v. 16.4.2025.

810 *Johann/Wildfeuer*, in: Johann/Sangi, HK-LkSG, § 1 Rn. 35-40; *Valdini* BB 2021, 2955, 2956.

statt, § 1 Abs. 3 LkSG. Eine „absorbierende Zurechnung“ findet dabei nicht statt, d. h. dass ein Konzernunternehmen im Rahmen des Anwendungsbereichs des LkSG, das selbst die Schwellenwerte überschreitet, selbst Regelungsadressat des LkSG bleibt.[811]

2. Lieferkette und menschenrechts- und umweltbezogene Pflichten

Die Lieferkette im Sinne des LkSG bezieht sich auf alle Produkte und Dienstleistungen eines Unternehmens und umfasst alle Schritte im In- und Ausland zur Herstellung der Produkte bzw. Erbringung der Dienstleistung, § 2 LkSG. Erfasst sind dabei nicht nur das Handeln des Unternehmens im eigenen Geschäftsbereich und das Handeln des unmittelbaren Zulieferers, sondern auch das Handeln des mittelbaren Zulieferers. Die Lieferkette beginnt mit der Gewinnung der Rohstoffe und endet mit der Lieferung an den Endkunden.

Geschützte Rechtspositionen im Sinne des Gesetzes ergeben sich aus den in Anlage 1 zum Gesetz aufgeführten internationalen Abkommen zum Schutz der Menschenrechte. Dabei sollen sich die unternehmerischen Sorgfaltspflichten auf menschenrechtliche und umweltbezogene Risiken beziehen, § 3 Abs. 1 LKSG. Diese Risiken werden im LkSG als ein Zustand umschrieben, bei dem auf Grund tatsächlicher Umstände mit hinreichender Wahrscheinlichkeit eine Verletzung u. a. der folgenden Verbote droht (§ 2 Abs. 2, 3 LkSG):

- Verbot der Beschäftigung eines Kindes unter dem zulässigen Mindestalter von mindestens 15 Jahren oder dem Alter, in dem die Schulpflicht endet
- Verbot der Beschäftigung von Personen in Zwangsarbeit
- Verbot aller Formen der Sklaverei, insbesondere auch der Zwangs- oder Pflichtrekrutierung von Kindern für den Einsatz in bewaffneten Konflikten
- Verbot der Missachtung von Pflichten des Arbeitsschutzes und der Koalitionsfreiheit
- Verbot der Ungleichbehandlung in Beschäftigung, bspw. in Bezug auf Behinderung, sexuelle Orientierung, Alter, Geschlecht, Religion, Weltanschauung oder Entgeltgleichheit
- Verbot des Vorenthaltens eines angemessenen Lohns, mindestens jedoch des Mindestlohns

811 *Kieninger*, in: BeckOGK, LkSG § 1 Rn. 124.

- Verbot der Herbeiführung einer schädlichen Bodenveränderung, Gewässer- oder Luftverunreinigung, Lärmemission oder übermäßigen Wasserverbrauchs
- Verbot der widerrechtlichen Zwangsräumung und Enteignung
- Verbot der Herstellung von mit Quecksilber versetzten Produkten bzw. Verwendung von Quecksilber im Herstellungsprozess
- Verbot der Produktion und Verwendung von persistenten organischen Schadstoffen
- Verbot der nicht umweltgerechten Handhabung, Sammlung, Lagerung und Entsorgung von Abfällen

3. Sorgfalts- und Handlungspflichten für Unternehmen

Unternehmen sind nach § 3 Abs. 1 Satz 1 LkSG dazu verpflichtet, in ihren Lieferketten die menschenrechtlichen und umweltbezogenen Sorgfaltspflichten „in angemessener Weise" zu beachten. Hieraus ergeben sich unmittelbare Handlungspflichten für Unternehmen. Dabei verpflichtet das LkSG Unternehmen nicht nur dazu, formale Strukturen zu schaffen, sondern verlangt eine tatsächliche und tiefgreifende Integration der Sorgfaltspflichten in die unternehmensinternen Abläufe. Die gesetzlich geforderte Umsetzungstiefe zeigt sich insbesondere darin, dass die Maßnahmen nicht isoliert, sondern als Teil eines kohärenten und wirksamen Risikomanagementsystems zu verstehen sind.

Die einzelnen Sorgfaltspflichten (§§ 4 – 10 LkSG) bilden aufeinander aufbauende und miteinander verzahnte Verfahrensschritte, wobei die Risikoanalyse (§ 5 LkSG) als zentraler Ausgangspunkt dient. Auf deren Grundlage sollen menschenrechtliche Risiken im eigenen Geschäftsbereich sowie bei unmittelbaren Zulieferern identifiziert, bewertet und priorisiert werden.[812]

Stellt das Unternehmen im Rahmen der Risikoanalyse ein Risiko fest, sind wirksame Präventions- (§ 6 LkSG) und Abhilfemaßnahmen (§ 7 LkSG) festzulegen und auszuführen. Wesentlicher Bestandteil der Präventionsmaßnahmen bildet dabei die von der Unternehmensleitung abzugebende Grundsatzerklärung zur Menschenrechtsstrategie (§ 6 Abs. 2 Satz 1 LkSG), da darin insbesondere die Verfahren des Risikomanagements, der Risikoanalyse und der Präventionsmaßnahmen im eigenen Geschäftsbereich und gegenüber unmittelbaren Zulieferern zu beschreiben sind. Die geforderten Präventivmaßnahmen zeigen nicht nur, dass die Lieferantenverträge und -kodizes anzupassen und zu erweitern sind. Auch innerhalb des Unternehmens ist eine Kultur zu schaffen, welche die Risiken für geschützte menschenrechtliche

812 *Lieder/Meyer*, in: BeckOGK, LkSG § 4 Rn. 9.

Rechtspositionen und umweltbezogene Pflichten erkennt und dabei hilft, deren Verletzung vorzubeugen, zu beenden oder zu minimieren.[813]

Schließlich ist ein unternehmensinternes Beschwerdeverfahren einzurichten, §§ 8, 9 Abs. 1 LkSG, das es Personen ermöglicht, auf menschenrechtliche und umweltbezogene Risiken und Verletzungen hinzuweisen. Das Beschwerdeverfahren ist für Hinweisgeber zu öffnen, die von der wirtschaftlichen Tätigkeit des Unternehmens im eigenen Geschäftsbereich oder der des unmittelbaren und mittelbaren Zulieferers betroffen sind oder in einer geschützten menschenrechtlichen Rechtsposition verletzt sein könnten. Das Unternehmen muss die Erfüllung der Sorgfaltspflichten laufend dokumentieren und jährlich einen öffentlichen Bericht veröffentlichen, § 10 LkSG.

Wie und mit welcher Umsetzungstiefe das nach § 4 LkSG einzurichtende Risikomanagement konkret auszugestalten ist und wo es organisatorisch im Unternehmen verankert werden soll, schreibt das LkSG nicht vor. In Anlehnung an betriebswirtschaftliche Erkenntnisse versteht sich das Risikomanagement jedoch als Gesamtheit aller organisatorischen Regelungen und Maßnahmen zur Risikoidentifikation, -bewertung, -steuerung sowie zur Risikokommunikation und Systemüberwachung.[814]

a) Zuständigkeit

Die wirksame Umsetzung des Risikomanagementsystems setzt eine eindeutige und unmissverständliche Zuständigkeitsverteilung innerhalb des Unternehmens voraus, § 4 Abs. 3 Satz 1 LkSG. Ausgangspunkt ist dabei die allgemeine Compliance-Verantwortung der Geschäftsleiter, die im Außenverhältnis für die ordnungsgemäße Umsetzung verantwortlich bleiben. In dieser Hinsicht unterscheidet sich ein lieferkettenbezogenes Risikomanagement nicht von anderen Compliance-Risikomanagementsystemen.[815]

Da es sich bei der Pflicht zur Einrichtung um eine Leitungsentscheidung handelt, kann diese nicht delegiert werden.[816] Innerhalb des Unternehmens besteht jedoch ein weiter Gestaltungsspielraum hinsichtlich der internen Zuständigkeit für die Überwachung des Risikomanagements. Die konkrete Zuweisung kann unternehmensindividuell erfolgen, es besteht ein unter-

---

813 *Groß*, SPA 2021, 69, 70.

814 *Habersack*, in: MüKo-AktG, § 107 AktG Rn. 115; *Lieder/Meyer*, in: BeckOGK, LkSG § 4 Rn. 40.

815 Klare Zuständigkeiten sind ein zentrales Element wirksamer Compliance, *Gehling/Ott/Lüneburg*, CCZ 2021, 230, 235 m. w. N.; *Balke*, in: Gehling/Ott, LkSG, § 4 Rn. 4; *Walden*, in: Depping/Walden, LkSG, § 4 Rn. 44; *Lieder/Meyer*, in: BeckOGK, LkSG § 4 43.

816 Str., so aber die herrschende Auffassung, *Lieder/Meyer*, in: BeckOGK, LkSG § 4 Rn. 47 ff. m. w. N.

nehmerisches Ermessen. In der Praxis empfiehlt es sich, einen Menschenrechtsbeauftragten zu installieren. Wichtig ist: Die Übertragung interner Zuständigkeiten entbindet die Geschäftsleitung nicht von ihrer (Gesamt-) Verantwortlichkeit.[817]

Empfohlen wird, die Überwachungsperson unmittelbar unterhalb der Geschäftsleitungsebene anzusiedeln, um einen effektiven Einblick in die relevanten Geschäftsprozesse zu gewährleisten und im Bedarfsfall steuernd eingreifen zu können. Diese organisatorische Nähe fördert zudem die Akzeptanz und Durchsetzungsfähigkeit der Funktion auf nachgelagerten Unternehmensebenen.[818] Die auf diese Weise geschaffene direkte oder nahezu direkte Anbindung an die Geschäftsleitung ermöglicht es, den in § 4 Abs. 3 Satz 2 LkSG vorgesehenen Informationsfluss zuverlässig sicherzustellen.

b) Angemessenes und wirksames Risikomanagement

Das nach § 4 Abs. 1 Satz 1 LkSG einzurichtende Risikomanagement muss angemessen und wirksam sein. Wirksam ist es nach § 4 Abs. 2 LkSG, wenn Maßnahmen geschaffen werden, die es ermöglichen, menschenrechtliche und umweltbezogene Risiken zu erkennen und zu minimieren sowie Verletzungen menschenrechtsbezogener oder umweltbezogener Pflichten zu verhindern, zu beenden oder deren Ausmaß zu minimieren, wenn das Unternehmen diese Risiken oder Verletzungen innerhalb der Lieferkette verursacht oder dazu beigetragen hat.

Der verpflichtete Unternehmer hat daher geeignete organisatorische Vorkehrungen zu treffen, um die praktische Umsetzung des entwickelten Risikomanagementsystems sicherzustellen, dessen Wirksamkeit laufend zu kontrollieren und kontinuierlich geeignete Strategien und Sicherungsmaßnahmen weiterzuentwickeln.[819]

Der Angemessenheitsvorbehalt eröffnet dem Unternehmen dabei einen individuellen Ermessens- und Handlungsspielraum bei der Auswahl und Ausgestaltung der geeigneten Maßnahmen zur Umsetzung der Sorgfaltspflichten. Die Angemessenheitskriterien des § 3 Abs. 2 LkSG verdeutlichen jedoch, dass das „Wie" der Umsetzung der Sorgfaltspflichten von der individuellen

---

817 *Balke,* in: Gehling/Ott, LkSG, § 4 Rn. 41, 52; s. auch *Hembach*, Praxisleitfaden Lieferkettensorgfaltspflichtengesetz, S. 129; *Ruttloff/Wagner/Reischl/Skoupil*, CB 2021, 369, 370, *Ruttloff/Wagner/Hahn/Freihoff*, CCZ 2022, 20, 23; *Harings/Jürgens/Thalhammer*, CB 2022, 93, 94; zum Menschenrechtsbeauftragten *Lieder/Meyer,* in: BeckOGK, LkSG § 4 Rn. 130 sowie vertiefend → Teil 4, Kap. 2.4 (*Klimburg*), unter VII.2.

818 *Ruttloff/Wagner/Reischl/Skoupil*, CB 2021, 264; *Lieder/Meyer,* in: BeckOGK, LkSG § 4 Rn. 151; *Balke,* in: Gehling/Ott, LkSG, § 4 Rn. 51.

819 *Balke,* in: Gehling/Ott, LkSG, § 4 Rn. 13; *Kaetzler*, in: Zentes/Glaab, GwG, § 4 Rn. 10.

Unternehmens- und Risikosituation des jeweiligen verpflichteten Unternehmens determiniert wird. Das Bundesamt für Wirtschaft und Ausfuhrkontrolle (BAFA) stellt eine Handreichung zum Prinzip der Angemessenheit nach den Vorgaben des LkSG zur Verfügung.[820]

c) Verankerung in allen maßgeblichen Geschäftsabläufen

Gemäß §4 Abs. 1 Satz 2 LkSG ist das Risikomanagement in allen maßgeblichen Geschäftsabläufen zu verankern. Eine ähnlich gestaltete Regelung findet sich auch in Art. 7 Abs. 1 CSDDD, wonach die Verpflichteten die Sorgfaltspflichten in die „einschlägigen Bereiche ihrer Unternehmenspolitik und Risikomanagementsysteme" integrieren.

Welche Geschäftsbereiche als maßgeblich gelten, hängt von den konkreten Gegebenheiten des Einzelfalls ab – insbesondere davon, ob an den jeweiligen Stellen risikominimierend Einfluss genommen werden kann. Regelmäßig betrifft dies insbesondere Einkauf, Produktion bzw. Operations, Qualitätssicherung, Personalwesen, Rechtsabteilung, Compliance sowie – je nach Unternehmensstruktur – auch Kommunikation und Vertrieb.[821]

Um eine effektive Verankerung zu gewährleisten, empfiehlt sich die Bildung interdisziplinärer Teams. Dabei sollten Prozesse, Methoden und Strukturen einer einheitlichen Logik folgen und Schnittstellen zu bestehenden Compliance- und Risikomanagementsystemen berücksichtigen, um Synergieeffekte zu nutzen.[822] Die menschenrechtlichen und umweltbezogenen Strategien müssen so in die Unternehmenspraxis eingebettet sein, dass sie als Bestandteil der regulären Geschäftsprozesse wirken. Zur Umsetzung sollten Kommunikationskanäle zwischen Leitungsebene und der mit der Umsetzung betrauten Abteilungen eingerichtet, Schulungen für Personal angeboten sowie mit der Strategie vereinbare Anreize für Arbeitskräfte und Geschäftseinheiten entwickelt werden.[823] Auch wenn die konkrete Ausgestaltung des Risikomanagements einem weiten unternehmerischen Ermessen unterliegt, bietet es sich hierbei an, auf etablierte internationale Standards zurückzugreifen. Hierzu zählen insbesondere die OECD-Leitsätze für multinationale Unternehmen, branchenspezifische Leitfäden des UN-Hochkommissariats für Menschenrechte sowie betriebswirtschaftliche Standards wie ISO

820 https://www.bafa.de/DE/Lieferketten/Handreichungen/handreichungen_node.html (abgerufen am 29.8.2025).

821 BT-Drs. 19/28649, 43; *Gehling/Ott/Lüneborg*, CCZ 2021, 230, 234, 236; *Balke*, in: Gehling/Ott, LkSG, §4 Rn. 10.

822 *Lieder/Meyer*, in: BeckOGK, LkSG §4 Rn. 67; *Soong/Schindlbeck*, CB 2024, 238, 239.

823 *Lieder/Meyer*, in: BeckOGK, LkSG §4 Rn. 78 ff.; zur Incentivierung durch Vergütungssysteme → Teil 1 Kap. 2.2 (*Gerdom*), unter VII.3. und → Teil 1 Kap. 2.6 (*Häußer*), unter II.2.

31000, ISO 19600, ISO 14001, ISO 27001, IDW PS 980 und PS 981, auf die auch die Regierungsbegründung explizit Bezug nimmt.[824] Zusätzliche Orientierung bietet zudem das Bundesamt für Wirtschaft und Ausfuhrkontrolle (BAFA), das konkrete Hinweise zur Auswahl und Anwendung von Standards, Audits und Zertifizierungen im Rahmen der Sorgfaltspflichten gibt.[825]

d) Kontrolle und Durchsetzung

Die Zuständigkeit zur Kontrolle der Einhaltung der Pflichten aus dem LkSG und deren Durchsetzung obliegt dem BAFA, das verschiedene Befugnisse besitzt wie etwa Betretensrechte (§ 16 LkSG) und Anordnungs- und Maßnahmenbefugnisse (§ 15 LkSG). Die Aufsichtsbehörde wird entweder nach pflichtgemäßem Ermessen oder auf Antrag einer Person tätig, die substantiiert geltend macht, in einer geschützten menschenrechtlichen Rechtsposition infolge der Nichterfüllung der Sorgfaltspflichten verletzt zu sein oder dass eine solche Verletzung unmittelbar bevorsteht, § 14 Abs. 1 LkSG.

Im Falle der Verletzung von Sorgfaltspflichten kann nicht nur ein Bußgeld in Höhe von von bis zu 800.000 EUR drohen, § 24 LkSG, sondern auch der Ausschluss von der Vergabe öffentlicher Aufträge, § 22 LkSG.

III. Ausgewählte rechtliche Probleme und Lösungen

1. Datenschutzrecht und Geschäftsgeheimnisse

Im Rahmen der Risikoanalyse und Kontrolle nach dem LkSG kann es erforderlich sein, Betriebs- und Geschäftsgeheimnisse von Zulieferern zu erheben. Das Gesetz regelt diesen Aspekt ausdrücklich nur in § 10 Abs. 4 LkSG – und zwar im Zusammenhang mit der fortlaufenden Dokumentation der Sorgfaltspflichten (§ 3 LkSG) sowie der Erstellung des jährlichen Berichts. In diesem Zusammenhang ist der „Wahrung von Betriebs- und Geschäftsgeheimnissen gebührend Rechnung zu tragen". Für verpflichtete Unternehmen ist dies besonders relevant, da etwa § 85 Abs. 1 GmbHG und § 93 Abs. 1 Satz 3 AktG die unbefugte Offenbarung von Betriebs- oder Geschäftsgeheimnissen untersagen und sanktionieren.[826]

Nach § 10 Abs. 4 LkSG hat das berichtspflichtige Unternehmen zunächst zu prüfen, ob überhaupt Informationen betroffen sind, die unter den Schutzbereich des § 2 Nr. 1 Geschäftsgeheimnisgesetz (GeschGehG) fallen. Ob

---

824 BT-Drs. 19/28649, 41 f.; *Lieder/Meyer,* in: BeckOGK, LkSG § 4 Rn. 107; *Drodofsky/Haag*, RIW 2025, 249, 254 ff.; *Brauer/Busker*, CB 2022, 472.

825 BAFA, Handreichungen, https://www.bafa.de/DE/Lieferketten/Handreichungen/handreichungen_node.html (abgerufen am 29.8.2025).

826 Hierzu *Hermann/Weigel,* in: BeckOGK, LkSG, § 10 Rn. 69.

darüber hinaus eine Abwägung zwischen dem Informationsinteresse der Öffentlichkeit und dem Geheimhaltungsinteresse des Betroffenen vorzunehmen ist, ist umstritten. Die überwiegende Auffassung verneint eine solche Abwägung, da – anders als etwa in § 5 Abs. 1 Satz 1 Alt. 1 IFG – § 10 Abs. 4 LkSG keinen ausdrücklichen Abwägungsvorbehalt enthält.[827] Diese Sichtweise wird durch die Gesetzesbegründung gestützt, wonach sich die Berichtspflicht ausschließlich auf rechtlich Zulässiges und Gebotenes erstreckt – eine Offenlegung von Betriebs- und Geschäftsgeheimnissen sei demnach unzulässig.[828]

Datenschutzrechtliche Belange von Geschäftspartnern, Beschäftigten und sonstigen Dritten werden im LkSG nicht ausdrücklich geregelt. Es gelten daher die allgemeinen datenschutzrechtlichen Vorgaben, insbesondere die Bestimmungen der Datenschutzgrundverordnung (DSGVO). Vor der Übermittlung personenbezogener Daten sollten daher Auftragsverarbeitungsverträge gemäß Art. 28 DSGVO abgeschlossen werden. Handelt es sich um eine Datenübermittlung aus einem Drittstaat, sind zusätzlich die Vorgaben der Art. 44 ff. DSGVO zu beachten. Soweit möglich, empfiehlt sich die Verarbeitung anonymisierter oder aggregierter Daten ohne Personenbezug, um datenschutzrechtliche Risiken zu minimieren. Im Übrigen sollte für die praktische Umsetzung und Gewährleistung des Schutzes der Identität unter der DSGVO und insbesondere unter dem HinSchG auf technische Lösungen zurückgegriffen werden.[829]

2. Vertragsrecht/Lieferverträge

Ebenfalls eine große Herausforderung bei der Umsetzung des LkSG in der Praxis stellt die Ergreifung angemessener Präventionsmaßnahmen gegenüber den Zulieferern dar. Nach § 6 Abs. 4 LkSG ist das Unternehmen verpflichtet, angemessene Präventionsmaßnahmen gegenüber unmittelbaren Zulieferern zu verankern – insbesondere nach Nr. 2 durch die vertragliche Zusicherung eines unmittelbaren Zulieferers, dass die von der Geschäftsleitung des Unternehmens verlangten menschenrechtsbezogenen und umweltbezogenen Erwartungen eingehalten und entlang der Lieferkette angemessen adressiert werden. Um die notwendige Verbindlichkeit sicherzustellen, empfiehlt sich die Einbindung flankierender Abhilfemaßnahmen und Kontrollinstrumente, die im Falle der Nichterfüllung greifen. Diese Maßnahmen dienen nicht nur der Absicherung der vertraglichen Verpflichtung, sondern

827 *Wagner/Rutloff*, NJW 2021, 2145, 2147.
828 BT-Drs. 19/28649, 52; so auch *Hermann/Weigel,* in: BeckOGK, LkSG, § 10 Rn. 67; a. A. *Vogel*, in: Johann/Sangi, LkSG, § 10 Rn. 39.
829 *Vogel*, in: Johann/Sangi, LkSG, § 10 Rn. 42; *Bauer/Busker*, CB 2022, 472, 475.

auch der praktischen Durchsetzung menschenrechtlicher und umweltbezogener Standards entlang der Lieferkette.

Denkbare Maßnahmen sind etwa:[830]

- Abmahnungen und Fristsetzungen
- Eskalationsprozesse
- Kündigungs- oder Rücktrittsrechte
- Verschuldensunabhängige Garantien
- Freistellungsverpflichtungen für etwaige Bußgelder
- Vertragsstrafenversprechen im rechtlich zulässigen Umfang
- Risikoadäquate Vertragsklauseln
- Soft-Law-Elemente wie Verhaltenskodizes oder Selbstverpflichtungen

Die Einführung neuer, weitreichender Verpflichtungen gegenüber Zulieferern stellt insbesondere bei langjährig etablierten Geschäftsbeziehungen eine erhebliche Herausforderung dar. Häufig stehen sich – zumindest in den Details – unterschiedlich strukturierte und über Jahre gewachsene Compliance-Vorgaben gegenüber, was die Integration neuer Anforderungen erschwert.

Zur Erhöhung der Akzeptanz empfiehlt es sich, auf branchenweit anerkannte oder branchenübergreifend harmonisierte Lieferantenkodizes zurückzugreifen. Diese bieten eine gemeinsame Grundlage und erleichtern die Kommunikation der Erwartungen.[831]

Als ultima ratio wird teilweise die Kündigung bestehender Verträge mit anschließender Neuverhandlung vorgeschlagen. Dieser Schritt wird jedoch vielfach als unverhältnismäßig angesehen. Nach der Gesetzesbegründung dürfen Unternehmen nicht zu objektiv Unmöglichem verpflichtet werden. Es genügt daher, wenn ein Unternehmen ernsthafte Bemühungen zur Vertragsanpassung unternimmt, auch wenn diese aus tatsächlichen oder rechtlichen Gründen scheitern. Gerade bei sog. Single-Source-Lieferanten, für deren Güter und Produkte es keine adäquaten Ersatzlieferanten gibt, stellt dies eine angemessene Lösung dar.[832]

In praktischer Hinsicht kann es sinnvoll sein, den Zulieferern bei Vertragsverhandlungen entgegenzukommen – etwa durch längere Vertragslaufzeiten, faire Einkaufspreise oder realistische Lieferzeiten. Denn extrem niedrige

---

830 *Ott*, in: Gehling/Ott, LkSG, § 6 Rn. 124. m. w. N.

831 *Ott*, in: Gehling/Ott, LkSG, § 6 Rn. 124, 127; *Grabosch,* LkSG, § 5 Rn. 96; *Nasse*, in: BeckOGK, LkSG § 6 Rn. 54; OECD-Leitfaden für die Erfüllung der Sorgfaltspflicht für Verantwortungsvolles unternehmerisches Handeln, S. 62.

832 BT-Drs. 19/30505, S. 37; *Edel/Frank/Heine/Heine*, BB 2021, 2890, 2891; *Brouwer*, CCZ 2022, 137; *Nasse*, in: BeckOGK, LkSG § 6 Rn. 54, jeweils auch unter Verweis auf § 7 Abs. 3 LkSG.

Preise und kurze Lieferfristen erhöhen das Risiko unangemessener Arbeitsbedingungen, etwa durch Unterbezahlung oder überlange Arbeitszeiten. Längere Vertragslaufzeiten hingegen fördern wirtschaftliche Planbarkeit und erhöhen die Bereitschaft der Lieferanten, in bessere Arbeitsbedingungen zu investieren.[833]

3. Zivilrechtliche Haftung und Durchsetzbarkeit

Eine weitere rechtliche Herausforderung bei der Umsetzung des LkSG stellt die Frage der zivilrechtlichen Haftung für Pflichtverstöße dar. Zwar bestimmt § 3 Abs. 3 Satz 1 LkSG ausdrücklich, dass eine Verletzung der gesetzlichen Sorgfaltspflichten nicht automatisch eine zivilrechtliche Haftung begründet – insbesondere scheidet eine Haftung wegen Schutzgesetzverletzung nach § 823 Abs. 2 BGB aus. Allerdings bleibt eine zivilrechtliche Haftung nach allgemeinen zivilrechtlichen Vorschriften unberührt, § 3 Abs. 3 Satz 2 LkSG. In Betracht kommen insbesondere Ansprüche aus §§ 823 Abs. 1, 826 oder 831 BGB.[834]

Diese Rechtslage könnte sich perspektivisch durch die Umsetzung der EU-Lieferkettenrichtlinie (CSDDD) ändern. Art. 29 Abs. 1 des Richtlinienentwurfs sah einen eigenständigen zivilrechtlichen Haftungstatbestand vor, der von den Mitgliedstaaten in nationales Recht zu überführen ist.[835] Insbesondere soll ein Unternehmen für den Schaden haftbar gemacht werden können, der einer natürlichen oder juristischen Person entstanden ist – sofern das Unternehmen es vorsätzlich oder fahrlässig versäumt hat, den Pflichten gemäß den Artikeln 10 und 11 nachzukommen, die im Anhang aufgeführten Rechte, Verbote oder Pflichten dem Schutz der natürlichen oder juristischen Person dienen und durch das Versäumnis die nach nationalem Recht geschützten rechtlichen Interessen der natürlichen oder juristischen Person beschädigt wurden. Jüngst hat sich jedoch der Rat der Europäischen Union im Zuge des Omnibus-Vereinfachungs-Paket I in Übereinstimmung mit der Kommission dafür ausgesprochen, die zivilrechtlichen Haftungsvorschriften aufzuheben.[836]

---

833 *Grabosch*, LkSG, § 5 Rn. 93; *Herrmann/Rünz*, DB 2021, 3078, 3083.

834 *Heuer/Mayer*, in: Dorsch, Zollrecht, § 3 LkSG Rn. 36; BT-Drs. 19/30505, 39; *Sangi*, in: Johann/Sangi, LkSG, § 3 Rn. 37; *Fleischer*, in: Fleischer/Mankowski, LkSG § 3 Rn. 67 ff.; *Kramme/Ponholzer*, in: Berg/Kramme, LkSG, § 3 Rn. 37.

835 *Heuer/Mayer*, in: Dorsch, Zollrecht, § 3 LkSG Rn. 36.

836 Rat der EU, Pressemitteilung v. 23.6.2025, https://www.consilium.europa.eu/en/press/press-releases/2025/06/23/simplification-council-agrees-position-on-sustainability-reporting-and-due-diligence-requirements-to-boost-eu-competitiveness/ (abgerufen am 29.8.2025).

Vor diesem Hintergrund kann es bereits jetzt sinnvoll sein, unternehmensinterne Haftungsfreistellungen zu prüfen oder einzuführen. In Betracht kommen insbesondere D&O-Versicherungen oder spezielle Compliance-Versicherungen, die potenzielle Haftungsrisiken abdecken.[837]

4. Umsetzung in Konzernstrukturen

Die praktische Umsetzung der Sorgfaltspflichten nach dem LkSG stellt auch Konzernunternehmen vor besondere Herausforderungen. Dies gilt insbesondere für faktische Konzerne, bei denen die Obergesellschaft kein Weisungsrecht gegenüber der Untergesellschaft besitzt und somit darauf angewiesen ist, dass diese eigenständig ein Pflichtenprogramm gemäß den Vorgaben des LkSG implementiert.[838]

Fallen sowohl die Konzernobergesellschaft als auch das Tochterunternehmen jeweils eigenständig unter den Anwendungsbereich des LkSG, ohne dass ein beherrschender Einfluss der Obergesellschaft besteht, sind beide Unternehmen verpflichtet, die Sorgfaltspflichten für ihren jeweiligen Geschäftsbereich und entlang ihrer eigenen Lieferketten zu erfüllen. Grundsätzlich ist in dieser Konstellation von einer getrennten Durchführung auszugehen. Nach Auffassung des Bundesministeriums für Arbeit und Soziales (BMAS) ist jedoch eine konzerninterne Abstimmung zulässig, etwa durch gemeinsame Grundsatzerklärungen, Schulungsmaßnahmen oder abgestimmte Prozesse.[839] Auch ein aussagekräftiger Verweis auf den LkSG-Bericht eines anderen konzernangehörigen Unternehmens kann zulässig sein, sofern sich dieser auf spezifische und klar abgrenzbare Teile der Sorgfaltspflichten bezieht.

Anders stellt sich die Lage dar, wenn die Obergesellschaft einen bestimmenden Einfluss auf das Tochterunternehmen ausübt und beide Unternehmen jeweils selbstständig unter das LkSG fallen. In diesem Fall hat die Obergesellschaft ihre Sorgfaltspflichten nicht nur für ihren eigenen Geschäftsbereich und ihre Lieferkette zu erfüllen, sondern auch für den Geschäftsbereich und die Lieferketten des Tochterunternehmens, § 2 Abs. 6 Satz 2 LkSG. Gleichzeitig bleibt das Tochterunternehmen verpflichtet, die Sorgfaltspflichten für seinen eigenen Bereich zu erfüllen.[840] Dies bedeutet jedoch nicht zwangsläufig, dass sämtliche Pflichten doppelt erfüllt werden müssen. Nach An-

---

837 *Wiedemann*, ESGZ 5/2022, 35; zu D&O Versicherungen und Klimaklagen *Pieper/Schneider*, KlimaRZ 2023, 107.

838 *Hettich/Charnitzky*, in: Kubis/Tödtmann, ArbHdB Vorstandsmitglieder, § 14 Rn. 288.

839 BMAS, 4.10 a, https://www.csr-in-deutschland.de/DE/Wirtschaft-Menschenrechte/Gesetz-ueber-die-unternehmerischen-Sorgfaltspflichten-in-Lieferketten/FAQ/faq-art.html (abgerufen am 29.8.2025).

840 *Rothenburg/Rogg*, AG 2022, 257, 265.

sicht des BMAS ist es zulässig, das Risikomanagement – abhängig von der konkreten Risikodisposition – entweder bei der Ober- oder bei der Tochtergesellschaft zu verankern.[841] Das bedeutet:

Die Obergesellschaft kann entweder

- das Risikomanagement bzw. die Sorgfaltsprozesse zentral ausgestalten, d. h. Prozesse und Maßnahmen festlegen, diese auf das Tochterunternehmen ausrollen und sich sodann auf eine Überwachungsfunktion beschränken, d. h. darauf, die Umsetzung der Prozesse und Maßnahmen durch das Tochterunternehmen zu überwachen;
- oder sich für eine eher dezentrale Umsetzung entscheiden, d. h. das Tochterunternehmen kraft ihrer Weisungsbefugnis in die Pflicht nehmen, Maßnahmen und Prozesse zur Umsetzung und Überwachung der Sorgfaltspflichten eigenständig zu konzipieren und zu realisieren.

Unabhängig von etwaigen Aktivitäten oder Vorgaben der Konzernobergesellschaft bleibt das Tochterunternehmen stets selbst für die Umsetzung des Risikomanagements und die Einhaltung der Sorgfaltspflichten im eigenen Geschäftsbereich verantwortlich. Es ist zudem verpflichtet, einen eigenständigen Bericht bei der BAFA einzureichen.[842]

Fällt ausschließlich die Konzernobergesellschaft – nicht jedoch das Tochterunternehmen – in den Anwendungsbereich des LkSG, ist Letzteres nicht gesetzlich verpflichtet, die Sorgfaltspflichten eigenverantwortlich umzusetzen oder darüber zu berichten. Im umgekehrten Fall gilt dasselbe für die Muttergesellschaft. Etwas anderes gilt nur dann, wenn eine ausländische Muttergesellschaft das deutsche Tochterunternehmen mit Waren oder Dienstleistungen beliefert. In diesem Fall kann die Muttergesellschaft als unmittelbarer Zulieferer im Sinne des LkSG qualifiziert werden – mit der Folge, dass sie in den Anwendungsbereich der Sorgfaltspflichten einbezogen wird.[843]

---

841 BMAS, 4.10 b, https://www.csr-in-deutschland.de/DE/Wirtschaft-Menschenrechte/Gesetz-ueber-die-unternehmerischen-Sorgfaltspflichten-in-Lieferketten/FAQ/faq-art.html (abgerufen am 29.8.2025).

842 BMAS, 4.10 b, https://www.csr-in-deutschland.de/DE/Wirtschaft-Menschenrechte/Gesetz-ueber-die-unternehmerischen-Sorgfaltspflichten-in-Lieferketten/FAQ/faq-art.html (abgerufen am 29.8.2025).

843 BMAS, 4.10 c und d, https://www.csr-in-deutschland.de/DE/Wirtschaft-Menschenrechte/Gesetz-ueber-die-unternehmerischen-Sorgfaltspflichten-in-Lieferketten/FAQ/faq-art.html (abgerufen am 29.8.2025).

IV. Erfahrungen und Bewertungen aus der Praxis

Die bisherigen Erfahrungen mit der Anwendung des LkSG zeigen, dass die Umsetzung für viele Unternehmen mit erheblichen Herausforderungen verbunden ist – insbesondere im Hinblick auf den personellen Mehraufwand sowie die Notwendigkeit, bestehende Prozesse und Risikomanagementsysteme anzupassen.

1. Wirtschaftliche und personelle Belastungen für Unternehmen

Während der Gesetzgeber noch davon ausging, dass viele Unternehmen bereits über geeignete Risikomanagementstrukturen verfügen,[844] zeigt sich in der Praxis ein anderes Bild: Insbesondere der zusätzliche Personalbedarf und die damit verbundenen Kosten stellen eine erhebliche Belastung dar. Ausweislich einer durch die Industrie- und Handelskammer (IHK) Düsseldorf durchgeführten Befragung zum LkSG konnten lediglich 7 % der Unternehmen mit mehr als 1.000 Beschäftigten auf die Einrichtung neuer Vollzeitstellen vollständig verzichten oder benötigten weniger als eine zusätzliche Stelle. Demgegenüber richteten 47 % der Unternehmen ein bis zwei neue Vollzeitstellen ein, 13 % drei bis vier Stellen und 33 % sogar mindestens fünf zusätzliche Vollzeitstellen, um die Anforderungen des LkSG umzusetzen.[845]

Laut einer Studie der EQS Group AG in Zusammenarbeit mit der Hochschule für angewandte Wissenschaften Ansbach gefährdet der zugleich bestehende Personalmangel die Umsetzung des LkSG und der CSDDD. Nach dieser sehen 89 % von über 400 befragten Unternehmen die begrenzten personellen Ressourcen als größte Herausforderung. Auch im Hinblick auf die bevorstehende Umsetzung der CSDDD wurden fehlende personelle, finanzielle und technische Ressourcen, hohe Dokumentationsanforderungen sowie mangelnde Transparenz in den Lieferketten als wesentliche Hindernisse benannt. Trotz dieser Herausforderungen planen 72 % der Unternehmen laut Studie keine zusätzlichen Mittel für die Umsetzung der CSDDD bereitzustellen. Nur 17 % beabsichtigen, zusätzliches Personal einzustellen, und lediglich 10 % planen den Einsatz neuer digitaler Tools.[846]

---

844 BT-Drs. 19/28649, S. 26.

845 IHK Düsseldorf v. August 2024, https://www.ihk.de/duesseldorf/aussenwirtschaft/lieferkettengesetz/lksg-unternehmensumfrage-2024-6186706 (abgerufen am 29.8.2025).

846 EQS, Pressemitteilung v. 16.10.2024, https://www.eqs-news.com/de/news/media/studie-zu-lieferkettengesetzen-personalmangel-und-unzureichende-ressourcen-gefaehrden-die-umsetzung-von-lksg-und-csddd/b921b85c-2b22-410a-af67-3c7c8a26562f_de (abgerufen am 29.8.2025); beck-aktuell v. 28.10.2024, https://rsw.beck.de/aktuell/daily/meldung/detail/studie-lieferkettengesetze-umsetzung-personalmangel (abgerufen am 29.8.2025).

Auch das Kieler Institut für Weltwirtschaft (IfW) weist auf die ökonomische Belastung hin, die mit der Umsetzung des LkSG einhergeht. Die dort entstehenden Kosten seien weitgehend unabhängig von dem mit den jeweiligen Zulieferern erzielten Umsatz und fielen regelmäßig pauschal pro Lieferantenbeziehung an.[847]

2. Strukturelle Umsetzungsprobleme

Ein weiteres zentrales Problem stellt der bürokratische Aufwand im Rahmen der Risikobewertung dar. Viele Unternehmen verfügen nicht über ausreichende Kenntnisse ihrer Lieferketten und die Beschaffung entsprechender Informationen gestaltet sich als schwierig. So gaben in einer Umfrage der IHK Düsseldorf nur 10 % der befragten Unternehmen an, die Arbeits- und Produktionsbedingungen bei ihren Zulieferern zu kennen.[848]

Gerade bei global aufgestellten Lieferketten hat sich die Identifizierung und Bewertung menschenrechtlicher und umweltbezogener Risiken als besonders herausfordernd und ressourcenintensiv erwiesen. Diese Lieferketten umfassen häufig mehrere Ebenen von Lieferanten und Unterlieferanten, was es erheblich erschwert, jeden Schritt des Produktionsprozesses transparent nachzuvollziehen und wirksam zu überwachen.

Ein wesentliches Hindernis besteht im Mangel an verlässlichen und vollständigen Daten über die tieferen Stufen der Lieferkette. Laut einer Statista-Erhebung zählten unzureichende Datenqualität und -verfügbarkeit zu den größten Herausforderungen bei der Umsetzung des LkSG im Jahr 2024.[849] Auch die BME-Logistikstudie 2024 bestätigt diese Problematik: Zwar decken 79 % der Unternehmen die erste Lieferantenstufe ab, doch nur knapp ein Drittel berücksichtigt die zweite Stufe, und lediglich 14 % beziehen weitere Ebenen der Lieferkette systematisch ein. Diese mangelnde Transparenz erschwert eine fundierte Risikobewertung und gefährdet die Wirksamkeit des Risikomanagements insgesamt.[850]

Ein weiterer Kritikpunkt an der praktischen Umsetzung des LkSG betrifft das Fehlen standardisierter Berichts- und insbesondere Überprüfungsme-

---

847 IFW, Ökonomische Bewertung eines Lieferkettengesetzes, Endbericht v. 28.9.2021, https://www.gesamtmetall.de/?download_file=studie_oekonomische_bewertung_eines_lieferkettengesetzes_2022 (abgerufen am 29.8.2025).

848 IHK Düsseldorf v. August 2024, https://www.ihk.de/duesseldorf/aussenwirtschaft/lieferkettengesetz/lksg-unternehmensumfrage-2024-6186706 (abgerufen am 29.8.2025).

849 Statista v. Januar 2025, https://de.statista.com/statistik/daten/studie/1364359/umfrage/groesste-herausforderungen-fuer-umsetzung-des-lksg/ (abgerufen am 29.8.2025).

850 BME-Logistikstudie 2024: Lieferketten noch nicht resilient genug, https://www.bme.de/news/bme-logistikstudie-2024:-lieferketten-noch-nicht-resilient-genug/ (abgerufen am 29.8.2025).

chanismen. Dies erschwert es Unternehmen, die sozialen und ökologischen Auswirkungen ihrer Lieferketten präzise zu erfassen und zu bewerten. Darauf weist unter anderem eine Analyse der osapiens Services GmbH hin, die auf Basis von Unternehmensbefragungen „Rückblick und Zukunftsstrategien" zum LkSG beleuchtet.[851]

Auch eine gemeinsam vom European Center for Constitutional and Human Rights (ECCHR), Brot für die Welt und Misereor veröffentlichte Studie zum zweijährigen Bestehen des LkSG zeigt ein gemischtes Bild: Zwar haben die meisten untersuchten Unternehmen Beschwerdemechanismen eingerichtet und auf eingereichte Beschwerden zeitnah reagiert. In einigen Fällen ist es zu direkten Gesprächen mit Betroffenen und zu ersten Verbesserungen der Arbeitsbedingungen vor Ort gekommen. Allerdings blieben diese Maßnahmen häufig auf Einzelfälle beschränkt: Nur in wenigen Fällen haben die Gespräche zu einem strukturierten Austausch oder gar zu Verhandlungen über konkrete Präventions- oder Abhilfemaßnahmen geführt. Noch seltener sind erste Zwischenergebnisse erzielt worden. In keinem der untersuchten Fälle wurden die gerügten Verletzungen vollständig beendet oder Betroffene entschädigt. Als zentrales strukturelles Defizit identifiziert die Studie insbesondere die unzureichende Information und mangelnde effektive Einbeziehung von Rechteinhabern in die unternehmensinternen Prozesse. Dies untergräbt die Wirksamkeit der Beschwerdemechanismen und stellt die tatsächliche Betroffenenorientierung des Gesetzes in Frage.[852]

3. Wichtige Faktoren bei der Umsetzung des LkSG

Die bisherigen Erfahrungen aus der Unternehmenspraxis und die Analyse der rechtlichen Rahmenbedingungen machen deutlich: Die erfolgreiche Umsetzung des LkSG hängt maßgeblich von einer realistischen, gut strukturierten und risikoorientierten Herangehensweise ab. Als zentrale Erfolgsfaktoren lassen sich insbesondere die folgenden Elemente benennen:

– **Risikobasierter Fokus statt pauschale Vollabdeckung:** Die gesetzliche Pflicht zur Berücksichtigung der gesamten Lieferkette bedeutet nicht, dass jeder Zulieferer gleich intensiv geprüft werden muss. Eine Konzentration auf besonders risikobehaftete Geschäftsbereiche und Lieferanten ist zulässig und geboten. Der risikobasierte Ansatz muss jedoch systematisch dokumentiert und nachvollziehbar begründet sein.

851 osapiens GmbH v. 7.1.2024, https://osapiens.com/de/blog/lieferkettensorgfaltspflichtengesetz-lksg/ (abgerufen am 29.8.2025).

852 ECCHR, Brot für die Welt, miserior, Zwei Jahre Lieferkettengesetz – ein Erfahrungsbericht, insb. S. 31 ff., https://www.ecchr.eu/fileadmin/Publikationen/20250512_2JahreLkSG_FINAL.pdf (abgerufen am 29.8.2025).

- **Effizientes Risikomanagement mit klaren Zuständigkeiten:** Die Einrichtung eines angemessenen und wirksamen Risikomanagementsystems erfordert klare interne Zuständigkeiten, idealerweise mit unmittelbarem Zugang zur Unternehmensleitung. Interdisziplinäre Teams können helfen, die relevanten Unternehmensbereiche systematisch einzubinden.
- **Integrierte Prozesse statt Parallelstrukturen:** Die Sorgfaltspflichten sollten in bestehende Managementsysteme eingebettet werden – insbesondere in die Compliance-, Einkaufs- und Personalprozesse. So lassen sich Synergien nutzen und Dopplungen vermeiden.
- **Einbindung der Lieferanten:** Nachhaltige Wirkung entfaltet das Gesetz nur dann, wenn auch die unmittelbaren und – soweit möglich – mittelbaren Zulieferer einbezogen werden. Vertragsgestaltungen, Kodizes, Audits und Schulungen sind zentrale Instrumente zur Umsetzung.
- **Digitale Lösungen und Standardisierung:** Der Einsatz digitaler Tools kann helfen, die komplexen Anforderungen effizient zu erfüllen, insbesondere im Hinblick auf Dokumentation, Lieferantenkommunikation und Berichterstattung.
- **Schulungen und Kulturwandel:** Die bloße Implementierung technischer Prozesse reicht nicht aus. Entscheidend ist, dass ein Bewusstsein für menschenrechtliche und ökologische Risiken auf allen Unternehmensebenen geschaffen wird. Schulungsmaßnahmen und eine verankerte Unternehmenskultur sind dafür unerlässlich.
- **Transparente Kommunikation und Beschwerdemechanismen:** Nur wenn potenziell Betroffene gehört und ernst genommen werden, können Risiken frühzeitig erkannt und behoben werden. Niedrigschwellige, vertrauenswürdige Beschwerdemechanismen und transparente Kommunikation sind daher essenziell.

V. Fazit

Auch wenn das LkSG als Übergangsregelung zu einer europäischen Lösung verstanden werden kann, ist es in seiner praktischen Relevanz nicht zu unterschätzen. Die Anforderungen an deutsche Unternehmen bleiben hoch – unabhängig davon, ob in absehbarer Zeit ein neues Gesetz über internationale Unternehmensverantwortung folgt. Unternehmen tun gut daran, sich strukturell, personell und kulturell so aufzustellen, dass menschenrechtliche und umweltbezogene Risiken systematisch erkannt, bewertet und gemindert werden können. Wer das LkSG nicht als bloße Pflicht, sondern als strategischen Impuls für nachhaltiges Lieferkettenmanagement versteht, kann langfristig nicht nur regulatorische Risiken vermeiden, sondern auch seine Wettbewerbsfähigkeit stärken.

2. Unternehmerische Sorgfaltspflichten nach den OECD-Leitsätzen

Maximilian Melles[853]

I. Die „Organization for Economic Cooperation and Development"

Die Organization for Economic Cooperation and Development (OECD), zu Deutsch Organisation für wirtschaftliche Zusammenarbeit und Entwicklung, mit Sitz in Paris wurde im Jahr 1960 gegründet. Ihr gehören aktuell (Stand: Juli 2025) 38 Mitgliedstaaten an, die sich über die ganze Welt erstrecken.[854] Neben den meisten hochentwickelten Wirtschaftsnationen wie Deutschland oder Japan gehören auch Schwellenländer wie Mexiko, Chile oder die Türkei zum Kreis der OECD-Mitglieder. Das Ziel der OECD ist es dabei, eine Politik zu befördern, die das Leben der Menschen weltweit in wirtschaftlicher und sozialer Hinsicht verbessert.

Die Aufgaben und Handlungsmöglichkeiten der OECD sind vielfältig. Zu ihnen gehören auch die OECD-Leitsätze für multinationale Unternehmen zu verantwortungsvollem unternehmerischem Handeln (OECD-Leitsätze). Die als „Soft Law" zu verstehenden OECD-Leitsätze[855] sind als völkerrechtliche Normen in der aktuellen politischen Lage, gerade auch mit Blick auf die Diskussion um das „S" in „ESG", in unserer von Kommunikation geprägten Welt enorm wirkmächtig. Denn mit diesen OECD-Leitsätzen steht politischen und gewerkschaftlichen Netzwerken gerade auch im Bereich des Arbeitsrechts ein wirkmächtiges Instrument zur Verfügung, um die aktuellen Themen der Lieferkette, aber auch den Schutz gewerkschaftlicher Aktivität effektiv geltend zu machen.

---

853 Der Autor dankt dem wissenschaftlichen Mitarbeiter *Michael Wittmann* für wertvolle Vorarbeit.

854 Internetauftritt der OECD, https://www.oecd.org/en/about/members-partners.html (abgerufen am 29.8.2025).

855 *Göpfert/ Melles*, NJW 2022, 2505.

II. Unternehmerische Sorgfaltspflichten nach den OECD-Leitsätzen

1. Die OECD-Leitsätze

Die im Jahr 1976 erstmalig eingeführten OECD-Leitsätze für multinationale Unternehmen sind das wichtigste umfassende internationale Instrument zur Förderung verantwortungsvollen unternehmerischen Handelns. Neben den 38 Mitgliedsstaaten haben sich (Stand: 8.6.2023) 13 weitere Regierungen verpflichtet, die OECD-Leitsätze einzuhalten.[856] Bei den Leitsätzen handelt es sich um gemeinsame Empfehlungen der Regierungen an die multinationalen Unternehmen mit dem Ziel, den Beitrag der Wirtschaft zur nachhaltigen Entwicklung zu stärken und negativen Auswirkungen unternehmerischer Tätigkeiten auf die Menschen, den Planeten und die Gesellschaft zu begegnen. Die Beachtung der OECD-Leitsätze ist freiwillig, wobei die einzelnen Empfehlungen der Regierungen über das hinausgehen können, wozu Unternehmen gesetzlich verpflichtet sind.[857] Die Leitsätze werden durch einen besonderen Umsetzungsmechanismus unterstützt, die sogenannten National Contact Points – zu Deutsch Nationale Kontaktstellen (NKS) – die von den Regierungen der Teilnehmerstaaten eingerichtet wurden, um die Wirksamkeit der Leitsätze zu fördern.

Im Rahmen eines umfassenden Katalogs finden sich neben allgemeinen Grundsätzen, Verhaltensempfehlungen für Unternehmen in den Bereichen Menschenrechte, Beschäftigung und Beziehungen zwischen den Sozialpartnern, Umwelt, Bekämpfung von Bestechungsdelikten, Verbraucherinteressen, Wissenschaft und Technologie, Wettbewerb sowie Besteuerung.

2. Aktualisierung der OECD-Leitsätze im Jahr 2023

Die OECD-Leitsätze wurden zuletzt im Jahr 2023 aktualisiert und überarbeitet. Die fortlaufenden Aktualisierungen seit ihrer Einführung im Jahr 1976 zeigen, dass die Leitsätze stetig an die laufenden Entwicklungen angepasst werden. Die letzte Aktualisierung aus dem Jahr 2023 soll den dringenden sozialen, ökologischen und technologischen Prioritäten Rechnung tragen, mit denen Gesellschaft und Wirtschaft konfrontiert sind. Zu den wichtigsten Neuerungen in dem für das Arbeitsrecht maßgeblichen Kapitel V der

---

856 OECD v. 4.9.2023, https://www.oecd.org/de/publications/2023/06/oecd-guidelines-for-multinational-enterprises-on-responsible-business-conduct_a0b49990.html (abgerufen am 29.8.2025) – nachfolgend OECD-Leitsätze.

857 OECD, Deutschland Nationale Kontaktstelle, Aktualisierung der OECD-Leitsätze für multinationale Unternehmen (Juni 2023), https://www.bundeswirtschaftsministerium.de/Redaktion/DE/Downloads/M-O/oecd-leitsaetze-fuer-multinationale-unternehmen-juni-2023.pdf?__blob=publicationFile&v=6 (abgerufen am 29.8.2025).

OECD-Leitsätze „Beschäftigung und Beziehungen zwischen den Sozialpartnern“ gehören beispielsweise die Hervorhebung, dass Unternehmen das Recht aller Arbeitnehmer auf Vereinigungsfreiheit und Kollektivverhandlungen achten sollten. Auch die Hervorhebung, dass Ausbildungs- und Umschulungsmaßnahmen künftige Veränderungen in den Betrieben und die Bedürfnisse der Arbeitgeberinnen und Arbeitgeber vorwegnehmen sollten – wozu auch Maßnahmen gehören sollen, die auf gesellschaftliche und umwelttechnische Veränderungen, Risiken und Chancen im Bereich Automatisierung, Digitalisierungen, gerechter Übergang und nachhaltige Entwicklung reagieren, ist neu.

Aus den Aktualisierungen lässt sich insbesondere die Intention der OECD-Staaten ableiten, die Arbeitnehmerrechte im Unternehmen (weiter) zu stärken, vor allem im Zusammenhang mit einer gewerkschaftlichen bzw. betrieblichen Beteiligung der Arbeitnehmer. Natürlich geht hiermit für die Unternehmen ein erhöhter Umsetzungsaufwand einher, der sich nicht nur im eigenen Unternehmen, sondern auch in der Lieferkette auswirkt. Aber auch die zu erbringende Arbeit an sich soll weiter im Lichte der menschenrechtlichen Sorgfaltspflichten gestärkt werden.

3. Umsetzung der OECD-Leitsätze, insbesondere mit Blick auf Deutschland

Die OECD-Leitsätze werden durch einen besonderen Umsetzungsmechanismus unterstützt: die sogenannten National Contact Points – Nationale Kontaktstellen. Diese wurden von den Regierungen der Teilnehmerstaaten eingerichtet, um die Wirksamkeit der Leitsätze zu fördern. So auch in Deutschland.

Nach eigenen Angaben sollen die NKS den Bekanntheitsgrad der OECD-Leitsätze insbesondere bei Unternehmen, Gewerkschaften und Zivilgesellschaft erhöhen und ihre Anwendung fördern, u. a. indem sie Anfragen zu den Leitsätzen beantworten sowie bei Beschwerden wegen etwaiger Verstöße gegen die OECD-Leitsätze einen Beitrag zur Beilegung von Streitfragen leisten, indem sie ein neutrales Forum zur Erörterung und Vereinbarung möglicher Abhilfe bereitstellen. Kern der Tätigkeit der NKS ist damit die Durchführung von Beschwerdeverfahren (dazu sogleich unter → 4.).

Die Deutsche NKS ist aktuell (Stand: Juli 2025) im Bundesministerium für Wirtschaft und Energie (BMWK) in der Außenwirtschaftsabteilung in Referat VC6-NKS angesiedelt. Die Deutsche NKS wird unterstützt durch den Interministeriellen Ausschuss „OECD-Leitsätze für multinationale Unternehmen“, wo mit der Anwendung der OECD-Leitsätze zusammenhängende Fragestellungen erörtert und auf Vorschlag des federführenden BMWK im

Konsens entschieden werden,[858] und darüber hinaus durch den „Arbeitskreis OECD-Leitsätze für multinationale Unternehmen". Der Arbeitskreis ist ein Forum für den Austausch über alle mit der Umsetzung der OECD-Leitsätze in Zusammenhang stehenden Fragen. Er setzt sich neben den im Interministeriellen Ausschuss vertretenen Ressorts aus Vertretern der drei Stakeholdergruppen der OECD (Arbeitgeber, Arbeitnehmer und Zivilgesellschaft) sowie zusätzlichen Teilnehmern mit Expertisen zu verantwortungsvollem unternehmerischem Handeln zusammen.

4. Ablauf des Beschwerdeverfahrens vor der NKS

Das Beschwerdeverfahren ist in einem Verfahrensleitfaden der deutschen NKS für die OECD-Leitsätze geregelt und konkretisiert damit die verfahrenstechnischen Anleitungen und Erläuterungen aus den OECD-Leitsätzen („Verfahrensleitfaden"). Dieser Verfahrensleitfaden wurde zuletzt im Jahr 2024 in Folge der Aktualisierungen der OECD-Leitsätze im Jahr 2023 überarbeitet und findet auf alle Beschwerdefälle Anwendung, die ab dem Datum der Veröffentlichung des Leitfadens auf den Internetseiten der NKS eingereicht werden.[859]

Das Verfahren ist entsprechend der Angaben im Verfahrensleitfaden vertraulich, insbesondere in Bezug auf personenbezogene Daten und Geschäftsgeheimnisse, soll aber auch hinreichende Transparenz und Vertraulichkeit in das Verfahren schaffen. Nach Abschluss des Verfahrens wird jedenfalls – und das ist hier maßgeblich – ein Abschlussbericht auf den Internetseiten der NKS veröffentlicht. Eine Beteiligung des Beschwerdegegners ist zwar nicht verpflichtend, eine konstruktive Teilnahme kann aber bei der Gewährung von Außenwirtschaftsförderung (Exportkreditgarantien, Investitionsgarantien) und Delegationsreisen des Wirtschaftsministeriums berücksichtigt werden.[860]

---

858 BMWE, Nationale Kontaktstelle für die OECD-Leitsätze, https://www.bundeswirtschaftsministerium.de/Redaktion/DE/Dossier/Aussenwirtschaft/Nationale-Kontaktselle-NKS/netzwerk-der-nationalen-kontakstellen-fuer-die-oecd-leitsaetze.html (abgerufen am 29.8.2025).

859 OECD, Deutschland Nationale Kontaktstelle, Verfahrensleitfaden der deutschen Nationalen Kontaktstelle für die OECD-Leitsätze für multinationale Unternehmen zu verantwortungsvollem unternehmerischem Handeln im Bundesministerium für Wirtschaft und Klimaschutz, https://www.bundeswirtschaftsministerium.de/Redaktion/DE/Downloads/V/verfahrensleitfaden-oecd-010124.pdf?__blob=publicationFile&v=4 (abgerufen am 29.8.2025).

860 BMWE, OECD-Leitsätze für multinationale Unternehmen, https://www.bundeswirtschaftsministerium.de/Redaktion/DE/Downloads/M-O/NKS/oecd-leitsaetze-fuer-multinationale-unternehmen.pdf?__blob=publicationFile&v=8 (abgerufen am 29.8.2025).

Das Verfahren vor der NKS läuft wie folgt ab:

a) Einreichung der Beschwerde und Vorverfahren

Die Beschwerde wird durch das Ausfüllen eines schriftlichen bzw. elektronischen Beschwerdeformulars per E-Mail oder Brief an die jeweils maßgebliche (E-Mail-)Adresse eingereicht. Nachdem die Deutsche NKS zunächst geprüft hat, ob die Beschwerde verständlich ist und ob durch sie Rechte Dritter gefährdet sind, prüft sie in einem „Vorverfahren", ob sie zuständig ist und koordiniert sich gegebenenfalls mit anderen NKS. Wenn die deutsche NKS für die Bearbeitung der Beschwerde hauptverantwortlich ist, leitet sie die Beschwerdeschrift an das betroffene Unternehmen weiter. Dem Unternehmen wird die Gelegenheit gegeben, in der Regel innerhalb von vier Wochen Stellung zu nehmen. Die Parteien können, bevor die erste Evaluierung beginnt, ggf. auch zu einer weiteren Stellungnahme aufgefordert werden.

b) Zuständigkeit der Deutschen NKS

Die deutsche NKS ist grundsätzlich örtlich zuständig, wenn sich ein Verstoß in Deutschland ereignet haben soll. Betrifft die Beschwerde Unternehmensteile oder Geschäftstätigkeiten in mehreren Teilnehmerstaaten, so stimmt sich die NKS mit den dortigen Kontaktstellen über das weitere Vorgehen ab. Die deutsche NKS kann auch bei einem Verstoß im Ausland zuständig sein, wenn der vermeintliche Verstoß von einem Unternehmen mit Sitz in Deutschland begangen wurde und es sich bei dem Staat, in dem sich der Verstoß ereignet haben soll, um einen Nichtteilnehmerstaat handelt.

c) Erste Evaluierung und Durchführung des Evaluationsverfahrens

Auf Grundlage der Beschwerde sowie der Stellungnahme des betroffenen Unternehmens entscheidet die NKS im Rahmen einer ersten Evaluierung darüber, ob die aufgeworfenen Fragen eine eingehendere Prüfung rechtfertigen und die Beschwerde angenommen wird. Dabei werden die mit der Beschwerde vorgetragenen Vorwürfe unter Berücksichtigung rechtlicher Aspekte einer sorgfältigen Prüfung im Hinblick auf die Leitsätze unterzogen. Es wird abgewogen, ob die aufgeworfenen Fragen eine eingehendere Prüfung rechtfertigen und der mögliche Beitrag des NKS-Verfahrens zur Lösung der aufgeworfenen Probleme geprüft. Neben der Beteiligtenfähigkeit prüft die NKS insbesondere die Relevanz der aufgeworfenen Frage für die Umsetzung der OECD-Leitsätze und ob diese in gutem Glauben vorgebracht sind.

Parallel anhängige abgeschlossene oder mögliche Gerichts-, Verwaltungs- oder NKS-Verfahren in Deutschland oder anderswo zum selben oder ähnlichen Sachverhalt stehen der Annahme einer Beschwerde durch die NKS nicht grundsätzlich entgegen.

aa) Beteiligtenfähigkeit – Beschwerdeberechtigung und Passivlegitimation

Beschwerdeberechtigt ist grundsätzlich jede natürliche oder juristische Person sowie Gewerkschaften oder Nichtregierungsorganisationen. Sie müssen ein berechtigtes Interesse haben, welches weit zu verstehen ist und bereits jede unmittelbare, mittelbare, tatsächliche oder potenzielle Betroffenheit umfasst.

Beschwerdegegner muss ein multinationales Unternehmen sein. Es muss sich also unabhängig von der Größe um ein Unternehmen handeln, welches verschiedene Unternehmensteile in mehreren Ländern hat und es muss eine Koordination der Geschäftstätigkeit zwischen diesen Teilen stattfinden.

bb) Relevanz der aufgeworfenen Fragen für die Umsetzung der Leitsätze und Vorbringen in gutem Glauben

Die Untersuchung der aufgeworfenen Fragen durch die NKS soll den Zielen der Leitsätze dienen und zu ihrer Wirksamkeit beitragen. Dies ist in der Regel der Fall, wenn die aufgeworfenen Fragen die Inhalte der OECD-Leitsätze betreffen und die Unterstützung der NKS die Anwendung der Leitsätze im konkreten Fall oder künftig fördern kann.

d) Verfahrensablauf – Annahme und Ablehnung der Beschwerde

aa) Ablehnung der Beschwerde durch die NKS

Lehnt die NKS die Beschwerde ab, informiert sie die Beteiligten über die Gründe der Entscheidung. Die NKS hält in diesem Fall die der Beschwerde zugrundeliegenden Vorwürfe unter Bezugnahme auf die betroffenen Leitsätze und auf die die Position der beiden Parteien hierzu, den Verfahrensverlauf und die Gründe für die Ablehnung der Beschwerde in einem Bericht fest. Die Beteiligten erhalten die Möglichkeit, zum Entwurf dieses Berichts über die Ablehnung der Beschwerde Stellung zu nehmen. Dieser Bericht wird anschließend auf der Internetseite der NKS veröffentlicht und im Einklang mit den Verfahrensvorgaben der OECD an die OECD übermittelt.

bb) Annahme der Beschwerde durch die NKS

Hält die NKS eine vertiefte Prüfung der Beschwerde, ob die aufgeworfenen Fragen für die Umsetzung der Leitsätze relevant sind, für gerechtfertigt, nimmt sie die Beschwerde zur weiteren Prüfung an. Hierüber werden die Beteiligten informiert. Mit der Annahme der Beschwerde soll ausdrücklich keine Feststellung hinsichtlich einer Verletzung der Leitsätze verbunden sein. Im Fall der Annahme der Beschwerde fertigt die NKS einen Entwurf ihrer ersten Evaluierung an und veröffentlicht diesen ebenfalls auf der Internetseite der NKS, nachdem die Beteiligten Gelegenheit hatten, zu dem Entwurf der ersten Evaluierung Stellung zu nehmen.

Im Anschluss finden mit Zustimmung der Beschwerdebeteiligten Vermittlungs- und Mediationsgespräche zwischen der NKS und den Beschwerdebeteiligten statt. Es können auch externe Mediatoren hinzugezogen werden.

Darauffolgend kommt es entweder zu einer Einigung der Beteiligten oder nicht. Das Verfahren wird jedenfalls mit einem entsprechenden Abschlussbericht, der unter anderem den Beschwerdegegenstand, sowie den Verfahrensablauf darlegt, beendet. Im Fall einer Einigung wird der Abschlussbericht mit den Beteiligten abgestimmt. Die konkrete Veröffentlichung über den Inhalt einer möglichen Vereinbarung im Fall einer Einigung erfolgt in Konsultation mit den Beschwerdebeteiligten. Anderenfalls erfolgt eine einseitige Abschlusserklärung ausschließlich durch die NKS. In den Abschlussberichten kann die NKS dann Empfehlungen aussprechen.

e) Nachverfolgung

Anschließend werden die Fälle über einen längeren Zeitraum nachverfolgt. Es kann hier zu einem Folgebericht („follow-up“) kommen, der ebenfalls veröffentlicht wird.

5. Einzelne Beschwerdeverfahren vor der NKS

Die Beschwerdedatenbank der deutschen NKS enthält aktuell 38 Einträge (Stand: Juli 2025).[861] Zwar zeigte eine Auswertung im Jahr 2022, dass die Verfahren ab dem Jahr 2020 im Großteil bereits ohne nähere Prüfung (als unzulässig) verworfen wurden.[862] Aus den (Abschluss-)Berichten der NKS lassen sich aber wesentliche Erkenntnisse über das Beschwerdeverfahren und die Wirkmächtigkeit der OECD-Leitsätze ableiten:

– So beispielsweise im Beschwerdeverfahren Südwind u. a. gegen die Adidas AG[863]. In dem Fall waren die Beschwerdeführer der Auffassung, dass

---

861 BMWE, Beschwerdedatenbank der deutschen NKS, https://www.bundeswirtschaftsministerium.de/Navigation/DE/Service/NKS-Beschwerdefaelle/beschwerdefaelle.html (abgerufen am 29.8.2025).

862 *Göpfert/Melles*, NJW 2022, 2505, 2507.

863 BMWE v. 24.4.2020, Beschwerde von Südwind u. a. gegen die Adidas AG, https://www.bundeswirtschaftsministerium.de/Redaktion/DE/Beschwerdefaelle-NKS/Abschliessende-Erklaerung/suedwind-institut-gegen-adidas-ag.html (abgerufen am 29.8.2025).

die Beschwerdegegnerin ihren Sorgfaltspflichten in der Lieferkette nicht ausreichend nachgekommen sei, weil diese ihren Einfluss als Einkäuferin in Bezug auf angebliches gewerkschaftsfeindliches Verhalten, angebliche Kündigungen und die angebliche Lohnproblematik in einer Zuliefererfabrik nicht ausreichend geltend gemacht und damit die Bestimmungen von Kapitel II (Allgemeine Grundsätze) und IV (Menschenrechte) der OECD-Leitsätze verletzt habe. Hier zeigte sich, dass mit Hilfe der OECD-Leitsätze politisch wie kommunikativ, eine Regelwidrigkeit nach den Leitsätzen öffentlich gemacht werden kann, die (1) ein typisches Lieferketten-Problem betrifft und (2) völlig unabhängig von der Frage nationaler Rechtsverletzung und dem jeweiligen Zugang zur Justiz (Zuständigkeitsfragen), effektiv geltend gemacht werden kann. Genau das ist die Idee von „Soft Law“.

– Im Zuge des Beschwerdeverfahrens International Transport Workers‘ Federation (ITF)/UNI Global Union (UNI) vs. DHL Group[864] haben die Beteiligten im Dezember 2024 eine überarbeitete Kooperationsvereinbarung aus dem Jahr 2016 unterzeichnet, die unter der Schirmherrschaft der deutschen NKS steht. In dieser Vereinbarung, die auf ein abgeschlossenes Mediationsverfahren vor der deutschen NKS zurückgeht, verpflichten sich die Parteien weiterhin zu einem kontinuierlichen, konstruktiven Dialog über Beschäftigung und Arbeitsbeziehungen.
– In dem Beschwerdeverfahren André Amisi Rushingwa/Delvaux Bwisibo Mukunda/Raymond Minani Muganira vs. Strategos Group LLC[865], in dem es um Vorwürfe im Zusammenhang mit dem Kauf bestimmter Vermögenswerte ging, versuchten sowohl die US-amerikanische NKS als auch die kolumbianische NKS, die Beschwerdegegnerin mehrmals zu erreichen. Keine der Bemühungen führte allerdings zu einer Antwort des Unternehmens. Die US-amerikanische NKS nahm die Beschwerde folglich nicht zur weiteren Prüfung an, da eine Mediation nicht zu den Zielen und der Wirksamkeit der Leitsätze beitragen würde, da keine Kommunikation zu dem Beschwerdegegnerin herzustellen war und so der Dialog nicht erleichtert werden konnte. Dieses Beispiel zeigt, dass die OECD-Leitsätze dem Grunde nach freiwillig sind und die OECD-Leitsätze „lediglich“ über die Öffentlichkeitswirksamkeit Beachtung finden. Kann kein Kontakt

864 BMWE v. 1.1.2024, Beschwerde der Gewerkschaft UNI Global Union (UNI) u.a. gegen die Deutsche Post DHL, https://www.bundeswirtschaftsministerium.de/Redaktion/DE/Beschwerdefaelle-NKS/Abschschlussbericht/uni-global-union-gegen-deutsche-post-dhl.html (abgerufen am 29.8.2025).

865 U.S. Department of State v. 8.8.2024, https://www.state.gov/specific-instance-between-andre-amisi-rushingwa-delvaux-bwisibo-mukunda-and-raymond-minani-muganira-and-strategos-group-llc-regarding-events-in-the-democratic-republic-of-the-congo/ (abgerufen am 29.8.2025).

zu dem Unternehmen aufgenommen werden bzw. verweigert dieses den Kontakt, hat die NKS bereits keine Handhabe, tätig zu werden.

6. Alternative Geltendmachung einzelner Verstöße

Die OECD-Leitsätze enthalten eine Reihe von Überlappungen zum deutschen LkSG, insbesondere in ihren Kapiteln zu Menschenrechten, Arbeitsbeziehungen und Umwelt.[866] Für die Durchsetzung des LkSG ist das Bundesamt für Wirtschaft und Ausfuhrkontrolle (BAFA) verantwortlich, nicht das Bundesministerium für Wirtschaft und Energie. Für Empfehlungen in den OECD-Leitsätzen, die auch Gegenstand des LkSG sind, kann alternativ zum Beschwerdeverfahren bei der NKS auch eine Beschwerde beim Bundesamt für Wirtschaft und Ausfuhrkontrolle eingereicht werden.[867] Dabei existieren beide Verfahren unabhängig voneinander. Die Verfahren folgen jeweils ihrer eigenen Logik, die sich aus den OECD-Leitsätzen (NKS) bzw. dem LkSG (BAFA) ergibt.

III. Weitergehende Auswirkungen der OECD-Leitsätze

1. Bedeutung der OECD-Leitsätze für die ESG-Diskussion

Die beschriebenen Fälle verdeutlichen, dass in der aktuellen Nachhaltigkeits- und ESG-Diskussion ein „Rechtsmittel" zur Verfügung steht, welches aufgrund seiner kommunikativen Relevanz – Verstoß gegen eine OECD-Richtlinie – von möglicherweise weitaus größerer Bedeutung ist als eine nationale Gerichtsentscheidung. Unter dem Gesichtspunkt der Verfahrensgerechtigkeit muss man dabei – aus juristischer Sicht – sicherlich fragen, ob es richtig ist, dass eine exekutive Stelle ohne weitere Rechtsmittel derartig weitreichende Entscheidungen treffen können soll. Unter dem Gesichtspunkt der politischen Wirkmächtigkeit stellt sich diese Frage aber nicht. Aufsichtsräte, Personalvorstände, Compliance- und Nachhaltigkeitsbeauftragte werden dies bei der Frage, welche Bedeutung sie gerade der Einhaltung der OECD-Grundsätze in der Hierarchie ihrer ESG-Ansätze zumessen wolle, sicher berücksichtigen müssen.

---

866 Hierzu → Teil 4 Kap. 2.1 (*Groß*).

867 BMWE, https://www.bundeswirtschaftsministerium.de/Redaktion/DE/Dossier/Aussenwirtschaft/Nationale-Kontaktselle-NKS/vergleich-nks-beschwerdeverfahren-und-antragsverfahren-LkSG.html (abgerufen am 29.8.2025).

2. Bindungswirkung der OECD-Leitsätze für die Geschäftsführung

Zwar ist die Einhaltung der OECD-Leitsätze freiwillig und der Verfahrensleitfaden der NKS gibt ausdrücklich an, dass die NKS zu keinem Zeitpunkt des Verfahrens feststellt, ob ein Unternehmen im Einklang mit den Leitsätzen gehandelt hat oder nicht. Allerdings zeigen die einzelnen Beschwerdeverfahren (oben → II.5.) und die jeweiligen (Abschluss-)Erklärungen hierzu, wie wirkmächtig die OECD-Leitsätze sind und dass die Beschwerdeverfahren zu (Reputations-)Schäden auf Seiten der betroffenen Unternehmen führen können.

Insoweit stellt sich die Frage, ob die Geschäftsführung eines Unternehmens an die Vorgaben der OECD-Leitsätze gebunden ist bzw. ob und inwiefern sich die OECD-Leitsätze auf Sorgfaltspflichten eines GmbH-Geschäftsführers oder eines AG-Vorstands auswirken und ob hierdurch eine entsprechende Haftung gegenüber der Gesellschaft entstehen kann.

So sind die Organmitglieder über § 43 Abs. 1 GmbHG bzw. § 93 Abs. 1 AktG zur Wahrung des Vorteils der Gesellschaft und zur Abwendung von Schäden verpflichtet.[868] Eine der wichtigsten Sorgfaltspflichten der Geschäftsleitung ist dabei die Legalitätspflicht, der zu Folge die Organe dafür sorgen müssen, dass sich die Gesellschaft rechtmäßig verhält und ihren gesetzlichen Verpflichtungen nachkommt.[869] Zumindest unter dem Gesichtspunkt der Legalitätspflicht führen die OECD-Leitsätze allerding zu keiner entsprechenden Sorgfaltspflicht. Denn bei den OECD-Leitsätzen handelt es sich gerade nicht um verbindliches Recht. Sie beruhen auf dem Prinzip der Freiwilligkeit.[870] Insoweit muss die Geschäftsleitung die Leitsätze auch nicht zwingend im Rahmen ihrer Legalitätspflicht beachten, da die Gesellschaft durch diese nicht in ihrer Außenbeziehung beschränkt oder gebunden wird und somit die Geschäftsleitung auch gegenüber der Gesellschaft die Einhaltung dieser Standards nicht schuldet.[871] Im Einzelfall sollen Verhaltensrichtlinien, Kodizes oder Empfehlungen zur Konkretisierung der Sorgfaltspflichten herangezogen werden können. Allerdings bedeutet die Abweichung von derartigen Empfehlungen und Leitlinien ebenso wenig eine Verletzung der Sorgfaltspflicht, wie die strikte Befolgung exkulpierende Wirkung hat.[872]

---

868 *Fleischer*, in: BeckOGK, 1.6.2025, § 93 AktG Rn. 16 m. w. N.
869 BGH, 10.7.2012 – VI ZR 341/10, NJW 2012, 3439.
870 *Spindler*, in: MüKoAktG, 6. Aufl. 2023, § 76 Rn. 116.
871 *Ziemons*, in: Michalski/Heidinger/Leible/J. Schmidt, GmbH-Gesetz, 4. Aufl. 2023, § 43 GmbHG Rn. 65.
872 *Beurskens*, in: Noack/Servatius/Haas, GmbH-Gesetz, 24. Aufl. 2025, § 43 GmbHG Rn. 33; *Fleischer*, in MüKo-GmbHG, 4. Aufl. 2023, § 43 Rn. 63.

Es könnte aber sein, dass die OECD-Leitsätze im Einzelfall mittelbar die Sorgfaltspflichten der Geschäftsleitung im Rahmen des Reputationsmanagements beeinflussen können. So wird vertreten, dass das Reputationsmanagement eine entsprechende Pflicht der Geschäftsleitung darstellt, insbesondere vor dem Hintergrund, dass die Unternehmensreputation eine wesentliche Voraussetzung für anhaltenden Unternehmenserfolg bildet.[873] Diese Pflicht zum Reputationsmanagement könnte im Einzelfall durch die OECD-Leitsätze konkretisiert werden. Vor der Entscheidung über rechtlich zulässige, aber ethisch fragwürdige Geschäfte, muss die Geschäftsleitung deren Auswirkungen auf die Unternehmensreputation prüfen und ihre voraussichtlichen Vorteile gegen die zu erwartenden Reputationsschäden abwägen.[874] Vor dem Hintergrund eines drohenden Beschwerdeverfahrens könnte es daher im Rahmen des Reputationsmanagements im Einzelfall auch erforderlich sein, eine Handlung, die zwar unter Umständen zulässig ist, auch hinsichtlich der Einhaltung der OECD-Leitsätze abzuwägen, um einen möglichen Reputationsschaden zu vermeiden.

Eine Auswirkung auf die Sorgfaltspflichten könnten die OECD-Leitsätze auch dann haben, wenn sich das Unternehmen zu deren Beachtung – also im Rahmen einer Selbstbindung – verpflichtet hat. Wenn sie dann nicht bereits im Rahmen der Legalitätspflicht zu beachten sind, so können sie jedenfalls zur Konkretisierung von Sorgfaltspflichten herangezogen werden.

IV. Bewertung der OECD-Leitsätze und Ausblick

Die OECD-Leitsätze sind ein beachtenswertes Werkzeug bei der Umsetzung von Nachhaltigkeit in der Lieferkette. Sie betreffen sowohl den Umgang mit Arbeitnehmern wie auch mit deren Vertretungen, einschließlich der Gründung und dem Schutz von Gewerkschaften und deren Mitgliedern.

Die OECD-Leitsätze sollen zwar ausdrücklich kein neues Recht schaffen, allerdings wird die Einhaltung durch das Beschwerdeverfahren vor der NKS flankiert. Zwar stellt die NKS formal keine Verletzung der Leitsätze fest, aber das Verfahren vor der NKS und die damit verbundenen Abschlussberichte können eine gewisse Öffentlichkeitswirkung entfalten. Durch dieses „naming und shaming" kann sogar ein stärkerer Befolgungsdruck entstehen als durch manche rechtliche Sanktion.[875] Insoweit ist auch zu berücksichtigen, dass den betroffenen Unternehmen im Beschwerdeprozess zwar ein Recht zur Stellungnahme zusteht, dieses aber keinen effektiven Rechts-

873 *Fleischer*, in MüKo-GmbHG, 4. Aufl. 2023, § 43 Rn. 33 f.
874 *Fleischer*, in MüKo-GmbHG, 4. Aufl. 2023, § 43 Rn. 34.
875 *Herdegen*, in: Dürig/Herzog/Scholz, Grundgesetz, 107. EL März 2025, Art. 25 GG Rn. 49.

schutz gewährt. Die Möglichkeit verwaltungsrechtlicher Verfahren im Anschluss an einen Abschlussbericht wird den zwischenzeitlich eingetretenen kommunikativen und personalpolitischen Folgen nicht mehr gerecht. Mit Veröffentlichung des Abschlussberichts kann den betroffenen Unternehmen ein erheblicher Reputationsverlust drohen.

Die bislang ergangenen Fälle zeigen des Weiteren die Tendenz künftiger politischer Richtung – Interessengruppen und Netzwerke können über das „Soft Law" der OECD ihre Interessen wesentlich wirkmächtiger vertreten, als dies nach nationalem Recht und unter Wahrung internationaler Zuständigkeitsfragen sonst möglich wäre. So ist damit zu rechnen, dass in Zukunft eine Nichtbeachtung von Empfehlungen und Standards wie den OECD-Leitsätzen vermutlich immer zwingender für Unternehmen wird. Dies zeigt sich bereits an Gesetzen wie dem LkSG oder der CSDDD. Beide gehen maßgeblich auf die OECD-Leitsätze zurück[876] und zeigen somit auf, wie aus entsprechendem „Soft Law", auch „Hard Law" entsteht.

Die Einordnung der OECD-Richtlinien in die Hierarchie der ESG-Maßnahmen wird beim „S" von entscheidender Bedeutung sein, denn das Risiko- und Schadenspotenzial mag insoweit nach wie vor noch weitgehend unterschätzt sein. Dabei nehmen die Verfahren vor den NKS zu. Es ist auch damit zu rechnen, dass Beschwerdeverfahren vor der NKS und Verfahren nach dem LkSG beim BAFA zukünftig parallel geführt werden. Dies stellt eine weiter Belastung für Unternehmen dar und kann die Öffentlichkeitswirkung verstärken. Angemerkt sei in diesem Rahmen auch, dass beide Verfahren dafür genutzt werden können, um Beweise für einen anschließenden Zivilprozess zu sammeln.[877]

Auch wird eine gewisse Konformität mit den entsprechenden Empfehlungen immer mehr von Investoren erwartet (natürlich nicht ganz ohne Förderung durch den Gesetzgeber). Dadurch soll auch eine Regulierung durch „non-state actors" erfolgen. Nachhaltige Unternehmen sollen gefördert werden.[878]

---

876 *Fleischer*, CCZ 2022, 205, 206; *Leyens*, NZG 2025, 579, 580.
877 *Leyens*, NZG 2025, 579, 587.
878 *Spießhofer*, NZG 2022, 435, 438.

3. Nachhaltigkeit global denken und umsetzen

Dr. Bahar Cat-Krause

I. Einleitung

In der heutigen Welt, die von rasanten Veränderungen, technologischen Innovationen und komplexen Herausforderungen geprägt ist, nimmt Nachhaltigkeit in all ihren Facetten eine unerlässliche Rolle in Unternehmen ein. Nachhaltigkeit wird häufig als das Prinzip verstanden, die Bedürfnisse der gegenwärtigen Generation zu befriedigen, ohne dabei die Möglichkeiten zukünftiger Generationen zu gefährden.[879] Dies bedeutet, dass ökologische, soziale und wirtschaftliche Aspekte in ein ausgewogenes Verhältnis gebracht werden müssen. Eine umfassende Definition von Nachhaltigkeit umfasst somit die Erhaltung von Ressourcen, den Schutz der Umwelt und das Streben nach sozialer Gerechtigkeit.[880]

Um die drängenden Herausforderungen wie Klimawandel, Verlust der Biodiversität und soziale Ungleichheit zu bewältigen, ist es essenziell, Nachhaltigkeit aus einer globalen Perspektive zu betrachten. Globale Herausforderungen erfordern globale Lösungen, denn die ökologische und soziale Vernetzung der Welt in Zeiten globaler Lieferketten lässt sich nicht ignorieren. Ein Beispiel hierfür ist die Art und Weise, wie der Klimawandel nicht nur lokale Gemeinschaften, sondern ganze Nationen und Regionen beeinflusst, unabhängig von geografischen, politischen oder wirtschaftlichen Grenzen.[881] Dies betrifft vor allem Rohstoffe und den Bezug von Materialien. Das internationale Zusammenspiel und die gegenseitigen Abhängigkeiten machen deutlich, dass das Streben nach Nachhaltigkeit ausschließlich durch eine kollektive Anstrengung auf globaler Ebene gelingen kann.

Ziel dieses Beitrags ist es, verschiedene Dimensionen der Nachhaltigkeit zu beleuchten und aufzuzeigen, wie sie global gedacht und umgesetzt werden können. Durch die Analyse von Herausforderungen, politischen Rahmenbedingungen, innovativen Lösungen und bewährten Praktiken aus verschiedenen Regionen und Ländern soll ein umfassendes Bild entstehen, das sowohl die Komplexität als auch die Notwendigkeit von ganzheitlichen Ansätzen in der nachhaltigen Entwicklung widerspiegelt. Darüber hinaus wird die Rolle von Nachhaltigkeitsstandards und Regulierungen betrachtet, die als Leitfa-

879 Brundtland Kommission, Our Common Future.

880 *Redclift*, Sustainable Development, 13(4), S. 212-227.

881 IPCC, Climate Change 2021, The Physical Science Basis, https://www.ipcc.ch/report/ar6/wg1/downloads/report/IPCC_AR6_WGI_FullReport.pdf, S. 10-11.

den für Organisationen, Staaten und auch öffentliche Einrichtungen dienen, um ihre Nachhaltigkeitsziele zu erreichen. Der Beitrag soll dazu anregen, nachhaltige Strategien zu entwickeln und die Verantwortung aller Akteure in diesem globalen Prozess hervorzuheben – trotz der Herausforderungen, die durch das Fehlen global einheitlicher Standards über alle Branchen hinweg bestehen.

II. Historischer Kontext der Nachhaltigkeit

Das Konzept der Nachhaltigkeit hat sich über viele Jahrzehnte entwickelt und ist das Ergebnis komplexer gesellschaftlicher, wirtschaftlicher und ökologischer Dynamiken. Die Wurzeln der Nachhaltigkeit reichen bis in die Antike zurück, als verschiedene Kulturen bereits Praktiken zur Erhaltung ihrer natürlichen Ressourcen entwickelten. Dennoch erlangte der Begriff im 20. Jahrhundert seine heutige Bedeutung, insbesondere im Zuge der Industriellen Revolution und der damit verbundenen Umweltprobleme und -verschmutzung.

In den 1970er Jahren begann das Bewusstsein für Umweltfragen weltweit zu wachsen. Die Veröffentlichung des Buches „Die Grenzen des Wachstums“ durch den Club of Rome im Jahr 1972 warnte davor, dass unbegrenztes Wachstum auf einem endlichen Planeten zu schwerwiegenden ökologischen und sozialen Krisen führen könne.[882] Dieses Buch brachte eine breite öffentliche Debatte über die Notwendigkeit eines nachhaltigen Umgangs mit Ressourcen in Gang und legte den Grundstein für zukünftige Umweltbewegungen.

Ein entscheidender Moment in der Geschichte der Nachhaltigkeit war die Konferenz der Vereinten Nationen über die Umwelt des Menschen in Stockholm im Jahr 1972. Diese Konferenz führte zur Gründung des Umweltprogramms der Vereinten Nationen (UNEP) und stellte den ersten globalen Dialog über Umweltfragen und deren Verbindung zu sozialer und wirtschaftlicher Entwicklung dar. Hierbei wurde die Idee hervorgehoben, dass Umweltschutz und soziale Gerechtigkeit eng miteinander verknüpft sind.

In den folgenden Jahrzehnten wurden verschiedene internationale Abkommen und Initiativen ins Leben gerufen, um die Prinzipien der Nachhaltigkeit zu fördern. Beispielsweise wurde 1992 die Rio-Konferenz auf dem Erdgipfel in Brasilien abgehalten, wo die Agenda 21 verabschiedet wurde. Diese Agenda legte einen umfassenden Plan für nachhaltige Entwicklung vor, der sowohl den Schutz der Umwelt als auch die Bekämpfung der Armut be-

882 *Meadows/Meadows/Randers/Behrens III,* The Limits to growth: a Report for the Club of Rome's Project on the Predicament of Mankind, S. 15-20.

rücksichtigte.[883] Ein weiteres bedeutendes Abkommen ist das Pariser Klimaabkommen von 2015, das von nahezu allen Ländern der Welt unterzeichnet wurde und das Ziel verfolgt, die Erderwärmung auf unter 2 Grad Celsius zu begrenzen.

Umweltbewegungen, die in den 1960er und 1970er Jahren entstanden, hatten ebenfalls einen enormen Einfluss auf die Entwicklung des Nachhaltigkeitskonzepts. Organisationen wie Greenpeace und der World Wildlife Fund (WWF) trugen dazu bei, das öffentliche Bewusstsein für Umweltprobleme zu schärfen und politische Verantwortliche zunehmend unter Druck zu setzen, Maßnahmen zum Schutz der Erde zu ergreifen. Diese Bewegungen haben nicht nur zur Gesetzgebung auf lokaler und nationaler Ebene geführt, sondern auch internationale Standards und Normen in Bezug auf Umweltschutz und nachhaltige Praktiken gefördert.

Zusammenfassend lässt sich sagen, dass die Entwicklung des Nachhaltigkeitskonzepts durch eine Vielzahl von Faktoren geprägt wurde, darunter gesellschaftliche Veränderungen, wissenschaftliche Erkenntnisse und die Mobilisierung von Bürgerinitiativen. Der historische Kontext dieser Entwicklung ist entscheidend für das Verständnis der gegenwärtigen Herausforderungen und der globalen Bemühungen um eine nachhaltigere Zukunft.

III. Globale Herausforderungen

Die Welt sieht sich heute einer Vielzahl von komplexen Herausforderungen gegenüber, die eng miteinander verwoben sind und dringend Maßnahmen erfordern. Diese Probleme, von denen viele die Grundlagen der globalen Nachhaltigkeit beeinträchtigen, umfassen den Klimawandel, den Verlust der Biodiversität, den Ressourcenverbrauch und die Wiederverwertung von Abfällen sowie soziale Ungleichheit.

1. Klimawandel und seine Auswirkungen

Der Klimawandel gehört zu den gravierendsten globalen Herausforderungen des 21. Jahrhunderts. Angetrieben durch den Anstieg der Treibhausgasemissionen infolge menschlicher Aktivitäten, insbesondere durch die Verbrennung fossiler Brennstoffe, führt dieser Wandel zu exponentiellen Veränderungen in den Wettermustern und der globalen Temperatur. Laut dem Intergovernmental Panel on Climate Change (IPCC) sind die letzten Jahrzehnte die wärmsten seit Beginn der Aufzeichnungen, und es wird prog-

883 United Nations, Agenda 21: Programme of Action for Sustainable Development, https://sustainabledevelopment.un.org/content/documents/Agenda21.pdf.

nostiziert, dass eine ungebremste Erwärmung von mehr als 1,5 Grad Celsius über dem vorindustriellen Niveau verheerende Folgen für Menschen und Ökosysteme haben könnte.[884] Zu den gravierenden Auswirkungen gehören häufigere und intensivere Naturkatastrophen wie Dürren, Überschwemmungen und Stürme, die nicht nur Leben kosten, sondern auch die wirtschaftliche Stabilität vieler Regionen gefährden.

2. Verlust der Biodiversität

Parallel zum Klimawandel erleben wir einen dramatischen Verlust der Biodiversität, der als eine der größten Herausforderungen für die Umwelt gilt. Schätzungen zufolge gehen täglich mehrere Dutzend Arten verloren, was dramatische Auswirkungen auf Ökosysteme und die lebensnotwendigen Dienstleistungen hat, die sie bieten, einschließlich Nahrungsmittelproduktion, Wasserreinigung und Klimaregulation.[885] Die Hauptursachen für das Aussterben von Arten sind Habitatverlust, Übernutzung natürlicher Ressourcen, invasive Arten und der Klimawandel selbst. Dieser Verlust hat nicht nur ökologische, sondern auch soziale Konsequenzen, da viele Gemeinschaften von biodiversen Ökosystemen für ihren Lebensunterhalt abhängen.

3. Ressourcenverbrauch und Abfallmanagement

Ein weiteres zentrales Problem ist der übermäßige Verbrauch natürlicher Ressourcen. Die wachsende Weltbevölkerung und der steigende Lebensstandard in vielen Ländern führen zu einem steigenden Bedarf an Wasser, Energie und anderen Rohstoffen. Diese Entwicklung übersteigt oft die regenerativen Kapazitäten der Erde, was zu einer Erschöpfung von Ressourcen und zu Umweltschäden führt. Gleichzeitig sind die bestehenden Abfallmanagementsysteme in vielen Regionen unzureichend, was zu einer unkontrollierten Ansammlung von Abfall, insbesondere Plastikmüll, in Ozeanen und Städten führt. Experten schätzen, dass jährlich 367 Mio. Tonnen (Stand 2020) Plastik produziert werden, wovon ein erheblicher Teil in die Umwelt gelangt und gravierende Folgen für Flora und Fauna hat.[886]

---

884 IPCC, Climate Change 2021: The Physical Science Basis, https://www.ipcc.ch/report/ar6/wg1/ (abgerufen am 29.8.2025).

885 *Brondizio/Settle/Díaz/Ngo*, IPBES: The global assessment report on biodiversity and ecosystem services 2019, S. XVII.

886 *Jambeck/Geyer/Wilcox/Siegler/Perryman/Andrady/Narayan/Law*, Science 2015, 347, 6223, S. 768-771; UNEP v. 21.10.2021, From Pollution to Solution: A global assessment of marine litter and plastic pollution, https://www.unep.org/resources/pollution-solution-global-assessment-marine-litter-and-plastic-pollution (abgerufen am 29.8.2025).

4. Soziale Ungleichheit und Armutsbekämpfung

Die sozialen Dimensionen der Nachhaltigkeit sind ebenso wichtig wie die ökologischen. Globale Ungleichheiten — sei es in Bezug auf Einkommen, Zugang zu Ressourcen oder Bildung — sind eine massive Herausforderung, die eng mit den ökologischen Krisen verbunden ist. Armut und soziale Ungleichheit können als Katalysatoren für Umweltzerstörung wirken, da benachteiligte Gemeinschaften oft gezwungen sind, ihre natürlichen Ressourcen übermäßig zu nutzen, um Grundbedürfnisse zu decken. Gleichzeitig verhindert ein Mangel an Bildung und Ausbildung in diesen Gemeinschaften die Entwicklung nachhaltiger Praktiken und Lösungen. Laut dem UNDP-Bericht über menschliche Entwicklung leben weltweit fast 1,3 Milliarden Menschen in extremer Armut, was dringende Maßnahmen zur Armutsbekämpfung und zur Förderung von Chancengleichheit erfordert.[887]

Zusammenfassend zeigen diese globalen Herausforderungen, dass eine integrative und nachhaltige Herangehensweise notwendig ist, um die Umwelt zu schützen und gleichzeitig soziale Gerechtigkeit zu fördern. Es ist von entscheidender Bedeutung, dass Regierungen, Unternehmen und die Zivilgesellschaft in einem gemeinsamen Bestreben zusammenarbeiten, um Lösungen zu finden, die sowohl ökologische als auch soziale Dimensionen berücksichtigen.

IV. Nachhaltigkeitsstandards und Regulierung

Nachhaltigkeitsstandards und regulatorische Vorgaben spielen eine entscheidende Rolle bei der Förderung nachhaltiger Praktiken in Unternehmen und Organisationen weltweit. Diese Standards fungieren nicht nur als verbindliche Leitlinien und Benchmarks, sondern tragen auch maßgeblich zur Vereinheitlichung im Markt bei.

Durch die Etablierung einheitlicher Nachhaltigkeitsstandards auf globaler Ebene wird es für Unternehmen einfacher, Vergleichbarkeit zu schaffen, Best Practices zu identifizieren und auf gemeinsame Zielsetzungen hinzuarbeiten. Dies fördert nicht nur einen fairen Wettbewerb, sondern hilft auch, das Vertrauen in Produkte und Dienstleistungen zu stärken. Unternehmen können so besser sicherstellen, dass ihre Umwelt- und Sozialpraktiken den Erwartungen der Stakeholder entsprechen, unabhängig von unterschiedlichen regulatorischen Anforderungen in verschiedenen Regionen.

887 UNDP, Bericht über die menschliche Entwicklung 2022, https://www.undp.org/de/germany/publikationen/bericht-ueber-die-menschliche-entwicklung-2022 (abgerufen am 29.8.2025).

Darüber hinaus ermöglichen einheitliche Standards eine konsistente Kommunikation über Nachhaltigkeitsleistungen, was Unternehmen wiederum dabei unterstützt, sich in einem zunehmend wettbewerbsorientierten Marktumfeld hervorzuheben und ihre Marktstellung zu festigen. In diesem Kontext fördern Nachhaltigkeitsstandards die kontinuierliche Verbesserung von Umweltleistungen, die effizientere Nutzung von Ressourcen und das Engagement für soziale Verantwortung und tragen gleichzeitig zur Schaffung einer nachhaltigeren Wirtschaft bei.

1. Überblick über relevante Nachhaltigkeitsstandards

Eine der bekanntesten Normen im Bereich des Umweltmanagements ist die ISO 14001, die von der International Organization for Standardization (ISO) entwickelt wurde. Diese Norm bietet einen strukturierten Ansatz für das Umweltmanagementsystem (UMS) und hilft Unternehmen, ihre umweltbezogenen Leistungen systematisch zu verbessern. Der Fokus liegt auf der Identifizierung und Kontrolle der Umweltaspekte, die aus den Aktivitäten, Produkten und Dienstleistungen eines Unternehmens resultieren.[888]

Ein weiteres bedeutendes Instrument ist EMAS (Eco-Management and Audit Scheme), ein freiwilliges europäisches Umweltmanagementsystem. EMAS fordert von Unternehmen nicht nur die Einhaltung von Umweltgesetzgebungen, sondern ermutigt sie auch, ihre Umweltleistung kontinuierlich zu verbessern und ihre Ergebnisse öffentlich zu kommunizieren. Unternehmen, die EMAS zertifiziert sind, müssen regelmäßig Umweltberichte veröffentlichen, die ihre Fortschritte dokumentieren und transparenter machen.[889]

Es gibt eine Reihe weiterer relevanter Normen, die Unternehmen heranziehen können, um ihre nachhaltige Entwicklung strukturiert zu fördern, etwa (nicht abschließend):

- Blauer Engel: Ein deutsches Umweltzeichen, das umweltfreundliche Produkte und Dienstleistungen kennzeichnet.
- BSCI (Business Social Compliance Initiative): Ein Verhaltenskodex für Unternehmen, der faire Arbeitsbedingungen entlang der globalen Lieferkette sicherstellen soll.
- Ethical Trading Initiative (ETI): Fördert die Achtung grundlegender Arbeitsrechte in globalen Lieferketten basierend auf Standards der International Labour Organization (ILO).

---

888 ISO 14001:2015, https://www.iso.org/standard/60857.html (abgerufen am 29.8.2025).

889 Europäische Kommission, Eco-Management and Audit Scheme (EMAS), https://green-forum.ec.europa.eu/green-business/emas_en?prefLang=de (abgerufen am 29.8.2025).

– Fairtrade: Zertifiziert Produkte, die unter fairen Arbeits- und Handelsbedingungen hergestellt wurden, oft mit Fokus auf Bauern und Arbeiter im globalen Süden.
– FSC (Forest Stewardship Council): Zertifiziert nachhaltige Waldbewirtschaftung und stellt sicher, dass Waldressourcen verantwortungsvoll genutzt werden.
– ISO 14040/44, ISO 14064, ISO 14067 (Carbon Footprint): Standards zur Bewertung der Treibhausgasemissionen (CO_2-Fußabdruck) von Unternehmen, Produkten und Dienstleistungen entlang ihrer gesamten Wertschöpfungskette.
– ISO 26000 (Soziale Verantwortung): Bietet Leitlinien für Organisationen, um soziale Verantwortung in ihre Unternehmensstrategien und Prozesse zu integrieren.
– MSC (Marine Stewardship Council): Fördert nachhaltige Fischerei und zertifiziert Fischereien, die die Meeresökosysteme schützen.
– OHSAS 18001/ISO 45001: Standards für Arbeitssicherheits- und Gesundheitsmanagementsysteme, um sichere und gesunde Arbeitsplätze zu gewährleisten.
– Rainforest Alliance: Fördert nachhaltige Landwirtschaft und den Erhalt von Biodiversität durch Zertifizierung von Betrieben, die Umweltkriterien einhalten.
– SA8000 (Social Accountability International): Ein globaler Standard für Arbeitsrechte, der sich auf faire Löhne, Arbeitssicherheit und den Verzicht auf Kinder- und Zwangsarbeit konzentriert.
– UTZ Certified: Fördert nachhaltigen Anbau von Kaffee, Tee und Kakao sowie bessere Lebens- und Arbeitsbedingungen für Landwirte.

2. Rolle von nationalen und internationalen Regulierungen

Nationale und internationale Regulierungen sind neben Normen und Standards ebenso wichtig für die Entwicklung einer nachhaltigen Wirtschaft. Regierungen und supranationale Institutionen setzen rechtliche Rahmenbedingungen, die verbindliche Umweltschutzanforderungen festlegen. Zum Beispiel hat die Europäische Kommission mit der EU-Verordnung über die gekennzeichnete ökologische Landwirtschaft (EU-Ökoverordnung) Standards geschaffen, die den Agrarsektor gezielt in Richtung einer nachhaltigeren Produktion lenken sollen. Auch internationale Abkommen wie das Pariser Klimaabkommen setzen Ziele für die Reduzierung von Treibhausgasemissionen und fördern die Entwicklung von klimafreundlichen Praktiken in verschiedenen Sektoren.[890]

Der EU Green Deal ist eine zentrale Strategie der Europäischen Union, die 2019 vorgestellt wurde, um Europa bis 2050 klimaneutral zu stellen. Ziel ist es, wirtschaftliches Wachstum von der Nutzung fossiler Ressourcen und Umweltzerstörung zu entkoppeln. Der Green Deal umfasst ein breites Spektrum von Maßnahmen, die ökologische, wirtschaftliche und soziale Nachhaltigkeit fördern, darunter Klimaschutz, erneuerbare Energien, Kreislaufwirtschaft, nachhaltige Landwirtschaft und der Schutz der Biodiversität.

Ein entscheidendes Gesetz innerhalb des Green Deals ist das Europäische Klimagesetz von 2021, das das Ziel der Klimaneutralität bis 2050 rechtlich verankert und sich verpflichtende Zwischenziele setzt, darunter eine Reduzierung der Treibhausgasemissionen um mindestens 55 % bis 2030 im Vergleich zu 1990. Unterstützend dazu wurde das „Fit for 55-Paket" entwickelt, das Maßnahmen wie die Reform des EU-Emissionshandelssystems (ETS), strengere CO_2-Emissionsstandards für Fahrzeuge und die Förderung erneuerbarer Energien umfasst. Die Umstellung auf eine nachhaltigere Wirtschaft wird zusätzlich durch den Kreislaufwirtschafts-Aktionsplan (Circular Economy Action Plan) gefördert, der Regelungen zur Förderung von Recycling, Abfallvermeidung und nachhaltigem Produktdesign enthält. Beispiele hierfür sind die neue EU-Batterieverordnung sowie Richtlinien für Verpackungsabfälle.

Im Bereich der Landwirtschaft spielt die „Farm-to-Fork-Strategie" eine Schlüsselrolle, mit der ein nachhaltiges Lebensmittelsystem geschaffen werden soll. Ziele sind die Förderung ökologischer Landwirtschaft, eine Verringerung des Einsatzes von Pestiziden und Antibiotika sowie die Minimierung von Lebensmittelverschwendung. Ergänzt wird dies durch die Biodiversitätsstrategie 2030, die den Schutz und die Wiederherstellung der biologischen Vielfalt zum Ziel hat und vorsieht, mindestens 30 % der Land- und Meeresflächen in der EU unter Schutz zu stellen.

Ein weiteres zentrales Element ist die EU-Taxonomie-Verordnung, die Kriterien für nachhaltige Investitionen festlegt und Transparenz auf Kapitalmärkten schafft, um ökologische Aspekte zu fördern. Gleichzeitig wird mit dem CO_2-Grenzausgleichsmechanismus (Carbon Border Adjustment Mechanism (-CBAM)) ein System eingeführt, das sicherstellt, dass importierte Produkte aus Drittländern einer CO_2-Abgabe unterliegen, um unfaire Wettbewerbsvorteile gegenüber EU-Unternehmen zu vermeiden.

---

890 United Nations, Framework Convention on Climate Change (UNFCCC), The Paris Agreement, https://unfccc.int/sites/default/files/resource/parisagreement_publication.pdf (abgerufen am 29.8.2025).

Der EU Green Deal bildet damit den Rahmen für eine tiefgreifende grüne Transformation der europäischen Wirtschaft und Gesellschaft. Er stellt sicher, dass ökologische Nachhaltigkeit, Innovation und soziale Gerechtigkeit Hand in Hand gehen, um eine nachhaltigere Zukunft zu schaffen.

3. Implementierung von Standards in Unternehmen

Die Implementierung von Nachhaltigkeitsstandards in Unternehmen bietet zahlreiche Vorteile. Unternehmen, die z.B. ISO 14001 oder EMAS implementieren, profitieren von verbesserten Betriebsabläufen, Einsparungen bei Ressourcen und Kosten sowie einer besseren Marktpositionierung durch eine positivere Umweltperformance. Die Einführung solcher Standards erfordert jedoch ein Umdenken in der Unternehmenskultur, Engagement der Mitarbeiter und oft auch eine Anpassung bestehender (globaler) Prozesse und Systeme. Schulungen und Sensibilisierungsmaßnahmen sind unerlässlich, um die Mitarbeiter über die neuen Anforderungen zu informieren und ihr Engagement zu fördern.

4. Herausforderungen und Chancen der Regulierung

Trotz der klaren Vorteile stehen Unternehmen und Regierungen vor Herausforderungen bei der Umsetzung von Regulierungen und Standards. Eine der größten Herausforderungen ist die Komplexität der bestehenden Vorschriften und die unterschiedliche Umsetzung in verschiedenen Ländern, die zu Unsicherheiten und erhöhtem administrativem Aufwand führen kann. Insbesondere kleinere Unternehmen haben oft Schwierigkeiten, die erforderlichen Ressourcen für die Implementierung und Überwachung von Nachhaltigkeitsstandards bereitzustellen.

Gleichzeitig bietet die Entwicklung und Einhaltung von Nachhaltigkeitsstandards bedeutende Chancen. Sie tragen nicht nur zur Verbesserung der Umwelt- und Sozialleistung bei, sondern schaffen auch neue Märkte und Geschäftsmöglichkeiten etwa in Bereichen wie erneuerbare Energien, nachhaltige Logistik und grüne Technologien. In einer zunehmend umweltbewussten Verbraucherwelt können Unternehmen, die proaktiv nachhaltige Praktiken umsetzen, einen Wettbewerbsvorteil erlangen und erfolgreichere, langfristige Beziehungen zu ihren Kunden aufbauen und so ihren Absatz sichern.

Zusammenfassend ist die Rolle von Nachhaltigkeitsstandards und -regulierungen sowohl herausfordernd als auch bereichernd. Unternehmen, die den Weg zu einer nachhaltigeren Wirtschaftsweise ernsthaft beschreiten, können nicht nur ihrer gesetzlichen Verantwortung nachkommen, sondern auch einen wesentlichen Beitrag zu einer nachhaltigen Zukunft leisten und sich gleichzeitig zukunftssicher aufstellen.

V. Systemischer Ansatz zur Nachhaltigkeit

Ein systemischer Ansatz zur Nachhaltigkeit berücksichtigt die komplexe Interaktion zwischen ökologischen, ökonomischen und sozialen Aspekten. Dieser integrative Ansatz erkennt an, dass diese Dimensionen miteinander verwoben sind und dass eine nachhaltige Entwicklung nur durch das Zusammenspiel aller drei Bereiche gefördert werden kann. Anstatt Nachhaltigkeit als isoliertes Ziel zu betrachten, wird sie als dynamischer Prozess verstanden, der in unterschiedlichen Kontexten und auf verschiedenen Ebenen wirkt. Zudem ist eine direkte Verbindung zur Unternehmensstrategie und deren Umsetzung von großem Vorteil, da Strukturen, Verantwortlichkeiten und Prozesse, direkt harmonisiert werden können.

1. Verknüpfung ökologischer, ökonomischer und sozialer Aspekte

Der systemische Ansatz zur Nachhaltigkeit fordert, dass ökologische, ökonomische und soziale Gesichtspunkte bei der Planung und Entscheidungsfindung gleichermaßen Berücksichtigung finden. Ökologische Nachhaltigkeit zielt darauf ab, natürliche Ressourcen zu schützen und ein Gleichgewicht mit der Umwelt zu erreichen, während ökonomische Nachhaltigkeit auf das Wachstum und die Stabilität von Unternehmen abzielt, ohne die Umwelt zu schädigen oder soziale Ungerechtigkeiten zu fördern. Soziale Nachhaltigkeit hingegen konzentriert sich auf die Schaffung gerechter und inklusiver Gesellschaften, in denen alle Individuen Zugang zu Chancen sowie zu grundlegenden Bedürfnissen wie Bildung, Gesundheit und Nahrung haben.

Ein praktisches Beispiel für diesen verknüpften Ansatz ist die Verwendung von Nachhaltigkeitsberichten, die Unternehmen und Organisationen dazu nutzen, ihre ökologischen und sozialen Auswirkungen offen zu legen und Fortschritte in diesen Bereichen zu berichten. Diese Berichte fördern nicht nur die Verantwortung der Unternehmen, sondern helfen auch Stakeholdern, wie Kunden, Partnern oder Investoren, informierte Entscheidungen zu treffen.

Doch bevor berichtet werden kann, sollten alle Aktivitäten erfasst und in einer Nachhaltigkeitsstrategie gebündelt werden, denn eine solche Strategie ist für Unternehmen heute unerlässlich, um zukunftsfähig zu bleiben. Die Herausforderungen unserer Zeit erfordern klare Handlungspläne. Dabei geht es nicht nur darum, Verantwortung für Umwelt und Gesellschaft zu übernehmen, sondern auch wirtschaftliche Vorteile zu sichern.

In der Praxis bedeutet das vor allem, Kosten zu senken und Ressourcen effizienter zu nutzen. Durch Maßnahmen wie eine energieeffizientere Produktion, die Umstellung auf erneuerbare Energien oder die Reduzierung von Abfall können Unternehmen nicht nur ihre Umweltauswirkungen stark verringern, sondern auch Geld sparen. Beispiele zeigen, dass nachhaltige Unternehmen oft besser auf steigende Energiepreise und neue Umweltgesetze vorbereitet sind, weil sie frühzeitig umgestellt haben.[891]

Auch die Kundenerwartungen haben sich verändert. Verbraucher legen immer mehr Wert auf umweltfreundliche Produkte, transparente Lieferketten und faire Arbeitsbedingungen. Unternehmen, die darauf eingehen, können ihre Marke stärken, das Vertrauen der Kunden gewinnen und sich vom Wettbewerb abheben. Ein gutes Beispiel ist die wachsende Nachfrage nach nachhaltigen Verpackungen – Unternehmen, die hier Lösungen anbieten, erschließen nicht nur neue Märkte, sondern positionieren sich als moderne Vorreiter.

Nachhaltigkeit wirkt sich auch intern positiv aus. Immer mehr Mitarbeiterinnen und Mitarbeiter – insbesondere aus jüngeren Generationen – wollen für Unternehmen arbeiten, die Verantwortung übernehmen und einen positiven Beitrag leisten. Eine gelebte Nachhaltigkeitsstrategie stärkt die Motivation, die Identifikation mit dem Unternehmen und die Bindung der Mitarbeiter. Zudem wird ein nachhaltiges Unternehmen oft als attraktiver Arbeitgeber wahrgenommen, was die Rekrutierung von Talenten erleichtert.

Vor allem ist aber eine klare Strategie notwendig, um gesetzlichen Anforderungen gerecht zu werden. In der EU beispielsweise verlangt die Taxonomie-Verordnung von Unternehmen immer detailliertere Nachweise über ihre nachhaltigen Aktivitäten. Wer frühzeitig anfängt, ökologische und soziale Standards zu integrieren, erspart sich in Zukunft hohe Kosten, um diese Anforderungen nachträglich zu erfüllen.

Letztlich trägt Nachhaltigkeit dazu bei, das Unternehmen fit für die Zukunft zu machen. Es geht nicht nur um „Gutes tun“, sondern um eine kluge betriebliche Entscheidung: Unternehmen mit einer klaren Nachhaltigkeitsstrategie sind besser gegen Krisen abgesichert, attraktiv für Kunden und Mitarbeiter und können sich Wettbewerbsvorteile erarbeiten. Wer jetzt mit konkreten Maßnahmen startet, sorgt dafür, dass das eigene Geschäft langfristig erfolgreich bleibt – und leistet gleichzeitig einen Beitrag zur Lösung der globalen Herausforderungen unserer Zeit.

---

891 World Economic Forum, Innovating for the European Green Deal, S. 4, abrufbar unter, https://www3.weforum.org/docs/WEF_Innovating_for_the_European_Green_Deal_2023.pdf (abgerufen am 29.8.2025).

2. Interdisziplinäre Methoden und Zusammenarbeit

Um den Herausforderungen der Nachhaltigkeit zu begegnen, sind interdisziplinäre Methoden und Ansätze unerlässlich. Die Lösung komplexer Probleme erfordert die Zusammenarbeit verschiedener Disziplinen — von Umweltwissenschaften über Wirtschaft bis hin zu Sozialwissenschaften. Eine solche Zusammenarbeit fördert innovative Lösungen, die sowohl umweltfreundlich als auch wirtschaftlich tragfähig sind.

Ein Beispiel für eine interdisziplinäre Herangehensweise ist die Stadtplanung. In vielen Städten arbeiten Stadtplaner, Architekten, Ökologen und Sozialwissenschaftler zusammen, um nachhaltige städtische Räume zu schaffen, die sowohl ökologische Effizienz als auch soziale Integration fördern. Ansätze wie „grüne Infrastruktur" und „nachhaltige Mobilität" kombinieren Wissen aus verschiedenen Disziplinen, um Städte widerstandsfähiger gegenüber den Auswirkungen des Klimawandels zu machen und gleichzeitig die Lebensqualität der Bewohner zu erhöhen.

3. Rolle von Bildung und Bewusstseinsbildung

Bildung und Bewusstseinsbildung spielen eine zentrale Rolle in einem systemischen Ansatz zur Nachhaltigkeit. Sie sind entscheidend, um ein grundlegendes Verständnis für die Zusammenhänge zwischen Umwelt, Gesellschaft und Wirtschaft zu entwickeln. Bildungseinrichtungen spielen eine wichtige Rolle, indem sie zukünftige Generationen auf die Herausforderungen der Nachhaltigkeit vorbereiten und Kompetenzen vermitteln, die notwendig sind, um in einer zunehmend komplexen Welt zu navigieren.

Programme zur Umweltbildung in Schulen und Hochschulen, sowie Workshops und Trainings zur Sensibilisierung für nachhaltige Praktiken in Unternehmen tragen zu einem erhöhten Bewusstsein für die eigene Verantwortung bei. Durch die Förderung von kritisch denkenden und informierten Mitarbeitern und Bürgern kann eine Kultur der Nachhaltigkeit entstehen, die die Akzeptanz und Implementierung nachhaltiger Praktiken in allen Lebensbereichen unterstützt.

Insgesamt zeigt der systemische Ansatz zur Nachhaltigkeit, dass ein ganzheitliches Verständnis und eine interdisziplinäre Zusammenarbeit notwendig sind, um die komplexen Herausforderungen des 21. Jahrhunderts zu bewältigen.

VI. Fallstudien: Best Practices aus verschiedenen Ländern

Nachhaltigkeit ist ein globales Anliegen, und verschiedene Länder haben innovative Ansätze umgesetzt, um dieses Ziel zu erreichen. Diese Fallstudien illustrieren erfolgreiche Projekte zur Umsetzung von Nachhaltigkeit auf Länderebene und zeigen innovative Beispiele, die es sich lohnt, genauer anzuschauen.

- Ein herausragendes Beispiel für erfolgreiche Nachhaltigkeitsinitiativen ist Schweden, das sich zu einem der nachhaltigsten Länder der Welt entwickelt hat. Durch eine umfassende Strategie zur Reduzierung von Treibhausgasemissionen verfolgt Schweden das Ziel, bis 2045 klimaneutral zu werden. Ein zentrales Element dieser Strategie ist der Einsatz erneuerbarer Energien. Schweden hat in den letzten Jahrzehnten massiv in Wasser-, Wind- und Solarenergie investiert und bezieht mittlerweile einen hohen Anteil seines Stroms aus erneuerbaren Quellen (im Jahr 2020 über 54 %).[892] Zudem fördert das Land eine umweltfreundliche Mobilität durch die Einführung von Elektromobilität und den Ausbau von Radwegen.
- Ein weiteres bemerkenswertes Projekt kommt aus Costa Rica, das weitreichende Schritte zur Förderung nachhaltigen Tourismus unternommen hat. Das Land hat es sich zum Ziel gesetzt, den Ökotourismus zu einer Hauptsäule seiner Wirtschaft zu machen, indem es ein strenges Umweltmanagement sowie Programme zur Aufforstung und zum Schutz von Naturreservaten implementiert hat. Costa Rica hat über 25 % seiner Fläche als Schutzgebiet ausgewiesen und fördert nachhaltige Praktiken sowohl in der Landwirtschaft als auch im Tourismus.[893]
- In Bangladesch, einem der größten Länder für Textilproduktion weltweit, ist die Textilindustrie oft mit der Ausbeutung von Arbeitskräften konfrontiert, einschließlich der problematischen Praxis der Kinderarbeit. Um diesen Herausforderungen entgegenzuwirken, hat die dortige Regierung einen nationalen Aktionsplan ins Leben gerufen, der darauf abzielt, Kinderarbeit in der Branche zu bekämpfen und menschenwürdige Arbeitsbedingungen zu fördern.

  Zentrale Maßnahmen des Aktionsplans umfassen die Einführung strenger gesetzlicher Regelungen, die Kinderarbeit ausdrücklich verbieten. Die Regierung verfolgt aktiv die Einhaltung dieser Vorschriften, indem sie regelmäßige Kontrollen in Fabriken durchführt, um sicherzustellen, dass keine Kinder beschäftigt werden. Um das Bewusstsein für die Thematik

---

892 Swedish Energy Agency, https://www.energimyndigheten.se/en (abgerufen am 29.8.2025).

893 Essential Costa Rica, https://de.visitcostarica.com/things-to-do/ecotourism (abgerufen am 29.8.2025).

zu schärfen, arbeitet die Regierung eng mit internationalen Organisationen wie der International Labour Organization (ILO) und verschiedenen Nichtregierungsorganisationen zusammen. Diese Kooperation fördert Aufklärungskampagnen, die darauf abzielen, Lehrer, Eltern und Arbeitgeber über die Risiken und negativen Auswirkungen von Kinderarbeit zu informieren.

Ein weiterer wichtiger Aspekt des Aktionsplans ist die Förderung von Bildung für Kinder, die aus der Kinderarbeit zurückgeholt wurden. Durch die Implementierung von Bildungsprogrammen wird versucht, diesen Kindern eine bessere Zukunft zu bieten, indem ihnen der Zugang zu Schulen ermöglicht wird. Insgesamt hat die Umsetzung des Aktionsplans bereits Fortschritte im Rückgang der Kinderarbeit in der bangladeschischen Textilindustrie erzielt. Obwohl noch viel Arbeit vor uns liegt, hat die Initiative dazu beigetragen, das Bewusstsein für die Rechte von Arbeitnehmern, insbesondere von Kindern, zu erhöhen und die Grundlagen für eine nachhaltigere und gerechtere Industrie zu legen.

- In Kenia, einem Land, das stark von der Landwirtschaft abhängig ist, stehen viele Arbeiter vor Herausforderungen wie niedrigen Löhnen, unsicheren Arbeitsbedingungen und unzureichenden Rechten. Um diese Probleme anzugehen und faire Löhne zu etablieren, hat die kenianische Regierung seit dem Jahr 2016 mit der „Agricultural Wages Order" eine gesetzliche Grundlage geschaffen[894], die darauf abzielt, grundlegende Standards für Arbeitsbedingungen und Löhne im Agrarsektor festzulegen. Ein zentraler Bestandteil des Gesetzes ist die Festlegung verbindlicher Mindestlöhne für Arbeitskräfte in der Landwirtschaft, die regelmäßig überprüft und angepasst werden. Dadurch wird sichergestellt, dass die Arbeiter ein existenzsicherndes Einkommen erzielen können, um ihre grundlegenden Lebensbedürfnisse zu decken. Darüber hinaus schützt das Gesetz die Rechte der Arbeitnehmer, indem es Regelungen zur Überstundenvergütung, zu Urlaubsansprüchen und zur Arbeitssicherheit enthält.

Um die Einhaltung der Vorschriften sicherzustellen, hat die kenianische Regierung spezielle Aufsichtsbehörden eingesetzt, die die Umsetzung des „Agricultural Wages Order" überwachen und Verstöße ahnden. Außerdem werden Schulungen für Arbeitgeber angeboten, um sie über die neuen gesetzlichen Vorgaben zu informieren und das Bewusstsein für faire Arbeitspraktiken zu fördern. Die Implementierung dieses Gesetzes hat bereits positive Auswirkungen gezeigt.[895] Viele Arbeiter im Agrarsektor konnten von

---

894 Kenya Law, Regulation of Wages (General) (Amendment) Order, 2024, https://new.kenyalaw.org/akn/ke/act/ln/2024/164/eng@2024-10-09 (abgerufen am 29.8.2025).

895 ILO, World Employment Social Outlook, S. 28-29, abrufbar unter: https://www.ilo.org/sites/default/files/wcmsp5/groups/public/@dgreports/@dcomm/@publ/documents/publication/wcms_670542.pdf (abgerufen am 29.8.2025).

erhöhten Löhnen profitieren, was zu einer Verbesserung ihrer Lebensbedingungen und zur Förderung wirtschaftlicher Stabilität in ländlichen Gemeinden beigetragen hat. Zudem stärkt das Gesetz das Bewusstsein für die Rechte von Arbeitnehmern und fördert die Einführung fairer Arbeitspraktiken in der Branche.

VII. Politische und wirtschaftliche Rahmenbedingungen

Die politischen und wirtschaftlichen Rahmenbedingungen sind entscheidend für die Förderung von Nachhaltigkeit auf globaler, nationaler und lokaler Ebene. Diese Rahmenbedingungen werden durch die Zusammenarbeit von internationalen Organisationen, politische Maßnahmen und das Engagement von Unternehmen geprägt. Zusammen können sie eine nachhaltige Entwicklung fördern und wichtige Fortschritte bei der Bewältigung der Herausforderungen der Nachhaltigkeit erzielen.

1. Rolle internationaler Organisationen

Internationale Organisationen wie die Vereinten Nationen (UN) und die Weltgesundheitsorganisation (WHO) spielen eine zentrale Rolle bei der Gestaltung und Implementierung globaler Nachhaltigkeitsstrategien. Die UN hat mit der Agenda 2030 für nachhaltige Entwicklung und den 17 Zielen für nachhaltige Entwicklung (Sustainable Development Goals (SDGs)) einen umfassenden Rahmen geschaffen, der die Verpflichtung der Mitgliedstaaten zur Förderung wirtschaftlicher, sozialer und ökologischer nachhaltiger Praktiken festlegt. Diese Ziele umfassen eine Vielzahl von Themen, darunter Armutsbekämpfung, Geschlechtergerechtigkeit, Klimaschutz und den Schutz der Meeresressourcen.[896]

Die WHO hingegen konzentriert sich auf die Gesundheit und das Wohlergehen der globalen Bevölkerung und hat beispielsweise das Ziel 3 der SDGs initiiert, das eine gesundheitsgerechte Entwicklung fördern und den Zugang zu Gesundheitsdiensten verbessern soll. Dies ist besonders relevant, da die Gesundheit oft direkt mit der Umweltqualität und nachhaltigen Praktiken verbunden ist, wie z. B. der Zugang zu sauberem Wasser und guter Luftqualität.

896 United Nations, A/RES/70/1 v. 21.10.2015, https://www.un.org/en/development/desa/population/migration/generalassembly/docs/globalcompact/A_RES_70_1_E.pdf (abgerufen am 29.8.2025).

2. Politische Maßnahmen zur Unterstützung nachhaltiger Praktiken

Regierungen auf der ganzen Welt implementieren eine Vielzahl von politischen Maßnahmen, um nachhaltige Praktiken zu unterstützen und die Umsetzung der globalen Nachhaltigkeitsziele zu fördern. Dazu gehören Gesetze zur Regulierung von Emissionen, Anreize für erneuerbare Energien und Initiativen zur Förderung von nachhaltiger Landwirtschaft. In der Europäischen Union beispielsweise wurde der Green Deal, wie bereits beschrieben, als umfassende Strategie eingeführt, die darauf abzielt, Europa bis 2050 klimaneutral zu stellen.

Ein weiteres Beispiel sind steuerliche Anreize, die in vielen Ländern angeboten werden, um Unternehmen zu ermutigen, in nachhaltige Technologien zu investieren. Subventionen für erneuerbare Energien oder die Förderung umweltfreundlicher Transportlösungen sind Maßnahmen, die das Ziel verfolgen, nachhaltige Praktiken wirtschaftlich attraktiver zu machen.

3. Die Rolle der Unternehmen in der globalen Nachhaltigkeitsagenda

Unternehmen spielen eine wesentliche Rolle in der globalen Nachhaltigkeitsagenda. Sie sind nicht nur große Verbraucher von Ressourcen, sondern auch maßgebliche Akteure bei der Umsetzung nachhaltiger Praktiken innerhalb ihrer betrieblichen Abläufe. Zunehmend erkennen Unternehmen, dass Nachhaltigkeit nicht nur eine Verantwortung ist, sondern auch ein Wettbewerbsvorteil. Initiativen wie die UN Global Compact, die Unternehmen dazu ermutigt, nachhaltige und sozial verantwortliche Praktiken in ihre Geschäftsstrategien zu integrieren, zeigen die wachsende Bedeutung von Unternehmensverantwortung.[897]

Darüber hinaus zeigen viele Unternehmen Innovationskraft, indem sie nachhaltige Produkte und Dienstleistungen entwickeln. Beispiele hierfür sind Unternehmen, die Kreislaufwirtschaftsmodelle implementieren, oder solche, die soziale Innovationen in ihren Geschäftsmodellen integrieren. Diese Ansätze bieten nicht nur ökologische Vorteile, sondern stärken auch die Markenpositionierung und die Kundenbindung.

Zusammenfassend lässt sich sagen, dass die politischen und wirtschaftlichen Rahmenbedingungen entscheidend sind, um die Herausforderungen der Nachhaltigkeit anzugehen. Durch die Kooperation von internationalen Organisationen, die Implementierung wirksamer politischer Maßnahmen und

---

897 United Nations Global Compact, UN Global Compact – 2020 Global Strategy.

das Engagement von Unternehmen kann eine nachhaltigere Entwicklung stärker vorangetrieben werden.

VIII. Technologische Innovationen und Nachhaltigkeit

Technologische Innovationen spielen eine entscheidende Rolle bei der Förderung von Nachhaltigkeit und der Bewältigung globaler Probleme. Von der Entwicklung erneuerbarer Energien über die Digitalisierung bis hin zu kontroversen Ansätzen wie Geoengineering – jede technologische Neuerung bringt sowohl Chancen als auch Herausforderungen mit sich, die in einem nachhaltigen Entwicklungskontext gründlich betrachtet werden müssen.

1. Neuerungen im Bereich erneuerbare Energien

Der Bereich der erneuerbaren Energien hat in den letzten Jahren bemerkenswerte Fortschritte gemacht. Technologien wie Solarenergie, Windenergie und Biomasse haben sich rasant weiterentwickelt und leisten einen bedeutenden Beitrag zur Dekarbonisierung der globalen Energiesysteme. Solarzellen wurden effizienter; Photovoltaik-Anlagen erzeugen nun mehr Energie aus weniger Fläche, und der Preis für Solartechnologien ist gesunken. Laut der International Energy Agency (IEA) werden die Installationskosten von Solarenergie bis 2030 voraussichtlich weiter sinken, was diese Technologie noch zugänglicher macht.[898]

Auch die Windenergietechnologie hat sich weiterentwickelt, nicht nur in Bezug auf die Größe und Effizienz der Windkraftanlagen, sondern auch durch innovative Offshore-Lösungen. Schwimmende Windparks ermöglichen die Nutzung von Windressourcen in größeren Wassertiefen und eröffnen damit neue Möglichkeiten zur Energieerzeugung. Diese Innovationen tragen nicht nur zur Reduktion von Treibhausgasemissionen bei, sondern können auch neue Arbeitsplätze schaffen und die Wirtschaftsstrukturen diversifizieren.

2. Digitalisierung und nachhaltige Entwicklung

Die Digitalisierung erweist sich als kraftvoller Katalysator für nachhaltige Entwicklung. Technologien wie das Internet der Dinge (Internet of Things – IoT), Big Data und Künstliche Intelligenz bieten unvergleichliche Möglichkeiten zur Effizienzsteigerung in verschiedenen Sektoren. Beispielsweise können intelligente Energienetze vernünftiger gestaltet werden, um den

898 IEA, World Energy Outlook 2020.

Energieverbrauch in Echtzeit zu analysieren und zu optimieren, wodurch Verluste minimiert und der Einsatz erneuerbarer Energien maximiert wird.

Im Verkehrssektor trägt die Digitalisierung zur Entwicklung von smarter Mobilität bei. Anwendungen zur Routenoptimierung und Carsharing-Modelle fördern eine reduzierte Fahrzeugnutzung und weniger Emissionen. Auch in der Landwirtschaft finden digitale Lösungen Anwendung. Precision Farming-Techniken nutzen Sensordaten und Analytik, um den Einsatz von Wasser, Dünger und Pestiziden zu optimieren, was die ökologischen Fußabdrücke von landwirtschaftlichen Betrieben signifikant reduzieren kann.

Darüber hinaus ist die Digitalisierung ein Schlüsselelement, um Unternehmen nachhaltiger und effizienter zu gestalten. Digitale Plattformen und Tools ermöglichen es Unternehmen, ihren Ressourcenverbrauch detailliert zu überwachen, Lieferketten transparenter zu gestalten und gezielt nachhaltige Entscheidungen zu treffen. Ein Beispiel hierfür ist die Nutzung von Cloud-Technologien, die nicht nur Flexibilität bieten, sondern durch zentrale Datenverwaltung und optimierte Prozesse den Energieverbrauch senken können.

Auch im Bereich der Kreislaufwirtschaft bringt die Digitalisierung bedeutende Fortschritte: Mit Hilfe digitaler Technologien können Unternehmen die Lebenszyklen ihrer Produkte besser verfolgen, Retourenlogistik optimieren und Wiederverwertungspotenziale systematisch identifizieren. Digitale Zwillinge – virtuelle Nachbildungen physischer Produkte oder Produktionsprozesse – ermöglichen eine präzise Analyse und Optimierung, bevor physische Ressourcen überhaupt eingesetzt werden.

Darüber hinaus können Unternehmen durch den Einsatz von Big Data und Künstlicher Intelligenz Vorhersagen über die Nachfrage oder den Verbrauch treffen, um Überproduktion und Abfall zu vermeiden. Digitale Monitoring-Systeme können Produktionsprozesse überwachen und automatisch Anpassungen vornehmen, um Energie und Materialien effizienter zu nutzen.

Nicht zuletzt bietet die Digitalisierung die Möglichkeit, in Echtzeit Berichte über den Nachhaltigkeitsstatus zu erstellen, was insbesondere im Hinblick auf die Einhaltung von Regulierungsvorgaben, wie der EU-Taxonomie zur Nachhaltigkeitsberichterstattung, entscheidend ist. Sie schafft nicht nur die Grundlage für fundierte, datenbasierte Entscheidungen, sondern ermöglicht es auch, die Umsetzung der Nachhaltigkeitsstrategie für Stakeholder sichtbar und nachvollziehbar zu machen.

In einer Welt, die zunehmend auf digitale und nachhaltige Lösungen setzt, wird die Verknüpfung beider Bereiche zum entscheidenden Erfolgsfaktor.

IX. Zukünftige Perspektiven

Die kommenden Jahrzehnte stellen die Menschheit vor zahlreiche Trends und Herausforderungen im Hinblick auf Nachhaltigkeit. Während wir uns auf die Zukunft zubewegen, ist es entscheidend, visionäre Ansätze zu entwickeln, um eine nachhaltige Welt zu gestalten und die Verantwortung an die nächste Generation weiterzugeben.

1. Trends und Herausforderungen in den nächsten Jahrzehnten

Ein bedeutender Trend, der die nächsten Jahrzehnte prägen wird, ist die Urbanisierung. Bis 2050 wird geschätzt, dass etwa zwei Drittel der Weltbevölkerung in urbanen Gebieten leben werden, was immense Herausforderungen in Bezug auf Wohnraum, Infrastruktur, Verkehr und Umwelt mit sich bringt. Städte müssen nachhaltige Lösungen entwickeln, um die Lebensqualität ihrer Bewohner zu sichern und gleichzeitig ihren ökologischen Fußabdruck zu minimieren.

Der Klimawandel bleibt eine der vordringlichsten Herausforderungen. Die jüngsten Berichte des Intergovernmental Panel on Climate Change (IPCC) zeigen, dass die weltweiten Emissionen dramatisch reduziert werden müssen, um die globalen Temperaturen unter der kritischen Schwelle von 1,5 Grad Celsius zu halten.[899] Extreme Wetterereignisse, der Anstieg des Meeresspiegels und die Zunahme von Naturkatastrophen erfordern nicht nur eine drastische Reduktion der Emissionen, sondern auch Anpassungsstrategien für Gemeinschaften, die direkt betroffen sind.

Ein weiterer herausfordernder Trend ist die zunehmende digitale Kluft. Während digitale Technologien das Potenzial haben, die Nachhaltigkeit zu fördern, besteht die Gefahr, dass benachteiligte Gemeinschaften und Länder vom Zugriff auf moderne Technologien und deren Vorteile ausgeschlossen werden. Es wird entscheidend sein, inklusive Lösungen zu finden, um Chancengleichheit zu schaffen und alle Menschen an der digitalen Transformation teilhaben zu lassen.

2. Visionen für eine nachhaltige Zukunft

Die Vision einer nachhaltigen Zukunft erfordert eine integrierte Herangehensweise, die ökologische, soziale und wirtschaftliche Aspekte miteinander verbindet. Eine solche Zukunft könnte durch die Implementierung einer Kreislaufwirtschaft gekennzeichnet sein, in der Ressourcen effizient

---

899 IPCC, Climate Change 2021: The Physical Science Basis, https://www.ipcc.ch/report/ar6/wg1/ (abgerufen am 29.8.2025).

genutzt, Abfälle minimiert und Produkte so gestaltet werden, dass sie am Ende ihres Lebenszyklus wiederverwendet oder recycelt werden können. Die Kreislaufwirtschaft fördert ein neues Wirtschaftsmodell, das nicht nur die Umwelt schützt, sondern auch das Wirtschaftswachstum stimuliert und Arbeitsplätze schafft.

Ein weiterer wichtiger Aspekt ist die „Erneuerbare-Energien-Revolution". In einer nachhaltigen Zukunft werden saubere Energiequellen die fossilen Brennstoffe ersetzen, wodurch nicht nur der CO_2-Ausstoß drastisch reduziert, sondern auch die Abhängigkeit von geopolitischen Energieressourcen verringert wird. Innovative Technologien im Bereich der Energieerzeugung und -speicherung werden entscheidend sein, um eine stabile und nachhaltige Energieversorgung für alle sicherzustellen.

3. Die Rolle der nächsten Generation

Die nächste Generation spielt eine zentrale Rolle in der Umsetzung dieser visionären Ansätze. Junge Menschen verfügen über eine einzigartige Perspektive und ein tiefes Verständnis für die Herausforderungen, die durch Globalisierung, Technologie und den Klimawandel entstehen. Sie sind oft leidenschaftliche Fürsprecher für soziale Gerechtigkeit und Umweltbewusstsein und haben die Fähigkeit, enger zusammenzuarbeiten, um Veränderungen herbeizuführen.

Bildung wird entscheidend sein, um die nächste Generation zu befähigen, kreative Lösungen und innovative Ansätze zur Nachhaltigkeit zu entwickeln. Programme zur Umweltbildung und zur Förderung kritischen Denkens sind notwendig, um das Bewusstsein für Nachhaltigkeit zu schärfen und die jungen Menschen zu engagierten Akteuren in ihren Gemeinschaften zu machen. Darüber hinaus können sie durch die Nutzung digitaler Plattformen, sozialer Medien und innovativer Kommunikationsstrategien die Diskussion über Nachhaltigkeit ankurbeln und ihre Stimmen weltweit hörbar machen.

Zusammenfassend lässt sich sagen, dass die Herausforderungen und Trends der nächsten Jahrzehnte eine globale Mobilisierung und neue Denkansätze erfordern. Durch den Fokus auf eine nachhaltige Zukunft und das Empowerment der nächsten Generation können wir inspirierende und transformative Veränderungen herbeiführen, die nicht nur das Überleben der gegenwärtigen Generation sichern, sondern auch eine lebenswerte und gerechte Welt für kommende Generationen schaffen.

X. Fazit und Handlungsempfehlungen

In einer Welt, die vor drängenden ökologischen, sozialen und wirtschaftlichen Herausforderungen steht, ist es entscheidend, ein gemeinsames Verständnis für Nachhaltigkeit und deren Bedeutung zu entwickeln. Dieser Beitrag soll aufzeigen, dass Nachhaltigkeit nicht nur ein Konzept oder Trend ist, sondern ein integrativer Ansatz, der alle Lebensbereiche betrifft. Die wichtigsten Schwerpunkte, die hierbei behandelt wurden, umfassen:

1. **Globale Herausforderungen**: Von Klimawandel über Verlust der Biodiversität bis hin zu sozialer Ungleichheit — die Probleme sind komplex und miteinander verknüpft.
2. **Technologische Innovationen**: Erneuerbare Energien und digitale Lösungen bieten Chancen zur Verbesserung der Nachhaltigkeit, wenn sie intelligent eingesetzt werden.
3. **Politische Rahmenbedingungen, Normen und Standards**: Internationale (Normungs-)Organisationen, nationale politische Maßnahmen und das Engagement von Unternehmen sind entscheidend für die Förderung nachhaltiger Praktiken.
4. **Bildung und Bewusstseinsbildung**: Eine informierte und aktive Gesellschaft ist wesentlich, um den Wandel hin zu einer nachhaltigeren Zukunft zu unterstützen.

Um die Herausforderungen zu bewältigen und eine nachhaltige Zukunft zu fördern, sind praktische Empfehlungen für Individuen, Unternehmen und Regierungen nötig.

Umsetzungsempfehlungen für Unternehmen (branchenübergreifend):

- **Nachhaltigkeitsstrategien entwickeln**: Integrieren Sie Nachhaltigkeit in Ihre Unternehmensstrategie. Setzen Sie messbare Ziele zur Reduzierung von Kohlenstoffemissionen und zur Förderung eines nachhaltigen Rohstoffmanagements. Erarbeiten Sie gezielt Maßnahmen, um Ihre gesetzten Ziele auch erreichen zu können und prüfen Sie regelmäßig, wie gut oder schlecht Ihre Maßnahmen greifen, um gezielte Anpassungen vornehmen zu können.
- **Mitarbeiterschulung**: Schulen Sie Ihre Mitarbeiter in nachhaltigen Praktiken und Themen und fördern Sie ein Bewusstsein für die Bedeutung von Umwelt- und Sozialverantwortung in der täglichen Arbeit. Dies erhöht nicht nur das Bewusstsein, sondern ist auch maßgeblich für die erfolgreiche Umsetzung Ihrer Nachhaltigkeitsstrategie. Denn nur wer versteht, worum es geht, kann auch etwas beitragen.
- **Zusammenarbeit mit anderen Unternehmen**: Bilden Sie Partnerschaften mit anderen Organisationen, um gemeinsam innovative Lösungen zu

entwickeln, die ökologisches und soziales Bewusstsein fördern. Lernen Sie von anderen und teilen Sie Ihre Erfahrungen.

Zusammenfassend ist es entscheidend, dass wir alle – Individuen, Unternehmen und Regierungen – aktiv und verantwortungsvoll handeln, um eine nachhaltigere Zukunft zu schaffen. Der Wandel beginnt mit uns. Lassen Sie uns gemeinsam an einem Strang ziehen und die notwendigen Schritte unternehmen, um die Herausforderungen von heute anzugehen und eine lebenswerte Welt für zukünftige Generationen zu erhalten. Es ist an der Zeit, von Worten in Taten überzugehen und Veränderungen zu bewirken. Abwarten ist keine Option!

4. Der Menschenrechtsbeauftragte im Unternehmen

Jörn-Philipp Klimburg, LL. M. (Cape Town)

In der nach dem LkSG[900] einzurichtenden Compliance-Organisation kommt dem Menschenrechtsbeauftragten eine zentrale Rolle zu. Denn er fungiert als unternehmensinterner Wächter über das Risikomanagement. In der Praxis stellen sich jedoch vielfältige Fragen, die das LkSG nur unzureichend beantwortet – angefangen damit, ob ein Menschenrechtsbeauftragter überhaupt erforderlich ist, über die konkreten Rechte und Pflichten, Bestellung und Widerruf bis hin zur persönlichen Haftung.

Diese sollen im Folgenden näher beleuchtet werden:

I. Rechtsgrundlage

Im Vergleich zu anderen gesetzlich vorgesehenen Compliance-Funktionen, deren Aufgaben und Rechtsstellung im Unternehmen zum Teil sehr detailliert geregelt sind,[901] ist die Rolle des Menschenrechtsbeauftragten erstaunlich diffus. Denn im gesamten LkSG findet sich lediglich folgende spärliche Regelung (§ 4 Abs. 3 LkSG):

> „Das Unternehmen hat dafür zu sorgen, dass festgelegt ist, wer innerhalb des Unternehmens dafür zuständig ist, das Risikomanagement zu überwachen, etwa durch die Benennung eines Menschenrechtsbeauftragten. Die Geschäftsleitung hat sich regelmäßig, mindestens einmal jährlich, über die Arbeit der zuständigen Person oder Personen zu informieren."

900 → Teil 4 Kap. 2.1 (*Groß*), unter II.1.

901 Beispiele: Datenschutzbeauftragter (§ 37 DSGVO, §§ 5 ff. BDSG), Geldwäschebeauftragter (§ 7 GwG), Meldestellenbeauftragter (§§ 12 ff. HinSchG), Fachkraft für Arbeitssicherheit (§§ 5 ff. ASiG), Störfallbeauftragter (§ 58a ff. BImSchG), Abfallbeauftragter (§ 59 KrWG, § 2 ff. AbfBeauftrV), Strahlenschutzbeauftragter (§ 70 StrlSchG, § 43 StrlSchV), Immissionsschutzbeauftragter (§§ 53 ff. BImSchG), Gewässerschutzbeauftragter (§ 64 ff. WHG).

II. Pflicht zur Benennung eines Menschenrechtsbeauftragten?

Demnach haben Unternehmen die Pflicht, die Zuständigkeit für die Überwachung des Risikomanagements innerhalb des Unternehmens festzulegen.

Dies beinhaltet zugleich die unausgesprochene Verpflichtung, nicht nur die Zuständigkeit zu definieren, sondern das Risikomanagement auch tatsächlich zu überwachen.[902] Die Benennung einer hiermit beauftragten Person als „Menschenrechtsbeauftragter" ist jedoch ausdrücklich fakultativ, zumal § 4 Abs. 3 Satz 2 LkSG klarstellt, dass auch mehrere Personen diese Überwachungsaufgabe übernehmen können.

Dementsprechend besteht, soweit die Überwachungsaufgabe im Unternehmen anderweitig erfüllt wird, weder eine Pflicht, einen Menschenrechtsbeauftragten zu bestellen, noch die mit der Überwachungsaufgabe betraute Person als Menschenrechtsbeauftragten zu bezeichnen. Der Terminus „Menschenrechtsbeauftragter" ist an sich ohnehin irreführend, da er die zu überwachenden Teilaspekte des Risikomanagements mit Blick auf § 2 LkSG nur unzureichend beschreibt: Neben den menschenrechtlichen gehören selbstverständlich auch die umweltbezogenen Risiken zur Überwachungsaufgabe nach § 4 Abs. 3 LkSG.

Denkbar ist jedenfalls, die Zuständigkeit auf ein Gremium bzw. mehrere Personen zu verteilen.[903] Dabei besteht jedoch ein gewisser Rechtfertigungsbedarf für organisatorische „Eigenkreationen".[904] Denn die Gesetzesbegründung[905] spricht ausdrücklich davon, die Einrichtung der Stelle eines Menschenrechtsbeauftragten, die unmittelbar der Geschäftsleitung unterstellt ist, sei zu empfehlen.

Die Pflicht, die Zuständigkeit für die Überwachung des Risikomanagements festzulegen, sollten Unternehmen jedenfalls ernst nehmen. Denn der vorsätzliche oder fahrlässige Verstoß gegen diese Pflicht stellt eine Ordnungswidrigkeit nach § 24 Abs. 1 Nr. 1 LkSG dar. Das Bußgeldrisiko bei

902 *Lieder/Meyer*, in: BeckOGK, LkSG § 4 Rn. 125.

903 Aus Gründen der besseren Lesbarkeit wird in diesem Beitrag die Singularform verwendet, da für die behandelten Fragen nicht maßgeblich ist, ob die Zuständigkeit für die Überwachung des Risikomanagements auf eine oder mehrere Personen verteilt wird.

904 Zumindest bei erheblicher Abweichung vom gesetzlichen Leitbild. Kreative Bezeichnungen sind grundsätzlich unschädlich. In der Praxis sind neben dem vom Gesetzgeber verwendeten Terminus u. a. folgende Bezeichnungen zu beobachten: „Chief Human Rights Officer", „Chief Compliance Officer & Human Rights Officer", „Human Rights Office/Arbeitsgruppe für Menschenrechte", „Group Human Rights Office", „Geschäftsstelle Business & Human Rights" (alle Beispiele betreffen DAX-40-Unternehmen).

905 BT-Drs. 19/28649, 43.

unzureichender Festlegung der Zuständigkeit beträgt für Unternehmensverantwortliche als natürliche Personen bis zu 500.000 Euro (§24 Abs.2 Nr.2 LkSG) und für das Unternehmen als juristische Person bis zu 5 Mio. Euro (§24 Abs.2 Nr.2 LkSG i.V.m. §30 Abs.2 Satz 3 OWiG).

III. Leitbild

Die Aufgabe des Menschenrechtsbeauftragten, das Risikomanagement zu überwachen, folgt dem Leitbild der betrieblichen Selbstüberwachung. Der Menschenrechtsbeauftragte ist insbesondere kein Hilfsorgan des Bundesamtes für Wirtschaft und Ausfuhrkontrolle (BAFA) als zuständige Aufsichtsbehörde. Weder wird er durch das BAFA ernannt, noch ist er diesem gegenüber berichtspflichtig. Auch ist die Rolle des Menschenrechtsbeauftragten nicht als diejenige eines Antagonisten der Geschäftsleitung zu verstehen. Denn er handelt im Interesse der Geschäftsleitung, rechtliche Risiken und behördliche Maßnahmen abzuwenden. Treffender ist daher, von einer unternehmensinternen Wächterfunktion zu sprechen: Der Menschenrechtsbeauftragte fungiert als Compliance-Management-Bindeglied zwischen den operativ Verantwortlichen und der Geschäftsleitung.

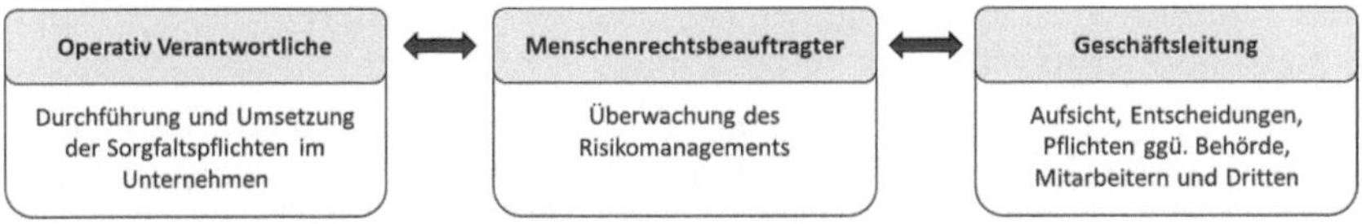

Abbildung: Bindegliedfunktion des Menschenrechtsbeauftragten.

IV. Rechte und Pflichten

1. Rechte des Menschenrechtsbeauftragten

Die Rechte des Menschenrechtsbeauftragten sind gesetzlich nicht geregelt. Mit Blick auf seine Überwachungsfunktion wird man jedenfalls von einem unbeschränkten Zugangsrecht zu allen hierfür relevanten Informationen innerhalb des Unternehmens ausgehen müssen. Sinnvollerweise sollte dieses – soweit technisch möglich – als digitales Zugangsrecht ausgestaltet werden.

Flankiert wird dies durch Unterrichtungs- und Anhörungsrechte sowohl gegenüber der Geschäftsleitung als auch gegenüber den operativ Verantwortlichen, die für die Erfüllung der Sorgfaltspflichten zuständig sind. Ihm muss also die direkte Kommunikation mit allen relevanten Stellen im Unternehmen ermöglicht werden.

Die Gesetzesbegründung[906] spricht zudem davon, dass das Unternehmen die notwendigen Hilfsmittel zur Verfügung stellen muss, um die angemessene Überwachung zu gewährleisten. Dies beinhaltet technische, personelle und finanzielle Mittel. Darüber hinaus hat der Menschenrechtsbeauftragte einen Anspruch auf notwendige Weiterbildungen und Schulungen.

Auch wenn der Menschenrechtsbeauftragte der Geschäftsleitung unterstellt und dieser gegenüber berichtspflichtig ist, muss ihm eine fachlich weisungsungebundene Ausübung seiner Überwachungsfunktion ermöglicht werden. Diese fachliche Weisungsfreiheit ist zwingend erforderlich, um als Compliance-Management-Bindeglied fungieren zu können.

Anders als etwa einem internen Datenschutzbeauftragten[907] steht der Menschenrechtsbeauftragte nicht unter einem spezialgesetzlichen Sonderkündigungs-, Abberufungs- oder Benachteiligungsschutz. Maßnahmen, die die Effektivität der Überwachung beeinträchtigen würden, dürfen gleichwohl nicht gegen den Menschenrechtsbeauftragten ergriffen werden. So muss dem Menschenrechtsbeauftragten ausreichend Arbeitszeit zur Ausübung seiner Funktion gewährt werden.[908] Zudem wird der Menschenrechtsbeauftragte zumindest auch durch das allgemeine arbeitsrechtliche Maßregelungsverbot gemäß § 612a BGB geschützt. Dieses stellt sicher, dass Arbeitnehmer nicht aus Furcht vor negativen Konsequenzen davon abgehalten werden, ihre rechtlichen Ansprüche geltend zu machen oder andere zulässige Handlungen im Arbeitsverhältnis vorzunehmen.

Gleichwohl kann der Menschenrechtsbeauftragten keinen besonderen Schutz gegen arbeitsrechtliche Maßnahmen beanspruchen, die in keinem erkennbaren Zusammenhang mit seiner Funktion stehen. Damit ist seine rechtliche Stellung, gerade auch im Hinblick auf seine herausgehobene Verantwortung und das zumindest theoretisch vorhandene Risiko, sich durch eine penible Arbeit bei Unternehmensverantwortlichen „unbeliebt" zu machen, von Gesetzes wegen vergleichsweise schwach. Besteht der Wunsch nach einem „starken" Menschenrechtsbeauftragten, kann ein Sonderkündigungsschutz aber vertraglich vereinbart werden.

2. Pflichten des Menschenrechtsbeauftragten

a) Gesetzliches Minimum

Gesetzlich ist – als originäre Aufgabe – an sich lediglich die Überwachungsfunktion vorgeschrieben, d.h. der Menschenrechtsbeauftragte ist dafür verantwortlich, die Einhaltung der menschenrechtlichen und umwelt-

906 BT-Drs. 19/28649, 43.
907 Art. 38 Abs. 3 DSGVO, §§ 6 Abs. 4, 38 Abs. 2 BDSG.
908 *Göpfert/Jacobs*, NZA 2023, 144, 145.

bezogenen Sorgfaltspflichten (§ 3 LkSG) im Unternehmen zu überwachen. Hierzu gehören insbesondere die Risikoanalyse sowie Abhilfe- und Präventionsmaßnahmen. Dem Menschenrechtsbeauftragten obliegt die Pflicht zur anlassbezogenen und jährlichen Kontrolle des Risikomanagements sowie entsprechender Dokumentation und Berichterstattung an die Geschäftsleitung. Die Überwachungsfunktion umfasst hingegen nicht die Einführung und Durchsetzung des Risikomanagements.

Der Menschenrechtsbeauftragte ist also an sich nicht für die Umsetzung der Sorgfaltspflichten zuständig. Vielmehr hat er regelmäßig Risikoberichte zu erstellen, interne Kontrollen zu koordinieren und gegebenenfalls Empfehlungen zur Risikominimierung zu geben. Dazu kann auch gehören, bei Fehlentwicklungen oder Verstößen Eskalationen in Richtung der Geschäftsleitung auszulösen.

b) Weitere Aufgaben

Neben der gesetzlich vorgeschriebenen Überwachungsfunktion ist in der Praxis insbesondere von Interesse, ob der Menschenrechtsbeauftragte zusätzlich auch Sorgfaltspflichten übernehmen darf. In diesem Zusammenhang stellt sich oftmals – nicht ohne Grund – ein gewisses Störgefühl ein, da sich zwischen der Übernahme von Sorgfaltspflichten und der Überwachungsfunktion ein möglicher Interessenkonflikt anbahnt, eine unbefangene Überwachung der eigenen Tätigkeit kaum möglich erscheint.

Die Anforderungen an die Unabhängigkeit des Menschenrechtsbeauftragten würde es hingegen überdehnen, wenn eine vollständige Freiheit von Interessenkonflikten gefordert würde.[909] Eine vollständige Trennung der Rolle des Menschenrechtsbeauftragten von operativen Aufgaben erscheint ohnehin praxisfern. Wäre eine solche strikte Trennung gewollt gewesen, hätte der Gesetzgeber davon absehen können, eine Person „innerhalb des Unternehmens" diese Position bekleiden zu lassen.[910]

Vor diesem Hintergrund sprechen gute Gründe dafür, eine Einbindung des Menschenrechtsbeauftragten in die Umsetzung der Sorgfaltspflichten zuzulassen, zumindest in einer beratenden bzw. unterstützenden Rolle bei der Risikoanalyse und der Entwicklung von Präventions- und Abhilfemaßnahmen. Die Übertragung von Sorgfaltspflichten zur eigenverantwortlichen Wahrnehmung durch den Menschenrechtsbeauftragung ist jedoch unter dem Gesichtspunkt des Interessenkonflikts abzulehnen. Mangels gesetzlicher Vorgaben sollten das (zusätzliche) Pflichtenprogramm und die Zuständig-

---

909 *Ruttloff/Wagner/Hahn/Freihoff*, CCZ 2022, 20, 26.
910 *Bertke/Sandbrink*, NJW 2024, 319, 321.

keiten des Menschenrechtsbeauftragten jedenfalls konkretisiert und schriftlich festgehalten werden.

Als zusätzliche sonstige Aufgaben kommen u. a. folgende Tätigkeiten in Betracht:

- Unterstützung bei der Erstellung oder Aktualisierung der Grundsatzerklärung (§ 6 Abs. 2 LkSG);
- Unterstützung bei Dokumentations- und Berichtspflichten (§ 10 LkSG);
- Durchführen von Schulungen (§ 6 Abs. 3 Nr. 3 LkSG);
- Beratung bei Abhilfemaßnahmen (§ 7 LkSG);
- Kommunikation der Ergebnisse der Risikoanalyse (§ 5 LkSG);
- Kommunikation mit Arbeitnehmervertretern, z. B. in Betriebs- und Aufsichtsräten oder Wirtschaftsausschuss (§ 106 Abs. 3 Nr. 5b BetrVG)
- Einbindung in das Beschwerdeverfahren (§ 8 LkSG).

V. Typische Umsetzungsfragen in der Praxis

1. Hierarchische und fachliche Einbindung

Mangels gesetzlicher Vorgaben hat jedes Unternehmen die Möglichkeit, die hierarchische und fachliche Einbindung des Menschenrechtsbeauftragten unter Berücksichtigung der individuellen unternehmensorganisatorischen Besonderheiten weitgehend frei auszugestalten.

Gewisse Grundüberlegungen sollten hierbei jedoch beherzigt werden:

- In hierarchischer Hinsicht sprechen die Überwachungsfunktion und Berichterstattungspflicht an die Geschäftsleitung für eine herausgehobene Stellung im Sinne einer Stabsfunktion. Die Gesetzesbegründung[911] empfiehlt zudem eine unmittelbare Anbindung an die Geschäftsleitung, um direkte Kommunikationswege zu ermöglichen.
- In fachlicher Hinsicht drängt sich vor allem – soweit vorhanden – eine Anbindung an die Compliance-Abteilung auf. Daneben kommen aber auch die Rechtsabteilung oder andere Fachbereiche wie Qualitätssicherung, Einkauf, Personal oder Arbeitsschutz in Betracht.

Ungeachtet der konkreten Einbindung empfiehlt sich in jedem Fall, die Aufgaben und Kontaktdaten des Menschenrechtsbeauftragten unternehmensweit und an Lieferanten zu kommunizieren, damit der Menschenrechtsbeauftragte tatsächlich wahrgenommen und bei Bedarf kontaktiert werden kann.

---

911 BT-Drs. 19/28649, 43.

2. Anforderungen an die Person

Aus der Natur der Überwachungsfunktion folgt, dass in den allermeisten Unternehmen nur ein sehr überschaubarer Personenkreis als Menschenrechtsbeauftragter in Frage kommen dürfte.

Denn der Menschenrechtsbeauftragte benötigt insbesondere vertiefte Kenntnisse über die rechtlichen Vorgaben des LkSG sowie deren Durchsetzung und Implementierung. Er sollte zudem über Erfahrungen im Bereich der Lieferketten-Compliance verfügen.

Auch Kenntnisse zu den Bedingungen innerhalb der Wertschöpfungskette des Unternehmens einschließlich der Lieferverträge sind erforderlich, ebenso wie Kenntnisse der unternehmensinternen Strukturen.

Wohl nicht unbedingt erforderlich sein dürfte, dass der Menschenrechtsbeauftragte in Deutschland ansässig ist, soweit die Erledigung seiner Aufgaben aus dem Ausland heraus effektiv möglich ist. Dies dürfte jedoch eher eine Ausnahme darstellen.

Entscheidend ist insbesondere, der Person ausreichende zeitliche Kapazitäten einzuräumen, d. h. bei Bedarf auch etwaige andere berufliche Aufgaben umzuverteilen, die die Person bislang ausgeübt hat.

3. Bestellung eines externen Menschenrechtsbeauftragten

Gerade kleinere Unternehmen, die möglicherweise nur knapp oberhalb des Schwellenwerts von 1.000 Arbeitnehmern liegen, haben oft schon mit Blick auf die benötigten personellen Ressourcen und den hohen Grad des erforderlichen Know-hows ein gesteigertes Interesse, Spezialfunktionen nach extern zu vergeben.

Die Möglichkeit eines solchen „Outsourcings" ist etwa beim Datenschutzbeauftragten[912], Abfallbeauftragten[913] oder Betriebsarzt[914] ausdrücklich vorgesehen.

Die Bestellung eines externen Menschenrechtsbeauftragten dürfte hingegen nicht möglich sein. Denn der Gesetzeswortlaut spricht von der Zuständigkeitsfestlegung „innerhalb des Unternehmens" (§ 4 Abs. 3 Satz 1 LkSG) bzw. der „betriebsinternen Zuständigkeit" (§ 3 Abs. 1 Satz 2 Nr. 2 LkSG).

Dementsprechend verneint auch das BAFA als zuständige Aufsichtsbehörde die Zulässigkeit einer externen Bestellung. Angesichts des Bußgeldrisikos

912 Art. 37 Abs. 6 DSGVO.
913 § 5 AbfBeauftrV.
914 § 2 ASiG.

empfiehlt sich daher die Bestellung eines internen Menschenrechtsbeauftragten.

Ohne Weiteres zulässig ist hingegen die Unterstützung und Beratung des Menschenrechtsbeauftragten durch Externe, so dass etwaige Wissenslücken, die noch nicht durch eine entsprechende Schulung geschlossen werden konnten, oder fehlende zeitliche Kapazitäten zumindest in gewissem Umfang kompensiert werden können. Selbstverständlich können Externe auch zur Klärung komplexer Rechtsfragen und zur Unterstützung bei internen Untersuchungen hinzugezogen werden.

4. Bestellung eines konzernweiten Menschenrechtsbeauftragten

Auch die Frage nach der Möglichkeit, einen Menschenrechtsbeauftragten auf Konzernebene zu bestellen, wird vom LkSG nicht beantwortet.[915]

Die Pflichten nach dem LkSG treffen grundsätzlich alle vom Anwendungsbereich nach § 1 LkSG erfassten Konzernunternehmen. Unabhängig davon erstrecken sich die Sorgfaltspflichten der Obergesellschaft nach § 2 Abs. 6 Satz 3 LkSG auch auf diejenigen Tochtergesellschaften, auf die die Obergesellschaft einen bestimmenden Einfluss – etwa durch eine entsprechende Mehrheitsbeteiligung – ausübt.

Jedenfalls bei Vorliegen dieser Voraussetzung (bestimmender Einfluss) muss daher auch die Wahrnehmung der Überwachungsfunktion bei der Tochter- durch die Konzernobergesellschaft möglich sein, so dass der Menschenrechtsbeauftragte konzernweit tätig werden kann.

VI. Bestellung, Widerruf und Vertragsgestaltung

1. Rechtsverhältnis zur Person des Menschenrechtsbeauftragten

Die Bestellung/Benennung des Menschenrechtsbeauftragten ist formfrei möglich, ohne dass hierfür ein bestimmter Prozess oder gar die Beteiligung der Aufsichtsbehörde gesetzlich vorgegeben ist.[916] Die Schriftform ist jedoch bereits zu Dokumentationszwecken empfehlenswert.

Arbeitsrechtlich gesehen handelt es sich bei der Bestellung um einen vom arbeitsrechtlichen Grundverhältnis unabhängigen Rechtsakt, der eine einsei-

---

915 Anders etwa bei Immissionsschutz- und Störfallbeauftragten (§ 4 der 5. BImSchV).

916 Anders etwa beim Immissionsschutzbeauftragten (§ 55 Abs. 1 BImSchG) oder Abfallbeauftragten (§ 60 Abs. 3 S. 1 KrWG).

tige Maßnahme des Arbeitgebers darstellt, aber erst mit Zustimmung des Arbeitnehmers wirksam wird.

Zur Vermeidung von Rechtsunsicherheiten ist angesichts der unzureichenden gesetzlichen Regelung der Abschluss einer arbeitsvertraglichen Zusatzvereinbarung zu empfehlen. Diese sollte insbesondere Folgendes beinhalten:

- Definition der Aufgaben (Ausgestaltung der Überwachungsfunktion und etwaiger Zusatzaufgaben);
- Definition der Pflichten (z.B. Berichtspflichten, Umgang mit Interessenkonflikten);
- Definition der Rechte (z.B. fachliche Weisungsfreiheit, Ressourcen, besonderer Kündigungsschutz, soweit gewünscht);
- Dauer der Bestellung; Widerruflichkeit der Bestellung;
- Regelungen zu Fragen der Vergütung und der persönlichen Haftung.

2. Beteiligungsrechte von Betriebsrat, Sprecherausschuss und Wirtschaftsausschuss

Die Bestellung eines Menschenrechtsbeauftragten kann eine nach §99 Abs. 1 BetrVG mitbestimmungspflichtige Einstellung (bei Neueinstellung) oder Versetzung (bei erheblicher Tätigkeitsänderung eines Bestandsmitarbeiters) darstellen. Dann ist die Zustimmung des Betriebsrats zur Beschäftigung des Arbeitnehmers als Menschenrechtsbeauftragter notwendig.

Dies gilt nicht, wenn es sich bei dem Arbeitnehmer um einen leitenden Angestellten handelt. In diesem Fall ist lediglich eine Mitteilung an den Betriebsrat nach §105 BetrVG und, soweit vorhanden, an den Sprecherausschuss nach §31 SprAuG erforderlich.

Über die Bestellung eines Menschenrechtsbeauftragten sollte zusätzlich auch der Wirtschaftsausschuss unterrichtet werden. Denn nach §106 Abs. 3 Nr. 5b BetrVG ist der Wirtschaftsausschuss rechtzeitig und umfassend über „Fragen der unternehmerischen Sorgfaltspflichten in Lieferketten gemäß dem Lieferkettensorgfaltspflichtengesetz" zu informieren.

VII. Haftung des Menschenrechtsbeauftragten

Insbesondere angesichts der umfangreichen Bußgeldvorschriften (§24 LkSG) kann die etwaige persönliche Haftung des Menschenrechtsbeauftragten ein mit Sorgen behaftetes Thema sein.

1. Bußgeldhaftung für Überwachungsfunktion

Wie eingangs erwähnt, ist die unternehmerische Pflicht, die Zuständigkeit für die Überwachung des Risikomanagements festzulegen, bußgeldbewehrt. Dies gilt jedoch nicht für die Ausübung der Überwachungsfunktion selbst. Eine Missachtung oder unzureichende Ausübung der Überwachungsfunktion durch den Menschenrechtsbeauftragten stellt somit keine bußgeldbewehrte Ordnungswidrigkeit dar.

2. Bußgeldhaftung für Sorgfaltspflichten

Verschiedene Sorgfaltspflichten sind hingegen nach §24 LkSG bußgeldbewehrt. Dazu gehört beispielsweise die Durchführung einer Risikoanalyse sowie das Ergreifen von Präventions- und Abhilfemaßnahmen.

Diese Haftung trifft grundsätzlich die Unternehmensorgane (Vorstand/Geschäftsführung) bzw. das Unternehmen als juristische Person.

Sollte der Menschenrechtsbeauftragte – zusätzlicher zu seiner originären Überwachungsfunktion – auch die Umsetzung von Sorgfaltspflichten übernommen haben, dürfte eine Bußgeldhaftung nur über §9 Abs. 2 Satz 2 Nr. 2 OWiG in Betracht kommen. Dies setzt neben einer ausdrücklichen Beauftragung eine eigenverantwortliche Wahrnehmung der Aufgabe voraus, was bereits zur Vermeidung von Interessenkonflikten vermieden werden sollte.[917]

Bei sauberer Definition seines Aufgabenkatalogs dürfte eine Bußgeldhaftung des Menschenrechtsbeauftragten somit nicht eintreten.

3. Haftung gegenüber Dritten

Eine persönliche Haftung des Menschenrechtsbeauftragten gegenüber Dritten, etwa Arbeitnehmern von Lieferanten, besteht grundsätzlich nicht. Insofern stellt §3 Abs. 3 LkSG klar, dass etwaige Verletzungen von Pflichten aus dem LkSG keine zivilrechtliche Haftung begründen.

4. Innenhaftung gegenüber dem Arbeitgeber

Handelt es sich bei dem Menschenrechtsbeauftragten um einen Arbeitnehmer, gelten bei Verletzungen seiner Überwachungspflicht oder etwaig zusätzlich übernommener Sorgfaltspflichten die Grundsätze der eingeschränkten Arbeitnehmerhaftung: Leichte Fahrlässigkeit begründet keine Haftung, mittlere Fahrlässigkeit eine anteilige Haftung und nur bei grober Fahrläs-

---

917 *Harings/Jürgens/Thalhammer*, CB 2022, 93, 96.

sigkeit oder Vorsatz kommt eine volle Haftung für etwaige Schäden in Betracht.

Wird ausnahmsweise ein Organmitglied (Vorstand/Geschäftsführung) zum Menschenrechtsbeauftragten bestellt,[918] haftet dieses grundsätzlich voll. Daher ist in dieser Konstellation ratsam, die D&O-Versicherungspolice dahingehend zu überprüfen, ob diese zusätzliche Funktion mit abgedeckt ist.

VIII. Fazit und Handlungsempfehlung

Die Bestellung eines Menschenrechtsbeauftragten – alternativ die Einrichtung einer anderen Funktion oder eines Gremiums, das die Überwachung des Risikomanagements übernimmt – ist für alle Unternehmen, die unter das LkSG fallen, unumgänglich.

Der Menschenrechtsbeauftragte hat eine unternehmensinterne Wächterfunktion; er fungiert zugleich als Compliance-Management-Bindeglied zwischen den operativ Verantwortlichen und der Geschäftsleitung. Er sollte daher mit Bedacht ausgewählt werden und vor allem das erforderliche Know-how aufweisen.

Die Rolle des Menschenrechtsbeauftragten ist gesetzlich unzureichend geregelt. Daher ist es in der Unternehmenspraxis umso wichtiger, Aufgaben und Verantwortlichkeiten sauber voneinander abzugrenzen, zu dokumentieren und vertraglich zu regeln. Dies betrifft insbesondere die Frage, inwieweit der Menschenrechtsbeauftragte neben der Überwachungsfunktion weitere Zusatzaufgaben übernehmen soll. Hierbei sind mögliche Interessenkonflikte und Haftungsfragen zu berücksichtigen.

---

918 *Gehne/Humbert/Philippi*, in: Johann/Sangi, LkSG, § 4 Rn. 49.

Stichwortverzeichnis